ARAGON

DU MÊME AUTEUR

ROMANS

La Dernière Forteresse, EFR, 1950.
Classe 42, EFR, 1951.
Dix-neuvième Printemps, EFR, 1952.
Trois Jours de deuil et une aurore, EFR, 1953.
Un tueur, EFR, 1954.
Les Embarras de Paris, EFR, 1956.
La Rivière profonde, Julliard, 1959.
Maria, Julliard, 1962.
L'Accident, Julliard, 1965
Les Chemins du printemps, Grasset, 1979.
La Porte du temps, Le Seuil, 1984.
L'Ombre de la forteresse, Laffont, 1990.
Quatre jours en novembre, Belfond, 1994.

ESSAIS

Sept Siècles de roman, EFR, 1955.
Lettre à Maurice Nadeau, Nouvelle Critique, 1957.
Réflexions sur la méthode de Roger Martin du Gard, EFR, 1958.
Naissance de la poésie française, en coll. avec C. Camproux, ALP, 1958-1962.
Journal de Prague, Julliard, 1968.
Structuralisme et Révolution culturelle, Casterman, 1971.
Ce que je sais de Soljenitsyne, Le Seuil, 1973.
Prague au cœur, 10/18, 1974.
Aragon, une vie à changer, Le Seuil, 1975.
Le Socialisme du silence, Le Seuil, 1976.
J'ai cru au matin, Laffont, 1976.
Les Hérétiques du PCF, Laffont, 1980.
La Chute de Khrouchtchev, Complexe, 1982.
Ce que je sais du XXe siècle, Calmann-Lévy, 1985.
La Vie quotidienne des surréalistes, Hachette, 1993.

ÉCRITS SUR L'ART

Delacroix le libérateur, ALP, 1963.
Picasso, Somogy, 1964, 1981.
Nouvelle Critique et Art moderne, Le Seuil, « Tel quel », 1968.
L'aveuglement devant la peinture, Gallimard, 1971.
Catalogue raisonné de l'œuvre peint de Picasso : Les périodes bleue et rose 1900-1906, en coll. avec G. Boudaille et J. Rosselet, Ides et Calendes, 1966, 1988 ; *Le cubisme 1907-1916,* en coll. avec J. Rosselet, Ides et Calendes, 1979.
Le Journal du cubisme, Skira, 1982.
La Vie de peintre d'Édouard Manet, Fayard, 1983.
L'Ordre et l'Aventure, Arthaud, 1984.
Picasso créateur, Le Seuil, 1987.
L'Historique des Demoiselles d'Avignon, *révisé à l'aide des carnets de Picasso, Les* Demoiselles d'Avignon, musée Picasso, 1988.
Rodin, Calmann-Lévy, 1988, Succès du Livre, 1989.
Paul Gauguin, Lattès, 1989.
Hartung, Bordas, Éditions de Grenelle, 1990.
Picasso, Life and Art, Harper-Collins Publishers, 1993, 1994.
Soulages, en coll. avec J. Johnson Sweeney, Ides et Calendes, 1991.
Zao Wou-ki, Ides et Calendes, 1994.

PIERRE DAIX

ARAGON

Une vie à changer

FLAMMARION

ISBN : 2-08-067012-3
Imprimé en France

« Je ne crois pas qu'on puisse comprendre quoi que ce soit de moi, si l'on omet de dater mes pensées ou mes écrits. »

ARAGON

Afin de ne pas alourdir un appareil de notes déjà nombreux, je n'ai pas donné les références des citations que j'ai prises dans les romans les plus connus et dans les poèmes dont je cite le titre dans le texte. Je me suis servi autant que possible, pour le texte, de l'édition des *Œuvres croisées* ou de *L'Œuvre poétique,* qui contiennent les dernières révisions de l'auteur.

Préliminaires

Qu'est-ce qui dans l'histoire d'Aragon a fait de lui, au-delà d'un homme trop injurié, poursuivi de haines que sa mort n'a pas apaisées, cet écrivain comme il respire qui a donné au roman quelques-unes des percées propres au XXe siècle, ce poète entré dans le grand livre de la poésie française et dans le palmarès des chansons qui emplissent les ondes ? J'avais répondu en 1975 par la mise en lumière du traumatisme initial irrémédiable d'une enfance et d'une adolescence victoriennes sans père, mais surtout sans mère, où chacun était conduit à mentir. C'était provoquer Aragon là même où il ne cessait de réécrire, de recomposer l'insupportable de sa destinée dans ce qu'il appela en 1964, un « mentir-vrai ». Aussi protesta-t-il dans des annotations à mon texte (précisées en italique dans le texte des notes) qu'il garda secrètes et que je n'ai connues que bien après sa mort. Comme on pourra en juger elles apportent des précisions parfois insoupçonnables à mon hypothèse.

C'est dans ce qu'elle atteint de proprement incomparable et d'unique que la biographie se justifie et non dans un ramassis de données hétéroclites et grossières qui la réduisent au rapport policier si justement dénoncé par Roman Jakobson (ami d'Elsa depuis leur commune jeunesse dans le Moscou d'avant 1917). Cela m'avait conduit à briser certains compartimentages ou isolationnismes, pour parler encore comme Jakobson, à déplacer pas mal de cadres littéraires ou politiques, en vigueur quand, face à la chute de Saigon et au scandale du Watergate, l'URSS pouvait sembler, pas seulement aux yeux du vieil Aragon, avoir l'avenir pour elle. Que la chute du communisme n'ait exigé que quelques adjonctions à mon texte d'alors confirme que j'avais su placer mes éclairages de la vie, ma périodisation de l'œuvre où il fallait.

Au centre du comportement d'Aragon dans le parti communiste, j'avais mis en évidence que le soldat de Dunkerque, le poète des *Lilas et des roses* s'était singularisé en un « communiste national » à l'été de 1940, mais je n'avais comme référence que ma propre expérience. J'étais alors loin de posséder les données soigneusement occultées de cette crise décisive dans le PC qui firent qu'en 1952 Aragon dut abandonner son roman *Les Communistes.* Elles ne m'ont été apportées par Charles Tillon qu'en 1976, après que ce dernier a lu ma biographie. Elles ont été singulièrement précisées par l'ouverture en 1992, impensable jusque-là, des archives soviétiques du Komintern. Celles de l'institut Gorki ont également corroboré pour l'essentiel mon interprétation du congrès de Kharkov en 1930 qui entraîna la rupture avec Breton — Jean-Pierre Morel, dans son essai *Le Roman insupportable* [1], ayant apporté là-dessus des informations de premier ordre et la lumière la plus implacable.

Un autre ensemble de modifications, plus essentiel encore, est venu de l'identification après 1978 de la Bérénice d'*Aurélien* avec Denise Naville. Elle ne change pas que la portée d'un amour de la jeunesse, mais éclaire d'un jour tout autre des aveux ultérieurs, des aveux qui touchent jusqu'à la morale et l'idée qu'Aragon s'est faite de sa vie, d'abord dans *Aurélien* certes, mais jusqu'à *Blanche ou l'oubli* en 1967. Grâce à Pierre et à Violette Naville, j'ai pu prendre connaissance des vingt et une lettres d'Aragon à Denise, totalement inconnues et qui apportent des informations capitales, même si je n'ai été autorisé à en citer que le minimum en attendant qu'elles soient intégralement publiées par Maurice Nadeau.

Cette révision majeure se fortifie de l'accès désormais aussi complet que possible au grand roman détruit *La Défense de l'infini,* dont j'avais proposé une reconstitution à partir de la partie reniée, publiée sous le manteau, *Le Con d'Irène,* en 1975. Avec ce roman où Aragon jetait son journal intime, c'est, comme je l'ai esquissé dans ma *Vie quotidienne des surréalistes* en 1993, toute la traversée par Aragon du surréalisme et l'histoire du mouvement qui se trouvent remarquablement complexifiées et enrichies.

La parution en 1975 de l'ouvrage de Marguerite Bonnet *André Breton, naissance de l'aventure surréaliste* [2], complété par son édition des œuvres de Breton dans la Pléiade, a parallèlement approfondi la connaissance de Breton. D'autre part la publication des *Archives du surréalisme* [3], celle des *Recherches croisées Elsa-Triolet-Aragon* [4], ont commencé d'apporter une approche scientifique qui a très sérieusement corrigé les traditions orales ou les mémoires et, bien sûr, le « mentir-vrai » propre à Aragon dont je n'avais pas en 1975 dissipé tous les brouillages. La publication des mémoires de Pierre Naville, *Le Temps du surréel* [5], les conversations que j'ai pu avoir avec lui ont changé pour moi diverses façons de voir.

J'avais réintroduit en 1975 le rôle si important de l'amitié avec Pierre Drieu la Rochelle dans la jeunesse d'Aragon. Les travaux depuis de Pierre Andreu, Frédéric Grover et Dominique Desanti et surtout la publication

1. Gallimard, 1986.
2. José Corti, 1975.
3. Gallimard, 1988-1992.
4. Université de Besançon (Les Belles Lettres).
5. Galilée, 1977.

de son *Journal* en 1992[1] ont là aussi changé nombre d'idées reçues, en même temps que la publicité donnée à l'identification de la Dame des Buttes-Chaumont permettait de mieux saisir l'aventure commune à Drieu et à Aragon avec elle et les raisons profondes de leur brouille.

Last but not least, c'est en 1991 que Michel Apel-Muller qui dirige le fonds Aragon-Elsa Triolet du CNRS m'a transmis les réactions d'Aragon sur l'exemplaire que je lui avais dédicacé de cette biographie. Ne l'avais-je pas publiée de son vivant, mais délibérément sans sa complicité, justement pour le conduire à réagir ? Dommage que ce dialogue posthume s'interrompe trop tôt, avant les grandes crises de la jeunesse. Enfin, Apel-Muller m'a communiqué avant publication[2] la lettre d'Elsa à Aragon sur leur vie commune citée dans *Blanche ou l'oubli.*

Les transformations fort considérables de cette édition qui ont conduit à la réécriture de près de la moitié de la deuxième édition de 1975 tiennent donc pour fort peu à ce qu'elle va jusqu'à la mort d'Aragon, fin 1982, mais bien aux secrets de tous ordres — y compris de l'histoire du XXe siècle — qui ont été levés depuis. L'image d'Aragon n'y perd rien. Au contraire, dirai-je, il gagne en densité à avoir retrouvé une ombre qu'il croyait avoir perdue après la révélation à Moscou entre 1956 et 1962 des crimes de Staline.

Hiver 1993-1994.

1. Gallimard, 1992.
2. *Recherches croisées,* n° 5, Besançon, 1994.

PREMIÈRE PARTIE

CE FUT AU BOUT DU COMPTE UN MERVEILLEUX PRINTEMPS

(1897-1928)

CHAPITRE I

LA DOUBLE VIE
DE L'ENFANT LOUIS

« Il a donc grimpé toute sa vie vers cette crête d'où l'on aperçoit l'autre côté des choses. »

Les Voyageurs de l'impériale.

1.

Une ascendance artificielle

C'était parler de ce dont elle ne parlait jamais. Ma naissance. Pas même à moi. Elle devait attendre 1917 pour s'infliger de me dire la vérité.

Et, comme de toute mort renaît la vie.

Toute biographie anticipe en son commencement sur ce que saura (ou pourrait savoir) celui ou celle dont elle est supposée être l'histoire. Ce bébé arrivant au monde hérite d'une histoire familiale qui peu à peu va s'intégrer à la sienne. Il en prend conscience en même temps que de son individualité, la découvre quand il découvre qu'il a un passé. Plus tard, il essaiera d'y lire son avenir. Le biographe anticipe donc sur cette préhistoire de son sujet, puis sur la découverte de la mère, du père (ou de qui en tient lieu), de la constellation familiale. L'enfant rattrapera cette préhistoire par un jeu d'erreurs, d'hypothèses, d'affabulations où, insidieusement, il construira son réel. Pour une part, il le recevra tout édifié, par les confidences des siens, leurs demi-vérités, réticences, mensonges. Pour une autre, il l'opposera à tout ce qu'on lui tait et qu'il devine, qu'on lui inculque et dont il doute. A tout ce qu'il sait et rejette. A tout ce qui lui est insupportable et qu'il devine, qu'on lui inculque et dont il doute. A tout ce qu'il sait et rejette. A tout ce qui lui est insupportable et qu'il expulse. Qu'il refoule.

Rarement préhistoire fut plus profondément truquée, plus durablement altérée que celle de cet enfant qui naît le 3 octobre 1897 à Paris XVIe. Il s'appelle Louis Aragon. Ce n'est le nom de personne des siens. Ce nom contient un certain code qu'il ne déchiffrera que beaucoup plus tard. Un de ses personnages dira, à quelque quarante ans de là — il s'agit d'un petit garçon au sortir de l'enfance : « Pourquoi [les dames] me feraient-elles peur, puisque je suis un enfant de l'automne [1] ? » Et le bébé Louis, qu'est-

1. *Les Voyageurs de l'impériale, Œuvres croisées,* Robert Laffont et Amis du Livre progressiste, 1964-1974, 15, p. 144.

il sinon cet enfant de l'automne ? Oh, pas pour cette date de naissance qui le place sous le signe de la Balance (ce sera aussi celui d'Elsa), mais bien parce qu'il n'a ni père, ni mère. Inconnus pour l'état civil. Morts, dans la fiction à l'usage « des gens ».

« Et puis, il y avait eu ce malheur, moi », dira-t-il en 1965. Une jeune femme de vingt-quatre ans se trouve être devenue, depuis sept ou huit ans déjà, le soutien d'une famille dont elle est l'aînée des enfants. Issue d'une condition où, en cette fin du XIXe siècle, une femme ne saurait exercer de métier, il lui a fallu travailler de ses mains pour élever ses deux sœurs, son frère, « nourrir sa mère qui considérait tout labeur comme une honte pour une femme, en tout cas une dérogation à sa situation mondaine[1] ». Elle vient à découvrir qu'elle attend un enfant. Son amant a cinquante-sept ans, une famille et une situation officielles. Il veille — d'assez loin — à la décence matérielle de sa maîtresse. Participe plus étroitement au camouflage. Il choisira le nom de l'enfant, y mettant, je le répète, une certaine part d'aveu. Il est impensable qu'il songe à assumer son rôle de père. L'inimaginable, pour nous, trois quarts de siècle plus tard, c'est que la mère n'ait pas pu assumer sa vérité de mère.

Cette mère, tandis qu'elle porte cet enfant, ne peut pas ne pas savoir ce qui les guette tous deux. Elle doit non seulement dissimuler qu'elle attend cet enfant, mais encore feindre de ne l'avoir jamais conçu. Puis le bébé disparaîtra treize mois en Bretagne, chez une nourrice. Quand il retrouvera la voix de sa mère, la voix qu'il a déjà entendue en elle, dès que ses connexions cérébrales ont commencé de fonctionner, six ou sept mois après sa conception, quand des gestes câlins apporteront à sa peau le contact d'une peau germaine, on lui inculquera que cette jeune femme douce est sa sœur. Le traumatisme ne prendra forme que plus tard : « J'étais un poids pour ma famille parce que je n'étais pas un enfant légal, et que même je n'étais pas supposé être l'enfant de la famille qui était la mienne, et où j'ai été élevé. Ma mère passait pour ma sœur[2]... » Le réseau de précautions était d'ailleurs encore plus compliqué : « Ma mère, écrit Aragon en 1965[3], dont je n'étais aucunement supposé être le fils, donné que j'étais comme l'enfant d'amis défunts adopté par la famille... »

En fait, aux yeux des gens — aux siens propres sans doute à l'origine —, c'était la grand-mère (la dame qui considérait le labeur comme une honte et se laissait nourrir) qui passait pour sa mère. Durant l'été de 1922 encore, Matthew Josephson, écrivain américain lié aux dadaïstes, rencontrant Aragon lors de vacances au Tyrol, le décrit accompagnant sa mère *et sa sœur,* alors qu'Aragon voyageait avec *sa grand-mère* et... sa mère[4]. En 1922, Aragon a vingt-cinq ans. Pour les gens, il est Dada, c'est-à-dire

1. *Et, comme de toute mort renaît la vie, Œuvres croisées, ibid.,* 1, p. 13.
2. *Aragon parle* avec Dominique Arban, Seghers, Paris, 1968, p. 9.
3. *Et, comme de toute mort..., op. cit.,* p. 13.
4. *Life among the Surrealists, a Memoir,* Holt, Rinehart et Winston, New York, 1962, p. 196, 197. Précisé lors d'une conversation avec Aragon le 16 décembre 1973.

anarchiste et révolutionnaire. Mais la fiction familiale demeure la plus forte.

Revenons-en au camouflage de la naissance.

> « Quand ma mère était enceinte, elle habitait rue Vaneau ; et avant de me reprendre, on avait loué un autre appartement, affaire de brouiller les cartes à mon sujet ; c'était avenue de Villars, au 11 bis disait-on, pour ne pas dire au 13, cela porte malheur[1]. »

L'enfant, vif comme il fut, imaginez-le à l'âge des « pourquoi ? » dans tout ce brouillage. Et essayez de mesurer le trop-plein de mystères. De mesurer son angoisse. Cela n'a certes pas suffi à donner à Aragon ce sens du langage, ce besoin de la poésie, du roman. Mais reconnaissons que l'aiguillage de départ a dû fort y contribuer. Louis Aragon a grandi aux prises avec un roman de son enfance (à deviner, à arracher aux brouillages, à construire), qui, en fait, était sa vie réelle ; et avec, en guise de vraie vie, selon ce que lui répétaient les siens, un mauvais roman qui ne pouvait pas longtemps (qui d'ailleurs n'était pas fait *pour*) le tromper. Il a senti très tôt cet interdit qui entourait sa « situation de famille », compris quelles questions il ne fallait pas poser. Et il n'a pas posé ces questions. Mais il a été ces questions.

C'est là un cas limite plutôt qu'un cas exceptionnel en cette France du XIXe siècle qui ne disparaîtra socialement qu'après 1914. La franche bâtardise du XVIIIe siècle et du temps de Napoléon a cédé la place aux « secrets de famille » qui vont s'épaississant de la Restauration à la IIIe République.

Or, la constellation familiale où grandit l'enfant Aragon n'est pas simplement celle d'un amour hors des cadres légaux. Elle est plus profondément désaxée par le fait qu'il n'y a pas de père du tout et que l'absence du vrai père n'est compensée par la présence d'aucun autre homme. Il n'y a pas de mari de cette grand-mère qui tient lieu socialement de mère. C'est d'ailleurs la disparition de ce grand-père qui a contraint sa fille Marguerite à travailler. « Marguerite » : l'enfant Louis appelle sa mère par son prénom. Vous savez bien :

> Marguerite Marie et Madeleine
> Il faut bien que les sœurs aillent par trois...

Le père de Marguerite donc est l'absence personnifiée :

> « On ne parlait jamais du mari de ma grand-mère à la maison. Toute allusion en sa présence donnait à cette pauvre femme de véritables crises de nerfs. Je savais que mon grand-père avait abandonné ma famille dans les temps d'avant ma naissance... »

1. *Aragon parle, op. cit.*, p. 10.

La famille, c'est la présence des trois sœurs[1].

Pour le bal de Saint-Cyr elles ont mis
Trois des plus belles robes de Peau d'Ane
Celle couleur de la route océane
Celle de vent celle d'astronomie

Comment dormir à moins qu'elles ne viennent
Me faire voir leurs souliers de satin
Qui vont danser danser jusqu'au matin
Pas des patineurs et valses de Vienne

Marguerite Madeleine et Marie
La première est triste à quoi songe-t-elle
La seconde est belle avec ses dentelles
A tout ce qu'on dit la troisième rit

Et il faut bien en croire ce souvenir de plus d'un demi-siècle plus tard, au temps du *Roman inachevé* : cette grande sœur partant pour le bal, où son âge comme son état de demoiselle l'appelaient, n'était qu'une grande sœur. Mais peut-être aussi, dans les effusions câlines, l'enfant lui disait-il maman[2]? Par tendresse échappée...

Je me souviens Je n'allais pas encore en classe
Vous vous faisiez de la peinture et sagement
Je restais près de vous à lire mon atlas

Et je vous voyais peindre et le voyais Maman
Vous n'aviez pas l'esprit à ce bouquet de fleurs
J'aurais voulu le dire et ne savais comment

A présent qui se rappellerait la couleur
De votre robe ce dimanche à Saint-Germain
Pas même vous à qui j'ai murmuré Tu pleures...

Pour que ces choses-ci fussent dites, il fallait le chant des mots, le poème. Et si *Le Roman inachevé* ressuscite cette enfance, ce n'est pas pour s'en attendrir, mais parce que l'enfant Louis ou l'adulte n'en a jamais fini avec cette ascendance dissimulée et autrement refabriquée, avec ce tas de secrets qui se révélait peu à peu et du dehors réécrivait sa vie.

1. Aragon a commenté ainsi les trois derniers vers de son poème ; après « La première [sa mère]... à quoi songe-t-elle [?] : *Je le savais* ; « La seconde [Madeleine]... : *Généralement en Angleterre* ; « La troisième [Marie] rit : *Une sotte que je n'aimais pas.*
2. Aragon a souligné cette fin de phrase depuis « effusions câlines » pour la démentir : *Mais non.*

Où est ma place Est-elle avec ce passé des miens
Femmes de chez nous le pied court la jambe haute
Les petits cheveux bouclant sur la nuque dont vous étiez si fières
Avec sous la peau blonde et transparente ô lionne
Le sang lombard des Biglione
Et le goût des pleureuses à dramatiser la parole
Où roule cet écho profond de l'oraison funèbre
Cette voix d'hier douce et voilée
De Jean-Baptiste Massillon aux Salins d'Hyères
Est-ce que j'appartiens encore à ce monde ancien
Où est la clef de tout cela Je vais Je viens
Faut-il toujours se retourner
Toujours regarder en arrière [1]

Voilà la seule image sans doute de cette famille de femmes où l'enfant Louis Aragon fit ses premiers pas, la seule image de ce groupe de femmes-sœurs et de leur mère. Mais pour déchiffrer ce poème, il faut déjà connaître le chapitre qui vient maintenant : le chapitre des blancs, des manques, des silences qu'il fallait bien laisser à l'état de blancs, de manques et de silences. Le chapitre des hommes de la famille.

1. *Les mots qui ne sont pas d'amour*, in *Le Roman inachevé.*

2.

Les hommes de la famille

Une horreur aussi de tout ce que le disparu représentait de désordre, d'histoire de mauvaises femmes à Paris. [...] Elle y concrétisera tout ce qu'il y a de mal au monde, toute la lâcheté masculine, le lâchage des siens, la fuite devant les responsabilités du chef de la famille.

Les Voyageurs de l'impériale.

L'enfant n'a pas dû garder beaucoup de souvenirs du 11 bis, avenue de Villars, ce bout d'avenue passante qui va se cogner obliquement sur les Invalides, quand on vient de Montparnasse. Il n'avait pas deux ans lorsqu'il la quitta :

> « Avec l'argent venant des parents de ma grand-mère maternelle, morts entre-temps, après les difficultés juridiques d'héritage, etc., ma mère avait créé une pension de famille, avenue Carnot. C'était à la veille de l'Exposition de 1900, aussi cette pension était essentiellement fréquentée par des étrangers, des étrangères... »

C'est là, dans ce cadre, que l'enfant Aragon vit jusqu'en 1904 :

Va-t'en jouer dehors te voilà tout pâlot
Seulement ne sors pas sans mettre ton jean-bart
Je regardais passer les fiacres les vélos
On s'ennuie à cinq ans seul sur le macadam
Que je la haïssais cette avenue Carnot.

Heureusement, il y avait les belles étrangères pour rêver. Chacun le sait depuis que Léo Ferré a mis en chanson le poème du *Roman inachevé.* Mais je ne suivrai pas le chemin des rêves du petit enfant dont nous comptons les pas. Ces rêves, il n'a laissé à personne d'autre le soin de les conter. Ce qu'il faut plutôt tenter de déceler ici, c'est le terre à terre, le quotidien où il se forma, contre quoi il se fit. La part d'ombre ou de pesanteur, comme on voudra. Les hommes de la famille, chaque fois qu'Aragon en parlera, et encore devant Dominique Arban en 1968, il en exclut complètement ce père et ses demi-frères, ce qui correspond à cette réalité qu'il n'est pas, lui, de leur famille :

> « Pratiquement, sauf mon oncle et un beau-fils d'une de mes sœurs — d'une de mes tantes, je veux dire —, tous les autres hommes *de la famille*[1] ont été tués dans cette guerre. »

La famille, c'est donc la tribu des femmes (les sœurs — mère et tantes — et la « grand-mère »). Et comme homme, l'oncle Edmond[2]. De sorte que la famille, c'est essentiellement le groupe des femmes de la pension de l'avenue Carnot, cette pension qu'Aragon appellera, dans *Les Voyageurs de l'impériale* : Étoile-*Famille.* Et l'oncle Edmond « n'avait en réalité rien à faire avec la pension », dira Aragon à Dominique Arban. Nous verrons plus tard l'exactitude de cette affirmation.

La grand-mère règne plus ou moins sur cette tribu. Il a passé beaucoup d'elle dans la Paulette Mercadier des *Voyageurs de l'impériale*, comme il a passé beaucoup de son mari dans son mari Pierre du roman :

> « Jamais Paulette n'aurait imaginé qu'elle aurait pu gagner la vie des siens. A quoi donc, grand Dieu ! Elle n'avait aucune capacité particulière, elle avait bien tricoté des brassières pour des fêtes de charité, mais à part ça... Elle ne savait rien faire, et elle en tirait gloire. Une vraie femme est un objet parfaitement inutile. Ces femmes qui travaillent ne sont plus des femmes. »

Sa fille Marguerite s'employait à faire marcher la pension. On n'en a pas la représentation dans le roman des *Voyageurs de l'impériale* : Aragon a imaginé à sa place un fils, Pascal Mercadier. Mais on y trouve en revanche, au premier plan, l'homme de la famille, l'absent par excellence : le grand-père. Aragon, en 1965, écrit :

> « Ce livre est l'histoire imaginaire de mon grand-père maternel. Dans la réalité, je l'ai vu quelques minutes, au début de 1915, à la Gare de Lyon. J'avais dix-sept ans. Mes seules données le touchant dataient de 1906. Je n'en avais plus jamais entendu parler depuis ce soir de ma neuvième année... En 1915, il revenait de Turquie, et malgré tout ce qu'elle avait pu penser de lui, ma mère était terriblement émue. Elle m'avait pris avec elle, elle m'avait demandé : " Tu veux bien ? C'est mon père, tu comprends... " Oui, je comprenais. Et aussi que tout ce qui la forçait à se souvenir la

1. *Aragon parle, op. cit.*, p. 13. (Souligné par moi.)
2. Enfin..., précisément le frère de Marguerite qu'Aragon, adulte, appellera « mon oncle ». Comme j'avais émis l'hypothèse que ce dernier avait pu refuser le trucage, Aragon corrigea : *Celle-là, elle est bien bonne. N'avait-il pas accepté d'être payé comme secrétaire par le suborneur ?*

bouleversait. Qu'arriver avec moi devant cet homme, c'était parler de ce dont elle ne parlait jamais. Ma naissance. Pas même à moi. Elle devait attendre 1917 pour s'infliger de me dire la vérité. Moi, je l'avais devinée, en silence[1]... »

J'ai cité ces confidences dans leur intégralité, avec le rythme de ce qui est révélé, les retours, les avancées, les béances. La grande sœur qui parle de son père *à elle*, par exemple. Et ces « blancs » entre Marguerite et Louis, qui deviennent silences noués. Bien que la première apparition furtive du grand-père se situe après le déménagement, en octobre 1904, de la famille à Neuilly, si nous voulons qu'il manque effectivement au moment où cet enfant apprend à parler (et à écrire, c'est chez lui du pareil au même), il fallait ainsi anticiper.

> « Vers ce temps-là [1904] je compris, à ce qui se disait devant moi, que le père de ma mère était revenu à Paris. Comment cela se faisait-il qu'on ne le vît point[2] ? »

Mais déjà, en 1900, l'oncle Edmond, juste après son service militaire, n'avait-il pas été invité chez *son père* ? Impossible de le taire à l'enfant, d'autant

> « qu'il en avait rapporté un roman intitulé *Vierges d'Orient*, à couverture lavande, avec le dessin sépia de deux personnes langoureuses dans des coussins, regardant par la fenêtre ouverte le spectacle de la Corne d'Or (Messein éditeur, 1903) ».

Si l'oncle Edmond avait un père, alors Marguerite aussi, et Marie, et Madeleine. Comment l'enfant Louis pouvait-il raccorder ces informations disparates sans se demander où était son père à lui ?

Fernand Toucas, le père d'Edmond et de Marguerite, était né en 1847, six ans donc après le véritable père de Louis. Sa mère était issue d'une famille de nobliaux lombards, les Biglione. Tôt veuve,

> « encore sous l'Empire, pour simplifier, elle avait fait émanciper son fils afin qu'il s'occupât lui-même des propriétés. C'étaient de vastes cerisaies à Soliès. Mais très vite, Fernand avait été habiter Marseille, les cerises n'avaient pas besoin de lui pour rougir. Là, il avait mené la vie à grandes guides, du moins cela se racontait ainsi. Il était devenu très ami du peintre Monticelli, lui achetait des toiles, il avait aussi des Monet, des Renoir, des Sisley[3] »...

Curieusement, dans ce récit, Aragon ne parle pas du père (tôt disparu) de son grand-père. La chronologie corrige un peu cette légende familiale.

1. *Et, comme de toute mort..., op. cit.*, p. 11.
2. *Ibid.*, p. 14.
3. *Ibid.*, p. 15.

Cette vie à grandes guides, Fernand Toucas n'a pu la mener que jusqu'à... vingt-deux ans. Après, c'est la guerre. La Commune de Marseille... Ce n'est qu'en 1942, près du lit de mort de sa mère, qu'Aragon apprendra que son grand-père

> « *avait eu quelque chose à faire avec...* La chose qu'elle m'avait dite de son père, alors qu'elle avait déjà la persuasion de bientôt mourir, une chose comme soufflée — faute de forces, Maman, bien sûr, mais peut-être aussi parce qu'elle me l'avait cachée toute la vie, — c'était... approche-toi mon petit... tu sais, je ne te l'avais jamais dit, mais tu avais de qui tenir. Ceci de cette voix exténuée, avec un étrange orgueil soudain[1] »...

Un autre secret donc, le plus longtemps gardé, et voici le grand-père qui vire de bord. Ce fou, avec sa peinture, qui avait même subventionné un opéra, avait été de la Commune de Marseille !... Impossible à dire devant le père de Louis qui avait réprimé, lui, la Commune de Lyon et s'en était vanté dans ses livres. Et le petit-fils découvre cette aventure trois ans après qu'il a fini d'écrire l'histoire imaginaire de Fernand Toucas, qu'il en a fait Pierre Mercadier, lequel voit le monde comme de l'impériale d'une diligence, sans savoir où on le mène...

> « Comme je comprends maintenant, il y avait eu l'entraînement politique, la défaite de la Commune... Alors on avait décidé, les cousins, sa mère, de le marier pour faire oublier tout ça, et puis, avec des appuis politiques, on l'avait casé dans l'administration. Ma mère, l'aînée, est née en 1873[2]. »

Marié donc en 1872, devenu sous-préfet de Guelma en Algérie, Fernand abandonnera sa famille quand Marguerite a ses seize ans, en 1889, année de l'Exposition et de la tour Eiffel. Il sera resté deux ans de plus que Pierre Mercadier parmi les siens. Mais il n'a jamais manifesté sur le tard, vis-à-vis de son petit-fils Louis, la tendresse que le romancier des *Voyageurs de l'impériale* prête à son Pierre Mercadier. Le grand-père Toucas n'a pas l'esprit large en matière de mœurs et ne pardonnera jamais son inconduite à Marguerite.

Fernand Toucas avait refait surface à Constantinople dans les dernières années du siècle, sous le nom de sa mère francisé en M. de Biglione, qui convenait mieux au magnat des jeux qu'il était devenu. De quoi faire rêver à ce que l'enfant Louis put entendre par ces « jeux » et, incidemment, au rôle du jeu dans son univers mental :

> « Ce que faisait le mari de Grand-Mère à Constantinople, évidemment, je ne me le demandais même pas. Il paraît qu'il était très riche. “ Pourquoi il ne t'envoie jamais des sous ? ”, avais-je demandé une fois à Marguerite.

1. *Ibid.*, p. 13.
2. *Ibid.*, p. 16. Aragon a ajouté que « maintenant » *signifie en 1942 et ne porte que sur « casé dans l'administration »*.

> Elle me regarda avec un certain étonnement et dit, comme en ravalant sa salive : " Mais il a invité Edmond là-bas pendant dix-huit mois... il a même payé le voyage... " Ah, alors[1]... »

En 1968, quand Dominique Arban lui oppose sa démarche que, précise-t-elle, « je dirai altière, cette aristocratie, cette aisance, ce nonchaloir », Aragon lui répond que son enfance a été entièrement empoisonnée par les soucis d'argent autour de lui, entendez chez sa mère. Ces soucis ont commencé avec la fuite du grand-père, et l'insouciance de la grand-mère les a rendus constants. C'est cette révélation qu'a l'enfant Louis pour ses neuf ans, quand, au début de 1906, le grand-père appelle au téléphone sa fille aînée Marguerite :

> « Elle m'appela dans sa chambre, et c'est alors qu'elle me raconta par le détail tout, le départ du père, sa vie à elle, comment elle travaillait pour le Bon Marché, la nuit, à peindre des éventails, des assiettes, des tasses, des soucoupes avant la cuisson ; et comment, quand ils étaient arrivés à Paris, avant ma naissance, boulevard Morland, tandis qu'elle se donnait un mal de chien pour payer la pension des petites, habillait Edmond qu'on avait pris à l'école Massillon, à cause du nom, elle n'avait pas plus tôt tourné les talons que sa mère, pour s'acheter du linge, une robe, vendait n'importe quoi, la grande armoire, les chaises de la chambre de Marguerite, elle bazardait les tableaux que leur avait laissés le père[2]... »

Et la coloration que ça prend tout à coup qu'aux yeux des tiers Louis ait dû, pour préserver l'honneur de sa mère, passer pour le fils de cette vieille femme-là... Après la fuite du grand-père, la famille avait adjoint à son nom celui des aïeux maternels. La mère de Louis signe Marguerite Toucas-Massillon, et Edmond aussi. La grand-mère descendait du frère du prélat d'Hyères. Ce qui n'est pas sans accentuer la bizarrerie de cette généalogie qui ne remonte dans le passé que par les femmes, le sang des Biglione et celui des Massillon.

Parmi ces hommes de la famille, j'ai fini par oublier Edmond, lequel passera naturellement aux yeux des amis qui viendront à le rencontrer, comme Maxime Alexandre, pour le demi-frère de Louis. Il ne jouera son rôle que plus tard. Service militaire, séjour chez le père, vie parisienne, il n'est jamais là, sauf pour se faire entretenir. Aragon note pour Dominique Arban que sa mère a dû faire vivre son frère « qui, longtemps, a gardé une chambre chez nous alors que c'était déjà un homme de trente ans et plus, qui gagnait sa vie et ne donnait jamais un sou aux siens ». Edmond est, je le rappelle, l'employé d'un homme qui est le tuteur officiel du petit Louis. C'est à ce titre que cet homme-ci figure sur l'*État signalétique et des services* du médecin auxiliaire Louis Aragon, état du

1. *Et, comme de toute mort..., op. cit.*, p. 14.
2. *Ibid.*, p. 15.

23 janvier 1919, de l'écriture d'Aragon, la mention du tuteur jouxtant le trait vertical en guise de réponse aux questions *fils de... et de...*

Bien plus tard, à une date qu'on ne saurait préciser mais qu'Édouard Ruiz qui a révélé ce texte[1] place à bon droit, me semble-t-il, au moment de *La Défense de l'infini,* vers le milieu des années vingt, Aragon écrivit *Je te déteste univers* où l'on lit ceci :

> « Ma mère n'est pas ce que j'aie connu de plus haïssable sur terre [...]. J'aurais pu vivre sans lui vouloir le moindre mal, mais qui donc avait été imaginer un lien nécessaire entre nous ? [...] Un spectacle comique à la fois et tragique, que celui des parents au moment où ils se hâtent, profitant de l'ignorance et de la faiblesse de cet enfant qu'ils ont encore quelque mal à reconnaître comme une miette de leur pensée, de donner forme à l'informe, de nouer les éléments d'un contrat unilatéral, dont ils savent qu'il sera dénoncé, s'ils n'usent pas tout de suite de la force et de la ruse, pour marquer cette image de leur amour, qui s'éloigne d'eux, qui prend conscience [...]. C'est ainsi qu'on habitue un être à une pétition de principe, de laquelle il n'aura jamais notion, par quoi perpétuellement il fera passer sa pensée, c'est ainsi qu'on fabrique dans les maisons tranquilles les magots de l'esprit de famille, dont le nombre est plus grand encore que celui des vérolés de nos jours. Il y a dans l'idée de famille un germe de la folie. »

Singuliers aveux, jamais publiés mais conservés.

1. Aragon : *La Défense de l'infini,* fragments, présentation et notes d'Édouard Ruiz, éditions Messidor, 1986 (désormais citée : *D.F.*), p. 149-150.

3.

Étoile-Famille

J'ai situé le fils de Pascal Mercadier dans le cadre de ma petite enfance, pas seulement pour les murs, mais aussi pour les personnages qui passent entre ces murs, les bonnes, les locataires, les dames étrangères... Cet enfant n'est pas moi, mais je n'ai pas résisté à lui faire mes souvenirs.

Et, comme de toute mort renaît la vie.

La pension était située à peu près au milieu de l'avenue Carnot, à gauche en montant. Un paysage de hautes maisons écrasées par l'énorme masse de l'Arc de Triomphe, mais de l'espace, de l'air.

> « Il y avait une immense avenue vide avec le soleil à chaque bout, le soir et le matin, avec de grands trottoirs d'asphalte qui dégringolaient de l'Étoile vers les Ternes, tenant prisonniers dans des grilles des arbres noirs aux larges feuilles, venus d'images japonaises. Il y avait en haut de l'avenue la légende et l'Arc de Triomphe, et au bas bout les fournisseurs, un quartier de petites gens sentant la nourriture, avec des mercières et des concierges. »

Tel est le territoire de Jeannot dans *Les Voyageurs de l'impériale.* Tel fut le territoire de l'enfant Louis. Il n'a pas changé, près d'un siècle plus tard, si ce n'est qu'on ne voit plus les grands trottoirs, recouverts de voitures en stationnement :

Jean Bart
Dans l'avenue aux Catalpas,

dira en 1920 *Feu de joie*, jouant sur le double mystère de ce Jean Bart — à l'époque un chapeau de paille ou de toile cirée à larges bords relevés — et de ces arbres japonais, les catalpas. Et nous voici soudain à la croisée des chemins de l'écrivain Aragon, qui naît à la poésie en transfigurant les secrets de son enfance, pour n'avoir de cesse, franchi le cap de sa maturité, *qu'il n'abatte son jeu*, de déchiffrer publiquement les cryptogrammes anciens. Comme si, non content de nous avoir imposé l'écart magique du poème et, par les romans, celui d'une réalité différente, il entendait en outre nous conduire à regarder comme lui les prémices vécues de toutes ces transformations par l'écriture. En décembre 1965, il définit ainsi la différence entre Jeannot et lui :

> « Voyez-vous, le fils de Marguerite aura été un enfant autrement triste que le fils de Pascal [Mercadier], qui deviendra sculpteur et plaira beaucoup aux femmes comme son père [1]. »

Autrement triste. La solitude. Marguerite accaparée par la direction de la pension. L'inquiétude, l'angoisse maintenant qu'il comprend qu'il n'a pas de père, pas de mère. Le temps d'Étoile-Famille va du moment où l'enfant Louis commence à parler jusqu'au moment où il sait écrire. Il est seul dans cette maison de femmes, l'oncle Edmond ne rentrant d'Istamboul qu'en 1902. Comme dit Piaget, « situé en plein milieu d'un univers physique et social dont il n'a jamais fait le tour, l'enfant ne pourra qu'être victime de la perspective particulière où les circonstances le placent ainsi [2] ». Il y a ces promenades vers le bois de Boulogne pour y rencontrer son parrain, son tuteur, un vieux monsieur portant beau, chez qui on ne va jamais et qui donne des ordres à l'enfant, prend des décisions, et surtout parle à Marguerite d'une drôle de façon. Et il passe dans leurs conversations des choses mystérieuses, et Marguerite est souvent décontenancée, souvent triste aussi. Les « pourquoi ? » touchant ce parrain, l'enfant n'ose probablement pas les formuler. Toute cette tension ne pouvait certes pas passer dans l'enfance de Jeannot [3]. Au moment des *Voyageurs de l'impériale*, en 1938-1939, Aragon a rayé l'existence de son père de ce qu'il écrit.

Faute de modèle familial cohérent, l'enfant se construit son monde à lui avec ce qu'il sait des clients de la pension de famille, à l'aide des commentaires qu'on en fait à la table familiale. Les clients vont et viennent. Ce changement aide au décryptage, mais aussi à développer une fantasmagorie sur ce qui leur advient quand ils sont partis, sur les nouvelles qui arrivent de leurs lointains pays. L'enfant est beau, gracieux. Il émeut les étrangères, devine confusément une ressemblance entre ces femmes et ces fillettes éloignées de leur famille, coupées de leur tissu social, et lui-même. Les maris, les pères sont généralement restés au pays... Toute sa vie, Aragon sera sensible à ce déracinement chez les autres, surtout chez les femmes.

1. *Et, comme de toute mort...*, *op. cit.*, p. 21.
2. *La Formation du symbole chez l'enfant,* Delachaux et Niestlé, 1968, p. 54.
3. *Jeannot,* commente Aragon en marge de ma biographie, *a une grand-mère qui ne ressemble pas à la mienne, elle est là pour figurer une époque légèrement antérieure à l'avenue Carnot.*

« Grace, la plus jeune — elle devait avoir douze ans — presque plus une enfant, en tout cas, pour moi, elle était d'âge à se marier. Il était entendu que nous allions nous marier, et même, sans attendre, nous avons eu des enfants : un garçon, deux filles ; et tous les soirs, je les couchais, je bordais les poupées dans le lit. D'abord, leur " mère " venait toujours coucher les enfants avec moi, mais quand elle est repartie pour le Texas, resté seul, je disais : " Ah ! voilà ce que c'est que d'épouser des étrangères, elles vous laissent avec des enfants sur les bras "[1]. »

Mais c'est *Le Roman inachevé* qui raconte vraiment ce temps de la pension de l'avenue Carnot. D'abord, la féerie :

C'est l'année où l'on a mis des portes pliantes[2]
Entre la pièce jaune et la salle à manger
Il était descendu chez nous une cliente

Qui restait tout le jour dans sa chambre allongée
Elle écoutait le soir parfois le phonographe
La Muette ou Norma l'Italienne à Alger

. . . .

Elle avait des vapeurs Il fallait qu'on dégrafe

Ce long col baleiné mais lorsque c'était moi
Elle posait sa main sur ma tête enfantine
Me donnait des loukoums poudrés comme ses doigts

Elle avait des points d'or autour de sa rétine
Une voix qui sortait des Mille et Une Nuits

Ensuite, le retour à la réalité, le dégrisement quoi, contre lequel l'enfant protège son rêve :

Que fais-tu tout le temps chez cette Levantine

Me demandait Marie et que pouvais-je lui
Répondre de sensé sans étoiles filantes
Sans l'arc-en-ciel qu'on voit dans les gouttes de pluie

Vraiment quelle tournure d'esprit désolante
Je me demande ce qu'il deviendra plus tard
Ce mioche dit Marie en arrosant les plantes...

1. *Aragon parle, op. cit.*, p. 17.
2. Aragon a précisé que cette « année... des portes pliantes » est *1903*.

Aragon a raconté que ses premières émotions littéraires lui vinrent du théâtre, une pièce du Boulevard, *Le Billet de logement*, dont il avait tout retenu sans bien sûr comprendre qu'elle se passait... dans une maison de passe ; une pièce du Châtelet, *Un oncle d'Amérique*, sur les débuts de l'automobile, où le mari en peau d'ours est soudain remplacé par un vrai ours, sa femme étant sur le siège à côté... Je ne suis pas convaincu qu'il faille y attacher autrement d'importance et qu'elles aient joué un autre rôle que, pour un enfant de trois à quatre ans, de nos jours, la première pièce télévisée, le premier film qu'il aura regardés et la féerie qu'il en aura retenue. L'intéressant est qu'au lieu d'en redemander comme spectateur, il se soit d'emblée placé du côté de l'auteur, préférant à celles des autres ses propres histoires. Il a dicté à ses tantes une pièce qui s'appelait *Les Enfants de Cléopâtre.*

Cléopâtre ?

> « Parce que Cléo, ma grande admiration dans la vie — et je voyais sa photographie partout à l'époque — c'était Cléo de Mérode, et pour moi, Cléopâtre et Cléo de Mérode n'étaient qu'une seule et même femme. Bon. Pour dire la chose en deux mots : cela ne ressemblait ni à une pièce de M. Mouëzy-Éon, ni à une pièce du Châtelet. C'était à proprement parler shakespearien... J'exagère à peine. Mais comment cela m'était-il venu ? C'est resté pour moi une énigme, je ne savais pas écrire. Je dictais. C'est deux ans plus tard que j'ai commencé à crayonner, que je me suis mis à écrire des romans[1]... »

Nous sommes en 1902. Un garçon de vingt ans, après neuf mois d'étourdissants succès parisiens, vient de s'absorber dans une peinture austère qui n'est qu'à lui — que personne d'ailleurs ne lui achète, ni ne lui achètera de longtemps — et rentre à Barcelone, emportant roulées ses premières toiles bleues. Mais ce Picasso n'est qu'un jeune fou. Pourquoi choisit-il d'être maudit ? A vingt ans aussi, Guillaume, qui signe tout juste Apollinaire, déconcerte Annie Playden et consacre les quelques semaines de congé que lui donne Mme de Milhau à un voyage en Europe centrale. La *Chanson du mal-aimé* va en naître, tandis que *La Revue blanche* publie *L'Hérésiarque.* André Breton a six ans : il passe à Pantin sa deuxième année près de la capitale. Paul Grindel — il signera Eluard en 1916 —, de trois mois son aîné, vit à deux pas de là, à Saint-Denis. André Malraux et Maurice Thorez sont encore au berceau. Les rôles de la pièce ne sont pas distribués, même pour Jean Paulhan qui finit tout juste ses études secondaires à Louis-le-Grand. Matisse ne sait pas encore vraiment quel peintre il est. Gide se confond avec *L'Immoraliste.* Seuls Claudel et Romain Rolland ont déjà écrit une partie essentielle de leur théâtre. Gorki a derrière lui *Les Bas-Fonds* et quelques-uns de ses meilleurs contes.

1. *Aragon parle, op. cit.,* p. 19.

Cette année — qui est celle où Zola meurt — n'est guère secouée en France que par l'application de la loi sur les associations, que Waldeck-Rousseau a fait voter en juillet, l'année précédente, contre les congrégations. Ce deuxième assaut, qui va conduire en 1905 à la séparation de l'Église et de l'État, n'est pas sans rappeler certains souvenirs à un député de la majorité, le parrain de l'enfant Louis :

> « Monsieur mon père (celui que je dois considérer comme tel malgré sa conduite à l'égard de ma mère), qui fut célèbre pour, autant cela qu'autre chose, avoir mis des gants d'une certaine couleur quand il allait pour la Troisième République, vers 1880, expulser les Sœurs de leurs couvents [1]. »

Inscrivons dans ce tableau le premier texte recueilli d'Aragon :

> « *Quelle âme divine !*, écrit à la fin de 1903, à six ans juste, et portant la date 1903-1904, parce que j'en avais fait cadeau à Marguerite pour son anniversaire (février 1904) ; à six ans, quand j'avais déjà eu entre les mains *Le Général Dourakine*, et qui s'en ressent [2]. »

Sur un carnet, en deux parties de 9 et 11 chapitres, chacun avec son titre propre, l'histoire est découpée en tableaux de quelques phrases. Si l'on veut en goûter la prose, voici l'ouverture :

I

AU 3e DU 2, RUE MONTORGUEIL

> « " Venez vite ! Victor ! Marie ! Alfred ! René ! " criait Robert de Noissent. " Qu'est-ce qu'il y a ? dit Victor. — Il y a que nous partons de la rue de Montorgueil, dit Robert. — Pour où ? dit Marie. — Pour où ? oui, pour où ? dit René. — Pour le 3 de la rue Pierre-le-Grand à Saint-Pétersbourg, dit René — Ah, dit Alfred. — En effet, dit Monsieur de Noissent. — Oui ", dit Mme de Noissent. »

On y notera l'écoute du langage parlé. Le sens du collage aussi, puisque le titre vient de la manie d'un certain capitaine Sand qui ne cesse de chanter « Quelle âme divine ! Quelle âme mon Dieu ! ». Et l'on ira en Sibérie chercher le prince Serge Yorpanoff, qui y est exilé. En moins de temps qu'il ne faut pour l'écrire, on le ramènera à Paris. Un alexandrin [3] pour finir :

> Bientôt l'on fut arrivé rue de Montorgueil.
> Et tout le monde fut heureux.

1. *Henri Matisse, roman,* Gallimard, Paris, 1971, II, p. 201.
2. *Avant-lire, Œuvres croisées, op. cit.,* p. 12.
3. *Inconscient,* souligne Aragon.

4.

Les découvertes de Neuilly

> *... La période de l'école sur laquelle, d'ailleurs, on trouvera des renseignements assez exacts dans le portrait d'un petit garçon qui n'est pas moi non plus, mais où bien des traits sont empruntés aux conditions de mes débuts dans la vie, dans un conte sous le titre* Le Mentir-vrai, *écrit pour être une sorte de leçon de comment dire, en mentant, des choses vraies...*
>
> Aragon parle.

On me dira que je fais beaucoup d'hypothèses sur cet enfant et ses questions. Qu'après tout, je n'en sais rien, que les textes sur lesquels je m'appuie ne sont pas si explicites. Et de fait, Aragon, qui écrit tant sur sa vie, écrit presque toujours indirectement sur ce qui le touche le plus, ne se livre pas au moment même où il semble le plus s'ouvrir à ses lecteurs. Il n'est pas homme à se déboutonner, comme on dit. Ou plutôt : il est poète, il est romancier dans la mesure où il ne se livre pas. Donner et retenir ne vaut. Mais l'écriture peut en naître. Il y a dans *Blanche ou l'oubli*, publié en 1967, dans la bouche de Geoffroy Gaiffier dont on sait qu'il est né le même jour qu'Aragon, quelques remarques sur le point qui nous arrête :

> « J'étais devant cette question comme un enfant. L'enfant ne se contente pas de la réponse qu'on lui fait, elle engendre toujours pour lui une autre question. L'adulte, c'est-à-dire l'enfant intégré dans un système qu'il ne remet plus en cause, est une somme de réponses dont il se contente. Il m'arrive de penser que les romans ont pour but de ramener l'homme à la situation de l'enfance, briser ce cadre qui le limite, que les romans tendent à le mettre dans la situation d'insatisfaction de l'enfant, qui veut toujours en savoir plus... »

L'enfant Louis, cette somme toujours renouvelée de questions... Le grand changement dans sa vie se produit en octobre 1904, pour ses sept ans. Marguerite a vendu la pension, et la famille va habiter 12, rue Saint-

Pierre, à Neuilly, une petite rue perpendiculaire à la grande avenue qui monte à la Défense, à droite quand on part de Paris. L'appartement est au quatrième. Louis entre à l'école au cours mixte de Mlle Boucher, rue Devès, à cinquante mètres de chez lui. C'est un quartier pareil à un village, entre l'avenue du Roule qui mène à la porte des Ternes et l'avenue de Neuilly, avec une église toute neuve et des maisons de six, sept étages, en pierre de taille, qui envahissent peu à peu les jardins. Les façades sont gonflées d'encorbellements. Le 12 paraît sobre, comparé au 14, terminé en 1903, dont les sculptures sont signées Pierre Seguin. On venait de l'achever quand la famille s'y installa. On est tout près de l'avenue aux Catalpas et il n'y a que cinq cents mètres à faire pour arriver au Bois, au bois de Boulogne.

L'enfant est fort pieux. Et c'est probablement le moment où le « parrain » commence à le mettre mal à l'aise sur ce plan-là :

> « C'était un voltairien, c'est-à-dire qu'il ne croyait pas dans le Dieu des chrétiens (ou, comme il ajoutait, *et encore moins* dans leurs trois dieux), mais n'excluait pas l'idée qu'il pût y avoir au commencement du monde *quelque chose* [...]. J'ai dit que c'était lui qui avait assuré l'expulsion des religieuses, lors de la première vague de cette opération. Je n'aimais pas cet homme, ayant assisté entre ma mère et lui à des scènes parfois violentes, où ses propos à lui étaient d'une espèce qui m'empêche même de les répéter. Pendant mon enfance, le dimanche et le jeudi matin, nous allions, ma mère et moi, le rencontrer au Bois de Boulogne, lui venant de Passy, nous de Neuilly. Je l'appelais *Parrain*, c'était la version pieuse des choses[1]... »

C'est en 1908, dans sa onzième année qui est celle de la première communion, que Louis Aragon entre en sixième à l'école Saint-Pierre à Neuilly, « de l'autre côté du pâté de maisons, derrière chez nous, de telle sorte que ma mère pouvait me voir plus ou moins bien de notre quatrième étage jouer dans la cour de récréation ». C'est là que se produisent les mutations de la sortie de l'enfance. Aragon a transposé cela dans cette nouvelle du *Mentir-vrai* qui date de 1964.

Le sujet apparent est l'amitié partagée entre Guy Renaudot d'Arc et celui qui, dans *Aragon parle*, est appelé « mon plus vieil ami, mon premier ami véritable », Jacques Tréfouël, le futur directeur de l'institut Pasteur. Guy, dans la nouvelle, conserve son vrai prénom, et Jacques y devient Paul. Guy est de l'Action française. « C'est bien naturel, puisqu'il descend de Jeanne d'Arc par les hommes. »

> « Si moi je descendais de Massillon, du moins de son frère aîné, lui descendait de Jeanne d'Arc, également par son frère. Et c'était mon meilleur ami à cette époque, mon camarade, et tout mon public. »

1. *Henri Matisse, roman, op. cit.*, II, p. 213.

L'enfant Louis s'est mis en effet à écrire des vers :

« Devant Paul, d'écrire des vers, ça me fait honte : j'ai peur aussi de le blesser, comme si, par là, je voulais me distinguer de lui. »

Paul est un ami de toujours, avant même leur rencontre au cours de Mlle Boucher — pardon, elle devient Mlle Boulanger dans *Le Mentir-vrai.* Paul est jaloux de Guy. Avec Guy, il y a un sujet de désaccord, parce que... Louis se considère comme un *homme de gauche* ! La position politique de son parrain déteint sur lui[1].

« Nous ne nous entendions que sur une chose en politique, c'est que je n'aimais pas le président Fallières. Je trouvais qu'un président, tout de même, ça la foutait mal qu'il portât le nom d'une phosphatine ! »

Mais il y a des partages plus graves que celui de l'amitié, des choix plus décisifs encore : celui des péchés qu'on avoue à l'abbé Flynn, ou plutôt le départ entre ce qu'on lui dit et ce qu'on ne lui dit pas :

« ... (j'ai l'impression qu'il est un peu trop jeune pour certains détails), d'ailleurs, ça prendrait trop de temps, puis ce serait immodeste. Comment voudriez-vous que je lui explique ma situation de famille ? Là aussi, c'est comme entre Guy et Paul, je me partage. Il y a des domaines qui sont et des qui ne sont pas pour le bon Dieu. »

Le partage. Face et pile, avers et envers. Mais tout se tient, et ce tout est aussi indissociable que le signifiant du signifié :

« J'aime bien le catéchisme, la seule chose, c'est que ça me fait manquer la salle d'armes. Parce qu'avant de commencer mon catéchisme, tous les jeudis et dimanches matin, depuis l'âge de six ans, je me rendais à travers le Bois, du côté de la place Victor-Hugo, à la salle d'armes de mon père. Mon père est marié, il faut vous dire, avec une vieille dame que je ne connais pas. Alors, il n'habite pas avec nous. Il a eu des duels, ça, des flopées, à ce que m'a dit Maman, et il n'admettrait pas que je ne sache pas me battre à l'épée... »

Arrêtons-nous, le temps de faire le point, de repérer le vrai des faux-semblants de cette vie d'enfant. « Depuis l'âge de six ans » : voilà qui nous ramène en 1903. Donc, c'était bien du temps de l'avenue Carnot, déjà, qu'il allait au Bois rencontrer son « parrain ». Mais alors, il sait déjà, à onze ans, pour ce qui est de son père ? Et de sa mère ?

« J'appelle publiquement mon père mon tuteur, et Maman Marguerite : il est convenu que pour les autres, je suis un enfant adoptif de Grand-Mère. Ma mère s'appelait Blanche et elle est morte... »

1. Correction d'Aragon : *Il était du groupe dit progressiste à la Chambre, qui était un groupe de ce qu'on pourrait appeler aujourd'hui le centre droit, mais un ami de Clemenceau.*

Dans *Le Mentir-vrai*, Maman, en fait, s'appelle Marthe. Mais je lui rends son vrai prénom pour ne pas embrouiller davantage cet écheveau emmêlé. Blanche, donc, la maman de fiction. Et la résonance de ce prénom de Blanche dans toute l'œuvre, du *Cahier noir* de 1926, à *Blanche ou l'oubli* en 1967 ?

Une fiction très bien organisée, fignolée dans les moindres détails :

> « Et elle est morte [Blanche], son mari est parti pour l'Espagne ou l'Amérique du Sud, ce n'est pas très clair, alors Grand-Mère m'avait pris en charge, et puis, il est arrivé de mauvaises nouvelles. Quand j'étais petit, je ne savais pas : puis, un jour que j'étais malade, mon tuteur, il est venu dans ma chambre et, à droite de la cheminée, au mur, sous le Jésus de Prague, il a aperçu la photo du Monsieur qui était mon père pour tout le monde. [...] Mon tuteur, il a demandé, qu'est-ce que c'est que ça, et j'ai dit c'est Papa, et lui il s'est mis dans une colère, mais une colère ! La photo a passé dans sa poche et, devant mes protestations, il a promis de m'apporter son portrait à lui, pour remplacer le petit cadre ovale... »

La scène devant ce tout-petit enfant, et le traumatisme[1] de cet arrachement de l'image qui tient lieu, sur le mur, de portrait du père... A moins que l'enfant n'y ait pas trop cru, seulement pour pouvoir y rêver :

> « Un monsieur en redingote croisée, bordée d'un large ruban de soie, une tête comme on en voit chez les coiffeurs, les cheveux noirs avec quelques fils blancs, formant un toupet à droite, et une raie à sa naissance, la barbe aussi partagée en deux, avec un air de ces dessins de paraphes qu'on affiche chez les marchands de cartes de visite... »

Comme si le vieil homme qui raconte maintenant la scène prenait à son compte la colère du vrai père devant ce père factice. Mais non. Ce vieil homme est le petit enfant, le petit enfant floué, victime du vrai père. Poursuivons l'examen attentif de ce texte capital. « Après quoi, Marthe m'a expliqué... » Je laisse Marthe. En fait, Marguerite n'a rien expliqué. Si la scène de l'arrachement du portrait est vraie, Marguerite n'a pu que trouver des explications calmantes pour l'enfant, puisqu'elle ne lui a avoué la vérité de sa naissance qu'en 1917.

> « Et on a mis au mur, au-dessus du Jésus de Prague, cette fois, une grande image un peu passée, jaunie, de mon vrai père, comme s'il y avait toujours été. Plus jeune que je ne l'avais connu, la moustache batailleuse, une seule main gantée, l'autre tenant le gant sur la canne, en pied. N'empêche que je dis toujours Marguerite à Maman, devant le monde... Maman, pour nous, c'est un nom secret, les portes fermées. Même pas devant Grand-Mère. Maman n'aime pas Grand-Mère. Elle m'a dit une fois : " Écoute, le jour de tes dix-huit ans, promets-moi, on s'en ira tous les deux, on laissera les

1. Précision d'Aragon : *L'enfant n'aimait pas qu'on lui enlève quelque chose qu'il avait toujours vu au mur. Il se fâchait.*

> autres, ce sera bien leur tour de s'occuper de Grand-Mère, on s'en ira n'importe où, en Égypte... " Bien sûr, j'ai promis. Et de cela non plus, je ne parle à personne, ni à mon confesseur, ni à mes amis... »

C'est ici la version arrangeante d'une vie autrement terrible. L'enfant n'a pas appris, à l'époque de l'incident du portrait, quel était son vrai père.

> « Naturellement, ici où ce n'est pas de moi qu'il s'agit, d'un moi qui n'est plus, d'un moi irretrouvable, mais d'un petit garçon que j'ai inventé de toutes pièces, dans mon genre bien sûr, pour présenter son histoire en raccourci, dans l'année scolaire 1908-1909, j'ai supposé que sa mère, pas la mienne, avait tout dit à l'enfant dès l'incident du portrait. »

Mais alors, l'incident, lui, n'est pas du mentir ? Le tuteur est bien venu dans la chambre de l'enfant, a substitué sa propre image à celle du père de fiction. Épaississant le mystère, la gêne, l'angoisse. Et ce que dit Marguerite du poids des siens, de la grand-mère... Le mentir, le voici, tout crûment :

> « Parce que si j'étais Pierre, alors le mensonge ici serait d'évidence, je veux dire le maquillage des brèmes. Moi, tout le temps de mon enfance, je n'ai jamais menti aux autres, si je disais *Marthe*, ou enfin, ne me cherchez pas des poux dans la tête ! tout autre nom, ce n'était pas au lieu de Maman. Bien sûr, j'avais pour celle que j'ignorais être ma mère des façons douces de l'appeler que je n'aurais pas employées devant d'autres, mais cela ne signifiait rien que la pudeur. »

« Celle que j'ignorais être ma mère. » Donc le tuteur ne peut être que cet étranger qui s'arroge des droits sur le destin de l'enfant, un ami de Clemenceau, un radical bon teint, d'où la sensibilité de l'enfant aux allusions vraies ou fausses à Clemenceau, sa volonté d'être de gauche, bien que l'anticléricalisme bouscule ses croyances et sa piété.

Mais songez plutôt à cet enfant qui n'a jamais dit Maman. Vous ne me croyez pas ? Écoutez le poème d'*En étrange pays dans mon pays lui-même*, écrit après la mort en 1942, de la maman :

Le mot

Le mot n'a pas franchi mes lèvres
Le mot n'a pas touché mon cœur
Est-ce un lait dont la mort nous sèvre
Est-ce une drogue une liqueur

Jamais je n'ai dit qu'en songe
Ce lourd secret pèse entre nous
Et tu me vouais au mensonge
A tes genoux

Nous le portions comme une honte
Quand mes yeux n'étaient pas ouverts

. . . .

Te nommer ma sœur me désarme

. . . .

Faut-il poursuivre ? 1942. C'est un homme de quarante-cinq ans qui se confie. Enfin.

Que si j'ai feint c'est pour toi seule
Jusqu'à la fin fait l'innocent
Pour toi seule jusqu'au linceul
Caché mon sang

J'irai jusqu'au bout de mes torts
J'avais naissant le tort de vivre

. . . .

Le poème, ici, pour dire l'indicible.

5.

La blessure

On me demandera quel plaisir j'ai à montrer ainsi les nœuds de la trame dans la tapisserie, on s'est déjà étonné en d'autres temps que je parlasse du métier sur lequel elle était faite. [...] Je prétends qu'on voie dans ce que j'écris ce qui est faux, comme ce qui est vrai, qu'on en fasse avec moi le tour...

De l'exactitude historique en poésie, *1940.*

L'enfant écorché vif. Et quelle autre mesure en pourrait-on prendre que cette nouvelle du *Mentir-vrai,* écrite à soixante-sept ans par Aragon, « écrite au bien » comme s'il avait vraiment prononcé le mot, le mot de maman ? Ce qu'écrire cette nouvelle représente de rêves trop longtemps enfouis, combattus ? de réécriture de la vie, comme une donne nouvelle à jouer, une autre enfance à commencer ; *pour* commencer ? L'enfant écorché aussi par sa pauvreté, devant les autres :

Le monde qu'on se fait de tout Les perpétuelles blessures
Propos surpris Rires des gens Baisser les yeux sur ses chaussures
Se sentir une marchandise en solde une fin de série
Comme un interminable dimanche aux environs de Paris
Dans ces chemins sans fin bordés de murs

Il y a des sentiments d'enfance ainsi qui se perpétuent
La honte d'un costume ou d'un mot de travers T'en souviens-tu
Les autres demeuraient entre eux Ça te faisait tout misérable
Tu comprenais bien que pour eux tu n'étais guère montrable
Même aujourd'hui d'y penser que ça me tue[1]...

1. *Je ne récrirai pas ma vie...,* in *Le Roman inachevé.*

Les blessures qui viennent de sa longue quête du vrai. Cette autre histoire de mentir-vrai, par exemple, où il raconte, en vacances à Donville, au fils d'un industriel lyonnais, un gosse de son âge, le modèle de son histoire : qu'il croyait être né à Alger — et pas à Madrid, comme on le racontait —, à Alger, quand le grand-père était sous-préfet et que, peut-être, il était le fils de quelqu'un d'autre. Suivait la scène de la photo au mur et du parrain. Le gosse lyonnais n'avait rien trouvé de mieux que d'aller tout raconter à son papa, lequel vint menacer l'enfant de tout dire à sa mère (« c'est-à-dire à Grand-mère, et qu'on me chasserait de l'hôtel »).

Ces vacances à Donville (Calvados), qu'Aragon dit avoir eu lieu bien avant 1908, doivent dater de 1905, puisque celles de 1906 et 1907, il les passera au château d'Angeville, près de Lompnaz dans l'Ain, dont sa mère avait loué une partie et dont il fera Sainteville dans *Les Voyageurs de l'impériale.* Angeville qui n'est pas si loin de Trévoux, berceau de la famille de son vrai père, le tuteur. Mais, entre-temps, je veux dire entre ce modèle précoce de la naissance et l'époque de l'école Saint-Pierre à Neuilly, s'est placée cette autre découverte de l'enfant : le grand-père (le mari de Grand-Mère) a quitté Constantinople et est revenu en France.

> « Il avait ouvert un cercle place de l'Opéra, dans les grands salons qui ont balcon au-dessus de la Maison de Blanc. Il avait dû vendre ses tripots de Turquie. Marguerite faisait des scènes à son frère parce qu'Edmond voyait son père et se montrait au Cercle. Peut-être même jouait-il ? »

Au printemps 1906, si Fernand Toucas, alias Fernand de Biglione, appelle sa fille Marguerite au téléphone, c'est que Clemenceau — mais oui, l'ami du tuteur —, ministre de l'Intérieur, a décidé de faire respecter l'arrêté qui interdit les jeux de hasard dans les lieux publics dans un rayon de 100 km autour de Paris. Le cercle fermé, lui-même sous le coup d'un arrêté d'expulsion, « M. de Biglione, écrit Aragon, avait cessé de porter beau ». Il vint chercher le prix d'un billet de chemin de fer pour Genève.

> « S'il ne partait pas immédiatement, il serait jeté en prison... Du moins, c'est ainsi que ma mère m'expliqua les choses. Elle se tordait les mains, c'est tout de même mon père, il attendait la réponse au bistrot, et elle avait voulu me consulter : que devait-elle faire ? Je n'avais pas neuf ans. Je lui dis de donner ce qu'elle avait, même si pour nous... Mais est-ce que tu comprends que nous n'aurons pas à manger ? Et qu'est-ce que je vais dire à la bonne ? et à Maman ? C'est alors que je cassai la tête de chat bleue et rose où on mettait pour moi les sous neufs, comme de l'or, et quelques pièces blanches. Il y avait dedans trente ou trente et un francs. Cela suffisait. C'est ainsi que mon grand-père a repris le large [1]... »

Le ton de ces lignes frappe. Alors que l'auteur des *Voyageurs de l'impériale* n'est pas sans tendresse, loin de là, pour Pierre Mercadier,

1. *Et, comme de toute mort..., op. cit.*, p. 16.

soudain le côté odieux du vieux joueur, avec sa demande d'argent, l'emporte sur le reste. Le mépris de l'enfant, cassant sa tirelire pour ce grand-père affolé et quémandeur, se trouve avivé par d'autres confidences que je n'ai fait qu'effleurer : celles sur la gêne matérielle de la famille. Ce grand-père à éclipses, qui traite sa fille aînée par-dessous la jambe à cause de l'existence de Louis (on ne s'attendrait pas que la morale fût faite par cet homme, mais c'est ainsi du père à la fille), sert de révélateur social :

> « Dans l'appartement de Neuilly où finalement la famille s'était établie, grâce à ce peu d'argent que ma mère avait retiré du travail de cinq années, la pension de l'avenue Carnot, nous vivions d'apparences. On mangeait mal et difficilement à la maison. On économisait sur chaque jour de quoi aller dans un hôtel du plus bas ordre, en été, à la mer ou à la montagne. Mon enfance a été empoisonnée par les souvenirs d'argent autour de moi, par le sentiment que j'éprouvais de n'être pas au niveau de mes camarades d'école. Par exemple, j'aimais dessiner, et imaginez-vous que je n'ai jamais pu le faire, parce que je n'ai pas pu avoir une boîte de compas décente et montrable. On m'avait donné une boîte de compas qui avaient servi aux fils de ce père que j'avais sans l'avoir, des compas rouillés dont j'avais honte... avec lesquels on ne pouvait pas tirer un trait propre. Sans parler des dictionnaires tout tachés d'encre, qui me venaient de la même source et que je cachais pour cela[1]... »

Passe pour les compas, et peut-être qu'à l'école Saint-Pierre à Neuilly le standing commandait d'avoir des dictionnaires neufs, mais l'important me paraît dans ces mots : « qui me venaient de la même source », et dans la tension incontrôlable entre cet enfant sans parents et ce tuteur-parrain envahissant, qui se retient mal d'exercer les prérogatives du père, qui voudrait substituer son image aux fantasmagories du *cant* ; et dans le désir inconscient du gosse de *partager* le monde inatteignable de ce tuteur, dont il se sent banni et dont ne lui parviennent que des restes usagés, dégradés, souillés.

A l'école, Louis Aragon est, lui, sans parents dignes de ce nom. « Ce nom a été inventé pour moi à ma naissance (par mon père), je ne puis pas le considérer comme un nom de famille, mais il m'appartient en propre et par jugement. » Dans le premier poème où il parle de lui, *Feu de joie,* en 1919, Aragon titrera *Vie de Jean-Baptiste A.*, « A. » étant là pour Aragon, mais Jean-Baptiste est le prénom du lointain oncle maternel : Jean-Baptiste Massillon. C'est donc un double choix de l'ascendance maternelle : d'abord contre Louis, prénom du parrain-tuteur Louis Andrieux, et, ensuite, des Massillon contre le grand-père Toucas.

Ce choix est profondément ancré dans la « famille ». Par la vie même. Et par l'abandon de la grand-mère. Et par sa propre naissance. Mais combien de temps n'aura-t-il pas mis à comprendre... Reproduisons ici quelques lignes de *La Mise à mort,* qui datent de 1965 :

1. *Aragon parle, op. cit.,* p. 103.

> « Il y a dans les lettres de Mme de Chateaubriand, oui, la femme de René, le récit d'une journée à La Seyne, à côté de Toulon, où elle avait été envoyée soigner sa tuberculose, au début de mars 1826. Je ne sais qui l'avait menée chez des gens dignes de compassion : ... *une famille de* vrais *Massillon,* écrit-elle au ministre Clausel de Coussergues, *qui y vit dans un état de pauvreté tel que Mme Massillon est obligée de garder la chambre, faute de vêtements. Cette famille est composée du père, de la mère et de deux garçons. Au mois de juillet dernier, M. le cardinal de Clermont-Tonnerre écrivit à M. le grand maître de l'Université en faveur du plus jeune des deux fils, afin de lui obtenir une place dans un collège. [...] L'aîné, âgé de vingt ans, et celui pour lequel je sollicite tout votre intérêt, demande une place dans les douanes ou dans les postes...* »

Cet aîné, François, fut nommé écrivain de la marine, puis sous-commissaire à trois galons. Aragon poursuit :

> « J'ajouterai qu'il fit la guerre de l'Opium en Chine, d'où il rapporta ces trois malles rouges à décor jaune et noir qui sont dans mon bureau [...] et qu'il fut par la suite commandant du port de Toulon. Car c'était mon arrière-grand-père. Tout ceci me vient à propos de bottes, semble-t-il, mais cent trente-neuf ans après la visite de Céleste Buisson de la Vigne, vicomtesse de Chateaubriand, comment n'y point repenser pourtant, devant la somptuosité de l'Hôtel Massillon, et à ces gens dont je suis issu, qui tiraient le diable par la queue, dans la région même où, quand ma mère était enceinte, elle était venue cacher son déshonneur dans une propriété de chênes-lièges et de tamaris, chez des amis de sa grand-mère. L'histoire arrive au bout d'elle-même, Maman... »

C'est l'obligation de ce chapitre qu'il soit fait de toutes ces approches indirectes que l'œuvre a multipliées vers l'indicible, vers ce qu'on ne peut regarder en face sans que les mots se perdent, et à quoi le poème est indispensable. Est-ce donc là ce qui fit l'écrivain Aragon ? Permettez-moi d'en demander la réponse au poète, à un autre de ces trois poèmes après la mort de Maman, qui sont d'*En étrange pays dans mon pays lui-même* — j'ai déjà cité le premier. Celui-ci s'appelle *Le Temps des cerises.* Solliès — Solliès-Pont, près Toulon — y est le lieu du domaine des Toucas :

> Lorsqu'une voix chante au loin le Temps des cerises
> C'est vous deux que j'entends les mots que vous disiez
> Et je vois fleurir tout un printemps de chemises
> Au soleil de Soliès entre les cerisiers
>
> Il fallait écouter ce garçon de ta jeunesse
> Il était comme nous de terre et de chanson
> Qui donc t'en détourna qui voulait que je naisse
> Et les arbres neigeaient quand il t'a dit Dansons

Il était comme nous sensible aux moindres choses
Qu'importait avec lui de vivre pauvrement
L'armoire de bois blanc que tu couvris de roses
Pour lui tu l'aurais peinte et non pour moi Maman

Arrêtons-nous. Retenons notre souffle après ce vers où, comme la vie, le poème tourne et retourne le tragique du *Mot* :

Un soir tu m'as parlé de lui de ce jeune homme
Je ne demandais rien que ne l'as-tu suivi
Pas plus que lui pourtant tu n'étais économe
Tu m'as donné ta vie en me donnant la vie

C'est un cadeau trop lourd que veux-tu que j'en fasse
Que ne l'as-tu repris cet univers volé
Et tes yeux se fermant à tout jamais s'efface
Le toit couleur de pain sur les coteaux brûlés

C'est la culpabilité de l'adulte qui s'exprime ici. L'enfant ne savait rien de sa mère. Mais la culpabilité de l'adulte déchiffre d'une certaine façon les peurs de l'enfant à qui « sa mère dut laisser croire qu'il était orphelin ». S'il était revenu à Solliès avec Nancy Cunard, ce n'est qu'après la mort d'Elsa, dans les années 71-72 du siècle, qu'il y est retourné passer les mois d'été. Revenu vraiment chez les siens, quand la mort de sa femme le rendait à lui-même. Aux siens. Les Toucas et les Massillon réconciliés, comme dans la signature de l'écrivain-oncle Edmond Toucas-Massillon, ou dans celle de Marguerite, au bas des romans et des traductions de romans policiers destinés au Masque, à la frontière de ses soixante ans, à partir de 1933 : Marguerite Toucas-Massillon...

Voilà tout ce que nous pouvons discerner de cet enfant « autrement triste » que le petit Jeannot des *Voyageurs de l'impériale.* Si Aragon poursuit aussi opiniâtrement, des romans du *Monde réel* à *Théâtre/Roman* de 1974, et par tant de poèmes depuis la mort de sa mère jusqu'aujourd'hui, cette résurrection de la vérité de son enfance, c'est au bout du compte sans attendrissement sur lui-même et sans envie de revanche. Car il s'agit certes de retrouver ses antécédents, les souches ancestrales, mais d'un plus haut prix est la découverte des sources de ce qu'il écrit et — plus ou moins consciemment — de ce qui le fait écrire.

La tragédie de sa naissance se confond chez Aragon avec l'inquiétude essentielle de sa génération, signe d'une modernité qui se révèle chez Freud et chez Saussure : savoir les pourquoi du langage et ceux du rêve. Aragon écrivain n'aura de cesse qu'il ne cherche à dissiper les mystères de la création du poème, du roman. Aragon sera d'abord un Dada proche de ceux qui dissèquent le langage — disons, pour fixer les idées : Eluard ou Paulhan —, puis, dans la même recherche d'une objectivité qui le délivre de son drame individuel, il projettera sa naissance dans des romans qu'il dira appartenir au réalisme socialiste, au dévoilement communiste [1] du monde... Son histoire d'écrivain, à cet égard, est d'abord un substitut à l'élucidation de sa propre histoire. Puis cette histoire-ci prendra de plus en plus contrôle de son œuvre.

J'anticipe, mais pas tant qu'on pourrait croire : *Quelle âme divine !* sera publié dès 1919 dans *Littérature,* puis repris dans *Le Libertinage* en 1923. « Cela m'intéressait, dira Aragon, de montrer le développement de la prose chez moi dès son début, dès sa naissance... »

1. J'avais écrit « marxiste » et cela fâcha Aragon : *Je me refuse on le sait à participer aux « journées du Livre marxiste » ou autres entreprises similaires.* Il ajouta sur le fond : *Et les histoires que j'ai pu raconter de moi-même sous figure de personnages de roman, peut-on un instant croire que la version totale n'en avait pas été confiée* avant *(ou au moins en marge de) ces* mentir-vrai *à Elsa qui savait tout de moi, même bien d'autres choses que je n'ai pas racontées et jamais livrées au décryptage maniaque de mes biographes* prae mortem *!*

CHAPITRE II

LES ANNÉES DE FORMATION

Je suis de ceux dont l'esprit s'est formé dans la leçon de Rimbaud (il faut être absolument moderne) et d'Apollinaire.

Le « Modern Style » d'où je suis.

1.

L'enfant-écrivain

L'Histoire est incompréhensible sans ces attendus-là. C'est bien parce qu'on oublie de l'en munir qu'elle a toujours l'air gréco-romaine, et qu'une génération ne comprend plus rien à ce que racontent ses aînés. Il ne s'agit pas comme on l'a fait de jouer Tartuffe *en complet-veston : il faut traduire tout ce qui se décale dans le temps, avec la langue du temps, ses techniques, et le bazar qui se démode d'un Salon des Arts ménagers à l'autre.*

Blanche ou l'oubli, *1967.*

Le monde des femmes autour de cet enfant : Marguerite, Madeleine, Marie et la grand-mère. De cet enfant solitaire et triste. De cet enfant, tout de suite, poète :

> « Je ne raconterai pas ma vie. Ce qui est ici mon objet, ce sont mes livres, l'écriture. Au moins, au départ pourtant, cette étrange occupation qui peu à peu va s'emparer d'un homme est inséparable de sa simple biographie. Je ne me souviens pas d'un temps où je n'aie pas écrit. Ce qui s'entend au moins de deux manières. Car j'ai vraiment toujours écrit, même quand je ne savais pas écrire : je dictais à mes tantes des textes dont rien n'est resté[1]. »

Ainsi commence la première des introductions écrites par Aragon en 1964 pour les *Œuvres croisées*. C'est moins explicite qu'il ne semble, car on ne nous donne pas le substrat de cette occupation d'écrire. Certes, cela tient de famille, au sens large. Le vrai père a écrit pas mal de livres. L'oncle Edmond en publiera jusqu'en 1908. Marguerite, avec ses traductions, figure pour une bonne quinzaine de titres à la Nationale entre 1933 et 1939. Mais on ne sait pas grand-chose du terroir culturel, si j'ose dire.

1. *Avant-lire, Œuvres croisées, op. cit.*, p. 11.

Va pour les pièces de théâtre. Aussi pour la comtesse de Ségur. Pour les journaux d'enfants, bien sûr. Mais les excitants du goût d'écrire, ce qui a donné envie, tout simplement ? Il y faudrait peut-être les histoires qu'on racontait à l'enfant pour l'endormir et qui, sinon Marguerite, les lui a racontées ? Et que lisait, qu'avait lu Marguerite [1] ? Il y avait des livres chez Edmond, et nous verrons lesquels. Mais chez Marguerite ? Elle était abonnée au cabinet de lecture de son quartier. Alors, les succès de l'époque ?

Nous savons seulement qu'elle a lu les *Rougon-Macquart,* sans doute dans l'année qui suivit la mort de Zola. Cette lecture aurait paru hardie pour une « demoiselle », encore quelques années plus tôt, mais en 1903-1904 ? Zola était un homme du pays des Toucas et des Massillon... Nous sommes au courant de cette lecture parce que l'enfant écrivit en cachette, de six à neuf ans — de 1903 à 1906, donc — « soixante romans de petites dimensions, avec beaucoup de chapitres chacun de peu de lignes... ». Parmi ceux-ci, une série de quatorze

> « où se faisait sentir l'influence d'Émile Zola, que j'ignorais, cela va sans dire, simplement parce que ma mère prenait au cabinet de lecture de l'avenue de Neuilly la série des *Rougon-Macquart* et que, sur deux mots entendus à table, j'avais décidé de faire de mes romans l'histoire d'une famille, et d'en appeler le cycle de son nom, *Les Rouné* [2] ».

Dommage que la pudeur de ses sept-huit ans ait fait détruire à Aragon toute cette série. La chronique d'une famille, par cet enfant illégal, ne devait pas manquer de saveur. *Les Rouné,* au souvenir d'Aragon, font partie de ses œuvres d'avant la lecture, comme *Quelle âme divine !* Ici, il faut un peu nous arrêter sur le rôle particulier de la parole dans cette écriture d'enfant. *Les Rouné* naissent encore d'un propos entendu. Mais l'enfant a commencé par dicter à ses tantes. Et c'est une singularité de la prose d'Aragon qu'elle est comme l'équivalence de sa conversation. Cette prose, qui paraît merveilleusement écrite et qui l'est, a, en fait, une origine orale. Nombreux sont ceux qui ont entendu Aragon *dire* par avance tel de ses articles, tel chapitre de ses romans, et les ont retrouvés écrits tels quels. Sa manière de corriger ses textes consiste à les lire à haute voix à ses visiteurs, et ce banc d'essai est pour lui décisif. D'où cette fidélité du manuscrit au rythme respiratoire, qui fait le cauchemar des correcteurs qui voudraient y faire régner les règles de la typographie ; d'où l'organisation du sens à partir de ce rythme oral, ce moulage étroit de la cadence sur les inflexions de la voix, ses hésitations, ses redites ; une apparence de redondance qui est en fait une modulation intime et qui confère à la fiction le brouillage nécessaire du réel et la présence véridique du sujet parlant.

1. Aragon a répondu : *Ma mère a lu tout Dickens dans une édition Hachette, reliée grenat, le soir avant que je m'endorme, et cela pendant, me semble-t-il, environ cinq années.*
2. *Avant-lire, op. cit.,* p. 13.

Si l'enfant dicte, si ses tantes consignent ce qu'il dicte, c'est qu'il est né comme elles dans la civilisation méridionale de la parole :

> Et le goût des pleureuses à dramatiser la parole
> Où roule cet écho profond de l'oraison funèbre...

Ce n'est pas là la moindre des données culturelles qui marquent ces débuts :

> « Ma mémoire véritable commence à l'exposition de 1900, avec le Trottoir roulant et le Théâtre d'enfants où j'ai attrapé la rougeole. Mais enfin, cette part de la mémoire qui reflète non les choses extérieures, mais la vie intérieure de l'être humain, la vie de l'esprit, la réflexion à sôi-même adressée, je n'en retrouve trace qu'à partir du moment où j'écris. Cela doit commencer en 1901-1902 et cette conscience rudimentaire de moi-même est liée à ce premier apprentissage physique de l'écriture, à la répulsion que j'avais de cette brave dame qu'on avait chargée de m'apprendre à former les bâtons et les lettres, qui avait la regrettable manie, m'arrachant le crayon et le porte-plume pour me montrer d'exemple comment faire, d'en sucer le manche, ce qui m'écœurait [1]. »

Même si l'on fait la part du remodelage rétrospectif, il demeure trace dans ces souvenirs de l'importance attachée à l'apprentissage physique du moyen d'écrire, avec son caractère fastidieux, sans rapport bien évidemment avec les pouvoirs de la dictée. Mais cet apprentissage est vite surmonté, puisque *Quelle âme divine !,* écrit à six ans, révèle à cet égard une remarquable maturité.

En tout cas, chez l'enfant Louis Aragon, l'écriture (vraie ou dictée) précède la lecture ; le besoin de raconter précède la découverte de ce qu'on lit dans les livres. Autrement dit, il a tout de suite lu en écrivain, je veux dire en technicien, pas seulement dans l'attente de savoir ce qui va arriver ; mais en essayant de savoir comment c'est fait, de quoi c'est fait. Bref, comme nous dirions dans le jargon d'aujourd'hui : tout de suite une lecture « à deux niveaux ».

> « Malgré cette évidente imitation [des *Rougon*], il est certain que tout dans ces premiers manuscrits relevait de l'invention personnelle : Zola borné au nom de famille, rien n'y relevait ni de Balzac, ni de Stendhal. Pas trace du " roman de papa ". L'époque de la lecture commençant, on m'avait abonné à *Mon Journal,* une publication Hachette qui fut ma passion, mais où je fus entièrement contaminé par les contes et les romans illustrés ; puis la lecture de *Mon Bonheur,* de *Mon Beau Livre,* du *Journal de la Jeunesse,* du *Journal des Voyages* [...], tout cela jette naturellement sur ce que j'ai écrit à partir de *Quelle âme divine !* un soupçon d'inauthenticité. Mais enfin, les romans demeuraient la seule forme qui me semblât digne de moi et, jusqu'à mon

1. *Ibid.*

entrée à l'école Saint-Pierre de Neuilly, en sixième, c'est-à-dire à la rentrée de mes dix ans, je n'ai jamais rien écrit d'autre [1]. »

Selon Aragon, il y en eut une soixantaine, tous romantiques et exotiques, qui pouvaient atteindre à la fin deux ou trois cahiers d'écolier.

Il faudra sûrement reprendre quelque jour ces journaux d'enfants du début du siècle pour y chercher quelle contamination Aragon en reçut. Quand on les feuillette aujourd'hui, avec leurs images qui font « belle époque », la sorte de mystère qu'on y cultive, ils font penser aux grandes séries du cinéma muet de quelques années plus tard, que d'ailleurs Aragon adorera. C'est le moment où l'on porte triomphalement à la scène *Les Cinq Sous de Lavarède* de Paul d'Ivoi, où l'on publie *Les Pardaillan* de Zévaco. Les premiers *Fantômas* ne sont pas loin (1911). *Les Vampires* non plus.

> « C'est à Saint-Pierre que la poésie me détourna du roman, avec un livre de poèmes qui s'appelait *Les Fleuves et les heures,* et deux tragédies en cinq actes et en vers : *L'Otage* (sans rapport avec Claudel, il s'agissait de Charles d'Orléans) et *Tamerlan* (dont le héros était Hafiz et l'action se situait lors de la prise de Chiraz) [2]. »

L'apparition de la poésie chez Aragon n'ôte pas au roman son rôle formateur. C'est à lui qu'Aragon doit les rencontres qui marquent la fin de son enfance : celle de Dickens et celle de Barrès. Tout poussait l'enfant à la naissance obscure à dévorer *Oliver Twist* et *Martin Chuzzlewitt* (dont il m'incitera, quelque cinquante ans plus tard, à rénover la traduction). On imagine comment ont retenti en lui les *suspenses* dickensiens sur l'identité des héros, et la sorte de miroir qu'il y trouva pour ses propres angoisses. Il me paraît également probable qu'il fut sensible aux inventions techniques du romancier Dickens, notamment dans les dialogues et le maniement du langage parlé, comme à la qualité du reportage, à la modernité de cette prose directe issue du journalisme.

En sixième, Aragon écrivit une narration sur un dimanche à la campagne, passé en famille aux étangs de Saint-Cucufa. Son professeur de français y trouva de telles qualités qu'il la fit lire aux enfants de quatrième (parmi lesquels Henry de Montherlant, qui racontera la chose). C'est ce professeur, M. Feuillois, qui, à la fin de la sixième, fera donner au jeune Louis Aragon, pour premier prix de français,

> « un livre qui n'était guère de ceux qu'on donnait comme prix, un livre même pas relié, sans ors et sans rouge, un livre broché bleu pâle : *Vingt-cinq années de littérature*, de l'Abbé Brémond [3] ».

1. *Avant-lire, op. cit.*
2. *Ibid.*
3. *Aragon parle, op. cit.*, p. 25.

C'était une anthologie commentée de Barrès. L'étonnant, à y bien réfléchir, n'est pas dans ce choix du professeur. Barrès était le grand écrivain du moment, et sans doute plus proche des idées qui avaient cours à l'école Saint-Pierre à Neuilly que, par exemple, Anatole France. Ajoutons que l'écriture du jeune Aragon avait toute chance de paraître plus « artiste » (et donc barrésienne) que « classique » comme celle de France. Cet aiguillage vers Barrès n'avait donc rien que de normal de la part d'un professeur intelligent. Mais c'est la réaction d'Aragon qui surprend, à cause surtout de l'idée qu'on se fait de la suite des événements, du procès Barrès, au temps de Dada, à l'Aragon communiste.

> « C'est dans ce livre, dit Aragon, que j'ai découvert un certain nombre de choses touchant l'écriture et, au-delà des problèmes qu'elle pose, j'ai éprouvé une espèce de passion pour Barrès, lequel a joué sur mon développement intellectuel un rôle indiscutable ; je ne l'ai jamais renié depuis[1]. »

C'est déjà la fin de l'enfance.

1. *Ibid.*

2.

« Modern-Staïle »

C'est sur cet art-là que j'ai ouvert les yeux.

Le « Modern Style » d'où je suis.

Je sais bien tout l'arbitraire de cette coupure entre le versant prose et le versant poésie, mais là, c'est tout de même M. Jourdain qui a raison : la prose est d'abord reçue comme langage et la poésie comme art. Et l'irreprésentable, pour nous, est bien qu'Aragon et Breton ont découvert la poésie dans les œuvres mêmes que leurs propres poèmes allaient déclasser pour notre oreille et notre lecture : les œuvres symbolistes. Que leurs yeux se sont, comme dit Aragon, ouverts sur le « modern style ».

Le truchement vers l'art, pour l'enfant Louis Aragon, c'est cet oncle Edmond qui, à son retour de Constantinople, se fait administrateur, puis directeur d'une petite revue littéraire, *La Nouvelle Revue moderne,* dont le siège est au 20, avenue Carnot, c'est-à-dire dans la pension de famille. La revue vivra l'année 1902, celle des cinq ans d'Aragon. L'oncle y signe Edmond Toucas-Massillon la chronique théâtrale et, sous le pseudonyme de Luc Lestrange, la publication en feuilleton de son premier roman, *Vierges d'Orient.* C'est une revue sobre, de très jeunes gens, dont le grand homme est Han Ryner. L'esprit en est vaguement symboliste. Edmond y signe un poème *La Vierge,* dont voici le ton :

> Je veux polluer ton corps chaste et vierge,
> Je veux, au contact d'amour qu'il ignore,
> Que la chasteté jeune se déflore
> De tes seins tremblants aux pâleurs de cierge...

Il est très préoccupé de ces problèmes, Edmond. Dans une chronique intitulée *De la courtisane,* il demande :

> « En quoi la divorcée, la veuve qui se remarient, la femme que pour une raison ou pour une autre son mari délaisse et qui prend un amant, sont-elles adultères ? »

Son roman est dans la même lignée, mais il est écrit par quelqu'un qui se targue d'avoir déchiffré tous les secrets de Constantinople, ce qui est peut-être un hommage indirect rendu à la perspicacité et à l'expérience du père sous-préfet tenancier de tripots :

« Toujours et toujours, sur toutes et sur tous, Andréadis avait le mot à dire. Et Henri voyait couler et grossir le flot d'immondices baignant cette société joyeuse et dansante, et chaque pas qu'il faisait faisait monter le niveau. Tous y passèrent, les filles de quinze ans à qui l'on fait le simulacre de l'amour dans les coins sombres, les jeunes gens qui se réunissent dans les entresols pour des Five o'clock clandestins, les incestueux et les lesbiennes, interminable kyrielle d'amours érotiques, de luxure, de sadisme... »

Voilà qui suffit à montrer qu'Aragon ne doit rien, en fait d'écriture, à l'oncle Edmond, mais on imagine que cette provocation devait donner un certain tour à la conversation, le soir, à la pension de famille. Le roman parut chez Messein en 1903. Edmond publia un recueil de poèmes, *Les Ames encloses,* également chez Messein, en 1906, et un autre roman, *La Double Aventure,* chez Ollendorff, en 1908. Cette carrière littéraire a surtout joué un rôle chez l'enfant en le mettant en présence des réalités du monde de la littérature et des arts. C'est à propos de la couverture parme des *Vierges d'Orient* et de ses illustrations qu'Aragon entendit

« pour la première fois parler d' “ Art moderne ”, et fort longtemps, je ne sus même pas que le mot “ art ” pût s'appliquer à autre chose qu'à ce que mon jeune oncle pour sa part nommait le “ Modern Staïle ”. Mon oncle avait dans sa chambre au sixième, tenant avec des épingles sur l'andrinople des murs, à côté d'un Aubrey Beardsley, le portrait de Cléo de Mérode et celui de Polaire, et des cartes postales de Rafael Kirschner, le Viennois, où l'image étroite en marge d'un grand aplat vert pomme représentait des filles nues, la tête renversée, en camaïeu beige et blanc sur fond d'or, rendant en forme de cœur la fumée de leur cigarette. [...] Je ne savais pas encore lire que j'en identifiais pourtant la typographie, que l'y grec d'Henry Bataille ou de Pierre Louÿs me semblait naturellement avoir un lien avec les faux cols empesés de dix centimètres et demi que portait mon oncle, ses ongles démesurés, ses gilets croisés, ses cravates ornées de plumes de paon[1]... ».

L'oncle Edmond fait en quelque sorte office d'introducteur aux stations neuves du Métropolitain, à leurs entrées florales ou aux vases de Gallé, d'une part, à la poésie de l'époque, de l'autre, non par ses écrits propres, mais parce qu'il fréquente des milieux qui s'entrouvrent ainsi à l'enfant.

« Il traînait des livres de Jean de Tinan et les *Claudine,* qui passaient encore pour écrites par Willy, et on m'avait emmené au Trianon Lyrique à Montmartre, aux jeudis que la revue de mon oncle faisait avec Jean Valmy-

1. *Le « Modern Style » d'où je suis,* préface à Roger H. Guerrand, *L'Art nouveau en Europe,* Plon, 1965.

Baisse et Alexandre Mercereau, *La Nouvelle Revue moderne,* s'il vous plaît, avec un sigle représentant une femme qui lit, les cheveux défaits. [...] A ces jeudis, on lisait des vers, les premiers que j'entendis : un tragédien débutant nommé de Max, des élèves du Conservatoire, Mlles Ventura et de Pouzzoles, Verlaine, Gustave Kahn et Edmond Toucas-Massillon. [...] Edmond, mon oncle, avait amené chez ma mère Georges Auriol, qui avait dessiné le titre de la revue, un jeune homme alors [...]. Les belles relations d'Edmond, artistiquement parlant, c'était le *Mercure de France.* On m'avait mené chez Gustave Kahn à Montfort-l'Amaury où j'avais joué avec le fils de Catulle Mendès, Primice, qui fut tué à la guerre, et j'étais fort impressionné par la beauté de Jane Catulle Mendès, sa mère, qui était pour moi l'image même du " Modern Style "[1]... »

Comme pour Barrès, voilà que cet art fait figure de source insolite, mais c'est pur effet de ce vieillissement factice que crée la succession des modes. C'est à Montfort, par André Rouveyre — de deux ans l'aîné de Picasso et d'Apollinaire —, que très vraisemblablement Aragon a entendu parler pour la première fois d'Apollinaire. Apollinaire ne faisait pourtant pas partie du milieu du *Mercure* : « Cet enfant, disait mon oncle, sera toujours attiré par le pire. » Mais il n'existe pas alors de barrière étanche. Apollinaire ne prend le visage que nous lui connaissons qu'avec *Alcools,* publié, comme *Les Peintres cubistes,* au début de 1913. André Rouveyre n'est encore qu'un dessinateur. « Rouveyre dont les portraits implacables de Réjane ou de Brandès me bouleversèrent. » L'oncle Edmond reçoit d'Italie la revue *Poesia* de Marinetti, qui n'est pas encore futuriste.

Il nous faut briser tous les petits casiers des historiens de la littérature, ranimer tout ce qui se perd d'une génération à l'autre, retrouver tout ce qui change de signe, passant de la bonne à la mauvaise littérature (et vice versa), de l'avant-garde à l'académisme et des ténèbres de la non-lecture à l'avant-garde. Rimbaud n'est encore connu que par l'édition de Claudel. Les études sur Lautréamont sont inaugurées par Rémy de Gourmont (du *Mercure de France*), et c'est lui qui déniche à la Nationale l'édition anonyme du *Chant Premier* (de *Maldoror*). Mais cela, Aragon ne l'apprendra qu'en 1916, chez Adrienne Monnier[2].

Nous avons vécu sur des coupures postérieures à cette époque, dont les unes furent introduites par *La Nouvelle Revue française* — le mépris d'Henry Bataille, par exemple, la démolition de tout ce qui gravitait autour du *Mercure* — et les autres par Dada et les surréalistes eux-mêmes,

1. *L'Art nouveau en Europe,* p. X, XI. Il y a confusion, dans la mémoire d'Aragon, entre Alexandre Mercereau, qui sera unanimiste, socialiste, cofondateur de l'Abbaye de Créteil et un des découvreurs de Matisse dans *Le Monde de l'art* de Riabouchinski à Moscou dont il fut un des collaborateurs mais, né en 1884, n'a alors que dix-huit ans, et Léon Mercerot, dont je ne sais rien que sa signature dans la revue d'Edmond.

2. *En fait,* corrige Aragon, *le* Chant premier de Maldoror *avait été repris par Paul Fort en 1913 dans sa revue* Vers et Prose *où je l'avais lu avant la guerre mais que j'avais repris et autrement aimé en 1916, quand les numéros verts de cette revue étaient mis en solde devant la Maison des Amis des livres* [d'Adrienne Monnier]. (Voir p. 79 et p. 87.)

puis codifiées par leurs suiveurs. Mais, précisément, la formation d'Aragon y échappe, comme celle de Breton, d'Eluard ou de Soupault. Ainsi, le *Mercure de France,* qui paraît tous les quinze jours sur plus de cent pages, est alors un véritable journal de l'activité intellectuelle, comme nous n'en connûmes l'équivalent qu'entre les années trente et quarante, puis entre 1945 et 1960, quand il existait chez nous plusieurs hebdomadaires concurrents en ce domaine. La revue ne publiait pas seulement roman, poésie, théâtre. Ses chroniques couvraient aussi bien la peinture — et les comptes rendus de Charles Morice sont, avec ceux de Fagus dans *La Revue blanche,* tout ce qui s'écrivit de sérieux sur Picasso avant qu'Apollinaire n'intervienne — mais aussi les mœurs du temps, la philosophie. Edmond avait donné là à son neveu un fil conducteur de premier ordre et les goûts d'Aragon en demeureront profondément marqués, tout comme sa poésie dont le timbre symboliste est souvent repérable. N'est-ce pas le temps des triomphes d'Henry Bataille, pour qui Aragon a toujours gardé une profonde tendresse ?

La suite, il faut le dire, est beaucoup moins discernable. Les confidences d'Aragon, seul témoin, se font beaucoup plus rares. C'est au moment même où Breton place le point de départ de sa propre évolution, à dix-sept ans, l'année du PCN [1], en 1913, que nous connaissons le plus mal Aragon. Les temps de l'adolescence à l'école Saint-Pierre à Neuilly, puis le passage au lycée Carnot, demeurent dans le flou, comme si sa précocité avait tout épuisé. Ou comme s'il avait trop souffert de grandir et de comprendre davantage ce qui le distinguait des autres. C'est une période de grands changements aux yeux de l'historien, peu visibles pour ceux qui la vécurent. Nous en savons seulement qu'Aragon dit avoir reçu un coup de foudre en visitant les Indépendants de 1913. Nous verrons dans le prochain chapitre que les vraies percées de l'avant-garde se trouvaient ailleurs.

Voici, brute, la confidence d'Aragon, la seule que je connaisse sur ce temps nouveau :

> « Aux premiers jours de l'aviation, quand déjà le mot *art* avait pris pour moi un sens plus général, et que j'étais attiré par un tout autre style naissant, aux lignes droites, avec des meubles bleus, des papiers peints rayés, un décor qui correspondait à Lepape, à Poiret, à Chanel, à la silhouette nouvelle des femmes de la robe entravée à la jupe droite, aux tuniques longues, avec les premiers lamés, le genre fêtes persanes, les premiers Ballets russes... je reçus la première gifle de ma vie, ça ne se faisait pas dans la famille, de la main de mon oncle, qui allait maintenant jusqu'à porter des cols mous en été, pour lui avoir rappelé, avec ce ton d'insolence qui m'était venu, les beaux jours du " Modern Style ". Mon oncle en était à son troisième ou quatrième bouquin qu'il faisait relier en cuir repoussé polychrome. De cette gifle-là date ma rupture avec l'art 1900 [2]. »

1. C'est le nom que portait le certificat préparatoire à la médecine, qu'on appela plus tard PCB quand les sciences « biologiques » eurent remplacé les sciences « naturelles ».
2. *Le « Modern Style » d'où je suis, op. cit.,* p. 13.

Mais j'oubliais de vous dire : il faut, dans ce texte du « *Modern Style » d'où je suis,* préface de 1965 au livre de Roger H. Gucrrand[1], faire soi-même l'identification entre « Edmond mon oncle » et, quelques lignes plus haut que j'ai coupées, « Edmond Toucas-Massillon ». Aragon nous donne bien une clé par cette répétition du prénom, mais c'est pour aussitôt nous la reprendre, le nom des siens n'étant pas le sien.

1. *L'Art nouveau en Europe, op. cit.*

3.

Le père illégitime

Ce père que j'avais sans l'avoir.

Aragon parle.

Il est temps d'introduire de plain-pied ce personnage considérable, à la moustache batailleuse, aux gants célèbres, que l'enfant Aragon va rejoindre chaque semaine au Bois, le parrain, le tuteur qui a arraché l'image du faux père au-dessus du lit de Louis malade. Dès le moment de la première communion, ce père illégitime, voltairien, joue un rôle contraignant dans la vie de son fils. Il se plaît à l'embarrasser, à peser sur lui et accentue d'autant la résistance du jeune garçon à son égard, résistance instinctive contre cette tentative de prendre son « éducation » en main et renforcée par la conduite de cet homme vis-à-vis de Marguerite.

Il existe un texte d'Aragon publié par *Les Lettres françaises* quelque quarante ans plus tard, au moment de la sortie du film de Christian-Jaque, *La Chartreuse de Parme*, qui donne une vision contrastée de cette période et une évocation assez curieuse de la présence du père, en tant que père, ma foi... Aragon y raconte comment il a découvert Stendhal en se procurant,

> « par la bibliothèque de l'avenue de Neuilly où ma mère était abonnée, une triste *Chartreuse*, au carton rongé, sous le prétexte qu'on en parlait en classe... Il fallait bien Barrès pour me donner cette tentation : en 1909-1910, on n'enseignait pas Stendhal à l'école Saint-Pierre, ni dans les lycées. Henri Beyle était la propriété de quelques dilettantes ou beylistes ».

Voilà déjà une conséquence inattendue des morceaux choisis de l'abbé Brémond. Comme dit Breton, Aragon « a vraiment tout lu ». Comme il faut lire : en allant d'un livre à tous ceux qu'il implique, à tous ceux sur lesquels il ouvre ; d'un écrivain à ceux qui l'ont fait écrivain, ou qu'il tient pour ses pairs.

> « Il faut ajouter que Barrès habitait Neuilly, que je l'avais aperçu au Bois où il avait salué mon père, qui avait, paraît-il, son portrait dans un des romans de l'Énergie nationale. Il avait l'air, vers la cinquantaine déjà, d'un gentleman farmer (comme je devais le penser en 1921, en lui parlant). Je me disais avec étonnement : ce Monsieur *adore* Fabrice del Dongo. Et il y avait ce qu'il disait de la vie parlementaire, de quoi l'on était chez moi plein de respect, et dont je me faisais une idée bien différente : j'avais visité la Chambre, ses coulisses, rêvé devant le Laocoon (quel choix étrange de symbole, cette statue en pareil lieu), et au vestiaire, avec un ton religieux, l'huissier ouvrant les portes des armoires où les députés dont le nom commence par un A rangent leurs affaires, m'avait dit : Voilà où Monsieur mettra son pardessus et son chapeau quand il sera de la Maison. En un mot, le Palais-Bourbon était alors mon faubourg Saint-Germain... »

Cela signifie que, vers 1909-1910, l'enfant Aragon a été pris par l'huissier pour le fils (ou le petit-fils) de son tuteur. A cause de la ressemblance[1] ? Pour avoir été introduit par lui ? Parce que « ça se savait » dans les couloirs ? Le tuteur-père, Louis Andrieux, a un siège de député à Forcalquier, dans les Basses-Alpes, du type de ceux qu'on pouvait alors se transmettre de père en fils. Louis Andrieux porte les mêmes initiales — et non par hasard — que son fils.

Il a, à l'époque, tout près de soixante-dix ans, étant né en 1841, et quarante années de carrière politique derrière lui. Encore un assez bel avenir, puisqu'il ne quittera la Chambre qu'aux élections de 1924, doyen de l'Assemblée, ses électeurs l'ayant jugé décidément trop vieux.

Fils d'un avoué de Trévoux, dans l'Ain, il a fait son droit et s'est inscrit au barreau de Lyon vers la fin du second Empire. C'est alors un radical, au sens de l'époque, c'est-à-dire un républicain anticlérical, mais, socialement, un modéré. Déjà lié à Gambetta, Clemenceau et Méline, il est délégué en 1869 à l'anticoncile de Naples. En juin 1870, dans une réunion publique, il dénonce le plébiscite et prend vivement à partie l'empereur en personne, ce qui lui vaut de se trouver encore en prison lors de la proclamation de la IIIe République, le 4 septembre 1870. Délivré par la foule, Crémieux le nomme aussitôt procureur de la République du Rhône.

Lyon, considérée comme une ville séditieuse — l'insurrection des canuts, en 1831, n'a pas été oubliée — a été privée par l'Empire de toute représentation municipale. Aussi l'opposition républicaine y est-elle puissante et extrémiste. Il existe donc un comité de salut public, très indépendant du pouvoir central parisien, qui pousse l'opposition assez loin durant tout cet hiver où la guerre franco-prussienne se poursuit, et qui

1. *Inexistante,* corrige Aragon.

donne le jour à la Commune de Lyon. L'activité du procureur Louis Andrieux est essentiellement dirigée contre cette « sédition ». Il protège de son mieux, en revanche, les fidèles de l'empereur, fait notamment remettre en liberté ceux que le comité de salut public a fait arrêter. Entre autres, son prédécesseur au poste de procureur, qui voulait envoyer tous les républicains au bagne de Cayenne. Andrieux joue ainsi un rôle de premier plan dans la liquidation de l'insurrection lyonnaise du 30 avril 1871, payant de sa personne, échappant de peu aux insurgés qui voulaient le jeter dans le Rhône. C'est de lui qu'émane l'ordre écrit donné à la troupe de tirer, et il s'en targue dans ses mémoires[1].

Après un bref retour au barreau, Louis Andrieux est élu pour la première fois député à Lyon même, aux élections de février 1876. Ce qui ne l'empêche pas de siéger au Parlement, à gauche, à côté de Gambetta. Mais il n'a pas changé d'avis sur la Commune. En février 1879, on le trouve parmi les champions de l'amnistie partielle des communards, contre Louis Blanc et Clemenceau qui voulaient l'amnistie entière. Et le discours qu'il prononça alors, flétrissant l'assassinat des otages par la Commune de Paris dans un style on ne peut plus versaillais, lui valut de parler sous les huées de toute l'aile progressiste de l'Assemblée où il siégeait.

Qu'on l'ait fait préfet de police de Paris en 1880 n'est peut-être pas sans rapport avec cette attitude. Il était, n'est-ce pas, homme à tenir en lisière tous ces proscrits rapatriés. Il semble cependant que cette nomination ait surtout été affaire de résolution anticléricale. Son nom demeure d'ailleurs intimement lié à l'expulsion des religieux et religieuses qui venait d'être votée. Les bien-pensants s'offusquèrent de ce qu'il avait mis ce jour-là des gants gris perle, c'est-à-dire des gants de cérémonie, comme pour aller à un grand mariage... Andrieux raconte que ce fut là simple inadvertance et que, de surcroît, il n'était pas très heureux d'avoir à diriger cette affaire-là. Il s'entendit tout de suite mal avec le conseil municipal de Paris, à propos de questions de compétence. Ses *Souvenirs d'un préfet de police,* écrits et publiés à chaud, sont vifs : on y trouve sur les mœurs de la police, la police des mœurs, l'envers du « beau monde » et ses chantages, des histoires qui nourriront plus tard le réalisme des romans d'Aragon.

A l'époque, on pouvait être préfet de police et député, à condition de démissionner et de se faire réélire. Louis Andrieux, ayant satisfait à cette obligation, retrouva son siège. Il fut le tombeur du « Grand Ministère » Gambetta. Et comme il gênait les successeurs, on l'envoya comme ambassadeur en Espagne.

> « Quand Gorki est né, mon père allait de Paris à Dieppe, le dimanche, à cheval, faire sa cour à Isabelle II, fille de la reine Marie-Christine, toutes deux exilées. [...] Son roman à lui, c'était Isabelle ; et, plus tard, la République, cette gaillarde qui fait des plaisanteries dans les coins avec les

1. *A travers la République,* Payot, Paris, 1926.

hommes, avait trouvé futé de l'envoyer, mon père, à Madrid, où elle n'était jamais revenue, Isabelle, lui, comme ambassadeur de France[1]... »

Peut-être faut-il chercher dans ce « roman » espagnol du père la source du nom Aragon ? En tout cas, Louis Andrieux ne demeura en Espagne que le minimum de temps. Il en revint pour combattre, la jugeant dispendieuse et incertaine, l'expédition au Tonkin. On le voit ensuite s'employer dans les tractations entre le président Grévy et le général Boulanger, puis contribuer à faire la lumière sur le scandale de Panama. Mais le prolétariat français a repris du nerf depuis la saignée de la Commune. Devant cette poussée socialiste, Louis Andrieux comprend qu'il ne sera pas réélu à Lyon. Un de ses amis lui dit : « Vous avez été préfet de police, vous avez été ambasssadeur; cela fera bien dans les Basses-Alpes. Venez chez nous et vous verrez. » C'est lui-même qui le rapporte.

Les Basses-Alpes — aujourd'hui les Alpes de Haute-Provence —, avant l'automobile, étaient, par rapport à Paris, le bout du monde. Louis Andrieux se trouva bien du conseil et fut élu député de l'arrondissement de Forcalquier, puis réélu le 8 mai 1910 et le 10 mai 1914. Il devait conduire ses campagnes électorales avec ce mélange de paternalisme et de franchise doucement cynique qui avaient déjà marqué sa première proclamation de 1876 : « Je ne vous ai rien promis. J'espère tenir davantage. La confiance que vous m'avez accordée oblige mon honneur. » Bizarrerie dans cette histoire que nous reconstituons, son dernier discours parlementaire, le 8 janvier 1924, en tant que doyen de la nouvelle session, fut pour défendre les droits politiques de la femme : « Le jour où les femmes seront parmi nous, les hommes seront meilleurs, les lois que vous ferez plus humaines. »

Tout ce qu'on sait de cet homme, de ses actes, de ses discours concourt à lui reconnaître un courage physique allant jusqu'à la violence. Il eut beaucoup de duels, *soixante-cinq*, précise Aragon, au cours desquels il blessa toujours son adversaire. C'était vraiment un homme des débuts de la IIIe République et il y fut visiblement bien dans sa peau. Après tout, ne voyait-elle pas le règne de cette bourgeoisie provinciale de robe dont il était issu, bourgeoisie conservatrice, respectueuse de la propriété, voltairienne, décidée à cantonner le peuple dans un exercice formel des droits démocratiques ?

Arrêté une première fois dans sa jeunesse après une manifestation d'étudiants contre une pièce d'Edmond About, *Gaëtana* — Edmond About était un commensal de l'empereur —, Louis Andrieux avait commis un bref roman sur son aventure, *Le Poste de la Gaieté*, qui parut en 1863. Ce fut le seul. Il a en revanche multiplié les livres de souvenirs, racontant *La Commune à Lyon* en 1906. Il a consacré sa retraite à des études sur *Madame du Châtelet, Alphonse Rabbe* et *Pierre Gassendi,* qui

1. *Henri Matisse, roman, op. cit.,* I, p. 276-277.

lui valurent un doctorat ès lettres à quatre-vingt-sept ans, en 1927. Si le voltairianisme justifie la première, les deux autres tenaient à la circonscription électorale, Rabbe étant de Forcalquier et Gassendi de Digne. Sans doute Gassendi rejoignait-il aussi l'athéisme, mais Rabbe, qui s'était suicidé, était plutôt l'image du guignon, d'un écrivain maudit que les surréalistes, ayant trouvé son nom dans Baudelaire, réhabiliteront, rendant à l'*Album d'un pessimiste* sa place dans la littérature. Cette rencontre de hasard entre le père et le fils ne manque pas de piquant.

Louis Aragon suivra vers ses quinze ans, pendant les vacances d'été, une des campagnes électorales de son « tuteur », à l'occasion de « cantonales » à Saint-Étienne-les-Orgues, village retiré au pied de la montagne de Lure. Le candidat n'était autre que l'oncle Edmond, qui servait de secrétaire à Louis Andrieux et qui était en âge d'être casé. L'oncle Edmond fut battu.

Il passera beaucoup de l'expérience vécue au cours de ces vacances dans *Les Beaux Quartiers.* Aragon avouera dans son commentaire des *Œuvres croisées* que la politique du roman « est bas-alpine, les épisodes électoraux liés aux campagnes que j'ai suivies enfant, à cause d'un père que j'avais plus ou moins », mais il brouillera d'autant mieux les pistes qui pourraient rapprocher l'imaginaire Sérianne de Forcalquier et de Saint-Étienne-les-Orgues, poussant la perversité jusqu'à citer à leur place Simiane, Reillanne ou Banon comme modèles possibles[1].

Au moment de cette campagne électorale de 1912, Aragon a-t-il deviné son père chez son tuteur ? L'insolence dont il fait preuve n'exprime probablement que le sentiment de son rejet, de sa situation sociale, quand l'entrée dans l'adolescence les lui fait mieux mesurer. Ce qui n'exclut pas que l'algarade qu'il eut alors avec Edmond n'ait pas reflété sa perception de l'équivoque créée par l'emploi de ce frère de Marguerite chez son propre tuteur. *Le Mentir-vrai* est fort explicite à ce sujet. Mais tout cela restait sans doute plus ou moins inconscient. L'adolescent n'avait pas envie de se heurter à la vérité nue.

1. Aragon précise : *Pas de perversité. Des traits de ces localités existent dans l'imaginaire village des* Beaux Quartiers. *Il faut même y ajouter une petite ville voisine de Toulon, la Garde (Var).*

4.

L'avant-guerre

J'ai buté sur le seuil atroce de la guerre
Et de la féerie il n'est resté plus rien.

Le Roman inachevé.

Louis Aragon passe la première partie de son premier baccalauréat latin-sciences le 27 juillet 1914. Il suffit de mentionner cette date pour faire chavirer toute la période des études autour de cette charnière fantastique de la déclaration de la guerre. Tout le temps du lycée est devenu un avant-guerre, avant même que n'existe l'expression qui, selon le Robert, n'apparaît qu'en 1925. Les corrections du vécu qui en résultent ont créé la notion de « belle époque », où la réaction critique tend à ne plus voir que la catastrophe dont elle était grosse. Aragon a dix-sept ans quand la guerre éclate. Il a connu, goûté, savouré l'avant-guerre, une certaine douceur, une légèreté de vivre. Il était joli garçon. Les femmes le lui avaient fait savoir. L'aventure méridionale qu'il conte au début des *Beaux Quartiers* appartient à sa précocité.

Il a connu également autre chose, dans cet avant-guerre, que la critique de la « belle époque » tend à occulter : l'élaboration de la modernité dans les arts qui fait qu'en 1912-1913 la plupart des découvertes de la peinture, de la sculpture, de la poésie modernes sont accomplies : le premier collage, le premier papier collé, la première sculpture ouverte, les premières toiles abstraites, *Frère Matorel* de Max Jacob, la *Prose du Transsibérien* de Blaise Cendrars, ou *Alcools* d'Apollinaire. Le ton moderne, l'allure moderne, les rythmes modernes : les Ballets russes de Diaghilev et *Le Sacre du printemps* de Stravinski. La géométrie rectiligne ne triomphe pas que dans les jupes des femmes : Perret l'inscrit dans l'architecture du Théâtre des Champs-Élysées, et Guimard, le champion du « modern style » des entrées de métro, s'y convertit dans le béton armé de la synagogue de la rue Pavée. Ces changements atteignent toutes les relations de l'homme avec le monde extérieur, et surtout avec la nouvelle société industrielle, créatrice de formes fonctionnelles, de rythmes brutaux, productrice d'objets de série qu'on jette après usage. La peinture et la sculpture s'emparent de tout ce qu'on opposait jadis à l'art, et même des rebuts, pour les transfigurer par des techniques de montage, d'assemblage. Alors que le classicisme avait dissimulé supports matériels et signifiants, depuis le romantisme leur dévoilement n'a fait que s'accentuer. Picasso en est arrivé, à la veille de la guerre, à une peinture d'effets optiques, de reliefs, de confrontations de matériaux vulgaires, tandis qu'Apollinaire, en supprimant la ponctuation dans *Alcools,* déplace le rapport du signifié poétique et de son signifiant dans l'écriture ou la page imprimée, généralisant ainsi la leçon de Mallarmé.

Les surréalistes ont vécu leur adolescence au milieu de ce bouleversement et, pour eux, la catastrophe de la guerre lui confère un prolongement révolutionnaire, jetant à bas les valeurs anciennement admises. Tel est le décalage entre leur génération et celle qui est née dans les années 70-80 du siècle précédent, responsable d'une rénovation de l'art qui va être cassée, disloquée par la guerre même. Les surréalistes accèdent en effet à l'âge adulte à la fois en fin de cette guerre et dans une période de réaction académique, néo-classique. Cette réaction aboutit en peinture à la tentative de liquidation commerciale du cubisme et de la peinture d'avant-garde par les ventes séquestres massives de la collection Kahnweiler, en quatre sessions échelonnées de juin 1921 à mai 1923. Le style arts-déco de 1925 est la consécration de cet arrêt et de cette régression. La tâche des surréalistes consistera, au contraire, à retrouver la continuité perdue. C'est Breton qui révélera *Les Demoiselles d'Avignon* de Picasso. C'est Aragon qui repérera, en 1930, avec *La Peinture au défi,* la révolution du collage.

Le salon des Indépendants de 1913 qu'Aragon a visité pour ses quinze ans et demi ne montrait plus l'avant-garde. C'est entendu le cubisme y régnait, surtout sa version abstraite, l'*orphisme*, comme disait Apollinaire, incarnée par Delaunay *(L'équipe de Cardiff, troisième représentation)*, renforcée par l'arrivée de Picabia et de Mondrian (Apollinaire parle de son « cubisme très abstrait »). Si Chagall et Léger étaient là, les Matisse révolutionnaires (Le *Nu bleu, souvenir de Biskra*) faisaient au même moment scandale de l'Armory Show aux États-Unis, et sa période marocaine éblouissait chez Bernheim-Jeune. Ni Picasso, ni Braque, ni Gris n'y exposaient non plus. Il eût fallu aller les voir chez Kahnweiler, et c'était trop demander à un garçon de quinze ans. Mais la lecture des *Soirées de Paris*, après qu'Apollinaire en eut pris la direction, a pu le mettre en contact avec des œuvres audacieuses de Picasso, de Léger, de Braque.

Apollinaire venait de publier coup sur coup son recueil *Alcools* et son essai *Les Peintres cubistes. Alcools,* c'était le passage d'une poésie encore traditionnelle, comme *La Chanson du mal-aimé* ou *Les Rhénanes* — entendez traditionnelle au sens du symbolisme ou des décadents — au modernisme proclamé de *Zone. Zone*, publié dans *Les Soirées de Paris* de décembre 1912, rajouté au dernier moment sur épreuves, ouvrait *Alcools*. Ses cadences proches, sinon imitées, de Cendrars y prenaient valeur de manifeste :

> A la fin tu es las de ce monde ancien
>
> Bergère ô tour Eiffel le troupeau des ponts bêle ce matin
>
> Tu en as assez de vivre dans l'antiquité grecque et romaine
>
> Ici même les automobiles ont l'air d'être anciennes
> La religion seule est restée neuve la religion
> Est restée simple comme les hangars de Port-Aviation

De même que le cubisme était le langage pictural qui faisait entrer dans la peinture les journaux quotidiens et les paquets de tabac, la table de bistrot du coin avec sa drogue, l'absinthe, dans son cérémonial, comme les mandolines de Corot ou les compotiers de Cézanne, voici que le vers d'Apollinaire exprime les réalités industrielles. Il y passe encore la musique savante et l'esthétisme raffiné du Huysmans d'*A rebours*, des symbolistes, mais ils sont syncopés par des mots nouveaux à peine rodés, le langage parlé vrai, les rythmes contrastés d'un Cendrars, qui vont être en musique ceux de Stravinski. « Les belles dactylographes » s'y croisent avec « l'adorable profondeur améthyste ». « Apollonius de Tyane » y fait rime avec « aéroplane ». L'insolite de ces rencontres a valeur, en poésie, de collage cubiste. On sait aussi qu'Apollinaire réalise une nouvelle mise en évidence du signifiant en faisant dans son nouveau recueil *Calligrammes* épouser à ses vers la forme des objets ou des images qu'ils expriment.

La conjonction de l'élément ancien et de l'élément moderne chez Apollinaire consacrait le mariage de deux beautés d'origine différente, mais dont aucune n'était alors inégale à l'autre. Breton dira dans ses *Entretiens*, en 1952 :

> « La critique de notre temps est très injuste avec le symbolisme. [...] A distance, il me semble que c'était *la tenue*. Encore une fois, ils ne mettaient rien au-dessus de la qualité, de la noblesse d'expression. [...] Grâce à eux, un ensemble de valeurs essentielles étaient préservées, mises à l'abri de toute souillure... »

Il semble qu'Aragon, au début, n'ait pas été de goûts très révolutionnaires, du moins si l'on en croit Breton, mais il n'y a pas de raisons de ne pas l'en croire, même si ses *Entretiens* ont été recueillis dans une période où l'inimitié entre les deux hommes était vive :

> « Tout à fait au début de nos relations, il [Aragon] mettait, en poésie, Villon bien au-dessus des modernes et, parmi les contemporains, donnait largement le pas, sur l'Apollinaire d'*Alcools*, au Jules Romains des *Odes et*

Prières. On juge de l'hérésie que cela put constituer aux yeux de Soupault et aux miens, mais c'était là une opinion qui avait cours autour d'Adrienne Monnier — qu'elle encourageait au possible — et Aragon était des principaux familiers de sa librairie. Il avait tous les dons pour y briller. [...] Les plus attachantes figures se montraient un jour ou l'autre aux " Amis des Livres " [la librairie d'Adrienne Monnier, rue de l'Odéon]. C'était Fargue ou Reverdy, ou Larbaud, ou Satie. Je fis en sorte que Valéry ou Apollinaire en découvrissent le chemin — qu'ils ne perdirent plus... »

C'est chez Adrienne Monnier, « ce foyer d'idées le plus attractif de l'époque » pour parler comme Breton, qu'ils s'entr'aperçurent avant de se rencontrer. Aragon en civil — il n'est pas encore mobilisé comme Breton qui vient en permission — faisait très gamin, et il se comportait plus comme un adolescent qui se veut *à la page* — comme on dira une fois la guerre finie — que comme un révolté ou un séditieux. Ce ferment-là sera plus fort chez Breton et chez Soupault. Aragon va chez Adrienne Monnier comme au cabinet de lecture où l'on trouve les nouveautés de qualité. Quand la rencontre sera établie avec Breton, quelques mois plus tard, Aragon met l'accent sur leur communion dans la singularité de leurs choix :

> « échangeant des propos sur biens des sujets, nous nous étions aperçus d'une chose pour nous stupéfiante, *l'intérêt que nous portions aux mêmes écrivains* : Mallarmé, Rimbaud, Apollinaire, Lautréamont, Alfred Jarry... Qui pouvait alors faire un choix pareil ? Personne. Strictement personne[1] ».

Liste finalement plus significative de la *tenue* que de l'attention portée à des écrivains en marge, le seul de ceux-ci, avec Lautréamont, étant en fait Jarry, mort en 1907 d'alcool et de tuberculose, mais qui n'avait pas encore la stature que le surréalisme lui conférera.

Dans un texte bien postérieur et non signé, Aragon écrit :

> « Ce qui fait la grandeur d'Apollinaire sera sans doute cette curiosité qui a pris très souvent la forme admirable de l'image, à tel point qu'on peut dire de sa poésie qu'elle est avant tout une curiosité de l'inconnaissable. Et sans doute que sa plus grande curiosité était la curiosité des mœurs. Il n'y avait rien dont cet homme d'abord hésitant et banal sût parler aussi admirablement. Tout le reste en lui était peut-être faux, mais ceci était Apollinaire même. Il faut attacher un grand prix à cette activité qu'il déploya en faveur des livres défendus, lui qui mit Sade, même tronqué, entre les mains d'une génération, et qui prit à la traduction de Baffo le secret de l'accent d'un grand nombre de ses poèmes. [...] Une conscience aussi claire des liens de la poésie et de la sexualité, une conscience de profanateur et de prophète,

1. *Lautréamont et nous, Les Lettres françaises*, n° 1185, 1er juin 1967.

voilà ce qui met Apollinaire à un point singulier de l'histoire, là où brutalement se brisent les faux-semblants millénaires de la rime et de la déraison [1]. »

Ces lignes sont de 1930 et indissociables de l'expérience du surréalisme, voire d'un point de vue « communiste » (ou qui se voulait tel) sur la conduite d'Apollinaire. Mais je crois qu'elles s'appuient aussi sur la connaissance primitive que l'adolescent Aragon eut d'Apollinaire déverrouillant les portes que la tradition recelait avec sa collection des « Maîtres de l'amour ». Je ne parle pas des *Onze Mille Verges* dont le prix, sous le manteau, devait dépasser les possibilités financières du jeune homme. Si j'insiste sur ce côté de la question, au risque de paraître lui accorder trop d'importance, c'est d'abord qu'Aragon a partagé ce goût d'Apollinaire pour les érotiques, les scandaleux, les inclassables. C'est surtout que ce chapitre sur ses sources me paraît au bout du compte trop scolaire et qu'on ne mesure plus, quand Rimbaud, Jarry et Lautréamont sont dans la Pléiade, qu'ils étaient eux-mêmes scandaleux, inclassables et d'ailleurs inclassés à l'époque de l'adolescence d'Aragon. Aragon a tout lu, et d'abord ce qui n'était ni accessible, ni lisible.

Pour la peinture, on sait simplement que Breton et lui mettront, aux murs de leur chambre du Val-de-Grâce, Picasso [2], Braque, Matisse et Chagall à côté de Cézanne, ce qui, à l'époque, ne déclenche pas tant le scandale que les rires.

1. Préface à l'édition de 1930 des *Onze Mille Verges,* roman érotique (édition par Régine Desforges, l'Or du temps, 1970). *Les Onze Mille Verges* sont désormais dans la Pléiade.

2. Aragon ajoute : *Gauguin, Derain.*

5.

La guerre

C'était un temps de solitude
Ô long carême des études
Où tout à son signe est réduit
Aux constellations la nuit
La vie affaire de mémoire
De chiffres blancs au tableau noir
Et lorsqu'on mourait à Vimy
Moi j'apprenais l'anatomie

Le Roman inachevé.

Même ceux qui, comme moi, furent étudiants en 1939-1940 ne peuvent se représenter ce que cela put être de se retrouver en classe de philosophie d'octobre 1914 à juillet 1915, au moment le plus meurtrier, quand illusions et inexpérience de la tuerie décimaient les jeunes classes montées au front. Cette irruption de la mort fut vécue par un garçon qui se savait mobilisable l'année suivante — et fut effectivement mobilisé deux ans plus tard — alors même que se répandait la conviction que cette guerre ne serait pas plus courte qu'elle n'était joyeuse.

Le poème que j'ai déjà cité, *Vie de Jean-Baptiste A.*, où Aragon se donne le prénom de son lointain aïeul maternel, date d'un peu plus tard, de l'époque, dit Aragon,

> « où j'allais partir pour le front et l'idée que je n'en reviendrais pas provenait du fait qu'en réalité, pratiquement, sauf mon oncle et un beau-fils de l'une de mes sœurs — d'une de mes tantes, je veux dire —, tous les autres hommes de la famille ont été tués dans cette guerre. Pour ma part, persuadé que je n'en reviendrais pas, j'ai accepté de faire ce dont, depuis très longtemps, ma mère me priait et à quoi je me refusais ; car, s'il y avait quelque chose dont je ne voulais pas dans la vie, c'était être médecin [1] ».

1. *Aragon parle, op. cit.*, p. 13.

Solitude de Marguerite. A l'époque, ses deux sœurs sont parties de Paris, Madeleine pour l'Angleterre où elle s'est mariée. Elle devait perdre son mari à la guerre, se remarier, et en revenir pour mourir en France, des suites d'un accouchement, au début des années trente :

La première est partie en avant Madeleine...

Marie, elle, avait épousé un officier supérieur *le colonel Ditte, vers 1909*[1], mais elle préférait oublier l'époque de gêne matérielle qu'elle avait connue chez son aînée, quand elle avait dû travailler comme vendeuse au Bon Marché, ce qui était devenu pour elle une sorte de secret honteux.

En revanche, la guerre avait soudain ramené le grand-père Toucas. Les Turcs, passés aux côtés de l'Allemagne, avaient saisi ses biens.

> « Il était revenu en France entièrement dépourvu de moyens d'existence, pour vivre aux crochets de sa fille aînée que, même alors, il ne cessa d'humilier du fait de mon existence. [...] Il enleva son chapeau mou, il avait une couverture de voyage sur les bras, une valise assez lourde, regarda sa fille, dont il effleura le front très cérémonieusement des lèvres. Tout cela faisait un trou dans le bruit. Il était chauve avec la moustache et le bouc gris, une lavallière à pois, un nez en bec de corbin, l'œil gros soudain fixé. Même les années ne m'ont pas fait lui ressembler. Ma mère me poussa par les épaules, et dit à mi-voix : " C'est Louis... " Il eut un petit recul, puis me tendit la main : " Bonjour, Monsieur... ", après quoi, j'avais pris sa valise, il parla sur un ton distrait à sa fille et m'ignora. [...] Il prit très naturellement les deux billets pliés que sa fille lui tendait avec gêne, un peu tremblante. Nous l'avons mis dans un taxi. Il ne me dit même pas au revoir. J'avais simplement remarqué qu'il était à peu près de ma taille, c'est-à-dire beaucoup plus grand que le reste de la famille[2]... »

Nous sommes au début de 1915. Ils sont tous trois perdus dans cette foule de la gare de Lyon. C'est la seule fois qu'Aragon a vu son grand-père. « L'année d'après, j'ai suivi son enterrement. »

Les convenances sociales sont plus fortes, empêchant tout contact. Louis, après tout, n'est-il pas le seul petit-enfant que cet homme aurait pu connaître ? Elles jouent autrement, ces convenances, dans l'esprit du parrain-tuteur. Louis Andrieux renonce à ce pieux mensonge en 1918, quand son fils part pour le front.

> « Il força ma mère à me dire qu'elle n'était pas ma sœur, parce qu'il ne voulait pas que je pusse être tué sans savoir que j'avais été une marque de sa virilité.[3] »

1. Précision d'Aragon.
2. *Et, comme de toute mort..., op. cit.*, p. 16, 11 et 12.
3. *Henri Matisse, roman, op. cit.*, II, p. 214-215.

Et nous savons par d'autres confidences d'Aragon combien cet aveu coûta à Marguerite, que tant de fois elle remit à plus tard... La chose paraît aussi inconcevable en son genre que la froideur du grand-père, mais elle ne s'en ajoute pas moins à l'angoisse de ce moment où l'adolescent peut se croire au terme de sa courte vie. Là encore, c'est *Le Mentir-vrai* qui nous donne le mieux à mesurer le fond de cet abîme. Aragon y fait surprendre par Pierre certaines scènes entre Marthe et son parrain :

> « Il y a quelque chose qui ne va pas entre eux, je ne sais pas quoi : l'autre jour, au coin de l'avenue Bugeaud, elle lui a dit qu'après tout, elle pourrait se marier pendant qu'elle était assez jeune, et il a fait de grands moulinets avec sa canne, avec des éclats de voix : " Marie-toi si tu veux ! Je ne t'en empêche pas... " Et elle a eu tout de suite les larmes aux yeux... »

« ... Je ne savais rien de leur histoire », corrige Aragon plus tard,

> « je n'en ai jamais rien su, même si, un peu plus grand, j'avais été pris de quelques doutes que je m'abstenais bien d'approfondir. C'est seulement quand j'ai été mobilisé que ma pauvre mère a dû se résoudre à m'avouer... Je portais déjà l'uniforme, parce que Maman remettait toujours le jour de sa confession ».

La scène, dans la même nouvelle, de l'oncle Édouard-Edmond saisi par la peur de perdre sa place au journal de Clemenceau si sa sœur rompt avec le Patron, n'est pas non plus purement imaginaire. Marguerite avait trente-cinq ans à l'époque où se passe *Le Mentir-vrai*. Elle en a quarante-quatre quand elle avoue la vérité à son fils.

Nous pouvons enfin lire :

Vie de Jean Baptiste A.

Une ombre au milieu du soleil dort
soleil d'or
Jean-Bart

dans l'avenue aux Catalpas
Mais patience
En ce temps-là je n'étais pas né
Le train repart

ROSA la rose et ce goût d'encre ô mon enfance
Calculez Cos α
en fonction de
tg 2
Ma jeunesse Apéro qu'ont à peine aperçu
les glaces d'un café lasses de tant de mouches
jeunesse et je n'ai pas baisé toutes les bouches

Le premier arrivé au fond du corridor
1 2 3 4 5 6 7 8 9 10 MORT
Une ombre au milieu du soleil dort c'est l'œil

Quand je dis nous pouvons lire... Les allusions biographiques et la conception de la vie qui s'y reflète ne sont pas seules à faire de ce poème un événement. Il y a là une révélation du poète et de son attitude vis-à-vis du langage poétique. L'humour, la désinvolture, une certaine manière de faire entrer dans la poésie ce qui lui est apparemment le plus réfractaire : des formules trigonométriques. Une certaine dérive du ton parlé apollinarien, certes, mais l'originalité n'est pas discutable. Et ce qui fait problème, ce n'est pas le ton de l'époque, la perméabilité du jeune homme aux nouveautés du langage poétique, c'est bien plutôt la sorte de « saut culturel » par rapport à tout ce que nous avons recensé jusque-là dans sa formation, y compris de ce que Breton en a dit. Certes, c'est là un poème très isolé dans ce qui a été conservé de l'œuvre de jeunesse, mais qui témoigne très fortement de l'une des pratiques essentielles de l'écriture d'Aragon, la pratique du collage, c'est-à-dire de l'inclusion dans le texte d'éléments verbaux étrangers, appartenant à un autre domaine intellectuel et au surplus impersonnels dans l'expression, d'éléments tout faits qu'on appellerait en peinture des *ready-made.* Les références scolaires, latines et trigonométriques, l'énumération correspondent assez bien aux recherches de Braque et de Picasso en matière de collages et de récupération des procédés décoratifs des peintres en bâtiment. Il y a là une compréhension des novations de la peinture, en même temps qu'une prémonition de Dada, qu'il fallait souligner. Aragon est en pleine mutation intellectuelle. Nous y reviendrons.

En 1917, donc, Aragon, qui vient de passer son PCN et entre en première année de médecine, est mobilisé. En fait, il a été ajourné en 1916. La guerre l'appelle avec insistance. Cette fois, c'est la bonne. Il est incorporé le 20 juin 1917 et arrive au Val-de-Grâce le 15 septembre pour y suivre des cours : il en sortira médecin auxiliaire des armées avec rang d'adjudant-chef.

« Un soir du mois de septembre 1917, il va y avoir de cela cinquante ans, un étudiant en médecine qui venait d'achever sa première année, mobilisé au Val-de-Grâce, s'étant juché sur les rayonnages de fer placés au-dessus des lits à l'intention des paquetages dans la chambrée des bleus, crut vaguement reconnaître par les vitres donnant sur le couloir, de l'autre côté de celui-ci, grimpé comme lui dans la chambrée de la classe seize, un jeune homme rencontré Dieu sait où, lequel comme lui ne pouvant dormir, contemplait le spectacle du chahut que les anciens, ainsi qu'ils l'avaient fait la veille, menaient contre les nouveaux venus barricadés dans leurs piaules, essayant d'en enfoncer les portes et là où ils y étaient parvenus, flanquant tout en l'air. [...]
Mon vis-à-vis, bien qu'appartenant au camp ennemi, ne cachait pas sa désapprobation, son écœurement devant ce spectacle, et par divers signes et

moues, le nez appuyé au vitrage, il me l'exprimait de temps en temps. Où diable avais-je vu ce type-là ? Impossible de mettre un nom sur ce visage. Ce n'est que le lendemain après-midi, lorsque nous nous rencontrâmes dans la cour, que j'eus la réponse à cette agaçante question. Le voisin d'en face avait une façon assez cérémonieuse de parler, une politesse légèrement affectée, qui avait des airs de protestation contre l'atmosphère de la caserne : " Nous avons été présentés l'un à l'autre, me semble-t-il, il y a de cela quelque temps, rue de l'Odéon, chez Mlle Monnier, vous lisiez un numéro des *Soirées de Paris* "[1]. »

Laissons pour le moment les suites de la rencontre avec Breton et cette histoire qui ne fait que commencer, qui est celle de Dada en France et du surréalisme. Suivons d'abord la guerre d'Aragon. Nommé médecin auxiliaire en avril 1918, il est envoyé au front en juin. Le 6 août, à Couvrelles, seul médecin du bataillon, il est mêlé à une chaude affaire, enseveli à trois reprises par les obus et une bombe d'avion. On lui décerne une croix de guerre et il est cité à l'ordre de la division. Jusqu'à la moitié de 1919, il ne vient à Paris que pour des permissions. C'est donc entre octobre 1917 et juin 1918 que tout s'est joué dans les conversations avec Breton. Il a été présenté par lui à Philippe Soupault.

> « ... j'ai vu la Woëvre à tombe ouverte j'ai vu la Champagne dépouillée de gencives sur ce ricanement de squelette et la forêt d'Argonne avec l'épouvante des patrouilles égarées les sables la tourbe de la Somme et le long dos d'âne disputé du Chemin des Dames cette arête vive du massacre »,

dira, quarante ans plus tard, *Le Roman inachevé.* Entre Breton et Aragon, il n'est pas passé que le courant de la poésie :

> « Nous étions des lecteurs du *Drapeau rouge*, du *Journal du peuple*, de *La Vague*, c'est-à-dire des journaux contre la guerre, les journaux de ces socialistes qui étaient contre la guerre[2]. »

Le Val-de-Grâce n'était que l'antichambre d'autre chose : du front d'où il recevait en retour des blessés. Il y a cette présence obsédante de la tuerie proche derrière chacun des mots prononcés, chaque poème lu. Toute découverte est confrontée aux ruines de la civilisation. Si on omet ce fond d'horreur et de massacres, on prend le surréalisme pour une simple aventure littéraire. Aragon écrit en 1971, après la mort de Breton :

> « Les hommes se classent entre eux, dans leurs sentiments, réciproques ou non, suivant les générations. 1917, c'était le temps où, je le crois pour l'un comme pour l'autre, André Breton et moi nous avions pris conscience d'appartenir (et ceci l'un par l'autre) à une génération nouvelle, non point à

1. *Lautréamont et nous, op. cit.*
2. *Aragon parle, op. cit.*, p. 42.

une sorte de classe de recrutement, mais à ce qui au bout du compte constitue pour les yeux de l'avenir une génération, c'est-à-dire un petit nombre d'esprits caractéristiques de leur temps comme Keats et Shelley ou Hegel et Hölderlin peuvent constituer l'image d'une jeunesse, la genèse d'une formation nouvelle des esprits[1]... »

Avant sa démobilisation, Aragon fait une autre expérience, dont il ne tirera que plus tard la leçon politique, mais qui a dû tout de suite compter sur le plan des mœurs, de la révélation de phénomènes inconnus. Je veux parler de l'occupation de la Sarre et de la grève des mineurs de Voelklingen qu'il racontera dans *La Semaine sainte* :

« Il y avait là, les uns contre les autres, serrés, presque pas d'espace entre les épaules, les bras nus, ces hommes de chair, ce mur grondant, les yeux, les mots jetés, tout cela d'un instant à l'autre pouvait tourner très mal. Si les nôtres devaient tirer... Parce que cela ne se discute pas, j'étais d'un côté, pas de l'autre. Pas le choix. [...] C'est alors que je sentis en moi, brusquement, que ces inconnus menaçants, c'étaient eux, ce soir-là, qui avaient raison, dont la résistance exprimait tout ce qu'il y a de grand et de noble dans l'homme... Et alors nous ? Nous ! »

Aragon quitte la mine, rentre chez lui pour lire *Der Golem*. *Dada 3* vient de lui arriver de Zurich : « de quoi vous faire bien voir de l'officier du 2e Bureau ». *Dada 3*, paru en décembre 1918 et qui contient le *Manifeste Dada 1918*, que Breton considère d'emblée comme un texte capital :

« Plus tard, bien plus tard, écrit Aragon, j'ai eu l'impression que cette nuit-là avait pesé lourd dans ma destinée. Peut-être. Je n'en ai rien montré. C'était comme cela, notre romantisme, à nous les jeunes gens d'alors. On ne pouvait pas le montrer. »

Il ne fallait pas, par exemple, parler de la guerre. Faire comme si elle n'avait jamais existé. L'affaire de Voelklingen date du début de 1919. Aragon ne connaît que depuis même pas un an le secret de sa naissance. De cela non plus, il ne parle à personne. Il est tout entier engagé dans une aventure qui va occuper toute sa jeunesse. Le premier numéro de *Littérature* a été mis en chantier par Breton à Paris. Il va paraître en mars 1919. Quatre ou cinq semaines seulement après la nuit de Voelklingen.

1. *Henri Matisse, roman, op. cit.*, I, p. 275.

CHAPITRE III

DADA

Lorsque j'avais vingt ans pour moi la grande affaire
Était de désapprendre et non d'avoir appris

. . . .

Don Quichottes nouveaux qui tournaient leur colère
Contre les dieux de plâtre et d'ombre des statues
Nous étions quelques-uns que ces jours assemblèrent
A mettre dans l'injure une étrange vertu

Rendant les maîtres-mots du malheur responsables
Nous menions à tous crins notre guerre aux nuées
Et nous nous adonnions à des sortes de fables
Sans morale ni but qu'un concert de huées

Nous avions instauré la grève imprécatoire
Sur notre propre chant jetant notre interdit...

Les Yeux et la mémoire, 1954.

1.

Naissance de l'amitié

Ce même attachement à une beauté difficile réunit vers ce temps-là Baptiste Ajamais et Anicet. Il ne fut pas la cause, mais l'occasion de leur amitié. Il ne leur vint pas à l'idée d'appeler rivalité ce qui les rapprochait : le mot émulation s'offrit sans que ni l'un ni l'autre des nouveaux amis songeât à le discuter. Ainsi leurs relations débutaient par où les amitiés courantes se terminent et par ce qui devait être plus tard la mort de la leur.

Anicet ou le panorama, roman
(chapitre écrit en 1919).

Une fin d'après-midi à Paris, aux premiers jours de l'automne 1917, boulevard Raspail :

« Il ne me reste guère qu'une sorte de couleur exaltée de ce moment de magie, un écho de notre interminable conversation cantonnée sur ce boulevard sans fin remonté et redescendu. Nous avions tous les deux très rapidement compris que notre rencontre avait pour l'un et l'autre une importance décisive, comme cela peut être à vingt ans. Je ne puis en reconstituer la conversation désordonnée, où le hasard des phrases et des noms jetés, ouvrant pour nous les perspectives de passion commune, nous découvrait ce fait singulier et merveilleux que désormais nous n'étions plus seuls l'un et l'autre.
J'avais, quant à moi, tout de suite été troublé par cette découverte que mon compagnon, non seulement avait avec moi des goûts communs, mais qu'au-delà des livres, il était en relation avec des hommes qui me semblaient inatteignables : Apollinaire, Max Jacob, Francis Vielé-Griffin, Paul Valéry, Jean Royère, André Derain... Et Marie Laurencin... Non, je n'avais pas pu retrouver tous les numéros des *Soirées de Paris.* Breton me les prêterait. Quelle découverte ! nous avions été tous deux en juin à la première des *Mamelles de Tirésias,* au conservatoire Renée Maubel, rue de l'Orient à Montmartre [1]... »

1. *Lautréamont et nous, op. cit*

Remarquons que la solitude d'Aragon est beaucoup plus complète que celle de Breton. Breton avait un ami gardé depuis le lycée : Théodore Fraenkel. Il avait déjà rencontré Jacques Vaché à Nantes. S'était déjà lié avec Philippe Soupault. C'est un chercheur et un rassembleur d'hommes. C'est donc plutôt lui qui partagera ses amis avec Aragon. Ce qui ne contredit nullement le caractère irremplaçable de l'amitié qui commence, sa force singulière. Simplement, dans ce qu'ils ont mis en commun, qu'on peut appeler pour simplifier « la poésie entendue comme la vie même », Breton a jeté dans la balance, par-delà les lectures communes, des relations humaines. D'où cette transformation capitale pour Aragon : le voici soudain intégré dans un groupe.

A l'intérieur de ce groupe, et jusqu'à leur rupture, les rapports entre Breton et Aragon demeurèrent privilégiés : quelque chose a passé entre eux deux, au comble de ce qu'ils exigeraient d'eux-mêmes, qui a changé l'histoire de la révolution poétique du XXe siècle en France. Ils firent somme toute peu de littérature à deux (au sens où l'on dit que Picasso et Braque firent de 1908 à 1913 de la peinture à deux) et ce qu'ils ont inventé s'apparente davantage à une certaine conception de la vie. Comme l'a excellemment écrit Alain Jouffroy :

> « Unis et désunis par le pressentiment de toutes sortes de catastrophes et d'ignominies, celles de l'hitlérisme et celles du stalinisme, ces deux hommes n'ont jamais cessé de se parler et de s'envoyer des messages qui font partie de notre pensée. Se priver de la chance d'entendre ou de réentendre l'un d'entre eux, c'est perdre la signification globale de leur double aventure [1]. »

Quand ils se rencontrent, Breton a plus de deux ans de service militaire derrière lui, bien qu'il ne soit que de dix-huit mois l'aîné d'Aragon : service de santé à Nantes, et surtout au centre psychiatrique de la IIe armée à Saint-Dizier. Là, il s'est trouvé parmi ceux que le front a rendus fous, mais aussi avec les délinquants — le plus souvent, les révoltés — en instance de conseil de guerre, qu'il faut expertiser...

> « Le séjour que j'ai fait en ce lieu et l'attention soutenue que j'ai portée à ce qui s'y passait ont compté grandement dans ma vie et ont eu une influence décisive sur le déroulement de ma pensée [2]. »

Ce qui n'est pas à comprendre dans le sens restreint d'un intérêt pour la folie, par exemple. Breton a une expérience de la vie, une expérience sociale incomparables avec celles d'Aragon. Aragon dut être sensible à pareille assurance. Son enfance sans père, sa situation de mort en sursis le poussaient à accepter une telle autorité morale. Celle de Breton était fondée sur tout ce qu'il pouvait respecter. Aragon était beaucoup plus

1. Préface au *Mouvement perpétuel,* Gallimard, 1970.
2. *Entretiens, op. cit.,* p. 36.

vulnérable que d'aucuns ne l'ont cru. Les rideaux de ses protections allaient de la pudeur à l'insolence, et à des aveux qui enrobent ou étouffent souvent l'essentiel. Écoutons plutôt le témoignage d'Adrienne Monnier sur lui à cette époque :

> « Il était fort choqué de la grossièreté de ses camarades. Je me souviens d'une de nos premières conversations où il me confia que l'ineptie et l'obscénité des propos qu'il entendait à l'amphithéâtre n'étaient pas loin de lui mettre les larmes aux yeux[1]. »

Le contraste physique entre les deux amis reflétait curieusement ce décalage de caractère : Breton solide, Aragon fluet et élancé. Redemandons à Adrienne Monnier les deux portraits :

> « [Breton] était beau, d'une beauté non pas angélique, mais archangélique. Le visage était massif, bien dessiné ; les cheveux étaient portés assez longs et rejetés en arrière avec noblesse ; le regard restait étranger au monde et même à soi, il était peu vivant, il avait la couleur du jade. Breton ne souriait pas, mais il riait parfois d'un rire court et sardonique qui surgissait dans le discours sans déranger les traits de son visage, comme chez les femmes soucieuses de leur beauté. [...] Ce que le visage de Breton avait de plus remarquable, c'était la bouche lourde et excessivement charnue... »

Suit une description physiognomonique de la sensualité et de la fermeté du sujet, que je passe. Pour Aragon, le ton est autre. Mlle Monnier se sent plus rassurée :

> « Louis Aragon était alors en pleine possession de son prénom et d'une ombre de moustache. C'était bien le plus gentil, le plus sensible garçon qu'on pût voir. Et le plus intelligent aussi. Avec lui, on pouvait s'entendre. Il adorait la poésie sans lui demander trop d'insolite. Quand je le connus, il faisait, je crois, sa première année de PCN, il avait un Verlaine et un Laforgue dans ses poches[2]... »

Complétons-le par le portrait esquissé par Breton dans ses *Entretiens*, en rappelant à nouveau que ceux-ci datent de la pire période de la guerre froide où le procès Rajk, le stalinisme, le réalisme socialiste opposent totalement les deux anciens amis :

> « Sa mobilité d'esprit est sans égale, d'où peut-être une assez grande laxité de ses opinions et une certaine suggestibilité. Extrêmement chaleureux et se livrant sans réserve dans l'amitié. Le seul danger qu'il court est son trop grand désir de plaire. Étincelant. [...] En lui, à ce moment, peu de révolte. Le goût de la subversion plutôt affiché par coquetterie, mais en réalité, les

1. Adrienne Monnier, *Rue de l'Odéon,* Albin Michel, Paris, 1960, p. 102.
2. *Ibid.,* p. 99-102.

impositions de la guerre et de l'orientation professionnelle supportées avec allégresse : croix de guerre au front ; il s'arrangeait pour avoir " pioché " toujours un peu plus que les autres les " questions d'internat ". »

Breton a enregistré le besoin de l'adolescent Aragon, si seul, de communiquer, et aussi que, sous son assurance, il est influençable, peut-être parce qu'il redoute de perdre la chaleur de l'amitié découverte. Ce portrait est d'une grande acuité psychologique, et Aragon l'a lui-même confirmé, au bout du compte, dans *Anicet,* sa première œuvre de prose. A ce portrait, Breton s'oppose ainsi :

> « Pour moi, c'était depuis longtemps la grande dérive : pas de compromis possible avec un monde auquel une si atroce mésaventure n'avait rien appris ; dans ces conditions, pourquoi distraire une parcelle de temps et de disponibilité en faveur de ce qui ne me motive pas de ma propre impulsion[1] ? »

De fait, contrairement à Aragon, Breton ne réussira pas l'examen de médecin auxiliaire et sera envoyé en garnison à Saint-Mammès, à côté de Moret-sur-Loing, en mai 1918.

Anicet confirme également cet autoportrait de Breton. Aragon y fait établir par Breton (Baptiste Ajamais dans le roman) un parallèle entre son ami Jacques Vaché (Harry James) et Aragon qui est Anicet. Et Anicet-Aragon de commenter, après avoir éprouvé « fortement l'humiliation que lui infligeait ce parallèle », parlant de lui-même à la troisième personne :

> « ... [il] comprit qu'il ne ferait que suivre encore une fois la direction donnée, qu'il était sous l'influence de Baptiste. Encore qu'il fît preuve de lucidité, il céda à la honte de l'inaction, consentit à n'être qu'un instrument. Quelle puissance avait donc sur lui cet être autoritaire ? Dans l'ombre, on devinait la fascination du regard et le froncement de sourcils. Il n'y avait pas à s'en dédire : Baptiste subjuguait Anicet, et à quelle fin[2] ? ».

Certes, la publication de ce texte pourrait vouloir dire qu'Aragon n'est pas aussi totalement subjugué qu'il y paraîtrait selon l'analyse d'Anicet. Mais la question n'est pas exactement là. L'écriture a d'ailleurs un rôle libérateur chez Aragon. Et l'influence de Breton repose sur un fonds culturel commun que nous n'avons encore fait que situer et qu'il convient à présent d'explorer plus précisément. D'abord, ce qui l'emporte à leurs yeux, c'est que toute une littérature a sombré dans l'exaltation guerrière, d'Anatole France à Barrès :

Pardonnez-moi cette amertume
Mais l'âge d'aimer quand nous l'eûmes

1. *Entretiens, op. cit.*, p. 45.
2. *Œuvres croisées, op. cit.*, 2, p. 120.

Comme le regain sous la faux
Tout y sonnait mortel et faux
Et qu'opposer sinon nos songes
Au pas triomphant du mensonge
Nous qui n'avions pour horizon
Qu'hypocrisie et trahison

Ces vers du *Roman inachevé* s'éclairent de textes antérieurs, l'un de 1935, l'autre du début des années vingt, qui nous mettent sur la piste de la contre-culture de l'époque, de ce qui se trouvait subsister au naufrage : parce que c'était « en marge », mais différemment des résurrections d'Apollinaire, ou même des papiers collés de Braque et Picasso, puisqu'il s'agissait de manifestations « hors de l'art », du moins dans l'acception qu'avait alors le mot.

> « Jeunes bourgeois qui ne nous souciions point d'un avenir menacé de mort un certain ton de voix, comme une contrebande, atteignait en nous ce goût profond du fruit défendu[1]. »

Ce ton-là, il était n'importe où dans les rues, on le trouvait par exemple dans cette musique inconnue, le jazz, qui suivait les premières troupes américaines en France. Dans tout ce qui contredisait l'ambiance patriotique et les trémolos officiels :

> « Un sens dramatique, équivoque, nous donnait de toute chose une idée violente et vive. Tout ce qui touchait proprement à la guerre, tout ce côté *Illustration,* cet exhibitionnisme de l'horreur, nous répugnait si fortement que je ne crois pas mentir en disant que jamais la guerre ne fut plus loin du cœur des jeunes gens qu'en ces jours où elle dominait les adultes. Ce qui nous attirait, c'était tout ce dont nous privait une morale imposée, le luxe, les fêtes, le grand orchestre des vices, l'image de la femme héroïsée, sacrée aventurière. Il y a un document précis de cet état d'esprit, c'est à lui que je veux en venir. L'idée que toute une génération se fit du monde se forme au cinéma, et c'est un film qui la résume, un feuilleton. Une jeunesse tomba amoureuse de Musidora dans *Les Vampires*[2]... »

Louis Feuillade, leur réalisateur, avait été mobilisé, et c'est au milieu de 1915 qu'il se lança dans ce film en dix épisodes, lié à des récits illustrés écrits par le romancier Georges Meirs et publiés en livraisons. Feuillade avait déjà réalisé la série des *Fantômas* au temps de la bande à Bonnot. Fantômas était le dernier avatar du héros romantique, la dérive brutale des *Mystères de Paris*. Il avait déjà ravi par sa violence Apollinaire, Max Jacob, Picasso. *Les Vampires* allaient encore plus loin dans l'épouvante, mais aussi dans une fantasmagorie qu'on dirait aujourd'hui de science-

1. « Les Beautés de la guerre et leurs reflets dans la littérature », *Europe,* décembre 1935.
2. *Les Vampires,* texte écrit vers 1922 pour Jacques Doucet. (Manuscrit Doucet 7206-10.)

fiction. Le grand Vampire fait évader la belle Irma Vep (anagramme de vampire) du navire qui l'emporte vers le bagne, au moyen d'un canon électrique silencieux d'une portée de 100 km qu'il monte et démonte... dans sa chambre d'hôtel. Irma Vep était Musidora, de la tête aux pieds moulée dans son collant noir dessiné pour elle par Paul Poiret et qui soulignait l'ovale pur du visage, les grands yeux noirs.

C'étaient là des anti-héros parfaits.

> « A ce point étonnant de confusion morale où les hommes vivaient, comment ceux qui étaient jeunes ne se fussent-ils point reconnus dans ces bandits splendides, leur idéal et leur justification? [...] Les journaux dénonçaient le cinéma, école du crime. [...] Oui, [les jeunes] couraient où les appelait le crime, le seul soleil qui ne fût point encore sali. A cette magie, à cette attraction s'ajoutait le charme d'une grande révélation sexuelle. Il y a une idée de la volupté qui nous est propre, et qui nous est venue par ce chemin de lumière, entre les images du meurtre et de l'escroquerie, tandis qu'on crevait ferme d'autre part, sans que nous y prenions seulement garde [1]... »

« Sans que nous y prenions seulement garde » appartient à l'espèce particulière de forfanterie de cette génération de l'*après*-guerre. Mais le défi était bel et bien dans ces crimes privés montrés en long et en large, qui rejoignaient, dans un registre tout différent, celui des bandes comiques de Charlot — songez, la rigolade, quand on se battait à Verdun —, mais aussi les défis de l'évasion : exotisme des premiers westerns, musique « barbare » des premiers orchestres nègres. Ces défis s'épaulaient mutuellement. Ils possédaient ce dénominateur commun — et cette charge explosive — d'être modernistes. Ils éclataient sur des chemins nouvellement frayés et bouleversaient les arts reçus, pas seulement la musique, mais par exemple, le récit romanesque, le jeu théâtral. Ils complétaient les multiples brassages de la guerre, sa destruction des cadres sociaux et culturels. Ils accéléraient la liquidation des valeurs mises à mal, contribuaient à la prise de conscience qu'elles étaient éphémères, nullement indispensables à la culture, et servaient au nettoyage des formes usées, trahies ou porteuses de la trahison intellectuelle. C'est sur un tel vide, sur ce « champ libre », que vont se produire les reclassements fondamentaux, se développer les courants nouveaux. Ces reclassements réhabilitent des poésies en apparence opposées : la poésie pure, la poésie symboliste, d'une part; la poésie d'humour et d'actualité, la poésie libre, de l'autre. C'est qu'elles ne sont pas compromises par définition — ou du moins pas gravement. Le silence de Valéry, au moins jusqu'à *La Jeune Parque* mallarméenne de 1917, qui le déconsidérera quelque peu, devenait du coup très important :

> « A nos yeux, dira Breton, il bénéficiait du prestige inhérent à un mythe qu'on a pu voir se constituer autour de Rimbaud — celui de l'homme

1. *Les Vampires, op. cit.*

> tournant le dos, un beau jour, à son œuvre, comme si, certains sommets atteints, elle “ repoussait ” en quelque sorte son créateur. »

Mais Valéry ou Mallarmé, c'est en fait la préhistoire : celle de Breton personnellement, d'ailleurs. Le chemin commun à ces jeunes gens est du côté de la transformation poétique : celle qu'incarne Apollinaire et que sa présence, depuis son retour après sa blessure, authentifie. Celle des petites revues littéraires novatrices. C'est de ce côté-ci qu'il faut suivre Breton et Aragon.

2.

L'apprentissage à deux

> *J'aimais et j'aime encore — oui, d'amour — cette poésie pratiquée à larges coupes dans ce qui nimbe la vie de tous les jours, ce halo d'appréhensions et d'indices qui flotte autour de nos impressions et de nos actes. [Apollinaire] taillait dedans comme au hasard : le rythme qu'Apollinaire s'était créé était apparemment son seul outil, mais cet outil ne le trahissait jamais; il était merveilleux. Reverdy était beaucoup plus théoricien qu'Apollinaire : il eût même été pour nous un maître idéal s'il avait été moins passionné dans la discussion, plus véritablement soucieux des arguments qu'on lui opposait, mais il est vrai que cette passion entrait pour beaucoup dans son charme.*
>
> ANDRÉ BRETON, Entretiens.

Il faut se méfier de la pseudo-précision de l'érudition professorale depuis qu'elle a mis Dada et le surréalisme à ses programmes. A trop scruter les textes, elle perd de vue le talent, le charme, ce qui fit « passer le courant », créa les enthousiasmes. Inversement, elle se perd en conjectures sur des ruptures avec des écrivains, des poètes ou des peintres chez qui le « courant » se perd. Apollinaire, Reverdy sont les princes les plus éclatants de cette poésie nouvelle. Breton avait rencontré Apollinaire le 10 mai 1916, au lendemain de sa trépanation :

> « A partir de là, je devais le revoir presque chaque jour jusqu'à sa mort. C'était un très grand personnage, en tout cas comme je n'en ai plus vu depuis. Assez hagard, il est vrai. Le lyrisme en personne. Il traînait sur ses pas le cortège d'Orphée. [...] C'était le champion du poème événement, c'est-à-dire l'apôtre de cette conception qui exige de tout nouveau poème qu'il soit une refonte totale des moyens de son auteur, qu'il coure son aventure propre, hors des chemins déjà tracés, au mépris des gains réalisés antérieurement. »

Il avait ressuscité le ton de la conversation dans le poème, qui s'était de nouveau perdu après Hugo et Musset :

> « Nous parler de cela même que nous abominions, dira Aragon en 1920, et nous charmer au moyen des pires réalités, le tour de force est à peine croyable. Cette voix dans la nuit
>
> *Ah Dieu que la guerre est jolie*
> *Avec ses chants ses longs loisirs*
>
> révoltait-elle assez les hommes sérieux qui prenaient au tragique une aventure où ils ne risquaient après tout que leur vie[1] ? »

C'était placer ces jeunes gens en face des pouvoirs mêmes de la poésie, de sa capacité de transfiguration, de ses responsabilités. Apollinaire les conduit à *SIC,* de Pierre Albert-Birot (Sons, Idées, Couleurs), dont le premier numéro, en janvier 1916, a l'apparence d'une petite revue artisanale. C'est autant une revue d'art — futurisme, école cubiste — qu'une revue littéraire. Elle se veut moderniste. Son premier manifeste est tant soit peu nationaliste, mais le second, en février 1916, est courageux :

> « [Oui,]
> Vous qui avez ri ou craché sur Mallarmé, Manet, Sisley, Puvis, Rodin, Claudel, Marinetti, Picasso, Debussy, Dukas, Moussorgsky, Rimsky-Korsakov,
> Vous qui avez pesté contre les chemins de fer, le télégraphe, le téléphone, les autos, les tramways électriques, les machines, les usines,
> Vous qui avez nié les porteurs de nouveau, les porteurs d'autre chose, les divins tueurs d'habitudes,
> C'est *vous* qui avez failli perdre la France... »

Ce ton explique que *SIC* — bien que Pierre Albert-Birot y ait beaucoup publié de lui-même — soit devenu un lieu de rassemblement. On y trouve Drieu la Rochelle, Paul Dermée qui sera dadaïste, Philippe Soupault, Tristan Tzara dès octobre 1917, par une *Note 6 sur l'art nègre.*

Aragon y pénètre en mars 1918, intervenant un peu à retardement dans le scandale des *Mamelles de Tirésias* dont *SIC* a fait sa grande affaire, et son article — « demandé à l'auteur par Guillaume Apollinaire sur la vue de quelques poèmes d'Aragon que lui avait montrés André Breton », explique Ristat dans *L'Œuvre poétique*[2] — reprend d'ailleurs le titre de l'article à chaud de Pierre Albert-Birot : *24 juin 1917.* Aragon y passe vite à une évaluation plus générale de l'œuvre d'Apollinaire :

> « *Les Mamelles* n'ont [...] pas une place à part dans l'œuvre d'Apollinaire. Nous y retrouvons et le lyrisme de *La Chanson du mal-aimé* et la fantaisie

1. Compte rendu de « Calligrammes », in *L'Esprit nouveau,* 1920, n° 1.
2. *L'Œuvre poétique d'Aragon,* Amis du Livre progressiste, tome 1, p. 363.

du *Poète assassiné*. Le poète ici feint subtilement de prendre sa flûte de Pan pour un populaire mirliton. La rime même est plaisantée, réduite à un procédé scénique. Voilà du théâtre, le théâtre de cette époque. Nous amuser fut le seul but du dramaturge qui est un créateur d'illusions et qui ne veut pas qu'on désespère : la vie suffit à nous ennuyer, le pessimisme a fait son temps. Néanmoins, il ne sépare pas le théâtre de la vie. Le sujet est d'actualité, la pièce n'est-elle pas écrite pour nous ? Il nous dégage la *leçon de la guerre* et moralise comme il rime, en nous divertissant. *Les Mamelles* enfin nous libèrent du théâtre des boulevards : en vain l'amant quittera le lit pour le placard. Il nous faut une autre gaieté. Déjà le cinéma nous avait donné Charlie Chaplin (que n'interpréta-t-il *Les Mamelles* !), Apollinaire nous donne Tirésias. »

C'est le premier article publié par Aragon. On y trouve la volonté d'élargir le champ littéraire, qui caractérisera ultérieurement toute son activité de théoricien de la littérature ; l'analyse technique de la poésie aussi (pour détruire tout mystère, mettre à plat le travail du poète, comme Picasso le travail du peintre dans ses papiers collés). La provocation d'époque est, ici, dans l'éloge de la gaieté, du comique, durant cette fin particulièrement lugubre du dernier hiver de la guerre.

Ce même mois de mars voit la publication dans *Nord-Sud* du premier poème[1] d'Aragon, *Soifs de l'Ouest,* sur des thèmes américains :

Dans ce bar dont la porte
Sans cesse bat au vent
une affiche écarlate
vante un autre savon
Dansez dansez ma chère
        nous avons des banjos
Oh
qui me donnera seulement à mâcher
les chewing-gums inutiles
qui parfument très doucement
l'haleine des filles des villes...

Nord-Sud est une revue d'une tout autre tenue, assez exactement comme Reverdy est un poète d'une tout autre tenue que Pierre Albert-Birot. Mais c'est au prix de la fantaisie, bien que *Nord-Sud* ait été emprunté au nom de la ligne de métro qui reliait Montmartre à Montparnasse. Ce sérieux tenait aux principes de Reverdy, qui avait inauguré ses articles par une codification du cubisme pictural, si bien qu'on en viendra à parler d'un cubisme littéraire et qu'Aragon, par la suite, évoquera la fin de ces années en disant : *le corset cubiste vers 1919*

1. Premier à égalité avec *Charlot sentimental,* publié dans *Le Film* de Delluc du 1er mars 1918, mais celui-ci, qu'Aragon désigne toujours comme son premier poème publié, n'a pas été repris dans *Feu de joie,* contrairement à celui-là.

éclate. Pour l'instant, néanmoins, la publication dans *Nord-Sud* est une consécration. Breton l'a obtenue dès mai 1917 avec *Coqs de bruyère.* Michel Sanouillet a fait remarquer que les collaborations étrangères au petit groupe des amis de Reverdy (parmi lesquels Apollinaire, Max Jacob, Dermée) « se comptaient sur les doigts de la main. L'exception faite en faveur de Soupault, Breton, Tzara, Aragon n'en est que plus significative ». L'opposition entre les deux revues reflète assez bien un goût simultané pour l'éclectisme de *SIC,* faisant sa place à l'humour, à la fantaisie, à l'actualité moderniste, et pour les strictes exigences de *Nord-Sud* en matière de langage, de nouveauté poétique pure. Ce qui n'empêchait donc nullement Apollinaire d'avoir place dans les deux, tout comme Max Jacob dont *Le Cornet à dés,* qui paraît en 1917, réunit humour hermétique et jeux de langage.

Tel est le paysage littéraire de la rencontre Aragon-Breton. Il faut dire tout de suite que, pour leur usage personnel, ils le bouleversent d'emblée grâce à deux révélations à peu près totalement inconnues de tous les autres — sauf de Théodore Fraenkel et de Soupault —, je veux parler de Jacques Vaché et de Lautréamont. Aragon est tombé en 1913 sur le *Premier Chant de Maldoror,* dans un numéro de *Vers et Prose,* la revue de Paul Fort. Il a pu lire chez Adrienne Monnier l'édition Genonceaux :

> « Quelques jours après notre rencontre, il se trouva qu'un stock de *Vers et Prose* fut mis en solde à la bibliothèque de la Rue de l'Odéon et nous achetâmes en nous cotisant tous les exemplaires disponibles comprenant le *Premier Chant* pour en donner à des amis, particulièrement Breton, à un certain Jacques Vaché, dont il me parla pour la première fois à cette occasion. [...] Isidore Ducasse venait de faire irruption dans notre vie. Je crois qu'André, en ces jours-là, me prit en considération, pour beaucoup, en raison de cette chose folle que je disais, et qui était que je plaçais Lautréamont plus haut que Rimbaud même, en quoi il voyait chez moi la preuve d'une tentante témérité. Sans partager ma démence [1]. »

Aragon et Breton s'étaient tout de suite arrangés pour se trouver dans la même chambrée au Val-de-Grâce et y avoir des lits voisins. Ils partageaient des gardes où l'on n'était pas dérangé, même si elles passaient pour pénibles, au « 2e Blessés » et au « 4e Fiévreux », qui était le service des fous. C'est là qu'ils se lurent à haute voix, et souvent à tue-tête, *Les Chants de Maldoror* que Soupault, en ayant acquis un exemplaire, leur avait prêtés.

> « Parfois, derrière les portes cadenassées, les fous hurlaient, nous insultant, frappant les murs de leurs poings. Cela donnait au texte un commentaire obscène et surprenant. Il y eut des nuits dont on ne se fait pas idée. Quand il y avait des alertes, par exemple. Les Taubes signalés, l'obscurité se faisait à peu près complète dans le Val-de-Grâce, sauf pour nous, les hommes de

1. *Lautréamont et nous, op. cit.*

garde, dans les couloirs sans fenêtre, qui gardions un étrange éclairage bleu. Mais les fous du 4e Fiévreux, comprenant le danger, terrorisés, hurlaient à la mort, se battaient entre eux, renversaient leurs baquets de tisane, dégringolaient dans le noir. Les brusques trous de silence étaient plus impressionnants encore que le vacarme démentiel. J'entends encore au milieu de cela monter la voix de Breton, lisant le *Chant cinquième* : " *Heureux celui qui dort paisiblement dans un lit de plumes arrachées à la poitrine de l'eider, sans remarquer qu'il se trahit lui-même. Voilà plus de trente ans que je n'ai pas dormi...* "[1]. »

La guerre frappe Paris, car ce printemps est celui où les obus de la grosse Bertha, les « Taubes » atteignent la ville, la plongeant dans la stupeur et l'effroi. Le Val-de-Grâce est sens dessus dessous, mais les fous ne sont pas évacués et nos amis poursuivent leur lecture.

« C'est en mars ou avril, si je m'en souviens bien, que se produisit le fait essentiel par quoi le Comte de Lautréamont devait devenir pour nous définitivement Isidore Ducasse. [...] Il me semble que c'est Jean Royère, Breton ayant parlé avec enthousiasme de *Maldoror,* qui lui signala dans sa revue *La Phalange* l'article de Valery Larbaud avant la guerre, par quoi nous eûmes la révélation première des *Poésies.* [...] Pour autant que je m'en souvienne, ce résumé et ces extraits nous frappèrent à première vue, plus par la condamnation générale du romantisme que par le renversement de la morale maldororienne. Moins pour l'utilisation des maximes des auteurs classiques retournées que par la permanence du grand style oral de *Maldoror.* [...] Néanmoins, je crois pouvoir résumer la violente impression que nous fit cette lecture en disant qu'elle eut sur nous l'effet d'un tremblement de terre[2]... »

Maldoror, c'était le « romantisme chauffé au blanc », comme dira Aragon, c'était la démesure folle, au point de rejoindre par exemple *Les Vampires* et le grand style en même temps, un mélange dont la découverte était enivrante et grâce auquel Aragon — mû par un goût très particulier de l'extrémisme pour surmonter un problème en travers de sa route — se donnait un repère au-delà de Rimbaud.

A cause des bombardements, voici les amis séparés, désignés à de nouveaux points de garde. Aragon va à la caserne des pompiers des Batignolles. Ce qui lui fit écrire ce poème (non repris dans *Feu de joie*) :

Satan, ses pompes et œuvres

A songer que l'État m'assigne
Six francs, le prix d'une catin,
Et le déjeuner du matin,
Le noir registre, je le signe :

1. *Lautréamont et nous, op. cit.*
2. *Ibid.*

Docteur et ce nom d'un destin
Favorable doit rendre insigne
Non sans quelque gaîté maligne
De mentir à ce bulletin

Il n'est de titre que j'envie
Garder en l'une et l'autre vie
Comme en-tête pour mes papiers,

Sinon celui que me confère
Ce doux emploi de ne rien faire :
Médecin des Sapeurs-Pompiers.

Ce ton des libertins du XVIIe siècle appartient aussi aux vingt ans du poète.

Aragon publie un nouveau poème dans *Nord-Sud* : *Acrobate.* Le ton en est très différent de celui des *Soifs de l'Ouest.* Mais aussi de ce qu'on attendrait de l'enthousiaste de Lautréamont : l'abstraction de tout ce qui n'est pas essentiel, jusqu'à l'hermétisme.

Bras en sang Gai comme les sainfoins
L'hyperbole retombe Les mains

Les oiseaux sont des nombres
L'algèbre est dans les arbres
C'est Rousseau qui peignit sur la portée du ciel
Cette musique à vocalises

Cent *A Cent pour la vie*

Qui tatoue

Je fais la roue sur les remparts

Breton, à Saint-Mammès, n'avait pas reçu *Nord-Sud.* Il écrit à Aragon :

« Il eût été assez dans l'ordre de nos anciennes occupations que je te dise ce que le premier vers d'*Acrobate* me suggéra hier, vers midi. Que le vocabulaire me manque. Accord en gain, comment dirais-je. J'attends de relire imprimé ce poème pour déclarer que c'est ton meilleur. D'ici, je l'adore. (Toujours avec délices, les sainfoins m'y font penser.) Quelle saison de seringats, d'iris et de pavots. Les beaux communiqués [1]... »

Cela pour le ton entre eux. Breton lit *L'Éducation sentimentale,* les *Nouvelles asiatiques* de Gobineau, discute avec Paulhan. Il songe à des

1. *Ibid.*

mises au point critiques, sans doute dans le genre de *13 études,* signées de lui et d'Aragon, qui viennent de paraître en mai dans *SIC* :

Cherchez Monsieur
dans

Renoir	Pensée
Valéry	Perce
Valery Larbaud	Blouse
Derain	Abricot
Max Jacob	God *et famille*
Gris	Thulé
Apollinaire	Tu
Braque	Grammaire
Matisse	Malbranche... *non* Fernandine
Gide	Ferdinand
Saint Léger Léger	Noon
Reverdy	Mine
Picasso	Mes Tresses

Aragon remarque, un peu dépité, que ce texte n'a pas eu le moindre écho dans la presse. Il faut préciser que les auteurs mobilisés n'avaient pas relu les épreuves et qu'on devait lire :

Valéry	Perte
Matisse	Malbrouck

Ce qui, au demeurant, n'est pas beaucoup moins obscur...

SIC de juin publie deux poèmes d'Aragon : *Chambre garnie* et *Fugue.* Mais il est déjà parti pour le front, dans les Hauts de Meuse. Un sale secteur :

> « Je n'en disais rien ni à Théodore [Fraenkel] ni à André. Pourtant, celui-ci, le 20 juillet : *Veux-tu réfléchir quelquefois, non, — rien. Attention tout de même au canon.* Je n'ai compris que bien plus tard combien il était inquiet de moi, comme d'un enfant[1]. »

Puis c'est la Champagne. L'offensive du 15 juillet. Août à Couvrelles.

> « Tous les jours qui suivent, André se plaint de mon silence. Il ne pouvait savoir que le 6 août, j'avais été enterré trois fois dans la journée, en avant de Couvrelles, ni deviner que j'allais passer pour mort pour l'administration militaire. Le 12, il dit : *il y a que je languis après une lettre qui tarde ; il y a que je demeure avec Lautréamont, beau comme le monde*[2]... »

1. *Lautréamont et nous, op. cit.*
2. *Ibid.*

Au début de septembre, passant par Nouvion-Vingré, Aragon apprend les rébellions de 1917, les fusillades sur le front du Chemin des Dames. Il profite d'un répit pour entamer un roman qui débute par une rencontre avec Arthur Rimbaud et s'achève par une autre avec Isidore Ducasse, roman qui sera *Anicet.* Le 12 septembre, Breton termine une de ses lettres par le tableau suivant :

Rimbaud	Reverdy	Picasso	Jarry
Derain	Braque	Vaché	Marie Laurencin
Lautréamont	Aragon	Matisse	

Ceux que j'aime encore [1]

1. *Ibid.*

3.

Le mouvement à trois

L'apport de Soupault consiste dans un sens aigu du moderne (ce qu'alors, entre nous, nous appelons « moderne », sans nous dissimuler ce que cette notion même a d'instable).

ANDRÉ BRETON, Entretiens.

Entre mars et novembre 1918, Aragon a multiplié les collaborations, donnant en avril au *Carnet Critique* un article sur Rimbaud ; en mai, sa première critique à *SIC,* sur *Les Ardoises du toit* de Pierre Reverdy ; en août, sa première nouvelle dans *Les Écrits nouveaux* : *La Demoiselle aux principes* ; le 16 septembre, dans *Le Film* de Delluc, son étude : *Du décor,* en octobre, dans *SIC,* le compte rendu de *Calligrammes.* En ce même mois d'octobre, lors de sa dernière permission de guerre, il va montrer à Gide, à qui *La Demoiselle aux principes* est dédiée, les premiers chapitres d'*Anicet,* au vu desquels Gide lui fait envoyer un « traité », c'est-à-dire un contrat, par Gaston Gallimard.

Si l'on tient compte des obligations du service au Val-de-Grâce, de la préparation de l'examen pour devenir médecin auxiliaire, des promenades dans Paris avec Breton, du temps au front, cela représente une assez jolie performance et montre qu'Aragon était déjà en possession de ses fabuleuses capacités et rapidité de travail.

Sa diversité d'attaque corrige et complique la netteté apparente du cheminement poétique. Aucun problème avec l'article sur Rimbaud. C'est écrit avant la réévaluation de Lautréamont et sonne comme une manière d'aller à la rencontre de la pensée de Breton. Rimbaud est le libérateur :

> « Il s'était dressé au jour de la défaite, au seuil de notre République, sous le règne des préfets. A peine il avait jeté quelques cris rouges, on attendait d'autres miracles, quand, ayant vingt ans, il s'est tu terriblement. Qu'importe, nous lui devions la liberté. A bas les contraintes de la prosodie,

logique de la forme et de la logique, prosodie de la pensée. [...] Il nous entraîne, le véritable archange, dans le vertige d'un espace transcendantal : adieu les allégories !... Tout coexiste et je n'y puis choisir, un seul plan cosmique m'offre les siècles et les lieux. Rien ne me limite plus, libre enfin... »

En revanche, ce qui s'inaugure avec le compte rendu de la plaquette de Reverdy, en mai, est d'une autre importance. Pierre Albert-Birot, ne sachant trop comment classer ces équivalences d'aphorismes et d'images, parlera de *critique synthétique.* Aragon les a réunies par la suite dans ses textes poétiques. Le choix initial de Reverdy a valeur de manifeste, surtout dans *SIC,* concurrencé par *Nord-Sud.*

« Comme il est le poète de la crainte et du silence, Pierre Reverdy est le poète de la nuit, le premier dans cette France où tant de jeunes gens se fiancèrent à Madame la lune. »

Cette sorte de textes va être la contribution caractéristique d'Aragon à *Littérature* en 1919. Mais, avant de les expérimenter dans *SIC,* il a dû commencer de les concevoir au moment où, avec Breton et Soupault, il a ressenti la nécessité d'une revue qui soit à eux. Cela nous ramène de quelques mois en arrière :

« Je me souviens de la première fois que le projet de fonder une revue avait été envisagé par André Breton, Philippe Soupault et moi. C'était pendant l'hiver de 1917-1918, le long du Boulevard Flandrin, comme André Breton venait de montrer à Philippe les lettres de Jacques Vaché et que nous traînions dans la fumée du chemin de fer de ceinture, oublieux de toute espèce de tenue, oublieux de l'heure et de nous-mêmes [1]... »

Ce texte, écrit pour Jacques Doucet, tente d'analyser leur insatisfaction d'alors vis-à-vis de *Nord-Sud :*

« Reverdy même, nous le trouvions encore trop cavalier avec Rimbaud (" Rimbaud n'est pas Jésus-Christ ", etc.) et, pour les autres, inutile d'en parler. On disait communément de Jarry qu'il n'avait fait qu'*Ubu,* ou que son chef-d'œuvre était *Messaline,* cette pauvreté. Pour Lautréamont, c'était une curiosité de bibliothèque. »

Ils ont donc leur héritage à défendre. Mais aussi — l'allusion aux lettres de Vaché est à cet égard significative — une actualité qui n'appartient qu'à eux. L'année 1918 va cristalliser ces données. Et si nous connaissons déjà un peu les préoccupations d'Aragon et de Breton, il est nécessaire à présent d'introduire le troisième mousquetaire, Philippe Soupault, qui apporte à cette aventure une dimension assez différente.

1. Manuscrit Doucet, 7206-14.

Philippe Soupault est né en 1897, deux mois avant Aragon. Fils d'un médecin des hôpitaux lié à la famille Renault, il est seul à venir de la grande bourgeoisie. Selon Adrienne Monnier, il était « le plus gracieux et le plus griffu des trois ».

> « Sa méthode d'écrire au fil de la plume tout ce qui lui passait par la tête le ravissait par les surprises qu'elle lui offrait et par les questions qu'elle lui posait. Cette méthode, il l'expérimentait sur d'autres, à l'affût de leurs réactions devant le résultat obtenu. »

C'est à Georges Hugnet que j'emprunte cette analyse de sa méthode [1]. Breton la définit ainsi :

> « Somme toute, il y va de l'affranchissement total à l'égard aussi bien des modes de pensée que d'expression préétablie, en vue de la promotion nécessaire de façons de sentir et de *dire* qui soient spécifiquement nouvelles, dont la quête implique, par définition, le maximum d'*aventure.* Soupault y apportait des dispositions naturelles très enviables : il paraissait, en particulier, en être quitte avec " la vieillerie poétique " que Rimbaud, de son propre aveu, n'avait jamais réussi à éliminer. Sans doute, à cette heure, était-il le seul (je crois qu'Apollinaire s'y forçait, à longs intervalles) à laisser le poème comme il vient, à le tenir à l'abri de tout repentir... »

Philippe Soupault est donc des trois celui chez qui la modernité n'est pas seulement une autre façon de dire, ni seulement de dire d'autres choses, mais une destruction des règles du jeu. Son apport, de ce point de vue, est décisif : il ouvre une voie réellement au-delà de Rimbaud, au-delà de Lautréamont, que Breton et Aragon, trop écrivains-nés, n'auraient peut-être pas reconnue, laissés à eux-mêmes [2]. Simultanément, cette conquête de Soupault est bien une destruction, et elle ne peut manquer de se cumuler avec l'expérience de cet étrange garçon que Breton connaît depuis 1916 : Jacques Vaché.

Jacques Vaché, né en 1896 comme Breton, était le fils d'un officier supérieur. Breton le rencontra à l'hôpital de Nantes où on le soignait pour une blessure au mollet. Il fut frappé par son attitude de dandy. Ce grand garçon roux affectait un mépris parfait pour tout ce qui n'était pas « l'umour — un SENS-aussi — de l'inutilité théâtrale (et sans joie) de tout ». Il avait suivi les cours de M. Luc-Olivier Merson à l'École des beaux-arts. Voici la description que fait Breton de Vaché :

> « Obligé de garder le lit, il s'occupait à dessiner et à peindre des séries de cartes postales pour lesquelles il inventait des légendes singulières. La mode

1. *L'Aventure Dada, 1916-1922,* Seghers, Paris, 1971, p. 95.

2. « Ce qui résultait d'une telle méthode, ou absence de méthode », dira plus tard Breton, « était d'intérêt assez variable, mais du moins valait toujours sous l'angle de la liberté et de la fraîcheur ».

masculine faisait presque tous les frais de son imagination. Il aimait ces figures glabres, ces attitudes hiératiques qu'on observe dans les bars. [...] A cette époque, je composais des poèmes mallarméens. Je traversais un des moments les plus difficiles de ma vie, je commençais à voir que je ne ferais pas ce que je voulais. [...] Nous nous entretenions de Rimbaud (qu'il détesta toujours), d'Apollinaire (qu'il connaissait à peine), de Jarry (qu'il admirait), du cubisme (dont il se méfiait). Il était avare de confidences sur sa vie passée. Il me reprochait, je crois, cette volonté d'art et de modernisme qui depuis... Mais n'anticipons pas. Cela allait chez lui sans snobisme. " Dada " n'existait pas encore, et Jacques Vaché l'ignora toute sa vie. »

Et Breton de faire de Jacques Vaché le premier disciple du Lafcadio des *Caves du Vatican* d'André Gide pour son insistance « sur l'importance des gestes »... Il ajoute :

« Jacques Vaché, à peine sorti de l'hôpital, s'était fait embaucher comme débardeur et déchargeait le charbon de la Loire. Il passait l'après-midi dans les bouges du port. Le soir, de café en café, de cinéma en cinéma, il dépensait beaucoup plus que de raison, se créant une atmosphère à la fois dramatique et pleine d'entrain, à coups de mensonges qui ne le gênaient guère[1]... »

Il étonne Breton par son comportement hautain vis-à-vis de la jeune femme qui partage sa chambre et avec laquelle il prétend n'avoir aucun rapport sexuel. A l'été 1916, il retourne au front, et l'essentiel de leurs relations s'effectuera par lettres. Plus tard, Breton résumera ainsi ce qu'il pense de Vaché :

« A la désertion à l'extérieur en temps de guerre, qui gardera pour lui quelque côté *palotin,* Vaché oppose une autre forme d'insoumission qu'on pourrait appeler la désertion à l'intérieur de soi-même. Ce n'est même plus le défaitisme rimbaldien de 1870-1871, c'est un parti pris d'indifférence totale, au souci près de ne servir à rien ou plus exactement de desservir avec application. Attitude individualiste s'il en fut. Elle nous apparaît comme le produit même, le produit le plus évolué à cette date, de l'ambivalence affective qui veut qu'en temps de guerre, la mort d'autrui soit considérée beaucoup plus librement qu'en temps de paix et que la vie de l'être devienne d'autant plus intéressante que celle de l'ensemble est moins généralement épargnée[2]. »

Bref, Breton trouve en Jacques Vaché le type d'anti-héros qu'il pouvait souhaiter. Et, par la suite, tout naturellement, il y verra une préfiguration de Dada, une preuve que Dada était dans l'air, ou nécessaire, comme on voudra. Que cela ait entraîné un certain remodelage de l'image de Vaché

1. *La Confession dédaigneuse,* in *Les Pas perdus.*
2. *Anthologie de l'humour noir,* notice Jacques Vaché, Le Livre de Poche, 1966, p.375.

est sans importance. Ce qui compte, c'est ce que Breton, puis Aragon ont tiré de son existence. Il faut d'ailleurs convenir que certaines de ses lettres touchaient droit aux problèmes débattus par nos jeunes gens, à preuve celle-ci, du 18 août 1917, avant donc la rencontre Aragon-Breton :

> « Cher ami... D'ailleurs — L'ART n'existe pas sans doute — il est donc inutile d'en chanter — pourtant : on fait de l'art — parce que c'est comme cela et non autrement — Well — que voulez-vous y faire ? Donc, nous n'aimons ni L'ART ni les artistes (à bas Apollinaire !). »

Il allait encore plus loin dans la négation :

> « L'umour ne devrait pas produire — mais qu'y faire ? J'accorde un peu d'umour à LAFCADIO, car il ne lit pas et ne produit qu'en expériences amusantes comme L'ASSASSINAT ! — et cela sans lyrisme satanique — mon vieux Baudelaire pourri ! »

Il assista, selon Breton, à la première des *Mamelles de Tirésias* en uniforme d'officier anglais. « Il était entré dans la salle revolver au poing et il parlait de tirer à balles sur le public. » Version qu'Aragon reprendra dans son article de *SIC*, bien qu'il n'en ait pas été à proprement parler témoin, ne connaissant pas Jacques Vaché à l'époque. Cela fait un peu trop partie du mythe. Ce qui est probablement plus significatif, c'est la sorte d'effondrement qu'on lit dans une lettre de Vaché du 14 novembre 1918, après l'armistice, comme si la fin de la guerre devait également mettre fin à ce genre de geste :

> « Comment vais-je faire, pauvre ami, pour supporter ces derniers mois d'uniforme ? — (on m'a affirmé que la guerre était terminée) — Je suis on ne peut plus à bout... et puis ILS se méfient... ILS se doutent de quelque chose — Pourvu qu'ILS ne me décervèlent pas pendant qu'ILS m'ont en leur pouvoir ? »

Qu'un peu moins de deux mois plus tard, le 6 janvier 1919, Jacques Vaché ait été trouvé mort dans une chambre d'hôtel pour avoir absorbé une trop forte dose d'opium, n'est donc pas si étonnant. Aragon dira :

> « Sa mort est arrivée comme un coup de tonnerre pour nous, parce qu'au fond sa vie réelle était hors de notre portée. »

La mort de Vaché, à vingt-trois ans, lui fait soudain rejoindre celle, aussi mystérieure, d'Isidore Ducasse, le 24 novembre 1870, en plein siège de Paris, emporté en deux jours par une fièvre maligne, dit Genonceaux son éditeur. Brusquement, Vaché fait système avec Lautréamont, avec Rimbaud, avec Jarry.

Plus tard, on exploitera la coïncidence entre l'arrivée du *Manifeste Dada 1918* et la mort de Vaché. Il s'agit, faut-il le rappeler, du manifeste qui commence par :

> « Expliquer : amusement des ventrerouges aux moulins des crânes vides.
>
> DADA NE SIGNIFIE RIEN
>
> Si l'on trouve futile et si l'on perd son temps pour un mot qui ne signifie rien... — La première pensée qui tourne dans ces têtes est d'ordre bactériologique : trouver son origine étymologique, historique ou psychologique, au moins. On apprend dans les journaux que les nègres Krou appellent la queue d'une vache sainte DADA. [...] Un cheval en bois, la nourrice, double affirmation en russe et en roumain : DADA. Des savants journalistes y voient un art pour les bébés, d'autres saints jésus appelant les petits enfants du jour, le retour à un primitivisme sec et bruyant, bruyant et monotone. On ne construit pas sur un mot la sensibilité ; toute construction converge à la perfection qui ennuie, idée stagnante d'un marécage doré, relatif produit humain. L'œuvre d'art ne doit pas être la beauté en elle-même, car elle est morte. [...] Une œuvre d'art n'est jamais belle, par décret, objectivement, pour tous. La critique est donc inutile, elle n'existe que subjectivement, pour chacun, et sans le moindre caractère de généralité. [...] Je n'oblige personne à me suivre et tout le monde fait son art à sa façon, s'il connaît la joie montant en flèches vers les couches astrales, ou celle qui descend dans les mines aux fleurs de cadavres et de spasmes fertiles... »

C'est ici que tout se complique. Alors que tout semble devoir conduire, et très vite, les trois jeunes écrivains vers Dada, sa négation et ses refus, il leur faudra près de deux ans — jusqu'en décembre 1920 — avant de s'y intégrer. Dans l'intervalle, c'est comme écrivains qu'ils vont s'affirmer. Par leur revue *Littérature* qui, à ses débuts, n'est aucunement nommée ainsi par antiphrase, et qui procède à la réévaluation littéraire que cette nouvelle génération a en tête ; par leurs œuvres, tout simplement : les premiers recueils de Breton : *Mont de Piété,* et d'Aragon : *Feu de joie* ; *Les Champs magnétiques,* par Breton et Soupault, premier texte d'écriture automatique. Aragon, qui publie *Anicet* en 1921, sa première prose et, en fait, son premier roman, apparaît alors comme le plus écrivain des trois.

4.

Aragon
et le surréalisme d'Apollinaire

Il faut bien comprendre qu'on écrit toujours — la jeunesse en tout cas écrit toujours — en violente réaction contre ce qui s'écrit. *A cette époque-là, ce qui s'écrivait relevait à mes yeux d'une déchéance de la langue française.*

Aragon parle, *1968.*

Composée avant le départ pour le front, sans doute après le départ de Breton pour Saint-Mammès, *La Demoiselle aux principes* meurt quand Denis — dandy proche lui aussi du Lafcadio des *Caves du Vatican* — bouleverse à son insu le décor de sa vie. Dédiée à André Gide, l'œuvre paraît ressortir à une ironie proche de *Paludes.* Un texte antérieur, révélé par Aragon en 1964 [1], *Alcide ou De l'esthétique du saugrenu*, où la part romanesque est plus faible, révèle l'alliage entre une prose classique dans sa rigueur, un ton XVIIIe siècle, et l'expression d'un réel dérangeant : « le beau n'est pas plus le faux qu'il n'est le vrai ; le beau, c'est l'inattendu ». Mise en œuvre de la surprise apollinarienne par un décalage analogue à celui qui existe entre la musique des vers d'*Alcools* ou de *Calligrammes* et la trivialité voulue qui en casse la mélodie. Mais il faut bien convenir que nous sommes à cent lieues de ce qu'on attendrait de l'admirateur fougueux de Lautréamont, du laudateur de son « légendaire ami Jacques Vaché ». *La Demoiselle aux principes* ne sera publiée qu'en 1923, ouvrant *Le Libertinage,* mais son ton est celui même des premiers chapitres d'*Anicet.*

Il est symptomatique que, par une clé forgée en septembre 1930 à l'usage d'un amateur, Aragon prétendra qu'il n'a commencé d'écrire *Anicet* qu'« en novembre 1918, à Ludwigfeste ou Fort-Louis en Alsace », c'est-à-dire après l'armistice. « Il m'eût été désagréable d'avoir à dire que

1. *Avant-lire, op. cit.*, p. 25-27.

j'avais entrepris d'écrire *Anicet*, comme c'est le fait, au Chemin des Dames, ou du moins devant le Chemin des Dames en septembre 1918[1]. » Aragon, depuis lors, a apporté une précision supplémentaire :

> « ... nous sommes ramenés par Nouvion-Vingré où j'apprends l'histoire des rébellions de l'année passée, des fusillades sur le front du Chemin des dames. C'est là que je vais entreprendre, dans cette sape où mon commandant m'accuse d'avoir placé mon poste de secours pour qu'il ne puisse pas y venir jouer aux échecs avec moi, parce que c'est l'endroit le plus bombardé du secteur... c'est là que j'entreprendrai une sorte de roman[2]... ».

On peut se demander ce qui l'a emporté dans la déclaration de 1930 : la volonté de cacher sa bravoure au feu ou celle de masquer la sorte d'évasion que constituait alors, pour Aragon, l'écriture romanesque. « J'étais, dira-t-il en 1935, un écrivain qui se targuait d'avoir traversé la guerre de 1914-1918 sans avoir écrit un mot sur elle. » Ce qui n'est pas simplement puéril refus du réel, comme *Pour un réalisme socialiste* voudrait le laisser croire, mais aussi singulière confiance dans les pouvoirs de l'écriture à qui l'on s'en remet d'imposer un autre univers contre celui, inhumain, de la tuerie quotidienne. Il en est d'*Anicet* comme des débats initiaux sur Lautréamont, on ne les apprécie à leur juste signification que dans leur environnement de carnage et de ruines.

Écrit dans la sape, le premier chapitre d'*Anicet* retrace sa rencontre avec Arthur, un Arthur Rimbaud vieilli qui raconte sa vie, en sexagénaire sceptique, un rien radoteur, et en détruit systématiquement la fable, non sans lui substituer d'autres formes de merveilleux :

> « Je voyageai d'abord par les routes, mendiant mon pain ou le dérobant de préférence. C'est pendant cette période de ma vic quc j'appris à concevoir les eaux, les forêts, les fermes, les figurants des paysages indépendamment de leurs liens sensibles, à me libérer du mensonge de la perspective, à imaginer sur un plan ce que d'autres considèrent sur plusieurs comme les enfants qui épellent, à ne plus me laisser berner de l'illusion des heures et embrasser simultanément la succession des siècles et des minutes... »

Le merveilleux est un merveilleux acide, un rien cruel, une façon de déplacer brutalement les rapports par l'insolite :

> « Mais c'est en France que je suis mort, voici plus de vingt ans. Dans le mépris où je me tiens de la façon humaine de regarder la vie, je n'hésite pas à n'en point tenir compte et à dîner anachroniquement, ce soir, à vos côtés. Il n'y a rien d'étonnant, Monsieur, à ce que mes traits vous aient incité à entamer la conversation, car ce sont ceux d'un homme, lequel a délaissé la

1. *Ibid.*, p. 16-17.
2. *Lautréamont et nous, op. cit.*

> poésie où il excella, paraît-il, au-dessus de tout autre, qui a connu l'amour comme personne ici-bas, mais qui sait aujourd'hui se suffire, [...] qui, tout solde fait de tant de qualités naturelles et de connaissances amassées, n'a gardé que l'affabilité bavarde d'un petit vieillard, petit fonctionnaire retraité de province... »

La réponse d'Anicet va mettre l'accent sur ce qui sépare notre jeune poète d'Arthur :

> « Quand je m'aperçus de quels philtres démodés je faisais usage, je ne persistai pas dans mon erreur et partis à la recherche de l'idée moderne de la vie, de la ligne même qui marquait l'horizon de vos contemporains... »

Ils se quittent sur la constatation de l'incompréhension totale, par Arthur, d'une jeunesse qui n'est plus la sienne. Nous savons que c'est là l'idée de départ du roman. Qu'elle ait été écrite au Chemin des Dames témoigne, au bout du compte, que contrairement à ce qu'on croirait à première lecture, « l'idée moderne de la vie », la quête d'une beauté qui soit moderne, loin de nier la guerre, la prennent en compte. Loin de l'ignorer, elles aboutissent à une vision de l'univers où la modernité, par les renouvellements qu'elle exige, est la seule issue, une issue destructrice elle aussi, non de la vie comme la guerre, mais du passé, de la vieillerie qui incluait la guerre. Trois ans plus tard, dans un article d'*Écrits nouveaux*, daté de l'été 1921, Aragon notera :

> « Les hommes de 1900 créèrent l'adjectif *rimbaldien* et le mirent en circulation : on conçoit par là ce qui les sépare de ceux de 1920. Ceux-ci n'ont pas tant souci de témoigner de leur grandeur que de leur *existence.* »

Il paraît donc que le témoignage de son *existence* chez Aragon ne saurait se dissocier de l'expérience, passée sous silence, du front. Il me faut ici recopier un bref poème que seule sa très discrète date : *août 1918,* permet de rattacher à l'affaire de l'envahissement à Couvrelles :

Secousse

BROUF
        Fuite à jamais dans l'amertume
Les prés magnifiques volants peints de frais
tournent
          champs qui chancellent

Le point mort
Ma tête tinte et tant de crécelles
Mon cœur est en morceaux
                              le paysage en miettes

Hop l'univers verse
Qui chavire L'autre ou moi

L'autre émoi La naissance à cette solitude
Je donne un nom meilleur aux merveilles du jour
J'invente à nouveau le vent tape-joue
Le vent tapageur
Le monde à bas je le bâtis plus beau

. . . .

On lit au poteau du chemin vicinal
ROUTE INTERDITE AUX TERRASSIERS

Toute la distance possible par rapport au fait vécu, dont la réalité est parfaitement abstraite et dont ne demeurent que les conséquences ; elles-mêmes — seconde distance — traitées avec détachement, avec humour. D'où la primauté donnée apparemment au langage, à sa rigueur, à son rythme, à ses échos internes qui font parfois rime. Tout cela en infraction aux codes qui sont en train de s'élaborer : surréaliste ou dadaïste, et qui convergent pour que le poète pose le pied sur sa propre chanson. De même qu'*Anicet*, *Secousse* est de l'art. Mais, comme son lyrisme contenu, cet art sera occulté par son rassemblement avec d'autres poèmes différents de conception et d'allure, dans *Feu de joie*, ce titre apportant d'ailleurs une idée de destruction joyeuse, joyeusement consentie, qui, au temps de Dada, sera lue comme une adhésion.

En fait, ce poème est surréaliste, mais dans une acception déjà existante, qui n'a pas été perçue à l'époque, semble-t-il, par Breton et Aragon, bien qu'elle ait été inventée par Apollinaire pour caractériser ses *Mamelles de Tirésias.* Apollinaire définissait le surréalisme, au printemps 1917, contre une « couleur locale de convention » et un « naturalisme en trompe l'œil », comme un retour « à la nature même, mais sans l'imiter à la manière des photographes ». Et d'en donner l'exemple fameux : « Quand l'homme a voulu imiter la marche, il a créé la roue qui ne ressemble pas à une jambe. Il a ainsi fait du surréalisme sans le savoir. »

Ce surréalisme d'Apollinaire n'est en fait qu'un autre nom de la modernité, conçue comme transformation, comme transfiguration. Il n'entrera dans le surréalisme proprement dit qu'à titre de composante. Mais, si l'on veut chercher le dénominateur commun au début d'*Anicet* et à *Secousse,* c'est, comme pour le ton de *Vie de Jean-Baptiste A.*, du côté d'Apollinaire qu'il faut le chercher. Du côté de *L'Esprit nouveau*, pour reprendre le titre de la conférence prononcée par Apollinaire le 26 novembre 1917, à condition de nettoyer cet « esprit nouveau » des points de vue nationalistes, voire même cocardiers, qui le tiraient du côté de la vieillerie. *Les Mamelles de Tirésias* traitent, rappelons-le, de la repopulation et sur le mode le plus burlesque qui soit, alors que l'énorme saignée des massacres pouvait conférer au sujet un contexte tragique. Le surréalisme à l'origine c'était ça. Une résistance par l'écriture poétique, par l'humour, par la quête des rencontres inattendues d'images. « La surprise est le grand ressort nouveau[1]. »

C'est là ce qui permet de mesurer la dette de nos jeunes gens envers Guillaume Apollinaire. On le fait assez mal d'ordinaire, parce que le sort a voulu qu'Apollinaire soit emporté par la grippe espagnole le 9 novembre 1918, juste avant que la foule jetée dans les rues par l'armistice hurle sous ses fenêtres du boulevard Saint-Germain : « A bas Guillaume ! » (l'empereur vaincu d'Allemagne). Il existe un texte peu connu d'Aragon qui relate la façon dont il apprit la nouvelle[2] :

> « Il y aura bientôt quarante-huit ans, le 9 novembre 1918, André Breton m'écrivit une de ces lettres-collages dont il avait alors l'habitude, où, sur un papier fort, il disposait en tous sens des coupures de journaux, des textes copiés par lui et des nouvelles pour le soldat que j'étais. Celle-ci avait un extrait de journal de deux lignes collé vers le bord et le dépassant. Je n'avais pas vu qu'au revers, il était écrit : *Guillaume Apollinaire est au plus mal*, tant le crayon en était pâle. Mais quand je reçus cette lettre, déjà sur le chemin de l'Alsace, un petit carré de papier ajouté sans doute le 10 au matin, au moment de porter la lettre à la poste, m'avait rendu aveugle à tout ce qui n'était pas lui. On y lisait au centre :
>
> mais Guillaume
> Apollinaire
> vient de
> mourir. »

Ce texte a été écrit pour l'hommage que *Les Lettres françaises* rendirent à Breton, la semaine de sa mort. Aragon poursuit :

> « Impossible ici de dire ce que j'aurais aimé dire de l'ami de ma jeunesse, de ce grand poète que je n'ai jamais cessé d'aimer, impossible de dire autre chose qu'une phrase comme un écho, qui rend les paroles vaines et m'enlève jusqu'au goût de répondre aux sottises qu'on a pu ces temps-ci lire dans les journaux, une phrase qui me rend aveugle à bien des choses :
>
> mais André
> Breton
> vient de
> mourir. »

Trait de lumière jeté par la mort sur cette histoire ancienne, sur Apollinaire et eux deux, sur les liens entre eux deux.

Il fallait délimiter cette traînée de lumière et ces zones d'ombre avant d'en arriver à l'histoire du mouvement surréaliste lui-même. Nous voici maintenant parvenus à son seuil.

1. *L'Esprit nouveau et les poètes, Mercure de France,* 1er décembre 1918.
2. *Les Lettres françaises,* 3 octobre 1966, jour du 69e anniversaire d'Aragon.

5.

Les *Poésies* de Ducasse, l'anti-art et l'écriture automatique

> *En 1923, comme les révoltés de Belgique dans les Flandres ont accepté d'être appelés* les Gueux, *nous avons décidé de nous dire* surréalistes. *Seulement, cette décision s'accompagnait de la volonté de donner à ce mot un contenu. Ce contenu, nous ne l'avions pas inventé pour la beauté de la chose ou du mot : il s'agissait d'exprimer sous les espèces de ce mot ce qui s'était formé entre nous, avant le mouvement Dada parisien. Le surréalisme, pour l'appeler ainsi, en réalité commence à la fin du printemps 1919. Seulement, alors, il ne porte pas ce nom pour nous.*
>
> Aragon parle.

Aragon reçut à Oberhoffen, en Alsace, un billet de Breton daté du « mercredi 5 février 1919, 6 h du matin » lui annonçant la publication d'un mensuel, *Le Nouveau Monde*, dont la rédaction serait assurée par Aragon, Soupault et lui — Aragon devant se charger, s'il acceptait, de la rubrique des livres. Le premier directeur et bailleur de fonds était un jeune poète nommé Henry Cliquennois, déjà en relation avec Tzara[1]. Mais ni le titre, déjà pris, ni le directeur ne demeurèrent. Breton choisit, non sans hésitation[2], le label *Littérature*. Le numéro 1 fut conçu très rapidement, dans la deuxième quinzaine de février, et publié grâce à l'argent réuni par Soupault. Il sortit le 19 mars 1919, en avance même sur les plans initiaux de Breton, ce qui traduit assez bien sa fièvre.

Breton, Aragon et Soupault avaient trop la conviction d'être, comme on dirait aujourd'hui, l'avant-garde, pour songer si peu que ce fût à « faire » avant-garde. Au contraire même, *Littérature* rejeta tout signe extérieur de modernisme. Une couverture de typographie classique, un

1. Voir une lettre de lui à Tzara du 20 août 1918, révélée par Michel Sanouillet, *op. cit.*, appendice, pièce 166.
2. Cf. Michel Sanouillet, *ibid.*, p. 103. Reverdy aurait proposé le titre *Carte blanche.*

titre en fait le plus neutre possible, un contenu de qualité, sérieux, qui tranche par la volonté de rassemblement (ou l'absence d'exclusive) à l'intérieur de ce que nos jeunes gens reconnaissent pour littérature : Gide, Valéry, L.-P. Fargue, Salmon, Reverdy, Max Jacob, Cendrars, Paulhan. Chacun est là de façon caractéristique : Gide avec un fragment des *Nouvelles Nourritures*, Valéry avec *Le Cantique des Colonnes*. C'est bien le sommaire le plus « riche » qui se puisse imaginer à l'aube du premier printemps de paix.

Ce premier numéro n'étonne que ceux qui imaginent le surréalisme déjà tout constitué, alors que c'est précisément la revue, le travail de la revue, les problèmes nés de ce travail même qui vont aboutir à créer le groupe, le mouvement — et d'abord par le passage progressif, après le printemps 1920, à Dada. Aragon a fait remarquer l'importance de ces échanges :

> « Il n'y avait pas entre nous que ce que nous écrivions, nous n'avons pas été de tels littérateurs ; ce que nous écrivions comptait pour nous, certes, mais nous écrivions peu à l'époque[1]. »

Il n'était évidemment pas question de refaire *SIC*, c'est-à-dire de mettre ses propres textes en avant. Au contraire, les directeurs viennent en dernier. Ils ne se cachent pas derrière leurs collaborateurs, ne cherchent pas non plus à les compromettre. Ils jouent le jeu. Ils ne visent pas à détruire la littérature moderne. Une petite note finale formule assez bien ce propos :

> « Nous sommes heureux d'annoncer les premiers la reparution prochaine, sous la direction de M. André Gide, de la *Nouvelle Revue française*, la revue d'avant-guerre qui comptait le plus de titres à l'estime des lettrés. »

Au reste, comme le rapporte Soupault, Marcel Proust,

> « qui ne figurait pas au sommaire, m'écrivit une lettre de douze pages pour s'abonner et nous féliciter de notre audace[2] ».

Cette audace tenait au sommaire lui-même. Le texte de Paulhan, *La Guérison sévère* est un de ces récits secs qui ont inauguré sa prose. Max Jacob exprime sa nostalgie de la *Rue Ravignan*, de sa jeunesse avec Picasso au Bateau-Lavoir :

> Je te regrette, ô ma rue Ravignan !
>
> . . . .

1. *Aragon parle, op. cit.*, p. 33.
2. Cf. *Profils perdus*, Mercure de France, Paris, 1963. La lettre de Proust se trouve dans l'exemplaire Gaffé de *Littérature*, à la réserve de la Bibliothèque nationale.

Mais la rue Ravignan est celle que j'adore
Pour les cœurs enlacés de mes porte-drapeaux
Là, taillant mes dessins dans les perles que j'aime
Mes défauts les plus grands furent ceux de mes poèmes.

Le poème de Breton, *Clé de sol*, est dédié à Pierre Reverdy qui donne, lui, *Carte blanche.* Aragon a envoyé *Pierre fendre*, où le rapport avec le réel est aussi direct que dans *Secousse* :

Jour d'hiver Copeaux
Mon ami les yeux rouges
Suit l'enterrement Glace
Je suis jaloux du mort

Les gens tombent comme des mouches

. . . .

On m'offre des fêtes
des oranges
Mes dents Frissons Fièvre Idée fixe
Tous les braseros à la foire à la ferraille
Il ne me reste plus qu'à mourir de froid en public

Le réel de la grippe espagnole. L'hiver de la mort d'Apollinaire. La mort, plus précisément, de Jacques Vaché.

La rubrique *Livres choisis* est tenue comme prévu par Aragon qui y poursuit ce que Pierre Albert-Birot avait appelé *critique synthétique.*

> « Ça n'était pas du tout de la critique. C'étaient des espèces de poèmes en prose, fort courts, à propos d'un livre qui venait de paraître, ce qui me permettait à la fois la désinvolture, ou aussi bien un certain éloge poétique de choses que je n'aurais peut-être pas pleinement approuvées si j'en avais écrit sur le ton à proprement parler critique [1]. »

En fait, ces remarques ne valent pleinement que pour les premiers numéros de *Littérature* où Aragon est en possession de ce moyen inédit qu'il a rodé dans *SIC*, et avant que le développement de l'entreprise n'en accentue, nous le verrons, l'aspect réellement critique, coïncidant avec l'expression des idées propres au nouveau groupe. Les deux premiers textes rendent compte des *Vingt-cinq poèmes* de Tzara (offerts à *SIC* et refusés [2]) et de deux plaquettes de Reverdy : *Les Jockeys camouflés* et *Période Hors-Texte.* Voici la « critique » de Tzara :

1. *Aragon parle, op. cit.*, p. 33-34.
2. Cf. Sanouillet, *op. cit.*, p. 104, note 3.

« On ne sait jamais si c'est une fleur ou une bête, ni son sexe, et cet homme qui porte une veste à brandebourgs prend trop de liberté avec les sexes. Mais le vent l'emporte ; il n'y a que du vent et l'on vend au rabais toute la quincaillerie du bazar, solde avant inventaire. Le livre ne touche que les marchands d'images. Ils font des étoiles et marquent les prix d'achat devant les numéros. Vous voyez bien que c'est un catalogue. »

Par comparaison, par opposition, le ton de la critique de Reverdy est autrement grave. Tzara est reconnu comme poète. A cause aussi du *Manifeste Dada 1918.* Il va y avoir un poème de lui dans le numéro 2. Mais tout se passe avec lui par correspondance, et les liens ne sont pas encore vraiment noués.

Selon Aragon[1] « tout à fait à la fin de mars [1919] », leur groupe est devenu le centre d'un « complot ». Ni plus ni moins :

« Il m'en faut bien venir à ce que nous avons dit *un certain soir...* [Souligné par lui]. Nous avions, A.B. et moi, reconduit chez lui Philippe Soupault avec qui nous avions discuté du numéro 2 de *Littérature.* Vers le soir, le soleil oblique à travers les grilles des Tuileries, la conversation avait pris un tour soudain. La peur de plaire. Nous étions accueillis comme les successeurs, les héritiers, par nos aînés, Gide, Valéry, la *Nouvelle Revue française*, Jacques Rivière, etc. Une carrière comme une autre. C'était déjà entendu. Merde. Est-ce que Rimb. ou l'Autr., eux, hein ? [...] S'en sortir. Tout à coup, cela devient une sorte de dialogue, comme des défis échangés [...]. Le tout a pris une lumière crue, je veux dire cruelle. Décevoir. A qui décevra le mieux. Qu'attend-on de nous ? Tâcher de s'en faire une idée pour éviter de satisfaire la gourmandise des autres, devenir pour eux infréquentables, voyous, suspects, les aventuriers d'une aventure qu'on ne comprend pas. J'explique le plan d'*Anicet* (j'en suis au chapitre VI) moins comme d'un roman que d'une conjuration. [...] B., lui, définit l'entreprise de destruction que nous allons entreprendre, avec qui voudra, mais entre nous, un engagement secret, ne jamais en dire un mot à personne. La vie devant nous, courte probable, mais si nos compagnons lâchent, flanchent, sont pris du désir d'arriver, ou de s'asseoir, une femme, est-ce que je sais... alors, nous, sans faiblesse, celui qui renonce le ruiner, le discréditer, tous les moyens seront bons. Il n'y a qu'une morale à ce niveau d'implacabilité : celle des bandits. »

Cela s'est-il bien passé dès la fin de mars 1919 (la fin de la permission d'Aragon), l'engagement a-t-il été tout de suite aussi radical ? Disons que se profile dès ce moment le début d'un divorce entre l'apparence de la revue et ce que voudraient les fondateurs, objectif qu'ils dramatisent (ou vont dramatiser) en pacte secret ou en « complot ». C'est cette dramatisation qui préfigure le mouvement surréaliste, mais alors qu'on s'attendrait qu'elle fût une conséquence de *Dada 3,* on découvre que ce qui déclenche ce revirement est une affaire strictement intérieure à leur groupe, et à

1. *Lautréamont et nous, op. cit.*

quoi Tzara n'a aucune part, un événement repérable entre le numéro 1 et ce numéro 2 de *Littérature,* en mars justement : la redécouverte des *Poésies* de Lautréamont.

C'est un article de Valery Larbaud dans *La Phalange* en 1914 qui leur avait signalé l'existence de ce texte encore plus explosif pour nos poètes que le *Manifeste* de *Dada 3.* Breton le présente ainsi :

> « Les années 1870 et 1871, semblables à celles que nous venons de vivre, ont vu instruire les deux grands procès intentés par l'homme jeune au vieil art. On trouve les éléments de l'un d'eux dans une lettre de Rimbaud datée du 15 mai 1871. [...] Restent les " introuvables *Poésies* d'Isidore Ducasse ". Il doit admettre qu'elles " suivent et réfutent *Les Chants de Maldoror* ". »

Quand on a placé, comme Breton, Aragon et Soupault, ceux-ci au pinacle, la question devient essentielle. Il s'agit du sens non seulement de l'œuvre de Ducasse, mais du sens de leur poésie, de l'avenir de leur poésie. Aussi, la décision de publier ces *Poésies* n'est pas celle de la révélation d'un inédit (qui fait toujours bon effet dans une revue littéraire), mais une démarche capitale qui va permettre aux fondateurs de *Littérature* de recoller à ce changement radical de l'image de leur héros, de *l'Autr.* comme l'écrit Aragon. Aussi Breton le prend-il de haut. Publier les *Poésies* (alors qu'on pourrait les tenir secrètes),

> « c'est couper court aux insinuations de ceux qui, ne redoutant pas une solution trop simple, classent le comte de Lautréamont parmi les fous.
> Dans les " Poésies ", bien autre chose que le romantisme est en jeu. A mon sens, il y va de toute la question du langage, Ducasse se montrant d'autant plus apte à relever le tort que lui font les mots (" Je vous demande un peu, beaucoup ! ") et les figures (faire le vide sans machine pneumatique) qu'il possède à fond la science des effets (" Allez la musique ! "). En conscience, le besoin de prouver constamment par l'absurde ne peut être pris pour un signe de déraison... ».

Et Breton définit le droit de se contredire, ajoutant pour finir que les *Poésies* doivent être prises pour « un art poétique à un recueil jusqu'à ce jour inconnu ».

Il faut bien convenir que la différence entre les *Poésies* et *Maldoror* est telle qu'on les croirait écrites par un autre. A froid, en 1920 pour sa fiancée Simone Kahn, Breton les présentera ainsi[1] :

> « Vous savez comment les *Poésies* de Ducasse ont été faites : il retournait un proverbe, une pensée : " Dans le malheur, les amis augmentent. " [...] Pascal avait dit : " L'exemple de la chasteté d'Alexandre n'a pas tant fait de continents que celui de son ivrognerie a fait d'intempérants. " — Ducasse : " L'exemple de la chasteté d'Alexandre n'a pas fait plus de continents que celui de son ivrognerie a fait de tempérants. " La Rochefoucauld :

1. *Marguerite Bonnet, op. cit.,* p. 147.

" L'amour de la justice n'est en la plupart des hommes que la crainte de souffrir l'injustice. " — Ducasse : " que le courage de souffrir l'injustice ". [...] Voyez-vous l'intérêt profond de cette contradiction : c'est par elle, hélas, que Ducasse atteint à cette *espèce de vérité angélique* [souligné par B.]. Moi qui, Dieu merci, ne suis pas un littérateur, j'approuve entièrement la méthode du livre. Les *Poésies* d'Isidore Ducasse, ou le Paradis terrestre. »

Aragon l'énonce expressément dans ses articles de 1967 :

> « Si Ducasse se bornait vraiment à la pratique de la contradiction, c'est-à-dire s'il n'y avait ici que jeu, qu'*enjouement* [souligné par A.] linguistique, alors oui, l'exercice de la contradiction se pratiquerait sans que nous ayons nécessairement à considérer pour quoi l'auteur prend parti (le mal ou le bien), mais l'acte ducassien est autrement *criminel* [souligné par A.], excusez ce vocabulaire juridique, il est perpétuellement un *attentat* [*id.*], voilà ce qu'il ne faut pas oublier. Tout au moins est-ce ainsi que nous l'entendions au printemps 1919. »

Nos trois amis ont en effet misé beaucoup trop gros sur *Maldoror* pour ne pas prendre à ce degré de sérieux le retournement des *Poésies*. Et en les publiant, c'est au bout du compte un semblable retournement qu'ils pratiquent pour leur compte dans et avec *Littérature*. De fait, Aragon constate que cette publication se fit

> « au grand scandale de nos aînés immédiats, c'est-à-dire Max Jacob et Reverdy, qui considéraient ceci comme totalement intolérable [1] ».

Si Breton, Aragon et Soupault ont eu besoin de tant de temps pour devenir Dada, c'est qu'ils n'ont pas adhéré à ce que Tzara, Huelsenbeck et Hugo Ball avaient créé à Zurich en 1916, mais qu'ils l'ont en quelque sorte réinventé à partir de leurs propres problèmes et expériences. Ce n'est aucunement réduire le rôle de Tzara que de le constater. Tzara, par ses lettres, ses manifestes, ses poèmes, puis par sa propre présence, a agi à la façon d'un catalyseur. Mais il faut rendre aux premiers surréalistes l'autonomie qui seule explique leur trajectoire et, pour finir, ce que sera Dada à Paris.

La lettre de Breton du 13 avril à Aragon est explicite :

> « Que font la poésie et l'art ? Ils vantent. L'objet de la réclame est aussi de vanter. La puissance de la réclame est bien supérieure à celle de la poésie [...]. Il convient de prendre le mot réclame dans son sens le plus large : réclame électorale. La religion est une réclame pour le ciel. La poésie a toujours été regardée comme une fin. J'en fais un moyen (de réclame). C'est la mort de l'art (de l'art pour l'art). Les autres arts suivent la poésie [2]. »

1. *Aragon parle, op. cit.*, p. 31.
2. *Lautréamont et nous, op. cit.*

C'est dans le droit-fil du jeu de massacre des maximes vénérées dans les *Poésies* de Ducasse. C'en est, dirai-je, l'application. C'est bien pourquoi Breton éprouve le besoin, dans une lettre où il commence par dire qu'il faut « qu'on nous croie toujours des poètes », de souligner pour Aragon :

> « Inutile d'ajouter que je n'ai jamais rien écrit d'aussi grave : je prends la chose au *tragique* [souligné par B.]. Un abus de confiance comme une tentative avortée, je châtierais. Et je ne crains *rien* [souligné par B.]. »

Il a conscience que le chemin sur lequel il s'engage va lui ouvrir des horizons autres que ceux de *Dada 3*. Plus radicaux encore. C'est ainsi que j'interprète ce qu'il écrit à Tzara, le 4 avril, au moment même où Aragon situe le « Complot » :

> « Une phrase de vous m'a frappé, parlant de votre effort d'art, " ou d'anti-art ". De telles confidences ne vous semblent pas scabreuses, si l'on allait vous vendre ? Tuer l'art est-ce ce qui me paraît le plus urgent, mais nous ne pouvons guère opérer en plein jour. »

Et ces autres confidences du 20 avril :

> « J'écris peu en ce moment, mûrissant un projet qui doit bouleverser plusieurs mondes. Ne croyez pas à un enfantillage ou à une idée délirante. Mais la préparation du coup d'État peut demander des années [1]. »

Ce coup d'État, il va effectivement le mener dans le langage et l'écriture, pas dans la revue ni déjà dans la façon de vivre. C'est une découverte bouleversante. Un virage de création, comme l'a souligné Aragon, qui se produit avec la réalisation des *Champs magnétiques*, premier texte d'écriture automatique.

C'est une œuvre *à deux* — Breton et Soupault — où c'est donc l'objectivité du langage atteint qui compte, et non la part personnelle. Cette autonomie du langage, elle est obtenue volontairement, par l'improvisation à toute vitesse, mais aussi par l'enregistrement des phrases qui s'imposent soudain à Breton. Soupault expérimente surtout ce qu'Aragon appellera « pour les mots le piège à loup de la vitesse », ce qui découle de son expérience des poèmes immédiats. Chez Breton, il s'agit plutôt de l'association inconsciente. Cette double prospection aboutit à un texte de belle ampleur qui rejoint à la fois *Les Chants de Maldoror* par le ton, certaines grandes cadences, et les *Poésies* par des maximes inattendues : « Ne dérangez pas le génie planteur de racines blanches, mes terminaisons nerveuses sous terre. » Ce texte unit prose et poème, intègre des percées, des acquisitions jusque-là en vrac. Il prend aussitôt valeur de tremplin et de vérification : la preuve est faite de la richesse des associations verbales, des images-rencontres ainsi arrachées par une écriture qui échappe aux contrôles. Qui échappe à la *littérature*.

1. Sanouillet, *op. cit.*, p. 444.

Songez à ce que ces jeunes gens avaient en tête ! Au « tuer l'art » de Breton ! Peut-être parce qu'il n'a pas vécu directement ce tournant — il était dans l'armée du Rhin —, le témoignage d'Aragon remet pour nous les choses en place. Il faut dire qu'il ne l'a livré qu'en mai 1968 — juste avant l'explosion sociale d'alors — pour la réédition des *Champs magnétiques*. Mais, tel quel, il rejoint très explicitement les lettres de Breton à Tzara et nous permet de saisir la relation entre la révolte initiale, le goût et le dégoût des scandales et cette révélation elle-même :

> « Pour nous, vers ce moment [vers le début d'avril 1919] s'achevait la méditation sur le scandale. Pas d'illusions : au bout du compte, un an ou deux tout au plus, on est disqualifié ou adopté. [...] Pour Breton, il lui semblait avoir fait le tour des choses et n'avoir plus devant lui, devant nous, que vide et désespoir. Trois sortes de solutions, disait-il : la mort, Jacques Vaché, Ducasse, ou le gâtisme involontaire, Barrès, Gide, Max Jacob... d'autres, qui se sont pris au sérieux, et enfin le gâtisme volontaire, la réussite dans l'épicerie, les intoxications, etc. : Rimbaud, Jarry, Picabia... Avec quelle rapidité nous avions épuisé les exemples... »

Aragon enregistre cette crise par à-coups, ne communiquant que par lettres. Puis le voici qui revient à Paris :

> « Ce désarroi, Philippe au bord du silence, moi qui n'arrivais pas à dépasser le chapitre VI d'*Anicet,* André effrayé de lui-même... ce désarroi, quand je revins à Paris vers la mi-juin, démobilisé, quelque chose s'y était passé qui l'avait mis en échec... [...] J'arrivai au milieu de quelque chose qui n'avait pas plus de visage que de nom. Philippe évitait de m'expliquer. Breton parlait de ce qui s'était passé de façon elliptique. En fait, ils grillaient tous les deux de s'en ouvrir à moi. Ils avaient l'air de craindre de le faire : et puis, je ne sais pas, s'ils s'étaient mis à me raconter l'affaire à eux deux, cela aurait eu pour eux peut-être comme un air d'indécence... »

Arrêtons-nous un instant sur cette confidence, avec tout ce qu'elle révèle de l'inquiétude d'Aragon que l'armée a arraché au groupe où il avait fini par oublier sa solitude, au groupe qui avait continué sans lui, qui avait, comme il va le découvrir, créé sans lui. Et la suite confirme cette tension : Breton, seul, entraîne donc Aragon à La Source, ce café du boulevard Saint-Michel qui est alors le lieu de leurs rendez-vous :

> « J'écoutais donc. Cela était inscrit sur des cahiers d'écolier. André s'était placé de façon à ce que, d'où j'étais, je ne puisse voir l'écriture, savoir par l'écriture de qui était cette phrase, ce passage. Ils avaient écrit cela ensemble. André craignait apparemment que j'en eusse quelque agacement. Il ne fallait pas considérer cela comme de la littérature. D'ailleurs, c'était peut-être sans intérêt, inutile, à côté, peut-être après me l'avoir lu décideraient-ils tous deux de déchirer, brûler, jeter je ne sais, anéantir ces pages... »

Aragon précise dans ses annotations : « *A.B. et P.S. avaient décidé de tout détruire si je ne trouvais pas ça valable. Je peux me vanter d'avoir empêché cela par mon enthousiasme.* » Il se livre aussitôt pour son compte à la même expérience. Les premiers de ces textes[1] portés par la vitesse de l'écriture sont écrits au café La Source, puis à Commercy où l'oncle Toucas-Massillon est alors sous-préfet et où Aragon se réfugie durant l'été pour préparer son externat.

Aragon a précisé que cette sorte de textes était « initialement pour nous (André Breton, Philippe Soupault et moi) tout ce que nous qualifiions de surréaliste ». Et, de fait, cette découverte clôt un premier processus de transformation qui est allé de la rencontre de 1917 à cette mi-juin 1919. Aragon le résumera en 1974 en disant que

> « sa caractéristique essentielle était la lutte en chacun de nous contre ce que nous avions aimé, ou dont nous étions séduits par l'apparente nouveauté »,

ce qui correspond sans nul doute à la façon dont ils le vécurent. Mais si l'on essaie d'analyser les conséquences de ce processus, c'est dans le démantèlement de l'écriture poétique qu'on les trouve.

La découverte de l'écriture automatique est aussi dérangeante pour la conception de l'écriture que, sept ou huit ans plus tôt, celle de la rupture de la forme homogène ou du collage pour Braque et Picasso. De même que leurs aînés s'étaient soudain trouvés devant la question : qu'est-ce que l'acte de peindre ? Breton, Soupault et Aragon se heurtent à la question : qu'est-ce que l'acte d'écrire ? *Mont de Piété* de Breton s'achève par *Le Corset mystère*, où le collage introduit dans le poème les ruptures typographiques de l'affiche et des rencontres de sens, hors de toute syntaxe, suscitées par des rapprochements d'annonces publicitaires, de *réclames*. Apollinaire avait généralisé la mise en évidence, par Mallarmé, du signifiant poétique ; ces jeunes gens généralisent quant à eux les effets de surprise de *Calligrammes*. Ils partent de leur expérience réelle de la lecture, de ce bouleversement typographique créé par la publicité et la presse modernes, refaisant le chemin parcouru par Picasso à l'automne d'*Alcools*, en 1912[2]...

1. Aragon ne les a révélés que fort tard, d'abord dans la réédition du *Mouvement perpétuel* (*Poésie*/Gallimard, 1970) sous le titre *Écritures automatiques : Neuf textes surréalistes inédits sur une vingtaine ayant à ma connaissance survécu aux années, aux déménagements, aux perquisitions, aux corbeilles à papier (1919-1920)*. Le tome I de *L'Œuvre poétique,* paru en 1974, en contient de nouveaux.

Sarane Alexandrian écrit de son côté dans *Le Surréalisme et le rêve,* Gallimard, 1974, p. 371 : « Ne voulant pas qu'il se sentît frustré de n'avoir pas été son partenaire pour *Les Champs magnétiques,* Breton collabora avec lui à un texte automatique, *Démon du foyer.* »

Ce texte a été publié dans le numéro 12 de *Littérature,* en février 1920.

2. L'article d'Aragon *Du décor,* paru dans *Le Film* de Delluc du 16 septembre 1918, est à cet égard comme à bien d'autres d'une extrême importance. C'est un véritable manifeste de la modernité : « Avant l'apparition du cinématographe, c'est à peine si quelques artistes avaient osé se servir de la fausse harmonie des machines et de l'obsédante beauté des

Ce processus de dislocation de la syntaxe, de la grammaire, qui permet d'entendre les mots, comme le souligne Aragon, « non point selon l'usage, mais au pied de la lettre », a déblayé le terrain pour toute la suite, à commencer par l'accès à l'écriture automatique; créé l'outillage intellectuel qui va servir au développement du surréalisme proprement dit de 1923.

> « Cela s'est traduit dans l'emploi des " expressions toutes faites ", par exemple, et, de propos conscient délibéré, dans les titres que nous avons donnés à nos premiers livres (Breton : *Mont de Piété,* Soupault : *Rose des vents*, moi : *Feu de joie*). Ce qui avait un caractère de déclaration de guerre au langage, l'expression toute faite étant détournée de son " sens tout fait ". »

Mais cette « déclaration de guerre au langage » pose des questions d'un tout autre ordre : quelle est désormais la responsabilité du poète puisque son texte sort à l'état brut de sa vie, façonné dans des zones obscures où la conscience ne pénètre en somme que par les effractions du collage, du détournement du sens « tout fait » ; puisqu'on prend les mots « au piège à loup de la vitesse » ? Dans ces conditions, écrire ne devient-il pas vraiment une autre façon de vivre ? Pratiquer cette sorte d'écriture « automatique » ne vous met-il pas au plus près de ses abîmes qu'ont déjà côtoyés un Rimbaud, un Lautréamont ?...

Comment ne pas voir que c'est de là qu'a jailli la question : *Pourquoi écrivez-vous ?* lancée par *Littérature* à la fin de 1919. Plus tard, afin de prouver leur dadaïsme, Breton comme Aragon mirent en avant sa dérision, sa démolition de la littérature. Mais son contenu était pour eux beaucoup plus grave. Étant donné l'incommunicabilité foncière de l'expérience dont cette question était issue (pour qui ignorait — et c'était le cas général des interrogés — la découverte des *Champs magnétiques*), nos jeunes gens se trouvaient en situation de faire passer à toute la littérature en place un examen dont ils étaient les seuls à connaître la bonne réponse.

---

inscriptions commerciales, des affiches, des majuscules évocatrices, des objets vraiment usuels, de tout ce qui chante *notre vie,* et non point quelque artificielle convention, ignorante du corned-beef et des boîtes de cirage. Ces courageux précurseurs, qu'ils fussent peintres ou poètes, assistent aujourd'hui à leur propre triomphe, eux qu'un journal ou un paquet de cigarettes savait émouvoir, quand le public tressaille et communie avec eux devant tels décors dont ils avaient prédit la beauté. Ils connaissaient cette fascination des hiéroglyphes sur les murs [...]. Ces lettres qui vantent un savon valent les caractères des obélisques ou les inscriptions d'un grimoire de sorcellerie : elles disent la fatalité de l'époque. Nous les avions déjà vues, éléments d'art chez Picasso, Georges Braque ou Juan Gris. Baudelaire avant eux savait le parti qu'on peut tirer d'une enseigne... »

Voilà qui montre que, dès avant la fin de la guerre, Aragon était au fait de la révolution des papiers collés et des nouvelles possibilités de réalisme qu'elle impliquait. Cela sera plus ou moins occulté par le surréalisme, pour reparaître, nous le verrons, dans *La Peinture au défi,* en 1930, puis à l'occasion de son éloignement du surréalisme.

La découverte de l'écriture automatique donne également la clé de la transformation des textes critiques d'Aragon qu'on peut suivre au fil des numéros de *Littérature.* Il a désormais un système de référence. Dans le numéro 2, en avril 1919 — c'est-à-dire avant « la découverte » —, la note appelée *Le Coq et l'Arlequin,* à l'instar de celles de *SIC*, s'en tient encore à une équivalence poétique de l'œuvre de Cocteau :

> « Je me laisse uniquement prendre au piège de la musique. Quand je tournais sur les chevaux de bois en 1904, l'orgue me bouleversait au point que la baguette malhabile que je tenais laissait fuir les anneaux sans espoir de retour. Les noms des hommes aussi possèdent un charme pour mes sens, et vous n'avez qu'à répéter encore : Stravinsky, Picasso, Satie pour me paralyser aisément. On ne sait pas tout l'infini qui tient dans un nom propre. C'est un portrait toujours ressemblant, mais toujours à l'avantage du modèle. Le nom de l'homme revêt ce singulier caractère du visage humain d'émouvoir mieux et davantage que les traits d'aucun paysage. »

La note qui fait la liaison entre *Les Chants de Maldoror* et les *Poésies*, dans le numéro de fin d'année, est déjà devenue presque informative :

> « Celui qui pose une équation insoluble la résout en déchirant la feuille de papier. Cela est d'un usage si commun qu'il se rencontre toujours un sot pour réclamer de nous ce geste. A vingt ans, Isidore Ducasse n'a point eu la peine d'un suicide. »

Voici celle, dans le numéro 8 d'octobre 1919, sur *Mont de Piété,* le premier recueil de Breton :

> « Le développement de l'individu reproduit celui de l'espèce. Les gens regardent les métamorphoses sans les comprendre et baptisent contradictions les fruits d'une logique supérieure. Quand il eut écrit des poèmes plus séduisants que les plumes des oiseaux mêlés, André Breton se mit résolument à prendre l'observation de l'esprit humain. Cette action sacrilège lui valut de déplaire à ceux-là mêmes qui avaient applaudi à ses premières expériences. Nul ne fit jamais si bon marché du succès. [...] Il sait qu'on reconnaîtra toujours son sillage comme un paraphe au milieu des contemporains. »

Mont de Piété allait — dois-je le rappeler ? — du découpage des rythmes mallarméens dans *Façon* aux rencontres de l'affiche du *Corset mystère.* La note sur *Les Animaux et leurs Hommes,* de Paul Eluard, qui date du début de 1920, traduit encore plus explicitement l'évolution d'Aragon, son passage des « critiques synthétiques » à une véritable critique, de soutien ou d'attaque :

> « L'accent tonique de la pensée se retrouve après bien des années de confusion mentale. Tout paraît simple maintenant : le sujet ou l'attribut, c'est tout un. S'exprimer revient à nier un peu le principe d'identité,

consentir au malentendu, prendre l'effet pour la cause. Au diabolo de la parole, le danger serait de se donner le change. Paul Eluard casse le jouet. Où va-t-il avec le dessus du vent ? Rire. »

Cependant que la note sur *A l'ombre des jeunes filles en fleurs* se veut sans ambages :

> « M. Marcel Proust est un jeune homme plein de talent, et comme il a bien travaillé, on lui a donné un prix. Allons, ça va faire monter le tirage. Excellente affaire pour la NRF. On n'aurait jamais cru qu'un snob laborieux fût de si fructueux rapport. A la bonne heure, M. Marcel Proust vaut son pesant de papier. »

Ainsi fut salué dans *Littérature* le prix Goncourt de Proust. Aragon n'avait point à forcer son talent : il n'a jamais apprécié Proust, dont la démarche créatrice lui paraît être aux antipodes de la sienne.

6.

L'activité dada

L'avenir est dénué pour moi de toute représentation. Il m'est difficile aujourd'hui de repasser par cet état d'esprit.

ANDRÉ BRETON, Entretiens.

Prenons nos marques. Démobilisé en juin 1919, Aragon a repris ses études. Il vit toujours chez sa mère à Neuilly et repart, le matin, par le tram dont il a l'habitude depuis qu'il a quitté l'école Saint-Pierre pour le lycée Carnot, l'année du bac. La médecine, qui avait été acceptée comme protection contre la mort à la guerre, est devenue, aux yeux de sa mère, possibilité d'accès à une position sociale enviable. Comme avant-guerre, lors de la reprise de ses études, Louis Aragon brille :

> « Ç'aurait quand même été très mal vu de mes camarades si j'avais déserté la médecine à ce moment-là [celui de sa démobilisation]. Alors, j'avais continué, mais devant la perspective de la “ réussite ”, de la carrière, je me suis défilé pour ne pas être intégré dans une société que je refusais, comme un étudiant de 1968[1]. »

En fait, Aragon ne quittera la médecine que plus de deux ans après, à l'automne 1921, non pas donc au moment où il devient Dada, mais lors de la désintégration de Dada. Cela n'ôte rien à l'inconfortable d'une situation d'externe des hôpitaux — Lariboisière avec le professeur Chevrier, puis Beaujon[2] — qui lui prend beaucoup de temps et où il continue, à vingt-

1. *Aragon parle, op. cit.*, p. 14.

2. J'ai reçu du Dr Hurez de Troyes copie de sa communication faite le 18 février 1983 devant la Société académique de l'Aube, où il évoque ses années d'étudiant en compagnie d'Aragon. Il y corrige Beaujon en Broussais où, dit-il, ils étaient ensemble externes au service de chirurgie. Il décrit Aragon comme insouciant, frondeur, facétieux à la manière des *Copains* de Jules Romains, « un peu Sacha Distel ». Il ajoute : « il était très aimé des infirmières et des malades. Les observations médicales qu'il rédigeait étaient un modèle d'esprit clinique et d'élégance ».

deux, vingt-trois ans, d'être à la charge de Marguerite, que lui seul sait être sa mère. Heureusement, il y a les vacances de l'été 1919. Du temps devant soi, donc. Commercy... A défaut d'autres déplacements, Aragon ne se souvient plus de ses pérégrinations d'alors. Puisqu'il a nié la guerre, pourquoi verrait-il ici la paix ?

Il a repris *Anicet*. Le chapitre VI, là où il est question des relations entre Anicet et Baptiste Ajamais (Breton), date de juin 1919 ; c'est-à-dire de la révélation des *Champs magnétiques* :

> « Ils se sentaient voisins par les cent détails qui distinguent une génération des précédentes. Leurs mœurs, leurs sensibilités, leurs goûts étaient contemporains. Leurs aînés vivaient dans les cafés et demandaient à des philtres divers l'embellissement de leurs jours. Eux, ne se plaisaient que dans la rue et si, par hasard, ils s'arrêtaient à des terrasses, ils n'y buvaient que de la grenadine pour la belle couleur de cette boisson. »

J'ai déjà fait allusion au parallèle que Baptiste dresse entre Anicet et Harry James (Vaché). Il a donc été écrit six mois environ après la mort de Vaché. En voici la partie centrale. C'est Baptiste qui parle :

> « Veux-tu me dire quelle action tu poursuis ? Tu te laisses vivre. Tu es d'une docilité à faire peur. Vois Harry James : il ne peut rester trois jours avec moi sans que nous nous querellions. C'est la marque des esprits vigoureux. Le tien, sitôt qu'on lui ouvre une piste, l'adopte, s'y précipite, s'y complaît. Tu ne te rebelles jamais contre les impulsions qu'on te donne. Ce qui décide de l'admiration en Harry James, c'est qu'on ne sait pas trop s'il ne se tuera pas le lendemain, sans raison, ou s'il ne commettra pas un beau crime ; on reconnaît en lui une force indisciplinée, le véritable homme moderne qu'on ne saurait réduire à n'être qu'un spectateur. Rien ne l'apparie à l'artiste, au spéculateur : avant toute chose, il vit. [...] On ne peut se défendre en face de lui d'une continuelle inquiétude. Mais avec toi on est bien tranquille : tu es celui qui ne se tuera jamais... »

Témoignage sur soi, certes, mais aussi, je le répète, du pouvoir de l'écriture qui recrée Baptiste ou Harry James, tout comme Anicet. Breton veut vivre au-delà de l'écriture, ne pas être seulement spectateur, vivre autrement. Aragon, c'est dans et par ce qu'il écrit qu'il joue l'essentiel de sa vie. Ce qui ne l'empêchera pas d'agir. Finalement, c'est lui qui fera la guerre (deux fois), c'est lui qui sera dans la Résistance. Mais il agit au sein d'actions collectives, déterminées collectivement. Et l'on trouvera cette différence dans le dossier de fond de leur rupture.

Apparemment, *Anicet* est un roman de formation, au sens de ce XVIIIe siècle dont il reprend la prose. Mais les rencontres que fait Anicet ne sont pas celles de Jacques le Fataliste dont il se rapproche par la désinvolture, la distance dans l'illusion romanesque. Dans un monde de criminels de fantaisie, ces rencontres s'apparentent en fait à celles que multiplie le montage du cinéma muet, cinéma de *serials* comme *Les Vampires*. Là, les surprises dans l'image accrédident l'invraisemblable ; dans *Anicet*, ce sont les ruptures de la prose, le *découpage* du récit, conçus à l'équivalence du *montage* des séquences filmées. *Anicet* se trouve ainsi anticiper sur le nouveau roman américain des années vingt, sur Hemingway, sur Dos Passos. Aragon avait déjà esquissé la théorie de ces emprunts avec son article de septembre 1918 dans *Le Film* de Delluc : *Du décor*. Il y célèbre non seulement la puissance de transfiguration du cinéma, mais ses techniques de réduction du champ, où le film « peut restreindre à volonté le champ objectif pour intensifier l'expression » et du coup hausser l'objet « à la vie supérieure de la poésie ».

Ainsi, dans une scène où Bleu (Picasso) et Jean Chipre (Max Jacob) ridiculisent le critique d'art américain le Bolonais, le dialogue s'achève en images de film :

> « " Monsieur, dit Anicet, puisque c'est votre partie, dites-moi si un véritable amant de la beauté doit être pauvre ou riche (je ne sais si je me fais bien comprendre).
> — Jeune homme, répondit le Bolonais, auquel des deux critiques vous adressez-vous ? à celui des contemporains ? ou à celui qui représente la postérité ?
> Pour le second, les vrais artistes sont ceux qui meurent de faim, mais pour le premier, ce sont ceux qui se mettent dans leurs meubles. "
> Du salon voisin vint une valse lente. Le Bolonais vida pour la cinquième fois son verre et tout se mit à tourner au rythme de la musique, la petite bibliothèque sur son pivot, les aiguilles sur la pendule, les idées dans les esprits... »

Anicet, poète, appartient à une société secrète où le service d'amour courtois pour Mirabelle, la beauté moderne, est de rigueur. Il ira, pour lui rendre hommage, jusqu'à brûler en haut de l'Arc de Triomphe — le soldat inconnu vient tout juste d'y être inhumé — l'art officiel des musées. Peu à peu se révèle l'envers des apparences. Ange Miracle (Cocteau) s'en sort très mal, Bleu (Picasso) à merveille. Le Bolonais « ne représente que la police. On est averti de n'y reconnaître que mon aversion pour cette corporation ».

Dans une seconde partie, c'est Baptiste qui devient le maître du jeu. Anicet, jeté en prison, se trouve confronté à sa propre vie : « De quelque côté qu'on se tourne, il n'y a que des murs. » Pour Baptiste, au contraire :

> « le jeu consiste à atteindre sa limite dans toutes les directions avant de mourir. Tout me soit occasion de m'étendre, je ne veux pas d'autre utilité au monde ni aux gens. Ils sont l'épisode, l'anecdote et ne valent qu'autant qu'ils concourent au principal objet du livre ».

Le jeu consommera les acteurs. Au dernier chapitre, Baptiste, devenu Baptiste Tisaneau, employé de banque, lit le compte rendu du procès d'assises d'Anicet. Et s'il met quelque chaleur dans cette lecture à haute voix, au Café du commerce de Commercy..., il affirme ne pas connaître, même de vue, ce bandit. Il croit cependant identifier Harry James dans un joueur de dominos (ce qui est une scène des *Vampires*). — « Harry James, je ne pouvais croire que vous fussiez mort, mais maintenant, je ne puis croire que vous viviez... » Harry James est devenu M. Prudence..., tout un programme. Et, dit le notaire :

> « Je fais les présentations. Monsieur Tisaneau, notre quatrième à la manille, Monsieur Prudence, agent-voyer — puis, désignant le vieillard — et Monsieur Isidore Ducasse, ancien receveur de l'enregistrement, un bien digne homme. »

La boucle est bouclée. Le vieillard Ducasse rejoint le vieillard Arthur Rimbaud. La révolte ne sait pas vieillir. Et pourtant, elle n'échappe pas à la règle générale. Sur les ruines du romantisme, comment vivre quand on a vingt-trois ans et tant de lectures, et, qui plus est, une guerre derrière soi ? Ce dernier chapitre a été écrit à la fin du printemps 1920, au moment où Aragon lance les premiers de ses textes dada.

Être mobilisé, faire la guerre, cela met pour un temps entre parenthèses la situation, la position sociales. La paix les rétablit dans toute leur importance. On assiste alors à une sorte de clivage à l'intérieur du groupe. Aragon et Breton traversent une crise aiguë de rejet de tout. Soupault et Eluard, qui appartiennent à des familles aisées, connaissent une révolte plus intellectuelle. Breton, comme nous dirions, est le plus politisé :

> « Beaucoup de mon évolution vers le communisme, je la dois à André Breton, contrairement à ce qu'on croit. Toute évolution tient d'abord à des conditions de jeunesse, et dans notre jeunesse nous n'étions pas du même monde, notre première jeunesse avait été placée dans des conditions différentes. Les parents de Breton habitaient route d'Aubervilliers à Pantin : il faut comprendre ce que c'est aussi. Géographiquement, André Breton était au départ beaucoup plus près que moi d'un parti communiste[1]... »

Breton, issu de la banlieue rouge, a donc cette avance ou du moins cette précocité. On le sent dans ses *Entretiens* quand, avant d'évoquer Dada, il analyse les conditions politiques de l'après-guerre :

> « Les pouvoirs d'alors se montraient soucieux de ménager une transition entre le genre de vie que la guerre nous avait fait connaître et celui que le retour à la vie civile nous réservait. [...] On revenait de la guerre, c'est entendu, mais ce dont on ne revenait pas, c'est de ce qu'on appelait alors le " bourrage de crâne " qui, d'êtres ne demandant qu'à vivre [...], avait fait, durant quatre années, des êtres hagards et forcenés, non seulement corvéables, mais qui pouvaient être décimés à merci. Certains de ces pauvres gens louchaient bien entendu vers ceux qui leur avaient donné de si

1. *Aragon parle, op. cit.*, p. 88-89.

bonnes raisons de se battre. On ne pouvait les empêcher de confronter leurs expériences, de juxtaposer leurs informations particulières que la censure avait tenues à l'abri de toute communication de quelque envergure, non plus que de découvrir l'ampleur des ravages de la guerre, la passivité sans limites qu'elle avait mise en œuvre... »

Si les rencontres Aragon-Breton, dont naquit *Littérature*, s'étaient produites sur fond de bombardements, au milieu d'hommes que la guerre avait brisés, Dada, lui, est venu à Paris sur fond de grandes grèves, et, par ricochet, d'un ébranlement des valeurs sociales et morales admises, dont la guerre avait déjà révélé le mal-fondé. Il est d'ailleurs assez remarquable que la mesure de ce bouleversement ait été, semble-t-il, mieux prise par ceux qui, comme Tzara ou Breton, avaient le moins fait la guerre. Cela donne un aperçu indirect de la force avec laquelle s'exerça la pression du système de guerre sur les idées de ceux qui y étaient le plus assujettis.

Dès le début de 1920, presque comme une conséquence de l'enquête *Pourquoi écrivez-vous ?* et des réponses qu'elle avait values à *Littérature*. Breton devient conscient de la contradiction entre l'aspect anthologique que prend la revue, en réunissant des textes d'ailleurs d'excellente qualité, et ses objectifs de rénovation de plus en plus radicale :

« A quoi bon tenter plus longtemps cette synthèse entre des éléments dont le rapprochement satisfait le sens de la qualité, mais qui n'auront jamais rien à faire les uns avec les autres ? »

C'est au cours de cette réflexion que Dada va devenir, pour l'équipe de *Littérature*, un point de mire. Déjà Breton s'était enthousiasmé pour le *Manifeste Dada 1918* qu'il jugeait « violemment explosif » :

« Il proclame la rupture de l'art avec la logique, la nécessité d'un " grand travail négatif " à accomplir, il porte aux nues la spontanéité. »

On découvre à Paris, en cette fin 1919, que Dada n'est pas confiné à Zurich, que Francis Picabia, peintre et écrivain, avec sa revue *391*, à Barcelone, se trouve sur la même ligne ; puis, par Picabia, que Marcel Duchamp, jusque-là connu par des toiles cubistes et futuristes comme le *Nu descendant un escalier*, en est venu, en Amérique, à signer des *ready-made*, des objets tout faits, un porte-bouteilles et même un urinoir. Ce qui est une négation beaucoup plus radicale de l'art que tout ce qu'on connaissait jusque-là. On récupère, du coup, un Arthur Cravan, qui se dit neveu d'Oscar Wilde, est boxeur et, en fait de poésie, lance des imprécations contre tout, aussi bien contre les novateurs que contre les autres. Comme le reconnaît Breton, tout cela reste à l'époque passablement brouillé, mais il rêve néanmoins à ce que peut bien être cette fameuse *Mariée mise à nu par ses célibataires, même*, de Marcel Duchamp « sur laquelle, dit-il drôlement, les détails manquent encore, mais qui débouche de tous côtés sur l'insolite, sur l'inconnu »...

Ainsi se développe chez les fondateurs de *Littérature* cette impression, mal définie mais aiguë, d'avoir été piégés par la guerre, tandis que ceux qui vivaient hors de la guerre, en Suisse, en Espagne, aux États-Unis, ont inventé du nouveau. Un nouveau dont Tzara devient l'intercesseur. Il possède, au printemps 1919, « une avance extraordinaire sur les jeunes tenants de *L'Esprit nouveau* qu'avait défini l'enchanteur Guillaume Apollinaire », pour reprendre les termes de son biographe René Lacôte [1]. Tzara a réfléchi sur la révolution russe. Roumain, il suit la brève existence de la république des Conseils de Bela Kun en Hongrie. Il apporte dans ses poèmes d'autant plus de ruptures avec la logique que, pour lui, le français est langue étrangère. Tout cela se conjugue pour conférer à ce jeune homme noiraud et vif, toujours prêt à exploser en cris et gestes, avec une allure d'anarchiste balkanique portant lorgnon, tel que l'a croqué Picabia en 1920, un pouvoir de conviction dont on n'a guère idée.

Il débarque à Paris en janvier 1920 :

> « Nous fûmes quelques-uns, écrit Aragon, qui l'attendîmes à Paris comme s'il eût été cet adolescent sauvage qui s'abattit au temps de la Commune sur la capitale dévastée, et duquel aujourd'hui encore ceux qui le connurent gardent un blême effroi : le Diable, dit Forain, qui le voit toujours dans ses rêves, et Rimbaud le tire par les pieds [2]. »

A quoi Soupault ajoute :

> « Il n'avait rien d'un provincial. Paris était pour lui la ville des échos. Il suffisait qu'on élève un peu la voix dans ce grand labyrinthe pour qu'on vous entende de partout [3]. »

Il est significatif que ce fut à ce moment que l'équipe de *Littérature* décida d'élargir son activité en organisant des rencontres avec le public. Le premier Vendredi de *Littérature* eut lieu le 23 janvier 1920, soit tout juste cinq jours après l'arrivée de Tristan Tzara. Aragon et Breton ont loué une petite salle du Palais des Fêtes, rue Saint-Martin, un lieu de cinémas, sur la rive droite de la Seine, loin des quartiers « littéraires ». Le programme, à l'origine, était traditionnel : dans une première partie, lecture des œuvres des aînés (Apollinaire, Reverdy, Cendrars, Max Jacob) par des comédiens (seuls Pierre Bertin et Marcel Herrand acceptèrent de venir) ; dans une seconde, les poèmes de la jeune génération. Entre deux, présentation de peintures. C'est là qu'éclata le scandale. Le tableau de Picabia : *Le Double Monde*, portait fort clairement écrit en rouge : *L. H. O. O. Q.*, calembour qui déchaîna l'assistance dès qu'il fut décrypté. La lecture des poèmes reprit cependant. Aragon déclama un texte de Tzara, *Le Géant blanc lépreux du paysage* :

1. *Tristan Tzara,* Seghers, 1952, p. 24.
2. Manuscrit Doucet 1032-2 de décembre 1922.
3. *Les Lettres françaises,* 24 mai 1946.

le sel se groupe en constellation d'oiseaux sur la tumeur de ouate
dans ses poumons les astéries et les punaises se balancent
les microbes se cristallisent en palmiers de muscles balançoires
bonjour sans cigarette tzantzantza ganga
bouzdouc zdouc nfounfa mbaah nfounfa

Et il y en a comme cela dix fois autant. Aragon détachait, façon Comédie-Française, chaque syllabe. Là-dessus, on annonça que Tristan Tzara en personne allait interpréter une de ses œuvres. Il lut le dernier discours de Léon Daudet à la Chambre, tandis qu'en coulisses, Breton et Aragon agitaient violemment des sonnettes. Le chahut fut porté à son comble. Florent Fels criait : « A Zurich ! Au poteau ! » C'eût été un finale splendide. Malheureusement, il restait des poèmes à lire et, diplomatiquement, Aragon enchaîna sur un poème de Pierre Albert-Birot, mais devant des bancs vides.

Une lettre de Breton à Tzara et à Picabia, le lendemain, montre bien que le but visé n'était pas alors le scandale :

> « Chers amis, j'ai tant besoin de vous revoir ! Nous avons trouvé hier un accueil si surprenant ; il y a bien eu aussi quelques fautes commises, suite d'inexpérience. — Cela ne vous a-t-il pas trop attristés ? [...] Comme Madame Gabrielle Buffet [la compagne de Picabia] avait raison, en ce qui concerne les réactions de ce public. Quelle leçon. Pardonnez-moi de vous écrire si mal, j'ai seulement voulu vous assurer de tous mes regrets. J'ai sans doute eu tort d'engager Francis Picabia dans cette aventure. Croyez à ma profonde affection[1]. »

Breton est très loin de l'état d'esprit d'un écrivain déjà mûr (né en 1847) mais dadaïste, Georges Ribemont-Dessaignes, aux yeux de qui la soirée avait été tout bénéfice :

> « Quelques numéros à la mode du Dada zurichois, corrigé par l'esprit parisien, usaient de la provocation pour mettre le public en état de transes. Ce n'était qu'un début[2]. »

Le décalage se manifeste tout autant dans les contributions de *Littérature* au *Bulletin Dada n° 6*, paru au début de février 1920. Breton y donne des extraits des *Champs magnétiques* ; Aragon, cet aphorisme :

> « En matière de sentiments, il n'y a pas là de quoi rire, nous nous servons des petits bâtons à manger le riz. »

Le *Bulletin* montre magnifiquement le désordre typographique que le Dada zurichois avait hérité des futuristes et qui contraste si fort avec le

1. Michel Sanouillet, *op. cit.*, appendice 3, pièce 115, p. 507.
2. *Dada. Souvenirs et Témoignages*, Musée national d'art moderne, nov. 1966, p. 18.

jansénisme de *Littérature*. Ce *Bulletin* annonçait pour le 5 février la première manifestation dada délibérée. Tzara, qui avait appris à Zurich l'art de contraindre les journaux à faire à Dada de la publicité gratuite en publiant de fausses nouvelles sensationnelles, se surpassa, inventant que Charlie Chaplin en personne prendrait la parole, tandis que Gabriele d'Annunzio, Henri Bergson et le prince de Monaco s'étaient convertis à Dada.

Il y eut foule, mais, cette fois, le scandale était voulu, l'invective au public devenant un élément moteur de la manifestation. Toutefois, quand on lit les « manifestes » de la soirée, presque tous réunis dans un numéro spécial de *Littérature* qui ne parut qu'en mai, il n'est pas difficile d'y séparer les surréalistes, qui agissent en écrivains, par des déclarations personnelles, des dadaïstes (Ribemont-Dessaignes, Arp, Dermée, Tzara) qui cherchent le non-sens, la pure provocation. L'équipe de *Littérature* est arrivée à Dada par l'écriture automatique, c'est-à-dire par une remise en cause radicale de l'écriture, mais son évolution demeure une évolution créatrice. Dada, au contraire, fait de l'anti-art non pas un nouvel art, mais la seule destruction joyeuse de l'art existant.

On répéta cette manifestation au Club du Faubourg le 7 février, puis à l'Université populaire du faubourg Saint-Antoine le 19. Chaque fois, le scandale s'acheva dans la confusion. Les manifestations suivantes, au théâtre de la Maison de l'Œuvre, chez Lugné-Poe, le 27 mars, et à la salle Gaveau, le 26 mai, apportèrent des corrections au défi méthodique initial. On y interpréta des pièces, deux écrites par Soupault et Breton dans la ligne des dialogues automatiques des *Champs magnétiques* : *S'il vous plaît* et *Vous m'oublierez* ; une de Tzara, *La Première Aventure céleste de M. Antipyrine*, jonglerie verbale à l'image de ses poèmes. Qu'on le voulût ou non, Dada produisait. Mais, là encore, il y avait dissociation : Breton, Soupault, Aragon croyaient ferme au nouveau type de spectacles et aux textes. Tzara, lui, était simplement heureux. Un jeune critique nommé Georges Charensol le décrit comme

> « un vrai Dada, convaincu, illuminé, absurde et inconscient. Il prend un plaisir visible à réunir des mots qui, accouplés, perdent leur sens ».

7.

La morale dada

Ancien combattant
J'ai fait le mouvement Dada
Disait le dadaïste
J'ai fait le mouvement Dada
Et en effet
Il l'avait fait

La Grande Gaîté, *1928.*

Il est assez extraordinaire qu'il ait suffi des premières de ces manifestations pour que la *NRF*, par la plume d'André Gide, prenne Dada très au sérieux. Non seulement Dada est la jeunesse, mais il contraint la génération de la guerre, ainsi que les aînés, à s'interroger face à lui :

> « Ce ne serait vraiment pas la peine d'avoir combattu pendant cinq ans, d'avoir tant de fois supporté la mort des autres et vu remettre tout en question pour se rasseoir ensuite devant sa table à écrire et renouer le fil du vieux discours interrompu. Eh quoi ! Tandis qu'ont souffert nos champs et nos villages, nos cathédrales, notre Verbe demeurerait invulnéré ! Il importe que l'esprit ne reste pas en retard sur la matière : il a droit aussi à de la ruine. Dada va s'en charger[1]... »

Rien mieux que ce ton, cette grandiloquence mal contenue, n'est à même de nous replacer dans l'esprit qui règne, lors de cet après-guerre, parmi ceux qui tiennent les places. Nous n'avons exploré jusqu'ici que le versant de la révolte. Gide, lui, doit tenir compte de ses bien-pensants, de ses bleu-horizon, pour qui le chauvinisme a toujours cours : Henri Ghéon, Claudel, Schlumberger. Ce dernier faillit d'ailleurs rompre avec la *NRF* à cause de Dada, « dans cet angoissant mois d'août 1920, où les Bolcheviks, envahissant la Pologne marchaient sur Varsovie[2]... ».

1. La *NRF,* 1er avril 1920.
2. Cité par Michel Sanouillet, *op. cit.*, p. 205.

Gide se donnait les gants de répéter les insultes qui avaient suscité la réaction violente de *Littérature*, confiant en passant, à propos de Tzara :

> « On me dit que c'est un tout jeune homme. On me le peint charmant. (Marinetti de même était irrésistible.) On me dit qu'il est étranger. Je m'en persuade aisément. Juif. J'allais le dire... »

Pour en arriver à l'objectif qu'il poursuit avec cet article :

> « Le jour où le mot Dada fut trouvé, il ne resta plus rien à faire. [...] Il faut bien, à présent, ou piétiner sur place, comme les médiocres continueront de le faire, ou s'évader. »

Gide a très bien décelé la faille de cette union entre *Littérature* et Dada. On ne peut indéfiniment balayer les vieilleries. Il faut bien mettre quelque chose à la place. L'article de Gide n'avait aucune chance d'être entendu sur le moment. Le printemps 1920 prend les allures d'une explosion dada. Aragon a écrit un manifeste dont il ne sait plus en quelle occasion il fut lu, et qui est caractéristique de sa pensée au moment où il achève *Anicet* :

Moi

« Tout ce qui n'est pas moi est incompréhensible.
Que je l'aille chercher aux rivages du Pacifique ou que je le ramasse dans les contrées de mon existence, le coquillage que j'appliquerai à mon oreille retentira de la même voix que je prendrai pour celle de la mer et qui ne sera que le bruit de moi-même. [...]
Le langage quoiqu'il apparaisse se réduit au seul Je et si je répète un mot quelconque, celui-ci se dépouille de tout ce qui n'est pas moi jusqu'à devenir le bruit organique par lequel ma vie se manifeste.
Il n'y a que moi au monde et si j'ai de temps en temps la faiblesse de croire à l'existence d'une femme, il me suffit de me pencher sur son sein pour entendre le bruit de *mon* cœur et me reconnaître. Les sentiments ne sont que des langages pour faciliter l'exercice de quelques fonctions...
Tout ce qui est moi est incompréhensible. »

Dada marque ici le déchaînement de l'individualisme. C'est la résultante narcissique de *Maldoror* et des *Poésies*. On ne sort pas de soi, or il faut en sortir. Et il n'y a que le langage qui le permette. Pour Aragon comme pour Eluard — ou pour Paulhan —, la grande affaire est alors la critique du langage, la méfiance envers le langage. On le vérifie par deux poèmes contemporains d'Aragon, parus tous deux au mois de mai 1920, le premier dans le numéro 5 de *Proverbe*, la revue d'Eluard, numéro où rien n'était signé :

Persiennes

Persienne ?
Persienne   Persienne   Persienne
Persienne persienne persienne persienne persienne

persienne persienne persienne persienne persienne
persienne persienne persienne persienne persienne
Persienne persienne persienne persienne
Persienne ?

Le second dans le numéro 2 de la revue *Dada, Cannibale* :

Suicide

A b c d e f
g h i j k l
m n o p q r
s t u v w
x y z

Signer l'alphabet, c'est comme signer l'urinoir de Duchamp. Mais, contrairement à Tzara, Aragon prend grand soin que de la typographie naisse une prosodie, un signifiant, abstrait certes, mais qui, finalement, fait poème. Et n'est-ce pas un moyen de saisir le rythme pur du langage, un rythme qui fait sens au bout du compte ? Le nettoyage dada est un nettoyage du langage, un récurage poétique, mais Aragon ne perd pas de vue la poésie.

En ce printemps dada, l'activité d'Aragon est d'ailleurs celle d'un écrivain. Il va donner *Anicet* à Gallimard, honorant son contrat de l'automne 1919 ; il vient de publier son premier recueil de poèmes : *Feu de joie* avec un frontispice de Picasso, ce qui est tout de même fort peu dadaïste ; c'est le cinquième titre de la collection *Littérature*, Au Sans Pareil. René Hilsum, ami de collège de Breton et de Fraenkel, prolonge en effet désormais la revue par la création d'une librairie et d'une maison d'édition. Ses premiers titres ont été *Les Mains de Jeanne-Marie*, de Rimbaud, puis *Mont de Piété* de Breton, *Les Champs magnétiques*, les *Lettres* de Vaché. Tout cela est certes très « marqué » au sceau de la révolte, mais n'en traduit pas moins une implantation sociale et économique du mouvement.

Au demeurant, Dada à Paris, ce n'est pas simplement une suite de manifestations. Breton, avec son sens du groupe, l'a doté d'une continuité, en apparence inorganisée mais efficace. Juste avant que Tzara ne débarque à Paris, Breton et Aragon avaient découvert, passage de l'Opéra, le bar basque du Certà que *Le Paysan de Paris* allait rendre célèbre. Ils ne disposent guère de temps : Aragon à cause de son externat ; Breton, rompant avec la médecine, étant entré comme correcteur d'épreuves à la NRF. Pour « payer son entrée », il a eu à se débattre huit heures par jour avec les placards de Proust...

Le Certà était aussi loin de Montparnasse que de Montmartre — à mi-chemin des deux — et c'était voulu :

« C'est ce lieu où, vers la fin de 1919, un après-midi, André Breton et moi décidâmes de réunir désormais nos amis, par haine de Montparnasse et de

Montmartre, par goût aussi de l'équivoque des passages, et séduits sans doute par un décor inaccoutumé qui devait nous devenir si familier ; c'est ce lieu qui fut le siège principal des assises de Dada, que cette redoutable association complotât l'une de ces manifestations dérisoires et légendaires qui firent sa grandeur et sa pourriture, ou qu'elle s'y réunît par lassitude, par désœuvrement, par ennui, ou qu'elle s'y assemblât sous le coup d'une de ces crises violentes qui la convulsaient parfois quand l'accusation de modérantisme était portée contre l'un de ses membres. Il faut bien que j'apporte à en parler une sentimentalité incertaine... »

Ce texte du *Paysan de Paris* a été écrit en 1924, bien après la dislocation de Dada, et il s'en ressent. Mais ce n'est pas un point de vue propre à Aragon. Le témoignage de Breton est également fort net là-dessus :

« A première vue, l'effet cherché semble bien être obtenu, le conformisme en mauvaise posture, le bon sens hors de lui, la presse écumant de fureur. Il pourrait sembler que tout va pour le mieux, et pourtant, de l'intérieur, au moins en ce qui concerne Aragon, Eluard et moi, la situation est autrement ressentie. Il est clair qu'on exploite à satiété des méthodes d'ahurissement, de " crétinisation " au sens maldororien du terme, mais surtout de provocation sans danger qui ont été mises au point à Zurich ou ailleurs. [...] Bien sûr, la plupart d'entre nous étaient jeunes, le manque de perspective d'une telle activité ne les inquiétait nullement. »

Il est significatif qu'après le numéro spécial de mai 1920, *Littérature* ait repris sa ligne, même si le nom de Tzara est désormais de tous les sommaires, accompagné alternativement de ceux de Ribemont-Dessaignes, de Dermée, de Picabia. On trouve, dans le numéro 16, des collaborations de Reverdy et de Jean Giraudoux, de Jean Paulhan, de Drieu la Rochelle, et y apparaît le nom d'Ezra Pound. Ce numéro date de septembre-octobre 1920.

Dans l'intervalle, Breton (qui venait de quitter son travail à la NRF pour devenir conseiller artistique, à 800 francs par mois, du couturier-mécène Jacques Doucet) avait répondu dans la *NRF* à l'article d'André Gide. Sa défense et illustration de Dada est une pédagogie des expériences automatiques, de l'exploration systématique de l'inconscient, discrètement appuyée sur un historique qui va de Rimbaud et Lautréamont à Jacques Vaché, et, ouvertement, sur des morceaux choisis de Soupault, Tzara, Eluard, Picabia et Aragon. L'accent y est mis sur la créativité dada et, finalement, cet article marque le passage du proto-surréalisme de 1919 au surréalisme. Pour ce faire, Breton prend pour la première fois appui sur Apollinaire :

« Ce n'est pas d'aujourd'hui que des poètes s'abandonnent pour écrire à la pente de leur esprit. Le mot inspiration, tombé je ne sais pourquoi en désuétude, était pris naguère en bonne part. Presque toutes les trouvailles d'images, par exemple, me font l'effet de créations spontanées. Guillaume Apollinaire pensait avec raison que des clichés comme " lèvres de corail ", dont la fortune peut passer pour un critérium de valeur, étaient le produit de cette activité qu'il qualifiait de *surréaliste.* Les mots eux-mêmes n'ont sans doute pas d'autre origine. Il allait jusqu'à faire de ce principe qu'il ne faut jamais partir d'une invention antérieure, la condition du perfectionnement scientifique et, pour ainsi dire du " progrès ". L'idée de la jambe humaine, perdue dans la roue, ne s'est retrouvée que par hasard dans la bielle de locomotive... »

Semblable développement est en fait irrecevable pour Tzara. Dada y est tourné en un nouveau développement de l'art. Et Breton annonce déjà la suite de son propos :

« On va jusqu'à prétendre que, sous couleur d'exalter l'individualité, Dada constitue un danger pour elle, sans s'arrêter à voir que ce sont surtout des différences qui nous lient. Notre exception commune à la règle artistique ou morale ne nous cause qu'une satisfaction passagère. Nous savons bien qu'au-delà se donnera libre cours une fantaisie personnelle irrépressible qui sera plus " dada " que le mouvement actuel. C'est ce qu'a très bien aidé à comprendre M. J.-E. Blanche en écrivant : " Dada ne subsistera qu'en cessant d'être. " »

Dans le même numéro, Jacques Rivière répondait à Breton par *Reconnaissance à Dada*, et explicitait ainsi la démarche créatrice proposée par le directeur de *Littérature* :

« Saisir l'être avant qu'il n'ait cédé à la compatibilité ; l'atteindre dans son incohérence, ou mieux dans sa cohérence primitive, avant que l'idée de contradiction ne soit apparue et ne l'ait forcé à se réduire, à se construire ; substituer à son unité logique, forcément acquise, son unité absurde, seule originelle : tel est le but que poursuivent tous les Dadas en écrivant. [...] Le langage pour les Dadas n'est plus un moyen, il est un être. [...] Même quand ils n'osent pas franchement l'avouer, les Dadas continuent de tendre à ce *surréalisme* qui fut l'ambition d'Apollinaire. »

Ce qui témoigne, notons-le en passant, d'un certain virage dans l'attitude de la *NRF* vis-à-vis d'Apollinaire, qu'on risque aujourd'hui de ne plus percevoir. Aragon explique :

« C'est uniquement à ma complicité personnelle avec Gaston Gallimard qu'il est dû que dans la maison soient entrés des écrivains que la *NRF* (revue) contrait, comme Apollinaire. »

De fait, *Alcools* n'est entré au catalogue Gallimard qu'en cet automne 1920, au moment où la *NRF* (revue) va publier des bonnes feuilles d'*Anicet.* Ce fait révèle que l'article de Breton n'a rien d'une démarche individuelle. Il a sûrement été discuté entre Breton et Aragon, et probablement avec le noyau constitutif de *Littérature.* Mais, tout aussi sûrement, sans Tzara, sans Picabia ni les autres dadaïstes, dont on n'imagine pas qu'ils eussent pu en approuver le contenu. Ce n'est pas que Breton et Aragon soient intégrés au système de la NRF et y trahissent le mouvement Dada. Ils tiennent compte du système parce qu'ils agissent en écrivains, responsables de leur art et responsables de l'usage qui est fait de la littérature. C'est cette responsabilité qui a fait d'eux des Dadas. C'est cette même responsabilité qui tend à les faire sortir des limites négatives que Tzara assigne au mouvement.

Le numéro de la *NRF* contenant les textes de Breton et de Jacques Rivière n'a pu être discuté par l'ensemble de Dada qu'après les vacances. Breton est parti passer l'été dans sa famille à Lorient. Une lettre de lui à Francis Picabia, du 28 juillet 1920, paraît préparer l'impact de son article dans la *NRF,* qui doit paraître le 1er août :

> « Vous savez mieux que quiconque combien je m'ennuyais à la *Nouvelle Revue française* [comme correcteur]. Je finissais par lasser mes amis, et vous-même, de mes façons d'agir ; cela ne pouvait durer. En dépit des assurances que je vous donnais de temps à autre, vous preniez de jour en jour plus mauvaise opinion de moi. [...] Ne manquez pas de me dire tout le mal que vous pensez de mon article dans la *NRF* et de celui de Rivière. Je vous en prie [1]. »

Aragon, lui, se trouve avec sa mère et sa grand-mère à Perros-Guirec. Il écrit lui aussi à Picabia, le 21 août :

> « J'ai perdu l'adresse de TrTz [Tristan Tzara]. Ici, j'ai vu la maison de Renan et la maison de Botrel. Et un vieillard qui s'est saoulé avec Gabriel Vicaire [l'auteur des *Déliquescences d'Adoré Floupette,* décadent notoire]. Je suis vraiment aussi seul que possible [2]. »

Le retour de tous ces jeunes gens dans leur famille (Tzara est aussi chez les siens en Roumanie) les laisse soudain désemparés. Il est significatif qu'ils se tournent alors vers Picabia, leur aîné de près de vingt ans. De même il est significatif que leur retour à Paris coïncide avec un nouveau départ de Dada et avec un alignement sur ses positions les plus radicales. Une réunion de *Littérature,* au restaurant Blanc, rue Favart, dont il est rendu compte dans le numéro 17 de décembre 1920, aboutit en effet à la décision (prise par vote) de ne plus publier de textes d'ordre littéraire. A la question : « Va-t-on continuer à parler des artistes vivants et morts ? », l'unanimité du non se fait, « moins une voix (Aragon s'abstient). En conséquence, toute allusion à un fait littéraire entraînera le rejet de ce texte ».

Cette décision n'est pas si assurée qu'il semble, puisque la question suivante est ainsi libellée : « La poésie trouvera-t-elle encore place dans *Littérature* ? » La réponse est à nouveau non, par six voix contre deux

1. Sanouillet, *op. cit.,* p. 225 et 509.
2. *Ibid.,* p. 225.

(Eluard, Fraenkel). C'est donc Breton qui mène le jeu. Aragon dont les bonnes feuilles d'*Anicet* viennent de sortir, dans la *NRF* (revue) n'est pas en très bonne posture, même si, à l'époque, il a biffé le mot roman du titre de son livre[1]. On aura une idée de l'état d'esprit du groupe par les réflexions de Breton dans ses *Entretiens*, qui rattachent explicitement cette intransigeance à l'article de Rivière, lequel, « si réservé soit-il », a porté « un coup très dur à Dada en le mettant au bord de la consécration littéraire » :

> « Ce témoignage apporté sur un ton mesuré et grave entraînait un certain dévoilement de nos objectifs — tendait par là à rendre inopérants et oiseux certains artifices et moyens de défi élémentaires dont, tant à l'intérieur des publications qu'au cours des manifestations Dada, nous avions usé jusqu'alors à satiété. [...] J'en parle savamment, ayant été celui qui, une fois ce programme établi tant bien que mal, du moins ayant obtenu l'assentiment général parmi nous, payait sans doute le plus de sa personne pour que fût tenu le minimum d'engagements qu'il comportait. [...] Les frais de location des salles étaient élevés, nous étions pour la plupart très pauvres et le prix des places était fixé en vue d'y suffire rigoureusement, à condition que ces places fussent toutes occupées... »

Tout se passe donc comme si la rigueur du refus de l'attitude littéraire devenait un substitut au désordre dada. A ce moment, en effet, l'esprit dada n'est pas éteint. Mais il faudrait l'organiser, le préciser. Tenir compte de l'expérience. Aragon a très bien décrit cette situation dans un manuscrit Doucet de 1922-1923, postérieur à la dislocation de Dada :

> « Il y avait dans notre dessein une grandeur qui échappe, un désir qui participait tout de même davantage de l'infini qu'on ne tendrait aujourd'hui à le croire. On ne savait jamais finalement quel retentissement aurait un geste de notre part : les événements pouvaient prendre un tour imprévu, il n'y a qu'un pas d'une image à la réalité ; d'un coup, nous pouvions nous transporter, de la façon la moins attendue, dans un plan tout autre, et déclencher une machine à bouleverser le monde. Cette sorte d'espoir obscur que plusieurs d'entre nous portaient, il semble bien que Tzara ne l'ait point éprouvé... »

Réflexion d'un écrivain, certes, qui comptabilise Dada comme une expérience et déjà comme une nostalgie. Le passage par Dada a été essentiel pour la compréhension des rapports nouveaux entre l'art et la vie. Il fallait ce rejet de l'art pour que la vie soit traitée comme une création. Pour que s'ouvre la question d'une nouvelle unité entre le poète

1. Aragon corrige : *Hein ? J'avais donné pour titre à l'imprimerie :*

ANICET OU LE PANORAMA *ROMAN.*

(On comprend bien : pour NORAM, *anagramme de* ROMAN.*) Ce sont les gens de Gallimard qui se sont permis de supprimer le dernier mot suscitant ma protestation et ma fureur.*

et sa poésie. Dada n'est certes pas fini en cette fin de 1920 où, à Tours, le congrès du parti socialiste marque son éclatement et la naissance du parti communiste français. Dada continue ou plus exactement : il s'agit désormais de continuer Dada.

CHAPITRE IV

LE SURRÉALISME

Or d'autres profondeurs étaient notre souci
Nous étions trois ou quatre au bout du jour assis
A marier les sons pour rebâtir les choses
Sans cesse procédant à des métamorphoses
Et nous faisions surgir d'étranges animaux
Car l'un de nous avait inventé pour les mots
Le piège à loup de la vitesse
Garçon de quoi écrire Et naissaient à nos pas
L'antilope-plaisir les mouettes compas
Les tamanoirs de la tristesse

Le Roman inachevé, 1956.

1.

La dictature dada

Moi j'aimais au Rocher boulevard Saint-Germain
Trouver le noir et or usagé des sous-mains
Garçon de quoi écrire Et sur la molesquine
J'oubliais l'hôpital les démarches mesquines
A raturer des vers sur papier quadrillé
Tant que le réverbère au-dehors vînt briller...

Le Roman inachevé.

Décembre 1920 voit s'ouvrir une exposition de Francis Picabia à la galerie de la Cible, rue Bonaparte, chez Povolozky. L'aspect publicitaire et mondain l'emporta, et le vernissage réunit, outre tout Dada, le Tout-Paris, y compris Cocteau, bête noire du groupe *Littérature.* Cocteau vint avec son jazz-band (Auric et Poulenc). Certes, Tzara y lut un manifeste particulièrement radical :

Pour faire un poème dadaïste
Prenez un journal
Prenez des ciseaux
Choisissez dans ce journal un article ayant la longueur que vous comptez donner à votre poème
Découpez l'article
Découpez ensuite avec soin chacun des mots qui forment cet article et mettez-les dans un sac
Agitez doucement
Sortez ensuite chaque coupure l'une après l'autre
Copiez consciencieusement...

Mais le jazz de Cocteau en ponctua chacun des seize « chants ». L'exposition témoignait du même éclectisme, Picabia y montrant ses toiles impressionnistes du début du siècle à côté d'œuvres récentes. Bref, d'un point de vue dada, c'était la confusion.

Si le danger de la récupération par le système littéraire en place avait paru des plus graves à l'automne 1920, voici que se profilait celui de la récupération par le snobisme des gens du monde. C'était le type même de consécration que détestaient Breton et Aragon. La réaction d'ensemble de Dada fut de réaffirmer plus nettement que jamais son caractère négateur dans le tract *Dada soulève tout,* écrit en janvier 1921 :

> « Que fait DADA ? 50 francs de récompense à celui qui trouve le moyen de nous expliquer DADA... DADA EXISTE DEPUIS TOUJOURS — LA SAINTE VIERGE DÉJÀ FUT DADAÏSTE — DADA N'A JAMAIS RAISON — Citoyens, camarades, mesdames, messieurs, Méfiez-vous des contrefaçons ! — Les imitateurs de DADA veulent vous présenter DADA sous une forme *artistique* qu'il n'a jamais eue... »

Ce tract fut distribué à une conférence de Marinetti, qui, pour avoir, dans une déclaration, annexé Dada à son futurisme, était devenu l'ennemi du moment. Il était décidément temps de passer à des choses plus sérieuses. En ce mois de janvier 1921, Breton et Aragon prirent une résolution singulière, qui marque bien vers où les conduisaient leurs réflexions : ils décidèrent d'adhérer au parti communiste français qui venait de se créer.

> « Breton et moi ne nous considérant pas du tout comme des communistes, nous nous sommes rendus au siège de la Fédération de Paris (disait-on encore) du parti socialiste, rue de Bretagne, dire : " Voilà, nous sommes à votre disposition, nous ne sommes pas des communistes, mais nous ferons ce que nous pourrons pour le devenir, parce que vous êtes le seul parti contre la guerre, et pour nous, ceci est déterminant ". »

La rencontre qu'ils y firent, ce jour-là, de Georges Pioch, devait les dissuader d'adhérer :

> « Les propos de ce personnage, son espèce de fausse bonhomie (il nous disait : " Il vient un moment où il faut descendre dans la foule, se sentir les coudes, et suer ensemble ") nous ont mis mal à l'aise. Nous avons regardé ce gros homme, et nous n'avons pas eu envie de suer avec lui[1]. »

Le contraste avec l'activité dada est très vif. Au mieux, celle-ci parvient à semer le trouble dans ces secteurs restreints de l'opinion qui touchent à l'art, à la littérature. Ici, il s'agit de rejoindre les grandes masses de la nation. Changer la vie à tout le moins, s'il n'est pas encore question de changer le monde. Romantisme encore, certes. Écoutons *Les Yeux et la mémoire,* trente-trois ans plus tard :

> Il m'eût fallu une âme bien mesquine
> Pour ne pas me sentir cet hiver-là saisi

1. *Aragon parle, op. cit.,* p. 88.

Quand au Congrès de Tours parut Clara Zetkin
D'un frisson que je crus être la poésie

Ah, cela me brûlait et je n'entendais guère
Tout ce sang Allemagne Allemagne entre nous
Que le défi lancé d'une femme à la guerre
Tout ce sang qui montait encore à nos genoux

Cet après-midi-là je fus rue de Bretagne...

Clara Zetkin avait été la représentante de la IIIe Internationale au congrès. Elle était entrée illégalement en France, porteuse du message de Lénine. L'Internationale avait choisi une femme et une communiste allemande... Tout à coup, la nouveauté poétique se mettait à exister dans la réalité. S'ouvrait pour Aragon un chemin menant de l'idéalisme philosophique au matérialisme...

Ce n'est pas pour tout de suite. Mais, sans cette démarche rue de Bretagne, on ne peut pas entendre grand-chose au manuscrit d'Aragon intitulé *La Grande Saison Dada* (14 avril 1921) :

> « C'est à la lumière d'une image poétique que tout redevenait possible, et que nous décidions de passer à l'action : suivant une coutume qui était chère à quelques-uns d'entre nous, nous reprenions la comparaison de notre état intellectuel avec celui de la Révolution française. Il s'agissait de préparer et de décréter soudain la Terreur. Tout se passait comme si, la Révolution survenant, nous en avions la tête. Et d'autre part, nous décidions de ne pas attendre quatre-vingt-treize, la Terreur tout de suite : en 89.
> [...] Réquisitions, mises en accusation et jugements, indiquaient bien notre volonté établie de nous constituer au-dessus de tout en Tribunal révolutionnaire[1]... »

C'est cet *état intellectuel* qui fait comprendre ce qui fut recherché au printemps 1921. Des « visites », comme celle qui eut lieu le 14 avril à Saint-Julien-le-Pauvre, mais qui pouvaient être aussi bien des visites domiciliaires pour demander des comptes aux gens au pouvoir, ou des visites en des lieux publics, par exemple des restaurants, avec le même objectif. Des procès, comme celui qui allait être intenté à Barrès. Le terme en fut le projet d'un Congrès de Paris :

> « Il s'agissait, dit Aragon, d'une machine imposante, d'une grande consultation au cours de laquelle la question de la Révolution intellectuelle se poserait. On vit qu'il s'agissait à la fois de la Convention et de la Constituante[2]. »

1. Manuscrit Doucet, 7 206-22.
2. *Ibid.*

Ce programme fut, en fait, celui de Breton et de *Littérature.* Tzara et Picabia étaient mis devant le fait accompli. Picabia prit ses distances : l'affaire ne le servait plus. Tzara, au contraire, colla au mouvement, fit admettre le principe d'une reprise des soirées Dada et d'un Salon Dada. Le coup d'envoi fut donné par le numéro de *Littérature* de mars 1921 — le premier à paraître depuis celui de décembre 1920. On y trouve la première des enquêtes chiffrées du groupe, fruit d'une réunion au Certà, et, comme dit Breton, elle réserve bien des surprises. Il s'agit de coter certaines personnalités de −25, l'*abomination,* à 20, l'*adhésion sans réserve,* 0 équivalant à l'indifférence.

> « *Baudelaire :* Aragon 17, Breton 18, Eluard 12, Soupault 12, Tzara −25
> *Hegel :* Aragon 10, Breton 15, Eluard 6, Tzara −25
> *Lénine :* Aragon 13, Breton 12, Eluard −25, Soupault −25, Tzara −2
> *Picasso :* Aragon 19, Breton 15, Eluard −2, Tzara 3
> *Rimbaud :* Aragon, Breton et Eluard 18, Tzara −1 »

L'isolement de Tzara, qui est contre tout, se fait très net. Voici la suite des appréciations d'Aragon — rappelons qu'il a eu vingt-trois ans six mois plus tôt :

> « Braque 10, Bach 19, Cézanne 9, Dostoïevski 15, Drieu la Rochelle 18, Ducasse 18, Gide 6, Ingres 15, Hugo 12, Paulhan 15, Nerval 10, Trotsky 10, Stendhal 15, Zola −19. »

Aragon a donné ses meilleures notes à Picasso, qu'il s'est enhardi à aller voir dans son appartement-atelier de la rue La Boétie et qui lui a donné un frontispice pour *Feu de joie,* à Bach et à... Breton : 19. Dans ce même numéro de mars 1921, Aragon publie son premier manifeste à contenu politique : *A bas le clair génie français !* Le titre est déjà tout un programme et la conclusion ne le dépare pas :

> « L'utile et l'agréable : la France et son cortège de roses pompons du goût. N'exagérons rien, cette vérole du monde n'atteint plus ses quarante millions d'habitants. »

Tout est là pour aviver la colère de ces jeunes gens qui ont fait la guerre. « Je me faisais foutre à la porte des Deux-Magots pour avoir eu la prétention d'y entrer sans veston en plein juillet 1922 », dira Aragon dans *Blanche ou l'oubli,* et il a pleinement raison d'ajouter : « L'Histoire est incompréhensible sans ces attendus-là. » Les surréalistes sont d'abord des jeunes gens en colère. Ceux qui ont le plus vif talent d'écrivain de leur génération, et, indissolublement, la plus profonde colère. Ils attirent ceux qui sont comme eux. Voici Benjamin Péret, né en 1899 à Rézé, près de Nantes, qu'on a forcé à s'engager en pleine guerre, encore adolescent, et qui garde de sa trop longue expérience des combats une violence toujours sur le qui-vive ; Jacques Rigaut, du même âge, proche de Vaché par un dandysme qui prône le suicide comme acte gratuit[1], et qui se suicidera d'une balle au cœur le 5 novembre 1929 ; Max Ernst, peintre — un des doyens, il est né en 1891 — qui a fait la guerre dans l'armée allemande ; démobilisé en 1919, il passe d'une peinture expressionniste à Dada qu'il fonde à Cologne où il prend des positions politiques extrémistes. Ami d'Arp, de Klee, il invente des collages qui transforment le langage cubiste en rencontres d'images, en associations visuelles, lesquelles influenceront grandement la poésie d'Eluard et de Breton. Le vernissage de son exposition à la librairie du Sans-Pareil sera comme on va le voir une provocation dada réussie.

La photo en rang d'oignons de la « visite » à Saint-Julien-le-Pauvre, le 14 avril, rend aussi mal compte qu'il est possible de cette sourde virulence. Elle fait maintenant époque, avec sa magnifique collection de mode masculine : feutres mous, cols durs, petites guêtres grises couvrant les chaussures et les bottines. Les monocles de Breton et de Tzara renforcent l'aspect « messieurs mûrs » de ces jeunes gens pourtant prêts à exploser.

Le tract d'appel disait ceci :

> « Les dadaïstes, de passage à Paris, voulant remédier à l'incompétence de guides et de cicerones suspects, ont décidé d'entreprendre une série de visites à des endroits choisis, en particulier à ceux qui n'ont vraiment pas de raison d'exister. — C'est à tort qu'on insiste sur le pittoresque (lycée Janson-de-Sailly), l'intérêt historique (Mont-Blanc) et la valeur sentimentale (la Morgue). — La partie n'est pas perdue mais il faut agir vite. — Prendre part à cette première visite, c'est se rendre compte du progrès humain, des destructions possibles et de la nécessité de poursuivre notre action que vous tiendrez à encourager par tous les moyens.
>
> Sous la conduite de... »

Suivaient les noms du groupe, étoffés de quelques autres. L'emplacement de Saint-Julien-le-Pauvre était, en 1921, pratiquement à l'abandon. Sous une pluie battante, Breton et Tzara se lancèrent, qui dans un discours agressif, qui dans une imprécation loufoque[2]. Mais la subversion tomba, au sens strict, à l'eau. Il nous reste là-dessus le témoignage d'un tout jeune homme, venu avec d'autres tout aussi jeunes, comme René Crevel et Roger Vitrac : Jacques Baron, Nantais d'origine lui aussi, qui était encore lycéen :

> « J'ai encore en mémoire la déclaration de Tzara : " Bois de la bière tu seras grand-père... Jette-toi dans la discussion comme un taureau dans un match de rugby... " A la sortie, je restai seul avec Vitrac... Alors que la maigre foule abandonnait, à la queue leu leu, cette sorte de terrain vague broussailleux et pauvre de verdure, accoté à la charmante petite église en ruine, Roger [Vitrac] s'approcha d'Aragon, se présenta (mais ils s'étaient

1. Cf. Jacques Rigaut, *Agence générale du suicide*, Éric Losfeld, Paris, 1969.

2. Aragon : *Pure et simple invention. J'ai été seul à prendre la parole sous la pluie et j'ai lu le* Petit Larousse *pendant dix minutes.*

occasionnellement rencontrés, me semble-t-il), me présenta. [...] “ Que pensez-vous de ça ? ”, demanda Aragon, porteur, au moment, d’une petite moustache, de la croix de guerre et d’une serviette en cuir. Roger dit que la manifestation était plutôt ratée. Je dis que c’était plutôt triste, que le public ne réagissait pas du tout... “ Oui, c’est assez démoralisant, dit Aragon — ou quelque chose comme — mais n’est-ce pas, Dada n’est pas particulièrement comique ni encourageant. Je trouve même que cette manifestation est assez encourageante dans le sens de la démoralisation... et c’est assez ce que nous voulons[1]... ” »

Je dois dire que c’est extraordinairement ressemblant, ne serait-ce que par cette capacité d’Aragon de transposer l’expérience vécue dans un autre ordre de choses assez cérébral, où les coordonnées imaginaires confèrent soudain à ce qui a eu lieu une utilité démonstrative, on ne sait quoi d’engageant qui fait oublier sa médiocrité trop palpable. De toute façon, c’était Dada qui en avait un coup dans l’aile, pas *Littérature.* Comme le déclarera Breton :

« Les plus sensibles, peut-être parce qu’un peu médecins, aux symptômes de ce vieillissement prématuré, étaient Aragon et moi. Non que l’activité Dada fût par nous récusée dans ses intentions générales, mais c’en était assez, sinon trop, de ces niaiseries soi-disant vertigineuses qui n’avaient même pas pour elles la fraîcheur[2]... »

L’exposition Max Ernst, le 2 mai 1921, mêle les mondanités du vernissage Picabia (André Gide était là, avec des jeunes gens comme René Clair, Marc Allégret, Marcel Herrand. Louis Vauxcelles aussi, de l’âge de Gide, jadis inventeur de la « Cage aux Fauves » et du mot « cubisme ») aux traits déjà « classiques » d’une manifestation dada. *Comœdia* raconte :

« Les *Dadas*, sans cravate et gantés de blanc, passaient et repassaient. André Breton croquait des allumettes, Georges Ribemont-Dessaignes criait à chaque instant : “ Il pleut sur un crâne ”, Aragon miaulait. Philippe Soupault jouait à cache-cache avec Tristan Tzara[3]... »

Le changement venait des œuvres elles-mêmes qui, contrairement à la rétrospective Picabia, appartenaient intimement à l’expérimentation du groupe *Littérature.* Il n’en fallait pas plus pour percevoir que cette exposition tendait vers l’art, vers la nouveauté en matière de création artistique.

La troisième manifestation allait être le « Procès Barrès ». *Littérature* explique que l’idée est née lors d’une discussion du groupe, mais il est

1. *L’An I du surréalisme,* Denoël, Paris, 1969, p. 46.

2. *Entretiens, op. cit.*, p. 71-72.

3. Cité par Michel Sanouillet, *op. cit.,* p. 250-251. Aragon conteste : *Rien de tout ça. J’étais dans un placard près de la porte et par un petit trou, je pouvais reconnaître les arrivants que j’injuriais en les nommant par leur nom. Je ne miaulais pas. Il n’y avait pas la place du cache-cache inventé par* Comœdia, *etc.*

clair, comme le dit Breton, que l'initiative ici ne vient pas de Dada. C'est Aragon et Breton qui ont un compte à régler :

> « Le problème soulevé, qui est en somme d'ordre éthique, peut sans doute intéresser plusieurs autres d'entre nous, pris individuellement, mais Dada, de par son parti pris d'indifférence déclaré, n'a rigoureusement rien à y voir. Le problème est de savoir dans quelle mesure peut être tenu pour coupable un homme que la volonté de puissance porte à se faire le champion des idées conformistes les plus contraires à celles de sa jeunesse. Questions subsidiaires : comment l'auteur d'*Un homme libre* a-t-il pu devenir le propagandiste de *L'Écho de Paris* ? S'il y a trahison, quel a pu en être l'enjeu ? Et quel recours contre elle[1] ? »

Il est remarquable de voir combien le problème de la responsabilité des écrivains a progressé au cours de ces quelques mois. Le « Procès Barrès » pose non seulement les questions qui seront au cœur du surréalisme, mais celles qui inspireront plus tard la conduite des écrivains de la Résistance et leur jugement sur ceux de la Collaboration. Il faut néanmoins convenir que cette thèse n'apparaît pas clairement dans le tract d'annonce que le jugement aurait lieu le vendredi 13 mai à la salle des Sociétés savantes. Ce tract est très Dada de style, sans doute par compromis avec Tzara. Mais l'acte d'accusation, en revanche, apparut fort précis :

> « Dada, estimant qu'il est temps pour lui de mettre au service de son esprit négateur un pouvoir exécutif et décidé avant tout à l'exercer contre ceux qui risquent d'empêcher sa dictature, prend dès aujourd'hui des mesures pour abattre leur résistance. »

Barrès avait quitté Paris. Breton, président des débats, se chargea de contraindre les témoins à prendre au sérieux l'accusation de « crime contre la sûreté de l'esprit ». Cependant que Tzara, dans un numéro fort réussi :

> « Vous conviendrez avec moi, M. le président, que nous ne sommes tous qu'une bande de salauds et que par conséquent les petites différences, salauds plus grands ou salauds plus petits, n'ont aucune importance »,

parvint à faire capoter l'entreprise — aux yeux du public, du moins —, dans le sens dada.

> « QUESTION DE LA DÉFENSE [Soupault]. — La défense, persuadée que le témoin envie le sort de l'accusé, demande si le témoin ose l'avouer.
> TZARA. — Le témoin dit merde à la défense. [...]
> QUESTION DU PRÉSIDENT BRETON. — Le témoin tient-il à passer pour un parfait imbécile ou cherche-t-il à se faire interner ?
> TZARA. — Oui, je cherche à me faire passer pour un parfait imbécile, mais je ne cherche pas à m'échapper de l'asile dans lequel je passe ma vie. »

1. Breton, *Entretiens, op. cit.*, p. 73.

On comprend que les journalistes aient retenu ce genre de dialogue, et la provocation qui consista à faire intervenir, à titre de témoin, le Soldat inconnu, incarné par Benjamin Péret, portant l'uniforme allemand, un masque à gaz et marchant au pas de l'oie — le dialogue, de surcroît, étant en allemand.

Littérature ne publia que l'acte d'accusation et les premières dépositions des témoins. La première série de la revue s'arrêta là, au mois d'août 1921 ; jamais la plaidoirie d'Aragon, non plus que celle de Soupault et le réquisitoire de Ribemont-Dessaignes, ne virent le jour[1].

Il ne s'est guère écoulé que trois ans entre le « Procès Barrès » et les récitations de Lautréamont au « 4e Fiévreux » du Val-de-Grâce, sous les premiers bombardements de Paris. Pour Breton, Aragon, Péret ou Soupault, le compte à régler avec Barrès est encore une affaire brûlante. Pour Tzara, ce n'est qu'une question abstraite, ou historique. Il ne connait que le Barrès à l'œil torve de l'après-guerre.

Picabia se servit du procès Barrès pour rompre avec Dada :

> « Maintenant Dada a un tribunal, des avocats, bientôt probablement des gendarmes et un Monsieur Deibler. [...] J'aurais aimé vivre autour du cirque de Néron, il m'est impossible de vivre autour d'une table du Certà, lieu des conspirations dadaïstes. [...] Mais, n'est-ce pas, quelques heures, cela m'avait amusé, *moi*, ayant la tête dans le vent, de les voir profiter tranquillement de leur opportunisme pour caresser aussi les *gens sérieux* et la *Nouvelle Revue française*[2]... »

Cette rupture était dans l'air depuis l'exposition de la fin 1920. Dada n'en parut pas autrement affecté. Il y eut le Salon Dada en juin, où Tzara donna toute sa mesure et où Breton bouda. Chacun y allait de son montage hétéroclite, voire de sa toile, mais les sentences du catalogue avaient beaucoup d'humour et de brillant. C'est là qu'on put lire *Impossible n'est pas Dada*, ou *Dada est le portemanteau du système nerveux*. La Soirée Dada du 10 juin fut dans la tradition. Elle s'acheva par une pièce de Tzara, *Le Cœur à gaz*. Aragon s'y livra à une parodie des évangélistes de choc, lisant avec de grands effets dramatiques un texte incohérent. Il devait y avoir une seconde soirée le 18, mais Jacques Hébertot, propriétaire des salles du Théâtre des Champs-Élysées où se tenait le Salon, fit fermer les grilles en représailles contre la tentative faite par Tzara, la veille, de saboter un concert « bruitiste » dans ses salles.

> « Cette décision représentait un coup très dur pour Dada, à la fois sur le plan matériel et sur le plan moral. L'acompte versé à Hébertot restait en effet acquis, et, le premier moment de colère passé, Tzara et ses amis comprirent que Dada ne pouvait se donner le ridicule de traduire son adversaire en justice[3]. »

1. Ces deux derniers textes ont été retrouvés sur épreuves et publiés par Michel Sanouillet, mais la plaidoirie d'Aragon semble bien perdue.
2. *L'Esprit nouveau,* juin 1921.
3. Michel Sanouillet, *op. cit.,* p. 284.

La « Grande Saison Dada » s'achevait sur un fiasco. Le même soir du 18 juin, on donnait la première des *Mariés de la tour Eiffel* de Jean Cocteau au Théâtre des Champs-Élysées. La bande des Dadas s'y défoula, rendit le spectacle inaudible. Cette manifestation de plus ne pouvait compenser l'accumulation des échecs.

2.

Comment Dada n'a pas sauvé le monde

Le surréalisme a été, pour ce qu'il eut de légitime, une tentative désespérée de dépasser la négation de Dada et de reconstruire, au-delà d'elle, une réalité nouvelle.

Pour un réalisme socialiste, *1935.*

Anicet est sorti en mars 1921. Publier un livre à la NRF, et ce livre-ci, n'arrangeait sûrement pas les affaires d'Aragon chez les Dadas.

> « J'appartenais à un groupe où il était de la morale du groupe de condamner le roman. Le fait pour moi d'écrire un roman représentait une initiative délibérée et assez dangereuse, à laquelle je m'adonnais si consciemment que, dans le titre même du livre, j'avais écrit non pas *Anicet ou le panorama,* mais *Anicet ou le panorama — roman,* pour le goût sans doute de l'allitération qu'il y a dedans, mais aussi pour souligner ma volonté de roman contre l'" opinion publique " qu'il y avait autour de moi[1]. »

On ne peut comprendre l'histoire de Dada et du surréalisme si l'on ne met pas ce fait en évidence : la création artistique ne joue pas le même rôle dans la vie de tous ces poètes. Il y a ceux chez qui elle surgit comme par éclairs, dans une vie autre. Et ceux chez qui tout est soumis à l'écriture, à ses exigences, et sur qui aucune « terreur » anti-art ne peut prévaloir parce que écrire est toute leur vie. Aragon, avec Eluard, incarne le mieux ce second type d'écrivain. Breton y appartenait par son instinct et son génie, mais s'y refusait en même temps. Et je crois que c'est là ce qui explique son étonnante connivence avec les réussites (et les incartades) *littéraires* de ses amis.

Il serait bien simpliste d'imaginer que Breton ne décelait pas le roman — et la contrebande romanesque — dans *Anicet,* le lyrisme dans les manifestes dada d'Aragon. Mais il choisissait d'y voir autre chose. Il n'y

1. *Entretiens avec Francis Crémieux,* Gallimard, 1963, p. 45. Voir note 1, p. 129.

avait pas pour lui de solution littéraire à la vie, mais il y avait une solution poétique au mot d'ordre de Marx : il faut transformer le monde. Nous sommes ici au cœur même du débat fondamental du surréalisme, qui deviendra le débat entre Aragon et Breton.

En ce printemps 1921, en dépit de la violence dada, les positions sont loin d'être aussi tranchées. *Anicet* a une « presse » assez remarquable, sans que personne, semble-t-il, ait crié à la récupération artistique par les institutions. Drieu, entre autres, écrit dans la *NRF :*

> « Louis Aragon ne commence pas, il finit. Cela est conforme à la nature d'une œuvre dite “ de jeunesse ”. Aragon finit, Aragon liquide. Et cela encore est conforme à la destruction du mouvement Dada, entreprise de liquidation des formes littéraires du XIXe siècle, vente à l'encan des métaphores, des formules. [...] Attention au prochain Aragon... »

L'article est de juillet 1921. Drieu est un ami et un complice qui écrit dans *Littérature.* Il prend certaines précautions vis-à-vis de Dada. Mais Georges Le Cardonnel, dans *La Revue universelle,* n'a pas de tels problèmes :

> « Le jeune poète Anicet fait table rase de tout comme Descartes, mais au lieu de s'écrier : “ Je pense, donc je suis ”, il semble bien qu'il se contente de dire : “ J'écris, donc je suis ”[1]. »

L'été, comme les autres années, amena une nouvelle dislocation du groupe Dada. Breton, qui va se marier avec Simone Kahn, la fille d'un importateur strasbourgeois, part pour le Tyrol avec Tzara, Max Ernst, Hans Arp. Aragon est toujours externe et dépendant financièrement de sa famille. Il part pour l'Angleterre chez sa tante Madeleine qui, veuve de guerre, s'y est remariée. On peut imaginer ce que la séparation d'avec ses amis lui coûtait, d'autant que le groupe allait continuer de fonctionner sans lui. Jacques Baron l'a dépeint, joignant des souvenirs un peu postérieurs, mais le portrait est aigu, diablement précis :

> « Le voilà. Il a déjà lu les journaux, en marchant de chez lui au café. Il est au courant de la prochaine crise ministérielle, il a dégoté une anecdote bien parisienne qui le fait rire, il en sait plus sur l'affaire Landru que l'assassin lui-même. [...]
> Bon. Maintenant, si nous allions visiter l'exposition Courbet ? A moins que ce ne soit une exposition Ingres. [...] Aragon m'explique comment Courbet se servait d'un peigne ou d'un clou pour gratter la peinture fraîche afin de donner aux feuillages des branches de ses sous-bois plus de transparence et de mobilité. Max Ernst, aujourd'hui, se sert d'un procédé semblable, mais dans une autre perspective : faire apparaître des formes inédites au-delà de la couche de peinture étalée sur la toile. Les trucs de l'art sont de tous les temps. Le fameux gris de Watteau est fait d'un ramassis de plusieurs

1. Cité par Michel Sanouillet, *op. cit.,* p. 315.

couleurs au fond d'un pot qu'il ne nettoyait jamais, dans lequel trempaient des pinceaux sales. Exprès ou pas exprès. Peu importe. Trucs, idées, couleurs, formes. L'invention est au prix du hasard. Le bien faire d'aujourd'hui est le mal faire d'hier[1]... »

Un autre témoignage contemporain, celui de Matthew Josephson, nous renseigne plus précisément sur l'idée qu'Aragon se faisait alors de Dada et de ses buts. Adoptant pour cet Américain un ton pédagogique, Aragon insiste sur le fait que la plus grande partie de sa génération a été tuée ou mutilée à la guerre, que ceux qui survivent n'ont pas tant le sentiment d'appartenir à une génération « perdue » que la conscience de devoir conduire une révolte générale contre une civilisation capable de produire une telle orgie de destructions. Et Aragon d'expliquer que, bien avant Dada, la France a possédé une littérature de destruction de la littérature. Il la fait remonter à Stendhal, évoque Rimbaud, Jarry, puis Apollinaire :

> « Ma conversation avec Aragon eut lieu dans un des bureaux des docteurs d'un vieil hôpital, près de la porte de Vincennes[2], où Aragon terminait ses études. Il s'était arrangé pour n'être pas dérangé, car il me parla — ou plutôt discourut — pendant quelque chose comme quatre heures. [...] Je ne m'attendais pas à trouver en Aragon un homme d'une éloquence extraordinaire, qui prenait feu et flamme en parlant, et ce qu'il disait semblait sorti de Chateaubriand (Aragon n'approuverait pas cette comparaison, mais il n'avait alors que vingt-quatre ans). Sa tête était celle d'un Romain de l'antiquité, car il est d'origine provençale. Soudain, tandis qu'il parlait et s'échauffait, pour mieux marquer ses propos, il prenait des attitudes oratoires, rejetant sa tête en arrière, levant son nez et son menton avec défi. Il était habillé de façon plutôt sobre, en noir ou bleu marine, mais il y avait dans son apparence des touches de dandysme, comme son nœud papillon noir[3]... »

Aragon exprima alors à Josephson sa résolution d'abandonner la littérature. Leur littérature devait être action, subversion des esprits à l'aide du rire et du ridicule, pour engendrer un dégoût unanime. Josephson lui faisant part de ses regrets, Aragon lui répondit cependant : « Nous écrivons encore un peu. C'est un moyen de détecter des gens, d'attirer des hommes comme vous-même... »

> « Dans nos promenades à travers Paris, Aragon manifestait assez d'énergie nerveuse pour me faire marcher de Montparnasse à Montmartre et retour en une nuit, tandis qu'il me racontait à la chaîne des histoires fabuleuses. Il s'agissait souvent de chapitres de ses romans futurs qu'il improvisait et racontait exactement comme il devait plus tard les écrire. Il semblait aussi

1. *L'An I du surréalisme, op. cit.*, p. 50.
2. Correction d'Aragon : *Erreur, à Broussais.* Il est très monté contre les souvenirs de Josephson.
3. *Life among the Surrealists, op. cit.*, p. 110, 115.

connaître chaque maison, chaque pierre de Paris. [...] Il paraissait ne jamais avoir besoin de dormir. " Je cherche toujours la fatigue ", disait-il[1]. »

Le groupe ne se reforme que très tardivement. Breton est passé par Vienne en octobre. Il y a rencontré le professeur Freud, dont il tracera un portrait désinvolte et décevant dans la nouvelle série de *Littérature,* en mars 1922. Ce n'est guère que le 12 novembre que le groupe Dada se retrouve entier à Paris. Aragon a dû beaucoup souffrir de cette séparation prolongée d'avec ses amis, et l'on peut penser qu'elle a pesé dans sa prochaine décision d'abandonner la médecine. Au Tyrol avait été mis au point et publié *Dada au grand air,* qui officialisait la brouille avec Picabia. C'est peut-être cette publication qui a incité Aragon, dans son *Projet d'histoire littéraire contemporaine* écrit au printemps suivant, à dater la fin de Dada d'octobre 1921.

Il y a en effet changement d'activité du groupe en cette rentrée tardive de 1921. Ce changement est lié d'abord à l'arrivée de Man Ray durant l'été, entre autres jeunes Américains venus respirer en Europe, tels Hemingway ou Josephson. Man Ray est né en 1890. Il connaît Duchamp et Picabia depuis 1913. Il détourne les assemblages cubistes de leur sens pictural et depuis 1917 s'est mis à créer des objets impossibles, comme le *Cadeau,* fer à repasser dont la semelle porte en son milieu une rangée de semences de tapissiers. Par lui, Dada découvre le développement autonome, outre-Atlantique, des conceptions parisiennes qui étaient à son origine. Aussi le groupe s'employa-t-il à organiser une exposition Man Ray. Elle eut lieu à la librairie Six que Soupault venait d'acheter à sa femme.

Cette fois, l'importance accordée aux œuvres est le fait saillant. Au vernissage, elles sont cachées par des grappes de ballons pour enfants. Les Dadas les dévoilent en crevant les ballons avec leurs cigarettes embrasées. Le prière d'insérer insistait d'ailleurs sur la créativité de Dada :

« Nous lisons un peu partout dans les revues, dans les journaux, que Dada est mort depuis longtemps. La hâte avec laquelle on enterre ce personnage prouve d'une manière définitive et amusante combien Dada était gênant et encombrant. Il n'était plus possible de mener tranquillement sa bonne petite vie de littérateur, de peintre ou de musicien. De sinécure qu'il était, l'art, grâce à Dada, était devenu un enfer. Les interrogations, les subtilités, les criailleries de cet enfant terrible inquiétaient tous les artistes probes et consciencieux. Il faut cependant savoir si Dada est réellement et définitivement mort ou s'il a simplement changé de tactique. »

Suivait une impressionnante liste d'expositions (imaginaires) organisées par les dadaïstes à Paris, en Espagne, à Londres, en Allemagne, en Italie, en Yougoslavie, en Suède, aux États-Unis, qui permettait de conclure que « Dada s'étend maintenant dans le monde entier et avec une intensité

1. *Ibid.,* p. 116-117.

qu'il n'a jamais eue auparavant ». Cette insistance sur les réalisations, et, avec Man Ray, sur la subversion par l'art, montre bien qu'une ligne nouvelle se dégage, qui dépasse l'alternative : abandonner ou ne pas abandonner la littérature, et vise à une intégration de la littérature (de l'art) à la subversion. Breton peut à bon droit dire quelques mois plus tard :

> « J'estime que le Cubisme, le Futurisme et Dada ne sont pas, à tout prendre, trois mouvements distincts, et que tous trois participent d'un mouvement plus général dont nous ne connaissons encore précisément ni le sens, ni l'amplitude [1]. »

C'est dans cet état d'esprit qu'il lance, au début de janvier 1922, l'idée du Congrès pour la détermination des directives et la défense de l'esprit moderne, dit plus brièvement Congrès de Paris. Le comité directeur comprend quatre responsables de revues : Breton, Ozenfant pour *L'Esprit nouveau*, Paulhan pour la *NRF*, Vitrac pour *Aventure* qui vient de se créer. Il s'y joint deux peintres, Delaunay et Léger, et un musicien, Auric. On imagine l'hostilité de Tzara à ce qui doit constituer, à ses yeux, l'entrée de Dada dans le système, ou du moins son institutionnalisation. Le reste relève de la petite histoire et n'est symptomatique que des brouilles et querelles de toute avant-garde. Breton s'en étant pris au sectarisme, à l'étroitesse d'esprit de la tradition originelle de Dada, commet l'imprudence de pester contre « le promoteur d'un mouvement venu de Zurich ». Le voici accusé de xénophobie et contraint de se rétracter. Mais c'est la fin du Congrès de Paris. La dislocation effective de Dada. Breton la signifie le 2 mars, par un article dans *Comœdia* : *Après Dada*.

L'expérience ne peut que le convaincre de la nécessité d'un mouvement autonome, organisé autour des idées de *Littérature*, un mouvement capable d'agir indépendamment des autres, car l'échec du Congrès de Paris a été aussi révélateur de ses divergences avec Ozenfant et Paulhan. Il est d'ailleurs probable que Breton était déjà parvenu à de telles conclusions avant cet échec proprement dit, puisque la publication d'une nouvelle série de *Littérature* voit le jour à la mi-mars 1922, avec un nouveau numéro 1 où collaborent cependant Tzara et Ribemont-Dessaignes, le nom du premier disparaissant avec le numéro 2, en avril.

Aragon a été, dans cette affaire, le plus fidèle soutien de Breton. Ils sont en tout très proches l'un de l'autre, cet hiver-là. C'est le moment, je l'ai dit, où Aragon prend la décision d'abandonner la médecine. Lors du concours d'internat, à la fin de l'année, il s'est *défilé*,

> « pour la simple raison que la question d'écrit posée ce jour-là, *je la savais trop bien.* Dans la vieille École de Médecine, quand la question a été

1. *Caractères de l'évolution moderne et ce qui en participe,* conférence à Barcelone, 17 novembre 1922.

annoncée, je me suis dit : je suis fichu. J'avais bien pu commencer ma médecine pour faire plaisir à ma mère, croyant ne jamais revenir de la guerre, mais voilà, j'en étais revenu et ne savais plus trop comment m'en tirer[1] ».

Un matin — sans doute de janvier 1922 —, Aragon a manqué le tramway qui passait au bout de la rue Saint-Pierre. Il le connaissait depuis son adolescence, puisqu'il le prenait pour se rendre au lycée Carnot. Ce matin-là, il l'entendit venir avec son bruit de ferraille, puis soudain, m'a-t-il raconté, il n'a pas eu envie de se dépêcher pour l'attraper. Au contraire, il a ralenti le pas. Et quand il l'a entendu repartir sans lui, il a su qu'il ne retournerait plus à l'hôpital Broussais, que c'en était fini de la médecine.

« Aragon, raconte Matthew Josephson, arriva un matin de janvier 1922 dans notre studio où il faisait frisquet. Il était porteur de grandes nouvelles. Il avait pris la décision d'en finir avec sa carrière médicale. [...] Cette décision avait rendu sa mère et sa sœur aînée [c'est-à-dire sa grand-mère et sa mère] folles d'anxiété, tandis que son tuteur s'était juré de lui couper les fonds[2]. Maintenant, il lui fallait vraiment vivre d'expédients. Il était parfaitement calme devant cette crise. [...] Le même soir, il revint, agitant un billet de mille francs. " Nous allons célébrer la fin de ma carrière médicale ", annonça-t-il [...]. Il y eut bientôt tant de monde qu'Aragon prit un second taxi et ordonna aux deux voitures de se livrer à une course, comme au cinéma, à travers Paris, les occupants se penchant hors des portières et hurlant comme des Peaux-Rouges. Nous allâmes au Zelli's, un nouvel endroit près de la place Blanche où l'on faisait du jazz toute la nuit. [...] Nos jeunes compagnons s'engagèrent bientôt dans une compétition pour savoir qui pourrait réciter les plus longs passages des poèmes de Hugo. Aragon, dont la mémoire était stupéfiante, gagna aisément[3]... »

Ce témoignage est intéressant à double titre. Il jette une lumière assez inattendue sur les rapports familiaux d'Aragon à cette époque, tels que pouvait les voir un tiers. Ces rapports sont toujours les rapports « respectables » inventés lors de son enfance. Il passe toujours pour le fils de sa grand-mère et pour le frère de sa mère. Mais ce texte montre aussi que les expéditions de style dada n'ont nullement été affectées par la dislocation de l'alliance entre *Littérature* et Tzara. Le surréalisme est une transformation intellectuelle de Dada, mais n'implique nul assagissement, au contraire.

1. *Aragon parle, op. cit.*, p. 13.
2. Aragon proteste à nouveau : *Simple imagination. Ledit tuteur ne m'ayant jamais donné un sou. Il est vrai que l'histoire de la soirée est une invention de Mat. Josephson (les récitations d'Hugo compris).* Sur toutes les questions d'argent les protestations d'Aragon semblent peu fiables. Si son père ne lui donnait pas directement d'argent, ce qui paraît peu probable, Aragon vivait sur l'argent reçu par sa mère (voir note 1, p. 150).
3. *Life among the Surrealists, op. cit.*, p. 126-127.

« Le Zelli's, dit Jacques Baron, n'était pas un endroit particulièrement remarquable. C'était une boîte de nuit, comme il y en avait d'autres à Montmartre ou à Montparnasse, au goût du jour, c'est-à-dire que le patron qui baragouinait à peine le français accueillait le client avec les bons mots des bas-fonds d'Amérique et une jovialité italo-yankee. Sans doute écœuré par les misères de la prohibition new-yorkaise, Joe Zelli était venu faire son beurre à Montmartre et il le faisait. [...] Il devait bien y avoir quelque petit commerce de drogue dans les lavabos, et, naturellement, l'inévitable prostitution. Il n'y eut pas de révélation au Zelli's. J'entends qu'il n'y fut pas lancé de vedettes internationales. Cependant, les numéros étaient bien choisis selon l'air du temps et un petit peu en avant de la mode. Le Zelli's n'était pas un lieu où souffle l'esprit, mais il se trouvait sur notre chemin quand nous sortions, le soir, d'une réunion chez André Breton... »

André Breton vit de façon rangée. Il n'aime pas ces virées du soir et reste chez lui, avec sa femme Simone, dans son appartement-atelier du 42, rue Fontaine. Aragon, au contraire, est un noctambule impénitent. Sans doute parce qu'il lui en coûte de rentrer dans l'appartement familial de Neuilly, mais aussi, tout simplement, parce qu'il aime marcher la nuit. De surcroît, le voici lancé par la force des choses dans une vie de bohème, sans ressources fixes. Certes, Breton s'emploie à le faire entrer avec lui chez Doucet. Ce n'est pas si commode. Madame de Noailles a expliqué à Doucet que les dadaïstes étaient des gens épouvantables. Aragon doit s'occuper de la bibliothèque. Cela nous vaut, de sa part, ce *Projet d'histoire littéraire contemporaine*, en février 1922, qui est quelque chose comme un examen d'entrée. La bibliothèque de Jacques Doucet n'est à l'époque qu'une pièce à peu près vide dans un pavillon proche de la place Dauphine. Les projets d'Aragon, qui comportent des achats systématiques de livres rares, retiennent l'attention de Camille Bloch, libraire de la rue Saint-Honoré. Il conseille à Jacques Doucet de prendre comme conseiller ce jeune homme qui a tout lu. C'est à peu près au même moment que Breton, avec l'aide d'Aragon, tente de convaincre le couturier d'acheter *Les Demoiselles d'Avignon* de Picasso. C'est aussi celui où les deux jeunes gens fréquentent (comme Tristan Tzara et Jean Paulhan) les ventes séquestres de la galerie de Daniel-Henri Kahnweiler, où l'on brade les trésors accumulés de la peinture moderne : Picasso, Braque, Gris, Derain, Léger, Vlaminck[1].

Tout cela, peu à peu, forge une attitude nouvelle. Aragon, rompant avec la médecine, se trouve placé dans de nouveaux rapports sociaux. C'en est fini de la vie d'étudiant, de sa relative irresponsabilité. Depuis son retour des armées, il a espacé les relations avec son père. A présent, il les interrompt :

1. Aragon achète le *Grand Nu* de Braque de 1908, pour 240 francs, soit 1 200 de nos francs le prix du cadre, à la 3e vente Kahnweiler du 4 juillet 1922. Voir p. 276.

« C'était pour des raisons nouvelles, j'avais compris un certain nombre de choses, je jugeais aussi *politiquement* cet homme, et puis, je n'avais pas le goût, chaque fois, de me justifier devant lui de ma vie, par exemple de ma participation au Mouvement Dada [1]. »

En fait, cette rupture survient *après* Dada. Et quand on regarde les choses de près, on se rend compte qu'en cette année 1921 Aragon d'autre part a écrit *Les Aventures de Télémaque*, sans doute deux ou trois nouvelles du *Libertinage*, divers poèmes du *Mouvement perpétuel*. Le surréalisme, pour lui, n'est pas la rupture avec *sa* période dada. C'est Dada libéré de sa négation de l'art. Plus tard, dans *Pour un réalisme socialiste*, Aragon parlera d'une « tentative désespérée de dépasser la négation de Dada ». Rien ne témoigne sur le moment même de ce désespoir. Au contraire. Aragon se sent mieux en accord avec lui-même, avec son profond besoin d'écriture romanesque. Là-dessus, il n'est pas davantage en accord avec ses amis surréalistes. Simplement, il n'a plus désormais à se justifier d'écrire. Il lui faudra seulement faire accroire qu'il n'écrit pas des romans. Mais il enfreindra aussi cette interdiction partielle, comme la précédente qui se voulait absolue.

1. *Henri Matisse, roman, op. cit.*, II, p. 215.

3.

Le temps des livres dada

Le système Dd vous fait libre : brisez tout, visages camards. Vous êtes les maîtres de tout ce que vous casserez. On a fait des lois, des morales, des esthétiques pour vous donner le respect des choses fragiles. Ce qui est fragile est à casser. Éprouvez votre force une fois ; après cela, je vous défie bien de ne pas continuer. Ce que vous ne pourrez pas casser vous cassera, sera votre maître.

Les Aventures de Télémaque.

C'est au moment où Aragon en a fini avec les « blocages » dada, pendant cette incertaine année 1922 où les 500 francs mensuels[1] de Doucet ne lui permettent pas de vivre, et alors que s'élabore difficilement ce qui va devenir surréalisme et en porter le nom, qu'il produit les plus dada de toutes ses œuvres : *Les Aventures de Télémaque*, publiées à la fin 1922, mais pratiquement achevées au début de l'année, la plus grande partie du *Libertinage* et du *Mouvement perpétuel* qui ne seront publiés qu'en 1924 et 1926, ce qui brouille quelque peu les cartes.

> « A Sarrebruck [en 1919, donc] j'avais commencé à écrire *Les Aventures de Télémaque...* qui ne devait pas du tout être ce que c'est devenu, mais se passer là, dans le *Saargebiet*, avec un jeune militaire qui me ressemblait comme une *Nuit de décembre* et qui s'appelait Télémaque... et puis mes amis d'alors estimèrent que ça manquait de dignité, alors j'ai fait un Télémaque à l'antique, croisement de Fénelon et de Dada [...]. Toujours est-il qu'à mon retour d'*occupation*, moi aussi, le conte comme genre littéraire, et cela sans doute si j'ose dire à *rebrousse-Dada*, m'avait brusquement *occupé*[2]. »

1. Aragon proteste : *500 francs mensuels ! Si seulement... Je recevais 100 francs par mois. J'avais perdu les 80 francs de l'externat.* — Ou c'est Breton qui se trompe ou c'est lui. Rappelons que le franc de 1922 valait en pouvoir d'achat environ 5 de nos francs.
2. *J'abats mon jeu,* Les Éditeurs français réunis, Paris, 1959, p. 120-121.

La contrebande — qui est parfois dirigée contre ses propres amis dès lors que ceux-ci font office de censeurs — n'est en effet qu'une modification de la création littéraire, l'intervention d'un codage destiné à rendre le message apparemment conforme, ou du moins inoffensif. Ici, c'est le recours à l'enfance qui sert de trompe-censure. Un peu à la façon de *Quelle âme divine !* sauf qu'il s'agit d'un texte pour adultes, mais qui se masque sous un pastiche destructeur de Fénelon, et Aragon peut toujours dire qu'il a appris à lire dans *Télémaque*[1] et qu'il règle là un vieux compte. De fait, voici cassé en mille morceaux le monde rassurant de Mentor. Tout ce qui est pastorale paisible dans l'original devient fantastique moderne :

> « Des forêts pénétraient en coin dans des villes impossibles, tandis que leurs chevelures se perdaient dans les nuages ; le sol se fendait par-ci par-là, au niveau de mines précieuses d'où jaillissait la lumière du paysage ; le grand air disloquait les montagnes et des nappes de feu dansaient sur les hauteurs... »

Cette dévastation du monde stable, figé depuis l'antique, nécessaire au roman d'éducation, est portée à son comble. Mentor devient un précepteur dada, Télémaque un disciple réfractaire à Dada, plus dada en somme que l'enseignement dada. Tous deux sont des naufragés absolus dans un univers où temps, espace, langage ont volé en éclats. La négation dada épouse soudain une relativité ensteinienne, généralisée à la culture tout entière.

Le pastiche se désarticule lorsque pointe un système de collages qui introduit dans le texte, entre autres, un fragment de Kant à titre ironique et des manifestes dada à titre sérieux. La pudibonderie fénelonienne cède la place à l'érotisme. Mentor est un chaud lapin. Télémaque se fait déniaiser par la nymphe Eucharis, laquelle partage ensuite son amant avec Calypso, dans le même lit :

> « Elles s'y rencontrèrent souvent sans humeur et même, lorsque Télémaque réclamait quelque répit, elles ne dédaignaient point de se rendre des services mutuels, auxquels elles prirent si bien goût que, progressivement, elles arrivèrent à se passer du fils d'Ulysse et qu'elles lui intimèrent un beau jour l'ordre de ne plus les importuner. »

Triomphe de Mentor qui l'avait bien dit ! Mais Télémaque refuse la mémoire, l'hérédité, « cet autre remords de la matière ». Il jette à la mer le fils qu'il a eu de la nymphe Eucharis, lequel « alla s'abattre hors de la vue pour ne pas salir le paysage ». Et, provoqué par Mentor à prouver sa liberté, il va se précipiter du haut d'un rocher. Chez Fénelon, c'est Mentor qui agit de la sorte pour protéger la vertu de Télémaque contre les charmes de Calypso. Chez Aragon, Mentor clame que la mort de Télémaque,

1. *Ibid.*, p. 70.

> « déterminée par les sarcasmes et la pesanteur, est la négative de ce hasard même qu'il voulut consacrer au prix de sa vie. Avec Télémaque, le hasard a péri. Voici le règne de la sagesse »...

A ce moment même, un rocher branlant tombe et écrase Mentor, et, du même coup,

> « la déesse Minerve qui, par jeu, avait pris la forme d'un vieillard et dut à cette fantaisie de perdre à la fois son existence humaine et son existence divine. Des oiseaux ricaneurs passèrent au-dessus des cadavres en sifflant des airs à danser. Les vents se levèrent de joie et se peignèrent aux dents des montagnes. Les forêts enfin délivrées se coulèrent jusqu'aux demeures des hommes et les mangèrent. Les pierres éclatèrent. Les plantes volèrent nonchalamment comme si elles n'avaient fait que cela toute leur vie. Les volcans réveillés se regardèrent par-dessus les océans, s'avancèrent les uns vers les autres et s'unirent en des amours de lave sous les baisers des cratères bienfaisants comme la pluie. Les eaux ne furent plus réunies et cohérentes mais dissipées par l'univers. Le ciel, étoffe délire, se déchira pour montrer l'indécente nudité des planètes ».

Le hasard n'est point aboli. La sagesse dada et la sagesse humaine sont mortelles. Dada est mort, et le monde délivré n'est que joie, amour. « Sur ses chevaux de tendresse, le Seigneur Dieu éclata de rire comme un fou. »

Point final. On est donc loin de compte en ne retenant du dadaïsme d'Aragon que ses manifestes ou ses participations publiques. La prose subtile, aérienne, insolite, de *Télémaque* est aussi dada que les non-sens et associations loufoques du dadaïsme officiel ; en outre, ici, le roman ou le conte, comme on voudra, produit un double traitement dada de Dada. Par la désobéissance que traduit l'existence même du roman, par le sens du roman ensuite, qui pousse l'esprit liquidateur de Dada jusqu'à la liquidation de Dada. C'est donc une belle leçon de dadaïsme. Et qui n'a rien perdu de son mordant, Dada mort et enterré depuis un demi-siècle...

Le Libertinage ne compte pour l'année 1923 que par le dernier de ses textes, *Une femme française.* Également par les dernières parties de sa longue préface, dont Aragon dira qu'elle était là

> « pour me faire pardonner la part de l'imagination romanesque, c'était une grande précaution oratoire à l'usage de mes amis ».

Aragon a commis une série d'erreurs de mémoire dans son *Avant-lire* des *Œuvres croisées.* Les nouvelles *Les Paramètres* et *L'Extra* n'ont pu être écrites durant l'automne 1922, puisqu'elles furent publiées en février et en juillet de cette année dans la *NRF.* C'est pendant l'été de 1922 — et non en 1923 — qu'Aragon partit passer ses vacances au Tyrol avec sa grand-mère et sa mère. Paul Eluard, sa femme Gala, Max Ernst et les siens se trouvaient à Tarrenz. Tzara et Arp les y rejoignirent en juillet. Ce fut alors que la liaison de Gala et de Max Ernst devint publique en un ménage à trois avec Eluard. Tzara n'appréciait pas que Gala en fît « un drame à la Dostoïevski » avec orages et crises de nerfs sur son impossibilité de choisir entre son amant et son mari. Aragon n'était pas avec eux, mais en famille. Un jour d'août, il rencontra dans une gare Matthew Josephson qui, lui aussi, avait passé ses vacances au Tyrol et s'apprêtait à partir pour Berlin, où il devait transférer les locaux de la revue américaine d'avant-garde *Broom* (le Balai), jusque-là à Rome. L'avènement du pouvoir fasciste de Mussolini avait provoqué ce déménagement, tandis que les bas prix dus à l'inflation allemande recommandaient le choix de Berlin. Aragon avait promis à Josephson d'aller l'y voir. Il y débarqua un beau jour, fatigué, dit Josephson, de la compagnie familiale. Fuyant en fait, comme nous le verrons, un amour qu'il jugeait impossible.

> « L'été au Tyrol, écrit Aragon, on vivait pour rien avec le prix de la couronne. Il y naquit *Au pied du mur* [une pièce de théâtre du *Libertinage*], au temps des étoiles filantes. De là je gagnai Berlin, toujours suivant la ligne de moindre résistance des monnaies (cinquante francs me suffirent pour aller de la frontière italienne à Charlottenburg, mais j'y serais resté sur le pavé s'il n'y avait pas eu la revue américaine *Broom*...). »

Berlin portait alors tous les stigmates de la guerre, des batailles insurrectionnelles et de l'inflation. Ses immeubles n'étaient plus entretenus. Ses rues fourmillaient de prostituées occasionnelles, d'homosexuels, de mutilés. Il était difficile, sinon impossible, d'y trouver un hôtel qui ne fût pas une maison de passe... Dans le numéro de *Littérature* de novembre 1922, Aragon publie *Le Dernier Été*, une chronique datée de Berlin, fin septembre :

> « ... Pendant ce temps, Berlin-5 minutes d'arrêt devient la ville la plus moderne d'Europe : les quartiers bourgeonnent au milieu des champs de pommes de terre (Terre !) et les trains tout à coup dédaignant viaducs, tunnels, descendent familièrement sur le pavé des rues. La réclame, voilà la grande affaire : un faux Arp vante les liqueurs Rückforth, un faux Picabia quelque céramiste décorateur. *Berlin s'étonne*, il s'agit du Circus Busch. Ou encore *Érotique* ! cette fois pour un combat de boxe entre femmes au Frou-Frou... »

Voilà qui annonce comme je l'ai dit la première partie du *Paysan de Paris*. La suite le confirme et révèle le regard du reporter :

> « Enseignes lumineuses de Potsdamer Platz, d'ici quelques jours le téléphone sans fil dans la ville, luxe des quartiers de l'ouest où voisinent millionnaires et putains, on n'a pas idée de ça dans notre village. Je recommande aux voyageurs une visite au Passage, avec son Panoptikum où l'on peut considérer toutes les races de femmes, nues, et le ventre ouvert pour montrer les infinies variations des organes dans leur cavité naturelle. [...] Je recommande aux voyageurs, voyons, l'expressionnisme et le cubisme appliqués aux bars et music-halls (Scala, Lütherstrasse) au mépris du joli petit goût cuicuicui de nos *artistes*. [...] A l'époque où un physicien

démontre l'existence d'une étoile, il est donné à des poètes de découvrir des domaines interdits à la poésie...

QUE S'EST-IL PASSÉ CET ÉTÉ PASSÉ CET ÉTÉ ÉTÉ »

Si la discussion sur les dates du *Libertinage* et de ce voyage à Berlin revêt quelque importance, c'est d'abord parce qu'il s'est effectivement passé quelque chose en cet été 1922, et que cette ligne en capitale est un message crypté, peut-être sans destinataire, qui va prendre toutefois une dimension considérable dans la vie sentimentale d'Aragon ou du moins dans ce qu'il en écrira et chantera. C'est ensuite, comme nous le verrons au chapitre suivant, la preuve qu'en cet automne 1922 Aragon est non seulement loin du groupe, mais des expériences capitales qui s'y déroulent. C'est enfin qu'il y commet déjà en 1922 le crime de roman qu'il n'avouera que pour 1923. *Le Dernier Été*, bien mieux que *Les Plaisirs de la capitale*, qui sera d'abord édité à Berlin, annonce, comme je l'ai dit, la première partie du *Paysan de Paris*. Mais cela aggrave le cas d'Aragon vis-à-vis de ses amis, dont il dira dans *Blanche ou l'oubli* en 1967 qu'à leurs yeux « le roman passait pour une forme de l'ambition littéraire, d'un certain arrivisme ». Voici ce qu'il écrit de cette affaire en 1964 :

« Pourtant si, dans cette période qui va de l'éclatement de Dada à la formation du groupe surréaliste, mes amis m'eussent proprement chassé, prétendant récidiver dans la voie du roman, ils eurent encore cette indulgence à mon égard de tolérer que j'écrivisse de petites histoires, contes, nouvelles, scènes dialoguées que je recueillis en 1923 sous ce titre équivoque, *Le Libertinage*, que je n'ai jamais entendu qu'au sens de ces *libertins* du XVIIe siècle, c'est-à-dire les libres-penseurs dont Théophile de Viau est l'image [1]. »

En fait, Breton, dans sa conférence à l'Ateneo de Barcelone, le 17 novembre 1922, donne son aval à cette tentative et d'une façon qui mérite réflexion :

« Aragon, qui échappe plus aisément que quiconque au petit désastre quotidien, Eluard, qui à force de s'en inspirer nous le fait prendre pour sa propre revanche, ont barre sur l'avenir et engagent la partie des deux côtés à la fois. Les contes d'Aragon d'une part, ses terribles historiettes, il était temps qu'on nous mît sous les yeux ces films où tout se passe si mal ; d'autre part, les poèmes d'Eluard, ponctués de nuits d'amour et qui sont comme l'écrin de notre secret, voilà encore une raison de vivre, c'est-à-dire à la fois de quoi nous faire prendre patience et de quoi nous impatienter. »

L'intention de Breton est précisément de montrer ce qui existe après Dada, au-delà de Dada, aussi bien en poésie qu'en prose, l'interdit ne frappant à proprement parler que le roman, le romanesque et non

1. *Avant-lire, op. cit.*, p. 24.

l'imaginaire. Au demeurant, un des premiers textes du *Libertinage, Madame à sa tour monte,* non seulement lui est dédié, mais, écrit Aragon,

> « il y eut à un moment entre nous une sorte de projet de roman écrit à deux dont ce qui devint un conte devait être le second chapitre, le premier laissé à Breton. Rien d'autre n'en fut jamais écrit [1] ».

Si les dates du *Libertinage* ont fait croire à certains commentateurs qu'il s'agissait d'écriture automatique, la part de celle-ci y est beaucoup plus faible que dans *Télémaque.* Tout y est très rigoureusement agencé et construit, qu'il s'agisse d'une confession comme celle de Clément Grindor dans *Lorsque tout est fini*, d'un montage de faits comme *Les Paramètres*, de nouvelles classiques comme *La Demoiselle aux principes* et de ce roman par lettres qu'est *La Femme française.* Seules les deux pièces : *L'Armoire à glace un beau soir* et *Au pied du mur*, font vraiment sa place à l'écriture automatique. Ce qui a disparu, par rapport à *Anicet,* c'est le romantisme. Dans la confession de Clément Grindor, l'anarchisme de la bande à Bonnot est écrasé sous une apologie de la trahison qu'on feindra de prendre souvent pour un aveu d'Aragon. C'est un apologue sur l'anti-héros fait malgré lui héros, ou de l'anarchie prise au piège de son succès. Le roman tout court y perce, avant de régner dans *La Femme française*, qui date de 1923.

> « Ici, dit Aragon, la phrase nue atteint sa dernière limite : le plombier est venu réparer l'évier de la cuisine. A la ligne. La phrase immoralement nue, la négation de l'image. [...] J'étais animé de deux désirs inverses et violemment égaux (je parle ici de ces conversations que l'on a avec soi-même) : d'une part, l'esprit de contradiction me poussait à tenir tête à ceux-là que je considérais comme les miens, à eux précisément parce qu'il n'y avait qu'eux qui comptaient pour moi en ce monde, par cette volonté de fiction que je regardais comme une forme essentielle du lyrisme ; et d'autre part, je voulais apporter dans ce royaume interdit la lumière noire de ma génération [2]. »

Il faut ces quelques rappels pour comprendre la réaction d'Aragon au compte rendu de *Télémaque* publié dans la *NRF* du 1er avril 1923 sous la signature de Jacques Rivière :

> « En lisant Aragon, écrit Rivière, je pense à Voltaire sans doute, mais encore plus au premier Barrès, dans le scepticisme de qui l'on sent tout ce qui était virtuellement inclus d'affirmation et de système. [...] Je ne connais personne aujourd'hui qui sache mettre moins de distance entre le vœu de la pensée et son accomplissement ; il y a dans tout ce qu'il fait quelque chose de féerique, comme chez Rimbaud... »

1. *Avant-lire, op. cit.*, p. 31.
2. *Ibid.*, p. 38-39.

On devine que cette équation avec Barrès fait à Aragon l'effet d'une provocation. Mais, tout autant, celle avec Voltaire. Voltaire est le Dieu de ce père qu'il « a sans l'avoir ». Par-dessus le marché, l'intégration au système qu'exprime ce compte rendu est beaucoup plus intolérable en ce début 1923 qu'au temps de la publication d'*Anicet*, entre autres parce que Aragon est en train d'achever *Le Libertinage* et qu'il a, nous le verrons, d'autres projets romanesques en tête. Aussi sa réaction est-elle de la dernière brutalité ; il lance dans *Paris-Journal* une *Lettre ouverte à Jacques Rivière* :

> « L'imprudence que j'ai eue de publier un livre vous donne barre sur moi, le temps d'évoquer Voltaire que je tiens pour la dernière des saloperies. »

Ce qui est aussi une façon de dire à Louis Andrieux, député du Bloc national, ce qu'il pense *politiquement* de lui. L'insolence, ici, sert à affronter dans un esprit conforme à Dada une situation délicate, mais sans rien renier du livre en cause. Aragon s'est soudain senti à découvert. D'où cette fuite en avant par la violence du langage.

Le Mouvement perpétuel, qui ne paraîtra qu'en 1926, contient tous les poèmes de cette période dada que *Feu de joie* annonçait. Ce qui frappe aujourd'hui quand on les lit, c'est la musique des mots, les chansons. Aragon dira plus tard :

> « On voit dans ces poèmes la marque d'une certaine opposition à la poésie qui se faisait parmi nous, à notre mode poétique[1]. »

Il y a en fait plus grave : Aragon, au lieu de mettre la poésie au pas illogique de Dada, fait de Dada poésie. Ce que nous pressentions avec le nihilisme rythmé de *Persiennes* ou de *Suicide* se vérifie dans ce recueil. Aragon prête une oreille affinée à ce qui subsiste de chant dans les ruines de la poésie. Ce qui a pris forme d'une simplicité absolue chez Eluard à la même époque revêt chez Aragon valeur de cadence minimale. Aux mots limites pour faire image chez Eluard, répond ici le rythme limite pour que les mots se fredonnent. La *Chanson pour se laver,* dans son absurdité, joue avec les sonorités, invente des rimes internes qu'on retrouvera dans certains poèmes de la Résistance :

Un pied
Le ciel et la nuit Mexique et Brésil
Le ciel et la nuit je l'entends qui fuit
Mexique et Brésil c'est un chamois vert
Le ciel et la nuit le ciel et l'hiver
Mexique

1. *Aragon parle, op. cit.*, p. 69.

L'autre pied
La neige et le vent la pierre à fusil
La neige et le vent Qui frappe à l'auvent
La pierre à fusil c'est un chasseur mort
La neige et le vent la neige et le sort
La pierre

Le cul
La glace et l'effroi l'aurore ou l'horreur
La glace et l'effroi le signe de croix
L'aurore ou l'horreur à chacun son tour
La glace et l'effroi la glace et le jour
L'aurore

Ce jeu de marelle dada, qui conduit au chant interdit, peut passer pour une dérision de la rime qui n'y surgit que par inadvertance, avec des airs de pudeur surprise. Mais quand la rime triomphe de sa dérision, qui est vaincu ? Pas le poète, en tout cas. Il en va de même de ce démontage de la syntaxe qu'on trouve dans *Bouée* :

Dans une neige de neige
un enfant une fois
jeta l'âme de lui
et il ne savait pas
il ferme la paupière des yeux

Aragon a expliqué[1] qu'il s'est inspiré d'une traduction juxtalinéaire des *Fables* de Lokman (que nous appelons plutôt Luqman, l'auteur légendaire d'une traduction arabe de 41 fables d'Ésope, reprises dans le Coran), afin d'obtenir ce résultat, ce « trébuché de la pensée », qui en devient le révélateur, notamment dans la succession des temps :

Le froid et le chaud une fois
Or il fut sur le point
Or il se mit
Il chantait
Il mange une gaufre au soleil gaufre

« J'ai fait cela dans *Bouée*, avec l'idée d'en montrer le mécanisme un jour ou l'autre à quelqu'un, mais j'ai mis à le faire quarante-deux ans[2]... »

Procédé de décomposition du temps qui lui servira dans sa prose romanesque à créer des hiatus, des césures insolites et d'autant plus efficaces.

1. *Aragon parle, op. cit.*, p. 69-70.
2. *Ibid.*

Je ne note pas cela pour le malin plaisir de surprendre Aragon en défaut de Dada ou en surréalisme buissonnier, mais parce que c'est ce cheminement différent dans l'écriture même (la poésie en ce qu'elle a d'essentiel et d'incontrôlable) qui explique les écarts d'Aragon — en moins et en plus — par rapport aux groupes — tous les groupes, parti communiste y compris — auxquels il a appartenu. Avec le recul, en 1969, il note que c'est faute de tenir compte de ces différences qu'écrivant l'histoire du drame entre les surréalistes et lui, « on a, avec une certaine simplicité, tout réduit à un problème politique ».

Tout se passe comme si Aragon — sans doute pour des raisons plus ou moins inconscientes qui remontent au drame [1] de son enfance — éprouvait la nécessité vitale d'appartenir pleinement à un groupe, un groupe qui lui soit raison de vivre, identité sociale et chaleur humaine, mais — pour les mêmes raisons — il en vient tôt ou tard à traiter ce groupe comme un adolescent traite sa famille — se jugeant, se définissant par rapport à lui, c'est-à-dire s'en différenciant et s'y développant par opposition. Et c'est dans cette différenciation de tous les moments que surgit, arraché aux contraintes, son chant propre.

Aragon n'est cependant jamais quitte avec le groupe, avec les siens. La *Lettre ouverte à Jacques Rivière* n'est que la réaction d'un surréaliste pris la main dans le sac de la littérature. D'autres motifs de culpabilité s'y ajoutent, qui vont faire leur chemin.

1. On retiendra comme symptomatique que ce paragraphe ait déclenché chez Aragon une réaction violente : *Encore ! Ah, non.*

4.

La crise de 1923

Nous avions imaginé, un jour que nous étions quatre ou cinq chez André Breton, par écœurement peut-être de tant de crétins qui croient bien cette fois *tenir le bon qu'au mouvement Dada (1918-1921) venait de succéder un état d'esprit absolument nouveau que nous nous plaisions à nommer le mouvement flou. Expression illusoire et pour moi merveilleuse. Elle rend compte d'un monde et ne sera jamais dans le domaine public. Ainsi dans les coulisses se courent les étapes véritables d'une course intellectuelle.*

Préface au Libertinage, *1923.*

En suivant Aragon, nous avons contourné une étape très importante de la constitution du surréalisme, qui date de septembre-octobre 1922 et dont Breton rend compte dans le numéro de *Littérature* de novembre sous le titre : *Entrée des médiums.* Depuis son mariage, Breton habitait l'atelier du 42 de la rue Fontaine. Désormais, le groupe possédait là un lieu qui lui fût propre. Rentrant de vacances, René Crevel avait fait part à ses amis qu'une femme lui avait révélé un don de médium et qu'il parlait tout endormi, sans en avoir conscience. Breton vérifia, étendit l'expérience à Desnos et organisa un certain nombre de séances en changeant les participants. Aragon, qui se trouve à Berlin, ne découvre l'exaltation de ses amis qu'à son retour. Ils ont eu, ainsi que l'écrira plus tard Aragon, la révélation des possibilités du sommeil hypnotique comme explorateur d'une matière mentale

> « différente de la pensée, dont la pensée ne pouvait être et aussi bien dans ses modalités sensibles qu'un cas particulier ».

Comme *Entrée des médiums* est, historiquement, le texte où Breton revendique pour la première fois le terme de surréalisme en le reliant aux expériences hypnotiques, certains commentateurs en sont venus à se demander si Aragon avait été véritablement surréaliste. C'est notamment le cas de Marcel Raymond qui écrit :

> « Cérébral, logicien inexorable quand il lui plaît, on a le droit de se demander si Aragon a jamais été surréaliste autrement que par occasion et pour voir. »

C'est là un point de vue simplificateur. Il repose sur un double malentendu. D'abord sur la tendance, après le *Second Manifeste du surréalisme,* à isoler dans l'histoire du surréalisme les expériences oniriques et l'occultisme de l'expérimentation de l'écriture automatique connue depuis *Les Champs magnétiques* ; ensuite, sur l'excessive distance [1] qu'Aragon crut bon de prendre vers 1935 vis-à-vis de l'ensemble de ces expériences. Ce n'est guère que dans les années soixante que les articulations réelles de l'évolution du groupe *Littérature* vers le surréalisme sont devenues perceptibles dans leur complexité, et il apparaît clairement aujourd'hui que c'est la découverte antérieure de l'écriture automatique qui prédisposa Breton à accorder toute son importance à *Entrée des médiums.* Et s'il est vrai que la transformation de l'écriture automatique sous l'effet de l'expérience des sommeils médiumniques a été surtout l'affaire de Breton, on ne saurait, même pour ce qui le concerne, confondre tout à fait le surréalisme avec ses expériences [2]. Au reste, la définition qu'il donne du surréalisme en 1922 n'autorise pas cette réduction :

> « On sait, jusqu'à un certain point, ce que, mes amis et moi, nous entendons par *surréalisme.* Ce mot, qui n'est pas de notre invention et que nous aurions si bien pu abandonner au vocabulaire critique le plus vague, est employé par nous dans un sens précis. Par lui, nous avons convenu de désigner un certain automatisme psychique qui correspond assez bien à l'état de rêve, état qu'il est aujourd'hui fort difficile de délimiter... »

D'autant que ce texte rappelle d'entrée de jeu les expériences de 1919 :

> « J'ajoute qu'il est trois hommes dont la présence à nos côtés m'apparaît tout à fait nécessaire, trois hommes que j'ai vus se comporter de la façon la plus émouvante au *départ* précédent et qui, par suite d'une circonstance

1. Aragon proteste que ce *n'est que l'expression dans des conditions différentes, de la réserve polie que j'ai toujours prise à l'égard de l'occultisme, par exemple.*

2. C'est Michel Carrouges, dans son essai *André Breton et les données fondamentales du surréalisme* (réédition *Idées*/Gallimard, 1967) qui a le plus nettement assimilé le surréalisme aux données oniriques et à l'occultisme. Il écrit par exemple : « L'œuvre essentielle de Breton, sur le plan expérimental, est d'abord la découverte du lien naturel qui existe entre l'automatisme du rêve et les manifestations de la poésie, le premier est en effet la source des secondes et cette découverte est l'acte de naissance du surréalisme. » Le moins qu'on puisse dire est que cette affirmation ne correspond ni aux expériences de *Littérature* ni à celles des années dada de formation. Ces expériences appartiennent surtout à la vie de Breton. A certains épisodes de sa vie.

déplorable, leur absence de Paris, ignorent tout jusqu'ici de ces préparatifs : Aragon, Soupault, Tzara. Qu'ils me permettent de les associer virtuellement à notre aventure. »

L'appel à Tzara, en dépit des incidents du Congrès de Paris du début de l'année, atteste bien qu'il s'agit aux yeux de Breton d'un nouveau *départ,* mais inséparable du *départ précédent.* Ce point est capital. L'inquiétude manifestée par Breton n'est d'ailleurs pas sans rappeler celle du moment des *Champs magnétiques.* Aragon va rester assez en retrait devant la nouvelle expérience, probablement parce que, désormais, l'écriture automatique se déploie hors de tout contrôle, en rupture avec l'écriture consciente. Probablement aussi à cause de ces réticences initiales, il va s'affirmer l'année suivante comme le plus enthousiaste devant les résultats obtenus[1], et s'en faire le théoricien et le garant. Mais, même alors, son goût de la rationalisation s'exprime nettement :

« Simuler une chose, est-ce autre chose que la penser ? Et ce qui est pensé est. Vous ne me ferez pas sortir de là. Qu'on m'explique d'ailleurs par la simulation le caractère génial des rêves parlés qui se déroulaient devant moi ? »

Une vague de rêves deviendra, en quelque sorte, le manifeste de cette *épidémie de sommeils.* Quand on se souvient de la réaction d'Aragon aux *Champs magnétiques,* on peut deviner que cette adhésion proclamée, ce prosélytisme intransigeant ne vont pas sans trouble. C'est la seconde fois que Breton infléchit la marche du mouvement en son absence, et, par deux fois, la découverte se produit dans le même domaine. Aragon fera ce qu'il faut pour « recoller » au groupe et ne laissera rien paraître, au contraire. Mais à considérer la suite des événements, la fêlure est déjà profonde, car elle touche à l'essentiel de cette communauté entre Breton et lui : aux sources de la création. Il y a, à partir de cet automne 1922, une certaine divergence entre eux, qui va commencer à se dessiner dès le printemps 1923, quand l'effet de la vague de rêves va provisoirement conduire Breton au silence, tandis qu'Aragon se lance dans un roman.

Ce malaise passera inaperçu, recouvert qu'il est par un autre beaucoup plus tangible. Pour compléter sa maigre mensualité de conseiller littéraire chez Doucet, Aragon prend à la fin 1922 son premier emploi stable chez Hébertot, au Théâtre des Champs-Élysées — Hébertot qui a mis fin à la Saison Dada de 1921. Aragon a eu une recommandation de Louis Jouvet, qui jouait *Knock* de Jules Romains. Hébertot n'a pas encore quarante ans, il est alors à la pointe de la mode théâtrale. Le soir même de leur première entrevue, il envoie un « petit bleu » — un pneumatique — à Aragon, lui disant qu'il l'engage à 800 francs par mois.

1. Précision d'Aragon : *C'est-à-dire la valeur poétique des phrases dites (par Desnos, par exemple).*

« Il m'avait comme cela engagé, puis s'était un peu étonné de découvrir l'espèce de collaborateur, d'employé incommode que j'étais. Il m'avait dit un jour : " Il y a des gens qui comptent pour moi et qui viennent ici, est-ce que vous allez les injurier comme font les dadaïstes ? " Alors, je lui ai dit : " Cela dépend lesquels. " Et lui : " Bien, Charles Maurras ? " J'ai dit : " Ah ça, sûrement ! " —. " Et Jean Cocteau ? " Vous savez que Jean Cocteau était très mal vu des dadaïstes. J'ai dit : " Évidemment ! " [...] Il s'agissait de reprendre un journal, lequel avait été un journal comme tous les autres à l'époque du Second Empire, *Paris-Journal*, devenu chez Hébertot une sorte de bulletin-programme de ses théâtres. J'étais chargé de le transformer en hebdomadaire littéraire. Je l'ai fait à la grande terreur de Maurice Martin du Gard qui venait de fonder *Les Nouvelles littéraires*[1]. »

Sans doute voilà qui dépannait Aragon et lui donnait les moyens d'avoir tant soit peu d'indépendance vis-à-vis de sa famille[2]. Mais cette collaboration à *Paris-Journal* ne pouvait manquer de lui faire avoir des histoires avec Breton qui tenait l'activité journalistique pour la dernière de toutes — et il ne l'a jamais pardonnée en fait qu'à Aragon et à Péret, parce qu'ils en avaient besoin pour vivre. Mais ceux-ci ne pouvaient qu'en garder mauvaise conscience. Péret se faisait mettre à la porte de partout, publiant des faits divers d'un anticléricalisme aussi excessif qu'étincelant. Il échouera à *L'Humanité*, un moment, au temps de Doriot. Quant à Aragon, ce qui frappe alors, c'est le déchaînement continu de ses articles. Passe pour la *Lettre ouverte à Jacques Rivière* dont nous connaissons les composantes personnelles, mais son festival d'éreintements s'en prend à des cibles déjà visées : Marcel Proust, Pierre Benoit, comme à la critique : Paul Souday, Maurice Martin du Gard. Visiblement, Aragon veut rompre les ponts. Du moins dans ce qu'il signe. Car il y a le journal :

« Dans ce petit journal que je faisais a collaboré absolument tout le monde. Je n'avais pas d'argent pour payer les gens, mais tous faisaient cela pour moi, aussi bien Gide que Francis Picabia, Colette, tous les surréalistes. Il y avait une très abondante et très brillante collaboration à ce petit journal ; je l'ai fait quelques mois, puis j'en ai eu assez, je suis parti[3]. »

A l'époque, brouilles et attaques n'entraînent pas du tout ces ruptures définitives qu'on connaîtra par la suite. Breton tend la main à Tzara et Aragon à Picabia comme à Gide. Et les faits et gestes des surréalistes,

1. *Aragon parle, op. cit.*, p. 26-27. On remarquera que la somme mensuelle est de l'ordre de celles que cite Breton et qu'Aragon contestait furieusement (voir note 1, p. 150).

2. Note d'Aragon : *D'autant que Doucet alors augmenta ma mensualité.*

3. *Aragon parle, ibid.* L'insociabilité délibérée, la provocation anarchiste atteignent alors chez Aragon un niveau assez peu commun. On en trouvera de bons récits chez Maxime Alexandre, *Mémoires d'un surréaliste*, La Jeune Parque, Paris, 1968. Les faits sont peu racontables sans de nombreuses explications qui prendraient trop de place ici. J'en veux retenir un seul. L'envoi d'un télégramme à Gide contenant : « Vous avez sans doute appris la mort de votre petit ami Barrès... » Commentaire de M. Alexandre : Aragon « savait ce qu'il disait : Gide disputait à Barrès le rôle de maître à penser de notre génération ».

sitôt que le mouvement prend corps, seront régulièrement publiés par *Comœdia,* par *Le Journal littéraire,* par *Les Nouvelles littéraires.* Quelle que soit leur volonté de prendre leurs distances, ils font partie du monde littéraire qui attend patiemment que jeunesse se passe. D'ailleurs, le mouvement se porte bien. Le noyau primitif a recruté, grâce à Aragon, l'équipe d'*Aventure* : Jacques Baron et Roger Vitrac. Péret a amené Robert Desnos au printemps, une fois celui-ci libéré de son service militaire au Maroc. René Crevel, Max Morise, Michel Leiris les ont rejoints, eux aussi. Les séances de sommeil ont eu tôt fait de les intégrer. Breton résume ainsi la situation :

> « L'écriture automatique connaît alors un très grand regain, et plus que jamais, l'attention est attirée sur l'activité onirique. Tout ce qui préoccupe alors les uns et les autres est jeté quotidiennement sur le tapis et donne lieu dans l'ensemble à des débats très animés, très cordiaux. [...] Je crois pouvoir dire qu'est mise en pratique entre nous, sans aucune espèce de réserve individuelle, la collectivisation des idées[1]. »

Il est assez singulier de rapprocher ce point de vue de Breton du comportement d'Aragon au même moment. Pour la première fois, sur une décision qui ne tient qu'à lui — et non plus au service militaire, ni aux vacances en famille —, Aragon prend physiquement ses distances par rapport au groupe. Il est bien difficile de ne pas y voir son peu d'intérêt ou sa lassitude vis-à-vis de ces séances de sommeil qui continuent. En 1965, il dira simplement :

> « Au mois d'avril 1923, je quittai ma place brutalement sur un coup de tête, un mécène, contre des manuscrits, me payant la possibilité de vivre à la campagne. C'est alors que j'optai pour une manière de solitude à Giverny[2]. »

Le mécène est Doucet, ce qui n'est pas sans contredire quelque peu l'apparence du *coup de tête.* Je veux bien croire qu'Aragon en avait assez d'Hébertot, d'autant que cette collaboration lui a valu en même temps que Desnos, le 25 mars, une admonestation de Breton qui considère l'activité journalistique « comme la dernière de toutes », conversation que Simone Breton qualifie de « sévère » dans sa correspondance avec sa cousine Denise Lévy qui habite à Strasbourg et à qui elle rend compte de tout ce qui se passe dans le groupe.

Si l'on considère toutes les données désormais accessibles, on découvre que ce printemps 1923 est, dans sa vie, celui d'un retour sur soi et d'une crise intellectuelle. Aragon ne pouvait qu'occulter cette crise tant que la déchirure du surréalisme resta pour lui comme une plaie à vif. Mais, aujourd'hui, les confidences de l'âge nous aident à mieux comprendre ce qui se joua. En 1965, Aragon décrivait ainsi son état d'esprit de 1923 :

1. *Entretiens, op. cit.,* p. 77.
2. *Avant-lire, op. cit.,* p. 36.

« C'est dans ce temps où l'on prend conscience de ce qui ne reviendra plus, où les jugements qu'on portait sur toute chose avec cette superbe de la jeunesse, on les sent se retourner contre soi, c'est dans ce temps où tout ce qui précède nous échappe, et nous disons avec Obermann : *Malheureux dans l'âge du bonheur, qu'attendrai-je des autres âges ?* — c'est dans ce temps que je crus savoir enfin *saluer la beauté,* je veux dire l'imagination. J'étais presque assuré d'avoir réinventé le roman. Je me suis mis à en écrire un, décidé à la plus folle démesure [1]. »

Cette crise sera, dans les confidences d'Aragon sur son passé, entourée d'un tel nombre de brouillages, accrus par la tentative de destruction de *La Défense de l'infini,* que ce n'est qu'aujourd'hui que nous en percevons l'ensemble des données. Et d'abord les données sentimentales qui sont loin d'être aussi simples que je l'avais cru en 1974. Commençons par le commencement : la confusion volontaire ou involontaire chez Aragon entre 1922 et 1923 recouvre sa première déception amoureuse. Il connaissait, sans doute depuis ses premières relations avec la NRF, la femme dont il confiera dans *Le Songe du Paysan* à la fin du *Paysan de Paris* :

« Tout me séparait de celle que j'entrepris d'abord de fuir, et fuir en moi-même surtout. [...] Sans doute alors devinai-je pourtant, sans fixer les traits d'un fantôme, une modification profonde de mon cœur, le filigrane étrange de l'amour commençant d'y paraître. »

Bien plus tard, en 1974, dans les tomes III et IV son *Œuvre poétique,* Aragon précisera :

« D'elle j'ai parlé la nommant la Dame des Buttes-Chaumont. Rien à raconter, sauf qu'elle était belle à la perfection. [...] Mais c'était pour elle, pour lui donner un lieu de passage, que j'avais écris cette seconde partie du *Paysan.* S'en est-elle rendu compte ? »

Dans *Le Roman inachevé,* on lut en 1957 :

Si longtemps entre nous deux un autre homme avait jeté son ombre
Il nous semblait qu'aucune nuit pour nous joindre fût assez sombre
Assez profonde aucune mer sous le rideau des goémons...

En 1974, Aragon confie :

« Sa force était d'avoir grandi en moi sans que, de combien ? deux années, je ne l'aie même touchée. Il y avait entre nous cet ami et d'abord je n'en ai rien su. J'avais rêvé d'elle, l'Entrevue, me la promettant comme un fou, puis je l'avais rencontrée avec ce grand garçon par hasard. Un ami, je vous dis. »

1. *Avant-lire, op. cit.,* p. 39.

Et Aragon de faire dire à Jean Ristat dans une note que cet ami était Pierre Drieu la Rochelle.

D'autres que moi l'ayant nommée, je puis le faire à mon tour. Eyre (prénom qu'elle avait préféré à Elizabeth) de Lanux avait été aimée « quelques mois » par Drieu. Il avait voulu l'épouser, mais elle s'était refusé à quitter son mari français qui appartenait dès avant 1914 à l'histoire de la *NRF.*

> « Sous le nom de Gwen, elle apparaît peu dans l'œuvre de Drieu, écrivent Pierre Andreu et Frédéric Grover[1]. Elle était belle, jeune, peintre, lesbienne, d'une beauté émouvante et désolée. " Ce visage-là, c'était la beauté dont on parle, qu'on ne voit jamais. " Drieu écrira en 1939 dans son *Journal* : " Je n'ai pas eu la force de l'arracher à son mari, à la gousserie, à tout... ". »

Aragon est tombé amoureux d'Eyre dans l'été de 1922. Voilà ce que recouvrait la ligne en capitales dans *Le Dernier Été* daté de Berlin :

MAIS QUE S'EST-IL PASSÉ CET ÉTÉ PASSÉ CET ÉTÉ ÉTÉ

La confidence est dans *Théâtre/Roman* en 1974 :

> « Il y a cinquante ans, au cours d'un séjour au Tyrol... en un temps où j'étais moins préoccupé de l'amour que de l'amour même (j'étais épris d'une femme qui m'était interdite, parce qu'elle était l'amie d'un ami à moi et qu'il aura fallu deux ans ou plus avant qu'ils se séparent et qu'elle m'appelle un soir chez elle. On la retrouverait facilement dans un livre que j'écrivis alors, mais qui est-ce que cela intéresse ?). »

Nous verrons ce que déclencheront entre Drieu et Aragon ces retrouvailles en 1925.

Or, en cette fin 1922, peu après son retour de Berlin où il a cru fuir cet amour impossible, le destin joue un nouveau tour à Aragon. Ou bien est-il arrivé à vingt-cinq ans à l'âge des coups de foudre ? Il poursuit ainsi sa confidence du *Songe* :

> « C'est dans ce désordre réel que je rencontrai une autre femme. Que je lui avoue aujourd'hui [en 1926], que tout ceci s'endort, et qu'elle me pardonne. Je l'ai aimée à ma façon de ce temps-là, comme il m'était possible, et sans savoir que son image à une autre était pourtant mêlée, je l'ai bien aimée sans mentir [...] et elle sait très bien qu'elle m'a plusieurs fois rendu malheureux. Aux obstacles qu'elle m'opposait, pourtant plusieurs fois défaillante, je n'ai point usé cet amour et sans doute qu'il y puisait sa vie. »

Et, dit-il, cet amour « ne s'est effacé que devant l'amour même ». Entendons, pour ce qui le concerne, la possibilité d'aimer Eyre qui, de

1. *Drieu La Rochelle, op. cit.*, p. 161. Je redonne la citation du *Journal* de Drieu dans sa totalité dans le chapitre (V-3) sur la rupture avec Drieu, voir p. 219-221.

façon imprévue, va cesser de lui être interdite. Mais *Le Songe* comme *La Défense de l'infini* vont sans cesse nouer ces deux femmes et les opposer l'une à l'autre, le besoin de roman s'affirmant en cette période cruciale comme dépassement de la vie vécue. Et, vingt ans plus tard, *Aurélien* sera la revanche du roman sur la destruction de *La Défense de l'infini. Aurélien,* dont la Bérénice sort de cette « autre femme », même s'il y passe aussi parfois le souvenir d'Eyre, « *en raison* », corrigera Aragon, *de la part de Drieu qu'il y a dans le personnage d'Aurélien* ».

Aragon a confié en 1966 :

> « *Aurélien* n'est pas un livre à clefs. Ou tout au moins, c'est un livre à fausses clefs [...]. Que Bérénice a été écrite, décrite à partir d'une femme réelle, je n'en disconviens pas. Mais *à partir.* Que ce soit à partir d'une jeune femme qu'à peu près au temps d'*Aurélien* j'ai rencontrée et j'ai aimée, ou cru aimer, à en être malheureux, cela pourquoi le dissimulerais-je ? Il n'y a rien eu entre elle et moi[1]... »

Prenons à présent *Théâtre/Roman* de 1974 où Aragon prend à son compte Stendhal et le brouillage stendhalien :

> « Ah, dans ma mémoire, tout ne m'est-il pas une Bologne d'où partir pour une promenade imaginaire avec une femme que je nomme autrement qu'elle fut, la donnant ainsi pour une autre, comme Stendhal se plaisait à déguiser Milan ou Monza, et faire débuter à quelque Desio ce qui finalement se transforme en un voyage où Méthilde aurait pu tenir le rôle, ici à la Ghita distribué[2] ? »

Le pilotis de Bérénice a été révélé en 1978 par Aragon, comme par mégarde, lors de l'adaptation télévisuelle par Michel Favart d'*Aurélien,* qui l'avait redécouverte. Nous savons désormais qu'il s'agit de la cousine de Simone Kahn, l'épouse de Breton, Denise. Née en 1896, à Sarreguemines alors occupée par les Allemands, mais ayant aussi reçu une éducation française, elle vient en 1921 de se marier dans son groupe familial avec un étudiant, Georges Lévy, qui achève sa médecine. Il a perdu une jambe à la guerre. Maxime Alexandre[3], strasbourgeois qui appartient à leur milieu, dit qu'il avait les mêmes idées socialistes que lui et, « ce qui est plus exceptionnel, il collectionnait des tableaux, plusieurs Klee, des Fernand Léger, des Picasso ». Denise vient le plus souvent qu'elle peut à Paris chez sa cousine Simone.

Les photos reproduites par Pierre Naville dans ses mémoires[4] montrent leur opposition physique saisissante. Autant Simone apparaît lourde de

1. *Voici le temps qu'il faut enfin que je m'explique, Œuvres croisées,* 19, p. 14.
2. Deuxième ajout d'Aragon : *Eh bien, ça n'a pas de rapport, et il faut bien comprendre que j'avais et j'ai toujours mes raisons de ne pas « dénoncer » Bérénice. Il faut bien l'admettre au bout du compte.* Aveu que c'est bien Bérénice qu'il donne pour une autre.
3. *Les Mémoires d'un surréaliste, op. cit.,* p. 65.
4. *Le Temps du surréel,* Galilée, 1977.

mystère, avec sa complexion de brune très brune, autant Denise semble, par contraste, lumineuse, aérienne avec ses traits réguliers, sa grâce attentive. Aragon décrit : « Un visage irréel et pas le plus beau qui se pût, mais un visage qui puisait dans une démarche antérieure très semblable une certaine force conjuratoire. » Ceux qui l'ont connue ont toujours été sensibles au regard droit de ses yeux clairs qui fascinait. Elle sera parmi les femmes du surréalisme la plus chantée. Aragon fut le premier des surréalistes à succomber à son charme.

Denise Lévy, « un nom comme le vent quand il tombe à vos pieds », qui a déjà publié une traduction de l'allemand dans *Littérature* de septembre 1922, est venue à Paris à la fin de 1922 (Aurélien rencontre Bérénice en novembre 1922) et y a séjourné, sans doute jusqu'à janvier 1923, pour assouvir une curiosité sur cette *Entrée des médiums* dont Simone lui avait fait grand cas dans ses lettres. Denise était remarquablement informée de tout ce qui se passait dans le groupe et riche de culture allemande autant que française.

Faut-il prendre au pied de la lettre la description de la première rencontre importante dans *Aurélien* ?

> « Bérénice dansant n'avait pas de poids, elle pliait à la pression la plus légère. On eût dit qu'elle était la musique tant elle s'y mariait. Aurélien craignit de ne pas danser assez bien pour elle. Il le lui dit. Elle ferma les yeux. Alors, se penchant sur elle, il la vit pour la première fois. Il régnait sur son visage un sourire de sommeil, vague, irréel, suivant une image intérieure... Portée par la mélodie, abandonnée à son danseur, elle avait enfin son vrai visage, sa bouche enfantine, et l'air, comment dire, d'une douleur heureuse. Aurélien se répéta qu'il n'avait encore jamais vu cette femme qui venait d'apparaître. Il comprit que ce qui la lui avait cachée, c'était ses yeux. Quand elle les avait fermés, elle n'avait plus été protégée par rien [...]. Quand il lui dit : “ Je vous remercie ” [...] s'inclinant devant elle comme à un bal de famille, Bérénice porta la main sur son cœur [...]. Il voulut lui parler. Elle lui dit tout bas, très vite : “ Laissez-moi, oh ! laissez-moi, je vous en prie... ” Elle n'était pas bien, cela se comprenait. Elle avait le sein trop rapidement soulevé, elle dissimulait son visage... “ Qu'y a-t-il ”, demanda Aurélien. Elle le poussa un peu du coude : “ On nous regarde, voyons[1]... ” »

Aragon est parti pour Giverny aussi parce que Denise l'avait déjà rendu malheureux. Ou du moins pour les obstacles qu'elle lui avait opposés. La correspondance inédite entre Aragon et Denise Naville — vingt et une lettres — que j'ai pu consulter confirme ou plutôt laisse entendre ce qu'Aragon écrit de Denise dans *Le Songe du paysan,* mais ces lettres ne commencent qu'à l'été de 1923 et d'une façon qui implique soit des lettres préalables non conservées, ou qui sait des coups de téléphone car au moins une fois Aragon téléphonera à Denise, soit une ou des entrevues

1. *Aurélien,* I, *op. cit.* p. 111.

postérieures à Giverny. De toute façon, les ponts ne sont pas du tout coupés entre Aragon et Denise, comme nous allons le voir.

Ajoutons pour être complet qu'en ce début de 1923 Aragon écrit une nouvelle, *La Femme française,* qui sera publiée en 1924 dans *Le Libertinage.* Billets ou de morceaux de billets d'une jeune femme à un homme visiblement amoureux d'elle, à qui elle confie avec une perversité tranquille ses intermittences du cœur et du désir et dont on découvre *in fine* qu'ils lui ont été rendus par une mère après le suicide de son fils, c'est une nouvelle d'une férocité désinvolte. Elle semble sortir de la méfiance d'Aragon vis-à-vis de la femme, de sa déception générale plutôt que d'un de ses amours du moment. L'héroïne ne ressemble en rien en tout cas à Denise. Pour qu'elle vienne d'Eyre, il faudrait, comme le soupçonne Lionel Follet, que ce soit elle dont Aragon, de Giverny, confie à Doucet le 12 mai 1923 :

> « il y a une femme à Paris, dont je vous avais vaguement entretenu, qui à ce que j'apprends enquête sur ma retraite et me poursuivrait jusqu'ici si elle pouvait [1] ».

Hypothèse comme dit Follet « d'un double jeu de sa part attisant plus ou moins consciemment la rivalité » entre Aragon et Drieu. Elle a en sa faveur qu'elle expliquerait la violence de la crise entre eux en 1925 à propos justement d'Eyre.

Giverny, sur la Seine, au-delà de Mantes, devient dans *Aurélien* un décor printanier :

> « Il faisait déjà une manière de soleil, et il y avait des couleurs tendres dans l'herbe, un piquetis d'herbe pâle sur les velours labourés beiges, blancs, bruns et roses; les premières fleurs blanches aux arbres fruitiers. Le paysage s'adossait aux coteaux voisins, couronnés de buissons et coupés de carrières, avec un petit chemin de fer à sable. Puis la route, les champs, et le fouillis qui cachait la Seine... »

Il y a ce jeune écrivain, Paul Denis, logé dans la maison d'un grand couturier mécène :

> « Au fond, il avait été très chic, ce vieux bonhomme, avec tous ses ridicules, ses façons de... Les gens rigolaient de lui : combien en auraient fait autant ? Moyennant une correspondance littéraire pour sa bibliothèque. Dix ou quinze pages par mois. Non, ça, très chic... »

Retenons ce portrait de Doucet, il nous conduit à ce que Paul Denis pense de Ménestrel, très reconnaissable lui aussi :

> « Denis grinça un peu les dents. Il n'aimait pas qu'on dît que Ménestrel était un tyran. Ou un dictateur. Dictateur était le mot qui venait aux gens en

1. Lionel Follet, *Éléments nouveaux sur « La Défense de l'infini »*, R.C. 3, 1991, p. 256.

général. Quand les gens parlaient de dictature de Ménestrel en général, c'était qu'ils filaient un mauvais coton. Ménestrel avait toujours raison. »

La ressemblance avec Breton est voulue, mais Paul Denis n'est pas Aragon[1], bien que sa pensée puisse ici aisément passer pour celle de l'Aragon de l'époque. Et tout ce qui est dit, dans *Aurélien,* des réactions de Ménestrel et du groupe à la longue absence de Paul Denis, du débarquement du groupe à Giverny, appartient d'évidence à ce qui se produisit en 1922-1923. « Mais on respectait l'amour, dans le groupe. L'amour était le seul prétexte qui pouvait excuser... »

On va voir Aragon tenter de s'étourdir, au moins le temps de ce printemps 1923 et de l'été. A Giverny, il sera avec des Américains, du groupe de *Broom* avec Josephson. Il va rencontrer Malcom Cowley.

Le Con d'Irène, partie pornographique mais sauvée de *La Défense de l'infini,* comme nous le verrons quand nous en arriverons à ce roman détruit, se trouve en conserver comme *Aurélien* ce qui se renvoie à Giverny avec

> « le soleil, cette année-là précoce [...]. Les heures dans l'herbe haute, allongé sur le dos, attendant le soir ; le soir enfin avec sa grande odeur violette... ».

Un « Je » qui regarde

> « tourner l'eau dans ce fleuve très froid où j'allais me baigner ».

Et Jean Ristat précisera, sur confidence tardive d'Aragon :

> « C'était pour rejoindre Cowley qu'en 1923 [...] Aragon se rendit à Giverny [...]. C'est à Cowley qu'Aragon dut de pouvoir se loger dans un moulin transformé en pension, et c'est aussi grâce à lui qu'il fit la connaissance de E. E. Cummings sur lequel, comme ils se baignaient dans la Seine, en raison de la précocité du printemps, le 25 avril, il vit pour la première fois et avec un grand intérêt une chemise se déboutonnant du haut en bas comme il est maintenant d'habitude[2]. »

Le « coup de tête » par lequel Aragon plaqua tout à Paris en ce printemps 1923 conduisit donc à cette histoire entre hommes dont il ne reste rien dans *Le Con d'Irène.* Mais arrive là une autre femme. Une troisième. Ni Denise, ni Eyre. Voilà ce qui en est écrit :

1. Ajout d'Aragon : *Non, c'est Crevel.* Ce qui appartient au *mentir-vrai,* puisque Paul Denis est aussi Pierre Naville, mais Aragon ne peut le dire, car il révélerait ainsi que Bérénice est Denise Naville (voir note 2, p. 166, ci-dessus).

2. *Hors-d'œuvre, Œuvre poétique III,* p. 384. Malcolm Cowley (1898-1989) réalisa entre autres écrits *The Portable Faulkner* en 1946, qui rendit célèbre un Faulkner à peu près oublié alors aux États-Unis et lui-même par contrecoup. Cummings (1894-1962) fut, lui, le plus dadaïste ou le plus cubiste des poètes américains.

« Déjà l'isolement, la tristesse, l'impossibilité de me fixer [...]. Déjà je subissais l'accablement particulier d'un corps importun, qui prenait le pas sur des préoccupations que je croyais plus hautes [...]. Enfin j'avais tout quitté que je croyais dans les semaines précédentes [...]. C'est ainsi que je fis la connaissance d'Irène. Elle apparut dans la conque d'une période soudain. »

Aragon nous livrerait-il le pilotis de ce qui s'appellera *Le Con d'Irène*? Ce serait bien mal le connaître. Ruiz a retrouvé les traces vécues de cette aventure. D'abord par une lettre d'Aragon à Doucet, datée de Giverny, le 12 mai 1923 :

« ... Sans doute ce qui se formait ici, entre l'Epte, la Seine et les collines ne pouvait être que l'amour [...]. J'ai fait une rencontre saisissante qui semble à nouveau transformer ma vie. Voilà un nouveau tourbillon. Je m'y laisse aller. Ah ! ceux qui me connaissent ne manqueront pas de rire. QU'EST-CE QUE CELA ME FAIT ? [Les lettres en capitales sont d'Aragon.] Je ne discute pas. Je subis. Cela m'emporte. »

« Reprenant ce récit, poursuit Ruiz, dans l'ouvrage de Daniel Vallard, *Aragon un portrait,* Aragon révélera l'identité de la femme [...]. Il s'agit de Clotilde Vail[1] » dont le frère Laurence venait d'épouser Peggy Guggenheim et à qui Aragon dédie la pièce *Au pied du mur,* publiée dans *Le Libertinage.* Les Vail étaient les enfants d'une famille aisée. Ils vivaient depuis longtemps en France. Au dire de Josephson, Clotilde était du genre *vivacious,* disons très vivante (trop peut-être, comme nous le verrons, au goût d'Aragon), et ressemblait à son frère au physique comme pour le goût à traîner de bistrot en bistrot[2]. Laurence était écrivain et peintre.

N'anticipons pas. Peut-être Aragon s'est-il vanté à Doucet de ce nouvel amour en comptant bien que celui-ci en parlerait à Breton et que Denise l'apprendrait par Suzanne ? Sauf qu'elle est liée à la conception initiale de *La Défense de l'infini,* la fugue à Giverny ne paraît pas avoir bouleversé l'existence d'Aragon. Elle se situe au moment où Aragon cesse d'habiter chez sa mère à Neuilly ; où il gagne sa vie, commençant son errance d'hôtel en hôtel, bientôt ceux de la chaîne des hôtels en « or », comme le Grosvenor, qui appartiennent à la famille de Marcel Duhamel et dans lesquels il devra jouer les hôtes semi-clandestins qui ne peuvent recevoir d'invités ni d'invitées...

Cette accession à l'âge adulte, cette crise chez l'écrivain Aragon, au printemps de 1923, ne prennent toute leur signification que si on les

1. Cercle d'art, 1979, p. 87 : *D.F.*, p. 280.
2. *Life among the Surrealists...*, *op. cit.*, p. 86.

compare avec ce qui arrive alors à Breton. Breton est plus mûr, non seulement à cause de son mariage, mais par cette avance qui lui vient de l'expérience de la vie. Or, il donne en avril une interview à Vitrac pour *Le Journal du peuple* où il affirme : « André Breton n'écrira plus. »

Autrement dit, alors même qu'Aragon prenait non pas ses distances, mais de la distance par rapport au groupe, Breton connaissait, lui aussi, une crise intellectuelle comparable. La décision de ne plus écrire ne peut être séparée chez lui des conséquences de « l'épidémie de rêves » sur la signification même de la création. En somme, et pour schématiser, alors qu'Aragon en tire la détermination de se jeter dans *La Défense de l'infini,* de s'abandonner à son besoin d'écrire, Breton, lui, aboutit au refus, au silence. Mais leur crise complète et renouvelle en fait celle qui avait été déclenchée par *Les Champs magnétiques,* qui avait abouti à l'enquête *Pourquoi écrivez-vous ?,* à la première mise en cause de l'acte d'écrire... On ne peut qu'être frappé de cette complémentarité des réactions de Breton et d'Aragon. Par-delà ce qui fait d'eux des écrivains, elle explique leur amitié d'alors, leurs rencontres indispensables à la vie de ce mouvement qui les unit et où ils se dépassent.

Aragon a dû suivre ce qui se passait parmi le groupe. Significativement, à ma connaissance, il ne s'est jamais exprimé là-dessus autrement que par les allusions d'*Aurélien* et sur le moment même dans une lettre à Denise qui confirme à quel point elle était au courant des problèmes du groupe. Il rentre de Giverny pour tomber au milieu d'une dispute avec Tzara et y joue fort bien sa partie. Tzara avait à nouveau organisé une soirée en faisant équipe, cette fois, avec un poète, Ilia Zdanévitch, connu maintenant sous le nom d'Iliazd. Il y avait là des musiciens : Georges Auric, Darius Milhaud, Erik Satie, Stravinski. Et, en conséquence, Cocteau. Son nom se trouva mêlé à ceux de Soupault, d'Eluard, d'Apollinaire et de Baron dans la partie poétique. Les surréalistes jugèrent la chose intolérable. La bagarre commença sitôt que Pierre de Massot eut décrété Picasso mort au champ d'honneur, comme André Gide. Breton monta sur scène, cassa le bras droit de Massot d'un coup de canne. Le reste fut du grand genre. Les agents massés dans les couloirs intervinrent, expulsèrent Breton ainsi que Desnos et Péret. Par la suite, Breton accusa Tzara d'avoir joué le rôle d'un indicateur de police. A l'entracte, Eluard somma Tzara de s'expliquer sur l'expulsion de Breton, puis bondit sur lui quand il reparut sur scène où l'on allait jouer sa pièce *Le Cœur à gaz.* Les acteurs, empêtrés dans les costumes cubistes de Sonia Delaunay, passèrent un mauvais quart d'heure.

Aragon en smoking et en chemise noire avait pris part à l'action, soutenant Eluard. C'était bien la fin de Dada. Tzara fit même assigner Eluard en dommages et intérêts.

A nouveau, la période des vacances d'été éparpilla les surréalistes. On retrouve Aragon à Dieppe en compagnie de Clotilde Vail, mais il dut se passer quelque chose entre eux qui fit qu'Aragon les quitta brusquement pour aller, sans doute faute d'argent, séjourner à Commercy où on le retrouve dès le 12 août[1]. Il envoie de là deux lettres à Doucet, qui sont une *Contribution à l'histoire littéraire contemporaine.* Il y fait le point sur Gide :

> « Il a passé sa vie à découvrir des problèmes de première grandeur, ceux autour desquels allait se livrer la lutte intellectuelle de toute une génération. Mais dans le même moment, il les faussait, leur donnait une solution hâtive et dérisoire[2]... »

André Gide n'a pas su vivre en homme comme Apollinaire, il n'a pas su pénétrer les « raisons que les hommes ont de continuer à vivre ou de s'y refuser ». Aragon dit ainsi préférer Jacques Vaché, homme réel, à Lafcadio, personnage de roman. Mais n'est-ce pas en rêvant à un roman où les personnages seraient la vie même, comme Vaché ?

Dans la correspondance avec Denise, ce qui semble être la lettre la plus ancienne est une demande à Denise comme la chose la plus banale de lui envoyer un télégramme à Commercy l'invitant « pour quelques jours à Strasbourg, télégramme destiné aux yeux de ma famille » — celle de son oncle maternel sous-préfet, dont ses lettres à Doucet notamment des 3 et 7 septembre montrent qu'il supporte fort mal l'ambiance —, ce qui prouve entre elle et lui au moins une camaraderie déjà bien établie et sûrement des rencontres récentes lors des retours d'Aragon de Giverny à Paris. D'après Lionel Follet, il aurait séjourné à Strasbourg entre le 18 août et le 4 septembre[3]. La continuation de *La Défense de l'infini* et un regain d'espoir dans l'amour pour Denise se manifestent en effet à la fin de cet été 1923 par des allers et retours d'Aragon entre Commercy et Strasbourg, déjà révélés avec l'identité de Denise dans *Les Mémoires* de Maxime Alexandre, si j'avais su les lire en 1974. Il écrit de l'été 1923 qu'un jour

> « Louis Aragon débarqua chez Denise [...]. Il avait une assurance, un brio qui stupéfiaient. Il connaissait par cœur toute la littérature, toutes les littératures, plus l'archéologie, l'histoire — la grande et la petite histoire. Il jouait du piano, savait danser, jouer au poker où il appliquait un système pour perdre — ce qui le faisait toujours gagner... Que ne savait-il pas ? Habillé selon le code du jeune homme de bonne famille, il réussissait à indigner les badauds de ma bonne ville en se promenant, comme moi, tête nue [...]. Aragon devait passer quelques jours à Commercy, chez son demi-frère de lait [en fait, son oncle, comme nous savons], sous-préfet. Denise et moi l'accompagnâmes à la gare. Nous montons avec lui dans son compartiment. Il met sa valise dans le filet, Denise et moi redescendons sur le quai, et Aragon, se penchant par la fenêtre, nous continuons la conversation. Tout à coup — le train allait s'ébranler — Aragon prend son sac de voyage,

1. Lionel Follet, *Éléments nouveaux... op. cit.*, p. 222.
2. Manuscrit Doucet 7206-13.
3. Follet, *ibid.*

ouvre la portière et saute en bas[1]. " J'ai décidé de rester vingt-quatre heures de plus. " Il partit le lendemain, puis revint au bout de deux semaines ».

Y avait-il quelque chose à voir entre Louis et Denise ? Maxime Alexandre en tout cas n'a rien vu. En revanche on lit dans la partie du *Con d'Irène,* qui se passe à Commercy :

« C'est à vous que je m'adresse, mon amie, ma très chère amie, à vous dont le nom ne peut ici se trouver et qui, au milieu de considérations semblables, auriez tellement lieu de vous étonner que je fasse seulement allusion à votre existence, aux étranges rapports qui nous ont pourtant, ailleurs, et probablement à jamais unis, uni quelque chose de vous et quelque chose de moi. Je m'arrangerai pour que ceci tombe sous vos yeux [...]. Ne reconnaissez-vous pas un ton que j'ai perdu depuis que je ne vous parle plus, que je ne vous parle plus vraiment. Il est de votre caractère de ne pas vous reconnaître tout de suite. Cependant quand je vous rappellerai le prix que vous mettiez à un abandon très particulier, que les autres femmes tiennent pour une faveur minime, quand je vous rappellerai que je vous avais confié combien cette faveur m'était précieuse [...]. Quand je vous rappellerai le lieu public ou *cela* qui n'est rien pour le monde se fit, et le tapage, les voisins, l'insipide orchestre, l'or des colonnes, les verres devant nous non touchés, mon long espoir, alors comment oseriez-vous, votre nom presque ici m'échappe, un nom comme le vent quand il tombe à vos pieds, comment oseriez-vous ne pas vous reconnaître ? [...] Votre démarche. Votre robe. Il semblait que vous choisissiez précisément pour venir le moment qu'à ma table étroite j'écrivais, n'ayant devant moi que le mur [...]. Je savais que dans mon dos vous alliez et veniez muette. Parfois vous vous approchiez de moi. Mon cœur battait. Je savais que se retourner, c'était vous évanouir. »

Maxime Alexandre raconte qu'au retour d'Aragon de Commercy, vers la fin septembre :

« Nous reprîmes nos déambulations, qui n'empêchèrent pas mon compagnon d'explorer seul un secteur de la vie strasbourgeoise qui m'était inconnu : les bains publics. Il prenait, paraît-il, chaque jour un bain dans un établissement différent. (Il faisait de même à Paris.) Selon Aragon, on pouvait y observer d'étranges allées et venues, alors que la recherche du mystère me paraissait un prétexte suffisant [...]. Le 15 octobre nous prîmes le train pour Paris. »

Maxime Alexandre est-il aussi naïf qu'il le laisse entendre ? N'oublions pas qu'il écrit aussi :

« Un soir [à Strasbourg] Aragon, ayant bu plus que d'habitude, se mit à parler de choses intimes, ce que ni lui ni moi n'avions encore fait. Il me

1. Une lettre à Doucet du 4 septembre 1923 confirme et date l'épisode. Aragon y annonce son intention de rester à Strasbourg (pour toujours).

raconta que Drieu la Rochelle et lui s'étaient livrés un jour — ou une nuit, et une seule fois — à des tentatives de gymnastique pas tout à fait orthodoxes. Évidemment stupéfait, j'encaissai sans broncher [...]. C'était mal connaître mon ami, car le revoyant le lendemain après-midi, il répéta calmement et lucidement le propos qui lui avait échappé au cours de l'envolée lyrique de la nuit[1]. »

Cela pourtant publié au début 1968 dut paraître trop contradictoire avec la vie connue d'Aragon et tomba dans un silence profond. Le séjour à Strasbourg fut en tout assez long pour qu'Aragon y travaille à *La Défense de l'infini* et corrige les épreuves du *Libertinage* dédié à Pierre Drieu la Rochelle, nouvelle infraction romanesque. Comment imaginer le connaissant qu'il n'ait pas lu à Denise *La Femme française*? La première des lettres d'Aragon à Denise au retour à Paris, écrite du café Le Diable, est datée par l'allusion à la mort du fils de Léon Daudet, Philippe, qui eut lieu fin octobre 1923 : « Il s'est tué juste comme le taxi passait devant la prison de Saint-Lazare où est Germaine Berton. Destinée parfaite. » Ces lettres sont d'une gaieté plutôt forcée, avec des aveux en janvier 1924 qu'il ne supporte plus ses « amis en bande ».

Un récit dans *Le Mauvais Plaisant*, publié par Aragon en 1975[2] comme un texte retrouvé de 1926, confirme cet éloignement :

> « L'année 1923 fut essentiellement une année de romans, comme il en passe dans la tête des prisonniers. Je me revois assis un peu partout, à La Torpille vers les 200 de la rue du faubourg Saint-Honoré, au Tout va bien de la Porte Maillot, plus tard au Dupont, de la place Clichy, à la fenêtre du premier étage, dans le salon Violettera, au sous-sol du Dupont de Barbès, dans le jardin d'hiver, je me revois partout [...]. Quand je surprends soudain mon image rêveuse, dans un de ces palais provisoires, jouant avec le pied du verre ou fixant dans le vide une pensée qui se dénoue, je me demande à quelle idée générale répondait ce garçon qui portait mon nom, un corps à ma semblance [...]. Et aussi que serait la sensualité humaine, à quelle pauvre habitude se réduirait-elle enfin, sans ces milliers de serres de la lenteur et de l'oisiveté qu'on nomme ici cafés et là-bas sous d'autres vocables à pâlir les mères de famille ? »

Il faut dire qu'Aragon est retombé au sortir de ces longues vacances dans un groupe en crise. Breton ne vient-il pas d'annoncer dans une lettre à Picabia, comme en passant qu'*il écrit.* Il s'en excuse presque et feint de n'y attacher aucune importance. Mais enfin, il écrit

> « au hasard, comme cela, des poèmes et je vais les publier pour m'amuser. Vous ne les aimerez guère si vous m'aimez un peu. Mais je leur pardonne le tort qu'ils me font. C'est ce que j'ai voulu exprimer dans celui-ci :

1. Maxime Alexandre, *op. cit.*, p. 76.
2. *Le Mentir-vrai*, Gallimard, 1975, p. 108.

A RROSE SELAVY

" André Breton n'écrira plus "
Journal du Peuple — Avril 1923

J'ai quitté mes effets

mes beaux effets de neige »

Ce poème dédié à Marcel Duchamp (Rrose Selavy), par « cet alexandrin morcelé sur deux lignes », comme le note Aragon, avoue l'abandon de la décision annoncée quelques mois plus tôt à Roger Vitrac. Le recueil dont il s'agit est *Clair de terre.* C'est encore plein de dadaïsmes, mais y surgit le grand lyrisme de Breton. Aussi, affirmer comme Maurice Nadeau qu' « *Une vague de rêves* d'Aragon, publié en 1924, résume l'activité surréaliste jusqu'à cette date, c'est dénier à Breton, à Aragon, ce besoin d'écrire qui sous-tend leur crise respective. Certes, on peut trouver chez l'un et l'autre les pires condamnations de ce besoin .

> « Dites-vous bien que la littérature est un des plus tristes chemins qui mènent à tout. » (Breton.)
> « L'habileté artistique apparaît comme une mascarade qui compromet toute la dignité humaine. » (Aragon.)

Mais justement, justement...

5.

Le temps du *Manifeste*

Les années 1924 et 25, qui sont celles où le surréalisme se formule et s'organise, seront sans doute, avec les années 30 et 31, celles qui nous trouveront les plus activement rebelles à tout conformisme et résolument les plus « insociables ». Le monde où nous vivons nous fait l'effet d'être totalement aliéné ; nous révoquons d'un commun accord les principes qui le mènent.

ANDRÉ BRETON, Entretiens.

La crise va s'aiguiser de multiples façons tout au long de l'année 1924 pour ne trouver son dénouement qu'à la fin de l'année avec la publication du *Manifeste surréaliste.* Pour Aragon, elle s'accroît lors de la publication du *Libertinage,* fin mars 1924 avec, pour se faire pardonner par le groupe, cette nouvelle infraction romanesque, une préface qu'il ne reprendra pas dans ses *Œuvres croisées,* parce que c'est une fuite en avant dans le scandale pour le scandale, afin de récuser l'institution littéraire. Nous savons aujourd'hui qu'il est en train de passer de *La Défense de l'infini,* secrète, à ce qui va devenir une infraction publique, *Le Paysan de Paris.* Soupault en publiera des premiers fragments dans *La Revue européenne,* ce qui mettra Aragon en position d'accusé sans circonstances atténuantes. Voici les excuses de la préface du *Libertinage* :

> « J'ai cherché, comme d'autres dans l'opium, dans de petites histoires que j'inventais, l'illusion d'une puissance infinie sur le monde... »

Et Aragon en remet dans la défense de « la cause du Diable », celle du désir et de la liberté sans frein contre toutes les censures :

> « Il paraît que je suis, tout le monde l'assure, la séduction en personne [...]. Tant pis pour mes faciles conquêtes, elles n'ignoreront plus que c'est par vice qu'elles succombèrent. Assez de mensonge. Renoncez, braves gens, à

prendre avec moi un petit plaisir sans danger [...]. Je ne me propose rien [...]. Je ne serai pour personne une excuse, pour personne un exemple. »

Au début du même mois de mars 1924 est paru le recueil *Mourir de ne pas Mourir* d'Eluard avec un portrait de Max Ernst. Certains des poèmes les plus désespérés comme *Nudité de la vérité* :

> Je le sais bien
> Le désespoir n'a pas d'ailes,
> L'amour non plus,
> Pas de visage,
> Ne parlent pas,
> Je ne bouge pas,
> Je ne les regarde pas,
> Je ne leur parle pas
> Mais je suis bien aussi vivant que mon amour et que mon désespoir

avaient été publiés dans *Littérature* (celui-ci, le 15 octobre 1923), mais le recueil en changeait le sens. D'abord avec ce titre emprunté à Thérèse d'Avila, aussi par ce que s'y lisait la confidence de l'échec de la communion dans l'amour pour Gala dans le ménage à trois avec Max Ernst qui s'est poursuivi. La dédicace avertissait : « Pour tout simplifier, je dédie mon dernier livre à André Breton. » Il fallait la prendre au pied de la lettre. Le 24 mars, Eluard disparaissait emportant 17 000 francs dans la caisse familiale, menaçant dans un pneu à son père de mettre « hors d'état de me nuire » le premier qui se fourrerait dans ses pattes. Parti, veulent croire les amis du groupe, tel un nouveau Rimbaud dans quelque Harar aux antipodes. Ils ne sont pas loin d'y voir quelque défi contre eux qui restent bien au chaud à Paris. Simone Breton l'annonce à Denise. Mais elle ajoute la prose de l'affaire :

> « Le désir de partir l'envahissait chaque jour davantage, ces quelques jours qu'il passait la nuit dans les boîtes à champagne avec Noll et Aragon, jetant l'argent, ivre, ayant peur d'aller se coucher seul. Il est parti. André dit qu'on ne le reverra jamais. Gala reste avec 400 francs, la petite et dans une situation impossible à cause de Max Ernst. Ses beaux-parents ne la soutiendront que s'il part. Et il est tout ce qui lui reste. André l'a vue aujourd'hui, calme [...]. C'est pourquoi j'ai trouvé André triste, préoccupé, nostalgique, plus lointain que de raison [...]. André m'a lu son cahier du surréalisme. C'est merveilleux. Plus beau je crois que *Les champs magnétiques*[1]. »

C'est qu'en effet, si Aragon est plongé dans ses romans, Breton poursuit sa réflexion sur les acquis du surréalisme proprement dit et son cahier est un cahier d'écriture automatique.

1. Pierre Naville, *Le Temps du surréel, op. cit.*, p. 74.

Revenons au point de départ, à l'émerveillement partagé devant cette preuve fabuleuse que l'inconscient existe et qu'il se manifeste poétiquement. Un texte comme *Les Mots sans rides* de Breton, publié en janvier 1923, révèle son émotion et son enthousiasme devant les « jeux de mots » de Desnos en état de sommeil. Mais aussi cette grave réflexion sur ce qui en découle pour le langage : « Désormais, il semble imprudent de spéculer sur l'innocence des mots... l'expression d'une idée dépend autant de l'allure des mots que de leur sens... »

Tout à coup, cette mise en valeur du signifiant, dont on pouvait suivre le progrès de Mallarmé aux *Calligrammes,* voici qu'on en vérifie la réalité, qu'on en découvre la raison :

> « Et qu'on comprenne bien ce que nous disons : jeux de mots, quand ce sont nos plus sûres raisons d'être qui sont en jeu. Les mots du reste ont fini de jouer.
> Les mots font l'amour. »

Ce qui correspondait au début à une négation encore plus radicale de la littérature que l'écriture automatique — puisque les mots du sommeil sont hors du contrôle de la pensée, qu'on ne sait pas, comme dira Breton, « qui les dicte » et, au surplus, qu'il s'agit de mots parlés — peut venir épauler le renouvellement de l'écriture, peut devenir une technique de l'inspiration poétique, en être la réhabilitation. Ces poètes se trouvent confrontés à la réalité de cette tradition, certes établie par leurs devanciers, mais devenue passablement suspecte, de l'enthousiasme poétique, du délire et de la fureur poétiques. Et ce n'est plus là pour eux une métaphore. Desnos, qui s'abandonne le plus au sommeil hypnotique, lors d'une séance chez Eluard à Saint-Brice, voulut un jour le tuer. Aragon, dans *Une vague de rêves,* en tirera durant l'été des conclusions cliniques — et ici se manifeste à l'évidence une complicité très particulière avec Breton, qui de surcroît les ramène à leur rencontre de 1917 :

> « Le repos, l'abstention du surréalisme firent disparaître ces phénomènes. [...] L'identité des troubles provoqués par le surréalisme, par la fatigue physique, par les stupéfiants, leur ressemblance avec le rêve, les visions mystiques, la séméiologie des maladies mentales, nous entraînèrent à une hypothèse qui seule pouvait répondre à cet ensemble de faits et les relier : l'existence d'une matière mentale, que la similitude des hallucinations et des sensations nous forçait à envisager différente de la pensée... »

Ce n'est en effet qu'à ce moment de l'été 1924 que le surréalisme s'est identifié à l'usage des sommeils provoqués. Mais, dans le même temps, l'osmose s'est faite entre le résultat des expériences et l'écriture, pas seulement à cause d'*Une vague de rêves* ou du *Manifeste du surréalisme,* mais parce que *Le Paysan de Paris* s'est échelonné de la fin 1923 jusqu'à la mi-1926, et surtout parce que le *Manifeste* a d'abord été conçu par Breton comme une préface à *Poisson soluble,* c'est-à-dire au texte qui est issu de l'ensemble des expériences automatiques de Breton en 1923-1924. Sarane Alexandrian, qui avait déjà insisté sur l'importance de ce texte dans son *André Breton par lui-même*[1], a apporté à ce sujet des éléments nouveaux et importants :

> « Depuis, j'ai pris connaissance du manuscrit de *Poisson soluble,* et cette circonstance m'a permis d'approfondir mon opinion. En effet, ce que Breton a publié ne représente qu'un tiers de ce qu'il a réellement écrit. On se trouve en présence d'un foisonnement de textes parmi lesquels il a choisi ceux qui lui semblaient les plus significatifs. [...] L'ensemble est tellement important qu'on ne saurait comprendre sa démarche poétique sans le décrypter au préalable[2]. »

Sarane Alexandrian insiste sur la technique employée et donne à percevoir quel fut le travail effectif du groupe à l'époque :

> « Breton organise des séances d'écriture automatique *en commun.* Il réunit chez lui cinq ou six amis, pas toujours les mêmes ; ils s'échauffent dans une conversation générale, commentent quelquefois des poèmes de Hugo ou de Baudelaire, ou se racontent leurs rêves ; puis le silence se fait, chacun se retire dans un coin et se met à écrire à la vitesse *v'* ce qui lui passe par la tête. Un phénomène de contagion et d'osmose se produit ; celui dont l'inspiration languit ou hésite est gagné par la rapidité d'exécution de son voisin ; l'auto-hypnose, indispensable à ce genre d'expérience, se communique de l'un à l'autre. Une fois la séance achevée, chacun lit à voix haute sa production[3]... »

Aragon est un de ces participants parmi d'autres. Mais, significativement, il a peu produit de tels textes, non seulement par rapport à Breton ou à Desnos mais à Vitrac *(Connaissance de la mort)* ou à Pierre Naville *(Les Reines de la main gauche)*. Je dirais que son attention n'est pas là. Il y a rupture de fait entre ces activités créatrices collectives et le travail littéraire individuel sur *Le Paysan de Paris* et *La Défense de l'infini.*

Aragon n'a jamais fait état, dans ses souvenirs, de cette tentative d'errance à la Germain Nouveau, au printemps 1924[4], dont Breton tirera des écrits automatiques[5]. Breton raconte ainsi cette déambulation à quatre, à partir de « Blois, ville tirée au sort sur la carte », avec Aragon, Vitrac et Morise :

1. Le Seuil, 1970, p. 40-43.
2. *Le Surréalisme et le rêve,* Connaissance de l'inconscient, Gallimard, Paris, 1974, p. 134.
3. *Ibid.,* p. 135.
4. La date du printemps 1923, souvent retenue, en particulier par Sarane Alexandrian, est impossible, d'abord parce que Aragon est alors à Giverny et que rien n'indique qu'il ait interrompu son séjour, ensuite parce que Breton a cessé d'écrire en 1923, tandis que le printemps 1924 est celui de *Poisson soluble.* 1924 a été corroboré par la chronologie des *Œuvres complètes* dans la Pléiade.
5. Cf. *Le Surréalisme et le rêve, op. cit.,* p. 139.

« Il est convenu que nous irons au hasard, à pied, tout en devisant, ne nous permettant de crochets volontaires que ce qu'il faut pour pouvoir manger et dormir. Entreprise dont l'exécution s'avère très singulière et même semée de périls. Le voyage prévu pour une dizaine de jours et qui sera abrégé, prend d'emblée un tour initiatique. L'absence de tout but nous retranche très vite de la réalité, fait lever sous nos pas des fantasmes de plus en plus nombreux, de plus en plus inquiétants. L'irritation guette, et même il advient, entre Aragon et Vitrac, que la violence intervienne[1]... »

Il faut bien percevoir la tension sous-jacente dans le comportement d'Aragon durant cette période. Il appartient toujours au groupe, corps et âme :

« Nous éprouvions toute la force des images. Nous avions perdu le pouvoir de les manier. Nous étions devenus leur domaine, leur monture »,

confiera-t-il dans *Une vague de rêves.* Et ce vertige devant cette révolution dans la connaissance explique l'intransigeance du groupe et de ses membres, leur insociabilité commune. Mais, en même temps, Aragon sait qu'il fait bande à part. Alors, il va clamer son orthodoxie avec *Une vague de rêves,* en remettre, puis manifester la plus grande démesure polémique avec *Un cadavre,* à la fin de l'année. Il attendra 1969 pour confier à propos de cette période :

« Il faut se souvenir de ce qu'étaient nos rapports presque depuis les premiers jours de notre rencontre : mais le *pouvoir* sur moi d'André s'était encore accru du fait de la constitution d'un vrai groupe surréaliste, avec de nouveaux venus, plus jeunes que nous, qui cherchaient constamment à prouver leur orthodoxie contre Philippe, Paul ou moi[2]. »

C'est raconté en même temps que la scène où Breton force Aragon, qui vient de lui révéler la première partie du *Paysan de Paris,* à la lire devant le groupe.

« Et lui, entre haut et bas : “ Lis... ça sera très bon pour eux... Ils en prendront de la graine... ” En fait de graine, je n'ai jamais de ma vie déchaîné pareille consternation. Il y eut un silence avec des toux, le bruit des chaises remuées, les regards échangés, les moues... puis, finalement, avec beaucoup de gentillesse, quelqu'un qui dit, une femme : “ Mais, mon petit, pourquoi perdez-vous votre temps à écrire des choses pareilles ? ” Ce sur quoi l'orage éclata dans toute sa grandeur mythique, l'aigle battant des ailes sous les pieds nus du dieu, les éclairs en forme d'éclairs dans l'obscurité soudaine de la pièce, et le déluge des mots indignés. Je rougirais de les redire. C'était à ce point inattendu que je n'en eus même pas plaisir[3]... »

1. *Entretiens, op. cit.,* p. 81-82.
2. *Je n'ai jamais appris à écrire ou les Incipit,* Skira, 1969, p. 56.
3. *Ibid.,* p. 57.

On lit trop souvent *Une vague de rêves*, postérieure de peu de mois à cette scène, comme un écrit théorique, sans se douter qu'Aragon joue son destin sur la démonstration de la convergence entre ses proses descriptives du merveilleux quotidien (dans *Le Paysan de Paris*) et le surréalisme du groupe. Il préfère dire, quant à lui, surréel, ce qui permet de faire passer au second plan l'automatisme ou l'hypnose, et d'opposer ce sur-réel au réel limité, fini, de la pratique :

> « Il y a d'autres rapports [...] et qui sont aussi premiers, comme le hasard, l'illusion, le fantastique, le rêve. Ces diverses espèces sont réunies et conciliées dans un genre qui est la surréalité. »

Le mot important ici est « conciliées ». Là encore, il a fallu attendre 1969 pour qu'Aragon s'explique sur « ce procès du roman » entre Breton et lui :

> « Ce n'est qu'après qu'il fut déjà habitué au mécanisme d'abolition de la censure par la vitesse d'écriture, qu'A.B. commença de dire que la *dictée* pour lui partait d'une phrase *entendue.* Alors, je m'écriai que c'était précisément pour moi, le départ du roman, l'origine de cette incompréhensible activité de l'esprit à quoi tant de gens semblaient s'être adonnés sans jamais s'interroger sur son origine : en d'autres termes, qu'il y avait exactement la même nécessité, le même arbitraire aussi entre la phrase de réveil et le texte surréaliste qu'entre le roman et la phrase, le plus généralement absurde, de quoi l'esprit dérive dans le roman[1]. »

Voici saillir l'aspect de rivalité entre l'activité romanesque d'Aragon et les écrits automatiques de Breton, qui marque ce qu'Aragon appelle lui-même en 1969 son « existence double » d'alors. Fut-il perceptible ? Là n'est pas la question. Aragon voulait à toute force nouer son travail romanesque aux découvertes du groupe. En 1969, il confie aussi que le roman, pour lui, cela consiste à « écrire ses secrets ». Et nous allons voir que, dès *Le Paysan de Paris* — à plus forte raison avec *La Défense de l'infini* —, l'expression est à prendre au pied de la lettre :

> « Écrire *ses* secrets n'était pas qu'une idée d'enfant : c'est peut-être la clé de tout art, qui se propose, au-delà du langage, un langage à soi, la création de signes à la manière de Matisse ou à celle de Kandinsky.[2] »

Lue de ce point de vue, *Une vague de rêves* apparaît comme une tentative de récupérer tout ce développement *surréaliste* qui s'est fait à côté de lui, qui est né en dehors de lui. L'écrit automatique n'est pas seul à fournir du déferlement des images. Voyez plutôt :

> « Il y a une lumière surréaliste : celle qui à l'heure où les villes s'enflamment tombe sur l'étalage saumon des bas de soie ; celle qui flambe dans les

1. *Ibid.*, p. 38-39.
2. *Ibid.*, p. 35.

magasins de la Bénédictine et sa sœur pâle dans la perle des dépôts d'eau minérale; celle qui éclaire en sourdine le bureau bleu des voyages aux champs de bataille, place Vendôme; celle qui subsiste tard avenue de l'Opéra chez Barclay, quand les cravates se muent en fantômes; la lumière des lampes de poche sur les assassinés de l'amour. Il y a une lumière surréaliste dans les yeux de toutes les femmes. On vient d'abattre sur le boulevard de la Madeleine un grand morceau de réalisme... »

Quand *Une vague de rêves* parut dans *Commerce* en octobre 1924, les lecteurs de *La Revue européenne* venaient de découvrir dans la première partie du *Paysan de Paris*, publiée entre juin et août, le reportage — il n'y a pas d'autre mot — sur le percement (par la prolongation du boulevard Haussmann) de ce bloc de maisons qui empêchait la jonction avec les grands boulevards, et le rapport entre les deux textes est saisissant :

« Encore quelques pas de ce grand rongeur, et, mangé le pâté de maisons qui le sépare de la rue Le Peletier, il viendra éventrer le buisson que traverse de sa double galerie le passage de l'Opéra, pour aboutir obliquement sur le boulevard des Italiens. C'est à peu près au niveau du Café Louis XIV qu'il s'abouchera à cette voie par une espèce singulière de baiser de laquelle on ne peut prévoir les suites ni le retentissement dans le vaste corps de Paris. On peut se demander si une bonne partie du fleuve humain qui transporte journellement de la Bastille à la Madeleine d'incroyables flots de rêverie et de langueur ne va pas se déverser dans cette échappée nouvelle et modifier ainsi tout le corps des pensées d'un quartier, et peut-être d'un monde. Nous allons sans doute assister à un bouleversement des modes de la flânerie et de la prostitution... »

Aragon se montre ici très proche à la fois de l'attitude romantique face au réel (le Paris en mouvement de Hugo, de Balzac, *Les Mystères de Paris* de Sue) et de cette exploration sociale contemporaine qui eut nom unanimisme. Breton, qui sait comme pas un les liaisons entre tout ce qui a pu s'écrire depuis que le monde est monde, dit de cet Aragon-là :

« Nul n'aura été plus habile détecteur de l'insolite sous toutes ses formes, nul n'aura été porté à des rêveries si grisantes sur une sorte de vie dérobée de la ville (je ne vois que lui qui ait pu souffler à Jules Romains — celui-ci en fait état dans *Vorge contre Quinette* — la prestigieuse fable des 365 appartements à communication clandestine qui existeraient à Paris)[1]. »

Aragon joue de l'ambiguïté du surréalisme — la reprise du mot apollinarien pour désigner l'écriture automatique et la parlerie des sommeils — et met l'accent sur l'équivalence entre la surprise qui jaillit des rencontres inattendues du réel et celle qui surgit des profondeurs de l'inconscient. Il en joue avec l'audace de qui joue sa tête, se servant dans *Le Paysan* des collages, des associations de réclames, dont il conserve

1. *Entretiens, op. cit.*, p. 44.

l'espace typographique autonome, ce qui désarticule le cours de sa prose descriptive. Le terre à terre de la résistance des boutiquiers à l'expropriation se trouve ainsi sensationnalisé. Aragon pousse la leçon d'Apollinaire jusqu'à transformer le récit journalistique en grande prose moderne. Il accède ainsi à un espace d'écriture discontinu, soudain sexué, capable d'allier le naturalisme clinique à la dimension poétique. C'est la compétition avec Breton qui a contraint Aragon à se dépasser.

Le Paysan de Paris ne sera avoué comme roman qu'en 1969, mais Aragon, alors, le rapetisse, en réduit la portée :

> « C'est le roman de ce que je fus en ce temps-là. Où la description est réservée aux lieux, et l'histoire est celle d'un esprit, à partir d'une conception mythologique du monde, vers le matérialisme, qui ne sera point atteint aux dernières pages du livre, mais seulement *promis*[1]... »

Non qu'il n'y ait cette part d'essai, dans le texte même, mais comme précaution, comme masque. La première partie s'organise autour d'une citation de Hegel, répondant alors inusité, qui figure dans le projet de bibliothèque établi en 1922 par Aragon pour Doucet :

> « A plus forte raison, si vous devez Monsieur faire entrer Kant dans votre bibliothèque, y devez-vous recevoir, et ici dans son intégralité, l'homme qui, pour Mallarmé, Villiers de l'Isle-Adam, Jarry, et surtout Dada fut le véritable Messie : Hegel. [...] Nous serions tentés de donner ici un abrégé de cete doctrine qui nous est si familière et dans laquelle se trouvent en germe *Le Coup de dés, L'Ève future,* les *Spéculations* et la Vie de Jacques Vaché. Mais il suffira de rappeler que, pour expliquer les pitreries mêmes de certaines manifestations Dada, c'est à Hegel que s'en sont pris les journalistes les plus bornés[2]. »

Les deux amis avaient sûrement grande envie que Doucet *leur* achète les œuvres de Hegel ! En fait, la citation de Hegel dans *Le Paysan* est traitée comme un collage, à confronter avec une citation parallèle de Kant. Il revient à Hegel d'introduire « la différence des sexes » dans ce passage de l'Opéra où nous apprenons que tant de « promeneuses diverses se soumettent au jugement hégélien »... En revanche, il faut prendre au sérieux la réflexion qu'Aragon porte à cette époque sur Hegel. C'est le début d'une réévaluation intellectuelle et philosophique qu'*Une vague de rêves* atteste à sa manière : il lui faut justifier sur ce plan-là sa démarche romanesque, qui le singularise du groupe. On en a la preuve par une lettre à Jacques Doucet, envoyée durant l'été 1924 de Guéthary où Aragon passe ses vacances chez Drieu la Rochelle et où il se décrit

1. *Je n'ai jamais..., op. cit.,* p. 58-59.
2. Manuscrit Doucet 7207-17.

« sur le sable d'une petite crique déserte, où je partage mon temps, en costume de bain, entre Schelling et Hegel d'une part, et de l'autre la mer[1] ».

S'il est possible — et indispensable — de reconstituer l'amitié fervente entre Breton et Aragon, malgré ou plutôt contre la rupture qui suivit, il est très difficile de parvenir aujourd'hui à se représenter l'amitié assez complice, souvenons-nous de la confidence de Maxime Alexandre, qui exista entre Aragon et Drieu. Vingt ans après ces vacances de Guéthary, Drieu, écrivain de la Collaboration, aura dénoncé publiquement la poésie d'Aragon aux occupants hitlériens. Mais cette connaissance que nous avons de l'avenir ne peut détruire ce qui fut.

Drieu était de quatre ans l'aîné d'Aragon. Ça voulait dire : quatre années de guerre. Il devait faire figure de démobilisé quand ils se rencontrèrent, et il en passe quelque chose dans le personnage d'Aurélien.

« J'étais au P.C.N. avec une femme très charmante, une femme médecin, la première femme de Drieu la Rochelle [Colette Jéramec]. C'est avec elle que j'étais très ami, et c'est ainsi que je suis devenu l'ami de Drieu. »

Et Aragon ajoute pour Dominique Arban :

« Vous prenez Drieu pour un aristocrate, pour la beauté du nom, mais moi, j'ai tout de même vu, par exemple, la colère épouvantable qu'il a piquée le jour où il a appris que Cocteau, ayant su que son oncle était pharmacien quelque part dans un quartier éloigné de Paris, y avait mené des jeunes gens pour leur montrer le nom de Drieu la Rochelle sur la porte. Il était fou[2]. »

Drieu avait collaboré à *SIC*, à *Littérature*. Aragon laisse paraître une certaine fascination devant l'élégance vraie de son aîné, une aisance sociale qu'il ne peut connaître, et j'imagine que le séducteur, « l'homme couvert de femmes », ne pouvait non plus le laisser indifférent. On songe à cette réflexion des manuscrits Doucet :

« Je suis pourri par le goût de séduire. A toute heure, cela me reprend. Il faut que je sonde mes limites. Tout me précipite à quelque nouvelle aventure. Il faut tenter, tenter encore. Je communique à autrui le goût passionné de l'expérience. »

A cette cérébralité, Drieu oppose une espèce de gourmandise sensuelle. Mais il y a chez l'un et l'autre la même interrogation inquiète sur la signification de la vie, de l'action. La poésie était l'affaire commune avec

1. Cité par Garaudy, *op. cit.*, p. 126. — Lionel Follet, *Éléments nouveaux...*, *op. cit.*, p. 223, note qu'Aragon est déjà à Guéthary le 4 août et qu'il y est encore le 21. D'après les lettres à Denise il y était arrivé vraisemblablement bien plus tôt. Il est obligé ensuite de repasser par Commercy et il va y résider de septembre jusque vers la mi-octobre.

2. *Aragon parle*, *op. cit.*, p. 105.

Breton. Le romantisme, c'est plutôt le côté de Drieu. Non que Drieu fût romantique : justement, Aragon voulait l'y rallier. La lettre ouverte à Drieu : *Le romantisme est-il mort ?*, donne le ton de leurs débats :

> « Aujourd'hui, le romantisme s'entend en mauvaise part. Le goût vivace de l'indépendance, on lui a cherché d'autres noms en excuse. Au fond, c'est toujours la même lutte. Et qui voyons-nous que l'on dresse aujourd'hui contre le parti du risque ? A ses ennemis reconnaissez Hercule : le sophiste Maurras les dirige et Judas Moréas est leur porte-drapeau. Non, Drieu, le premier, croyez-m'en, n'a jamais eu de jeunesse, et le second, si on lui fait une gloire politique, c'est d'être un renégat qui fournisse en arguments ceux-là mêmes que la pauvre petite veine romantique de ses vingt ans n'avait pas su émouvoir. Oui, romantique, Moréas le malingre, comme les autres et les plus grands : Bertrand, Nerval, Baudelaire, Rimbaud, Lautréamont, Cros, Nouveau, Apollinaire. Rejetons enfin le domino symboliste, le domino cubiste, le domino Dada. En face de toute convention, une seule force se lève, aux cris de la multitude, et mérite toujours le nom de romantique. Toute autre nomenclature est illusoire[1]... »

Nous sommes en 1924. Au centre du débat, en filigrane, l'accord sur l'ignoble décadence de l'époque, de l'*après*-guerre. La décadence, dit en somme Aragon à Drieu, est classique. Il prévient le goût que marque son ami pour ce classicisme qui sera celui de *Gilles* : un romantisme étranglé, fasciné par une remise en ordre qui prendra, qui prend, dès ces mêmes années, les traits du fascisme. Rien n'est joué encore. Mais Aragon, avec cette stupéfiante prescience qui est souvent la sienne quand il analyse une démarche littéraire, met le doigt sur ce qui, pas mal d'années plus tard, deviendra plaie. Pour l'heure, Drieu est encore très proche de *Littérature*. Sa révolte ne se distingue pas encore de celle des surréalistes. Voici plutôt ce qu'en dit Jacques Baron :

> « Le jeune homme Drieu avait fait la guerre, l'homme faisait l'amour. Dans un même mouvement vers quelque chose d'autre que soi-même. Il avait en même temps la nostalgie d'une patrie étincelante de jeunesse et de beauté. Il nomma la France, il nomma l'Europe, telles qu'il aurait voulu qu'en elles-mêmes l'éternité les changeât. [...] Comme ceux qui ont la mort dans l'âme, il aimait la vie : les mouvements convulsifs du monde contemporain, les battements du cœur, les trouvailles de l'esprit, la tradition occulte de la poésie. En cela, il s'entendait bien avec Aragon et il partageait certaines des curiosités surréalistes. L'amitié, c'est le partage des curiosités. Breton trouvait que Drieu maniait la langue française d'une façon remarquable. Cependant, ils étaient à une certaine distance l'un de l'autre. Breton ne dédaignait pas la vie vécue, mais par parti pris, ou pour toute autre raison, il ne quittait guère sa collégiale. Drieu ne la fréquentait que de loin en loin. Aragon allait et venait avec autant d'agilité d'esprit que de bonne volonté entre l'un et l'autre[2]... »

1. Manuscrit Doucet 7206-6.
2. *L'An I du surréalisme, op. cit.*, p. 167.

La stéréoscopie, bien plus tard, de *Gilles* et d'*Aurélien*... Pour l'heure, en cet été 1924, Aragon se dore au soleil basque de Guéthary. On n'imagine pas qu'il ne parle avec Drieu de Hegel, de Schelling, qu'il ne lui lit ce qu'il écrit : peut-être, déjà, quelque chose de la seconde partie du *Paysan de Paris*, à moins qu'il ne s'agisse des textes perdus de *La Défense de l'infini.* Romantisme ? Classicisme ?

Ce long été à Guéthary prend une place exceptionnelle dans les lettres d'Aragon à Denise dès la première envoyée le lendemain de son arrivée :

> « Oh, vous ne pouvez pas vous imaginer combien j'ai été seul depuis mon départ de chez vous [...]. A Paris, tout se liguait pour me détourner de vous. »

Faut-il croire qu'ils ne se sont pas revus entre octobre 1923 et ce qui doit être juillet 1924 (Aragon est encore à Paris lors du scandale du ballet *Mercure* à la mi-juin) ? Si c'est le cas, comment comprendre que l'exaltation d'Aragon soit soudain à son comble ? A moins qu'une lettre de Denise, ou une rencontre en public, ne lui ait paru promesse...

> « Hier j'ai parlé de vous très longtemps avec Drieu, parce qu'il n'y avait pas moyen de ne pas parler de vous à voix haute [...]. Je vous avais donné le déguisement voulu. [...] Je me suis mis à penser et à dire avant de savoir que je les pensais des choses que je ne m'avouais pas depuis des mois. »

Et voici Aragon qui se prend à faire des projets qui concernent Denise. Oh, certes, il les retire sitôt qu'il les avance, les disant impossibles, mais il les dit, envisage que Denise puisse venir dans les parages. Et tout à trac :

> « Denise, combien est-ce qu'il faut qu'un homme gagne d'argent par mois, au plus juste, pour arriver à vivre avec une femme et que la femme ne s'en aille pas ? Vous devez savoir cela, vous. »

Il avouera à Denise une passade un soir à Biarritz, non sans lui avoir dit que sa question sur l'argent n'était pas une « question en l'air ». Et que la réponse de Denise pouvait « être d'un grand poids en ce moment ». Nous n'en saurons sans doute jamais plus, mais nous pouvons rêver à ce que furent ces conversations avec Drieu au sujet de la vraie Bérénice — sans nul doute la « mystérieuse dame » de Galant dans *Gilles* (« Tandis qu'il racontait ses aventures à tort et à travers, Galant restait mystérieux ») — et à ce qui put en ressortir dans *Aurélien*, conçu à partir d'eux deux. Drieu travaille à *L'Homme couvert de femmes.* Il a rencontré Dora qui va devenir sa passion durant l'automne à Paris. Si Aragon fait des mystères, Drieu lui raconte au contraire tout, et de ce ton qui est le sien quand il parle des femmes dans *Gilles* (Dora et lui « s'étaient trouvés nez à nez à Biarritz dans un ascenseur et il s'était dit : " Voilà une femme qui a envie des hommes, une envie bien directe. " [...] Il s'était dit encore : " Quelles putains, ces Américaines. " »). Et autour de Drieu passe tout un monde, les Berl, les Bergery, les Peignot, Jean Bernier qu'on va retrouver dans les premiers débats avec le PC en 1925, monde où dira Andreu « des flirts, des rencontres se nouent. On couche facilement[1] ». Il cite à propos des relations Aragon-Drieu une pièce inédite de ce dernier, prélude à *Gilles*, où il fait dire au personnage qui incarne Aragon :

> « C'est parce que tu plaisais aux femmes que tu m'as attiré et retenu. J'étais épaté et je voulais t'imiter[2]. »

Là-dessus, voici qu'Eluard rentre des mers du Sud en octobre,

> « comme si de rien n'était [...] alors il m'a mis un petit mot, qu'il m'attendait hier à Cyrano ni + ni −. C'est bien le même à n'en pas douter. Des vacances, quoi[3] »,

commente Breton fort déconfit.

Aragon explique, dans la seule des lettres à Denise qui était jusqu'ici publiée[4] :

> « André démoralisé, heureux de revoir Paul et puis et puis. Et furieux... Moi, Eluard me manquait, on ne peut pas imaginer. Et il ne m'importe guère d'avoir été encore une fois dupé. Je suis décidé à l'être, une fois pour toutes. Tout me retombera toujours dessus et socialement j'aurai toujours tort... Ce n'est pas *là* [souligné par Aragon] que je me flatte enfin d'avoir raison. »

Dans une lettre du lendemain où il dit « j'ai vingt-sept ans aujourd'hui », 3 octobre 1924 donc, il constate :

> « Tout ainsi, par de mauvais chemins, des ornières, me ramène insensiblement à vous. Comme si j'avais besoin d'y être ramené, Denise. »

Cette réapparition d'Eluard se produisit juste avant qu'Anatole France ne s'éteigne. Breton et ses amis sautèrent sur l'occasion : régler son compte à Anatole France permettrait d'oublier définitivement la gêne engendrée par le retour d'Eluard. Pourtant l'initiative d'un pamphlet qui s'intitula *Un Cadavre* ne vint pas d'abord du groupe, mais de Drieu qui finança la chose. On découvre qu'Aragon a écrit son texte dans le train qui le ramenait de Commercy, ce qui signifie qu'il n'est toujours en contact avec le groupe que par lettres comme depuis tout l'été.

Drieu n'est sûrement pas fâché que cette occasion lui fournisse l'occasion de recoller avec le groupe. Anatole France symbolise en effet tout ce que ces jeunes gens retour de guerre détestent en commun. Drieu écrit : « Ce grand-père a bafoué tous ceux que nous aimons parmi nos

1. *Drieu la Rochelle, Journal, op. cit.*, p. 164.
2. *Ibid.*, p. 183.
3. Pierre Naville, *Le Temps du surréel, op. cit.*, p. 74.
4. *Ibid.*

pères ou nos oncles. » La décadence de l'époque, son ignominie vis-à-vis de ces jeunes gens — écoutez Breton :

> « Loti, Barrès, France, marquons tout de même d'un beau signe blanc l'année qui coucha ces trois sinistres bonshommes : l'idiot, le traître et le policier. Ayons, je ne m'y oppose pas, pour le troisième, un mot de mépris particulier. Avec France, c'est un peu de la servilité humaine qui s'en va. Que ce soit fête le jour où l'on enterre la ruse, le traditionalisme, le patriotisme, l'opportunisme, le scepticisme, le réalisme et le manque de cœur ! Songeons que les plus vils comédiens de ce temps ont eu Anatole France pour compère et ne lui pardonnons jamais d'avoir paré les couleurs de la Révolution de son ironie souriante. »

Le texte d'Aragon : *Avez-vous déjà giflé un mort ?*, est le plus long, le plus violent de tous. Mais il se situe exactement dans la ligne de la lettre à Drieu sur le romantisme, et on en déformerait le sens à n'en retenir que l'invective finale :

> « Les conseils municipaux de localités à mes yeux indistinctes s'émeuvent aujourd'hui d'un mort, posent au fronton de leurs écoles des plaques où se lit un nom. Cela devrait suffire à dépeindre celui qui vient de disparaître, car l'on n'imagine pas Baudelaire, par exemple, ou tout autre qui se soit tenu à cet extrême de l'esprit qui seul défie la mort, Baudelaire célébré par la presse et ses contemporains comme un vulgaire Anatole France. Qu'avait-il, ce dernier, qui réussisse à émouvoir tous ceux qui sont la négation même de l'émotion et de la grandeur ? [...] Je tiens tout admirateur d'Anatole France pour un être dégradé. Il me plaît que le littérateur que saluent aujourd'hui le tapir Maurras et Moscou la gâteuse, et par une incroyable duperie Paul Painlevé lui-même, ait écrit pour battre monnaie d'un instinct tout abject la plus déshonorante des préfaces à un conte de Sade, lequel a passé sa vie en prison pour recevoir à la fin le coup de pied de cet âne officiel. [...] Certains jours, j'ai rêvé d'une gomme à effacer l'immondice humaine... »

Ironie de l'avenir politique : Aragon place en exergue à l'année de la mort de Lénine cette insulte à Moscou, qui n'est d'ailleurs pas la mieux venue du texte[1]. Mais, lu dans son ensemble, ce règlement de comptes a de l'allure. On ne peut qu'approuver Aragon de dénoncer la petite imposture de la *Notice sur Sade*, écrite en 1881, préface à *Dorci ou les Bizarreries du sort.* Et puis, Anatole France n'est ainsi traité que pour ce qu'il représente du vieux monde :

1. Victor Crastre (*Le Drame du surréalisme,* les Éditions du temps, Paris, 1963) rappelle que « la publication du pamphlet contre Anatole France, contre sa mémoire, fut la première manifestation d'une activité commune aux Surréalistes et aux Clartéistes ». Ces derniers, sous la houlette de Barbusse, étaient proches du parti communiste. Crastre suppose que la foucade d'Aragon était une manière de prendre ses distances. Nous verrons dans le chapitre suivant la discussion qui s'ouvrit à ce propos entre Aragon et *Clarté.*

> « Je me tiens aujourd'hui au centre de cette moisissure, Paris, où le soleil est pâle, où le vent confie aux cheminées une épouvante et sa langueur. Autour de moi, se fait le remuement et misérable, le train de l'univers où toute grandeur est devenue l'objet de la dérision... »

Révolte grondante et sans frein, impatience intolérable. C'est bien le temps du *Manifeste du surréalisme*, publié un mois plus tard.

6.

La révolution surréaliste

Le surréalisme est-il le communisme du génie ?
Papillon surréaliste.

La première partie du *Paysan de Paris,* qu'elle ait été conçue comme une provocation contre les nouveaux venus du groupe ou qu'elle en ait pris la signification après coup, a finalement été acceptée. Breton n'y est pas pour rien. Aragon nous en fait expressément confidence en 1969 :

> « On juge trop facilement A. B. sur l'extérieur : cet air de chef, et l'aspect *majoritaire* de son comportement. En fait, il avait de brusques sursauts contre une interprétation automatique de sa pensée, la vérité semblait-il entre nous établie. »

Aragon va même plus loin :

> « A. B. en avait-il conscience ? Il semble m'avoir alors poussé dans cette voie, un réalisme surréaliste. Mais, plus tard, la rupture entre nous m'entraîna à choisir la voie *socialiste* du réalisme [1]... »

Breton n'étant plus là pour donner son avis, il nous faut nous reporter à ce qui fut publié alors : or, l'original du *Manifeste du surréalisme* pourrait accréditer ce que dit Aragon. *Poisson soluble,* qui suit le manifeste proprement dit, prend valeur d'exemple. Ce qui, joint à la façon dont Breton domine de très haut les discussions que nous venons de passer en revue, a l'air d'une réhabilitation de la littérature. Au demeurant, le livre de Breton est un livre d'écrivain. La quête du merveilleux, du sur-réalisme, sinon du réalisme surréaliste, peut s'en trouver autorisée.

1. *Je n'ai jamais appris..., op. cit.*, p. 57-58.

Comment isoler du *Manifeste* ce qui a trait au débat, en essayant de ne pas trop disloquer le rythme de cette prose admirable ?

« Tant va la croyance à la vie, à ce que la vie a de plus précaire, la vie *réelle* s'entend, qu'à la fin cette croyance se perd. [...]
Chère imagination, ce que j'aime surtout en toi, c'est que tu ne pardonnes pas. Le seul mot de liberté est tout ce qui m'exalte encore. Je le crois propre à entretenir, indéfiniment, le vieux fanatisme humain. Il répond sans doute à ma seule aspiration légitime. Parmi tant de disgrâces dont nous héritons, il faut bien reconnaître que la *plus grande liberté* d'esprit nous est laissée. A nous de n'en pas mésuser gravement. Réduire l'imagination à l'esclavage, quand bien même il y irait de ce qu'on appelle grossièrement le bonheur, c'est se dérober à tout ce qu'on trouve, au fond de soi, de justice suprême... »

Quand paraît le *Manifeste,* Breton et Aragon ont été chassés de chez Doucet à cause d'*Un cadavre.* Alors que jusque-là, ils avaient pu se faire les dents sur tout ce qu'il y avait de sacré, Barrès et même le Soldat inconnu, toucher à Anatole France, en cette fin de 1924, ce n'est pas la même chose. Ils ne peuvent tout de suite délimiter cet interdit ni découvrir sa nature politique. C'en est fini des années folles de l'après-guerre. La France découvre qu'elle a perdu sa prééminence économique. Elle a été saignée. Doucet leur inflige cette leçon que tout se tient.

« Le dernier fil par lequel nous tenions encore — en dépit de toute restriction mentale — à un monde croulant, ce dernier fil, dit Breton, vient de céder. C'est à quelques jours de là que paraît le *Manifeste du surréalisme.* Il doit être situé dans cette atmosphère de tension. Tous ceux de qui va dépendre l'essor du mouvement durant des années au moins, auront renoncé à s'insérer dans une structure sociale qu'ils condamnent. A quelques difficultés que cela les expose, ils se reconnaîtront à ce qu'ils vont les mains libres[1]. »

La rupture avec Doucet nous vaut une lettre de Drieu la Rochelle adressée au vieil homme le 6 décembre, qui est la plus significative de l'intimité de ses rapports avec Aragon en cette année 1924 :

« Vous et moi, Monsieur, nous sommes dans le siècle, Louis Aragon n'y est pas. Il a prononcé des vœux qui l'en excluent [...]. Il est parmi nous pour animer un autre ordre que le nôtre. De cet ordre profond et essentiel, mais invisible et irréalisable, naît et renaît sans cesse le nôtre, qui tire ses beautés sensibles de cette origine improbable qu'il renie selon la loi implacable et vivante de l'ingratitude. Vous avez vécu, Monsieur, vous avez su vivre dans tous les détours du siècle, et c'est pour cela que vous reconnaissez que toute cette réalité en maintient son apparence que parce quelque part, hors d'elle, on croit à l'absolu. La méditation perpétuelle de l'absolu fait à Louis Aragon et à quelques autres des paupières crispées [...]. Les meilleurs d'entre nous — ceux qui, comme vous, ont le droit de s'agenouiller en

1. *Entretiens, op. cit.,* p. 104.

perspicaces donateurs aux pieds de figures divines — se tiennent à mi-chemin entre le relatif dont ils sont maîtres et l'absolu qui dépend des autres. Et la seule façon qui leur est permise d'ironiser avec l'Absolu, c'est de lui permettre de vivre selon les lois du Relatif.
Les rois sages ont toujours nourri les moines fous[1]. »

Il faut cependant considérer, comme le précise Breton, que « la vie d'alors était, sous de tels rapports, plus accommodante que celle d'aujourd'hui ». On demeure étonné, par exemple, que les attaques contre *Un cadavre* n'aient pas atteint les journaux littéraires. *Les Nouvelles littéraires* se bornent à faire silence et continuent de publier les communiqués du mouvement. Sous la signature de Léon-Pierre Quint, *Le Journal littéraire* — où, il est vrai, travaille Soupault — prend acte du pamphlet et de son pari que, dans dix ans, le nom d'Anatole France sera complètement oublié. « Nous donnons rendez-vous aux auteurs du *Cadavre* et à nos lecteurs le 25 octobre 1934... » Le journal ne durera pas jusque-là. Mais, en ce même automne, on voit Soupault y interviewer J.-J. Brousson, l'auteur d'*Anatole France en pantoufles,* et Benjamin Péret faire de même avec Émile Henriot. La rupture avec ce monde littéraire est donc loin d'être totale.

Ce qui est vrai, en revanche, c'est que le mouvement s'est radicalisé. La création d'une nouvelle revue, *La Révolution surréaliste,* dirigée par Pierre Naville, le plus jeune du groupe, il est né en 1904, et Benjamin Péret — « les plus rebelles à toute concession » —, la prise en main d'un *Bureau de recherches surréalistes* par Antonin Artaud, lui aussi tout nouvel adhérent, mais né en 1896, qu'André Breton dépeint

> « possédé par une sorte de fureur qui n'épargnait pour ainsi dire aucune des institutions humaines, mais qui pouvait, à l'occasion, se résoudre en un rire où tout le défi de la jeunesse passait »,

marquent de façon éclatante cette tendance à l'attaque « sans retenue de ce que nous ne pouvions pas souffrir ».

Le passage de l'Opéra est démoli, et le groupe se réunit désormais au Cyrano, place Blanche, tout à côté du 42 rue Fontaine où habite Breton. C'est un moment de vie communautaire intense.

Le changement, à l'intérieur du mouvement, ne résulte plus de nouvelles découvertes, mais du raisonnement théorique : c'est la prise de conscience — en réfléchissant à partir de Freud — qu'il faut en finir avec la coupure entre « les forces dites de raison et les passions profondes ». D'où la devise du premier numéro de *La Révolution surréaliste,* reprise d'*Une vague de rêves* : « Il faut aboutir à une nouvelle déclaration des droits de l'homme. » Tout cela converge vers l'idée neuve qu'une *révolution* intellectuelle est en cours. Picasso ou Apollinaire ne s'étaient pas souciés de réaliser une révolution. Le mouvement surréaliste, si. C'est là sans doute une des conséquences de l'impact enregistrable de la

1. Cité par François Chapon : *Mystères et splendeurs de Jacques Doucet 1853-1929,* p. 307.

révolution d'Octobre. En 1924 — avec un certain retard dans l'information — on commence à populariser en France la littérature et les arts soviétiques des années vingt. Vladimir Pozner donne un portrait de Maïakovski dans *Le Journal littéraire,* et surtout *Clarté,* la revue fondée par Barbusse, prospecte systématiquement ces nouveautés. Sous l'influence de ses rédacteurs en chef, Jean Bernier et Marcel Fourrier[1], c'est une revue qui couvre les domaines politique et culturel, avec tenue et passablement de largeur d'esprit. Les surréalistes n'ont guère d'estime pour Barbusse, passé d'un symbolisme larmoyant au *Feu* et à des prophéties grandiloquentes. Un « écrivain frelaté », dit Breton, mais il a de la sympathie pour *Clarté.*

Dans le numéro du 15 novembre 1924, Bernier écrivit un article nuancé sur *Un cadavre,* relevant l'expression « Moscou la gâteuse », mais s'efforçant de n'y voir qu'une « étourderie véritablement plus comique qu'odieuse ». Ce qui conduisit Aragon à lui répondre, en forçant sur l'aspect romantique de la querelle :

> « Mon cher Bernier, il vous a plu de relever comme une incartade une phrase qui témoignait du peu de goût que j'ai du gouvernement bolchevique, et avec lui de tout le communisme. Vous savez pourtant assez que *l'étourderie* n'est pas mon fort. [...] Si vous me trouvez fermé à l'esprit politique, et mieux, violemment hostile à cette déshonorante attitude pragmatique qui me permet d'accuser au moins de modérantisme idéal ceux qui à la fin s'y résignent, c'est, vous n'en pouvez douter, que j'ai toujours placé, que je place l'esprit de révolte bien au-delà de toute politique. Qu'avez-vous fait au bout du compte, fameux hommes d'action, si fiers de ne pas vous embarrasser des moyens, depuis que le monde est monde ? La révolution russe, vous ne m'empêcherez pas de hausser les épaules. A l'échelle des idées, c'est au plus une crise ministérielle. Il siérait vraiment que vous traitiez avec un peu moins de désinvolture ceux qui ont sacrifié leur existence aux choses de l'esprit. »

Mais voici qui est plus direct, qu'on interprétera *politiquement,* par la suite, pour l'opposer à l'évolution d'Aragon, alors qu'il s'agit à nouveau d'une profession de surréalisme, dans le sens même du *Manifeste* de Breton. Aragon poursuit là, en fait, la même sorte de prosélytisme que

1. Jean Bernier (1894-1975), auteur de récits de guerre et de poèmes, dirigeait la partie littéraire de *Clarté* depuis 1923, sans être membre du PC. Il est pourtant « le communiste » dans les relations de son ami Drieu la Rochelle et c'est ainsi qu'il a rencontré Aragon à Guéthary en 1924, ce qui explique le ton que prend Aragon avec lui. Il passera après 1928 dans l'opposition communiste aux côtés de Boris Souvarine, mais fut aux côtés de Drieu durant la Deuxième Guerre mondiale. Marcel Fourrier (1895-1966), lui, était membre du PC, néanmoins chargé de réorganiser *Clarté* en 1922, il avait veillé à lui ménager une certaine indépendance vis-à-vis du parti. Il s'éloignera du PC au temps des procès de Moscou, participera à la Résistance et dirigera après la Libération un des quotidiens issus de celle-ci, *Franc-Tireur.* Tous deux appartiennent à la génération des fondateurs du surréalisme.

dans *Une vague de rêves,* mais cette fois en faveur de l'attitude surréaliste elle-même :

> « Je tiens à répéter dans *Clarté* même que les problèmes posés par l'existence humaine ne relèvent pas de la misérable petite activité révolutionnaire qui s'est produite à notre Orient au cours de ces dernières années. J'ajoute que c'est par un véritable abus de langage qu'elle peut être qualifiée de révolutionnaire. La terreur, croyez-le, mon cher Bernier, je sais de quoi je parle. Il ne m'arrivera pas de me prémunir contre l'éventualité d'un gouvernement communiste en France. Je ne m'appuie ni sur le futur brouillon, ni sur un présent infâme. [...] Mes yeux sont fixés sur un point si lointain que personne ne me pardonnera jamais ma prétention dérisoire... »

Bernier, dans une réponse à nouveau modérée, oppose son matérialisme *enragé* à ce qu'il appelle l'idéalisme philosophique d'Aragon :

> « Nous retrouvons là un peu de ce vivace conflit que Péguy formulait à sa manière en dressant la mystique contre la politique. Toutes réserves faites sur le mystère de l'avenir, nous touchons là une bonne part de notre drame. »

Marcel Fourrier se montre moins politique et plus incisif :

> « Cela nous situe les uns et les autres. Aragon, anarchiste pur, se cantonne volontairement sur le plan culturel. Il combat la culture bourgeoise du dedans. Il préfère rester dans son camp, plutôt que de se joindre aux ennemis du dehors. Nous, sur le plan culturel, comme sur tous les autres, nous avons rompu les ponts. Avant tout l'action de classe importe, qui, en bouleversant l'édifice du monde bourgeois, permettra une transmutation des valeurs humaines totale. »

Dans le numéro 2 de *La Révolution surréaliste*, Aragon va répondre à nouveau, et voici que, sortant de la polémique un peu courte du début, il est conduit à analyser son métier, son statut social d'écrivain, et s'avance en défricheur sur ces questions fondamentales :

> « Péguy pour l'un, bourgeois pour l'autre, me voilà bien nanti. Et qu'êtes-vous tous deux, que des littérateurs bourgeois ? Les ponts rompus, prenez garde à l'abus de l'image. Le matérialisme, que vous opposez enfantinement à l'idéalisme, ne permet l'abandon de rien, pas même de cette culture que l'ignorance seule vous fait attribuer aux bourgeois. Et c'est par là où elle vous manque, que vous vous croyez des prolétaires, que vous tâchez d'entretenir cette abominable distinction entre les hommes, vous les apôtres de l'égalité. Une insuffisance de syntaxe et de vocabulaire ne saurait suffire à vous ranger parmi les ouvriers... »

On n'échappe pas par décision politique au statut de littérateur bourgeois, parce que la culture n'est pas affaire de volonté. Aragon a alors très fort le sentiment — et l'expérience en a confirmé depuis la justesse — que la révolution d'Octobre n'a pas modifié la culture. Elle a bouleversé les conditions de diffusion des connaissances, bouleversé l'exposé de ces connaissances, mais, finalement, les valeurs culturelles « bourgeoises » ont régné, avec le stalinisme, sous des masques prolétariens. N'oublions pas que cette discussion commence en 1924, en un temps où la compréhension même de la culture est humaniste et non anthropologique. Ce divorce sur la culture est occulté par la polémique politique, mais il va être le point de départ de l'évolution *politique* d'Aragon. Quant à la polémique même, elle est romantique. On s'en douterait : il ne s'est encore écoulé que trois mois depuis *Un cadavre* :

> « Nous sommes quelques-uns qui ne laisseront pas recommencer au profit d'un parti politique l'escamotage de 1830. Vous ne volerez pas le peuple le jour où il y aura du sang dans la rue. [...] Les véritables révolutionnaires seront là pour vous en empêcher. Ils vous demanderont le compte de toute votre vie, ils descendront armés dans vos consciences, et c'est au grand jour, dans la clarté de la terreur, que seront jugés politiciens et matérialistes, tous ceux qui [...] auront réduit aux proportions d'une simple crise légale la cause illimitable de la révolution... »

C'est publié dans le même numéro de *La Révolution surréaliste* que l'enquête sur le suicide :

> « On vit, on meurt. Quelle est la part de la volonté en tout cela ? Il semble qu'on se tue comme on rêve. Ce n'est pas une question morale que nous posons ! *Le suicide est-il une solution ?* »

Le glissement de sens subi par le mot « surréalisme » commence ici d'apparaître. De méthode pour accéder à l'inconscient poétique, le terme s'est mis à désigner l'attitude d'esprit du groupe qui pratique cette méthode, sa révolte — et tout cela fut probablement stimulé par le nouveau titre de *Révolution surréaliste.* On le remarque en clair dans le fameux appel :

> « OUVREZ LES PRISONS. LICENCIEZ L'ARMÉE. IL N'Y A PAS DE CRIMES DE DROIT COMMUN : ne redoutons pas d'avouer que nous attendons, que nous appelons la catastrophe. La catastrophe ? ce serait que persiste un monde où l'homme a des droits sur l'homme. »

Aragon est fidèle à cette pensée collective du groupe, si bien qu'il ne faut pas prendre pour des outrances personnelles tel ou tel aspect de ses réponses. La révolte est bel et bien *sans retenue.*

Une *Déclaration* du groupe, dite du 27 janvier 1925, est à cet égard très explicite :

> « 1° Nous n'avons rien à voir avec la littérature ; mais nous sommes très capables, au besoin, de nous en servir comme tout le monde.

2° Le *surréalisme* n'est pas un moyen d'expression nouveau ou plus facile, ni même une métaphysique de la poésie ; il est un moyen de libération totale de l'esprit

et de tout ce qui lui ressemble.

3° Nous sommes bien décidés à faire une Révolution.

4° Nous avons accolé le mot de *surréalisme* au mot de *Révolution* uniquement pour montrer le caractère désintéressé, détaché, et même tout à fait désespéré de cette révolution.

5° Nous ne prétendons rien changer aux mœurs des hommes, mais nous pensons bien leur démontrer la fragilité de leurs pensées et sur quelles assises mouvantes, sur quelles caves ils ont fixé leurs tremblantes maisons.

. . . .

Le *surréalisme* n'est pas une forme poétique.

Il est un cri de l'esprit qui se retourne vers lui-même et est bien décidé à broyer désespérément ses entraves,

et au besoin par des marteaux matériels[1]. »

Ce texte est signé Louis Aragon, Antonin Artaud, Jacques Baron, Joë Bousquet, André Breton, René Crevel, Robert Desnos, Paul Eluard, Max Ernst, T. Fraenkel, Michel Leiris, Georges Limbour, Mathias Lubeck, Georges Malkine, André Masson, Max Morise, Pierre Naville, Marcel Noll, Benjamin Péret, Raymond Queneau, Philippe Soupault, Roland Tual. Cette liste donne une idée de la vitalité du mouvement, de son recrutement parmi les jeunes écrivains et peintres.

Clarté continue de suivre avec attention la vie des surréalistes. Dans son numéro de janvier 1925, la revue commente l'enquête sur le suicide avec une certaine bienveillance, tout en lui opposant ses propres conceptions :

« Il serait vain d'esquisser l'image d'une " culture prolétarienne " ou d'un " art prolétarien ". Pas de culture nouvelle, pas d'art nouveau sans révolution ; les anticipations les plus audacieuses ne peuvent être que pures œuvres d'imagination. Il n'y aura pour nous et pendant longtemps qu'une littérature de combat possible, quelle que soit la forme que prenne cette littérature. Mais cette activité pour certains si dérisoire (nous n'avons pas le choix des moyens), c'est elle qui nous sauvera d'un pessimisme sans issue. »

Les divergences sont fondamentales, mais le dialogue n'est pas rompu. Il se poursuit dans le numéro de mai par un long article de Victor Crastre sur *l'Explosion surréaliste*, qui esquisse un rapprochement :

« Telle est l'essence du surréalisme : haine et mépris de la réalité ; haine, mépris exacerbés par les événements du dernier quart de siècle. *Négateurs* absolus, ce que les surréalistes craignent par-dessus tout, c'est que l'on accepte leur tentative comme un jeu dans le goût de certains essais néo-dadas. [...]

Lors de la mort d'Anatole France, ce n'est pas vain hasard si les rédacteurs d'*Un cadavre* et ceux de *Clarté* ont découvert un objectif commun ; là-bas

1. *Documents surréalistes,* réunis par Maurice Nadeau, Éditions du Seuil, 1948, p. 42.

comme ici était apparu nécessaire ce funèbre jeu de massacre. Ces colères, ces révoltes, elles sont les points de contact entre la plupart des surréalistes et nous autres, points de contact que nous ne découvrons aussi marqués avec aucun autre groupe littéraire actuellement vivant. Un désir passionné de démolition, tel est bien le mobile essentiel du surréalisme et ce désir n'existe pas ailleurs. C'est ce que nous devions dire ici. »

Ce texte ne pouvait qu'être reçu avec intérêt par les surréalistes. Il prend acte de ce qu'ils sont. On en a, au même moment, une illustration par la conférence qu'Aragon donne le 18 avril 1925 à la Maison des étudiants de Madrid, conférence qui ne sera publiée qu'en juillet dans *La Révolution surréaliste* :

« Si vous me demandez ce qui marque cette année par laquelle le siècle coud l'un à l'autre ses deux premiers quarts [...], je vous dirai que c'est au sein même du surréalisme, et sous son aspect, l'avènement d'un nouvel esprit de révolte, un esprit décidé à s'attaquer à tout. [...] C'est dans l'amour, c'est dans la poésie que la révolte éternellement prend naissance. Croyez-vous oui ou non à la force infinie de la pensée ? [...]
Et d'abord, nous ruinerons cette civilisation qui vous est chère, où vous êtes moulés comme des fossiles dans le schiste. Monde occidental, tu es condamné à mort. Nous sommes les défaitistes de l'Europe. [...] Toutes les barricades sont bonnes, toutes les entraves à vos bonheurs maudits. Voyez comme cette terre est sèche et bonne pour tous les incendies. On dirait de la paille. »

Et, pour conclure, ceci dont on fera souvent usage par la suite contre Aragon, hors du contexte bien entendu :

« Riez bien. Nous sommes ceux-là qui donneront toujours la main à l'ennemi. »

Le clivage au sein du mouvement surréaliste, qui va très bientôt devenir perceptible, ne se fait pas sur cette volonté de destruction, quoique Breton semble alors demeurer un peu en retrait. Eluard, ce printemps-là, lance : « Il n'est pas d'ordre révolutionnaire. Il n'est que désordre et folie[1]. » C'est la question posée par *Clarté* sur l'impossibilité de produire un art nouveau avant la révolution — l'impossibilité, à la limite, du surréalisme, même si ce dernier se défend d'être un moyen d'expression — qui va déclencher un processus de remaniement, puis d'exclusions. Naville partage en gros le point de vue *Clarté*. Il nie dans le numéro 3 de *La Révolution surréaliste* (en avril) qu'il puisse y avoir des peintres surréalistes. Parce qu'il laisse la littérature hors du débat et que la peinture peut passer pour une expression plus directe, spontanée, naïve, de « la libération totale de l'esprit » par le surréalisme, le problème paraît décisif aux yeux de Breton. Naville partant pour les armées, il en profite

1. *La Révolution surréaliste*, n° 3.

pour prendre la direction de la revue. Le premier numéro qu'il assume — le n° 4, paru en juillet — entend démontrer qu'il y a une peinture surréaliste en publiant *Les Demoiselles d'Avignon* de Picasso, une toile cubiste de 1913 : *L'Étudiant*, et la grande *Danse* que le peintre vient tout juste d'achever. Cette « preuve par Picasso » ne pouvait porter ses fruits qu'à longue échéance. Elle est surtout significative d'une reconnaissance du rôle de l'art au moment où une révision des positions du surréalisme vis-à-vis de la politique vient d'être déclenchée par un événement de première grandeur : la guerre du Maroc, c'est-à-dire une nouvelle guerre, après la « grande » qui devait être la dernière de toutes, la « der des der ». Et une nouvelle guerre déclenchée par la France.

Là-dessus, il ne faut pas prendre nos jeunes gens pour des révolutionnaires à plein temps, ascétiques et vivant comme des ouvriers. Pierre Naville racontant à Denise, le 6 décembre 1924, l'impression à Alençon du premier numéro de *La Révolution surréaliste* nous apporte les correctifs nécessaires, n'oublions pas qu'une voiture est encore une rareté[1] :

> « Nous avons travaillé un jour et demi à l'imprimerie (Aragon et moi), les autres bien sûr au café. Nous sommes repartis ce matin à huit heures et nous avons eu trois pneus crevés [...]. Merci pour la belle automobile, je l'aime bien, elle est plus belle que celle dans laquelle nous avons été à Alençon, toute crottée et les pneus usés, avec dedans Aragon qui a une chemise noire, une casquette en peau et un grand cache-nez en laine jaune citron, Breton qui a un chandail vert jade, une cravate rouge, chemise noire et casquette, et Morise une chemise bleue et un monocle. »

Si Aragon montre déjà le goût pour le travail au marbre qui sera le sien toute sa vie, il est aussi le plus dandy de tous. Pierre Naville m'a raconté comment Aragon, qui s'était pris d'un vif intérêt pour lui, le conduisit un jour dans sa famille à Neuilly — ce qu'il ne faisait jamais avec les autres. Il se montra d'une désinvolture forcée en face notamment de son « tuteur » qui se trouvait là, mais amena Naville dans sa chambre pour lui faire admirer sa collection de cravates, des centaines. Cela plusieurs mois avant qu'il ne rencontre Nancy Cunard.

Contradictoirement, Aragon savait — ce à quoi peu de gens alors prêtaient attention — que Boris Souvarine venait d'être exclu de l'Internationale communiste pour non-conformisme. « Et, me raconta Pierre Naville, il voulut à toute force me conduire chez Souvarine pour que je fasse sa connaissance. » Naturellement, Aragon oublia plus tard cet intérêt pour un opposant à l'orthodoxie communiste, même lorsque dans son grand âge il commença de rétablir diverses parties de sa biographie gommées jusque-là.

C'est vers ce moment que finit le rêve qu'Aragon avait nourri avec Denise. Du fait de Denise et, semble-t-il bien, de sa rencontre avec Pierre

1. *Le Temps du surréel, op. cit.*, p. 105.

Naville, dont Aragon ne pouvait manquer d'être informé puisqu'il est très proche du jeune homme, pratiquement depuis son entrée dans le groupe au printemps 1924 et il a présenté ses *Reines de la main gauche* dans le numéro d'août de *La Revue européenne.* Encore que les dernières lettres à Denise ne soient pas datées, elles renvoient à la période qui s'ouvre avec le vingt-septième anniversaire d'Aragon, 3 octobre 1924 et voit la naissance de *La Révolution surréaliste* dont il utilise le papier à en-tête. A chaud, ou presque, dans *Le Songe du paysan*, qui date du début 1926, il dit déjà de Denise (évidemment non nommée) qu'elle appartient au passé, mais en des termes qui sonnent assez étrangement :

> « Je l'ai aimée à ma façon de ce temps-là, comme il m'était possible. »

Dans ses explications sur *Aurélien* de 1961, à Francis Crémieux, il précisera :

> « L'impossibilité du couple est le sujet même d'*Aurélien* [...]. Le sujet du livre est l'impossibilité du couple précisément du fait que la femme, elle, a eu une certaine continuité de pensée malgré la guerre, à cause de la continuité de sa vie sans l'entr'acte des tranchées, et qu'elle est de ce fait même à un autre stade de pensée qu'Aurélien[1]. »

Denise a en effet vécu la guerre en Alsace allemande. Et sans nul doute, un peu plus âgée qu'Aragon, voyait-elle en effet la vie autrement que lui dont l'adolescence avait été en quelque sorte prolongée par la longue mobilisation jusqu'en 1919. Il est significatif que ce soit devant elle qu'il s'interroge sur la possibilité matérielle de vie d'un couple.

Mais la vraie clé n'est-elle pas dans ce qu'Aragon révèle en 1966 ? insistant sur le fait que Bérénice avait

> « la passion de l'absolu. Cela oui, et je n'étais, et nous n'étions, *tous les Aurélien* [souligné par Aragon], pas pour elle l'absolu[2] ».

A ne pas prendre seulement politiquement, comme le suggère Aragon, car la fin de la correspondance en ces derniers jours de 1924 ressemble à un appel au secours dans un aveu un jour qu'il est entré dans la chambre de Pierre Naville, et qu'il y a vu deux photos de Bérénice par Man Ray, ce qui lui fait dire aussitôt qu'il écrit « dans un désordre moral absolu » :

> « Denise, personne ne m'aime, ne m'aime, entendez-vous ? »

Et de se demander :

> « qu'est-ce qui me rend si lâche avec l'existence ? »,

1. Repris dans : *Voici le temps enfin qu'il faut que je m'explique...*
2. *Ibid.*, p. 15.

pour oser répondre :

> « Denise, c'est peut-être que moi je vous aime pourtant. Denise mon amour. Ah, vous voyez comme je suis fou et stupide. »

Denise a-t-elle deviné l'ambiguïté sexuelle qui l'empêche de répondre, dans l'amour, à son goût de l'absolu ? Comment n'aurait-elle pas senti qu'Aragon ne pouvait l'aimer qu'à sa « façon de ce temps-là », comme il lui était « possible » ? C'est lui qui s'efface :

> « Promettez-moi que vous détruirez cette lettre, qu'il ne vous en reste ensuite qu'un vague sentiment, comme d'un rêve. »

Il confie encore à Denise sur papier de *La Révolution surréaliste* :

> « Tout au plus mal, oui. L'argent, le temps, Doucet [qui, on s'en souvient, leur coupe les vivres], mes amis, moi-même. »

Et sans qu'on puisse dater, tout à trac, après sans doute une rencontre à Paris :

> « Qu'ai-je fait qui vous ait tant déplu ? [...]. Denise, il ne faut pas me faire peur. Je vous jure que j'ai atrocement peur. »

Et quand elle se sera éloignée pour de bon :

> « Vous n'avez pas pâli à travers les mois, la distance. Petite Denise aux yeux clairs. »

A ces échanges de correspondance et de brèves rencontres chastes qui auront duré moins de dix-huit mois, il y aura des post-scriptum de divers ordres dans *La Défense de l'infini*, sans doute un dans la crise de 1925 comme nous le verrons, puis dans *Aurélien*, mais aussi dans *Blanche ou l'oubli*, pratiquement donc toute la vie d'Aragon durant, jusqu'à la mort de Denise.

CHAPITRE V

DE « L'AMIE ÉCLATANTE ET BRUNE » A NANCY CUNARD

Ah l'ignorant que je faisais Où donc avais-je avant les yeux
On quitte tout pour une femme et tout prend une autre envergure
Tout s'harmonise avec sa voix La femme c'est le Merveilleux
Tout à ses pas se transfigure.

ARAGON, *Le Roman inachevé.*

1.

La Dame des Buttes-Chaumont : prélude

Trois ans nous nous sommes cherchés mon Amie éclatante et brune
Aux soirs d'éclipse elle m'était le soleil ensemble et la lune
Et son parfum m'est demeuré longtemps dans les Buttes-Chaumont.

Le Roman inachevé.

Aragon se raconte toujours comme s'il était né adulte et totalement maître de soi en face des femmes. Il est frappant que toute cette succession de groupes auxquels il a appartenu depuis sa rencontre avec Breton : *Littérature*, Dada de Zurich comme de Paris, et bien sûr le surréalisme, jusqu'à cette année 1925 où nous sommes parvenus, soient des affaires de garçons — pas de pédérastes, comme le voulait Claudel —, de jeunes gens. Les femmes n'y sont jamais mêlées. Aucune dans le groupe. On devine parfois les épouses à l'horizon, celle de Soupault qui est libraire, celle de Breton, mais guère autrement que comme maîtresses de maison silencieuses. Il faudra attendre la publication des mémoires de Naville en 1977, *Le Temps du surréel*, pour prendre connaissance des poèmes que Breton dédia à Denise (encore Lévy) en 1923, de même que le rôle de Simone et de Denise dans le groupe, *Aurélien* n'en laissant rien paraître, plaçant Bérénice significativement hors du groupe. L'absence de poèmes d'amour chez ces poètes — Eluard excepté — est sans doute une conséquence, à l'époque, des interdits jetés contre le lyrisme, mais il est remarquable que ces interdits seront de plus en plus tournés — et même retournés — à mesure que ces jeunes gens vont atteindre et dépasser la trentaine, se faire réellement adultes.

Si le surréalisme est aujourd'hui inséparable de *L'Amour fou*, il faut rappeler que Breton publia ce livre à quarante et un ans, en 1937, et que son premier grand poème d'amour, *L'Union libre*, date de 1931. Les prises de position du mouvement sur l'amour et la sexualité ne datent que de la fin 1927. Il a fallu attendre toute une maturation psychologique chez une génération que la guerre avait très tôt déniaisée, mais également maintenue dans une adolescence prolongée.

Ce monde parisien d'il y a cinquante ans, malgré son évidente modernité, malgré les expériences, les conquêtes, les témoignages de liberté sexuelle que les surréalistes et aussi de jeunes intellectuelles nous ont légués, demeure, pour ce qui est de la vie sexuelle, sur le versant du XIXe siècle. Les confidences des surréalistes ressemblent à celles de Stendhal, de Delacroix ou de Mérimée. Un horizon de passades et de bordel, où l'on se repasse volontiers les partenaires ; où la révélation de l'entente sexuelle paraît à plus d'un tenir du miracle. On trouvera parmi eux des filles de qualité « sorties » de maison par un amoureux ébloui et qui feront carrière dans le monde. L'une d'elles est entrée dans la littérature dans le sillage de ses compagnons. Pour la situer aux lisières de l'enquête que je mène, je rappellerai qu'un de ceux qui la connurent la dote d'un visage expressif et parisien, avec un sourire d'ange gourmand. Présentée un jour lors d'un déjeuner à Aragon et à Drieu ; ce dernier, à la sortie de table, ne se retiendra pas de confier à Aragon qu'il l'a déjà rencontrée ailleurs... Telle quelle, elle déchaînera une grande et violente passion, ce qui vaudra à la poésie un chef-d'œuvre [1]. Nous sommes très loin du « sauvetage social » romantique auquel aspirait Auguste Comte. C'est la reconnaissance du droit à l'amour physique, et ce dernier s'exprime alors naturellement hors de toutes convenances.

Ajoutons la difficulté de cette société masculine, et qui s'en flatte (les surréalistes sont ici dans le rang), à vraiment saisir la condition des femmes. Nous possédons au moins un repère sur la pensée des surréalistes à ce sujet. Il s'agit de la protestation publiée dans *La Révolution surréaliste* d'octobre 1927 : *Hands off Love* — Bas les pattes devant l'amour ! — pour prendre la défense de Charlie Chaplin accusé de cruauté mentale par son épouse du moment :

> « Il est assez monstrueux de songer que s'il existe un secret professionnel pour les médecins, secret qui n'est après tout que la sauvegarde de la fausse honte et qui pourtant expose ses détenteurs à des répressions implacables, par contre, il n'y a pas de secret professionnel pour les femmes mariées. Cependant, l'état de femme mariée est une profession comme une autre à partir du jour où la femme revendique comme due sa ration alimentaire ou sexuelle. Un homme que la loi met dans l'obligation de vivre avec une seule femme n'a d'autre alternative que de faire partager les mœurs qui sont les siennes à cette femme ; de se mettre à la merci de cette femme. Si elle le livre à la malignité publique, comment se fait-il que la même loi qui a donné à l'épouse les droits les plus arbitraires ne se retourne pas contre elle avec

1. Ces précautions me semblaient encore indispensables en 1974. Elles ont été assez rapidement balayées. J'ai raconté depuis toute l'histoire entre Berl qui sortit Suzanne du bordel et Breton qui en tomba amoureux, avec ses multiples rebondissements dans ma *Vie quotidienne des surréalistes,* Hachette, 1993. Le chef-d'œuvre est *L'Union libre,* écrit en 1931 après la rupture définitive avec Suzanne.

toute la rigueur que mérite un abus de confiance aussi révoltant, une diffamation si évidemment liée à l'intérêt le plus sordide ? Et, de plus, comment se fait-il que les mœurs soient matière à législation ? Quelle absurdité ! »

L'aspect strictement masculin de la protestation est remarquable dans sa parfaite bonne conscience. C'est l'homme qui décide des mœurs. A la femme de s'y conformer. Et qu'elle vienne à revendiquer une égalité alimentaire ou sexuelle, voilà son mariage assimilé à une profession. Pas celui de l'homme, bien sûr, qui n'est que brimade légale. Sans doute, dans le cas précis, Chaplin était-il victime. Mais nulle part les auteurs — et on reconnaît dans la prose des tournures d'Aragon [1] — ne paraissent imaginer que le cas général est probablement inverse, que ce sont les épouses qui sont victimes — sexuellement aussi. C'est dans le contexte de cette théorie masculine qu'il faut replacer la conception de l'amour (selon Charlie Chaplin) qui nous est alors exposée :

« Aux ordres de l'amour, il a toujours été aux ordres de l'amour, et voilà ce que très unanimement proclament sa vie et tous ses films. De l'amour soudain, qui est avant tout un appel irrésistible. Il faut alors laisser toute chose, et, par exemple, au minimum un foyer. Le monde avec ses biens légaux, la ménagère et les gosses appuyés par le gendarme, la caisse d'épargne, c'est bien de cela qu'il s'évade sans cesse, l'homme riche de Los Angeles comme le pauvre type des quartiers suburbains, de Charlot garçon de banque à la Ruée vers l'or... »

Si l'on sait à merveille ce qui est refusé : l'état social du mariage, comme tout état social d'ailleurs, il est tout à fait impossible, d'après ces lignes, de se figurer l'idéal féminin des auteurs. Je veux bien que le caractère collectif du texte soit ici un empêchement, mais l'amour y est défini comme une activité expérimentale de l'homme [2]. A charge pour la femme de le recevoir. Elle n'est qu'objet de cet amour. Cela se transformera parfois en adoration, mais sans changer pour autant son statut d'objet. Il y a là une réinvention surréaliste de la « courtoisie » qui va de pair avec le fait de tenir les femmes à l'écart de l'essentiel : du surréalisme, comme autrefois de la guerre.

Si l'on enlève de l'existence d'Aragon (comme je le faisais en 1974 à cause du secret pas encore percé) ce qui touche à Denise, sa manière de vivre ne se distingue pas de celle du groupe — Breton mis à part. Ce qui accroît encore le caractère d'exception de sa relation avec Denise. De

1. Confirmé par Jean Ristat (*L'Œuvre poétique,* IV, p. 400) : « En réalité, *Hands off Love* est entièrement d'Aragon. La traduction anglaise en est de son amie » (c'est-à-dire de Nancy). Ristat relie à ce texte le poème de *La Grande Gaîté : Réponse aux flaireurs de bidet.*

2. Comme l'indique la note précédente, il faut maintenant lire ici un manifeste sur quoi Nancy Cunard et Aragon étaient d'accord. Ce qui n'est pas sans donner un certain éclairage à leur conception commune de l'amour. Dans l'automne de 1927, cela fait déjà un an et demi qu'ils vivent ensemble.

s'être occupé comme médecin des bordels militaires de Sarrebruck lui a donné un point de vue volontiers cynique et technique. Josephson le décrit empressé auprès d'une danseuse nommée Floriane, qui se costumait en Espagnole dans une petite boîte de Montparnasse. Mais Floriane, qui avait du succès en ce printemps 1923, préférait les admirateurs fortunés. Il y a eu aussi le modèle de la Carlotta des *Beaux Quartiers* :

> « Cette femme correspondait à ce que j'aimais quand j'étais jeune ; j'aimais alors les femmes grandes et fortes. Un phénomène de jeunesse. Celle-ci était bouquetière — vendeuse de fleurs — au " Caveau caucasien ", elle était française. J'ai été épris d'elle pendant trois semaines. [...] C'était une femme surprenante : aussi grande que moi, une très forte femme, et à vingt-deux, vingt-trois ans, elle avait d'énormes seins, seins d'une beauté surprenante... Mais regardez le Manet [la femme aux seins découverts] de l'Orangerie, c'est son portrait[1]... »

Que la bouquetière soit devenue italienne dans le roman nous révèle une constante assez remarquable. Les amours d'Aragon qui ont dépassé le stade platonique et que nous connaissons vont à des étrangères. La Dame des Buttes-Chaumont, Nancy Cunard, Elsa. Sans doute, à l'époque, Aragon est-il lié par goût à cette société d'Américains, proche de Dada puis du surréalisme, où nous avons déjà rencontré Matthew Josephson, Laurence Vail et sa sœur Clotilde, où brillent Man Ray, Malcolm Cowley, E. E. Cummings. Sans doute ce goût se noue-t-il aux souvenirs d'enfance de la pension de l'avenue Carnot. Mais, justement, il y avait connivence entre l'enfant illégal et les belles exilées. Ces choix répondent à son déracinement profond. *En étrange pays dans mon pays lui-même*, dira le plus révélateur des recueils de poèmes de sa résistance. Il lui faut partager dans ses amours sa blessure secrète. Comme toujours chez lui, on ne pourra démêler la sensualité du langage. Doit-il après Clotilde à la Dame des Buttes-Chaumont ou à Nancy, à moins que ce n'ait été aux trois, sa tendresse pour la langue anglaise comme langue de la poésie par excellence, avant qu'Elsa ne lui enseigne les pouvoirs de la russe ? La femme aimée comme évasion ne se doit-elle pas d'avoir une enfance lointaine, qu'on puisse sacraliser ?

La première partie du *Paysan de Paris* était placée sous le signe de l'antipoésie. Aragon y traitait avec une précision clinique d'une visite à ce petit bordel semi-clandestin qui s'annonce par une simple plaque dans le passage de l'Opéra : « Massage au 2e ». Éloge de tout ce que le choix d'une prostituée vous épargne de complications sentimentales ou de politesse. C'est un traitement de l'amour par le prosaïsme, fort voisin de celui qu'Aragon, à l'époque, fait subir au vers classique. Mais Xavière Gauthier fait justement remarquer :

1. *Aragon parle, op. cit.*, p. 115-116.

« Aragon sait parfaitement que tenter de “ dépoétiser ” complètement de la sorte le rapport sexuel est encore une forme de poésie. “ Cette absolue négation de l'aventure, qui est toujours pourtant encore une aventure de moi-même, l'homme qui se jette à l'eau, avec ce renoncement à toute mascarade... ” Il va même jusqu'à retrouver un caractère sacré et rituel dans le dépouillement du bordel[1]... »

Il s'agit de tout consigner, à l'instar des détails de ces lieux condamnés à disparaître, et voilà que, cinquante ans plus tard, cela fait en effet folklore, quand, à l'époque, c'était la banalité même :

« On ouvre au coup de sonnette. La sous-maîtresse blonde et fripée vous presse d'entrer. C'est dix francs et ce que vous voudrez à la petite dame. Traversée l'antichambre minuscule où l'on tient deux au plus, vous entendez des bruits de voix à droite, mais c'est à gauche qu'on vous mène par un défilé obscur, attention, il y a une marche, la porte et vous voilà dans la chambre. Allons Mesdames. Il ne vient que deux dames habillées, vous choisissez la moins grande, une blonde aux cheveux coupés bouclés avec une dent d'or bien visible sur le côté. Les autres s'effacent. Elle vous embrasse simplement et dit : Attends, j'enlève ma schapska et je reviens, et disparaît. La chambre est sale, mais quoi, c'est un désir très général qui vous entraîne... »

Aucun attendrissement, aucune tentative de persuasion. Un constat. L'inventaire méthodique des lieux, faits et gestes. Comme une inspection. Regard du carabin :

« La porte s'ouvre, et vêtue seulement de ses bas, celle que j'ai choisie s'avance, minaudière. Je suis nu, et elle rit parce qu'elle voit qu'elle me plaît. Viens petit que je te lave. Je n'ai que de l'eau froide, tu m'excuses ? c'est comme ça, ici. Charme des doigts impurs purifiant mon sexe elle a des seins petits et gais, et déjà sa bouche se fait très familière. Plaisante vulgarité, le prépuce par tes soins se déplie, et ces préparatifs te procurent un contentement enfantin.
On m'accuse assez volontiers d'exalter la prostitution, et même, car on m'accorde certains jours un curieux pouvoir sur le monde, d'en favoriser les voies... »

Essayons seulement de situer la démarche créatrice d'Aragon dans cette prose. Il ne se vante de rien d'autre que des pratiques courantes d'un Français moyen. Il se borne à étendre un peu le champ du réel qu'on décrit alors dans les romans, exactement à la façon dont Manet avait procédé, cinquante ans plus tôt, dans sa peinture. On pouvait alors peindre une femme nue à condition qu'on ne montrât pas ses vêtements ôtés (le scandale du *Déjeuner sur l'herbe*), les draps de son lit (*Olympia*) ou son déshabillé (portrait d'Henriette Hauser, dite *Nana*). Aragon en est

1. Xavière Gauthier, *Surréalisme et Sexualité,* NRF, 1971, p. 176.

ici au réalisme, à la dépoétisation du jeune Picasso. Ce qui ne l'empêche pas de prendre de la hauteur et d'accréditer d'autant mieux que c'est de son expérience intime qu'il s'agit. Mais quoi, *Le Paysan de Paris* ne saurait être un roman. Il faut bien démontrer l'absence d'imaginaire :

> « Et il y a un attrait qui ne se définit pas, qui se ressent : je crois parler une langue étrangère, s'il faut que je vous explique ce qui me ramène ici, sans que vous l'ayez éprouvé [...]. Encore aujourd'hui, ce n'est pas sans une émotion collégienne que je franchis ces seuils d'une excitabilité particulière. Il ne me vient pas à l'idée, la gauloiserie n'est pas dans mon cœur, que l'on puisse autrement aller au bordel que seul et grave. J'y poursuis le grand désir abstrait qui parfois se dégage des quelques figures que j'aie jamais aimées. Une ferveur se déploie. Pas un instant, je ne pense au côté social de ces lieux : l'expression *maison de tolérance* ne peut se prononcer sérieusement. [...] Ô mon image d'os, me voici : que tout se décompose enfin dans le palais des illusions et du silence. La femme épouse docilement mes volontés et les prévient, et, dépersonnalisant tout à coup mes instincts, désigne avec simplicité ma queue et me demande avec simplicité ce qu'*elle* aime... »

Le bordel est un lieu de vérité. Au début de 1928, *La Révolution surréaliste* publiera des *Recherches sur la sexualité.* Dans une première séance dont Aragon n'est pas, Breton demande aux participants qui décide des positions dans l'acte sexuel. D'où ce dialogue :

> PIERRE UNIK. — De même que Péret, je demande toujours l'avis de la femme.
> BRETON. — Je trouve cela colossal, phénoménal. Vous parlez de complications.
> (Étonnement d'Unik qui demande pourquoi il trouve la chose colossale.)
> BRETON. — Parce que ce n'est pas de mise.
> PIERRE UNIK. — Le contraire peut n'être pas de mise.
> BRETON. — Je m'en fous.

Ici Aragon conquiert et annexe à la prose (et, en fait, au roman) ces réalités jusque-là graveleuses. Il invente pour en parler une prose précise, objective, également destructrice de l'hypocrisie et du sordide, c'est-à-dire de la pornographie. C'est du réalisme, au sens où les mots accréditent un réel extérieur, une présence réelle de « la petite dame », une réalité de son comportement, une présence et un comportement de l'auteur. Mais le but recherché n'est pas l'authentification de ce réel. Celui-ci n'intervient que comme résistance au « je » qui parle, comme tension pour produire autre chose. Les détails d'hygiène sont là comme les collages d'inscriptions ou l'enseigne fallacieuse du bordel, afin de créer une intrusion du réel brut dans la prose, certes, mais surtout pour provoquer la surprise, l'hiatus, de sorte que notre lecture rebondisse sur eux comme sur autant de tremplins vers ce qu'ils nient le plus : vers le merveilleux ou la poésie.

Ce défi, il est exprimé en clair dans un passage que j'ai volontairement omis tout à l'heure :

> « Eh quoi, ne faut-il pas que j'aie de cette passion [l'amour] un goût et un respect bien grands, et que tout bas je crois uniques, pour qu'aucune répugnance ne puisse m'écarter de ses plus humbles, de ses moins dignes autels ? N'est-ce pas en méconnaître la nature que de la croire incompatible avec cet avilissement, cette absolue négation de l'aventure, qui est pourtant encore une aventure de moi-même, l'homme qui se jette à l'eau, avec ce renoncement à toute mascarade, qui a une saveur enivrante pour celui qui aime vraiment ? Je dénonce ici un mensonge, une hypocrisie que pourtant celui qui une fois a eu l'esprit entièrement possédé d'une femme ne devrait jamais renforcer de son assentiment ; est-ce que vos liaisons, vos aventures, si sottes, si banales, [...] sont autre chose que ce que je trouve au bordel lorsque, ayant une partie du jour tourné dans les rues avec une préoccupation croissante, je pousse enfin la porte de ma liberté ? »

Telle est cette première partie du *Paysan*, avec son respect de la vérité physique, son déshabillage du moi de chair, un anti-amour dans un anti-roman — pour l'amour comme pour le roman. Mais sans le dire ! En ayant l'air de nier et l'amour et le roman. De prétendre à l'essai, au simple raisonnement sur l'amour, le bordel et le réel. Tel est *Le Paysan* de 1924 : un prélude, passage de l'Opéra, avant que la Dame des Buttes-Chaumont n'ait joué sa partie.

2.

La Dame des Buttes-Chaumont : fin de partie

Ils cherchent, ils attendent de ces bosquets perdus sous les feux du risque une femme qui n'y soit pas tombée, une femme de propos délibéré, une femme ayant de la vie un sens si large, une femme si vraiment prête à tout qu'elle vaille enfin la peine de bouleverser l'univers.

Le Paysan de Paris, *IIe partie.*

Si l'on s'en tient à ce qui s'y passe avec les femmes, le contraste entre les deux parties du *Paysan de Paris* est très vif. A la visite expérimentale, grave et solitaire, au bordel, succède une expédition à trois amis, Breton, Marcel Noll[1] et Aragon, à la recherche d'« une femme de propos délibéré ». Le lieu n'est plus la maison doublement close (puisqu'elle donne sur un passage déjà clos, sans compter que son enseigne hypocrite renforce cette clôture d'une semi-clandestinité), mais un jardin immense, tellement ouvert qu'il reste ouvert la nuit. Au renfermement sexuel et moral, succède le grand large : « une femme si vraiment prête à tout qu'elle vaille enfin la peine de bouleverser l'univers »... Chute sans fond : « Ici les trois amis constatent qu'ils ne sont pas armés. »

Voici Breton partie prenante, garant et témoin que cela n'est pas un roman, mais le procès-verbal d'une activité surréaliste. La sauvegarde vaut aussi sur le plan de l'amour. L'existence d'une femme digne d'amour

1. Marcel Noll était strasbourgeois, ami de Denise dont il sera un des correspondants assidus à Paris. Dans *L'Œuvre poétique,* IV, Aragon dit de lui qu'il était « l'un de ces surréalistes qui n'écrivaient, ne peignaient pas, simplement un habitué de Cyrano, si vous voulez, un commensal de la rue Fontaine. C'était un grand enfant naïf, pas beau, avec les yeux plus grands que la vie, voilà tout » (p. 313). Et Aragon révèle comment Marcel Noll s'entremit pour vendre sa *Baigneuse* de Braque à Madame Cuttoli au début de 1928, et comment aussi, à Venise (voir plus loin, p. 224), Aragon pouvait avoir des craintes au sujet du chèque qui devait lui apporter le fruit de la vente : dans l'intervalle, Marcel Noll avait tenté de se tuer parce qu'il avait dilapidé de l'argent appartenant à ses amis. Mais le chèque d'Aragon finit par arriver.

ne recèlerait-elle pas un élément de dislocation du groupe, un ferment de division ? Qu'elle soit encore à trouver, que sa quête soit affaire collective, voilà autant de précautions, de gages qu'il n'y a pas transgression des interdits qui frappent le roman. Tout se passe aussi comme si la seconde partie du *Paysan de Paris* visait à conjurer la présence effective d'une femme dans la vie d'Aragon, d'une femme qui compte.

Je ne crois pas aller plus loin que le texte lui-même. Le groupe tient grâce à Breton, au soin qu'il met à assurer sa cohérence, ce qui ne va ni sans rivalités et jalousies, ni sans exclusions et exclusives. Aragon, ici, se le concilie et le compromet. Il lui est loyal, mais ne se prive pas d'avoir barre sur lui par loyauté même. Il écrit ainsi, en février 1925, dans *La Revue européenne*, à propos du *Manifeste surréaliste* :

> « J'ai connu un homme qui n'est pas comme les autres. Le baromètre alors marquait vingt ans. Je l'ai vu dans les diverses circonstances de la vie, en proie à cette vie et à lui-même, je l'ai vu pendant neuf années, allant, venant, et le chemin n'était pas toujours montré par cette lampe de mineur, l'esprit qui met parfois le feu au grisou. [...] Si vous ne comprenez plus ce geste qu'il va faire, n'importe quel geste, un signe, moins qu'un signe, un silence, honte à vous ! Je vous nomme, gens de ces derniers jours, amis et ennemis, sauvages et cupides : Apollinaire, Valéry, Picabia, Tzara, Delteil, Soupault, Gide, Duchamp, Desnos, grands et petits fantômes devant lui déchus, je vous nomme et je vous oppose à celui qui n'a pas failli, car j'ai vraiment cessé enfin de croire moralement en vous... »

Par *Le Songe du paysan* nous savons comment la Dame devint la maîtresse d'Aragon. Voilà comment cela fut dit, par une adresse à Denise, pas plus nommée qu'Eyre :

> « Vous étiez ma seule défense et déjà vous vous éloigniez. Alors, j'ai été malheureux pour l'autre [Eyre], sans croire qu'elle en saurait rien. Je vivais sans aucun effort pour me rapprocher d'elle. J'ai dit que d'autres sentiments alors m'en écartaient. Puis je tremblais d'éprouver ma faiblesse. Je craignais que le jour ne me devînt intolérable si elle m'humiliait une fois. Elle fit cette chose extraordinaire de m'appeler à elle et moi je vins. Soirée du trouble, soirée éclipse ; alors devant le feu qui jetait sur nous deux ses grandes lueurs, j'accédai, voyant ses yeux, ses yeux immenses et tranquilles, j'accédai à l'idée de cet amour conçu et nié qui s'imposait soudain à moi dans l'évidence, à la portée de ma main qui se croyait démente. Je ne me hâtai point. Cela dura des heures et des heures sur le versant insensible de l'aveu. Il n'y eut point de rupture entre l'indifférence et l'amour. »

L'existence de la Dame fut probablement assez secrète, mais toute cette seconde partie du *Paysan* est écrite dans le triomphe de la possession, très certainement — et nous en verrons les conséquences — dans un sentiment de victoire sur Drieu envié, jalousé pour ses conquêtes féminines dont il fait si largement état. Aragon ne succède-t-il pas à Drieu ? Et n'est-il pas aimé d'une jeune femme de leur monde, peintre, non seulement très belle, mais qui valait sans nul doute beaucoup mieux que ce que Drieu et Aragon ont écrit sur elle non sans condescendance. (Le ton employé pour parler d'elle dans *Le Songe du paysan* date d'après la crise avec Drieu, et s'adresse beaucoup plus à Drieu qu'à elle.)

Aragon, quand il devint son amant quelque part au début de 1925, était encore probablement ce célibataire sans logis à soi qui habitait gratis les hôtels en « or », mais c'était, je l'ai dit, à condition de n'y recevoir personne. D'où cette exploration des lieux où se rencontrer tranquillement à Paris, et de ce jardin des Buttes-Chaumont, ouvert toute la nuit... Une autre confidence de *Théâtre/Roman* nous livre un peu de la réalité de cette aventure :

> « Une amie que j'avais alors, et dont je ne vais pas raconter la place qu'elle avait occupée dans ma jeunesse, ayant assez de me voir traîner d'hôtel en hôtel, me mit en relation avec des gens [...] qui acceptaient de me louer leur atelier... »

En fait, ces lignes se rapportent au début de 1926, quand la Dame s'efface de la vie d'Aragon au profit de Nancy. Mais cette errance du héros, cet arrière-plan de bohème sans feu ni lieu sont le contexte non imaginaire de cette analyse un peu trop docte — ce déguisement en essai — qu'Aragon nomme dans la seconde partie du *Paysan* : *Le Sentiment de la nature aux Buttes-Chaumont.* Et il met les points sur les i : sentiment qui « n'est qu'un autre nom que le sens du mythique ».

Un arrière-plan de souvenirs à deux, donc?... Mais non, voyons, de souvenirs communs à nos trois compagnons, puisqu'il le faut encore :

> « Ces préoccupations [la recherche de cette *femme de propos délibéré*] n'étaient pas nouvelles pour nous ; elles tenaient à une grande chimère, sortie de l'impossibilité moderne de se soustraire aux lois qui établissent une envahissante morale universelle, où les individus ne trouvent plus leur compte. Il y avait entre nous un thème habituel, un domaine de franchise, où tout serait permis à des expérimentateurs animés du nouvel esprit qui les liait, nous l'inventions à l'échelle de la vie de ce temps-là, avec ses grandes villes, ses usines, ses pays de la culture, nous le placions dans la marge la plus favorable à la liberté, qui nous semblait cette grande banlieue équivoque autour de Paris, cadre des scènes les plus troublantes des romans-feuilletons et des films à épisodes français, où toute une dramatique se révèle... »

L'analyse répétée de l'esprit nouveau, du monde romanesque propre à leur génération, qui continue d'émouvoir Breton — on en aura la preuve par la place fait à Musidora et aux *Vampires* dans le numéro spécial, consacré au surréalisme, de la revue belge *Variétés* (printemps 1929) —, fait ici figure de plaidoyer.

J'oubliais de dire que cette seconde partie commence comme un roman psychologique classique :

« Par ces temps magnifiques et sordides, préférant presque toujours ses préoccupations aux occupations de mon cœur, je vivais au hasard, à la poursuite du hasard, qui seul parmi les divinités avait su garder son prestige. Personne n'en avait instruit le procès, et quelques-uns lui restituaient un grand charme absurde, lui confiant jusqu'au soin des décisions infimes. Je m'abandonnais donc. Les jours coulaient à cette sorte de baccara tournant. Une idée de moi-même était tout ce que j'avais en tête... »

Cela pour le ton, pour ces cadences admirables aussi. Pour tenter de retrouver, dans ce texte qui nous semble aujourd'hui si nécessaire, contre quoi il dut se frayer passage. Que pensa la Dame de la déclaration qui clôt cette partie ? — et dont on n'imagine pas, en dépit de l'abstraction sourcilleuse, qu'elle ne l'ait point prise pour elle :

« Femme tu prends pourtant la place de toute forme. A peine j'oubliais un peu cet abandon, et jusqu'aux nonchalances noires que tu aimes, que te voici encore, et tout meurt à tes pas. A tes pas sur le ciel, une ombre m'enveloppe. A tes pas vers la nuit, je perds éperdument le souvenir du jour. Charmante substituée [1], tu es le résumé d'un monde merveilleux, du monde naturel, et c'est toi qui renais quand je ferme les yeux. Tu es le mur et sa trouée. Tu es l'horizon et la présence. L'échelle et les barreaux de fer. L'éclipse totale. La lumière. Le miracle [...]. La grande femme grandit. Maintenant le monde est son portrait. [...] Montagnes, vous ne serez jamais que le lointain de cette femme, et moi, si je suis là c'est pour qu'elle ait un front où se pose sa main... »

La prose ici s'organise en poème. Ce qui était parti comme une enquête étouffant la confidence romanesque s'avoue brusquement comme le poème d'amour qu'un recueil contemporain comme *Les Destinées de la poésie* [2] ne saurait d'aucune façon contenir. La complicité du hasard — du hasard objectif — le ton de compte rendu y étaient conformes à cette sorte de constat que Breton appelait *L'Esprit nouveau*, et où il consignait la rencontre que, « le lundi 16 janvier à 5 h 10 », Aragon avait faite rue Bonaparte d'une « jeune femme vêtue d'un costume tailleur à carreaux beige et brun et coiffée d'une toque de la même étoffe que sa robe »... Mais le Paysan ne peut se retenir de parler de son amour. Il enfreint donc l'interdit :

« Ainsi retrouvant l'inflexion heureuse de ta hanche ou le détour ensorceleur de tes bras dans les plus divers des lieux où me ramènent toute l'inquiétude de l'existence et cet immense espoir qui s'est posé sur moi, je ne puis plus parler de rien que de toi-même ; et ne t'y trompe pas quand je dissimulerai, tous mes mots sont pour toi, et sont ton apparence. Mes

1. « Substituée » ? Eyre substituée à Denise ? Probablement. Deux ans plus tard, aux dernières lignes de *Nadja,* le mot reviendra sous la plume de Breton pour désigner Suzanne, *substituée* à Nadja.

2. Ce recueil daté traditionnellement de 1925, *L'Œuvre poétique,* III, le place aux premiers jours de 1926.

images ont pris leur glacis à tes ongles, à ta voix s'est roulé mon langage dément. Vais-je poursuivre à présent cette description mensongère d'un parc où trois amis un soir ont pénétré ? A quoi bon : tu t'es levée sur ce parc, sur les promeneurs, sur la pensée. Ta trace et ton parfum, voilà ce qui me possède. Je suis dépossédé de moi-même et du développement de moi-même, et de tout ce qui n'est pas la possession de moi-même par toi... »

Ne croirait-on pas déjà entendre *Le Fou d'Elsa* ?

Eyre devient ainsi à la fin du *Paysan de Paris* de 1925 le pilotis de la défense de l'idée même de l'amour.

> « Ils m'ont dit que l'amour est risible. Ils m'ont dit : c'est facile, et m'ont expliqué le mécanisme de mon cœur. Il paraît. Ils m'ont dit de ne pas croire au miracle : si les tables tournent, c'est qu'on les pousse du pied [...]. S'ils n'aiment pas, c'est qu'ils ignorent.. Moi, j'ai vu sortir de la crypte le grand fantôme blanc à la chaîne brisée ; mais eux n'ont pas senti le divin de cette femme. Il leur paraît naturel qu'elle soit là qui va, qui vient, ils ont d'elle une connaissance abstraite, une connaissance d'occasion [...]. De quel ravin surgit-elle, par quelle sente aux pieds des arbres résineux, quel fossé de lueurs, quelle piste de mica et de menthe a-t-elle suivi jusqu'à moi ? Je n'osais pas la regarder venir. J'étais cloué, j'étais rivé à l'abstraite vie diamantaire. Les hommes vivent les yeux fermés au milieu des précipices magiques [...]. Il est temps d'instaurer la religion de l'amour [...]. Me voici mon amour, je ne t'ai point quittée. »

Ainsi parle le Paysan de cet amour qui dura si l'on en croit *Le Con d'Irène* jusqu'à l'été de 1925 :

> « J'étais follement amoureux d'une femme extraordinairement belle. D'une femme en qui j'avais cru comme en la réalité des pierres. D'une femme que j'avais cru qui m'aimait. J'étais son chien. C'est ma façon. Alors quelque chose d'incompréhensible survint, quelque chose comme une pensée dissimulée entre nous et il fut le temps cruel des vacances avant que j'aie bien pris la notion de ce qui se produisait d'insolite, dans certains regards. Il n'était pas question que nous fussions ensemble pendant ces mois d'été. Mille raisons. [...] J'eus deux lettres très brèves en trois mois. Deux lettres. Il faut peser ces enveloppes, et me comprendre. J'étais réfugié chez des amis qui développaient pour moi une sollicitude inutile. Le passage du facteur me rendait chaque jour blême jusqu'à la nuit. [...] Il n'y avait dans ce pays méridional aucune des possibilités dérisoires de C... La campagne et un torrent très bleu où j'ai jeté des cailloux. [...] J'écrivais du soir au matin. J'évoquais parfois des fantômes. De nouveaux, d'anciens. Un jour je me pris à penser à Irène, et il me vint d'elle une idée sociale, une idée circonstancielle. Après cela, peut-être découragé, je ne la revis jamais plus. »

Eyre n'est pas Irène, mais elle s'y mêle parfois et il semble bien que ce temps cruel des vacances, qui renvoie pour de multiples détails à celles passées par Aragon à l'été de 1925, à Salies de Béarn chez Emmanuel

Berl, soit celui de la fin de leur aventure. Nous reverrons cela à la lumière de la rupture avec Drieu dans le chapitre qui suit.

Aragon a raconté un peu différemment cette fin dans *Le Roman inachevé* :

> A reculons j'ai regardé s'enfuir la reine blanche et noire
> Elle est partie à tout jamais nonchalamment dans le miroir
> Et je ne l'ai pas appelée et je ne l'ai pas retenue
>
> C'est étrange un amour qui finit sans même un soupçon de plainte
> Ce silence établi soudain quand la musique s'est éteinte
> Et ce n'est que beaucoup plus tard que l'on saura le mal qu'on eut

Le long et lent déroulement des amples vers de seize syllabes laisse Eyre la Dame des Buttes-Chaumont à son mystère, mais non l'écriture du *Paysan de Paris* en l'état où on la juge d'ordinaire. Cet amour profond ne fait pas seulement jaillir le lyrisme dans une prose poème, il met littéralement Aragon en possession de sa distance romanesque. Plus probablement encore, il révèle, dans un texte publiable aux yeux de ses amis — ou du moins qu'il espère tel —, ce qu'il a peu à peu élaboré dans l'entreprise secrète, délibérément romanesque, elle, de *La Défense de l'infini.*

Nous récapitulerons plus tard cette énorme entreprise. Pour l'instant, il nous faut en revenir au déroulement politique du surréalisme de cette période-là qui met un point final encore plus douloureux à l'aventure avec Eyre.

3.

La guerre du Maroc et la rupture avec Drieu

J'avançais alors presque à tâtons ; la reconsidération que je demandais du problème, si je voulais me faire entendre autour de moi, je ne pouvais l'appuyer que d'arguments sentimentaux, et d'ailleurs aucun de nous n'avait encore éprouvé le besoin de dépasser les rudiments du marxisme. Je ne m'en hâtais pas moins de me désolidariser de tel ou tel de mes amis dans la mesure où il [avait] cru pouvoir attaquer le communisme au nom de quelque principe que ce soit.

ANDRÉ BRETON, Entretiens.

Le numéro de mai 1925 de *Clarté* publie sur la guerre du Maroc un dossier qui est un modèle du genre. Il met sous les yeux de ses lecteurs le manifeste des intellectuels partisans des hostilités et demande à tous : que pensez-vous de cette guerre ?

Ce numéro a touché les surréalistes. On en a une preuve indirecte par ce fait qu'il révélait l'existence d'un *Portrait de Lénine* par Trotski, portrait qui va jouer un rôle considérable dans l'évolution théorique de Breton. Ajoutons qu'on y trouvait aussi un beau poème politique de Nazim Hikmet[1] : *Occident-Orient.* Et c'est bien parce que *Clarté* est à l'époque la seule revue d'information sur la littérature révolutionnaire (y compris sur le surréalisme), qu'elle peut avoir cette influence sur l'orientation même du mouvement surréaliste.

Éclatent deux scandales d'inégale importance. En juin, le Vieux-Colombier organise une soirée. On y donne une pièce du *Libertinage, Au pied du mur,* mais en la faisant précéder d'une conférence de Robert Aron (lequel devait par la suite fonder le Théâtre Alfred-Jarry, avec Artaud et

1. Nazim Hikmet (1902-1963) a été le plus grand poète turc moderne. Aragon déclenchera une campagne en 1948-1950 pour le faire libérer de prison. Hikmet réside ensuite en URSS où il combattra pour la déstalinisation jusqu'à sa mort.

Roger Vitrac). Fut-ce le titre de la conférence : *Le Français moyen,* ou quelque hostilité contre son auteur, toujours est-il que les surréalistes décidèrent de saboter le spectacle, déclenchant une bagarre mémorable[1].

Tout autre fut le résultat du banquet Saint-Pol Roux du 2 juillet. Le poète appartenait à cette fraction de l'héritage symboliste que Breton et Aragon avaient retenue dès *Littérature.* Quand *Les Nouvelles littéraires* lui rendent hommage, à l'été de 1925, ils acceptent d'en être et de participer au banquet, bien que ce genre de cérémonie leur paraisse suranné. Le hasard veut que le banquet ait lieu le jour même où paraît le manifeste commun des surréalistes et de *Clarté* contre la guerre du Maroc. En outre, Paul Claudel vient, dans une interview publiée par *Comœdia,* de s'en prendre aux surréalistes, affirmant que pas un seul des mouvements littéraires actuels

> « ne peut conduire à une véritable rénovation de la création. Ni le *dadaïsme,* ni le *surréalisme* qui ont un seul sens : pédérastique ».

Le groupe a répondu :

> « Il ne reste debout qu'une idée morale, à savoir par exemple qu'on ne peut être à la fois ambassadeur de France et poète. Nous saisissons cette occasion pour nous désolidariser publiquement de tout ce qui est français, en paroles et en actes. Nous déclarons trouver la trahison et tout ce qui, d'une façon ou d'une autre, peut nuire à la sûreté de l'État, beaucoup plus conciliable avec la poésie que la vente de “ grosses quantités de lard ”[2] pour le compte d'une nation de porcs et de chiens. [...] Catholicisme, classicisme gréco-romain, nous vous abandonnons à vos bondieuseries infâmes. Qu'elles vous profitent de toutes manières ; engraissez encore, crevez sous l'admiration et le respect de vos concitoyens. Écrivez, priez et bavez ; nous réclamons le déshonneur de vous avoir traité une fois pour toutes de cuistre et de canaille. »

Cette réponse, tirée sur papier sang de bœuf, sortit des presses le jour du banquet. Le groupe arriva en avance à la Closerie des Lilas, afin d'en glisser un exemplaire sous chaque couvert. D'où une agitation certaine au fur et à mesure que les invités la découvrent. Là-dessus paraît Mme Rachilde, qui vient de déclarer qu'une Française ne saurait épouser un Allemand (ou l'inverse) et qui le répète. Breton décide que c'est injurieux pour son ami Max Ernst. Tumulte. La « table d'honneur » — l'expression, dit Breton, « nous mettait hors de nous » — est alors l'objet d'un assaut en règle. Des invités s'éclipsent pour aller chercher la police. Mais, poursuit Breton,

1. Les récits de Maurice Nadeau (*Histoire du surréalisme,* p. 77) et d'Henri Béhar (*Roger Vitrac, un réprouvé du surréalisme,* Paris, Nizet, 1966, p. 94) diffèrent sensiblement. Aragon interrogé par moi, m'a dit ne plus se souvenir de l'incident.

2. Paul Claudel s'en était vanté, disant avoir ainsi fait gagner 200 millions à la France durant la guerre.

« l'humour voulut, dans la confusion générale, que ce fût Rachilde, alors au comble de l'agitation, qui fût arrêtée ».

Les surréalistes crient « Vive l'Allemagne ! Vivent les Rifains ! », ce qui ameute les badauds au-dehors. Michel Leiris ouvre une fenêtre et lance : « A bas la France ! », relève le défi de la foule, plonge parmi elle et manque de se faire lyncher. Cependant que Saint-Pol Roux, dépassé, exhortait en vain les participants au calme.

La guerre coloniale avait ravivé les sentiments chauvins que les révélations sur l'étendue de la saignée et les réalités cruelles de la guerre avaient jusque-là quelque peu bridés. Le scandale est énorme. La Société des gens de lettres, les Écrivains combattants, l'Action française se déchaînent. Il faut, dit-on, « fermer aux surréalistes la route qui mène au grand public ». On n'imprimera plus leurs noms. On agite la menace classique d'expulser les étrangers. « On s'emploiera, écrit *L'Action française,* à les faire taire. »

Ce qui avait été commencé avec *Un cadavre* s'achève ici : la rupture définitive avec les bien-pensants, avec le conformisme d'un vieux monde pourrissant. Dada, les premiers scandales, en dépit de leur véhémence et de leur outrance, n'avaient jamais rompu les liens avec la communauté intellectuelle. Les plus intelligents (Jacques Rivière, la *NRF*) jugeaient même assez salubre cette entreprise de nettoyage des idées usées. La tolérance faisait le reste. Mais, en 1925, nous sommes à la croisée des chemins politiques de l'après-guerre. La France découvre que sa victoire est un leurre. Il faudra dévaluer le franc demeuré « germinal » des quatre cinquièmes. La guerre du Maroc a servi de révélateur de la crise, économique autant que morale :

> « Que mon pays ait pu — sept ans après une guerre dont on nous avait dit qu'elle serait la dernière — faire de ses fils des assassins en portant la guerre dans un pays lointain, c'était pour moi chose intolérable ! Et je suis allé directement vers le seul parti qui se dressait contre cette guerre »,

dit Aragon à Dominique Arban. Le 15 juillet, on lit dans *Clarté* la réponse d'Aragon à l'enquête. Il proclame son indignation devant « l'entreprise impérialiste dont le Maroc est aujourd'hui le théâtre », mais, après cet effort pour reprendre à son compte l'analyse communiste, il reproche à *Clarté* ce qu'il nomme son langage nationaliste, le fait d'employer des expressions comme « indépendance », « souveraineté nationale » (des Marocains), « droit des peuples à disposer d'eux-mêmes ».

Cette transformation entraîne la rupture — une première rupture, du moins — avec Drieu. Ce dernier dénonce dans la *NRF* d'août « la véritable erreur des surréalistes ». Tout en se gardant de heurter de front les prises de position des surréalistes contre la guerre, Drieu les rappelle aux devoirs de l'écriture pour l'écriture :

« J'espérais vraiment que vous étiez mieux que des littérateurs, des hommes pour qui écrire est action, et toute action la recherche du salut. [...] Il vaudrait mieux laisser tout cela tranquille et chanter l'amour, ce qui est beaucoup plus dans nos cordes. »

Il écrivait auparavant, directement à l'adresse d'Aragon :

« Tandis que d'aucuns se croient obligés de murmurer de temps en temps : " Vive le Roi ! ", vous tombez dans le panneau et vous braillez : " Vive Lénine ! " Vive Lénine ! Bien sûr, Aragon, tu me répondras que les communistes sont des idiots, que tu es un vieux républicain, un vieil anarcho, un vieux ceci, un vieux cela (un vieux Français, quoi !). Justement un vieux républicain. Les vieux républicains ont toujours crié quelque chose d'exotique : " Vive la Pologne ! ", " Vive le Tsar ! ", c'est comme ça depuis 1890 [...]. Pourtant, je n'aurais voulu retenir de votre diatribe contre Claudel que cette phrase perdue que je ramasse avec pitié comme tout ce qui me reste du grand espoir et de l'ardente amitié que je vous avais voués : " Le salut pour nous n'est nulle part ! " Et vous étiez les seuls capables de faire encore entendre de tels mots à un monde égaré dans une inextricable et de plus en plus basse querelle de boustifaille et de gros sous. »

Aragon lui envoie aussitôt une lettre ouverte de rupture que Drieu donna à publier dans le numéro de septembre de la *NRF* :

« Je ne veux pas te répondre que je n'ai pas crié Vive Lénine ! Je le brailerai demain, puisqu'on m'interdit ce cri qui, après tout, salue le génie et le sacrifice d'une vie [...]. Regarde encore une fois, mon ami, avec quelles gens tu te ligues [...]. Vive Lénine, Drieu, quand je te vois te complaire à ce vague intellectuel, à cet esprit de compromission où pas une idée ne tient, pas un critérium moral [...]. Si un instant, j'essaie de m'élever à cette notion, Dieu, je me révolte qu'elle ne puisse en aucun cas servir d'argument à un homme. Tu n'es qu'un homme comme les autres, pitoyable et peu fait pour montrer leur chemin aux hommes, un homme perdu et que je perds. Tu t'en vas, tu t'effaces. Il n'y a plus personne au lointain, et tu l'as bien voulu, ombre, va-t'en, adieu... »

Pour comprendre la stupéfaction que causa ce texte, il faut essayer de se représenter à quel point l'amitié entre Aragon et Drieu a pu paraître parfaite aux yeux des gens. Pas seulement sur le plan des virées communes au bordel, voire du « jeu » confié à Maxime Alexandre, ou des vacances en commun, mais parce que, comme le dit Berl, alors leur intime, « au soir de sa vie[1] » :

« Drieu a évidemment été bouleversé par Aragon. Il se sentait tout le temps coupable, parce qu'il trouvait qu'Aragon avait un talent immense et qu'à ce

1. Emmanuel Berl et Jean d'Ormesson : *Tant que vous penserez à moi*, Grasset, 1992. A remarquer qu'Aragon est chez Berl dans le pigeonnier de Salies de Béarn, quand il écrit sa lettre de rupture avec Drieu.

moment-là, il n'avait pas d'argent. [Aragon] était un jeune page avec des moyens littéraires si immenses que vous en ressentiez à la fois de la jalousie, parce qu'on se croyait vraiment très pauvre à côté de lui, et aussi de la pitié, parce qu'on se demandait comment il pouvait porter une telle charge de moyens. »

Côté Drieu, la clé de cette attaque contre Aragon, et de cette volonté probable de provoquer la rupture est à chercher ailleurs : dans la découverte de ce qu'Aragon évoquera de façon cryptique dans *Le Paysan de Paris* de 1925, mais dont Drieu connut la réalité sur le moment même, à savoir qu'Eyre avait pris Aragon pour amant. Drieu prit on ne peut plus mal cette découverte qu'Eyre s'était vengée avec Aragon de son délaissement, soit par jalousie, soit pour une atteinte à cet absolu qu'il avait prêté à Aragon. Il en passe dans *Gilles* quelque chose qui semble bien échapper à la caricature que Drieu dresse alors des surréalistes. Et d'abord ce dialogue entre Cyrille Galant (Aragon) et Gilles à propos d'Antoinette (Eyre) :

« " Dis donc, demanda Galant, est-ce que l'Américaine [Dora] t'a fait entièrement oublier Antoinette ? Tu n'en parles plus jamais. " Gilles ne regardait jamais Galant au moment où il lui parlait des femmes. Il craignait de voir les blessures qu'il faisait [...]. " Antoinette, fini, complètement fini. " Galant eut un sourire amer. »

Pierre Andreu fait remarquer que sur le manuscrit de *Gilles* figure cette variante :

« Gilles se promenait de long et large. Il regardait parfois Galant, mais seulement au moment où sa *manie d'infériorité* [souligné par lui] entrait en jeu et jamais au moment où il lui parlait des femmes. »

Il convient en effet de faire entrer en ligne de compte dans cette rupture cette double jalousie entre eux, de Drieu devant Aragon écrivain, d'Aragon devant les conquêtes de Drieu, jalousie qu'Eyre vient d'attiser chez Drieu en lui enlevant sa supériorité puisqu'elle a pris Aragon pour amant (et vraisemblablement en s'arrangeant pour qu'il soit au courant). Eyre n'a sûrement pas été entre eux deux une femme passive. N'oublions pas qu'elle est bisexuelle et que c'est elle qui a pris l'initiative avec Aragon. Aussi, comme nous le savons par la confidence du *Con d'Irène*, qu'elle s'est éloignée d'Aragon avant ce « temps cruel des vacances » de 1925, moment où éclate la crise. Mais il n'entrait pas dans l'univers mental de Drieu qu'une femme ait son autonomie en ce domaine. A preuve, quand Gilles sait qu'ils sont devenus amants, il pense ceci sur Galant :

« Si ce qui l'avait rendue plus attirante à ses yeux c'est qu'elle avait appartenu à Gilles, la possession lui rendait ce fait plus intolérable. D'autant plus que Gilles ignorant l'aventure pouvait à l'occasion parler de son ancienne maîtresse avec une légèreté blessante. »

Ajoutons que si Eyre disparaît de la biographie d'Aragon quelque temps après cette brouille, sa vie ne s'est pas arrêtée là. Elle continue de voir Drieu, peut-être par des hasards provoqués, car ce que Drieu dit de ses lettres [1] montre qu'elle tient à lui. Tout cela avant de refaire sa vie car elle est nettement plus jeune que Drieu et Aragon. Nous le savons par cette note du 24 octobre 1939, en cette fin du *Journal* emplie de la haine de tout, dont j'ai cité déjà un fragment :

> « Dîné avec Élisabeth de Lanux qui se déclare transformée, transfigurée. Elle n'est plus lesbienne. Elle a déniché en Espagne rouge où elle a passé six mois l'amour mâle chez un Espagnol de vingt-huit ans. C'est fort possible. Une femme ne peut trouver un vrai mâle à Paris dans le milieu en question. Alors la drogue, le saphisme ou la mauvaise peinture. [...] Je l'ai aimée autrefois quelques mois. Je n'ai pas eu la force de l'arracher à son mari impuissant, à la gousserie, à tout. Elle me paraissait trop sotte. Et il y a au fond d'elle une brave Américaine toute simple. Ayant subi lointainement mon influence et frottée à la simplicité espagnole, elle proclame maintenant la décadence totale de Paris, de New York, la fin inévitable de tout cela. Elle voit maintenant que Picasso a fini la peinture ; elle a une jolie petite fille qu'elle doit élever en chien savant [2]. »

Eyre a donc bien conquis l'autonomie que Drieu n'envisageait pas pour elle.

Ce qui est sûr, c'est que Drieu parla d'elle à Aragon en de tels termes crûment sexuels qu'ils en vinrent aux mains. Après tout nous avons vu comment Drieu parle d'Eyre, en 1939, dans son *Journal.* Avant de se suicider, il y écrit ceci sur sa rupture avec Aragon :

> « Sexuellement, je l'avais percé à jour : je comprends qu'il ne m'ait pas pardonné cela [3]. »

De fait, dans *Gilles,* il passe une allusion qui recoupe les confidences intimes d'Aragon sur le fait qu'Antoinette

> « s'accommodait de la sensualité de Cyrille, bien que celle-ci fût peu pénétrante et glissât comme un bavardage ».

Mais, et bien plus gravement, au cœur même de l'intrigue, surgit une affaire de provocation policière dans un établissement de bains où Galant se trouvait, écrit Drieu « par défi ». Il convient de remettre la phrase du *Journal* dans son contexte :

1. *Drieu la Rochelle, op. cit.*, p. 161-162.

2. Gallimard, 1992, p. 181. Il faut pour mesurer ce langage le rapprocher du ton des réflexions qui suivent dans le *Journal* de Drieu : « C'est étonnant de voir la déroute de tout à Paris des années 20 sous les coups conjugués du communisme et du fascisme éclatants. Ils savaient tous maintenant qu'ils étaient sophistiqués, absurdes, stériles, idiots, terrorisés par la mystérieuse dictature de l'irresponsable. [...] Le surréalisme forme le dernier chapitre de la littérature française. »

3. *Ibid.*

« Voici vingt ans [ces notes sont de décembre 1944, quatre mois donc après la Libération, Drieu doit se cacher pour échapper à une arrestation] que je suis séparé d'Aragon qui me hait de plus en plus ; j'ai eu certes contre lui des mouvements de colère, et j'ai été le premier à faire éclater le malaise qui sourdait sous nos gentillesses et tendresses d'adolescents. Du reste, nous sommes profondément séparés philosophiquement. [...] Sexuellement, etc. »

Et il ajoute qu'Aragon ne lui a pas pardonné non plus :

« de lui avoir prêté de l'argent. J'en avais à un âge ou avec tant de talent, il en manquait tant ».

Peu auparavant, au printemps 1944, Drieu écrivait :

« Je meurs sans ami. Bernier ? Impossible de le revoir [...]. Aragon, ma foi, rien à dire. Ce fut un divorce pour incompatibilité d'humeur, raison ineffable. Sans doute est-ce moi qui l'enviais celui-là. [...] Et pourtant, maintenant, je ne l'envie plus. Peut-on envier le contraire de soi-même ? A vingt ans, pas à cinquante ? »

Voilà pour le côté Drieu. Mais, côté Aragon, s'il y a l'endroit ou l'envers comme on voudra de ces malaises, c'est en 1925 la politique ou, plus exactement, le mariage tout neuf entre surréalisme et communisme qui l'emporte. Aragon ne pouvait manquer de réagir avec la dernière violence à ce texte où Drieu l'apostrophait sur Lénine, mettant en cause son manque (vraisemblable à l'époque) de sincérité. Peut-être y a-t-il vu une sorte de vengeance à cause de l'aventure avec Eyre, comme si Drieu vexé d'avoir perdu sur le plan des femmes avait voulu reprendre l'avantage sur celui des idées. Il peut d'autant moins laisser passer cette admonestation qu'il sait que Breton a été impressionné par l'annonce dans *Clarté* du *Portrait de Lénine* par Trotski (ce que Drieu a toute chance d'ignorer, le plus probable est qu'il a mis les pieds dans le plat parce que le rapprochement Aragon-Lénine lui paraît par trop cocasse et une bonne occasion de manifester sa supériorité). Or Aragon pressent — même s'il n'en a pas encore exactement pris une exacte mesure, mais c'est tellement neuf et inattendu — que c'est l'attitude vis-à-vis de Lénine qui est en voie de devenir le test de l'adhésion au groupe. Drieu le déstabilise comme nous dirions, là où il est le plus fragile. Il ne peut supporter l'idée de se trouver exclu. D'où ce besoin de rupture totale et publique afin de prendre les devants et de disqualifier tout ce que Drieu pourra désormais dire de lui.

Il y a me semble-t-il, sur ce sujet entre tous grave, comme un premier post-scriptum aux lettres à Denise de la fin 1924, avec une lettre dite en réponse à une lettre de Denise envoyée en août, retrouvée en septembre à Paris, ce qui est impossible en 1923 et ne va guère avec la chronologie de 1924, mais beaucoup mieux avec celle de l'été 1925. Pas seulement parce que Aragon dit y songer parfois à « cette longue histoire entre nous », mais bien pour ce qu'il ajoute que

> « à ce moment de ma vie où TOUT [souligné par Aragon] se décide, c'est vers vous, vers vous seule que ma pensée un instant se retourne [...], vous seule auriez peut-être [...] pesé tout ce que j'abandonne, ce que je fais de moi. Ce que je tue de moi »,

ce qui n'a pas de sens en 1924 mais en prend un par rapport à sa rupture avec Drieu, et doit être reçu avec le plus grand sérieux. D'autant que nous allons voir bien plus tard Aragon se soumettre en pensée au jugement de Denise (et cela du temps d'Elsa) dans beaucoup des autres moments dramatiques de sa vie où « TOUT » en effet se décide.

Pauvre Aragon, sa rupture pourtant si cinglante avec Drieu ne suffit pas à Breton sur le plan du communisme, puisque, dans sa note *Léon Trotski : Lénine,* envoyée de Thorenc où il passe l'été, à Eluard, le 3 septembre pour *La Révolution surréaliste,* il souligne :

> « Le communisme, comme système organisé, a seul permis au plus grand bouleversement social de s'accomplir *dans les conditions de durée qui étaient les siennes.* [...] S'il se trouve parmi nous des hommes qu'une pareille crainte laisse encore hésitants, il va sans dire que je m'oppose à ce qu'ils engagent avec eux, si peu que ce soit, l'esprit général dont nous nous réclamons, qui ne doit rester tendu vers rien tant que vers la *réalité révolutionnaire,* qui doit nous y faire parvenir *par tous les moyens et à tout prix.* Libre, dans ces conditions, à Louis Aragon, de faire savoir à Drieu la Rochelle [...] qu'il n'a jamais crié : Vive Lénine ! mais qu' " il le *braillera* demain puisqu'on lui interdit ce cri " ; libre aussi à moi et à tout autre d'entre nous de trouver que [...] ce serait faire la part trop belle à nos pires détracteurs, qui sont aussi ceux de Lénine, que de leur laisser supposer que nous n'agissons de la sorte que par défi. Vive Lénine ! au contraire et seulement *parce que Lénine* ! [Les soulignés sont de Breton.] »

Jusque-là, dans *La Révolution surréaliste*, c'était l'adjectif qui donnait à la révolution sa vraie portée. Désormais, c'est la révolution politique, la révolution bolchevique qui devient le test de surréalisme. Et par les hommes qui l'incarnent. « Vive donc Lénine ! Je salue ici très bas Léon Trotski... », conclut Breton. « Ce que je tue de moi », dit Aragon à Denise. Il rentre dans le rang. Breton dira dans ses *Entretiens* :

> « Faut-il qu'en France la police intellectuelle ait été vigilante pour que ces idées aient mis si longtemps — près de huit années — à nous parvenir ! Jusqu'en 1925, il est frappant que le mot de Révolution, en ce qu'il peut avoir d'exaltant, n'évoque dans le passé que la Convention et la Commune... »

Il faut lire à la lumière de la rupture avec Drieu la poursuite par Aragon de la discussion entamée l'année précédente avec Bernier et Fourrier.

Quel est donc le statut de l'écrivain dans la société bourgeoise ? Il écrit là-dessus une longue étude théorique qui sera publiée en novembre par *Clarté* sous un titre on ne peut plus explicite, *Le Prolétariat de l'esprit* :

> « L'évolution de l'économie mondiale a eu pour effet de lier progressivement, d'une façon de plus en plus étroite, les intérêts intellectuels aux intérêts économiques. [...] L'esprit, comme tous les autres moyens de production, est la propriété de quelques hommes dans le monde, qui lui tracent des limites au nom d'un pouvoir extérieur à l'esprit. [...] Nous assistons à un spectacle qui ressemble singulièrement à une lutte des classes. Qu'est-ce donc que ce schisme dans l'esprit ? Se produit-il vraiment un schisme dans l'esprit ? Ce qui naît ainsi, ce que nous voyons naître, c'est une idée nouvelle qui grandit. Il se forme insensiblement un prolétariat de l'esprit. Il est encore épars, il a mal conscience de lui-même, il est à la remorque de ses ennemis, il se trouve, il erre. Mais déjà, à plusieurs signes, on le reconnaît. [...] »

Les intellectuels sont à ses yeux des prolétaires de fait, qu'ils apprennent donc

> « à devenir des prolétaires de nom. Qu'ils apprennent l'histoire de la classe qu'ils rejoignent. Qu'ils puisent dans son exemple l'exemple et la règle de leur vie. [...] Ce qui était hier pour eux l'Idée nouvelle, c'est aujourd'hui la lutte des classes. [...] Ils ont donc une morale de classe, qui les oppose à la morale bourgeoise, une morale prolétarienne. Ce qui les oppose enfin aux anarchistes, ce qui leur permet d'éliminer l'anarchie, c'est cette conscience d'appartenir à une classe, le prolétariat, et la volonté de contribuer à en établir la dictature ».

Cela sent, malgré l'élégance du style, son néophyte, et un élan d'adhésion encore très intellectuel. Et il a naturellement tout lu. Maxime Alexandre que la pratique de la philosophie incitait à plus de sérieux raconte :

> « J'ai été témoin de la conversation d'Aragon à l'hégélianisme. Nous avions rendez-vous au *Zimmer,* place du Châtelet. Aragon surgit brusquement, véritablement bouleversé, en brandissant un bouquin relié en noir, et avant de se débarrasser du pardessus et de s'asseoir, il m'annonce qu'il vient d'acheter sur les quais un livre absolument introuvable, la traduction française de *La Philosophie de la nature* de Hegel. Sans se défaire de son manteau et de ses gants, il ouvre le volume à tout hasard, pose son doigt sur la page, puis m'en lit une phrase du ton qu'il aurait mis pour réciter un poème de Musset. [...] Il ferme le livre, puis le rouvre à un autre endroit et m'en lit quelques lignes. A partir de cet instant, Aragon était devenu hégélien[1]. »

On comprend l'ironie de Breton à se voir ainsi dépassé si rapidement par son ami. Aragon balaie en effet les précautions, la circonspection de

1. *Mémoires d'un surréaliste, op. cit.*, p. 65.

Breton pour ce qui touche à l'autonomie de la pensée : les prolétaires de l'esprit ne doivent pas former un parti nouveau,

> « ils iront à la seule force qu'ils doivent appuyer et de quoi vraiment rien ne les sépare, le prolétariat révolutionnaire ».

Breton, doué d'un esprit de chef de groupe, n'ignorait rien des affrontements en puissance. Sa déclaration annonçant qu'il assumait la direction de *La Révolution surréaliste* avait témoigné avec éclat de sa volonté d'assurer la cohésion du mouvement. En cet automne, il frappe ceux qui renâclent devant l'action politique. L'exclusion de Vitrac, coupable de tiédeur et de déviation artistique, a dû être décidée à la fin de 1925 [1]. Elle anticipe sur les exclusions d'Artaud et de Soupault, pour des motifs voisins, en 1926.

Renaît le problème que nous avons vu surgir au moment de l'éclatement de Dada : qu'est-ce qui va changer le monde ? la force du prolétariat révolutionnaire ? la force de la poésie ? « Poésie » étant ici un mot pudique pour art, toujours condamné par le groupe comme entaché de commerce, servile et compromettant. Aragon est du côté de l'art, bien qu'il soit solidaire de l'orthodoxie du groupe contre *la déviation artistique*. Ce n'est pas double jeu. C'est presque une question de nuances. On a l'impression que l'adhésion politique d'Aragon au mouvement révolutionnaire est le prolongement exact de son refus poétique d'y adhérer au temps d'*Un cadavre* et de la polémique avec Bernier. Il se comporte en homme qui franchit ses limites par l'outrance des idées, comme pour se racheter de la trahison secrète de *La Défense de l'infini*. Par une démarche désormais politique, Aragon entend faire la preuve que, chez lui, le besoin d'écrire, le besoin d'art, de fiction ne sont pas l'expression d'une *déviation artistique*. Il n'y a visiblement pas chez lui tentation d'outrepasser les frontières sectaires du groupe. N'oublions pas que Breton, même s'il juge avec sévérité ses incartades politiques, demeure son complice quant au besoin d'écrire, de créer.

Tout cela sera grossi, quelque peu perverti par les polémiques des années trente. Aragon écrira en 1935 :

> « Cinq années, j'ai passé cinq années (de 1922 à 1927) pris entre divers petits dégoûts, le culte disproportionné d'un monde poétique que nous nous étions forgé, mes amis et moi, et le grand tourbillon où j'étais tenté de me jeter. Cinq années d'hésitations, de contre-marches. Ce fut là le beau temps et l'éclat du surréalisme [2]. »

Non, en ce passage de 1925 à 1926, la rupture de 1932 est simplement inconcevable. Mais ce long article dans *Clarté* prépare ce qui la rendra

1. Cf. Henri Béhar, *op. cit.*, p. 97-101.
2. *Pour un réalisme socialiste, op. cit.*, p. 52.

plus tard possible. Aragon y définit une situation sociale de l'écrivain qui sera celle qu'il demandera au parti communiste de lui apporter.

Il convient néanmoins de ne pas donner un tour trop grave à ces années de jeunesse d'Aragon, de ne pas les réduire, du moins, à la gravité de ses décisions politiques. Du dehors, on dirait plutôt qu'il ne fait qu'ajouter une nouvelle corde à son arc. Maxime Alexandre dit de lui, en ce temps-là, qu'il est un véritable Protée. Il ajoute « un feu d'artifice, l'accent pouvant d'ailleurs être mis aussi bien sur feu que sur artifice ». En effet — même si la suite de la vie tendait à le faire oublier —, politiquement parlant, Aragon doit d'abord se faire prendre au sérieux.

4.

Nancy, Nane...

Un soir de Londres
Je marche dans les brouillards jaunes de février
Seul avec un amour qui commence
Viendra-t-elle
Et je disperse sans fin l'impatience de mes pas
Coudoyant des fantômes.

Le Roman inachevé.

La première rencontre d'Aragon avec Miss Cunard est indatable. Née en 1896, petite-fille du fondateur de la Cunard Line, elle s'installe à Paris dès le début des années 1920. Elle fréquente les intellectuels américains comme Ezra Pound ou William Carlos Williams. Kokoschka fait son portrait en 1924 et, cette même année, elle compose avec Tzara le titre de la pièce *Le Mouchoir de nuages*, au Bœuf sur le toit. Elle a publié ses premiers poèmes en 1916, et son premier recueil, *Outlaws* (Hors-la-loi), à Londres en 1921. Il est suivi de *Sublunary* en 1923 et de *Parallax* en 1925. Elle a pénétré dans l'avant-garde par son antichambre mondaine, mais c'est au temps où Picasso fréquente le comte de Beaumont. Elle connaît donc Aragon de longue date. C'est durant l'hiver 1925-1926 qu'elle entre dans sa vie.

Elle me racontera, quand je ferai sa connaissance en 1950, avec cette façon crue qu'elle avait pour parler d'elle, comment elle avait jeté son dévolu sur Aragon, « beau comme un jeune Dieu, mais farouche avec moi comme l'Hippolyte de Racine... ». Il y avait beaucoup de place en ce temps-là à l'arrière des taxis et les conducteurs, comme autrefois les cochers de fiacre, ne regardaient pas ce qui se passait derrière eux... Donc, un soir, elle « eut » Aragon.

Elle n'était pas femme à garder secrète sa conquête et Doucet ne tarda pas à l'apprendre. Il avait pardonné à Breton et à Aragon l'incartade d'*Un cadavre.* Comme l'écrit François Chapon :

« L'âge lui avait composé cette espèce d'équanimité où le désir de distinguer tout ce qui importait en fait de création s'alliait à une négligence des humeurs humaines. Il prit assez de recul pour qu'Artaud fût publié en octobre 1925 dans une collection subventionnée par ses soins : *Pour vos beaux yeux.* Ainsi commença et s'acheva cette série qui était encore un prétexte d'utiliser Aragon chargé de la diriger[1]. »

Lionel Follet place en décembre 1925 une lettre où Aragon, sur proposition de Doucet,

« lui demande une aide régulière de mille francs par mois qui lui permettrait de vivre sans compromissions. “ Vous savez ce que je puis vous offrir en échange de votre générosité : les chapitres de ce livre interminable qui ne paraîtra peut-être que dans cinq ans, à mesure que je les écrirai[2] ».

Ce qui montre une reprise en cet hiver 1925-1926 de *La Défense de l'infini.*

Le 3 février 1926, entrevue de Jacques Doucet avec Aragon. Son âge aidant, il confond Nancy avec sa mère Lady Emerald, amie de la reine d'Angleterre et sollicite Aragon de reprendre sa correspondance littéraire avec appointements doublés, dans l'espoir de partager d'aussi belles relations. François Chapon écrit :

« Le couturier attend d'Aragon qu'il devienne son “ Double ” complice dans le spectacle de la vie parisienne : *ne pouvant vu mon âge mener l'existence que lui pouvait mener [...] me tenir au courant des questions littéraires d'art de la vie d'un garçon de son âge dans les milieux artistiques et mondains que par moi il sera susceptible de mener.* Il promet en échange une mensualité de six cents francs, une aide en plus qu'il se réserve d'apprécier *dans des cas spéciaux et définis.* Il prend soin d'exclure les dettes de jeu[3]. »

Aussitôt après, on voit Nancy emmener Aragon chez elle, à Londres « dans les brouillards jaunes de février ».

Aragon, lui, s'en tient à faire débuter leur amour en 1927. D'où ce passage de *Théâtre/Roman* auquel j'ai fait allusion :

« Au début de 1927, une amie que j'avais alors, et dont je ne vais pas raconter la place qu'elle avait occupée dans ma jeunesse, ayant assez de me voir traîner d'hôtel en hôtel, me mit en relation avec des gens [...] qui acceptaient de me louer leur atelier en haut des marches, là-bas, dans une rue arrière, enfin, latérale, parallèle ou comment dire, au Panthéon. [...] Ici, assez singulièrement, s'était fait le passage d'un amour à l'autre, ma pauvre, ma chère Nane, ici tu arrivais le soir à n'importe quelle heure. Et puis voilà que j'apprends qu'on raconte je ne sais quoi sur mes visiteurs, le

1. Jacques Doucet, *op. cit.*, p. 312.
2. *Ibid.*, p. 223.
3. *Ibid.*, p. 314. — Cf. Daphne Fielding, *Emerald and Nancy,* Eyre & Spottiswoode, London, 1968.

font, ça le bruit, ça m'avait étonné plus que tout parce que nous chantions tout bas, Nane et moi, dans ce lit au bout du logement, dont rien ne pouvait s'entendre à l'autre fin à travers le palier... »

C'est ici, dans ce livre de 1974, que, pour la première fois je crois bien, Aragon écrit ce diminutif : Nane. Et ce ton de tendresse, soudain resurgi, quand l'âge et l'approche de la mort apportent une liberté tout autre, nous donne à mesurer par contrecoup l'épaisseur du brouillage, dans toute l'œuvre antérieure, sur ce qui touche à Nancy.

Là encore, ce n'est pas l'anecdote de l'amour qui importe, mais l'espèce de basculement de la biographie et de la création elle-même. Rendre à Nancy ce qui fut à Nane va bien au-delà de la simple critique de ce qui reste écrit ; ne serait-ce que parce qu'il faut nous battre avec le non-dit. A cause d'Elsa, certes. Mais, d'abord et tout de suite, à cause du groupe. Nancy avait pris dans la vie d'Aragon une place autrement dérangeante :

> « Cette liaison que j'avais, laquelle impliquait pour moi de fréquents voyages, des déplacements — nous avions été en Espagne, en Hollande, en Italie, en Allemagne, ici et là en France — amenait une espèce de crise, de malaise entre moi et les surréalistes habitués à me voir venir à Cyrano, place Blanche, la régularité de ces rencontres étant pour eux le barème de la fidélité. A leurs yeux, la présence à midi et le soir, à l'heure de l'apéritif, était un contrôle, et quand je n'y venais pas, on me suspectait de désaccord, ou au moins de manque d'intérêt pour ce que nous faisions ensemble[1]. »

Les diverses traces de ce malaise aggravent encore le malaise né du travail romanesque.

On a les meilleures images qui se puissent concevoir de Nancy à cette époque grâce aux photographies de Cecil Beaton ou de Man Ray. Elle domine la mode de 1925, qu'elle enserre sa chevelure coupée court dans des toques ou qu'elle en laisse se dérouler les plis. Le maquillage d'ombre qui agrandit ses yeux si clairs au regard direct, celui aigu de sa bouche, sont absolument modernes. Son port de fausse maigre est altier. Les énormes bracelets d'ivoire qui s'accumulent à ses avant-bras — et qu'Aragon s'évertua à collectionner pour elle quand ils vécurent ensemble — lui donnent un air hiératique et fascinant. J'ai fait la connaissance de Nancy Cunard quand elle venait voir Aragon à *Ce soir* ou aux *Lettres françaises,* vers 1950. Usée par l'alcool, elle n'en était pas flétrie et conservait ce port de reine qui la faisait paraître plus grande qu'elle n'était vraiment. Sa voix s'éraillait, mais gardait d'inattendues inflexions caressantes. Il y passait comme une musique d'anglais, plutôt qu'un accent, dans un français parfait.

Dans ses trente ans, elle dut être sans conteste cette femme « très belle » dont Aragon parle plus tard. Au sens de l'élégance qu'on peut payer, elle alliait celui, plus rare, de l'assurance que confère une naissance

1. *Aragon parle, op. cit.,* p. 62.

dans les milieux du pouvoir réel. Elle assumait cette naissance par sa propre intelligence, son expérience précoce des choses et des hommes. Aragon ne pouvait qu'être sensible à ce que Nancy possédât si pleinement ce qu'il ne pouvait compenser, lui, que par toute l'insolence du monde. Elle avait au surplus le goût de la poésie.

A l'exotisme de l'étrangère, elle ajoutait celui des voyages. Elle mène en habituée des bateaux et du chemin de fer cette sorte de vie que l'avion permet aujourd'hui. Sa passion est de réunir masques et statues nègres :

> « Aragon et moi nous sommes allés de nombreuses fois en Angleterre au milieu des années vingt fouiller les boutiques de curiosités et de brocante des ports anglais et de Londres[1]... »

Ce que corrobore *Le Roman inachevé* :

> Tenez Qu'est-ce pour vous ce voyage en Hollande
> Où vous ne verrez pas ces étranges statues
> Devant la mer comme des fauves abattus
>
> Qu'un trafiquant naguère apporta dans des caisses
>
> . . . .
>
> Que comprenez-vous au jeune homme dont je parle
> Si vous ne connaissez pas chez lui ce goût profond
> Des sculptures qu'au bout du monde les gens font
>
> Et comment s'expliquer son voyage à Genève
> Que fait-il à Cardiff dans la saison des pluies
> Au Caledonian Market est-ce encore lui

Il faut essayer de reconstituer cette vie trépidante, même en France où, au milieu de leurs brouilles, de leurs ruptures et réconciliations, Aragon tente malgré tout de ne point trop manquer les rendez-vous quotidiens du Cyrano.

> Elle n'aimait que ce qui passe et j'étais la couleur du temps
> Et tout même l'Île Saint-Louis n'était pour elle qu'un voyage
> Elle parlait d'ailleurs Toujours d'ailleurs Je rêvais l'écoutant
> Comme à la mer un coquillage
>
> Une femme c'est un portrait dont l'univers est le lointain
> A Paris nous changions de quartier comme on change de chemise
> De la femme vient la lumière Et le soir comme le matin
> Autour d'elle tout s'organise

1. Nancy Cunard, *These were the Hours,* introduction de Hugh Ford, Feffer & Simons, 1969.

Une femme c'est une porte qui s'ouvre sur l'inconnu
Une femme cela vous envahit comme chante une source
Une femme toujours c'est comme le triomphe des pieds nus
L'éclair qu'on rejoint à la course

Le changement de ton du *Roman inachevé* par rapport à l'amie « éclatante et brune » est très remarquable. Il y passe, à trente ans de distance, le souvenir d'un éblouissement devant l'entrée vraie de la femme dans la vie du jeune homme. Nancy bouleversait toutes les données sociales de cette vie, non seulement par sa richesse et par la vie en commun, mais par les ricochets divers qu'une telle intrusion entraînait.

En 1926, Nancy a un appartement dans l'île Saint-Louis, au 1 rue Le Regrattier, qui deviendra un décor d'*Aurélien.* Marcel Duhamel décrit ainsi une invitation :

> « Bien qu'elle soit très sympathique, la soirée est un peu cérémonieuse, sinon guindée ; il est difficile d'être naturel en habit. Il y a là Michel Arlen, la coqueluche du Tout-Londres, auteur du fameux *Green Hat,* qu'Aragon considère comme un garçon coiffeur et auquel il ne cessera de lancer des vannes durant toute la soirée ; laquelle se termine au Zelli's[1]. »

Aujourd'hui ce texte nous ouvre un gouffre sous les pieds. Aragon, qui sait sans doute que Michel Arlen a été jadis l'amant de Nancy, ignore visiblement que *The Green Hat* se réfère à la grave maladie qu'eut Nancy fin 1920-début 1921, dont Ann Chisholm dans sa biographie[2] a publié cette note terrible retrouvée dans ses papiers :

> « Déc.-janv.-fév. à l'hôpital à Paris, 1re intervention : curetage. Deuxième intervention : Hystérectomie. Troisième intervention : Appendicite, péritonite. gangrène avec une chance de survie de deux pour cent. »

Certes, Nancy ne faisait pas mystère de son hystérectomie, la présentant avec un certain humour noir comme le prix de sa liberté de femme. Aragon n'avait visiblement pas cherché à mesurer ce que cachait un *understatement* poussé aussi loin. Sans compter évidemment pour Nancy les conséquences cliniques et psychologiques fort mal perçues à l'époque, dont il fut évidemment victime.

La jalousie d'Aragon se déploie en effet :

Le cœur garde ses désaccords
Des gens des gens des gens encore

. . . .

Elle amenait à la maison
Des paltoquets et des pécores.

1. *Je ne raconterai pas ma vie,* Mercure de France, Paris, 1972, p. 249.
2. *Nancy Cunard,* trad. franç. Orban, Paris, 1980, p. 57.

Voici un autre souvenir dans *Blanche ou l'oubli* :

> « Je croyais être amoureux, je m'étais fait l'ombre d'une femme qui était entrée en moi comme un courant d'air dans la chambre. Elle me racontait ses amants : je me taisais sur mes médiocres aventures. Un jour, chez elle, dans l'île Saint-Louis, elle avait invité Fargue *(You know each other, don't you? Jeffry, please, light the candles!)*, nous déjeunions à trois dans la petite salle à manger qui donnait sur la rue étroite. On allumait des bougies en plein midi. Le quai, la Seine, le cri égorgé des remorqueurs, le soleil qui descend du Panthéon comme un chien jaune, c'était pour la chambre à coucher notre musique à nous. [...] La bonne apportait le *Yorkshire-pudding and mintsauce.* Aussi Léon-Paul parlait-il de Londres. Mon amie l'écoutait poliment, jouant de ses bracelets. *Have a drink!* »

A quoi il faut sans doute, pour ce qui est dit là de l'amour et de la façon d'aimer, une autre confrontation, avec cette fois ces lignes de *La Mise à mort,* dites à Elsa mais non sans penser à l'amie aux bracelets :

> « J'appelle amour cette jalousie de toute chose, cette humiliation de l'homme à deviner sans cesse dans la femme par quoi elle lui échappe, et attentive qu'elle soit de le lui taire, quoi que ce soit qu'elle lui préfère, dans cette préférence le trahit. [...] Mais non, je ne prétends pas réinventer l'amour, je l'ai cherché, j'ai cru l'atteindre, il s'est dix fois, je dis sans compter, entre mes mains brisé... »

Nancy fut cette humiliation. Cherchée. Voulue. Acceptée. « Je m'étais fait l'ombre d'une femme... » Il partageait ses voyages, comme la chambre de l'île Saint-Louis, probablement heureux, à bientôt trente ans, de quitter sa bohème, mais rencontrant d'autres difficultés dues à l'inégalité sociale, à la richesse de Nancy, à son habitude de la richesse :

> « Cette vie, dit-il à Dominique Arban, présentait des complications de tous ordres, qui n'avaient rien à voir avec nos simples rapports à nous deux. Il surgissait entre nous des éléments sociaux qui disloquaient notre couple. Cette femme que j'aimais, les données de sa vie étaient très différentes des données de la mienne, et je ne pouvais poursuivre cette existence à deux. Il m'était difficile, matériellement, de me mettre sur le pied qui était le sien, et pouvais-je accepter qu'elle le fît pour moi ? »

Ce qui deviendra tragédie à Venise, durant l'été 1928, a dû peser, d'une manière ou d'une autre, dès le début de leur amour. Aragon se trouvait à nouveau devant une dépendance financière. Le manque d'argent ne résultait plus cette fois de sa situation illégitime dans sa famille, mais du statut même du surréalisme, de cette vie en marge, du refus d'appartenance aux milieux littéraires. Et Nancy, par son mode d'existence princier, aiguisait toutes ces contradictions. L'insolence du *Paysan de Paris* vis-à-vis des critiques et des journalistes détonnait avec la vie mondaine. Et Nancy toujours prête à lui échapper...

Ils avaient le même goût pour la vie nocturne. Le Zelli's. Mais aussi Brick Top. Brick Top était la chanteuse noire de ce temps-là, à Paris. Elle avait son cabaret rue de Douai, à l'enseigne du Grand Duc :

> « Brick Top avait le teint assez clair pour une femme de couleur et son visage de brique, comme son sobriquet l'indique, était ponctué de légères taches qui, sur une peau blanche, auraient été des taches de rousseur. Cela ajoutait à l'étrange beauté de ce visage grave et souriant. Le corps était solide, mais sans lourdeur. On pouvait s'étonner même de sa flexibilité quand elle chantait et se tordait les bras pour mimer les sentiments qu'elle exprimait :
>
> When I was in St James infirmary...
>
> Il venait chez Brick Top de rares Français comme nous et beaucoup des Américains littéraires et artistiques des années 20[1]. »

Nancy avait imposé le détour quasi obligatoire par la boîte snob du moment, le Bœuf sur le toit, rue Boissy-d'Anglas en 1921 et qui venait, en 1925, de se transporter rue de Penthièvre. C'est le royaume de Cocteau à qui elle a emprunté son appellation, et un fief du Tout-Paris, avec des fréquentations fort peu surréalistes. Aragon y fit bonne figure. Nancy aimait et savait fort bien s'habiller. Aragon avait toujours, au-delà même de la limite de ses moyens, fait preuve d'un certain dandysme dans sa mise. Nancy le provoqua à se surpasser. Il devint célèbre dans les lieux chic pour ses cannes, sa collection éblouissante de cravates, le port d'une grande cape noire à la Fantômas. Nancy faisait faire ces capes à Venise, de l'étoffe des costumes des gondoliers et en offrait à ses compagnons. Imaginons-le au bras d'une millionnaire (on ne disait pas encore milliardaire) non seulement à la mode 1925 — demeurée la mode arts-déco —, mais créant cette mode. Bref, c'était la première fois qu'il vivait avec une femme et non seulement cette femme savait vivre, mais elle savait ce qu'elle voulait dans la vie.

Tous ceux qui ont alors approché Nancy — et beaucoup ont eu à en souffrir — ont éprouvé son ascendant. Elle n'était sans doute pas la dévoreuse d'hommes qu'on a dit, mais elle a vécu sa jeunesse à l'époque de *La Garçonne*, dans cette quête d'un rôle de partenaire égale, partageant ou prenant d'autorité les libertés que les mâles s'octroient. Peut-être fallait-il cette résolution, cette capacité d'initiative pour arracher Aragon aux entraves de la cohésion surréaliste, à sa vie d'aventures exaltées mais faibles et passagères ?

Nancy aimait jouer. D'où la précaution de Doucet. Et bien plus tard, dans *Les Beaux Quartiers*, l'aveu d'Aragon par l'intermédiaire du

1. Jacques Baron, *L'An I du surréalisme, op. cit.*, p. 179.

Aragon (*L'Œuvre poétique*, IV, p. 22) cite à ce propos ce vers du *Roman inachevé* :

La négresse irlandaise a soudain pour moi des airs de Manet,

et évoque ceux du *Cantique à Elsa* de 1942 :

Souviens-toi des chansons que chantait pour nous plaire
La négresse au teint clair ce minuit qu'on poudra

personnage d'Edmond, amant lui de Carlotta, richement entretenue. Et le partage du jeu entre Edmond et Carlotta.

> « La fièvre du jeu avait donné à Carlotta plus d'emportement et de pathétique dans les caresses que même l'ardeur des premiers jours [...]. Il y eut aussi, chez Edmond, la découverte du hasard. La disqualification de l'argent, cet argent haï et mal aimé, dont il sentait le besoin et la dépendance... »

Nancy payait cette vie tendue à l'extrême d'angoisses profondes, de doutes et de désarrois qui ne la poussaient pas seulement à reculer au plus tard possible l'heure de rentrer chez elle, mais aussi à boire jusqu'à la perte de son contrôle. Elle devenait alors violente, immaîtrisable, en des scènes qui crucifiaient Aragon. Comme lorsqu'elle lui parlait de ses amants d'antan. Mais il était prêt à souffrir. Je ne parle pas seulement ici de ce trait de son caractère qui reconnaît la souffrance comme une part inévitable de toute relation sociale, et donc de l'amour. Ce pessimisme foncier était sans doute encore exacerbé par cette vie d'errance et de bohème subie, par cette dispersion qui, jointes aux blocages rencontrés d'autre part contre le roman, contre le poème lyrique, devaient lui instiller un sentiment d'inutilité profonde. Sans doute commence alors de se profiler pour de bon une issue politique. Mais il suffit de lire *La Grande Gaîté,* dite par antiphrase, qui recueille en son début les poèmes de ces temps déchirés, pour mesurer ce qu'en recouvre l'autodérision :

Voyages

Comme il allait de con en con
Il devint terriblement triste
Comme il allait de con en con
Terriblement triste [1]

qu'il faut compléter ou préfacer par ce

Tango Folie

Toutes toutes toutes
S'il en reste encore
Toutes toutes toutes
Je n'ai pourtant rien compris à ce qu'elles nommaient l'amour

C'est malgré tout le premier recueil lyrique d'Aragon, bien que le poème y soit volontairement prosaïque, le chant étranglé, le rythme

1. La première édition en fut tirée par Aragon en 1928 à 25 exemplaires sur la presse de Nancy, à la Chapelle-Réanville (sous le titre *Voyageur*).

affaissé, comme un discours assourdi au point d'en perdre le timbre de sa propre voix ; où, de fait, s'oublie la voix d'Aragon :

Art poétique

On me demande avec insistance
Pourquoi de temps en temps je vais à
La ligne

C'est pour une raison
Véritablement indigne
D'être con
Chiée par écrit

Les ressources de la désarticulation dada du discours, de l'humour féroce, la gageure que, de l'anti-poésie, va naître autre chose, sont ici utilisées jusqu'à faire système :

Très tard que jamais

Les choses du sexe
Drôle de façon de parler
Triste façon de parler
Des choses du sexe

Je m'attendais à tout
Mais aucunement à ces mots-là

Ce recueil, demeuré jusqu'en 1975 enclos dans une édition de luxe à 240 exemplaires, connut une vogue orale considérable, qui finit par occulter sa nouveauté véritable, laquelle ne résidait pas seulement dans cette découpe presque neutre du langage brut, mais dans un redépart parlé, « téléphonique », du lyrisme : un degré zéro du lyrisme.

Maladroit

Premièrement je t'aime
Deuxièmement je t'aime
Troisièmement je t'aime
Je t'aime énormément

Je fais ce que je peux pour le dire
Avec l'élégance désirable
Je n'ai jamais su le moins du monde
Inspirer le désir
Quand j'aurais voulu l'inspirer

Un exhibitionnisme naïf en matière de sentiment
Un caractère au moral comme au physique
Nom de Dieu tout ça n'est guère amusant
Comme attraction c'est zéro

Ou, plus démonstrativement encore, peut-être, cette utilisation par collage d'une rengaine :

N'est pas vice

Je t'aime pourtant
D'un amour ardent
Dont rien je le sens
Ne pourra me
Défaire

Je voudrais avoir écrit ce quatrain
Être l'homme qui a é
Crit ce quatrain ou y grec
aurais-je récemment douté de la durée de mon amour
D'un amour ardent cela sonne comme un titre
Me défaire or
Nous sommes au soir d'une défaite

Pourtant ce pourtant-là n'est pas
Le moins mystérieux de tout
Toutou
Mais j'entends bien tu m'appelles

Ces poèmes ne paraîtront qu'au temps d'Elsa, mais on n'imagine guère les deux derniers lus dans les bistrots du groupe. Ils ont une destinataire et on ne peut tout uniment en prendre les copains à témoin, comme il en alla des premiers, même si Aragon a pu feindre une fausse désinvolture pour masquer ce qu'il était en train de vivre et qui ne se mariait plus guère avec la société de garçons du Cyrano. L'entrée de Nancy dans sa vie a provoqué un immense remue-ménage jusque dans les données de sa création poétique. Et il faut, pour l'entendre, recourir à nouveau au rythme grave et lourd des vers de seize syllabes du *Roman inachevé* :

Tu me parles de ton enfance et ta tête est sur mes genoux
Dans la chambre au premier qui pour nous sera les jardins d'Armide

. . . .

Raconte-moi ton univers raconte-moi ta solitude
Ne sortons pas restons devant les cuivres de la cheminée

Ton père te ressemble il est sombre à la fin de la journée
Les souliers te font toujours mal la gouvernante a la voix rude

. . . .

Tout ce long temps tout ce long temps de notre enfance qu'on gaspille
Chaque mot que tu dis en moi s'enfonce à la façon d'un clou
Chaque mot que tu dis de ton passé me rend triste et jaloux
Femme ô femme que ne t'ai-je connue alors petite fille

Tes amants n'en souffle mot qu'ai-je à faire de tes amants
Mais descendons au restaurant Les salles sont déjà désertes
Nous ne serons que tous les deux assis parmi les plantes vertes

. . . .

Dame de cœur je le sais bien un jour il faudra que tu partes...

Pour Aragon, en 1926-1927, c'était encore là l'indicible. Il aura fallu ce long chemin de trente ans pour que *Le Roman inachevé* le rattrape et le dise enfin. Ce qui n'était pas Nancy, ce qui était avant Nancy, que croyez-vous donc que c'était :

Rentrer chez soi Qu'est-ce que c'est chez moi Mais il faut bien qu'on parte
Place Blanche on ira retrouver ses amis jouer aux cartes
Pour se persuader qu'il est avec l'enfer des accommodements

Cette vie avait-elle un sens et de quels côtés sont les torts...

Comment en prendre la mesure, aujourd'hui, sinon par ce que Nancy a changé, à tout jamais changé ?

5.

La Défense de l'infini, roman

> La Défense de l'infini, *pour donner à ce feuilleton gigantesque le nom dont je l'affublai par hasard.*
>
> Avant-lire.

Ce peut être un effet pervers de la biographie qui se sert des fragments surnageant de *La Défense de l'infini,* notamment du *Con d'Irène,* au même titre que du *Paysan de Paris,* et des correspondances pour reconstituer le cheminement d'Aragon, mais à présent que nous disposons vraisemblablement de tous les documents qui subsistent, comment se défaire de l'impression qu'ils sont plus importants que le vécu ? Qu'ils l'ont complété, intégré à l'image qu'il prenait une fois écrit, certes, mais qu'après tout Denise et même la Dame des Buttes-Chaumont, même Nancy furent des aventures qui comptèrent plus dans ce qu'Aragon écrivait de lui-même que comme expériences sensuellement amoureuses. La seule exception semble avoir été Clotilde qui m'a valu cette sèche remarque d'Aragon pour avoir écrit en 1974 qu'elle « était belle, pleine d'esprit » : « On ne parle pas de ce qu'on ne connaît pas. » Clotilde qui est, sinon le pilotis d'Irène, du moins le premier tremplin de *La Défense de l'infini.*

C'est en effet au moment de leur liaison — la première qu'ait Aragon avec une femme de son milieu — qu'est née l'ambition de ce « roman hors mesure, énorme étymologiquement parlant ».

> « Il sommeillait, repartait, prenait des proportions inquiétantes. A vrai dire, tout ce que j'écrivais, je prétendais le faire entrer dans ce roman fantôme... C'était tout d'abord un secret que des poèmes masquèrent, et ce brusque exercice où j'entrai un beau jour, comme à la recherche d'un nouveau langage et qui devint *Le Paysan de Paris*[1]. »

Ce roman a atteint selon Aragon jusqu'à quinze cents pages griffonnées dont il a égrené de-ci de-là de petits bouts, la *Lettre à Francis Viélé-Griffin*

1. *Avant-lire, op. cit.*, p. 5.

dans *Littérature, Entrée des succubes* dans *La Révolution surréaliste, Le Cahier noir* dans *La Revue européenne.* Puis, sous le manteau en 1928, *Le Con d'Irène.* Signé Albert de Routisie, publié avec des illustrations d'André Masson, le refus d'Aragon de le reconnaître, y compris lorsqu'il fut republié sous le titre *Irène*[1] en 1968 est d'autant plus singulier qu'il ne s'agit pas en fait d'un érotique, mais d'un des plus beaux textes romanesques d'Aragon. Ce refus a laissé la vie d'Aragon entre 1923 et 1928 dans les brouillages qu'il avait échafaudés, ce qui était peut-être un des buts recherchés.

C'est à Giverny, au printemps 1923, selon l'architecture reconstituée par Lionel Follet[2] qu'Aragon a écrit ce qui est devenu la section IV du *Con d'Irène.* Tout y est du dessein. L'aïeul détruit par la vérole, paralytique, aphasique, voyeur forcé, « les regards fulgurants dont tu brûles, Irène ». Gaston qui, fantassin à Nancy, y a contracté sans en savoir rien pendant quinze jours encore « la vérole agile [...] qui le fera un jour pareil à l'aïeul... ».

A Commercy, la petite ville de C... avec son bordel dans *Le Con d'Irène,* il confie à Jacques Doucet, le 4 septembre :

> « J'écris une histoire qui sera ce qu'elle pourra. Une histoire assez sinistre à mettre entre toutes les mains. »

La Défense a poursuivi son chemin cahin-caha jusqu'à l'été de 1925 d'où date le passage se référant au « temps cruel » des vacances qui met fin à la partie publiée comme *Le Con d'Irène.*

C'est visiblement à la fin de 1925 et en 1926 que fut écrit l'essentiel du reste. *Le Cahier noir* étant publié dans *La Revue européenne,* en février-mars, Aragon envoyant à Doucet d'Antibes, le 3 septembre, deux paquets de manuscrits qui forment une partie essentielle de ce qui a échappé à la destruction. Si *La Défense de l'infini* a été éditée par Édouard Ruiz en 1986, suivie des *Aventures de Jean-Foutre la Bite,* elle n'a pas encore pris dans l'œuvre d'Aragon sa vraie place, restant marquée par ses tribulations d'érotique, alors qu'elle contient des proses d'anthologie.

Je ne le dis pas par sous-estimation des érotiques. On ne saurait connaître Apollinaire sans *Les Onze Mille Verges,* dont Aragon préfaça anonymement d'ailleurs une édition de 1930, ni Pierre Louÿs sans *Trois filles de leur mère.* Mais *La Défense de l'infini* est autre chose, le premier roman sans contrainte d'Aragon, où il se retrouve complètement lui-même dans l'imaginaire, dans le mentir-vrai. Un chef-d'œuvre, avec juste ce qu'il faut d'incontrôlé, d'expérimental, d'incertain, de sans retenue, que l'écrivain chevronné ne retrouvera pas plus, par la suite, qu'une belle femme la fraîcheur fragile et éblouie de ses seize ans. Je mets ce roman plus haut que *Le Paysan de Paris,* s'il est possible de donner ainsi la mesure de ce qui nous manque avec *La Défense de l'infini,* de cette béance

1. Par Régine Desforges.
2. *Éléments nouveaux..., op. cit.*

dans l'œuvre d'Aragon comme dans l'histoire même du surréalisme et de la « littérature française de l'entre-deux-guerres », comme on dit désormais.

En ce qui concerne Aragon, le surréalisme ne compte donc pas seulement par ce qu'il a produit, mais par ce qu'il a empêché. Qu'Aragon n'ait vraiment commencé à s'expliquer sur *La Défense de l'infini* qu'à compter du milieu des années soixante révèle assez la profondeur de l'emprise du groupe — ou plutôt de Breton — sur lui. Sans doute, dans le cas d'*Irène,* s'y sont joints assez vite les sortes de contraintes liées à l'appartenance au parti communiste, passablement puritain, puis le respect d'Elsa, peu encline à approuver un réalisme scabreux; des provocations politiques aussi. Mais ce ne sont jamais là que des circonstances annexes. Dans la disparition de *La Défense de l'infini,* c'est bien le surréalisme qui est en cause.

Il serait cependant erroné de ne plus voir de ce roman que son incompatibilité avec le surréalisme. Tout ce que nous en connaissons montre que *La Défense de l'infini* est née de l'expérience surréaliste d'Aragon, tout comme *Le Libertinage* ou *Le Paysan de Paris* : simplement, la part du roman y a prévalu, jusqu'à susciter l'intolérance du groupe qui en a exigé la destruction. Si la connaissance de l'ensemble resta secrète, il n'en fut pas de même des parties, et, de toute façon, la vie collective était assez forte pour que les autres se doutent de ce qu'Aragon écrivait. Nous possédons un témoignage sur la naissance de ce roman qui révèle ces rapports complexes et les circonstances de sa création. Il s'agit à nouveau de celui de Jacques Baron :

> « Aragon vous attendait-il dans un café, en avance sur l'heure du rendez-vous, il avait écrit pour patienter une ou deux pages de ce grand roman qui ne vit jamais le jour et dont un fragment prit la forme d'un récit érotique publié sous le manteau. A moins que ce ne fussent des vers burlesques, ou sentimentaux. “ Écoute cela ! ”, disait-il d'autor, quand on arrivait, et il lisait tout de go ses élucubrations. Ou encore il avait fabriqué, avec une boîte d'allumettes vide, des pailles pipoz, un coin de journal déchiré, je ne sais quoi qui traînait, un “ objet ”. Sculpture moderne ! annonçait-il. Tout cela, *comme en se jouant.* Je crois que la plupart des contes du *Libertinage* a été écrit de cette façon, d'une table de café à l'autre[1]... »

C'est là, me semble-t-il, une donnée capitale. Le jeu — si important dans la composition des poèmes comme des proses de ce temps-là — permettait, avec les collages, de faire passer pour autre chose les percées du romanesque. Le roman pouvait bel et bien se faire passer pour un prolongement de la manière de vivre surréaliste.

Si cela avait protégé *Le Paysan de Paris* de l'ostracisme du groupe, il n'en fut plus de même au printemps 1926 :

1. *L'An I du surréalisme, op. cit.*, p. 79.

« D'autres fragments avaient montré le bout de l'oreille ailleurs ; mais c'étaient justement les diversions *non romanesques,* toujours par désir de plaire à mes amis. [...] *Le Cahier noir* déchaîna un drame entre mes amis et moi. »

C'est qu'ici le « je » est un vrai personnage de roman, inassimilable à Aragon dont il est le cadet de cinq ans, et présenté comme un paresseux-né :

« Une fois de plus, on n'a pas manqué de prendre le narrateur pour l'auteur. D'où les drames que m'en firent mes amis d'alors. Cependant, j'avais bien eu aux premières lignes le soin de marquer ce que cette confusion aurait eu d'absurde. J'ai toujours travaillé comme d'autres s'enivrent. J'ai été, c'est connu, un élève appliqué, un récidiviste des prix d'excellence. Je croyais avoir les devants. Ah ouiche. J'étais encore bien naïf[1]. »

Voilà Aragon pris au piège. Ou il se reconnaît dans son « je », et il est coupable de vie non surréaliste ; ou il avoue son roman, et son péché est encore plus condamnable.

Que nous en reste-t-il aujourd'hui ? D'abord un récit des débuts de l'amour, d'une rencontre à demi rêvée.

« Je ne sais plus aujourd'hui ce qui en est inventé, il me semblait alors que ce le fut d'A jusqu'à Z. Mais avec le temps, dans ce que j'ai écrit, j'ai vu percer peu à peu ce que j'ai voulu dire et j'ai fini par croire que l'histoire ici contée à la première personne est la mienne, elle l'est devenue. Je sais même qui est la femme qui apparaît, la même peut-être qu'on retrouvera dans *Aurélien.* Pourtant tout le détail en est imaginaire[2]. »

Le Cahier noir est en effet presque d'un bout à l'autre une interrogation sur l'amour, dont le « Je » sentait en soi

« la possibilité et comme la fatalité de la passion. C'était ce sentiment qui ne me lâchait pas [...] *Je vais aimer* ».

Apparaît Blanche, comme en passant :

« C'était une compagne, un objet que je permettais à ma rêverie, parce qu'il ne me semblait pas que cela fût en rien engageant [...]. Je désirais connaître Gérard pour me faire une idée de ses goûts à elle [...]. Pour la juger, jauger cet homme [...]. Qu'attend une femme de l'homme assis près d'elle ? Toute l'idée de l'homme comme une fourrure qui l'enveloppe. Ce qu'il fera, ce geste insignifiant, cette démarche de sa voix, ce silence va-t-il s'adapter au désir de sa compagne ? »

Curieux que « Je » passe par l'homme, par Gérard pour atteindre Blanche. A moins qu'il n'y ait là en arrière-plan ce qui se passa vers 1922 entre Eyre, Drieu et Aragon ? N'allons pas si vite. En attendant « Je » pousse l'enquête jusqu'à imaginer la découverte de comment Blanche

1. *Les Contes de quarante années, Œuvres croisées,* 4, p. 14.
2. *Ibid.*

« allait se passer sur lui [Gérard] la curiosité qu'elle avait d'un homme [...]. Voici qu'elle se connaît capable d'une course qu'elle remet à plus tard. Cette langue dans sa bouche, elle la retient, elle la garde : c'est un bien duquel elle se sent à jamais la maîtresse. Elle sait enfin quel vertige elle inspire, elle le partage et ferme les yeux. Toute la fringale de l'homme si elle s'y refuse d'abord, elle en prend lentement, mais d'un coup conscience, elle se réserve un jour de s'y abandonner [...]. Voilà Gérard dompté, réduit. Qu'il attende une faveur nouvelle, c'est dans cette attente prolongée, dont elle décompose les temps que Blanche découvre peu à peu le mécanisme du désir. Elle ne lui tend la main que pour mieux l'arrêter, que pour savoir enfin l'arrêter, ou tout autre... ».

Mais dans un fragment inconnu jusqu'à la reconstitution de Ruiz [1], voilà que Gérard change quelque peu de rôle :

« Blanche le rendait fou Gérard [...]. Au fond de la grange, il rencontra Firmin la bouche ouverte. Firmin regardait Gérard. Firmin regardait venir le regard de Gérard, regardait le regard de Gérard, Gérard, Gérard [...]. Dure, dure vertige, dure encore. Pourquoi persistez-vous désirs au-delà des images. Gérard ou Firmin frôle Firmin ou Gérard. Gérard, Gérard, Gérard, Gérard. Étrange absence de Blanche. Blanche, qui c'est ça? Étrange attrait. Gérard, Gérard. Il faut en finir. Gérard. En finir. Gérard. Finir. Gérard. L'infini, Gérard, l'infini. [...] Drôle d'homme, ce Firmin : je dis bien : drôle d'homme. Une fois n'est pas coutume. Vous croyez... Le lendemain ce fut derrière le lavoir. »

A part cela, comme le prétendra Aragon du temps des *Œuvres croisées*, c'est « par hasard » qu'il « affubla » son roman du nom de *La Défense de l'infini*... A présent que sa vieillesse a montré au grand jour ses hésitations sur sa sexualité, nous lisons ce passage comme un aveu, un aveu qui fait même basculer le titre de ce roman en partie détruit, à cause de cet infini qu'il faut prendre à la fois au sens de l'infini, disons mathématique, et au sens du non-fini, du non-défini sexuellement de Gérard qui se révèle dans son « étrange attrait » pour Firmin. Dans « l'étrange absence de Blanche... ». Blanche, nom générique de la femme qui unit ici Eyre à Clotilde, bien plus qu'à Denise comme Aragon le laissera entendre plus tard. Ce n'est qu'aux dernières lignes que *Le Cahier noir* devient une lettre à Blanche, du ton même en effet qu'Aragon employait avec Denise, pour parler de Denise :

« Il y a un grand mystère dans le monde, Blanche, et je l'éprouve un peu dès que je pense à vous. Hier, tout hier avec sa grande pluie du dimanche et toutes les hésitations, les fantômes de mon cœur, vous viviez en moi d'une façon étrange : c'était le ciel, le ciel même, je ne vous nommais pas, vous ne vous seriez pas reconnue dans mes paroles, mais tout ce jour, je ne parlais que de vous, c'était vous encore cette inflexion légère. Cet arrêt dans ma voix. Oui, vous étiez à mes propos ce qu'est le ciel, si vaste, à tout ce que je vois du monde... »

1. *D.F.*, p. 122, 123.

Quand Aragon écrit en 1962 :

> « j'ai fini par croire que l'histoire ici racontée est la mienne, elle l'est devenue »,

il sait à merveille que « l'histoire ici racontée » contient ce fragment non publié dans *Le Cahier noir.* Qu'il est lui, comme Gérard, « L'infini, Gérard ». Et nous verrons revenir cet *infini* codé.

Sommes-nous si loin de la définition la plus précise qu'Aragon donnera du dessein de *La Défense de l'infini* ?

> « C'était un roman où l'on entrait par autant de portes qu'il y avait de personnages différenciés [...]. Toute cette foule de personnages allait se retrouver, chacun par la logique ou l'illogisme de son destin, finalement dans une sorte d'immense bordel, où s'opéreraient entre eux la critique et la confusion, je veux dire la défaite de toutes les morales[1]... »

Le Cahier noir est un fragment si bien isolable de *La Défense de l'infini*, qu'on ne sait plus l'y réintroduire. Peut-être parce que Blanche est trop liée à Denise pour participer à la chiennerie. Irène qui incarne celle-ci semble, au moins chronologiquement comme nous l'avons vu, liée à Clotilde Vail, mais Eyre et Denise passent néanmoins dans *La Défense de l'infini.*

On lit dans *Le Con d'Irène* :

> « Tout retournait à une image qui me possédait et que j'entendais écarter d'une façon définitive. Je n'avais à reprocher à cette femme, n'est-ce pas, que de ne pas m'aimer. Même si elle l'avait cru. Même si elle l'avait dit. Enfin passe. Elle était si incroyablement pareille à une perle. Physiquement, la lueur d'une perle. Pour écarter cet orient, j'essayai de penser à d'autres femmes... »

Denise extraordinairement présente-absente dans *Irène*, depuis le

> « C'est à vous que je m'adresse mon amie, ma très chère amie »,

jusqu'à ce que Lionel Follet appelle à bon droit « l'hiver d'Aurélien », l'hiver 1922-1923 du chapitre II d'*Irène,* avec cette scène clé que le roman dit avoir eu lieu au Lulli's, le Zelli's de la réalité :

> « Quand je vous rappellerai le lieu public où *cela* qui n'est rien pour le monde se fit, et le tapage, les voisins, l'insipide orchestre, l'or des colonnes, les verres devant nous non touchés, mon long espoir, alors comment oseriez-vous, votre nom presque ici m'échappe, un nom comme le vent quand il tombe à vos pieds, comment oseriez-vous, votre nom presque ici

1. *Je n'ai jamais appris à écrire, op. cit.*, p. 46-48.

m'échappe, un nom comme le vent quand il tombe à vos pieds, comment oseriez-vous ne pas vous reconnaître ? »

« Cela qui n'est rien pour le monde ? » Dans une des ultimes lettres à elle envoyées au début de 1925, Aragon écrit :

« Je sais quel est le geste qui effarouchera cette apparition, qui la fera rentrer dans l'ombre, et pourtant laissez-moi caresser vos cheveux, Denise... »

Passons à l'aveu du finale :

« J'aurais voulu tricher avec vous que je ne l'aurais pas pu. Si l'on m'avait demandé de quitter ce coin maudit de province... pour être tout à fait véridique, je serais parti, je vous aurais laissée, mais personne et surtout pas vous, pas vous ne peut mesurer ce que cela aurait comporté de désespoir. Les soirées prolongées avec une faible lumière vous ramenaient encore, mais changée. Vous n'étiez plus cette compagne de l'après-midi, cette personne glissante qui remet sans mot dire les objets dérangés à leur place. Vous étiez plus triste, plus distante. Jamais vous ne vous êtes approchée de moi dans les ténèbres. Je n'ai pas songé à vous le demander. »

Strasbourg, septembre-octobre 1923 ?

Mais voici qu'Irène-personnage se détache de la rencontre avec Clotilde Vail pour prendre la semblance tout à coup de l'amie éclatante et brune, oui d'Eyre, sinon comment lire ?

« Il y avait des années que je n'avais rencontré ce qui pour moi se revêtit concrètement d'une apparence, ce mirage de l'eau noire, Irène. L'autre image, la vivante que j'avais essayé d'effacer avec elle, avait-elle disparu vraiment ? [...]. Elle avait disparu, disparu. J'étais follement amoureux d'une femme extraordinairement belle. D'une femme en qui j'avais cru comme à la réalité des pierres. D'une femme que j'avais cru qui m'aimait. J'étais son chien. C'est ma façon. Alors, quelque chose d'incompréhensible survint, quelque chose comme une pensée dissimulée entre nous, et il fut le temps cruel des *vacances*... [...] Ah, c'était un été. Un été d'attente. Celle que j'aimais, non, jamais je ne me laisserai aller à parler encore d'elle. Je la revois trop précisément un instant dans un jardin public à Paris, elle avait, sur les genoux, les glissantes feuilles que j'avais écrites pour elle en ce temps-là, c'était le printemps, derrière un café, sur des chaises de fer. »

Ce que Lionel Follet[1] rapproche à bon droit de la publication dans *La Revue européenne* en mai-juin 1925 de la seconde partie du *Paysan de Paris*, écrite pour elle. Mais Aragon de brouiller toutes pistes et dates :

« ... et le jeu des murs pis que miroirs... »

1. *Éléments nouveaux..., op. cit.*, p. 257.

car il nous pousse à croire que cette séparation n'est pas celle des vacances de 1925, mais celle des vacances de 1922, suivie de la fuite au Tyrol, puis à Berlin, pour oublier :

> « Je m'en fus dans une solitude où plusieurs complications de frontières, de réseaux ferrés, mettaient entre nous des obstacles à peine surmontables pour l'écriture. »

Tout en ramenant que :

> « il n'y avait dans ce pays méridional aucune des possibilités dérisoires de C... [Entendons le bordel de Commercy]. La campagne et un torrent très bleu où j'ai jeté des cailloux. Dans un pigeonnier qu'on avait mis à ma disposition, je m'adonnai donc une fois de plus à ma drogue. J'écrivais du matin au soir. J'évoquais parfois des fantômes. De nouveaux, d'anciens, un jour je me pris à penser à Irène et il me vint d'elle une idée sociale, une idée circonstancielle. Après cela, peut-être découragé, je ne la revis jamais plus. »

Oui, c'était cela aussi *La Défense de l'infini*, ces chassés-croisés de femme en femme, cette dispersion, avec chaque fois la perte de l'amour. Mais dans *Le Con d'Irène* ces effets autobiographiques ne sont guère là qu'en contrepoint à autre chose qui éclate dès les premières lignes, l'incipit choisi par Aragon pour ouvrir le livre sous le manteau, lignes qui arrachent le lecteur à lui-même, aux pesanteurs de toute vie par l'extraordinaire violence quasi automatique du langage :

> « Ne me réveillez pas, nom de Dieu, salauds, ne me réveillez pas, attention, je mords je vois rouge. Quelle horreur encore le jour encore la chiennerie l'instabilité l'aigreur. Je veux rentrer dans la mer aveugle assez d'éclairs qu'est-ce que ça signifie ces orages continuels on veut me faire vivre la vie du tonnerre on a remplacé mes oreilles par des plaques de tôle, il y a des coups de grisou à chaque respiration de ma poitrine mes mineurs s'enfuient dans des galeries d'angoisse ça saute ça saute à qui mieux mieux. Mais ce n'est pas le jour, c'est la dynamite. On passe des épées dans mes paupières on enfonce des doigts dans ma gorge on frotte ma peau des graviers du réveil. N'arrachez pas mes ongles plongés dans le terreau des songes ma chair colle à l'ombre la nuit est dans ma bouche mon sang ne veut pas couler. Je dors nom de Dieu je dors [...] Mort mort ils vont donc me réveiller ils me réveillent. »

Oui, nous voici définitivement ailleurs. Chez cet homme qui hurle son insupportable *phrase de réveil*. Et là encore, la chute, mais une chute qui, à l'inverse de celle du début du *Sentiment de la nature aux Buttes-Chaumont*, nous projette du mal au bien comme eût dit Eluard :

> « Si vous avez aimé rien qu'une fois au monde ne me réveillez pas si vous avez aimé ! »

Cette somptueuse prose désespérée s'interrompt ainsi pour laisser passer un poème d'amour. C'est une telle alternance, avec ces conflits, ces défis entrecroisés, qui donne le ton véritable d'*Irène.* Alors que *Le Paysan de Paris* juxtapose le récit clinique du bordel à la courtoisie envers la Dame des Buttes-Chaumont, dans *Irène,* l'amour se heurte à la chiennerie.

Elle est au point de départ de l'écriture d'*Irène,* comme dérive dans l'imaginaire dès la lettre à Doucet du 3 septembre 1923 [1], écrite, prétend-il,

> « entre deux trains du buffet de la gare à Nancy [...]. Que vous dirais-je. La patronne de ce buffet est une belle putain. Une grande sang-mêlé qui promène sur ses talons Louis XV la grâce créole de sa mère, la graisse espagnole de son père. C'est peut-être la femme de France qui a couché avec le plus d'hommes [...]. A quoi pense-t-elle aujourd'hui en circulant au milieu des tables ?... ».

La chiennerie dans *Le Con d'Irène* est insistante, obsédante, destructrice, mais aussi domptable. On ne peut l'oublier, elle règne et s'étale, comme la couleur blême de cette France bourgeoise du premier quart de siècle. Et pourtant, Irène n'en sort-elle pas victorieuse, Irène irracontable hors de cette prose orchestre ? Mais qui, au fait, remporte la victoire ? Irène la vraie, la réelle :

> « quand la bête lassée qu'elle vient d'asservir se repose, elle se redresse avec son corps bien portant, ses longs seins, dans le laisser-aller de sa victoire... » ?

C'était peut-être cela, *La Défense de l'infini.* Je veux dire ce ton, cette confidence, ce pouvoir par l'écriture sur la vie des autres, sur la vie d'Irène, par exemple. Sur le corps d'Irène, certes. Sur un corps qui ne vous obéit pas, mais qui exige. Votre corps qui n'est tel qu'en face de l'autre... Livre de moraliste ? Ne souriez pas. On y lit ceci :

> « L'idée érotique est le pire miroir. Ce qu'on y surprend de soi-même est à frémir. Le premier maniaque venu, ce que j'aimerais être le premier maniaque venu. [...]
> Tout ce qui est irrémédiablement pauvre pour les malheureux individus de ma trempe, dans les complications possibles de la volupté, a pour d'autres, je le sais bien, la prodigieuse valeur métaphorique que moi, je ne prête qu'aux mots. Je veux dire que les mots me font subir. Je suis probablement fermé à cette poésie particulière et immense. Je le conçois. Et par là, le terrible *fini* de mes sensations, et pire : de ma vie... »

Ce qui nous ramène d'une autre façon à « l'infini, Gérard » du *Cahier noir.* Et le dépasse. *Le Con d'Irène* est bien ouverture sur tous les infinis

1. *Éléments nouveaux..., op. cit.,* p. 222.

possibles, du sexe — du sexe d'Irène, personnage central, rendons-lui justice, « oh, délicat con d'Irène. [...] Enfer que tes damnés se branlent, Irène a déchargé » — comme de la morale et de la vie, créés par le pouvoir des mots contre tous les « finis ». Dans le monde d'Irène règnent des femmes, de femme en femme, sur un peuple d'hommes et de femmes dont elles satisfont les désirs inextinguibles sous le regard de l'aïeul, détruit par la vérole, voyeur forcé. Quarante ans de fauteuil immobile. Vous parlez d'un « fini ».

Il se double du « fini » de C., Commercy, et du « fini » du faux demi-frère, vrai oncle et sous-préfet du lieu. A C. le corps renâcle de plus belle. Cette prison du désir est décrite ici non plus avec la précision froide du *Paysan,* mais dans la colère du prisonnier. La visite au bordel de C. est celle de l'inassouvissement. L'humour y relaie le regard clinique, l'humour impitoyable des distances qu'on croit prendre, mais rien à faire, la cruauté du regard ne vous délivre pas. Finalement vous humilie : le coup qu'on tire et qui vous laisse en l'état. Morceau de bravoure de l'animal triste, scène de voyeur un peu violé :

> « quelle sacrée tristesse dans toutes les réalisations de l'érotisme ».

L'échec amoureux sans autre consolation que ce fiasco, à l'orée de ce roman d'Irène, comme seuil de dégoût, du réel sordide, contre quoi Irène est gagnante. Contre quoi

> « l'amour est pourtant resté aussi haut pour moi. Il est resté tout ce que j'aime. Ce qui fait tout plier. Ce qui fait abandonner tout au monde et c'est très bien ainsi ».

Dans *Henri Matisse, roman,* Aragon explique que tout se passait dans *La Défense de l'infini*

> « dans une porte tournante où par les vitres s'aperçoit un homme qui meurt et deux amants en proie à l'imagination du plaisir, et l'irrépressible désir en proie à l'imagination du plaisir et l'irrépressible désir d'être ce qui se peut [...]. J'avais feint de montrer ceci ou cela, cachant des centaines de pages, me cachant dans des centaines de pages... ».

Lionel Follet souligne[1] que

> « *Le Con d'Irène* n'est pas un simple fragment détaché de *La Défense de l'infini,* un autre *Cahier noir* isolable pour une publication partielle : il met en pièces le premier projet. [...] Irène, personnage, appartient à la ligne narrative initiale. [...] Aragon soustrait ainsi à *La Défense de l'infini* des fragments essentiels qu'il s'interdit donc de reprendre plus tard (sauf à s'avouer l'auteur clandestin) ».

1. *Éléments nouveaux..., ibid.,* p. 224-226.

Ce que j'appellerai en 1927, au moment de cette opération d'extraction, « le saccage ». Il y a dans les fragments restants du roman un personnage masculin aussi important qu'Irène, Michel. Lionel Follet s'étonne que

> « aucun des documents conservés n'atteste un avenir du roman qui eût réuni ces deux figures essentielles. Et pourtant Irène " s'empare d'un homme comme l'eau des marais, par infiltration sourde[1] " ».

Soit. Mais d'après ce que nous savons de l'autobiographie en relation avec Irène, Michel eût été en concurrence avec le « Je » narrateur. Aragon a besoin de ce dédoublement, de ce détriplement si l'on y joint le « Je » de Blanche et Gérard. Ce sont autant de sauvegardes. Michel, celui « dont les pas font un bruit de baisers »,

> « celui qui me ressemble et que la machine qui m'entraîne a saisi comme moi et comme moi-même entraîné »

dit de lui « Je ». « Je » qui constate quand « finit toute cette histoire[2] » :

> « Je n'étais pas fait pour me contenter d'un expédient. J'avais dans la bouche le goût de l'infini. Voilà pourquoi il me fallait sans cesse tout mettre au pire. [...] Je ne laisserai pas au hasard, à l'inattention, à la faiblesse la possibilité de donner un cours à ma vie. Je suis le suicide vivant. [...] Je suis le suicide perpétuel qui attaque soi-même les effets de sa propre existence, et met son esprit hors d'état de servir à quelque fin que ce soit. [...] Non, vous ne hanterez plus mon cœur vous autres. Faible cœur imbécile, crédule, tout d'avance te condamnait à mort. [...] Ô mes amis déjà parmi vous j'étais frappé de solitude. [...] Je ne me croyais pas lié. [...] Je me suis enfoncé dans cet abstrait isolement. Chaque jour je me perdais davantage à la vie que je délaissais. J'enfonçais. J'enfonce et déjà les boues de ces marais mortels atteignent lentement ma bouche. Je ne pourrai plus exprimer ma pensée. Toute cette histoire au bord de mes lèvres expire et devient incompréhensible. [...] La boue monte. J'articule à peine mon nom " Michel "... La boue, ah, la sale boue dans ma bouche... »

Michel le « Je » des centaines de pages où Aragon s'est caché.

La Défense de l'infini était aussi ce désespoir absolu qui clôt ce qui nous en reste.

Tel est ce roman, refus hautain de toute facilité. Les mots sont plus forts que le « fini » immonde. Avec, pour finir, ce pied de nez aux critiques des petits copains :

> « Il paraît, on le dit, ou pour être juste, on l'insinue, que tout ceci finira par faire une histoire. Oui pour les cons. Il faut dire qu'ils voient partout des romans, des romances. Il y en a, s'ils ont rencontré un Monsieur portant un chapeau rose, ils le racontent. Tout leur est histoire, un petit bout de bois, un adultère, un gardénia. Cela constitue un amas somnifère de légendes. Supposez que tout ce que je dis est d'un caractère plutôt scientifique... »

1. *Éléments nouveaux...*, *ibid.*, p. 247.
2. *D.F.*, p. 129-135.

6.

L'adhésion au parti

La situation faite à l'esprit est donc aujourd'hui avant tout une situation révolutionnaire.

Le Prix de l'esprit, Clarté, *15 juin 1926.*

La politisation du surréalisme se poursuit avec des hauts et des bas en 1926. Au début de l'année, il est question de la fusion des différents groupes d'intellectuels signataires de manifestes contre la guerre du Maroc. *Clarté* annonçait en décembre 1925 qu'elle allait disparaître au profit de *La Guerre civile. La Révolution surréaliste* de mars annonce bien cette nouvelle revue qui ne verra pas le jour, mais non sa propre disparition.

Dans ce numéro, où Breton poursuit la publication du *Surréalisme et la peinture* en exécutant De Chirico, Aragon publie *Entrée des succubes* qui appartient sans le dire à *La Défense de l'infini*, mais est un « texte surréaliste » bon teint, et signe *Les Buvards du Conseil des ministres*, commentaire d'une double planche les représentant :

> « *La Révolution surréaliste* met au concours la crétinerie de nos dirigeants. Envoyer la page ci-contre avec attribution nominative de chaque dessin à un ministre... »

Il en remet comme d'habitude, histoire sans doute de se faire pardonner ses absences répétées avec Nancy. Parallèlement, il a écrit *Le Songe du paysan* où la métaphysique sert à une condamnation de l'idéalisme hégélien, ce qui le met en règle avec le marxisme du groupe, et plus encore son autocritique :

> « Mes amis remarquaient en moi un état duquel je sais qu'ils s'affectèrent [...]. Je me laissais aller à de petits travaux littéraires dont le souvenir me donne de la honte [...]. C'est alors qu'un bouleversement total de mon sort,

auquel je ne crus prendre aucune part, donna un tour si nouveau à mes pensées que ma pensée les dépassa à son tour : je devins amoureux. »

Suivent les passages que j'ai cités sur Denise et Eyre, façon de mettre les points sur les i avec Drieu. Nancy n'allait pas lui demander des comptes sur son passé. En fait, *Le Songe* est écrit pour la profession de foi finale destinée à faire passer l'ensemble aux yeux du groupe :

« Je cherche le concret. C'est pourquoi je parle. Je n'admets pas qu'on discute les conditions de la parole ou celles de l'expression. Le concret n'a d'autre expression que la poésie.
Il y a une sorte de persécutés-persécuteurs qu'on nomme critiques. Je n'admets pas la critique.
Ce n'est pas à la critique que j'ai donné mes jours. Mes jours sont à la poésie. [...]
Je n'admets pas qu'on reprenne mes paroles, qu'on me les oppose. Ce ne sont pas les termes d'un traité de paix. Entre vous et moi, c'est la guerre... »

Rupture délibérée avec le monde littéraire encore soulignée par une note ajoutée à la première partie du *Paysan* dans la publication en volume :

« Et quand je dis journaliste, je dis toujours salaud. Prenez-en pour votre grade à *L'Intran*, à *Comœdia*, à *L'Œuvre*, aux *Nouvelles littéraires*, etc., cons, fientes, cochons. Il n'y a pas d'exception ni pour celui-ci, ni pour cet autre. »

Ce qui reprend les invectives de Breton mais, comme nous le verrons, ne sauvera pas Aragon de ses infractions « littéraires ».

Il était à Londres le 10 mars 1926 avec Nancy quand elle y fêta son trentième anniversaire. C'est peu après qu'elle dut l'amener en Espagne. Fût-ce pour faire le malin devant Maurice Martin du Gard directeur des *Nouvelles littéraires*, celui-ci, dans une « Première lettre d'Espagne » publiée le 8 mai, raconte qu'Aragon

« dès la gare voulut faire scandale, selon son habitude. Pris au jeu, plus d'un jeune intellectuel renchérit, et comme notre jeune surréaliste se vantait d'avoir été arrêté plusieurs fois pour un délit qui naît d'une déviation sentimentale, si l'on peut dire, il lui fut répondu que, s'il n'avait pas dans sa propre famille, connu et développé ce goût particulier, il n'avait rien à apprendre à l'Espagne ».

Les surréalistes allèrent saccager les bureaux de l'auteur. Cela faisait décidément partie des défis d'Aragon. Il a fallu *Le Roman inachevé* pour qu'en 1957 il avoue :

Avec ça tu sais bien que tu avais l'amour-propre mal placé
Tu ne serais pas revenu sur une phrase prononcée

> Tu t'embarquais dans Dieu sait quoi pour camoufler tes ignorances
> Tu te faisais couper en quatre pour sauver les apparences...

Ces vers genre Sully Prudhomme ne sauvent rien. N'oublions pas, dans l'intervalle, la fin de *Gilles* où Gilles, traité de maquereau par Cyrille, lui lance : « Et quand je pense que tu m'as demandé de témoigner pour toi si tu étais poursuivi pour pédérastie... »

Au printemps 1926, après l'échec du projet de *La Guerre civile*, Marcel Fourrier, dans le numéro 1 de la nouvelle série, prend acte de l'impossibilité de la fusion :

> « L'absurde serait évidemment, dans le temps présent, de demander aux surréalistes de renoncer au surréalisme. Ont-ils demandé aux communistes de renoncer au communisme ? »

La sorte d'équivalence ainsi posée entre communisme d'une part, surréalisme de l'autre, dit mieux que tout l'importance du mouvement et sa reconnaissance, désormais, comme un certain style d'action et de vie, à égalité avec le parti. De fait, il va y avoir, en 1926-1927, collaboration réciproque des surréalistes dans *Clarté*, de Marcel Fourrier et de Victor Crastre dans *La Révolution surréaliste.* Mais le rapprochement va plus loin. *Clarté* relate et juge très sévèrement l'attitude d'Anatole France durant la Commune. Aragon poursuit sa réflexion sur le statut social de l'écrivain. « Que la pensée soit une marchandise, écrit-il, cela ne vient que lentement à l'esprit d'un homme. »

En fait, le débat se trouve porté à l'intérieur du groupe surréaliste lui-même. La crise éclate avec le retour de Naville du service militaire. *La Crise Naville*, comme l'a appelée Maurice Nadeau. Naville revient radicalisé dans ses conceptions politiques, et l'expérience de la lutte contre la guerre du Maroc peut le confirmer dans la justesse des opinions qu'il exprimait l'année précédente. Dans la brochure qu'il publie au printemps 1926, *La Révolution et les intellectuels (Que peuvent faire les surréalistes ?)*, il demande comment on peut envisager

> « une libération de l'esprit antérieure à l'abolition des conditions bourgeoises de la vie matérielle et jusqu'à un certain point indépendante d'elle ? ou, au contraire, l'abolition des conditions bourgeoises de la vie matérielle est-elle une condition nécessaire de la libération de l'esprit » ?

La réponse était déjà incluse dans cette double question : il fallait donc s'engager dans « la seule voie révolutionnaire, la voie marxiste ». Non seulement Naville rejetait en fait la possibilité d'une activité intellectuelle révolutionnaire dans les conditions bourgeoises, mais, surtout, il niait la validité de l'activité surréaliste tout court — telle qu'elle avait découlé de la période des sommeils. Naville expliquait en outre que les scandales fomentés par le groupe, en demeurant sur le plan moral, ne pouvaient effrayer la bourgeoisie qui n'y voyait qu'incartades sans grandes conséquences sociales ni même intellectuelles. Bref, Naville exprimait là ce courant nihiliste radical qui rejette, au nom de la nécessité préalable de la révolution, tout ce qui ne la prépare pas directement. 1968 allait voir resurgir un tel courant quelque quarante ans plus tard.

Breton se trouvait placé devant cette conjonction nouvelle de l'anti-art de Dada avec la révolution politique, et cette conjonction était explosive pour tout ce qui lui tenait à cœur. Mais, dans le même temps, *L'Humanité* lui posait un problème tout différent et non moins préoccupant en associant le parti communiste au compromis artistique. Elle venait en effet de confier ses pages littéraires à Henri Barbusse, et celui-ci entendait les ouvrir à tous les écrivains qui accepteraient

> « le cadre d'un grand journal prolétarien destiné à éclairer et à instruire les masses, à dresser le réquisitoire qui s'impose contre les tendances rétrogrades, les insuffisances, les abus, les perversions de la " culture " actuelle et à préparer l'avènement d'un grand art humain et collectif qui nous paraît s'imposer de plus en plus aux jours où nous sommes ».

Voilà qui était, certes, le contre-pied de l'alternative liquidatrice de Naville, mais au prix d'un abandon tout aussi grave, aux yeux de Breton, d'une transformation possible de l'art, du sens de l'art et de l'écriture ; au prix de l'abandon de tout ce qui était inclus, en fait, dans l'expression *révolution surréaliste.*

Légitime défense, qui paraît dans la revue à l'automne, attaque essentiellement cette position de *L'Humanité*, et, incidemment, celle de Naville. Breton y part de la constatation de ce qu'il appelle une certaine *débilité* des surréalistes.

> « Elle nous empêche de nous compter chaque fois qu'il y a lieu, même devant des idées que nous sommes sûrs de ne pas partager avec les autres et dont nous savons assez qu'à un degré d'expression près — l'action — elles nous mettent hors la loi. »

Mais « l'adhésion de principe enthousiaste » des surréalistes n'a cependant été accueillie qu'avec les plus expresses réserves par les communistes. Et Breton d'en chercher les raisons dans le contenu de *L'Humanité* :

> « Réflexion faite, je ne sais pourquoi je m'abstiendrais plus longtemps de dire que *L'Humanité* — puérile, déclamatoire, inutilement *crétinisante* — est un journal illisible, tout à fait indigne du rôle d'éducation prolétarienne qu'il prétend assumer. Derrière ces articles vite lus, serrant l'actualité de si près qu'il n'y a rien à voir au loin, donnant à tue-tête dans le particulier, présentant les admirables difficultés russes comme folles facilités, [...] il est impossible de ne pas apercevoir chez ceux qui les ont commis une lassitude extrême, une secrète résignation à ce qui est, avec le souci d'entretenir le

lecteur dans une illusion plus ou moins généreuse à aussi peu de frais qu'il est possible. »

Il précise sa pensée, aussi bien par rapport à Naville, en ajoutant ceci qui présage d'ailleurs le type de désaccords qui surgira quatre ans plus tard avec Aragon :

> « Je dis que la flamme révolutionnaire brûle où elle veut et qu'il n'appartient pas à un petit nombre d'hommes, *dans la période d'attente que nous vivons,* de décréter que c'est ici ou là seulement qu'elle peut brûler. Il faut être bien sûr de soi pour en décider ainsi, et *L'Humanité*, fermée comme elle est sur des exclusives de toutes sortes, n'est pas tous les jours le beau journal enflammé que nous voudrions tenir entre les mains... »

Les surréalistes sont dans leur rôle en dénonçant les impostures et les déviations intellectuelles par rapport aux principes de la révolution :

> « Nous estimions que, n'ayant rien à gagner à nous placer directement sur le terrain politique, de là nous pouvions, en matière d'activité humaine, user à bon droit du rappel aux principes et servir de notre mieux la cause de la révolution. »

C'est la réponse de fond à Naville. Elle justifie et l'adhésion à la révolution, et, *en attendant*, la nécessité que les expériences de la vie intérieure se poursuivent. « Et cela bien entendu, sans contrôle extérieur, fût-il marxiste. » Breton a exposé les raisons de vivre du groupe et sa justification à la fois de son propre point de vue et du point de vue politique. Cela pourrait passer pour une discussion de plus, et une extension, en somme, de la discussion entre Aragon et *Clarté* durant l'hiver précédent. Mais ce qui est tout à fait nouveau, en dehors de la précision des positions, c'est la réflexion beaucoup plus poussée sur le parti et sur la situation personnelle de Breton vis-à-vis du parti. Breton, à ce moment, se sent interpellé individuellement :

> « Et il est vrai, rigoureusement vrai qu'une telle discussion qui ne se propose rien moins que d'affaiblir le parti, eût dû se poursuivre à l'intérieur du parti. Mais de l'aveu même de ceux qui s'y trouvent, on eût écourté cette discussion au possible, à supposer qu'on lui eût même permis de s'engager. Il n'y avait pour moi, pour ceux qui pensent comme moi, rien à en attendre exactement. A ce sujet, je savais dès l'année dernière à quoi m'en tenir, et c'est pourquoi j'ai jugé inutile de me faire *inscrire* au parti communiste. Je ne veux pas être rejeté arbitrairement dans " l'opposition " d'un parti auquel j'adhère sans cela de toutes mes forces, mais dont je pense que, possédant pour lui la Raison, il devrait, s'il était mieux mené, s'il était véritablement lui-même, dans le domaine où mes questions se posent, avoir réponse à tout. »

Ce texte de Breton ne peut pas ne pas engager le groupe. Il est publié dans le numéro 8 de *La Révolution surréaliste* daté du 1er décembre 1926 et a donc sûrement été discuté, mis au point au cours de réunions. Cependant, il n'a pas fait loi et s'est même trouvé très rapidement dépassé par les faits, à tel point que son édition en brochure fut bientôt retirée de la vente. C'est que l'idée de la nécessité de l'adhésion au parti pour y discuter ces problèmes *de l'intérieur* prévaut, non point collectivement, mais pour tel ou tel des surréalistes.

C'est à ce moment précis que se situe la nouvelle crise provoquée par l'activité littéraire.

Risqué dans *La Revue européenne* de Soupault, en février et mars 1926, *Le Cahier noir* y avait été présenté — ô scandale ! — comme extrait d'un *roman* à paraître, « *La Défense de l'infini* (aux éditions de la NRF) ». Récidive qui avait fait aussitôt hurler le groupe et fut suivie en juillet — ô horreur ! — de la sortie du *Paysan de Paris* en volume, dont un placard publicitaire annonçait toujours comme à paraître *La Défense de l'infini.*

Nous connaissons à présent par la publication des *Archives du surréalisme* la suite de réunions entre le 23 novembre et le 27 où est votée l'exclusion de Soupault, la tentation littéraire étant définitivement condamnée. C'est d'alors — et non de 1925 comme le suggère Maurice Nadeau dans son *Histoire du surréalisme* —, que date la condamnation de *La Défense de l'infini,* provoquée par l'annonce publicitaire pour *Le Paysan de Paris* dans la Bibliographie de la France du 15 octobre 1926 qui la dit « en préparation ».

Marguerite Bonnet a publié le procès-verbal, retrouvé dans les archives de Breton, de la réunion en question, laquelle fait irrésistiblement songer aux procès internes menés en Union soviétique contre les écrivains[1]. Chacun des participants est amené à préciser sa position personnelle tant vis-à-vis du surréalisme que du communisme et risque l'exclusion. Artaud vient de refuser de s'expliquer. Il sort. On passe à Aragon et c'est là que Breton rappelle qu'Aragon a déjà envoyé son adhésion de principe au PC

> « chose qui n'a pas comporté de solution explicite. On m'a dit qu'Aragon poursuivait une activité littéraire : la publication par exemple d'un ouvrage en six volumes [*sic*] à la NRF, intitulé *La Défense de l'infini.* Je n'en vois personnellement pas la nécessité. Les passages que j'en connais ne me donnent pas une envie folle de connaître le reste.
> Aragon : — Les fragments publiés ne l'ont été que dans *La Révolution surréaliste.* [Faux à cause de la publication du *Cahier noir.*] Si l'on voit un inconvénient à ce que ce livre paraisse, il ne paraîtra pas. Tant qu'il ne sera pas publié, il n'y a pas à le considérer. Ce n'est qu'un fantôme ».

Les choses n'en restent pas là. Écoutons Bernier :

> « Comment Aragon relie-t-il son activité littéraire à son activité révolutionnaire ?
> Aragon : — Je dirai [...] que c'est pour moi un passe-temps relevant uniquement de l'activité surréaliste.

1. *Archives du surréalisme, 3. Adhérer au parti communiste ?,* Gallimard, 1992, p. 26-27.

Naville : — Je pense qu'Aragon pourrait apporter de la clarté sans se livrer à une dérobade. Vous pourriez vous expliquer mieux si vous écriviez quelque chose. Cela existe dans votre esprit et cela influe sur vos idées.
Aragon : — Il faut distinguer entre les fragments publiés et ceux qui ne le sont pas. Ce qui constitue un emploi du temps pour moi n'est probablement pas contre-révolutionnaire.
Breton : — Ce qui m'alarme, c'est l'ampleur du projet, parce que, enfin, six volumes [...]. Cela peut distraire un temps qui pourrait être consacré à une action révolutionnaire. »

Après les discussions qui ont duré sans désemparer tout le mois de décembre, c'est l'adhésion au PC qui l'emporte. Dans la réunion du 24 décembre, Aragon, Marcel Duhamel, Eluard, Leiris, Prévert, Tanguy, Unik posent leur candidature. Breton sait que *Légitime défense* a été condamné le 4 novembre par le Bureau politique du PC qui exige que Fégy, Fourrier et Péret, membres du parti s'en désolidarisent.

« Probablement, dit-il, toutes les adhésions seront acceptées sauf la mienne. Je me trouverai alors dans une position très fausse par rapport à vous tous. [...] Je demande que cette adhésion ne vienne qu'après la réponse qui m'aura été faite. »

Aragon répond que peut-être ces adhésions « avant la sienne sont-elles de nature à la rendre plus aisée ». Eluard, lui, ne peut « comprendre que Breton soit rejeté et moi admis ». Aragon répond : « A titre personnel, quoique faisant semblant de réserver mon adhésion, j'adhérerai, même si Breton est refusé. » Aragon, Breton, Eluard et un nouveau venu Pierre Unik décident finalement de donner leur adhésion en janvier 1927, rejoignant ainsi Péret. Le 6, le jour des Rois, précisera Aragon. Il était le plus impatient, peut-être parce que, de la sorte, il pouvait se racheter de la suspicion jetée par *La Défense de l'infini* sur son activité révolutionnaire que le groupe veut « à plein temps »[1]...

Dans *Au grand jour*, la brochure en cinq lettres envoyées successivement « à Paul Nougé et Camille Goemans, à Marcel Fourrier, aux surréalistes non communistes, à Pierre Naville, aux communistes », publiée en mai 1927, on lit cette justification négative, sûrement écrite par Breton :

1. Aragon écrit dans son introduction à *L'Œuvre poétique*, IV, p. 19 et 20 : « C'est aux premiers jours de l'an vingt-sept que, sans en avoir consulté personne, j'ai donné mon adhésion au parti communiste français. [...] Mes amis devaient, l'apprenant, m'accuser d'avoir voulu les tourner par la gauche. Je pensais, pour ma part, que ce genre de résolution devait garder un caractère individuel... » — Il ajoute un peu plus loin (p. 22) : « J'avais été affecté rue Saint-Dominique, dans le local de *La Famille nouvelle*, à ma première cellule. De cela, je ne vais pas parler, ni de l'étrangeté plus grande encore de ce qui constituait alors le nouveau monde où je croyais entrer... » — Mais Aragon ne souffle mot des difficultés qui vont, quatre mois plus tard, faire l'objet du dossier *Au grand jour*, laissant entendre qu'il n'a pas été comme ses amis : « Et moi, drôle de communiste après tout... toujours par monts et par vaux, mais qui ne voulais pas avoir quitté ce monde à peine ouvert devant moi... » (p. 24). — Nous verrons que l'adhésion d'Aragon au parti n'est devenue effective qu'en 1930-1932.

> « Nous avons adhéré au PC français, estimant avant tout que ne pas le faire pouvait impliquer de notre part une réserve qui n'y était point, une arrière-pensée profitable à ses seuls ennemis (qui sont les pires d'entre les nôtres). »

La lettre adressée aux *surréalistes non communistes* est particulièrement à retenir :

> « Vous allez peut-être nous demander des comptes. A quoi bon ? Nous n'avons pas de comptes à nous rendre : la vie ne nous en rend pas. Et puis, tout n'est-il pas sans cesse à recommencer ? Au monde, à côté du monde et toujours hors du monde, nous devenons plus ou moins étroitement ce que nous n'étions pas. [...] Notre conduite donne sur l'irresponsabilité comme une fenêtre sans carreaux, avec ses grands aperçus sur le rêve, l'amour et les autres formes de la déception. Mais il est un domaine où sans niaiserie on ne saurait envisager de mécompte. C'est celui où nous nous proposions d'agir sans vous. Cette sorte d'espoir qu'on peut former dans l'amour ou dans le rêve ne nous y soutenait pas. Peut-être pourtant l'avez-vous cru, comme sans doute plus que nous, vous avez cru que Lautréamont, Rimbaud devaient être considérés comme ayant été de véritables militants révolutionnaires. Il va sans dire que c'est inutile et sans importance. La Révolution relève de la morale du devenir, des préoccupations personnelles ne sauraient le dominer, et ce que les individus y sacrifient d'eux-mêmes n'est aucunement calculable... »

Une note précise, à propos de Rimbaud, que « chercher des parrains à la Révolution est une vieille habitude scolastique ». L'objectif des *Cinq* est de démontrer que leur démarche n'est pas incompatible avec le surréalisme, au contraire :

> « Entre vous qui croyez encore pouvoir donner à votre vie le sens d'une protestation pure, et nous qui avons pris le parti de soumettre notre vie à un élément extérieur susceptible, croyons-nous, de porter au plus loin cette protestation, il n'y a pourtant pas de barrière. Vraiment, nous ne saurions en voir une où il n'y en a pas. Gardons pour nous le sens de la relativité de l'existence. »

Bref, il s'agit de rendre compte d' « une première tentative de rcconnaissance accomplie par cinq d'entre nous ». Cette profession de foi soudain édulcorée s'explique par ce simple fait qu'en mai 1927 l'adhésion d'aucun des *Cinq* n'a été vraiment acceptée. Ils ont donné leur adhésion, mais celle-ci s'enlise dans la procédure du parti et, en ce qui concerne notamment Breton, dans des commissions de contrôle vexatoires En outre, ils ne peuvent ignorer qu'ils sont pris dans l'engrenage d'une accusation qui fait du surréalisme « une déviation » *a priori* « du marxisme », bref une hérésie. D'où leurs lettres à Marcel Fourrier et à Pierre Naville pour les sommer de dissiper l'équivoque. D'où la protestation finale de leur *Lettre aux communistes* : « Nous n'avons jamais songé à nous affirmer devant vous en tant que surréalistes. »

Mais, du fait même de leur adhésion, le problème s'est retourné. En quoi peuvent-ils être utiles au parti, non pas *en tant que* surréalistes, mais *puisque* surréalistes ? Certes, ils interpellent Marcel Fourrier qui veut les cantonner à l'activité littéraire :

> « N'avoir en vue que de doter *Clarté* d'une partie littéraire eût été perdre avec nous votre peine : la besogne littéraire est une sale besogne que nous n'avons jamais assumée nulle part. S'il vous a plu de publier des poèmes, nous ne vous en avons jamais prié et nous ne vous en savons aucun gré. »

Or, dans le même temps, ils ne supportent pas que *L'Humanité* publie des nouvelles de Cendrars (il a écrit *J'ai tué* en 1919) et que *Le Premier Mai* donne un extrait d'un ouvrage de Jules Romains « qui est un bon devoir de police ». C'est-à-dire qu'en fait ils exigent que le parti épouse leurs vues surréalistes sur la littérature... Et c'est bien, au bout du compte, en écrivains qu'ils s'expriment. Ils veulent être des communistes à part entière et demandent qu'on leur laisse le temps de connaître « des choses [...] auxquelles nous ne sommes en rien préparés », comme la méthodologie politique ou la vie syndicale :

> « A quoi bon nous contraindre à nous exprimer prématurément sur des questions qui, jusqu'ici, n'ont pas été de notre ressort, mais dont nous ne désespérons pas qu'elles le deviennent ? »

Ce qu'ils revendiquent est décisif pour eux. S'ils refusent le statut d'écrivains que la société bourgeoise leur offre, ce qu'ils nomment surréalisme est en fait leur statut social réel de poètes, d'intellectuels, statut qui se révèle, malgré qu'ils en aient, à partir du moment où ils donnent leur adhésion au parti du prolétariat...

Au grand jour — comme *Légitime défense* dont il est le pendant — est un dossier capital pour comprendre ce qui s'est joué entre les surréalistes et le parti communiste, et la *Lettre aux communistes*, avec le recul, prend dans cet ensemble un tour pathétique :

> « Par contre, nous sommes, pensons-nous, appelés à juger sans lacune et sans faiblesse tout ce qui touche de près ou de loin la vérité morale que notre Parti est seul à défendre au monde et qu'il imposera. Dans le cadre de ces revendications précises dont les organes communistes se font l'écho, nous savons reconnaître cette vérité... »

Ce qui ne manque alors pas de courage, mais on comprend pourquoi par la suite Aragon a passé sous silence *Au grand jour*.

7.

Traité du style

Et qu'est-ce d'ailleurs que la culture occidentale, sinon une culture de classe ? Oui, elle est sur son déclin. Mais le déclin de l'Occident, c'est le déclin de la bourgeoisie.

Philosophie des paratonnerres.
La Révolution surréaliste, *octobre 1927.*

En dépit de son adhésion du 6 janvier 1927, Aragon ne peut être considéré comme membre du parti. La conclusion d'*Au grand jour* le dit aussi clairement que possible :

> « Il est pénible que l'organisation du PC en France ne lui permette pas de nous utiliser dans une sphère où nous puissions réellement nous rendre utiles et qu'il n'ait été pris d'autre décision à notre égard que de nous signaler un peu partout comme suspects. [...] Dans ce cas, nous attendrons à regret de meilleurs jours, ceux durant lesquels il faudra bien que la révolution reconnaisse les siens. »

En fait, ce n'est que plus de trois ans après, au milieu de l'année 1930, qu'aura lieu une première régularisation administrative, laquelle ne deviendra définitive qu'en 1932. Ce qui compte en 1927 dans la vie d'Aragon, c'est d'avoir pris cette décision, non l'effet qu'on pourrait aussitôt en attendre. Il multiplie cependant les gages de bonne volonté, rendant compte dans *Clarté*, en février, de deux relations de voyages en URSS, publiant dans *La Révolution surréaliste*, en octobre, un article, *Philosophie des paratonnerres*, où il traite d'Héraclite, de Marx et de Spengler.

Remarquons d'abord qu'Aragon, du fait de Nancy, est fort peu à Paris. C'est de Londres qu'il envoie le 15 janvier 1927 une lettre à Doucet où il se targue de son récent choix vers le marxisme et lui disant que sa bibliothèque lui

« apparaît, aujourd'hui, comme une chose absolument insensée, puisqu'elle ne contient ni Babeuf, ni Blanqui, ni Marx ».

Ce qui prélude à leur rupture brutale le 5 février. Or, comme l'a établi Lionel Follet[1], Aragon n'a cessé jusque-là de tenir Doucet au courant des progrès de *La Défense de l'infini*, lui en envoyant des morceaux de Bretagne au printemps 1926, d'autres le 3 septembre d'Antibes, où il écrit sans doute les dernières lignes du *Con d'Irène* qui font référence au *Paris-Soir* du 28 août. Et nous avons la preuve qu'il va continuer en dépit de la condamnation du groupe (à laquelle, sur le fond, il n'a pas souscrit) :

> « ... ma vie d'alors me menait de ville en ville, de pays en pays et [...] je n'avais personne à qui lire ces pages encore chaudes, déjà quand je rentrais à Paris qui me paraissaient de vieilles lunes[2] ».

Aragon reste à Paris entre février et juillet. Peut-être parce qu'il a besoin de resserrer ses liens avec le groupe étant donné l'importance de la crise. Essayons seulement d'imaginer cette expérience de chacun des cinq, Aragon, Breton, Eluard, Unik, Péret, répercutée à l'apéritif collectif pris au Cyrano, chacun étant conduit naturellement à mettre en cause ce qui lui semble le plus insupportable, et l'on comprend que nos amis soient tombés de leur haut, quelle qu'ait été leur bonne volonté. Mais le plus caractéristique est que ce soient les rencontres du Cyrano qui jugent le parti communiste, auquel les surréalistes refusent en fait la contrepartie de les juger.

Le groupe est aussi contraignant qu'auparavant. André Thirion, qui n'y pénètre qu'en 1928, le décrit ainsi :

> « Breton se rendait au café comme à un bureau, avec la même astreinte. Les réunions de l'apéritif devenaient ainsi une sorte de permanence du surréalisme. On notait l'assiduité. [...] Breton s'adressait toujours à Aragon avec une certaine déférence, même quand leurs avis divergeaient un peu. Il lui reconnaissait une prééminence sur les autres, une sorte de coroyauté, non pas seulement à cause d'une grande amitié, d'une fraternité d'armes, de talent, mais aussi parce qu'il en avait besoin. Aragon disposait de moyens que Breton n'avait pas : un sang-froid remarquable, une plus grande perspicacité dans les cas difficiles. Quand l'issue de la discussion devenait incertaine, parce que les uns et les autres s'étaient égarés dans les sens les plus divers, c'est Aragon généralement qui trouvait la position d'équilibre et de ralliement[3]... »

Cela n'empêchait pas Aragon de se plier à la discipline commune, même s'il manifestait une certaine indépendance dans ses relations personnelles. Matthew Josephson apporte ici un témoignage révélateur :

1. *Éléments nouveaux..., op. cit.*, p. 224-226.
2. *Je n'ai jamais appris à écrire, op. cit.*, p. 62, note.
3. *Révolutionnaires sans révolution,* Laffont, 1972, p. 197.

« Dans l'automne 1927, tout à fait par hasard, j'ai fini par rencontrer mon vieil ami Louis Aragon qui s'était tenu à l'écart de moi (ayant reçu l'ordre impératif d'agir de la sorte). [...]
“ Je m'excuse, j'ai été absent de Paris. J'avais beaucoup envie de vous voir... ” Nous avions trop de choses à nous dire et nous avons poursuivi notre conversation le lendemain matin à l'hôtel, où il se rendit en secret, c'est-à-dire sans la permission de Breton. [...] Il ne me rencontra qu'une autre fois avant mon retour aux États-Unis dans l'hiver de 1928, et de nouveau en secret. A l'époque ses liens d'amitié et de loyauté envers Breton étaient puissants [1]... »

Bizarrement, bien qu'il n'ait rien publié depuis l'automne 1926, Aragon s'est retrouvé pris, en ce début 1927, à ce qui constitue à ses yeux un piège, celui de la critique *littéraire* de son travail, de la récupération de ce qu'il écrit par l'*establishment.* Paradoxalement, c'est l'effet réussi des injures du *Paysan de Paris* qui en est cause. La parution du volume a été accueillie par une « grève » assez unanime de la critique. Mais voilà, Emmanuel Berl et Drieu la Rochelle, qui se placent volontiers entre les surréalistes et les bien-pensants, entreprennent de dénoncer cette campagne de silence. Un premier article signé des deux écrivains, *Une grève* [2], rappelle :

« *Le Paysan de Paris* de M. Louis Aragon avait été signalé par plusieurs critiques, quand il parut d'abord dans *La Revue européenne*, comme un livre de grande importance. L'importance de ce qu'écrit M. Aragon ne fait d'ailleurs de doute pour personne. [...] Seule une certaine théologie voulait supprimer les livres au lieu de les discuter. Seule une certaine politique se fonde sur le sabotage des nouvelles. »

D'abord, si rupture il y avait entre Aragon et Drieu, elle était loin encore d'avoir ce caractère inexpiable que la voie fasciste de l'un, la voie communiste de l'autre allaient lui apporter. Ensuite, Drieu n'était sûrement pas fâché de se donner ainsi le beau rôle. Encore moins d'épingler ainsi les surréalistes sur la « théologie » du groupe par ce coup de projecteur sur la tentation littéraire d'Aragon en plein rigorisme de l'adhésion au PC.

Puis, en juillet, Drieu revient sur la question dans sa *Troisième lettre aux surréalistes sur l'amitié et la solitude* [3] où il met les pieds dans le plat, très délibérément, puisqu'il regrette la politisation, comme nous dirions, des surréalistes :

« Aragon, en écrivant ce livre, a plus fait pour la réalisation de l'esprit révolutionnaire du surréalisme — autant que Breton lui-même —, plus que

1. Matthew Josephson, *op. cit.,* p. 339-340.
2. *Les Derniers Jours,* n° 2, 1er février 1927.
3. *Ibid.,* n° 7, juillet 1927.

tous les autres, par mille paroles, mille velléités, bien que toutes ces paroles, toutes ces velléités soient à l'origine de cette œuvre décisive qui semble ouvrir une espèce de *Sturm und Drang* du XXe siècle. »

La pièce inédite de 1931 que cite Pierre Andreu s'achève par cette apostrophe de Gille (sans s) au personnage qui incarne Aragon :

> « Il y a une chose que tu ne pourras jamais me donner : l'admiration. Seul un homme peut la donner à un autre homme parce qu'il peut seul estimer la force d'un autre homme [...]. Demain nous nous battrons et toute la vie. Mais je te forcerai à avouer, quand ce serait sur ton lit de mort, que j'étais un compagnon digne de toi [1]. »

Ici en outre Drieu se donne les gants de saluer avec *Le Paysan de Paris* le livre dont toute la fin célèbre Eyre et le choix d'Eyre, mais ce faisant il sait aussi qu'il met en pleine lumière les contradictions d'Aragon avec les surréalistes et, au fond de lui-même, il a la bonne conscience de défendre l'objet de son admiration contre eux dont il pense qu'ils cherchent à le détruire en tant qu'écrivain. Cependant, c'est justement ce qui est le plus insupportable aux yeux d'Aragon, parce que cet éloge le rengage dans la compromission « littéraire » si fortement condamnée par le groupe, dans cette compromission dont il s'est tellement évertué à se dédouaner par les provocations rajoutées au *Paysan.* Je ne dis pas que cet épisode ait été à l'origine de *Traité du style*, mais il pesa à coup sûr dans la décision de l'écrire, puisque ces deux articles précèdent immédiatement sa rédaction. D'autre part, les règlements de comptes avec la critique, qui étaient, dans *Le Paysan*, des gages de loyauté donnés en passant, deviennent ici la matière même du nouveau livre, comme si Aragon avait cru par la violence nue de l'écriture pouvoir en finir avec ce qui le déchirait, surmonter ses contradictions par un nouveau recours à la démesure du langage.

Comme pour *Un cadavre*, Breton supporte mal cet excès :

> « Sur un plan [...] qui me paraît, à distance, être celui de la... chorégraphie mentale (c'est très loin d'être à la portée de tout le monde), Aragon donne alors toute sa mesure et même se dépasse dans *Traité du style.* Il en ordonnait les feuillets dans l'été de 1927, à Varengeville, en Normandie, non loin de ce beau repaire de corsaire, le manoir d'Ango, où je cherchais à fixer le timbre de *Nadja.* Les quelque dix pages qu'il s'imposait journellement ne lui coûtaient guère plus d'une demi-heure de travail, si même on peut parler de travail à propos de ces prouesses gymnastiques, accomplies en se jouant. Il ne se faisait pas faute de me les lire chaque après-midi, devant un cocktail Alexandra, aux abords de la place de Pourville. Je me souviens qu'il s'enorgueillissait fort de sa collection de cravates — quelque deux mille — qu'il emportait avec lui en voyage... »

Écrit dans les jours mêmes qui précédèrent l'exécution aux États-Unis de Sacco et Vanzetti, le 22 août, au comble de la campagne visant à

1. *Drieu la Rochelle, op. cit.*, p. 184.

arracher les deux anarchistes à la chaise électrique, *Traité du style* s'ouvre par la démolition exhaustive et féroce des valeurs bourgeoises, qu'elles soient de culture — la culture française ! — ou de morale. Aragon y défriche un terrain sur lequel communistes et surréalistes peuvent, doivent se rejoindre. Il développe les positions de *Légitime défense* et d'*Au grand jour* sur l'impossibilité des compromis avec ces valeurs moribondes. Cette ouverture demeure un extraordinaire morceau de bravoure, dont rien ne vient brouiller le rythme vengeur depuis l'attaque restée célèbre :

> *Destinée de la Fontaine.*
> Faire en français signifie chier.
> Exemple :
> *Ne forçons pas notre talent*
> *Nous ne* FERIONS *rien avec grâce.*
> La carte postale représentait un petit garçon sur le pot.

C'est le même ton que les premiers poèmes de *La Grande Gaîté*, qui doivent être de peu antérieurs, mais ici la prose se fait étourdissante — pour une part, cherche à s'étourdir elle-même :

> « Nous sommes en 1927. Année louche, et les champs sinistres où l'œil de l'homme saute comme un crapaud, ruissellent de paradoxes, puent de charognes mentales. [...] C'est l'heure du sophisme triomphant. Le préfacier de Rimbaud ambassadeur à Washington, Baudelaire déguisé en thomiste, Hugo conduit par Daudet à la fourrière, un certain Chassé vous met Jarry dans sa poche, Darwin condamné en Amérique, Freud traîné dans la boue en France, Paul Valéry académicien, allons, ça ne va pas mal... »

Et Aragon, cela exposé, de s'en prendre aux vérités prétendument modernes, aux gens qui « ayant connaissance du cas Rimbaud, comme on dit, ont trouvé dans ce cas une raison d'être ». Et de rappeler avec force qu' « on ne part pas ». « Fumez donc, je m'en fous, mais vos gueules, qu'on s'emmerde en paix. » Et de démolir l'idée du bonheur, comme celle du paradis : les paradis sont tous artificiels. Et de passer à la dénonciation de toutes les drogues — surtout morales — en s'attardant sur la religion qui redevient de mode. Le pamphlet ne laisse ouverte aucune issue. Pas moyen d'échapper à la crise de la société. Mais l'intransigeance, dit en somme Aragon, n'est pas dans la thèse qu'il ne saurait y avoir de liberté de l'esprit avant la révolution ; cette thèse, en fait, va de pair avec des compromis qui lui sont indispensables. La seule véritable intransigeance est celle de l'écriture, du vrai style. Et encore faut-il s'expliquer là-dessus, c'est-à-dire sur le surréalisme.

C'est sans doute le passage du livre où Aragon se découvre le plus, expose le mieux ses raisons intimes de vivre, en s'opposant — mais est-ce tout à fait conscient ? — aux raisons que Breton se donne. Il n'y a pas de mystère poétique, affirme Aragon. Le surréalisme est la rationalité nouvelle de la création :

> « On sait que le surréalisme est une forme consciente de cette faculté [l'inspiration], l'interprétation moderne, justice faite des oripeaux pythiques dont s'affublèrent un temps les poètes, de ce phénomène discrédité jusqu'à 1919 environ, en raison de ces oripeaux mêmes. Le surréalisme est l'inspiration reconnue, acceptée et pratiquée. Non plus comme une visitation inexplicable mais comme une faculté qui s'exerce. Normalement limitée par la fatigue. D'une ampleur variable selon les forces individuelles. Et dont les résultats sont d'un intérêt inégal. »

Et pour ceux qui croiraient qu'il suffit d'« apprendre le truc », Aragon analyse la signification du contrôle conscient de l'écriture, de « la critique discursive » — contrôle qu'il a pratiqué dans *Le Libertinage* comme dans *Le Paysan de Paris* et qui est, en fait, le contrôle de l'écriture *romanesque*, pour mettre les points sur les i dans ce débat sous-jacent entre Breton et lui :

> « Seulement, le malheur, c'est que même, c'est que surtout quand la critique discursive ne sévit plus, la personnalité de celui qui s'écrit s'objective, et à cet égard, on peut dire en quelque sorte qu'un texte surréaliste, en fonction de son auteur, atteint à une objectivité analogue à celle du rêve, qui dépasse de beaucoup le degré d'objectivité relative des textes ordinaires, où les défaillances n'ont aucune valeur, alors que dans un texte surréaliste, elles sont encore des faits *mentaux*, intéressants au même titre que leurs contraires... »

Si Aragon se dépasse ici, ce n'est pas dans la « chorégraphie mentale », mais dans la théorie de la création poétique. Au bout du compte, c'est dans ces passages de *Traité du style,* rédigé à la limite de l'automatisme, plein de démesure et d'outrances, qu'il est effectivement *traité* du style ; qu'Aragon, provoquant par la vitesse même de son écriture une certaine perte de contrôle, se donne une analyse immédiate de l'écriture automatique, de sa signification, c'est-à-dire de la signification objective de la perte du contrôle de l'auteur sur son texte. Cette analyse est matérialiste, au sens philosophique du terme. Il poursuit :

> « La valeur documentaire d'un tel texte [automatique] est celle d'une photographie. En réalité, toute poésie est surréaliste DANS SON MOUVEMENT. [...] C'est quand vous écrivez une lettre pour dire quelque chose, par exemple, que vous écrivez n'importe quoi. Vous êtes livrés à *votre* arbitraire. Mais dans le surréalisme, tout est rigueur. Le sens se forme en dehors de vous... »

Comment ne pas lire ici une défense de *La Défense de l'infini* ? Aragon brûlera son grand roman trois mois après avoir écrit ces lignes, et par le fragment d'*Irène* nous savons qu'il contenait des passages de prose automatique, ayant précisément valeur documentaire. Il faut donc lire au-delà de l'humour volontairement vulgaire, du tourbillon déboussolant de la syntaxe, au-delà de ce qui fait virtuosité ou « chorégraphie », ce qui, tout à trac, devient masque de la tragédie cachée, défroque d'Arlequin. Ce sont les passages les plus techniques, où Aragon oublie sa danse endiablée, qui plongent au cœur du débat : ainsi celui où Aragon s'en prend à ceux qui voudraient que le surréalisme ne fût que

> « un pas en avant du vers libre. En d'autres temps, ils eussent été des verlainiens, des mussettistes. Ils écrivent donc n'importe comment, c'est-à-dire suivant leur pouvoir, c'est-à-dire mal, ils écrivent. Du surréalisme, ça ? Vous voulez rire, mais chacun s'y trompe. Voilà la littérature réinstallée. Tout au contraire, dans l'expérience surréaliste proprement dite, tout se passe comme si la courbe d'un mobile, duquel nous ne savons rien, s'inscrivait. Au nom de quoi discuteriez-vous les variations de cette courbe ? Ses hauts, ses bas, ses interruptions valent par ce qu'ils expriment d'inconnu. Cet inconnu, c'est à sa quête que ceux qui poursuivent l'expérience présente se sont lancés. Les matériaux qu'ils accumulent, ou qu'ils accumuleront s'ils avaient toujours conscience d'une tentative de laquelle tout veut les détourner, valent essentiellement les uns par les autres. Ce sont les éléments d'une hypothèse future, les monuments d'une hypothèse passée »...

Comment ne pas songer ici à « l'hypothèse future » qu'est *La Défense de l'infini* ? Pour qu'on mesure mieux ce que je dis, et la sorte d'hypothèse enclose dans cet énorme roman, je voudrais recopier une méditation qui en a été sauvée, puisqu'elle appartient à la *Lettre à Francis Vielé-Griffin* :

> « La vie d'un homme, on me permettra cette remarque, n'est pas plus à l'échelle d'une phrase qu'à celle de la critique de cette phrase. Je me révolterai toujours contre tout essai de réduction d'un être vivant à une sorte de mannequin, dont les faits et gestes seraient compréhensibles à la façon des faits et gestes des monarques notés au jour le jour d'après des communiqués officiels. Six mois d'une vie ne cataloguent pas le vivant ; l'activité d'un individu, seule la mort en arrête le développement et alors, ce qui importe, c'est la signification générale d'une vie, et non pas les détails de cette vie, édification ou scandale pour les uns ou pour les autres. Le rapport entre les paroles et les actions alors s'établit d'une façon globale, sans que rien puisse de la part du patient corriger l'impression fâcheuse qu'il laisse en s'en allant comme une mauvaise odeur. »

Reliez ce texte aux passages du « Je » d'*Irène,* mettez-le tout en regard des commentaires techniques de *Traité du style* : voilà ce qui est en train de se jouer. L'énorme roman dort, nous le savons à présent, dans une valise à Varengeville. A la fin de sa vie, dans son *Œuvre poétique,* en 1974[1], Aragon confiera :

1. *Œuvre poétique, IV,* p. 281.

> « Au Manoir d'Ango, nous avions organisé pour André Breton, alors seul et malheureux, une sorte de perchoir où il écrivait, lui, *Nadja.* Nous lisions, pour Nane [Nancy] et pour nous-mêmes, les pages des derniers jours, alternant ces deux récits, et j'entends toujours, dans cette maison aux murs de carton où commencent déjà entre Nane et moi ces alternatives du malheur, les disputes, la jalousie dont je fais soudain la découverte... J'entends toujours le rire d'André aux pages du *Traité,* sans savoir ce que cette gaîté forcenée de ma part cachait déjà de l'*Othello* qu'en cachette je lisais, relisais dans le texte anglais... »

Je citais dans ma biographie cette confidence toute nouvelle en réponse à une question que j'avais posée dans la première édition, après avoir reproduit la chanson du *Roman inachevé* sur *le jour de Sacco et Vanzetti* (le 23 août, jour de protestation contre l'exécution des deux anarchistes italiens aux États-Unis) :

Intermède français

Le jour de Sacco-Vanzetti
Sur le port sur le port de Dieppe
Mais comment cela se fait-il
Qu'il y eut seulement des guêpes
Le jour de Sacco-Vanzetti

Quand les affiches du Parti
Disaient d'aller au port de Dieppe
A quoi cela ressemblait-il
Qu'il y eût seulement des guêpes
Le jour de Sacco-Vanzetti

N'en voilà-t-il un apprenti
Qui d'aller sur le port de Dieppe
S'était tout un roman bâti
Pour n'y rencontrer que des guêpes
Le jour de Sacco-Vanzetti

. . . .

Le mal d'aimer qu'on s'en sortît
En criant sur le port de Dieppe
Tu le croyais ferme et tu t'y
Trouvas seul avec les guêpes
Le jour de Sacco-Vanzetti

Je demandais à la suite de la dernière strophe : *Varengeville n'est en effet qu'à un quart d'heure à pied de Dieppe comme du manoir d'Ango. Mais que faisait Nancy ce jour-là, cet été-là ?* Et j'ai considéré que cette confidence d'Aragon, avec ce qu'elle contient de jalousie, était bien une réponse à ma question. Il se comportait dans nos rencontres, dois-je le rappeler, comme s'il n'avait pas lu ma biographie, force m'était donc de prendre comme elles venaient les réponses qu'il me donnait de-ci de-là à des problèmes que j'avais fait exprès de poser de son vivant (mais sans son accord).

Depuis, dans un fort brillant article, Maryse Vassevière[1] est allée plus loin en réunissant tout ce qu'Aragon et Breton ont écrit qui puisse avoir trait à cet épisode. Et, d'abord, cet autre texte de 1974 dans *Théâtre/Roman* :

> « Il a brusquement ressenti la blessure ancienne. A Dieppe, une nuit d'étouffant été [...]. La longue longueur d'une nuit, la fenêtre ouverte sur la mer pour ne plus percevoir à travers les cloisons trop minces [« les murs de carton » de la confidence sur Nancy] les soupirs, le halètement d'aimer. Rien ne s'efface, et cette nuit sans fin et cette vie après, toujours où recommence le défi de l'autre et d'un autre, ah, ne me dites pas ce que vous allez dire et de quoi je parle, il suffit de retrouver en soi l'épingle dans le cœur. »

Maryse Vassevière conclut :

> « Bien qu'il soit peu douteux que le séjour à Dieppe ait été le lieu d'une double crise amoureuse et littéraire, le problème n'est pas de savoir avec qui Nancy aurait trompé Aragon la veille du “ jour de Sacco et Vanzetti ”, ni que Breton aurait pu être cet amant d'un soir [...]. De cela nous n'avons et nous n'aurons aucune preuve [...]. Ce qui nous importe, c'est de constater que, dans l'écriture de la dernière période [de sa vie], Aragon ait fait se superposer les deux drames. »

Sans compter que, sur le moment même, dans l'esprit d'Aragon, Nancy lui joue l'envers de la scène d'Eyre vis-à-vis de Drieu. Il ne peut revenir sur *Le Paysan de Paris* qui est publié. C'est *La Défense de l'infini* qui est sur la sellette. Lionel Follet a trouvé[2] que, dans le manuscrit de la confidence, Aragon a biffé après « Othello qu'en cachette je lisais » ceci :

> « Mais aussi je traînais avec moi ce manuscrit monstrueux, les centaines et les centaines de pages, depuis quatre ans, depuis les jours de Giverny amoncelées, *La Défense de l'infini* [...]. Mais qui pouvait savoir que tout cela cachait, s'imaginer *l'autre drame* [souligné par Aragon], ce saccage à la fin de 1927 du manuscrit monstrueux. »

Or voilà qu'à la mi-août à la demande de Breton, comme je l'ai déjà dit, Naville vient au manoir d'Ango. Et il est accompagné de Denise. Ou

1. *R.C., 2,* Besançon, 1989 : *Œuvres croisées, Aragon, Breton et le manoir d'Ango,* p. 161 et suiv.
2. *Éléments nouveaux..., op. cit.,* p. 226.

Aragon les a rencontrés — ce qui est le plus probable, puisque Naville vient apporter des textes pour le nouveau numéro de *La Révolution surréaliste* — ou Breton ne peut manquer de lui en parler puisque tout porte à croire que c'est la première apparition au moins publique de leur couple [1].

Pour Aragon, c'est là *l'autre drame,* et sur lequel il est, il sera toujours condamné au silence, un tremblement de terre, le pilotis de *La Défense de l'infini* qui lui est arraché entraînant quatre années de roman au sens le plus fort avec lui. Denise inaccessible mais mariée à Georges Lévy peu fait pour elle, Denise dont les photos découvertes par hasard chez Naville, l'ont rendu jaloux, mais Denise qui demeure une interlocutrice, voir la lettre que je date de 1925, devient Denise à jamais perdue, parce que amoureuse et compagne d'un autre. Justement de Naville qui, aux yeux d'Aragon, incarne déjà un chemin de rigueur politique auquel lui ne peut prétendre.

Je pense que c'est à partir de cette découverte déchirante que se décide la confection, en massacrant *La Défense de l'infini,* du *Con d'Irène* qui paraîtra sous le manteau au printemps 1928. Il faut auparavant en revenir à Aragon et à Nancy.

1. Pierre Naville ayant lu la première version de ce passage qui figure dans ma *Vie quotidienne,* m'a confirmé que, si l'entrée de Denise dans sa vie n'était évidemment pas un secret pour Breton, à l'époque toujours marié avec Simone Kahn, ce fut bien là une des premières révélations publiques de leur couple.

8.

Saccages

J'avais trente ans. Il n'y avait pas que le désappointement de relire ces quinze cents pages griffonnées, ou plus, le drame était pour moi de me contenter de ce que j'écrivais et de ce que je devenais. [...] *Et l'année suivante, je n'ai pas déchiré qu'un manuscrit...*

Avant-lire, *avril 1964.*

Comment reconstituer le puzzle, maintenant que Nancy est morte misérablement, en 1965, dans un hôtel du Quartier latin ? Il manque à cette histoire sa rime féminine. Mais un bon tiers du *Roman inachevé* est dédié au souvenir de Nancy. La fin de *La Grande Gaîté* fut écrite au lendemain même de leur séparation. Il y a un récit de ce qui suivit dans *La Mise à mort.* Elsa, cela se comprend, n'aimait pas qu'on parle de Nancy.

Par quoi faut-il commencer cette fin de leur amour ? Par ce premier saccage de *La Défense de l'Infini*, qui en extrait ce qui va devenir *Le Con d'Irène*, décision attestée par la coupure dans le texte du *Con* entre l'obscène dans le bordel de C. [visiblement Commercy] : « sa sanction confondante, le foutre pareil aux neiges des sommets » et l'introduction au passage qui renvoie à Denise :

> « Il me plaît... ces mots m'arrêtent. Il ne me plairait pas que ce serait du pareil au même. De mêler à tout ceci quelqu'un que rien ne semblait y mêler à cet instant, quelqu'un qui fut pour moi, je le sais aujourd'hui, bien plus que je ne voulais le croire. C'est à vous que je m'adresse mon amie... »

Cette césarienne hors de *La Défense*, de ce qui va former *Le Con*, attestée par les manuscrits[1], éclate dans sa brusquerie visiblement improvisée par d'autres passages conservés qui perdent tout sens dans l'édition pornographique comme : « Je m'arrangerai pour que ceci tombe sous vos yeux », lequel appartient au temps où Aragon donnait des

1. Lionel Follet, *Éléments nouveaux...*, *op. cit.*, p. 244 et suiv.

lectures des fragments de *La Défense* à ses amis du groupe dans l'idée que Denise en serait informée.

D'où également quelques autres liaisons et rajouts dans *Le Con*, comme sans doute cette flèche du Parthe que j'ai déjà citée pour les petits copains du groupe (et Breton), certainement venue de la condamnation de décembre 1925 :

> « Il paraît, on le dit, ou pour être juste on l'insinue, que tout ceci finira par une histoire. Oui, pour les cons. Il faut dire qu'ils voient partout des romans, des romances. »

Et dans les inédits restés dans *La Défense,* publiés par Lionel Follet[1] :

> « Je ne suis ni les règles du roman ni la marche du poème. J'écris et je parle comme si Gustave Flaubert n'avait jamais vécu [...]. Marcel Proust m'ennuie à mort et je tiens M. Giraudoux pour un pet de lapin. Quant aux poètes, pardonnez-moi l'expression : ce sont des enculeurs de mouches [...]. Le moment me paraît bien choisi pour expédier une bonne fois Honoré de Balzac. On commence à me courir sur le haricot avec cette vieille robe de chambre en pilou [...]. Quand je pense à l'Honoré, je comprends le mépris où certains esprits comme Paul Valéry et André Breton tiennent les romans. Mais après tout, Balzac, je lui crache au visage. »

Le drôle, c'est que la biographe de Nancy, Ann Chisholm, a cru que « c'est à vous que je m'adresse mon amie » s'adressait à Nancy... Que non. Comme je l'ai dit, « mon amie » désigne Denise. En ce moment d'août 1927, tout s'effondre. Nancy et Breton. Mais aussi Denise avec Naville. Et *Le Con d'Irène* devient ce qu'il est, l'adieu définitif à Denise et à Eyre, les ponts coupés par le porno.

Également la destruction du roman en tant que tel, prélude au « saccage » final, parce que, ôté *Le Con d'Irène*, il ne reste de *La Défense de l'infini* que des lignées éparses, sans doute irraccordables. Denise n'y était-elle pas au cœur, un des volets de l'infini ? Ce qu'Aragon rejouait éperdument de sa vie par l'écriture romanesque. Peut-être a-t-il cru en ôtant *Le Con d'Irène* simplement se défaire d'une reprise perverse du second *Paysan de Paris.* De la partie aussi la plus violemment sexuelle qu'en cet été 1927, il doit déjà savoir inadmissible par ces communistes qu'il veut absolument rejoindre. Mais, une fois ces résonances intimes écartées, il se trouvait aux prises avec des trucages entre ses vraies raisons d'écrire et les travestissements qu'il en croyait supportables à ses amis. Sa virtuosité devenait inopérante. Aragon a pu se mentir encore quelques semaines, pourtant, un jour, il s'est retrouvé seul en face du bousillage de sa propre chanson. Seul à Madrid et devant Nancy.

L'après-Pourville, outre ce premier saccage de *La Défense,* c'est d'abord

1. *Ibid.*, p. 272.

pour Nancy l'achat de sa maison de campagne à la Chapelle-Réanville à côté de Vernon qu'elle va installer au début de 1928 avec Aragon. Dans l'intervalle, c'est le voyage avec lui tout au travers de l'Espagne jusqu'à Grenade. Ann Chisholm écrit « qu'ils provoquaient de petits scandales en partageant leur chambre d'hôtel », mais en parlant du voyage de 1926. Aragon a fusionné les deux longuement dans *Le Roman inachevé* :

J'ai parcouru les sierras
Où la procession des villes se lamente
Tolède Ségovie Avila Salamanque
Alcala de Henares

Et le refrain politique obsédant du nom du dictateur d'alors

Primo de Rivera Primo de Rivera Primo de Rivera
Ô bruit des wagons dans la montagne bruit des roues [...]
Le grand soir maure de Cordoue

Revient la politique en anticipation :

Le verre est par terre Un sang coule coule
Dommage le vin Du bon vin Lorca
Lorquito Lorca c'était du vin rouge
Du bon vin gitan
Qui vivra verra le temps roule roule
Qui vivra verra quel sang coulera...

Il a été question de Madrid. En passant, mais ce ne peut être que lors du voyage de 1927, celui de 1926 ayant eu lieu comme nous savons au printemps.

Dans les premiers froids de Madrid
J'habitais la Puerta del Sol
Cette place comme un grand vide
Attendait quelque nouveau Cid
Dont le manteau jonchât le sol
Et recouvrît ces gueux sordides
Qu'on jette aux mendiants l'obole
Montrez-moi le peuple espagnol

C'est tout. Aucune référence directe à Nancy. Seulement un « nous ». Pas trace en 1957 de *La Défense de l'infini.* C'est dix-sept ans plus tard, en 1974, qu'Aragon affirma, en rassemblant le tome IV de son *Œuvre poétique*[1], avoir retrouvé, enfin « reconstitué », un *Chant de la Puerta del Sol.* Tout porte à croire qu'il l'a écrit :

1. « Paperasses constituant les approches d'un poème... Bien singulièrement ceci me tombait dans les mains... »

Alors j'ai déchiré quatre années de ma vie
De mes tremblantes mains De mes doigts noués durs
A genoux traînant mes jambes les pieds nus

Ferme la fenêtre il souffle une brise coupante Les feuilles
Vont s'envoler [...]
A gauche un visage perdu Lisse au moins semblait-il
De toute pensée
Quatre ans les feuilles de quatre ans rameutées
Pour le feu projeté les flammes tout à l'heure

Elle immobile à force de voir Ses belles mains
Promenant leurs doigts dans les cheveux défaits
L'aller et venir des doigts dans l'or pâle des boucles

César ce qui va mourir de toi te salue
Des cris se taisent dans le vol des cendres
Des secrets le papier
Se racornit avec sa bouche de feu sur l'écriture [...]

Alors j'ai déchiré quatre années de ma vie
C'est du
Cinéma muet On n'a pas encore
Inventé la parole

Rappelons que l'autodafé de *La Défense de l'infini* ne prend son importance que dans les ultimes textes d'Aragon, après 1965 — date soulignons-le de la mort de Nancy —, et Lionel Follet a tout à fait raison d'y voir un premier suicide, avant celui de Venise en août 1928. Toutes les indications convergent et d'abord celle-ci :

> « Toujours est-il que dans ces flammes pour six années environ se consuma la possibilité même EN MOI de toute création romanesque[1]. »

Cependant ce que les manuscrits nous disent aujourd'hui ne va pas sans mettre en cause ce rôle de spectatrice muette qu'Aragon attribue en 1974 à Nancy, comme s'il commettait cet autodafé non seulement devant elle, mais pour elle. D'abord, il existe un tapuscrit partiel de *La Défense*, très vraisemblablement de la main de Nancy et surtout, comme l'a montré Lionel Follet[2], on trouve dans le fonds Nancy-Cunard de l'université du Texas à Austin « près de soixante-dix feuillets autographes inédits » (dont

1. *Je n'ai jamais appris à écrire, op. cit.*, p. 44-45.
2. *Éléments nouveaux..., op. cit.*, p. 210.

les passages que j'ai cités) du roman. Une chemise portait, de la main de Nancy, l'inscription : *Fragments d'un MSS d'Aragon (1927). (Après l'occupation allemande de Réanville 1945.)* Le mauvais état des feuillets confirme que ces feuilles sont rescapées du pillage de la maison de campagne à cette date. Certains de ces feuillets lacérés avaient été recollés avant la guerre. Tous éléments confirmant que Nancy les a sauvés contre Aragon.

D'abord, il est absurde comme le pense Ann Chisholm que le peu de goût de Nancy pour la pornographie ait joué un rôle, puisque, de toute façon, à Madrid, *Le Con d'Irène* n'était plus là, qu'il s'agissait du reste du roman et que ce reste, elle a fait des efforts pour en sauver ce qu'elle a pu. Le vraisemblable est qu'avec son esprit critique, aussi acéré que celui d'Elsa plus tard, elle a dit à Aragon ce qu'elle pensait de ce qu'était devenu son manuscrit — une fois *Le Con* ôté —, et que ce reste, cet ensemble de fragments, avec des passages si beaux soient-ils, ne menait nulle part, si ce n'est à une image de mort avec Michel. Aragon ne pouvait manquer de se sentir encore davantage dans cette boue qui étouffe Michel ; en 1964, il confie dans l'*Avant-lire*[1] :

> « Il n'y avait pas que le désappointement de relire ces quinze cents pages griffonnées, ou plus [en fait moins, puisque moins *Le Con d'Irène*, mais l'évoquer alors était tabou], le drame était de se contenter à la fois de ce que j'écrivais et de ce que je devenais [...]. Il y a les romans qui ne s'écrivent pas et se déchirent. »

Quand Aragon déchire et/ou jette au feu son manuscrit, c'est bien parce que cet énorme roman avec tout ce qu'il contient d'autobiographique se désagrège. Son statut en face de Nancy, c'est d'être un écrivain, un poète, un romancier. Il n'écrit plus de poèmes. Son roman le lâche. Denise aime Naville. Eyre, c'est fini. Nancy, déjà, presque :

> « ça ne l'intéressait pas. C'est-à-dire qu'elle avait la tête ailleurs. [...] Elle ne pouvait pas imaginer. C'est peut-être pour ça qu'elle est partie. Elle croyait que j'exigeais. Peut-être un certain ton de voix de ma part *(Blanche ou l'oubli)* ».
> « Rien ne s'efface et cette nuit sans fin et cette vie après, toujours où recommence de défi de l'autre et d'un autre. [...] Je ne vais rien vous raconter sinon que la douleur survit à toute mémoire. [...] Toujours le mien, le temps qui ne passe pas. Le temps changé, mais rien n'y change. Une plage à perte de vue et le vent des sables soudain *(Théâtre/Roman)*. »

Le Roman inachevé date la première fêlure entre Nancy et lui de l'été 1926, si l'on en croit ce poème :

Le mot-à-mot du mot *amour* à quoi bon courir à sa suite
Il est resté dans la Dordogne avec le bruit prompt de la truite

1. *Œuvres croisées, II, Avant-lire,* p. 39.

Au détour des arbres profonds devant une maison perchée
Nous avions rêvé tout un jour d'une vie au bord d'un rocher

. . . .

Si jamais plus tard tu reviens par ce pays jonché de pierres
Si jamais tu revois un soir les îles que fait la rivière
Si tu retrouves dans l'été les bras noirs qu'ont ici les nuits
Et si tu n'es pas seule alors dis-lui de s'écarter dis-lui
De s'é-car-ter le temps de renouer ce vieux songe illusoire
Puis fais porter le mot *amour* et le reste au brisoir

Dans ce poème que je viens de citer, nous sommes, croyons-nous, en pays de connaissance, proches de Musset, encore une fois. Pourtant, ces années à bientôt un demi-siècle de nous n'appartiennent ni aux temps romantiques, ni aux nôtres, pour « ces choses du sexe » dont Aragon s'étonnait dans *La Grande Gaîté*, on ne peut plus présentes, comme on l'a vu, dans *La Défense de l'infini* et pas seulement dans *Le Con d'Irène* et que, précisément en ces temps du malheur d'aimer, il va sur une initiative de Breton considérer avec une objectivité d'autant plus méritoire que c'est la première fois [1]...

Aragon et Breton, de par leur formation médicale, ne sont pas dépaysés. Ils célèbrent excellemment le « cinquantenaire de l'hystérie, la plus grande découverte poétique de la fin du XIXe siècle ». L'année 1928 s'est ouverte, on l'a vu, par une enquête sur la sexualité, conduite en deux séances les 27 et 31 janvier 1928. Elle est tout à fait remarquable de franchise et de sérieux. La sincérité des participants l'emporte sur la forfanterie et les dérobades. Mais n'est-ce pas la même sorte de transgression affichée que celle qu'affectent alors les garçonnes ? Les réponses ne furent publiées qu'en octobre 1928, dans le seul numéro de *La Révolution surréaliste* de l'année, c'est-à-dire après que tout était déjà fini entre Nancy et Aragon. A la question : « Un homme et une femme font l'amour. Dans quelle mesure et dans quelle proportion sont-ils susceptibles de jouir simultanément ? », Aragon répond en dernier :

> « Cette simultanéité est tout ce qui me paraît désirable dans l'amour. C'est une chose absolument exceptionnelle, bien entendu. Il n'est pour moi aucunement possible de la provoquer. Je n'ai ni la disponibilité d'esprit, ni le pouvoir physique nécessaire pour obtenir un pareil résultat. Ceci cache-t-il pour moi une raison morale ? Je n'en sais rien, mais c'est probable. L'essentiel est que je ne suis aucunement capable de retarder ma propre jouissance. [...] Pour moi, il me serait impossible de faire l'amour avec une femme de qui je penserais qu'elle a simulé... »

1. Je renvoie à ma *Vie quotidienne...*, chapitre XVIII, pour l'ensemble de la question, tel qu'il apparaît notamment après la publication du tome IV des *Archives du surréalisme* (Paris, 1990), qui révèle toute l'ampleur de l'enquête sur la sexualité.

Faut-il en rapprocher une autre sorte d'aveu :

« Breton : — Dans quelle mesure Aragon considère-t-il que l'érection est nécessaire à l'acte sexuel ?
Aragon : — Un certain degré est nécessaire mais, en ce qui me concerne, je n'ai jamais eu que des érections incomplètes.
Breton : — Juges-tu que c'est regrettable ?
Aragon : — Comme tous les déboires physiques, mais pas davantage. Je ne le regrette pas plus que de ne pas pouvoir soulever des pianos à bout de bras. »

A la question de savoir si l'on peut faire l'amour avec une autre femme que la femme qu'on aime :

« J'en suis capable sous une seule restriction. C'est qu'alors simplement cet acte épisodique vient s'inscrire dans le cours d'une aventure plus générale, non pas tellement de mon fait, que de celui de la femme que j'aime. »

Le procès-verbal porte ici : (*colère*). Choisissons quelques réponses intéressantes pour la compréhension des conceptions qu'Aragon se fait alors de la vie sexuelle :

« La pédérastie me paraît, au même titre que les autres habitudes sexuelles, une habitude. Ceci ne comporte de ma part aucune condamnation morale. Aimer une femme, c'est considérer celle-ci comme l'unique préoccupation de sa vie, préoccupation devant laquelle toute autre préoccupation cède. Pour moi rien ne sera dit sur l'amour physique si l'on n'a pas d'abord admis cette vérité que l'homme et la femme y ont des droits égaux[1]. »

Ce texte qui fut publié en 1928, rappelons-le, a le mérite de situer autrement les provocations homosexuelles d'Aragon, même si la bisexualité qu'il afficha à la fin de sa vie lui donne davantage d'importance. Il proclame en somme le droit à la pédérastie (ce qui mit d'ailleurs, c'est consigné dans le procès-verbal, Breton hors de lui). Soulignons que ce n'est pas seulement par son refus de considérer la pédérastie comme pathologique — dans le groupe, Crevel était d'ailleurs homosexuel —, mais par la reconnaissance de l'égalité de la femme, y compris dans les décisions de l'amour physique, qu'Aragon se distingue de l'ensemble des autres réponses, dont certaines ressortissent parfois aux propos de caserne. On ne peut manquer d'être frappé par la différence de ton avec ce qui pouvait passer pour confidence ou pour réflexion dans *Le Paysan de Paris* comme dans *Irène*. Aragon a mûri, et nul doute que le respect réel, physique, de la liberté de la femme et de son droit à ce qu'elle peut chercher dans la sexualité — déjà exploré dans *Le Cahier noir* et plus délibérément encore dans la version inédite publiée par Édouard Ruiz

1. *Op. cit.*, p. 57.

(*D.F.*, p. 293 et suiv.) — ne vienne de ce à quoi Nancy le contraint à réfléchir. Nancy mettait l'ablation de son utérus au profit de sa revendication de liberté sexuelle. Aragon n'en souffrit pas que par la jalousie. Ann Chisholm écrit que Nancy confia à propos d'Aragon [1]

> « à l'époque [1926] et par la suite qu'il était trop exigeant [l'anglais est même plus fort *demanding*] sur le plan de la sexualité ».

Le drame qui va survenir au milieu de l'année est bien avant catalysé par cette volonté d'égalité et par la revendication de liberté chez Nancy. Quand ils partent pour l'Italie, vers la fin du printemps, les nuages sont déjà là, si j'en crois la très belle dédicace qu'Aragon écrit à Nancy sur l'exemplaire papier japon, imprimé spécialement pour elle, du *Con d'Irène* :

> « Avec un souci tout particulier de lui plaire, avec le souci de ne pas finir de lui plaire, mais cette vie n'est que soucis et c'était encore la couleur de l'habit du Marquis, le jour qu'à Marseille tant de gens le virent aller et venir, avant qu'avec son domestique et son insolence il allât donner à ces dames les mystérieuses pastilles qui par une allitération bien compréhensible le menèrent à la Bastille, et cette vie n'est qu'un souci, une grande fleur d'eau, jaune-malheur, ô mes pensées, celui qui tombait en traversant le pont, très pâle [2]. »

Les poèmes du *Roman inachevé* disent la chaleur — « l'été brûlant se lève tôt » —, les tracasseries de l'Italie fasciste, la scène au commissariat avec l'homme de Casalpusterlengo. Ils arrivèrent à Venise en juillet :

> Ville de verre et de chaleur ville de cloches et d'églises
> Ville de cris et de voleurs de putains et d'écornifleurs
> Place de vents venelles d'eau rêve de pierre ô ville éprise
> Des pigeons et des beaux-parleurs Votre pain blanc jetez-le-leur
> Venise Venise indécise Iles au loin barques à l'heure
> Tout est sans prix L'amour sans prise Un plaisir seul n'est pas un leurre
> Et la lumière se divise à l'arc-en-ciel rompu des pleurs
> Car nulle part comme à Venise on ne sait déchirer les fleurs
> Nulle part le cœur ne se brise comme à Venise la douleur
>
> Chante la beauté de Venise afin d'y taire tes malheurs

En quittant Paris, Aragon comptait recevoir une grosse somme d'argent qui lui permettrait d'inviter Nancy tout en lui assurant le train de vie qui était le sien — bref, l'égalité dans ce domaine aussi. Il avait acheté

1. *Op. cit.*, p. 149.
2. Publié par André Pieyre de Mandiargues dans *Troisième belvédère*, Gallimard, 1971, sans nom de l'auteur ni de la dédicataire.

autrefois, on l'a vu, sur les conseils de Breton, à la 3e Vente Kahnweiler du 4 juillet 1922, le grand *Nu bleu* de Braque, qu'on appelait alors *Baigneuse* (et c'en est une), pour 240 francs, c'est-à-dire pour rien. Mais les ventes séquestres avaient été organisées pour cette chute des cours, et ce *Nu* où Braque discute avec *Les Demoiselles d'Avignon* et le *Nu à la draperie* de Picasso d'une part, avec le *Nu de Biskra* de Matisse de l'autre, si bizarre que cela puisse paraître aujourd'hui, était simplement incompréhensible à l'époque. A présent, on en avait offert 25 000 francs à Aragon, et, même compte tenu de la dévaluation, c'était une belle somme :

> « J'étais donc parti comptant sur cet argent — dont j'avais touché une petite part —, la plus grande devant m'en être envoyée assez rapidement ; et puis, pour des raisons trop longues à expliquer, le chèque ne m'en est pas arrivé pendant très longtemps. J'étais dans une situation fausse, parfaitement intolérable, rendant plus intolérable encore la situation de fait qui s'était établie entre nous[1]. »

Nancy était tombée amoureuse d'un pianiste noir, Henry Crowder. Il appartenait à une bonne formation de jazz en tournée à Venise, les Eddie South's Alabamians. Elle n'était pas femme à transiger avec son désir, encore moins à consentir à une quelconque prudence vis-à-vis d'Aragon. Il s'agissait de sa liberté à elle, et elle lui accordait liberté égale. Mais Aragon n'était pas l'homme de cette liberté-là. Alors, joignez-y cette absurde affaire de chèque, cette autre inégalité, cette autre perte de liberté... Relisez *Italia Mea* :

> Il erre On l'a pourtant gardé dans les bagages
> On s'informe parfois encore s'il est là
> Mais c'est comme un bleuet qu'on se mit au corsage
> A terre pour un geste au tournant qui roula
>
> . . . .
>
> Va cours éloigne-toi des palais et des torches
> Où ce monde paré parade insolemment
> Crains si tu paraissais d'entendre dès le porche
> A son rire mêlé le rire d'un amant

Ce qu'il souffrit alors, il l'écrivit sans recul dans *La Grande Gaîté*. La contrainte surréaliste y vole en éclats. *Gobi 28, Ramo dei morti, Poème à crier dans les ruines* racontent la tragédie.

Aragon fera remarquer à Dominique Arban que ce sont les poèmes « le plus purement d'ordre émotionnel que j'aie jamais écrits », ce qui

1. *Aragon parle, op. cit.*, p. 60-61. Aragon a expliqué depuis les raisons du retard de ce chèque et le rôle de Marcel Noll dans cette affaire. (Voir ci-dessus, p. 210, note 1.)

n'empêche pas qu'ils contiennent toutes sortes d'inflexions dont l'origine formelle remonte à l'expérience poétique antérieure, depuis Dada.

Plus rien ne m'est cher pas même l'amour
Et quand je dis l'amour ce mot comme une mer
Étoiles étoiles qu'êtes-
Vous
Devenues
Je comprends aujourd'hui ceux qui se mutilent
Ceux qui crèvent leurs tympans pour ne plus
Entendre un nom qui les fatigue
Leurs yeux pour ne plus voir la langueur d'autres yeux
Ceux qui lacèrent leurs lèvres afin
De les rendre hideuses de les
Rendre impropres aux baisers
Ah ce baiser qui est tout ce que j'ai retenu de la vie
Ceux qui brisent leurs dents
Ceux qui rompent leurs bras
Ceux qui s'émasculent

Ce poème est daté avec précision de la première des Trois Glorieuses, soit du 27 juillet 1928.

Denise avait conservé comme terme de leur correspondance une carte postale envoyée de Mantoue le 9 août, adressée à Mme Pierre Naville, avec ces seuls mots : « *In Banden* L.A. », ce qui doit se comprendre sans doute comme « en bande » et fait référence à un aveu d'une de ses premières lettres qu'il lui était impossible de « supporter ses amis *en bande* ». Singulière façon de prendre dans le désastre de son amour Denise à témoin, façon désespérée qu'on retrouvera bien plus tard dans les romans comme *Aurélien* ou *Blanche ou l'oubli*.

Un mois plus tard, voici *Ramo dei morti* :

Tout est faux y compris l'amour
J'écris ceci vers la fin août
A Venise
A Venise
A Venise
Ne comptez pas sur moi pour développer ce mot

Et qui annonce le fort beau *Poème à crier dans les ruines*, dont on cite d'ordinaire :

Tous deux crachons tous deux
Sur ce que nous avons aimé
Sur ce que nous avons aimé tous deux
Si tu veux car ceci tous deux

Est bien un air de valse et j'imagine
Ce qui se passe entre nous de sombre et d'inégalable
Comme un dialogue de miroirs abandonnés
A la consigne quelque part Foligno peut-être
Ou l'Auvergne la Bourboule
Certains noms sont chargés d'un tonnerre lointain

Mais j'en voudrais moins recopier ce qui fait rythme, comme on dit en notre fin de siècle de chansons, que ce qui crie la douleur de ces jours et de ces semaines-là, où l'amour de Nancy confond le poème à la voix d'Aragon :

Ils en ont de bonnes ceux
Qui parlent de l'amour comme d'une histoire de cousines
Ah merde pour tout ce faux-semblant
Sais-tu quand cela devient vraiment une histoire
L'amour
Sais-tu
Quand toute respiration tourne à la tragédie
Quand les couleurs du jour sont ce que les fait un rire
Un air une ombre d'ombre un nom jeté

. . . .

L'amour salauds l'amour pour vous
C'est d'arriver à coucher ensemble
D'arriver
Et après Ha ha tout l'amour est dans ce
Et après

. . . .

Le dernier mot d'amour imaginez-vous ça
Et le dernier baiser et la dernière
Nonchalance
Et le dernier sommeil Tiens c'est drôle
Je pensais simplement à la dernière nuit
Ah tout prend ce sens abominable
Je voulais dire les derniers instants
Les derniers adieux le dernier soupir
Le dernier regard

A prendre au pied de la lettre. Aragon a raconté à de multiples reprises, dans *La Mise à mort,* puis à Dominique Arban, comment il a voulu alors se tuer en absorbant des somnifères, comment, par hasard ou presque, on l'a retrouvé dans un hôtel où il s'était caché pour en finir :

Aragon en 1916 dans la librairie d'Adrienne Monnier.

Groupe Dada 3
Quatre membres du groupe Dada, vers 1921 : André Breton, René Hilsum, Louis Aragon, Paul Éluard. Contretype du musée d'Art et d'Histoire de Saint-Denis.

Groupe Dada à Saint-Julien-le-Pauvre, le 14 avril 1921.
De gauche à droite : Jean Crotti, d'Esparbès, André Breton, Jacques Rigaud, Paul Éluard, Georges Ribemont-Dessaignes, Benjamin Péret, Théodore Fraenkel, Louis Aragon, Tristan Tzara, Philippe Soupault.

Contretype du musée d'Art et d'Histoire de Saint-Denis.

Nancy Cunard.
Photo Man Ray Edimédia.

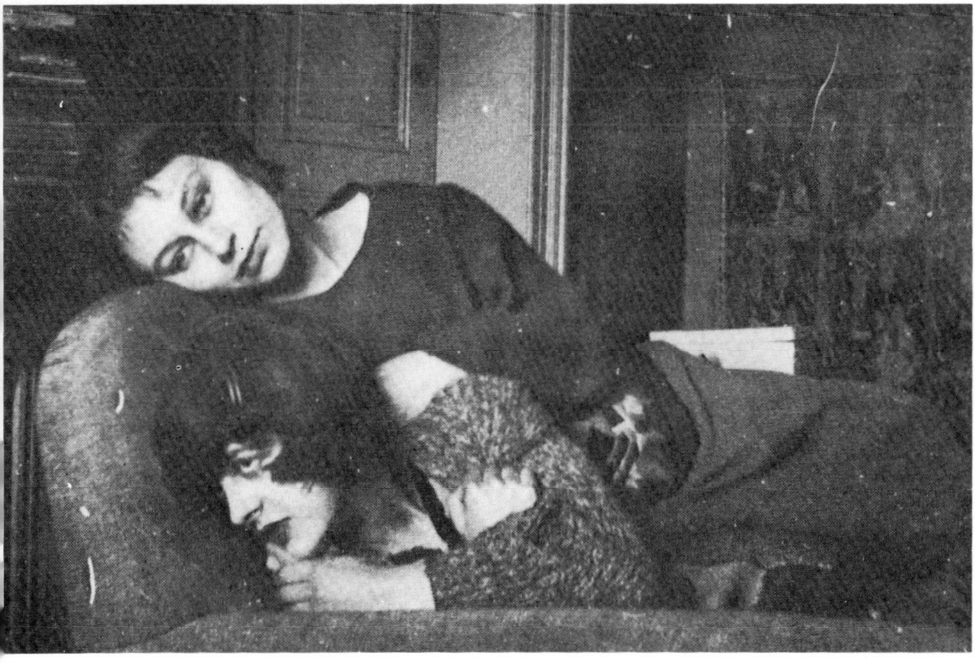

Deville Naville et Simone Breton 1924. Photo Naville.

Aragon pendant la guerre d'espagne. Photo Roger-Viollet.

Aragon et Elsa Triolet dans un banquet communiste en 1938
avec Vaillant-Couturier, Cachin et Duclos. Photo Roger-Viollet.

Aragon à Oradour, 1949. Photo Willy Ronis.

Aragon à Virny Lorette.
Photo Willy Ronis.

Au Parc des Princes, au congrès des Partisans de la Paix avec Picasso, 1949. Photo Roger-Viollet.

Avec Maurice Thorez, 1954. Photo Keystone.

Aragon et Elsa, 1945.
Photo Cartier-Bresson.

Elsa Triolet et Aragon
par Boris Taslitski.
Photo Roger-Viollet.

Pierre Daix avec Aragon aux *Lettres Françaises.* Photo Pierre Lambert.

Au moulin de Saint-Arnoult. Photo Daniel Wallard.

« Je suis rentré dans ce lieu que je ne puis appeler " chez moi " ; et j'y ai trouvé l'avis annonçant l'arrivée du chèque que j'attendais. Je me suis dit, bon, je vais au moins pouvoir m'en aller, je dépenserai cet argent et puis... Je croyais vraiment recommencer. Je suis revenu à Paris, j'ai dilapidé ma pauvre fortune, et il ne m'en restait pas grand-chose quand j'ai rencontré Elsa, un peu moins de deux mois plus tard. »

Ce qui date cette tentative de suicide de la mi-septembre 1928. L'inconscient du médecin militaire Louis Aragon lui avait fait rater la dose mortelle[1]. Quelque chose, dans son état, avait alerté quelqu'un. Il y a, malgré les apparences, très loin de la Venise 1928 à la Venise 1834. *La Grande Gaîté* ne répète pas *La Confession d'un enfant du siècle*, et Nancy Cunard valait infiniment mieux, moralement s'entend, que Mme Sand ; le reste de sa vie, les causes qu'elle défendit, la guerre d'Espagne dont elle fut, en témoignent. Le romantisme est bien mort. L'auteur de *Traité du style* avait écrit, l'été précédent, qu'on ne part pas, même par le suicide. Il vient de le vérifier.

Il rentre à petites étapes. Il nous en reste le poème *Après l'amour*, d'où la chanson de Léo Ferré :

Il existe près des écluses
Un bas-quartier de bohémiens...

Il débarque, début octobre, rue du Château, où deux jeunes gens de l'Est, Georges Sadoul et André Thirion, occupent les lieux, y prenant la suite de Marcel Duhamel, Jacques Prévert et Yves Tanguy. André Thirion le décrit *littéralement brisé* :

« L'atelier qu'il avait loué rue Campagne-Première n'était pas encore habitable, et surtout Aragon n'avait pas envie d'être seul. Il n'avait pas cessé toute relation avec Nancy : celle-ci, avec une tendresse et un pouvoir d'ophidien, fascinait longtemps ses victimes, les empêchait de reprendre toute leur liberté. Elle aimait revoir ses anciens amants. En réalité, elle prenait la vie dans toute sa complexité et ne comprenait pas pourquoi elle se forcerait à ne plus être amoureuse d'Aragon, parce qu'elle avait envie de coucher avec Henry Crowder. Chaque semaine ou presque, Aragon allait passer un jour ou deux à la Chapelle-Réanville, et il en revenait, comme de bien entendu, en morceaux[2]. »

1. Aragon proteste : *C'est parce qu'on m'a tiré de mon lit trop tôt.*

2. *Révolutionnaires sans révolution, op. cit.*, p. 142. — Démenti d'Aragon : *Je ne suis retourné à la Chapelle-Réanville qu'une seule fois après mon retour de Venise, pas pour un jour ou deux : une nuit. Assez tard. Du temps déjà d'Elsa, et lui ayant dit ce que j'allais y faire.* — Malheureusement en dépit de cette affirmation, on lit dans *Le Journal d'Elsa*, au printemps 1929 que, si elle-même a renoncé aux hommes, Aragon voit toujours Nancy : *Comment peut-il ainsi me tourmenter s'il m'aime réellement. J'ai demandé si timidement : vois-la moins souvent, ne reste pas si longtemps...* — Les efforts désespérés d'Aragon en 1975 pour rester seul possesseur de sa biographie et la réécrire à sa guise, comme si elle était son bien le plus précieux...

A plus de trente-cinq ans de là, dans *La Mise à mort*, Aragon se décrira de la sorte :

> « J'étais dans cette période de ma vie où si j'avais ralenti le pas je serais tombé. Je ne pouvais plus rester seul, il me serait arrivé n'importe quoi, j'aurais eu le temps de penser. [...] Il y avait les nuits où j'attendais une lettre d'Italie qui n'arrivait pas. [...] Heureusement qu'il m'était tombé cet argent. Je le faisais valser, à vue de nez, j'en aurais assez jusqu'au premier de l'an, d'octobre ce n'est pas si loin. [...] C'est merveilleux de ne jamais dormir, d'être si fatigué qu'on ne se souvient plus de rien, j'ai fait l'amour avec toi ? Elle en a les larmes aux yeux. Écoute : tu veux te marier avec moi ? Celle-là aussi ça lui fait peur. Alors fous le camp... »

C'est ici qu'arrive Elsa et que finit la préhistoire d'Aragon, à l'automne de ses trente et un ans. C'est aussi la fin du merveilleux, du surréalisme au sens qu'il s'est lui-même donné de ce mot. Passage au réel.

DEUXIÈME PARTIE

ELSA

CHAPITRE VI

VERS LE RÉALISME SOCIALISTE

Pierre Reverdy disait vers 1919, à André Breton et à moi-même, qu'il était attentatoire d'essayer de comprendre le mécanisme poétique. Le surréalisme, qui a été le plus grand effort que je connaisse de *réduction* de ce mécanisme, semble aujourd'hui devoir s'opposer à la poursuite de cette profanation.
C'est qu'une fois saisi le mécanisme individuel de l'inspiration poétique, un autre problème se pose qui soulève des réticences profondes des individus : la connaissance du mécanisme *de classe* de cette inspiration poétique.

La Souris rouge, Commune, octobre 1933.

1.

Entrée d'Elsa

Le lendemain, dans le même lieu de confusion et de courants d'air, un peu plus tard, brusquement, le local s'étant fait presque vide, je rencontrai Elsa Triolet. Nous ne nous sommes plus quittés depuis.

Les Littératures soviétiques.

Avec Elsa, il y a la rime féminine et même toute la chanson. Comme Nancy, c'est Elsa qui est entrée dans la vie d'Aragon. Tout de suite elle y a tenu sa partie. Curieusement, Aragon a toujours raconté cette soirée du 6 novembre 1928, à partir de laquelle ils ne se sont plus quittés, en laissant entendre qu'il avait eu l'initiative de la rencontre. J'en crois plutôt Elsa qui écrit :

> « J'avais lu *Le Paysan de Paris* et parce que rien ne pouvait m'être plus proche, plus *mien,* plus *parent,* comme on dit en russe, j'ai voulu connaître l'homme qui avait écrit cela. Je t'ai rencontré [1]... »

André Thirion a relaté comment, en cet automne 1928, Elsa était devenue une habituée du groupe qui se rassemblait à la Coupole autour d'Ilya Ehrenbourg. Elle s'était fait présenter Aragon, un soir, mais sans capter son attention. C'était le temps d'Aragon aveugle et désemparé : « Si j'avais ralenti le pas, je serais tombé... » Cependant, il s'aperçut de l'insistance d'Elsa à lui parler :

> « Avec son goût du mystère, l'obsession surréaliste de la police, il crut déceler un piège. " C'est une espionne, sans doute ", nous dit-il quand il nous raconta la première entrevue [2]... »

1. *Ouverture, Œuvres croisées,* 1, p. 27.
2. *Révolutionnaires sans révolution, op. cit.,* p. 156.

Je ne rapporte pas ce trait pour son prosaïsme, mais parce que le récit du coup de foudre qu'Aragon a fait prévaloir passe sous silence sa perdition à lui, et tout autant sa perdition à elle :

« *Camouflage* qui allait paraître, n'était-ce pas aussi une histoire de naufrage, un prologue au suicide ? Nous étions mûrs pour nous rencontrer[1]. »

Elsa était née en 1896, comme Nancy. Elle appartenait à une famille d'intellectuels juifs de Moscou, les Kagan. Sa sœur aîné, Lili, avait épousé O. M. Brik, brillant journaliste menchevik. C'est Elsa qui avait décidé de leur sort futur en faisant en 1915 la connaissance de Maïakovski. Son père vient de mourir. Elsa, élève à l'école d'architecture, jouit d'une grande liberté. Maïakovski est conquérant et s'ébauche un roman entre eux qui capotera le jour où Lili, tout en restant la femme de Brik, devient la compagne de Maïakovski, et Brik qui édite le premier grand poème de Maïakovski, *Nuage en pantalon,* va diriger les revues futuristes de Maïakovski, comme *LEF,* participer à l'essor du mouvement des formalistes russes avec Roman Jakobson et Viktor Chklovski tous deux amoureux d'Elsa, avant de devenir un officiel soviétique.

En 1917, Elsa avait rencontré André Triolet, qui appartenait à la mission militaire française en Russie. Elle en dira :

« J'ai quitté la Russie pour épouser un Français qui ne faisait pas de vers. [...] En partant, j'étais sûre de revenir très vite, de faire juste un voyage. Je ne savais pas encore que le destin c'est la politique, et si je me rendais compte de la grandeur de la révolution d'Octobre, je n'ai point songé que les portes des pays seraient verrouillées de tous les côtés. C'est ainsi que je me suis jetée pour la vie dans un océan de nostalgie. Mon mari sortait de la guerre, il en avait assez des cadavres vivants et ne rêvait que solitude, île déserte. En 1919, nous sommes partis pour Tahiti[2]. »

C'est écrit en 1964 par l'épouse d'un membre du Comité central du PCF, vice-président du jury du prix Lénine international. En fait, Elsa ne voyait en 1918 que les désagréments de la révolution et sortit d'abord de Russie prosaïquement par Stockholm, allant attendre son mari Triolet chez lui, avenue de Friedland à Paris. On les voit passer par San Francisco pour aller s'établir à Tahiti. Elle en tira la matière de son premier livre écrit en russe, qu'elle traduisit en français pour les *Œuvres croisées.*

Tôt séparée de son mari, on la retrouve à Berlin en 1923. Une importante colonie d'intellectuels russes y vivait alors, parmi lesquels Viktor Chklovski, qui publia les premiers textes d'Elsa, des lettres privées qu'il intercala dans son livre *Zoo.*

1. *Ouverture, op. cit.*
2. *Ibid.*

« Chklovski voulait m'amener à écrire, me donner un métier, une passion, une assise dans la vie. Il disait : " Tu n'as qu'à te baisser pour ramasser un livre... " Mais je ne voulais pas me baisser, je ne voulais pas écrire. Chklovski avait néanmoins porté mes lettres à Gorki qui habitait alors Saarow près de Berlin. Gorki m'a demandé de venir le voir. Il m'a conseillée, m'a persuadée d'écrire. Et c'est ainsi que cela a commencé[1]. »

Elsa reste une année entière à Berlin, puis vient s'installer à Montparnasse, passant ici et là par des amours diverses qui la laissent insatisfaite et dangereusement déboussolée. Brik est devenu un personnage important parmi les nouveaux cadres soviétiques. On le dit proche de la Tchéka, même s'il en a, paraît-il, « démissionné ». Lili et Maïakovski ont trouvé à Elsa un travail de correspondante pour une revue de Moscou. Ils la font venir en URSS où elle reste durant l'été de 1925, puis jusqu'au printemps 1926. Elle écrit un deuxième livre, des souvenirs d'enfance, toujours en russe : *Fraise des bois*[2], et enfin, ce *Camouflage* dont elle dit dans son *Journal* :

« Ses épisodes sont mis bout à bout artificiellement et il s'en est suivi une affabulation de hasard, car je voulais dire plusieurs choses à la fois et je les ai réunies de force. Le véritable sujet de ce livre est la peur (ou la lâcheté) devant la vie. " Une vie de cadavre ", dit Babel. Moi, je dis " une vie de cadavre par accident ". Il y a dans Barbara assez de vie pour dix. Une femme née pour créer, mais choquée depuis l'enfance. Une peur convulsive devant la vie, qui ne la lâche pas. Entre parenthèses, quand j'aurai définitivement décidé que cette peur est de la lâcheté, j'en aurai tellement honte que je deviendrai courageuse[3]... »

Ces lignes datent du 2 septembre 1928, deux semaines avant qu'Aragon ne manque son propre suicide à Venise. Elsa est déjà tout entière dans cette critique lucide, impitoyable, de ce qu'elle écrit et de soi et des hommes qui passent dans sa vie, qu'elle ne retient pas. Une intelligence sans faille, la conscience de posséder « assez de vie pour dix », une vigilance toujours sur le qui-vive, aiguisée depuis l'enfance juive dans une Russie de pogroms, exacerbée par l'expérience de la révolution et de ses suites, puis, comme une plaie ouverte, par les persécutions de l'exil... En France, parce qu'elle a des attaches avec l'Union soviétique, elle est la cible des indicateurs de police.

Elsa conduit sa vie seule et avec lucidité. Cela vaut pour ses rapports avec André Triolet :

« Ainsi, dit Thirion, Elsa vivait-elle d'une pension mensuelle de trois mille francs servie par le mari avec lequel elle n'habitait plus. Triolet l'invitait

1. *Ibid.*
2. Publié en français, Gallimard, 1974.
3. *Ouverture, op. cit.*

souvent. Elle le recevait avec ses nouvelles et ses anciennes amies. Nul n'aurait pu soupçonner qu'il avait pu exister entre cet homme et cette femme d'autres liens que ceux de l'amitié, si l'un et l'autre des intéressés, avec l'assentiment commun, n'avait raconté son histoire[1]. »

Elsa continua toute sa vie durant de parler avec tranquillité de « mon mari Triolet », qu'il lui arrivait de rencontrer et qui lui survécut. Autant Aragon prenait soin d'occulter les femmes qui avaient pu compter dans sa vie avant elle, autant Elsa abordait le sujet des hommes dans sa vie à elle avec franchise et simplicité, avec ce sang-froid de qui ne s'en laisse pas conter et prend volontiers les devants.

En cet automne 1928, ça va mal. On lit dans son journal à la date du 5 novembre :

« Je pense que je dois acheter du Véronal. En achèterai-je ou pas ? [...] Il m'est trop douloureux de vivre. Cela équivaut à marcher sur du verre brisé. »

Selon Elsa, c'est Roland Tual, alors le mari de Colette Jéramec, la première femme de Drieu, qui, sur sa demande, lui présente Aragon. Elle doit savoir — tout Montparnasse en parle — ce qui est arrivé à Aragon. Une photo prise par Rodchenko à Moscou à la fin de 1925, montre son visage attentif et fin, un charme qui tient à la régularité des traits et surtout à l'étrange lumière du regard. Elsa n'avait pas la beauté de Nancy, mais, à l'opposé : la féminité et la grâce, qui allaient de pair avec une intelligence capable d'en imposer à Aragon lui-même, notamment dans le domaine de l'action. Ce n'était pas un hasard si elle avait fait des études d'architecture. Elle savait s'en tenir à une décision et construire d'instinct sa propre vie, son œuvre, un amour.

Elle vient d'avoir trente-deux ans cet automne. Pourquoi n'en pas croire Thirion :

« Comme je restais souvent seul pendant des heures au bar de la Coupole, parfois sans avoir dîné, buvant lentement un demi de bière, attendant le passage de Sadoul ou d'Aragon pour avoir le courage de rentrer rue du Château et de me coucher, j'avais de longues conversations avec Elsa, que je répétais ensuite à Aragon. J'entrais ainsi dans son jeu. Peu à peu, l'image de l'espionne disparut, faisant place à celle d'une femme amoureuse à crever, qui s'était juré d'avoir l'homme qu'elle aimait[2]. »

C'est sur ces entrefaites que Maïakovski arriva à Paris. Aragon désirait le connaître. Maïakovski était, vu de Paris, le plus grand poète russe contemporain, l'incarnation de la révolution en poésie, un futuriste révolutionnaire. Quelles qu'aient été les lacunes de l'information pari-

1. *Révolutionnaires sans révolution, op. cit.*, p. 158.
2. *Ibid.*, p. 156.

sienne, il y avait là de quoi piquer la curiosité de quelqu'un comme Aragon. Elsa fut leur truchement. Maïakovski invita Aragon le 5 novembre. Leur rencontre du 6 eut-elle également lieu à la Coupole ? Aragon le dit, mais Thirion raconte la soirée qu'il donna rue du Château en l'honneur de Maïakovski. Il n'y a pas lieu désormais de mettre en doute son récit[1] selon lequel, apercevant Aragon dans la loggia avec lui, Elsa vint les rejoindre :

« " Mais vous ne m'aviez pas montré cet endroit, me dit-elle. Que fait-on ici ? " Dans la dernière partie de la loggia, séparée en deux par un rideau, il y avait un grand fauteuil bas dessiné par Pierre Charreau. Elle saisit la main d'Aragon et l'entraîna derrière le rideau : " Et là, dit-elle, que fait-on ? L'amour ? " J'eus le temps de voir qu'elle s'était collée à Aragon et l'embrassait à pleine bouche. »

Elsa n'a jamais laissé son pessimisme, voire son désespoir la paralyser. Bien au contraire. Ici, elle joue son va-tout. Quoi qu'il en soit, le 6 est la date de la rencontre « définitive » entre Aragon et Elsa.

Que leur vie commune n'en fût pas décidée tout de suite, qu'il y fallût la détermination d'Elsa est plus que vraisemblable. Ce n'était pas les conditions de sa victoire qui intéressaient Elsa, mais leur futur à deux. Elle entreprit d'arracher Aragon à sa bohème incertaine, à son déboussolage amoureux, à la « défense de l'infini » qu'avec sa pénétration diabolique elle dut très vite percer à jour.

Elsa fut d'abord très malheureuse. Le 3 décembre, elle parle d'aller « chez maman à Londres ». Nous savons qu'Aragon est très désinvolte avec elle. Il avouera dans *L'Œuvre poétique* avoir quitté un soir Elsa afin de danser avec Nancy et laissé Elsa à des amis « pour continuer la nuit avec l'Autre ». En outre, pour oublier Nancy, Aragon s'était lancé dans un flirt avec une jolie danseuse viennoise, Lena Amsel, qui avait tourné un film d'épouvante et attendait d'autres rôles :

« Tu auras le courage, elle me disait, de venir avec moi pour voir *La Cousine de Varsovie* ? Mais voyons, tu l'as vue vingt fois, Popesco, dans ce rôle. Justement. Elle est merveilleuse. J'ai envie de rire. Et chaque fois, je ris un peu plus. Je te préviens, il faut du courage pour rester avec moi, *als ob gar nichts los wäre*... Du courage ? Pas besoin de courage, le scandale, ça me connaît. Elle riait si fort, elle en avait des larmes, des éclats, la salle protestait, la scène s'arrêtait. Elvire Popesco, un peu déconcertée, mais assez contente, s'était avancée au trou du souffleur... elle riait, riait, riait. Moi, sérieux comme un pape. [...] Tout de même, quand je lui ai proposé de l'épouser, elle a failli accepter : elle voulait acheter une grande propriété en Normandie, avec ce qu'il faut pour l'élevage, des terres, ça serait plus commode mariée avec un Français... Moi, en revenant de Venise, c'est *Othello* que j'avais été voir, trois, quatre, cinq fois. A la Scala[2]... »

1. *Ibid.*, p. 158.
2. *La Mise à mort*, *op. cit.*, p. 144.

Lena fut brièvement la rivale d'Elsa, puis lui céda la place. Elle devait mourir l'automne suivant, brûlée vive dans son automobile, une Bugatti, en allant rejoindre Derain, parti avant elle, également en Bugatti, à Barbizon. Je conte cette histoire bien qu'en dehors du passage de *La Mise à mort* que je viens de citer Lena n'ait guère laissé, que je sache, d'autre trace dans l'œuvre d'Aragon que cette autre allusion désinvolte du même roman :

> « Comme tu sais, en ce temps-là, je me racontais que j'étais amoureux d'une Allemande. D'ailleurs Allemande comme moi. Je faisais semblant de ne plus en aimer une autre. Une Anglaise. Ce qui était fini, et ce qui n'était pas commencé. Tout ce qu'il faudrait expliquer ! Ce n'est pas simple, la vie[1]. »

Le 8 avril 1929, dans son journal, Elsa consigne sa victoire :

> « Nous vivons à deux [...]. C'est un événement incroyable dans ma vie. Il y a eu de bons jours, des jours d'amour, toutes les Léna ont disparu comme par enchantement. Mais ma ruse naturelle élucubre des possibilités d'être malheureuse jusqu'à l'évanouissement. Je ne crois pas, je mets tout en doute, je soupçonne tout [...]. Nous sommes toujours à deux [...]. Il m'empêche de penser. Et quel que soit son amour pour moi, aussi grand soit-il, c'est toujours peu pour moi et cela ne me convient jamais. »

Elsa tout entière à sa proie attachée... Elle a fini par dépayser Aragon du surréalisme. Le dépayser sexuellement aussi. On a toujours au bout du compte les rencontres que sa propre vie appelle, même si l'on n'en sait encore rien. Nancy avait été la compagne de la destruction de *La Défense de l'infini*. Elsa serait la femme de la reconstruction. Elsa n'aimait Aragon que lorsqu'il faisait la nique aux règles du mouvement. Elle dut le lui dire assez vite :

> « J'ai lu *Anicet*. [...] Comme j'ai aimé la flamme qui y monte droit sans s'arracher de l'objet qui flambe, lance des étoiles et crépite dans le bonheur agenouillé devant " la beauté moderne "... Jeu sérieux de jeunesse et de foi heureuse où il n'y a pas de place pour le doute. [...] J'ai lu *Le Libertinage*. La colère et le défi entrent dans un jeu d'artifices, l'*exprès* devant un monde que l'on veut intolérable et qui l'est. Ici, la flamme se tord dans le vent, souffre, veut brûler, incendier. Je ne te suivais plus. Je suis allergique à l'*exprès*[2]. »

C'est l'auteur du *Paysan de Paris* qu'Elsa a voulu rencontrer. Ce qui signifie qu'elle se jugeait « femme de propos délibéré ». La formule appelait Elsa, étonnamment. Mais il y avait aussi, dans ce choix du livre, le sens des mystères de la ville, qu'Elsa possédait au plus haut point. Elsa

1. *La Mise à mort, op. cit.*, p. 156.
2. *Ouverture, op. cit.*, p. 27.

parlera plus tard ainsi de Lyon, d'Avignon, de Bamberg, de la Prague imaginaire du *Monument...* Ce qui n'empêchait pas qu'elle eût une idée assez différente de l'avant-garde, dans une tradition beaucoup plus « engagée politiquement », comme nous dirions, tradition qui fut l'histoire de l'avant-garde russe avant que Staline ne vînt la détruire.

> « Quand personne ne faisait encore attention à Maïakovski, dit Aragon à Dominique Arban, et Elsa était presque une enfant, elle l'a découvert, elle l'a amené chez les siens où la blouse jaune du Maïakovski a fait scandale ; c'est elle qui l'a présenté à sa sœur. [...] Elsa s'était elle-même créé son milieu, son monde, avec tout d'abord les futuristes, et ceux qui sont devenus les formalistes russes et les gens du LEF. [...] Nous avions un langage commun dans ce domaine, mais Elsa avait la perspective et l'expérience de quelqu'un à qui il avait été donné de voir l'évolution des esprits dans son propre pays et ailleurs dans le monde[1]. »

Entendons-nous bien. Ce langage commun est issu de racines poétiques communes, d'une certaine équivalence entre le futurisme russe et, disons, l'Apollinaire de *Zone* ou de *L'Esprit nouveau*, et ce qui s'est appelé chez nous cubisme littéraire. Le reste est beaucoup plus complexe. Il ne semble pas qu'Elsa ait eu alors une vision idéalisée des choses. Maïakovski, « le poète bolchevik », n'avait pas réintégré le parti communiste après 1917, ce parti étant, en art, porteur de cette culture petite-bourgeoise qui allait nourrir la terreur stalinienne. Dès 1918, il existe une certaine répression, et même une répression certaine contre l'avant-garde. Cela, Aragon ne voulait sûrement pas plus le voir qu'il ne voulait s'attarder sur la répression tout de même plus légère qu'il subissait, comme ses amis, de la part du parti communiste français de l'époque. Elsa ne pouvait avoir en commun avec Aragon que *l'avenir* de la révolution. Leur amour était un pari intellectuel sur la réussite de cet avenir. Ce qui contredisait cette réussite devait contredire leur amour : ainsi s'expliqueront bien des choses qui adviendront par la suite.

Songeons que les débuts de leur couple se déroulent, à cause des lenteurs de l'édition, sous le signe des livres écrits du temps de Nancy : *Traité du style*, retardé chez Gallimard par suite de l'obstruction de Valéry, *La Chasse au snark*, éditée par Nancy, au printemps 1929, *La Grande Gaîté,* enfin.

> « Elsa, écrit André Thirion, brouilla Aragon avec Nancy, peu après qu'elle eut emménagé rue Campagne-Première. Il fut interdit à quiconque voulait demeurer l'ami d'Elsa de s'entremettre entre les anciens amants, fût-ce pour des banalités sans conséquence, des affaires d'édition, par exemple. Il va sans dire qu'Aragon lui mentait un peu, et que Sadoul et moi lui dissimulâmes les commissions que nous pouvions recevoir de la rue Guénégaud ou de La Chapelle-Réanville[2]. »

1. *Aragon parle, op. cit.*, p. 96.
2. *Révolutionnaires sans révolution, op. cit.*, p. 168. La position d'Elsa est d'autant plus difficile que Sadoul et Thirion travaillent en fait pour la maison d'édition de Nancy, Henry

Elsa ne supportait pas — n'a jamais supporté — que ses amis aillent chez ceux qu'elle jugeait être « l'ennemi ». Ce n'était pas, comme on l'a cru trop souvent, désir d'autorité ou orgueil, mais la sorte de peur qu'on lit dans *Camouflage*, la certitude du danger qui rôde, dissimulé on ne sait encore où et qu'il ne faut pas provoquer. Elsa blessée, *choquée*, peut-être bien, *depuis l'enfance*, en tout cas depuis ses errances, une Elsa qui ne ressemble pas à sa sûreté de jugement, à sa réussite. Elle savait que rien n'est jamais acquis de ce qui fait l'amour, le bonheur, le succès, qui passent comme passent la jeunesse, l'éveil du désir chez les hommes. Elsa préférait jouer perdante au risque de perdre par surprise. Elle traitait ainsi l'amitié, se montrait féroce dans l'exclusive, sans cesse contraignant ses amis à choisir clairement entre elle et ce qu'elle estimait nuisible. Elle s'est fait beaucoup d'ennemis chez ceux qui la connaissaient peu, quelques amitiés indéfectibles chez ceux qui la savaient vulnérable.

> « Quand nous nous sommes connus, dit encore Aragon à Dominique Arban, j'étais quelqu'un d'assez impossible. Il a fallu bien de la patience à Elsa pour me supporter alors, une patience qu'elle n'a pas eue toute la vie comme à cette époque, du moins qu'elle n'a pas eu à avoir, j'espère. Elsa se trouvait devant un homme sortant d'un monde pour entrer dans un autre. Il lui a fallu de la patience pour supporter à la fois les habitudes de l'un et de l'autre, j'entends ma façon de me plier aux exigences de l'un et de l'autre monde. D'autant que si elle supportait mal les impératifs du milieu surréaliste, elle n'était pas communiste[1]. »

C'est exactement à l'orée de ce passage d'un monde dans l'autre que nous sommes arrivés en cet hiver 1928-1929. La politique, pour Aragon, est toujours chez les surréalistes. Le parti communiste, tout au plus à l'horizon. Aragon n'est pas plus sorti du surréalisme qu'il n'est encore entré chez les communistes. Simplement, dirais-je, il commence à ne plus exclure tout à fait l'idée de vivre en dehors des surréalistes.

Crowder, que Nancy a persuadé de quitter son orchestre, étant au travail à la presse de La Chapelle-Réanville. « Il est, écrit Nancy, devenu mon professeur pour toutes les nombreuses questions sur la couleur de la peau qui existent aux États-Unis. » A très peu de temps de là, Nancy va publier sa *Negro Anthology*, qui est demeurée un classique du sujet.

1. *Aragon parle, op. cit.*, p. 95.

2.

La crise
du *Second Manifeste du surréalisme*

> *Le métier d'intellectuel s'exerce avec une telle impunité qu'il est inutile d'attendre, pour les signaler à l'opinion publique, que les petits garçons inoffensifs soient devenus des hommes respectés qui apporteront au service de ce que nous haïssons les ressources d'une longue pratique confusionnelle et l'art de faire le beau devant les chiens.*
>
> LOUIS ARAGON, ANDRÉ BRETON,
> *Le Surréalisme en 1929.*

L'ordre du jour de la séance du café le Prophète, qui avait décidé, en novembre 1926, de l'exclusion d'Artaud et de Soupault, portait entre autres :

> « Examen des positions individuelles : *a*) toutes ces positions sont-elles défendables d'un point de vue révolutionnaire ? [...] Dans quelles mesures sont-elles tolérables ? »

Bien que le numéro de *La Révolution surréaliste* de 1928 (le seul à paraître cette année-là) publie un texte d'Artaud, accompagné néanmoins d'une note pour souligner la contradiction, en cet hiver 1928-1929, la phraséologie et la pureté révolutionnaires sont plus que jamais de rigueur chez les surréalistes. L'adhésion des *Cinq* au parti est tombée à l'eau. La collaboration avec *Clarté* a cessé. Le verbe compense la faillite de l'action. La pureté doctrinale est pourtant menacée, ne serait-ce que par la publication de *Nadja* qui passe aux yeux du public pour un roman. De toute façon, voici Breton coupable d'activité littéraire.

La confusion française est peu de chose en regard de la confusion soviétique. Trotski, exclu du parti en novembre 1927, a été exilé à Alma Ata. Il est expulsé du territoire soviétique en février 1929. Le 6e Congrès de l'Internationale communiste a adopté un programme connu depuis sous le nom de « Troisième Période ». Malgré qu'il ait été rédigé en grande partie par Boukharine — mais Staline excelle déjà à faire dire aux opposants, au nom de la discipline du parti, le contraire de leur pensée afin de mieux les déconsidérer —, la transformation du marxisme en une série de dogmes — de l'inévitable aggravation des contradictions du capitalisme à la paupérisation croissante de la classe ouvrière — y est remarquable. La crise de 1929-1930 donne cependant du sérieux à ces analyses, et, par contrecoup, au programme qui en est issu et qui condamne les alliances politiques, puisqu'une nouvelle période de révolutions est ouverte...

En outre, un procès a eu lieu en Union soviétique, qui ne pouvait guère éveiller alors la suspicion des surréalistes, adeptes, on le sait, de la terreur révolutionnaire, mais qui, à présent, prend valeur de symptôme. On a « découvert » dans le bassin industriel du Donetz une gigantesque organisation de sabotage. Du 18 mai au 5 juin 1929 se déroule, dans la Salle des Colonnes à Moscou, le procès dit de Chakhty, où Vychinski fait son apprentissage. Cinquante-trois accusés, onze condamnations à mort. On récompense ceux qui ont « aidé » le tribunal et, finalement, cinq seulement sont fusillés. L'hiver 1928-1929 a d'autre part été celui où, face aux difficultés croissantes d'approvisionnement des villes, Staline a jeté le parti dans la répression massive des paysans. C'est la première vague de déportations, par centaines de milliers ; un pas décisif dans l'extension de la terreur. Mais tout cela n'apparaîtra que bien plus tard.

A Paris, on ne se doute évidemment de rien. Breton dit dans ses *Entretiens* que le retrait des *Cinq* du parti communiste leur semblait un malentendu qui se dissiperait un jour ou l'autre :

> « Ce malentendu nous semblait résulter uniquement de l'inaptitude, somme toute très naturelle, d'hommes requis par de tout autres problèmes à comprendre si peu que ce fût notre position intellectuelle et à se justifier le sens général de notre démarche. L'illusion que leur défiance s'apaiserait ne devait pas nous quitter de 1928 à 1932. »

Mais cet échec renforçait la position de ceux qui, dans le mouvement, avaient décidé de se cantonner dans leur travail littéraire. Au contraire, Pierre Naville poussait à un sabordage du surréalisme en tant que tel, qui eût permis l'adhésion pleine et entière à l'action politique. Pour tout compliquer, dès 1930, Naville va rompre avec le parti communiste et devenir un responsable trotskiste, mais, comme tel, il maintiendra les mêmes positions vis-à-vis du surréalisme.

Au début de 1929, Breton avait envoyé à tous ceux qui s'était regroupés en 1925 contre la guerre du Maroc, ainsi qu'à quelques autres plus ou moins proches du surréalisme, une lettre leur demandant s'ils restreignaient leur activité à une forme individuelle ou s'ils considéraient qu'une activité commune pouvait être continuée ou reprise, et, dans ce cas, de quelle nature ? Un certain nombre des destinataires (Artaud, Vitrac, Leiris, André Masson, Soupault, Naville, entre autres) ne répondirent pas. Alors Aragon, Marcel Fourrier, Benjamin Péret, Raymond Queneau, Pierre Unik revinrent à la charge par une seconde lettre qui signalait les défaillants et proposait comme thème de discussion « l'examen critique du sort fait à Léon Trotski[1] ».

La réunion qui se tint rue du Château, le 11 mars, tourna finalement au procès d'un groupe de jeunes gens qui avaient fondé l'année précédente une revue appelée *Le Grand Jeu* et qui se voulaient la nouvelle génération surréaliste. Roger Gilbert-Lecomte, René Daumal, Roger Vailland, le peintre tchèque Joseph Sima, qui fait figure d'aîné, donnent en réalité un tour assez mystique aux interrogations surréalistes. Breton y voit une régression du mouvement, un retour à la période « prérévolutionnaire ». D'ailleurs, Roger Gilbert-Lecomte ne s'était-il pas abstenu de profiter d'une pétition contre la préparation militaire, signée par un groupe d'étudiants de Normale supérieure, pour créer le scandale nécessaire ! Quant à Roger Vailland, ne collaborait-il pas à *Paris-Midi*, ancêtre de la grande presse du soir ?

Le procès et la réunion tournèrent court, ce qui n'empêcha pas Aragon et Breton d'en faire longuement le compte rendu dans le numéro spécial de la revue belge *Variétés*, qu'on avait mise à leur disposition pour parler du *Surréalisme en 1929*. Ils titrent : *Petite contribution au dossier de certains intellectuels à tendances révolutionnaires*, qui est à soi seul un programme. Ils y signent aussi, conjointement, *Le Trésor des jésuites*, ensemble de sketches écrits pour Musidora, laquelle participe à un gala *Judex* en mémoire de l'acteur René Cresté. Le texte est accompagné de photographies de Musidora et des films de Feuillade, portant en légende : « Ce que nous aimons. »

Ce retour à la sorte d'émotions qui les réunissaient à l'époque de leur rencontre, douze ans plus tôt, ces textes signés en commun, s'ils témoignent d'une volonté partagée de se serrer les coudes, révèlent aussi l'étendue de la crise intellectuelle. Celui du *Trésor des jésuites* est à la fois anthologique et d'une légèreté quelque peu inhabituelle chez nos auteurs :

LE TEMPS. — Je suis le temps.
L'ÉTERNITÉ. — Je suis l'éternité.
LE TEMPS. — Je tiens la faux.
L'ÉTERNITÉ. — Je tiens l'étoile.
LE TEMPS. — Je compte.
L'ÉTERNITÉ. — J'illumine.
LE TEMPS. — Mirage, nous sommes au cinéma. Les images de l'écran, infidèles de jolies femmes, s'effacent sous les yeux des spectateurs. Qu'importe ! Le rôle du cinéma n'est-il pas simplement de charmer les heures des hommes ?
L'ÉTERNITÉ. — Les heures... les heures de loisir, les heures de travail. Qu'est-ce que les heures ? La pellicule s'altère, les grandes maisons d'exploitation s'effon-

1. Cf. Maurice Nadeau, *Histoire du surréalisme, op. cit.*, p. 120.

drent les unes après les autres. Il n'en va pas autrement de la vie, ce film impossible à suivre et dont cependant un jour s'éclaire mystérieusement le sens...

Suivait une évocation de la guerre, assez bien venue, un mélange improvisé de notations politiques, de souvenirs poétiques, dans un dialogue assez lâche, plein de louables efforts pour faire populaire. Mais c'est rétrospectif, et finalement assez informe. Un autre écrit en collaboration d'Aragon, à la même période, visiblement dans le but de se faire un peu d'argent, témoigne de la même désinvolture. Il s'agit d'un album érotique : *1929*[1], où des poèmes alternés de Péret et d'Aragon parcourent les mois de l'année avec des photos adéquates de Man Ray. Les poèmes d'Aragon, d'une crudité de corps de garde sur des airs de comptines, ont le mérite d'être gais.

La crise traversée par Breton et Aragon se manifeste également par l'attention toute particulière qu'ils portent l'un comme l'autre, en ces années-là, à la peinture. Pour l'écrivain, la peinture est bien souvent le miroir de ses doutes ou de son silence. Cette enquête permanente sur le sens de l'écriture qui était partie intégrante du surréalisme bifurque alors vers l'apport des peintres, informulable dans le langage. Breton vient ainsi d'achever *Le Surréalisme et la peinture*, qui clôt le débat ouvert en 1925 et rassemble toutes les preuves du surréalisme par la peinture. Au mois de mars 1929, Aragon découvre des « fins morales essentiellement subversives » dans la peinture d'Émile Savitry. Mais, un an plus tard, en février 1930, il écrit un de ses meilleurs textes critiques — un des plus éclairants aussi, sur la crise évoquée. Il s'agit de *La Peinture au défi*, préface à une exposition de collages à la galerie Goemans.

C'est le premier exposé théorique d'une des découvertes fondamentales du cubisme de Picasso et de Braque : les papiers collés. Aragon leur donne leur vraie place, qui est d'une révolution dans la peinture. De là il passe aux collages-rencontres de Max Ernst, puis à une analyse de la portée de ce défi à la peinture, mettant bien en relief ses conséquences optiques, comme celle des jeux de la matière. Il prend acte de la transformation de l'image, comme du changement de statut de la peinture qui tend à délaisser la virtuosité individuelle pour une nouvelle objectivité.

Aragon achève son exposé par un répertoire parfaitement orthodoxe de l'état présent de la peinture surréaliste de Dali à Tanguy, à Miró, à Malkine :

> « La pensée, conclut-il, n'est pas un sport. Elle ne peut être le prétexte de petites réussites que récompensent des applaudissements. Elle n'est pas

1. Il en existe un exemplaire à la Nationale sous la cote Enfer 1730. Ces poèmes sont republiés intégralement dans le tome IV de *L'Œuvre poétique,* tout comme *Le Trésor des jésuites.* Aragon explique qu'il s'est agi de répondre à la demande de l'éditeur de la revue *Variétés* : que les surréalistes « lui donnent un petit manuscrit qui, par sa nature même, pourrait se vendre cher et combler son déficit » (p. 378).

> désintéressée. Elle n'est pas le fait d'un homme isolé. Ce n'est pas impunément qu'à cette heure, ceci ou cela se produit. Et si peindre à cette heure n'est plus ce qui s'est appelé ainsi, il importe que tous les peintres en prennent conscience. [...] Le merveilleux doit être fait par tous et non point par un seul... »

Ce texte demeurera une pointe avancée dans la critique d'Aragon qui, pratiquement, le reniera dans sa période du réalisme socialiste, pour ne le reprendre que dans la réévaluation critique de cette dernière et le republier finalement en 1965[1]. Nous verrons qu'il contient déjà une percée vers un type de réalisme inadmissible pour Breton, mais ce n'était là encore qu'une percée, une parenthèse, qui ne prit valeur de ballon d'essai que plus tard. 1930 est aussi l'année de la remarquable préface (anonyme) qu'Aragon donna aux *Onze Mille Verges* d'Apollinaire. C'est, à ma connaissance, la dernière collaboration d'Aragon à un érotique.

Dans l'intervalle, la grande affaire de la fin de l'année 1929 a été la publication par Breton du *Second Manifeste du surréalisme*, dans l'unique numéro de *La Révolution surréaliste* de l'année, qui paraît en décembre. C'est, Breton l'a dit, un *rappel aux principes*. Il marque la volonté de dépasser les querelles subalternes, tant littéraires que politiques, où le mouvement risque de s'enliser. Ouvert par des citations d'un psychiatre qui estime *Nadja* diffamatoire pour sa spécialité, et par les réactions d'une assemblée de ses confrères sur le surréalisme, ce nouveau manifeste témoigne surtout d'une assurance venue avec la maturité du mouvement. Breton y prend ses distances, tant par rapport aux antécédents jadis invoqués : Rimbaud, Rabbe, Sade, Baudelaire, « un seul à part : Lautréamont », que par rapport aux lâchages, accommodements, trahisons des uns et des autres, tous nommés et dûment qualifiés. Breton répète alors sa dénonciation de l'étroitesse de l'action politique, et notamment du parti communiste, revendiquant d'employer les instruments du matérialisme et de la méthode dialectique à autre chose qu'aux problèmes sociaux :

> « Toute l'ambition du surréalisme est de lui fournir [à la méthode dialectique] des possibilités d'application nullement concurrentes dans le domaine conscient le plus immédiat. Je ne vois vraiment pas, n'en déplaise à quelques révolutionnaires d'esprit borné, pourquoi nous nous abstiendrions de soulever, pourvu que nous les envisagions sous le même angle que celui sous lequel ils envisagent — et nous aussi — la Révolution : les problèmes de l'amour, du rêve, de la folie, de l'art et de la religion. »

1. On aura une idée de ce que je veux dire par cette citation qui en 1930 était de très loin en avance sur la compréhension des papiers collés cubistes. Ceux-ci, écrit Aragon, « ne constituent guère que des œuvres picturales où se débat un problème de couleur, où tout revient à un enrichissement de la palette, et parfois à une critique de la palette, à une boutade ». La théorisation du « réalisme » va chez lui, en ce qui touche au regard sur la peinture, devenir une véritable régression intellectuelle, dont il ne se remettra jamais vraiment faute d'avoir observé ce qui s'est peint entre 1930 et, disons, 1965

La pensée ne peut qu'osciller entre la conscience de sa parfaite autonomie et celle de son étroite dépendance :

> « Dire que cette production peut ou doit être le reflet des grands courants qui déterminent l'évolution économique et sociale de l'humanité serait porter un jugement assez vulgaire, impliquant la reconnaissance purement circonstancielle de la pensée et faisant bon marché de sa nature foncière : tout à la fois inconditionnée et conditionnée, utopique et réaliste, trouvant sa fin en elle-même et n'aspirant qu'à servir, etc. »

D'où cette déduction quant à l'art :

> « Je ne crois pas à la possibilité d'existence actuelle d'une littérature ou d'un art exprimant les aspirations de la classe ouvrière. [...] Toutes proportions gardées, il serait aussi vain de s'élever, par exemple, contre l'affirmation d'un déterminisme poétique, dont les lois ne sont pas impromulgables, que contre celle du matérialisme dialectique. Je demeure pour ma part convaincu que les deux ordres d'évolution sont rigoureusement semblables et qu'ils ont, de plus, ceci de commun qu'*ils ne pardonnent pas*. [...] Aussi fausse que toute entreprise d'explication sociale autre que celle de Marx est pour moi tout essai de défense et d'illustration d'une littérature et d'un art dits " prolétariens ", à une époque où nul ne saurait se réclamer de la culture prolétarienne, pour l'excellente raison que cette culture n'a pu encore être réalisée, même en régime prolétarien. " Les vagues théories sur la culture prolétarienne, conçues par analogie et par antithèse avec la culture bourgeoise, résultent de comparaisons entre le prolétariat et la bourgeoisie auxquelles l'esprit critique est tout à fait étranger... " (Trotski, *Révolution et Culture, Clarté*, 1er novembre 1923). »

Aragon, j'imagine, était pour le moins sceptique devant l'aspect initiatique que revêtait le surréalisme dans le mouvement final du *Second Manifeste*, Breton le rattachant aux recherches ésotériques, aux alchimistes, mais la conclusion, l'affirmation de la très haute idée que Breton se fait de sa responsabilité d'écrivain, rencontrait les idées d'Aragon qui lui tenaient le plus à cœur :

> « L'homme qui s'intimiderait à tort de quelques monstrueux échecs historiques est encore libre de *croire* à sa liberté. Il est son maître, en dépit des vieux nuages qui passent et de ses forces aveugles qui butent. N'a-t-il pas le sens de la courte beauté dérobée et de l'accessible et longue beauté dérobable ? »

Au cours de cette crise — quand s'aiguisent les contradictions de la création, celles entre *Nadja, La Défense de l'infini* ou la poésie de Desnos et les règles que le mouvement a tenté d'édicter pour répondre à des responsabilités politiques pressantes, et qui sont des règles terroristes —, si Aragon et Breton conservent en commun un certain nombre d'idées essentielles sur le sens de l'art, en fait, ils commencent de marquer publiquement leurs divergences. Là où Breton met l'accent sur l'autonomie irréductible de la pensée et de la création, Aragon tend de plus en plus à mettre l'accent sur la détermination externe — et collective. La conclusion de *La Peinture au défi* ne prend pas Breton à partie, mais elle le contredit. L'un et l'autre — même s'ils ne se l'avouent pas — cherchent des solutions opposées à la crise du mouvement.

La Peinture au défi est sensiblement contemporaine, dans sa réflexion du moins, de la publication en volume de ce *Second Manifeste*, publication accompagnée d'un prière d'insérer signé Alexandre, Aragon, Buñuel, Char, Crevel, Dali, Eluard, Ernst, Malkine, Péret, Sadoul, Tanguy, Thirion, Unik, affirmant que « Breton fait, dans ce livre, la somme des droits et des devoirs de l'esprit ». C'est le manifeste, en somme, des fidèles et des nouvelles recrues, face à l'ire des exclus et des insultés qui s'expriment dans un pamphlet reprenant le titre de 1924 contre Anatole France : *Un cadavre.* Les textes en sont inégaux et révèlent l'absence de perspective commune des participants. Breton s'était montré injuste avec eux. La vie allait se charger de le vérifier, et il le reconnut d'ailleurs dans la réédition de 1946.

A nouveau, Aragon s'est comporté comme l'ami loyal et sûr, qui fait taire ses désaccords face à tout ce qui reprenait, dans ce *Second Manifeste*, les paris de leur jeunesse et qui entendait les revigorer dans cette période de trouble et de désarroi.

Thirion a souligné — ce qui n'apparaît plus, aujourd'hui, à la lecture du *Second Manifeste* — combien Breton, derrière sa polémique avec le Parti, opérait certains rapprochements avec les positions de l'Internationale[1], certes avec prudence, et en citant Trotski pour témoigner de son indépendance. Breton entend en fait affirmer ses positions révolutionnaires et sa solidarité avec l'Union soviétique par-delà un parti communiste français qu'il traite comme un élève malhabile et pas très doué. Il n'y a donc pas, à ce moment, de divergence politique entre Aragon et Breton, ce qu'il est important de retenir pour comprendre la suite des événements.

1. *Révolutionnaires sans révolution, op. cit.*, p. 210 et suiv.

3.

Le Congrès de Kharkov

On sait qu'à la fin de 1930, Georges Sadoul et moi avons été en Russie. Nous avons été plus volontiers en Russie qu'ailleurs, beaucoup plus volontiers. C'est tout ce que j'ai à dire sur ce qui est des raisons de ce départ.

Le Surréalisme et le devenir révolutionnaire.

Le numéro de *La Révolution surréaliste* de 1929 contenant le *Second Manifeste* proposait également le texte d'une *Enquête sur l'amour* :

> « I. Quelle sorte d'espoir mettez-vous dans l'amour ?
> II. Comment envisagez-vous le passage de l'*idée d'amour* au *fait d'aimer* ? Feriez-vous à l'amour, volontiers ou non, le sacrifice de votre liberté ? L'avez-vous fait ?
> III. Vous reconnaîtriez-vous le droit de vous priver quelque temps de la présence de l'être que vous aimez, sachant à quel point l'absence est exaltante pour l'amour, mais apercevant la médiocrité d'un tel calcul ? »

Ces questions coïncident presque avec le premier anniversaire de la rencontre entre Elsa et Aragon, mais les mots sont de Breton et viennent de sa vie même. Son mariage avec Simone Kahn est brisé, cela fait environ un an que Suzanne est entrée, par intermittence avec Berl, dans sa vie. Il est, lui aussi, au comble de la passion amoureuse. Ajoutons que c'est en ce même mois de décembre 1929 selon les uns, à la fin mai 1930 selon Aragon, qu'Eluard fait la connaissance de Nusch. Nos jeunes gens de 1920 ont largement franchi le cap de la trentaine.

Le numéro de *La Révolution surréaliste* s'est ouvert par des empreintes de lèvres en rouge, grandeur nature, dont Thirion nous révèle qu'il s'agit de celles de Suzanne, d'Elsa, de Gala, de Jeannette Tanguy et de Marie-Berthe Ernst. C'est le moment où Elsa fait le plus d'effort pour se faire admettre par le groupe, mais elle ne perd pas de vue pour autant l'ambition, toute naturelle étant donné qu'on peut encore à l'époque aller et venir sans complications entre Paris et Moscou et l'admiration des surréalistes pour l'URSS, d'améliorer sa situation dans son pays en faisant d'Aragon l'interlocuteur reconnu des instances littéraires soviétiques. C'est ainsi qu'en mars 1929 elle l'avait entraîné à Berlin afin qu'il y fît la connaissance de sa sœur Lili et de Brik qui s'y trouvaient avec Maïakovski. C'est d'ailleurs à Berlin que Lili et Brik apprendront la terrible nouvelle du suicide de Maïakovski, le 14 avril 1930.

Il est un signe que l'étau commence à se resserrer sur les intellectuels en URSS, mais c'est notre rétrospection qui permet de le déchiffrer de la sorte. Il est inimaginable non seulement pour Breton et Aragon, mais sûrement pour Elsa, d'y voir, comme nous en cette fin de siècle, la main du parti soviétique. Ils n'y détectent que le fruit d'intrigues, de cabales de critiques. Cela ressort d'ailleurs de l'hommage que rend à Maïakovski la nouvelle revue *Le Surréalisme au service de la révolution* qui, en ce printemps, prend avec humilité la suite de *La Révolution surréaliste.* L'article de Breton, en forme d'éditorial, a pour titre, en russe, le vers de Maïakovski : « la barque de l'amour s'est brisée contre la vie courante ». Il est accompagné du testament du poète, d'un choix de ses poèmes, de l'hommage de Nezmanov et de Katanian publié par la *Komsomolskaïa Pravda*, et se détache en lettres capitales l'affirmation :

C'EST JUSTEMENT CELA UN POÈTE PROLÉTARIEN

L'ensemble est nettement orienté contre ceux qui ont combattu Maïakovski en ne le trouvant pas assez « prolétarien », contre ceux qui voient dans ce suicide la preuve qu'il n'était pas vraiment acquis au socialisme [1]. *L'Humanité* est de ceux-là, et Breton la remet vertement à sa place. De son côté, Aragon est allé casser la figure à André Levinson qui avait calomnié Maïakovski dans *Les Nouvelles littéraires. L'Humanité* a rendu compte de l'incident et la revue, dans un souci d'équilibre, republie l'article.

Nous sommes assez loin de la réalité soviétique. D'autant que le reste de ce premier numéro du *Surréalisme au service de la révolution* est utilisé à des règlements de comptes avec les récents exclus du mouvement. Aragon y écrit, par exemple, un long article pour éreinter le dernier recueil de Desnos, *Corps et Biens* :

> « La complaisance verbale. Une espèce de pudeur retient très généralement celui qui s'adonne à cette masturbation d'un genre mineur de se livrer

1. L'intervention d'Elsa se lit probablement dans le paragraphe où Breton s'en prend à Ermilov (totalement inconnu des Français), mais à la pointe alors du RAPP (organisation des écrivains prolétariens) et du combat de celle-ci contre Maïakovski, si bien qu'il avait dû se défendre d'avoir été, par la mise en quarantaine du poète, une des causes de sa mort. On sait aujourd'hui qu'Ermilov était un des archétypes des contrôleurs des écrivains pour le compte du parti dont le rôle ne va plus cesser de croître. Cf. ma *Vie quotidienne des surréalistes, op. cit.*, p. 429-430.

publiquement à sa manie, et l'homme surpris à parler haut quand il est seul dans la rue, à *répéter* des mots qui ne le retiennent que par leur sonorité, s'excuse, fait semblant de chanter. Il ne semble pas que ce sentiment étouffe l'auteur d'un livre de poèmes intitulé *Corps et Biens*... »

D'après ce début, jugez de ce qui suit.

Emmanuel Berl, rendu responsable des peines de cœur que Suzanne a fait subir à Breton, est malmené à plusieurs endroits, autant que Barbusse. Dans son hommage à Maïakovski, Breton glisse :

> « Nous nions, et ceci encore pour longtemps, la possibilité d'existence d'une poésie ou d'un art susceptible de s'accommoder de la simplification outrancière — à la Barbusse — des façons de penser ou de sentir. »

Dans le numéro 2 de la revue, qui paraît en octobre 1930, Aragon revient à la charge dans un long article intitulé *Découverte du nouveau Monde*, où la cible est la revue de Barbusse, *Monde*. Aragon s'indigne d'abord de la place faite par Barbusse à Claudel. Taïroff, le directeur du théâtre Kemeny de Moscou, ne vient-il pas de déclarer à *L'Humanité* qu'il a l'intention de monter des pièces de Claudel ?

> « Et puis, qu'on ne nous la fasse pas au génie ; la poésie de Claudel comme celle de Rabindranath Tagore à qui *Monde* consacre une grande page n'ont pas à être conciliées avec l'esprit révolutionnaire comme on s'y acharne. Ce sont des manifestations de 25e ordre de la culture bourgeoise internationale, moins intéressantes et moins neuves que les affiches du dernier savon lancé en Amérique. »

La conclusion donne, je crois, une assez bonne idée de l'état d'esprit d'Aragon — mais aussi des surréalistes — face à la sorte de rassemblement que Barbusse opérait dans sa revue comme dans les pages littéraires de *L'Humanité*. Aragon dénonce

> « l'inimaginable, le monstrueux jeu d'équivoques. Tous ces intellectuels communisants, qu'ils appartiennent momentanément ou avec une persistance incompréhensible à un parti qui n'en a que faire, en marge de ce parti ou dans les organes mêmes de ce parti, accomplissent une tâche confusionnelle dont les effets sont plus fâcheux qu'on ne veut le prétendre. Les uns, avec cette complicité qui ne trompe personne, mènent une misérable politique de front unique avec la pire racaille de la renommée et leurs clins d'yeux n'y font rien : cela a beau être pour *la bonne cause* qu'ils serrent ces mains ignobles, ils les ont serrées. Les autres essaient d'acclimater, pour le plus grand bien de la culture *ouvrière*, les valeurs bourgeoises, les célébrités incontestables, dans l'atmosphère de la Révolution qui s'en tamponne »...

Curieuse greffe de l'isolationnisme sectaire de la « Troisième Période [1] », sur un réquisitoire surréaliste. En fait, depuis les déclarations

1. Cf. ci-dessus, p. 293-294.

des *Cinq*, les surréalistes voudraient que les révolutionnaires « politiques » reconnaissent comme leurs camarades les révolutionnaires du surréalisme, au lieu de passer ces compromis, que dénonçait déjà *Légitime défense*, avec des écrivains dont la littérature est conformiste ou réactionnaire. C'est à cause de tels compromis que Barbusse est leur adversaire [1]. Le plus curieux de l'affaire est qu'Aragon va bientôt lui-même reprendre, et avec plus de hardiesse, cette politique de rassemblement de Barbusse, dans la revue *Commune*...

Le Surréalisme au service de la révolution méritait bien son titre et entendait le mériter. En tête du premier numéro, on avait pu lire cet échange significatif de télégrammes :

> « Bureau international révolutionnaire prie répondre question suivante laquelle sera votre position si impérialisme déclare guerre aux Soviets. »

Aragon et Breton répondirent :

> « Camarades si impérialisme déclare guerre aux Soviets notre position sera conformément aux directives Troisième Internationale position membres du parti communiste français.
> Si vous estimez en pareil cas un meilleur emploi possible de nos facultés, sommes à votre disposition pour mission exigeant usage de nous en tant qu'intellectuels Stop Vous soumettre suggestions serait vraiment présumer de notre rôle et des circonstances.
> Dans situation de conflit armé croyons inutile d'attendre pour mettre au service de la révolution les moyens qui sont particulièrement les nôtres. »

Aujourd'hui, cette réponse peut paraître plus banale et moins lourde de conséquences qu'elle ne l'était. D'abord, tout le monde croyait alors dur comme fer à la thèse de Staline — confirmée par les aveux [2] du procès de Chakhty, entre autres — selon laquelle l'approfondissement de la crise économique pousserait inéluctablement le capitalisme blessé à chercher une issue dans une guerre contre l'URSS. Bref, la guerre était pour demain. Ensuite, comme Thirion — qui, à l'époque, militait en tant que membre du parti communiste français chez les surréalistes — le souligne :

> « L'engagement était de taille. Il était à l'époque sans exemple dans la gauche ou l'extrême gauche des intellectuels et des artistes, *où que ce fût*. [...] A Paris, la réponse surréaliste gêna les intellectuels qui commençaient à grenouiller autour du périodique *Monde* dirigé par Henri Barbusse. Ces intellectuels étaient pacifistes, mais pas révolutionnaires. Ils n'aimaient pas le surréalisme qui heurtait leurs idéaux artistiques rétrogrades et défendait une moralité assez stricte, alors que leur conscience était généralement assez élastique [3]... »

1. Il y a aussi incompatibilité de goûts et de convictions artistiques, mais les surréalistes ne traitent pas Barbusse comme un écrivain.
2. Soljenitsyne, dans *L'Archipel du Goulag*, I (Le Seuil, 1974), raconte la fabrication de ce procès.
3. *Révolutionnaires sans révolution, op. cit.*, p. 277.

J'y insiste, parce que la montée du fascisme, le volontariat dans la guerre d'Espagne, puis la Résistance ont rendu moins rares de tels engagements — au sens fort, pas au sens sartrien — de participation au combat de tous. Mais, à l'époque, cette démarche radicale était neuve, voire insolite, si l'on se souvient qu'Aragon et Breton avaient superbement ignoré la guerre de 1914-1918. En tout cas, elle donnait quelque poids à leur revendication d'être traités en camarades de combat.

Il fallait qu'Elsa voie sa sœur Lili, si éprouvée. Mais ce voyage posait des problèmes pratiques. Aragon avait très vite fini de dépenser ce qui restait de la vente du *Grand nu* de Braque, et il ne lui restait qu'une mensualité de 1000 francs que Gallimard lui versait sans contrat depuis des années, misant sur sa production future. Les travaux de librairie ne pouvaient que se raréfier, du fait de l'attitude politique des surréalistes et de l'impossibilité morale où se trouvait Aragon de continuer ses collaborations à des livres sous le manteau. Du côté d'Elsa, il n'était évidemment plus question d'accepter la pension d'André Triolet. C'est alors qu'Elsa eut l'idée de fabriquer des colliers pour les grands couturiers. Son travail connut d'emblée un certain succès et parut dans les collections des grands noms de l'époque. Sitôt que les colliers avaient ainsi été présentés, c'était Aragon qui se chargeait d'aller les proposer aux maisons de diffusion du Sentier, ce dont il se tira avec une habileté paraît-il remarquable.

Souvenez-vous d'*Elsa-Valse* dans le *Cantique à Elsa* :

Tu faisais des bijoux pour la ville et le soir
Tout tournait en colliers dans tes mains d'Opéra
Des morceaux de chiffons des morceaux de miroir
Des colliers beaux comme la gloire
Beaux à n'y pas croire Elsa valse et valsera

J'allais vendre aux marchands de New York et d'ailleurs
De Berlin de Rio de Milan d'Ankara
Ces joyaux faits de rien sous tes doigts orpailleurs
Ces cailloux qui semblaient des fleurs
Portant tes couleurs Elsa valse et valsera

C'est cette activité, jointe à la nécessité d'économiser des fonds suffisants, qui explique que ce voyage se trouva retardé jusqu'à l'été 1930. Cependant, on apprit à Paris qu'un congrès des écrivains révolutionnaires allait se tenir à Kharkov à l'automne. L'organisateur n'était autre que ce Bureau international qui avait télégraphié à Breton au printemps. Aragon, d'un simple point de vue surréaliste, ne pouvait plus dès lors se rendre en URSS en touriste : il se trouvait mandaté, en quelque sorte, comme surréaliste. En tout cas, par la réponse commune au télégramme.

Thirion, qui avait l'habitude des choses du parti communiste, eut l'idée d'en profiter pour régulariser la situation d'Aragon dans le parti, puisque l'adhésion de 1927 n'avait jamais été ni retirée, ni non plus traduite dans les faits. Il informa donc le secrétariat du parti de ce voyage. Son jeune ami Georges Sadoul venait d'être condamné à trois mois d'emprisonnement pour avoir envoyé une lettre séditieuse à l'élève reçu premier à Saint-Cyr. Pour Sadoul, le voyage tombait à pic. En outre, cela faisait tout à coup délégation, tant du point de vue surréaliste que du point de vue communiste.

Aragon et Sadoul n'avaient évidemment pas, à l'époque, non plus que Breton, la moindre idée de ce que représentait la machinerie d'un congrès organisé par le parti communiste soviétique ; ils imaginaient encore moins, si c'est possible, les répercussions que pouvaient avoir en URSS de tels débats sur des questions en apparence idéologiques, réduits à des affrontements entre factions rivales d'écrivains, sous l'œil vigilant de la police politique. Mais le thème retenu incitait Aragon à aborder ce congrès avec la présomption d'en comprendre l'enjeu. Ne s'agissait-il pas de dresser un inventaire de la littérature révolutionnaire dans le monde ? Soit exactement ce que tentait *Le Surréalisme au service de la révolution* ?

Aragon fonça tête baissée, jugeant l'occasion propice pour faire reconnaître la vertu révolutionnaire du surréalisme et, par ricochet, la confusion réactionnaire de *Monde.* Il réussit sur le second point. On voulut bien admettre que le surréalisme était d'extrême gauche et que ses meilleurs représentants évolueraient vers l'idéologie prolétarienne. C'était déjà considérable, par contraste avec la condamnation de *Monde*, accusé ni plus ni moins d'être *le promoteur des idéologies hostiles au prolérariat.*

Breton, dûment informé, y reconnut un incontestable succès :

> « L'analyse de la situation littéraire en France, en dépit de certaines réserves, tient grand compte du surréalisme et mise assez particulièrement sur lui. »

La grande affaire du congrès se devait d'être la littérature prolétarienne. Aragon intervint avec une certaine astuce, expliquant que cette littérature ne pouvait naître que du développement des correspondants ouvriers, des *rabcors*, dont les collaborations dans la presse étaient alors censées représenter la spontanéité ouvrière. Savait-il ce qu'il en était et la façon dont l'appareil du parti les manipulait ? Il voyait sans doute là un moyen de combattre sur leur gauche les littérateurs prolétariens, ainsi qu'une possibilité à long terme répondant à l'ampleur que revêtait à ses yeux le problème posé.

Au dernier moment, juste avant leur retour en France, selon eux, Aragon et Sadoul reçurent la visite d'émissaires qui vinrent leur présenter une lettre d'autocritique à signer, leur faisant comprendre qu'à défaut, les résolutions prises à Kharkov concernant les surréalistes et *Monde* n'auraient pas de suite.

Aragon et Sadoul y devaient reconnaître des fautes commises antérieurement, dans leur activité littéraire, et s'engager à ne les pas répéter :

« Comme membres du Parti, nous reconnaissons que nous aurions dû provoquer le contrôle effectif de notre activité littéraire par le Parti et soumettre cette activité à ce contrôle. L'erreur que cela comporte est à l'origine de toutes les fautes que nous avons commises et de celles dont nous avons pu sembler solidaires. »

Cela pour le ton. Suivaient les reproches que je résume :

Ne pas avoir milité de façon constante dans les organisations de base et n'avoir pas observé strictement les directives du Parti.
Pour Aragon : avoir attaqué, en dehors des organes du Parti, deux membres du PCF, les camarades Barbusse et Caby.
Pour Sadoul : avoir adopté le ton de la plaisanterie en se préoccupant davantage d'insulter le destinataire que d'exprimer son idéologie propre, dans sa lettre au major de Saint-Cyr.
Pour les deux : avoir laissé imprimer des critiques de la presse du Parti [dans *Le Surréalisme au service de la révolution*, dont le titre n'est pas nommé].

Enfin venait la flèche du Parthe dans l'avant-dernier paragraphe de cette « autocritique », dont voici intégralement la teneur :

« Nous devons préciser que nous ne nous considérons pas comme solidaires de l'ensemble des œuvres individuelles (littéraires ou autres) publiées par des membres du groupe surréaliste, mais que, dans la mesure où ces œuvres se réclament des mots " surréalisme " et " surréaliste ", notre responsabilité est engagée. Notamment en ce qui concerne le *Second Manifeste du surréalisme* par André Breton, dans la mesure où il contrarie le matérialisme dialectique. Nous estimons que nous avons à préciser que nous nous plaçons toujours dans le cadre du matérialisme dialectique et que nous repoussons toute idéologie idéaliste (notamment le freudisme). Nous nous désolidarisons de toute idéologie confusionnelle touchant le trotskisme. Nous considérons le trotskisme comme une idéologie social-démocrate et contre-révolutionnaire. Nous nous engageons à combattre le trotskisme en toute occasion. »

C'était assez soigneusement calculé pour être intolérable du point de vue surréaliste. En conclusion, il s'agissait de faire amende honorable :

« Notre seul désir est de travailler de la façon la plus efficace suivant les directives du Parti à la discipline et au contrôle duquel nous nous engageons à soumettre notre activité littéraire [1]. »

La date : 1er décembre 1930, Moscou.
Jean-Pierre Morel [2] a étudié systématiquement, d'après les archives

1. Le texte intégral est cité dans la brochure *Paillasse !* de mars 1932. Cf. Maurice Nadeau, *Documents surréalistes, op. cit.*, p. 221 à 223 et Thirion, *op. cit.*, p. 300.
2. Dans *Le Roman insupportable*, Gallimard, 1986, p. 357 et suiv.

soviétiques, les rapports entre l'Internationale littéraire — car il y en a une — et la France. Disons qu'existe à Moscou un Bureau international de la littérature révolutionnaire, dont l'organe s'appelle alors *Vestnik*, le messager. *Vestnik* suivait de près l'activité des surréalistes qu'il a condamnés comme « pseudo-révolutionnaires » (mai-juin 1929), Breton étant rangé parmi les « apôtres du trotskisme » (sept.-oct. 1929).

Morel a découvert dans l'organe de l'Union des écrivains créée à Kharkov, en février 1932, une note restée inédite en français, selon laquelle c'est non pas juste au moment de rentrer à Paris que, à Aragon et à Sadoul, on présenta à signer cette autocritique, mais tout au commencement du congrès et afin d'être acceptés comme congressistes postulant à devenir membres de la nouvelle organisation. Le prix à payer, en somme. La date du 1er décembre a été ajoutée dans la traduction française de l'autocritique donnée par Aragon, ce qui justifiait son récit.

Il n'y a pas lieu de suspecter cette version. Elle montre que Sadoul et lui ont accepté, en connaissance de cause, les résolutions sur la France et explique le caractère policier des reproches : c'est directement le parti soviétique qui intervient ici, sans s'abriter derrière aucun masque littéraire, néanmoins tout leur comportement montre qu'Aragon et Sadoul, loin de s'en offusquer, ont dû plutôt en être fiers, même si l'autocritique ne pouvait que leur coûter étant donné sa grossièreté. Mais elle faisait partie de l'invitation. Et il est évident d'autre part qu'Aragon s'était mis dans une situation où il ne pouvait pas refuser de signer étant donné la position d'Elsa et des siens, et encore plus de Lili. Refuser, c'était rompre et avec le communisme et pour Aragon avec sa nouvelle vie amoureuse. Les deux étaient devenus sa justification de vivre et l'idée ne lui en est sûrement pas venue. Il est d'ailleurs très probable, à voir la suite, que pas un instant Aragon ni Sadoul n'ont eu le sentiment d'être tombés dans un piège.

Ils savaient sûrement en revanche qu'ils se mettaient dans un mauvais pas vis-à-vis du groupe surréaliste. Mais ils ont dû croire qu'avec quelques mensonges et des omissions, ils trouveraient des accommodements. C'était naturellement sans compter avec l'implacabilité d'une manœuvre politique visiblement décidée au plus haut niveau de la bureaucratie littéraire soviétique, du fait de l'importance donnée à la France. A ce moment, souligne Morel,

> « Aragon et Sadoul se sont jetés dans la gueule du loup. Ou bien le reste du groupe se rallie à cette autocritique, ou bien il désavoue à son tour ceux qui l'ont signée, et le conflit se transporte alors chez les surréalistes eux-mêmes ».

Rien n'est rompu encore. Thirion le souligne :

> « Breton pensait que, si Aragon avait fait tout seul ce voyage, il n'eût jamais rien signé. [...] Tout porte à croire que Sadoul [lui] a fait un récit détaillé de cette aventure pendant les mois d'été 1931 que les deux hommes passèrent à

> Castellane. Avant de rentrer à Paris, Aragon, qui n'était pas sûr d'avoir bien agi, dépêcha Sadoul comme détachement précurseur, ce qui semble avoir voulu dire : " C'est toi qui as insisté pour la signature. Débrouille-toi et va expliquer tes raisons. " Breton pensait que le seul motif qui avait poussé Sadoul à signer était sa condamnation à trois mois de prison. Sadoul croyait ainsi se mettre sous la protection du parti communiste[1]... »

Plus tard, lors de la rupture, les surréalistes feront état d'une déclaration d'Aragon, affirmant qu'il ne s'était résolu à signer ce texte

> « que pour permettre à Breton de travailler efficacement à la future section française de l'Union internationale des écrivains révolutionnaires ».

Pour inconcevablement naïf qu'un tel raisonnement puisse paraître aujourd'hui, j'y vois l'explication — ou l'excuse — la plus convaincante qu'Aragon se soit trouvée[2].

1. *Révolutionnaires sans révolution, op. cit.*, p. 301.

2. Dans le tome V de *L'Œuvre poétique* paru fin mai 1975, Aragon écrit sur cette affaire (p. 142, 143) : « Ce n'est pas ici que je vais raconter ce congrès [...] ; comment nous avions cru gagner la partie... comment Georges et moi, à notre retour, en décembre, nous avions, retrouvant *les nôtres,* mesuré *l'incommunicabilité* de ce par quoi tous deux nous avions passé " de l'autre côté du monde ", de ce double vertige de là-bas et d'ici... mais je ne vais pas me mettre à expliquer ça... pris entre ce dont nous nous étions faits les avocats passionnés, j'entends la volonté de faire comprendre ce que représentait le surréalisme, la nécessité de ne pas *stupidement* rejeter les hommes qui étaient passés par là, comme par une porte d'entrée, dans le nouveau monde, prêts à tout lui sacrifier [...], pris entre cela et, une fois à Paris, l'incrédulité rencontrée, ce que nous venions dire pour une part importante une fois les discussions terminées, transcrit avec des modifications qui nous enlevaient toute crédibilité de la part des nôtres... » Les mots en italiques sont ainsi placés par Aragon. En somme, Aragon parle de retouches qui auraient été apportées après coup aux comptes rendus ou aux résolutions du congrès, pour passer sous silence l'*incrédibilité,* conséquence de la déclaration signée avec Sadoul.

4.

Du retour de Kharkov à la rupture avec Breton

Ceux qui se réclament aujourd'hui du Surréalisme [...] sont de ce fait les mieux qualifiés pour réaliser l'union des intellectuels révolutionnaires en face de la police intellectuelle que la bourgeoisie cherche à introduire dans leurs rangs.

ARAGON, GEORGES SADOUL,
Aux intellectuels révolutionnaires, *décembre 1930.*

Si nous quittons le débat individuel pour tenter d'aborder l'affaire du Congrès de Kharkov au niveau des organisations existantes — y compris le parti communiste français —, la question à l'ordre du jour est de savoir comment faire pour rassembler artistes et écrivains révolutionnaires. Les surréalistes pensent que c'est leur affaire, qu'ils sont les plus qualifiés, et Aragon et Sadoul rentrent quasiment délégués — après leur déclaration signée — pour ce faire. Les gens de *Monde* ne veulent évidemment pas en entendre parler. Le Parti n'a aucune raison d'avoir confiance en Aragon et Sadoul, qui sont partis sans avoir reçu son aval et ont agi indépendamment de lui. Le sort de cette organisation qui va voir le jour en 1932 et s'appeler l'AÉAR — Association des écrivains et artistes révolutionnaires — est au centre de tout ce qui va se jouer durant l'année 1931, et, finalement, de la rupture entre Aragon et Breton.

A leur retour à Paris, Aragon et Sadoul se trouvent non seulement avoir à rendre des comptes à leurs amis, mais aussi en butte à certaines manœuvres du Parti : on découvrit pour commencer que leur réintégration dans ses rangs était irrégulière. Les demandes de rendez-vous de Thirion auprès de la direction du Parti restèrent sans effet, et ce fut là une des raisons de son exclusion un an plus tard. Il était évident que le Parti n'allait pas conférer à ces deux surréalistes (douteux), qui s'étaient imposés à l'ignorance des camarades soviétiques, la représentation du Parti dans cette organisation internationale qui devait naître du Congrès de Kharkov.

Le Congrès de Kharkov n'avait été que la parure culturelle du procès du « Parti industriel » qui se tient à Moscou du 25 novembre au 7 décembre 1930, et mieux que le procès de Chakhty annonce les procès de Moscou avec tortures et aveux pédagogiques en sténographie intégrale. Il faut trouver des boucs émissaires aux désorganisations et pénuries, quoi de mieux que les techniciens et ingénieurs transformés en saboteurs ?

Comme le soulignera Soljenitsyne dans *L'Archipel du Goulag,* le principal accusé, Riamzine, avoue simplement qu'il désire « faire une croix sur le passé ténébreux et infâme de toute l'intelligentsia ». Huit hauts fonctionnaires du Plan y étaient accusés d'avoir travaillé pour Raymond Poincaré, Laurence d'Arabie et sir Henry Deterding ! Dans leurs confessions, ils firent même état de contacts qu'ils avaient établis avec l'industriel Riabouchinski, lequel était mort depuis plusieurs années. L'accusation manquait encore d'expérience, mais le procureur Krylenko — plus tard accusé et liquidé à son tour — sut réparer cette bavure, découvrant un membre de la famille de cet industriel qui portait le même nom et le substituant au défunt.

Ce procès impressionna grandement Aragon et Sadoul, qui avaient assisté à un meeting au cours duquel les ouvriers, d'une seule voix, exigeaient qu'on fusille les saboteurs. A leurs yeux, le Guépéou accomplissait une œuvre de salubrité publique et de défense de la paix. Il en passera quelque chose dans le poème d'Aragon *Front rouge.* Aragon y introduit sous forme de collages les pires extraits des accusations. Mais aussi en clair :

> L'éclat des fusillades ajoute au paysage
> Une gaieté alors inconnue
> Ce sont des ingénieurs des médecins qu'on exécute
> Mort à ceux qui mettent en danger les conquêtes d'octobre
> Mort aux saboteurs du plan quinquennal

Ce qui ne fait que reproduire l'hystérie déjà ambiante en URSS. Gorki avait demandé tout de suite la peine de mort pour les accusés, suivi même par Pilniak, pourtant un opposant. Brik venait d'écrire : « Il est trop tôt pour la pitié. Il faut d'abord achever l'ennemi. »

> « Il semble donc, écrit Morel, que les écrivains étrangers de quelque renom aient dû payer de la même monnaie que leurs confrères russes leur droit d'entrée à l'Union internationale : calomnier des innocents et faire l'éloge de la police secrète. Aragon n'est pas le seul ; les Allemands Ernst Glaeser et Anna Seghers ont écrit sur le même sujet, au même moment deux reportages de complaisance ou de propagande [1]. »

Il en passe tout de suite quelque chose dans le texte qu'Aragon et Sadoul écrivent, sur les instances de leurs amis : l'adresse *Aux intellectuels*

1. Jean-Pierre Morel, *Le Roman insupportable, op. cit.*, p. 384.

révolutionnaires, destinée à corriger la déclaration qu'ils avaient contresignée à Moscou. Ils placent en effet cette adresse sous la « lumière dramatique » de la guerre :

> « La menace de l'intervention impérialiste contre l'URSS est et demeure la question vitale du problème révolutionnaire. »

Suit l'affirmation que les surréalistes sont « les mieux placés » pour réaliser l'union des intellectuels contre la guerre dont le procès des saboteurs, etc. Les signataires s'occupent ensuite des deux « plaies » envenimées. Ils expliquent d'abord que la méthode psychanalytique a été employée par les surréalistes (qui se réclament du matérialisme historique) comme une arme contre la bourgeoisie, arme permettant l'attaque de la famille, autant que l'étude du mécanisme de l'inspiration poétique. Quant au trotskisme :

> « Nous croyons devoir affirmer ici, comme nous sommes en mesure de le faire, qu'aucun d'entre eux [des surréalistes] n'a la moindre attache avec le trotskisme, et qu'en particulier, c'est d'une façon absolument abusive que l'on a tenté d'interpréter certaines phrases d'André Breton pour faire croire qu'il avait pris le parti de Trotski contre la IIIe Internationale. Il n'en a jamais été question. »

Selon Thirion, qui affirme avoir pesé chaque phrase du texte, il avait fallu quelques jours d'efforts et de discussion pour obtenir le ralliement d'Aragon à l'idée de cette adresse. Telle quelle, elle témoigne en tout cas de l'extrême bonne volonté des surréalistes — à commencer par Breton, bien sûr — vis-à-vis du parti. Mais, de ce côté-là, l'adresse tombait à faux. La question du combat contre la guerre ne pouvait en aucune façon être confiée à des intellectuels extrémistes (nous dirions gauchistes). Il y fallait un rassemblement « large », sans sectarisme. Ç'allait être le Congrès international contre la guerre. Dont la direction fut confiée à... Barbusse. Et à Romain Rolland.

Avant d'y venir, il faut examiner un long texte d'Aragon qui, à ma connaissance, n'a été repris nulle part dans les histoires du surréalisme et qui me paraît décisif. Il parut dans le numéro 3 du *Surréalisme ASDLR*, c'est-à-dire en 1931, mais ce numéro fut retardé par la mévente absolue des deux premiers numéros — seulement 350 exemplaires d'après Thirion, soit 700 de moins que *La Révolution surréaliste.* Aragon commence par rappeler que,

> « plus que jamais, les Surréalistes refusent de considérer l'art comme une fin. Le monde qui les entoure commence à se lasser de ce refus. Il n'y a pas de domaine où, avec une soudaineté sans précédent, les Surréalistes ne se trouvent traqués ».

Et de joindre pêle-mêle la condamnation de Sadoul, le fait que Suzanne a quitté définitivement Breton, et, allusivement, la nouvelle que Gallimard vient de lui refuser un livre de textes critiques et de lui couper sa mensualité de mille francs, sous prétexte que ses livres ne se vendent pas. Certes, c'est là l'expression d'une tendance commune aux surréalistes et aux communistes à voir partout des complots, mais, indirectement, s'y reflètent aussi la crise traversée par le mouvement, l'atmosphère d'échec relatif qui y règne, tout à fait contradictoires avec le prestige dont il jouit auprès des jeunes créateurs. Bref, Aragon rappelle tout cela aux siens pour mieux donner la preuve de sa détermination révolutionnaire :

> « Je n'ai pas relu ces derniers jours mon dernier livre paru, *La Grande Gaîté*, pas plus que *Traité du style* ; c'est d'une très bonne foi que je pense qu'ils traduisaient une vie qui n'était pas que la mienne, et qu'il me semble que si quelque chose en eux m'était plus particulier, ce quelque chose s'est absolument évanoui dans mon souvenir. Et le devenir des Surréalistes [...], peut-on soutenir qu'il est différent du mien ? C'est pourquoi, mes amis, je considère avec émotion, avec plus d'émotion qu'il ne me plaît de le dire, la singulière entreprise de tous ceux qui voudraient aujourd'hui me séparer de vous. J'ai été, cela est vrai, sollicité et re-sollicité de m'écarter de vous, les mêmes gens vous sollicitent aussi de croire que cela est un fait accompli, qu'on a réussi à nous séparer. D'où cette folie ? Il paraît que c'est parce que j'ai fait un voyage... »

Tout cela reste étrangement vague. Aragon, qui sur de telles questions morales est d'ordinaire, à l'époque, la netteté même, et plutôt tranchant — qu'on pense à la discussion avec Bernier —, présente sa défense d'une voix mal assurée, et même avec une certaine lourdeur dans le propos :

> « Je n'étais pas allé en Russie avec l'idée que ce voyage bouleverserait les rapports essentiels d'une action qui, avant comme après, était pour moi valable aux yeux de la Révolution. Je pensais bien plutôt que le fait, d'une façon toute spectaculaire, d'entrer en contact avec la réalité concrète de la Russie au stade actuel de son devenir, renforcerait ces rapports, justement à cause du caractère légitime du point de vue révolutionnaire de l'action qui les conditionne. Je le pense encore, même si les faits, certaines manœuvres et sans doute la hâte trop grande que j'ai pu apporter dans l'acceptation de certaines solutions, qui, dans un monde étonnamment complexe et nouveau, véritablement *s'imposaient* (ceci n'est ni pour défendre ces solutions, ni pour me défendre de les avoir si peu examinées), même si tout a l'air de me démentir... »

Cette lettre publique, très longue, passe ainsi par les méandres d'une lettre privée où l'on ouvre son cœur, sans trop se soucier de la rigueur, où l'on s'appuie sur des allusions compréhensibles entre amis. Je n'y trouve pas la clé du comportement d'Aragon à Moscou, mais j'y lis une sincérité qui ne me semble pas feinte :

> « Nous avons pu rester les uns et les autres plus de deux mois sans nous voir. Au retour, il y avait toujours la même carafe, le même ciel »,

et à coup sûr son désir profond de reconquérir la confiance des siens. Aragon et Breton ont été les jouets d'événements sur lesquels ils n'avaient aucune prise.

> « J'ai le plus grand besoin de vous pour ordonner les maigres informations qui sont les miennes, les quelques misérables faits que j'ai cru saisir dans le torrent du devenir révolutionnaire dont je n'ai remporté devant mes yeux qu'une magnifique image d'Épinal. [...]
> N'est-il pas naturel que je m'adresse à vous, que je vous demande pour cela votre aide, à vous qui avez su élaborer pour les problèmes qu'il m'a le plus tenu à cœur de résoudre, une adaptation scientifique de cette méthode [la dialectique matérialiste]. C'est là ce que nous appelons le Surréalisme, qui est la méthode de la connaissance du mécanisme *réel* de la pensée et des rapports *réels* de l'expression et de la pensée, et les rapports véridiques de la pensée exprimée et du monde sur lequel elle agit réellement[1]. »

Aragon est sincère en croyant que le débat avec *Monde* et Barbusse avait eu pour but une clarification réelle des idées. Fort de son bon droit philosophique, il rappelle alors qu'une des résolutions de Kharkov avait énoncé que le fait d'être directeur de *Monde* était « en contradiction avec l'appellation d'écrivain révolutionnaire », pour conclure

> « qu'il était désormais impossible de considérer le devenir des Surréalistes en dehors de celui du Prolétariat, et on peut donc considérer comme un fait accompli le passage des Surréalistes aux côtés du Prolétariat dans sa lutte révolutionnaire ».

Cela revenait à associer le mouvement à ce qu'il pouvait y avoir de positif dans la déclaration de Moscou. C'était assurément habile, mais cela ne pouvait d'aucune façon apaiser les suspicions, ni d'un côté ni de l'autre. Breton comme le parti pouvaient se sentir également trahis[2]. Ce texte, je l'ai dit, ne put paraître qu'à la fin de l'année. Entre-temps, un *modus vivendi* avait été trouvé entre Aragon et les surréalistes, reposant sur la dénonciation de la grande Exposition coloniale que le gouvernement français organisait au bois de Vincennes, ainsi que sur le développement de l'activité antireligieuse. Dans ses entretiens avec Dominique Arban, il traite de haut ce terrain d'entente :

> « Mieux valait cela que rien à mes yeux, mais, en même temps, j'étais tout de même frappé de l'extraordinaire réduction du domaine qui pouvait nous être commun. »

1. Quel chemin parcouru depuis la définition du surréalisme dans *Une vague de rêves* !

2. C'est aujourd'hui confirmé par les archives de l'Union internationale des Écrivains révolutionnaires. Gonzague Saint-Bris et Vladimir Fedorovski (*Les Égéries russes,* Lattès, 1994, p. 315-316) publient une autocritique d'Aragon en mai 1933 touchant précisément ce texte. Il y reconnaît l'erreur d'avoir « mis en cause certains éléments du congrès de Kharkov », espéré « le passage des surréalistes sur une idéologie prolétarienne » et « fait paraître cet article à côté d'autres articles qui, par leur contenu, étaient faits pour déformer le marxisme ».

Sans doute, mais quand on lit *Les Vases communicants,* que Breton écrivit cette année-là, beaucoup pour montrer qu'il était un matérialiste conséquent et non pas un idéaliste ni un adepte de Freud — c'est-à-dire pour faire justice des accusations portées lors du Congrès de Kharkov — force est de se demander si cette réduction n'a pas été le fait d'Aragon. Non pas délibérément, bien sûr, mais pour avoir donné le pas au rapport politique avec le parti sur tout le reste. Breton, dont l'effort de réévaluation de ses opinions dans un sens matérialiste est ici remarquable, voire même touchant, ne cède pas sur ce seul point de la primauté de la détermination politique. Il sait que le désir d'en finir au plus tôt avec le vieux monde

> « ne doit pas faire que toutes les questions ne demeurent pas posées, que le besoin de savoir *en tout* ne suive pas son cours. [...] Une règle sèche, comme celle qui consiste à requérir de l'individu une activité strictement appropriée à une fin telle que la fin révolutionnaire, en lui proscrivant toute autre activité[1], ne peut manquer de replacer cette fin révolutionnaire sous le signe du bien abstrait, c'est-à-dire d'un principe insuffisant pour mouvoir l'être dont la volonté subjective ne tend plus par son ressort propre à s'identifier avec ce bien abstrait. Il est permis de voir là une cause appréciable de collision morale qui pourrait contribuer à entretenir la division actuelle, persistante, de la classe ouvrière »...

C'est là que gît désormais la faille entre les deux amis. Ajoutons qu'Aragon pouvait d'autant moins se désintéresser à l'époque de l'activité antireligieuse qu'elle l'atteignait directement. Son père venait de se fracturer le col du fémur, accident qui, en ces années-là, ne pardonnait guère. La mère d'Aragon,

> « jusque-là jamais entrée dans cet immeuble de la légitimité, fut tolérée par la famille, vint tous les jours tenir compagnie à cet homme et le soigner, ce qui faisait l'économie d'une infirmière[2] ».

Elle demanda à son fils d'aller rentre visite au père illégitime, ce qu'il fit de temps à autre. Le père signa de ses livres à l'intention d'Elsa. Puis, un jour, il fit confidence à Louis qu'il n'avait jamais changé dans ses convictions, qu'il ne croyait pas en Dieu. Or, on avait introduit chez lui une personne qui lui apportait des ouvrages de piété. Bref, il redoutait qu'on abusât *in extremis* de sa faiblesse :

> « Je lui dis : " Mais tes fils ? " Eh bien, précisément, ses fils... Ils étaient partisans de la liberté de conscience, et eux, comme protestants, ils ne se permettraient jamais de contredire ce que lui, catholique, aurait pu, qui sait, déclarer... [...] Et ce qu'il me demandait, si jamais on avait obtenu de

1. C'est en fait le sens de la déclaration qu'on a fait signer à Aragon et à Sadoul. (Cf. ci-dessus, p. 305-307.)
2. *Henri Matisse, roman, op. cit.,* II, p. 215-216.

lui un reniement de lui-même, c'était d'élever la voix et de parler en son nom[1]. »

Quand le père mourut, on lui déposa un grand crucifix sur la poitrine, et *Le Pèlerin* fit cas de cette conversion ô combien édifiante :

> « Il s'était passé des choses qui faisaient que je n'avais rien à dire, qu'on aurait prétendu que mon témoignage était un faux témoignage, une vengeance. Rien, je n'ai rien dit[2]. »

Aragon aura attendu quarante ans pour en parler. Comment mesurer l'ébranlement causé par la mort de ce père, et dans ces conditions-là ? Après l'espèce de complicité athée entre ce père et son bâtard surréaliste, communiste, contre les fils de la légitimité, prêts à trahir ses ultimes volontés... Il n'était évidemment pas question qu'Aragon en écrivît tout de suite, mais, depuis *La Grande Gaîté* et les plus anciens poèmes de *Persécuté Persécuteur*, il est comme bloqué. Aragon parlera bien plus tard de

> « textes de passage où le passage d'un domaine à un autre peut difficilement se faire à la fois dans la forme et la pensée, où l'on a pour un rien recours au langage " gauche ", au sens politique de cet adjectif, comme cela se dit d'une déviation[3] ».

Alors que *Les Vases communicants* marquent une reprise en main de Breton par lui-même et un dépassement du *Second Manifeste,* Aragon se cherche. Nous avons, sur un ouvrage dont *Les Aventures de Jean-Foutre la Bite* pensent donner une idée, le témoignage de Thirion qui l'eut en lecture avec Breton et Sadoul :

> « Aragon commença un livre d'un genre bâtard, compromis entre le pamphlet, l'œuvre d'imagination et la composition édifiante. Il mettait en scène des personnages ineptes et orduriers qui incarnaient tous les vices de la bourgeoisie, tels du moins que nous les voyions à l'époque. Le rôle principal était tenu par un commissaire de police affublé du nom ridicule et extravagant qu'Aragon avait emprunté à un magistrat alors mêlé professionnellement à tous les scandales, Faux-Pas-Bidet. Le texte avait le panache et le brillant de *Traité du style*[4]. »

C'est dans ce climat qu'Aragon écrivit son grand poème *Front rouge.* Le centre du poème était composé, comme je l'ai dit, d'un texte en prose, véritable collage reprenant les conclusions du procès du « parti indus-

1. *Henri Matisse..., ibid.*
2. *Ibid.*
3. *Les Incipit, op. cit.,* p. 39.
4. *Révolutionnaires sans révolution, op. cit.,* p. 282. Cf. Elsa Triolet, *Œuvres croisées,* 5, p. 13 : « Tu as essayé de t'en sortir par un roman condamné d'avance, mort-né. »

triel » en URSS et révélant la conspiration qui visait à déclencher une intervention militaire contre la patrie du socialisme. Tel était le *leitmotiv* qui conduisait à un finale chantant à pleine voix l'Armée rouge. La conception du poème reflétait le ton de la « Troisième Période ». Il reprenait aussi les accents satiriques de *La Grande Gaîté* :

On met des tapis sous les bouteilles
Pour que leur cul d'aristocrate
ne se heurte pas aux difficultés de la vie

Cela, c'est le dîner du début chez Maxim's, puis, par contraste, voici le peuple, dans des vers qui ne manquent ni de rythme ni de force :

Quand les hommes descendaient des faubourgs
et que place de la République
le flot noir se formait comme un poing qui se ferme
les boutiques portaient leurs volets à leurs yeux
pour ne pas voir passer l'éclair

Ce qui a vieilli, c'est, bien sûr, l'invective « Troisième Période » (mais, dans ma propre jeunesse, au temps du décret du socialiste Sérol prévoyant, au printemps 40, la peine de mort contre les communistes, cela passait encore très bien...).

Feu sur Léon Blum
Feu sur Boncour Frossard Déat
Feu sur les ours savants de la social-démocratie
Feu Feu j'entends passer
la mort qui se jette sur Garchery Feu vous dis-je
sous la conduite du Parti communiste
SFIC
vous attendez le doigt sur la gâchette
Feu

On y trouve également la dénonciation des entreprises coloniales, ce qui est un thème qui refait l'unité du groupe surréaliste. Mais la suite de la vie d'Aragon, ses combats contre la guerre d'Indochine et celle d'Algérie montrent que l'interpellation ici n'est pas simple rhétorique :

Yen-Bay
Quel est ce vocable qui rappelle qu'on ne bâillonne
pas un peuple qu'on ne le
mate pas avec le sabre courbe du bourreau
Yen-Bay
A vous frères jaunes ce serment
Pour chaque goutte de votre vie
Coulera le sang d'un Varenne

Là encore, sans doute, l'outrance sert-elle de moteur au poème, mais cette découpure du vers selon le développement de l'idée se retrouvera dans les poèmes de la Résistance. Peut-être, justement, parce que l'idée, dans ce passage, n'est pas apprise comme une leçon politique, qu'elle possède la résonance émotive. Ainsi *Front rouge* joint-il, aux maladresses du défrichement d'un langage poétique ignoré, l'inégale réussite de la bonne volonté politique. Il est finalement plus typique du recours chez Aragon à la démesure tout court pour débloquer des situations sans issue que du recours au langage « gauche ».

Le poème parut dans le dernier numéro de 1931 de *Littérature de la Révolution mondiale*, la revue moscovite qui avait publié les résolutions de Kharkov. Ce numéro fut saisi par la police et Aragon inculpé, le 16 janvier 1932, d'incitation de militaires à la désobéissance et de provocation au meurtre dans un but de propagande anarchiste. Breton rédigea aussitôt un tract, *L'Affaire Aragon*, accompagné d'une pétition de protestation. Il était visiblement désireux de marquer d'autant plus clairement sa solidarité qu'Aragon n'en avait pas fait tellement montre, vis-à-vis de lui, à Kharkov ou à Moscou.

> « On ne s'avisait pas que la phrase poétique pût être jugée sur son contenu immédiat et au besoin incriminée judiciairement au même titre que toute autre forme mesurée d'expression. Les seules poursuites intentées contre Baudelaire nous rendent conscients du ridicule auquel se fût exposée une législation qui, dans son impuissance, eût demandé compte à Rimbaud, à Lautréamont, des élans destructeurs qui passent dans leurs œuvres, ces élans assimilés pour la circonstance à divers crimes de droit commun. »

C'était viser juste, à la fois pour dégonfler l'accusation en laissant mesurer au gouvernement ce qui le guettait s'il maintenait ses poursuites, et pour rappeler Aragon à l'ordre de leur jeunesse commune, en ramenant le poème du plan politique à celui de l'écriture. Le tract, au reste, contenait toutes les justifications politiques de nature à apaiser le parti communiste.

Ce fut en vain. *L'Humanité,* qui avait publié le 5 janvier l'annonce de la fondation de l'AÉAR sans faire mention d'aucun surréaliste, même d'Aragon, publia le 9 une note méprisante :

> « Nous dénonçons vigoureusement l'utilisation de cette affaire par le groupe surréaliste pour se faire de la réclame. [...] La bourgeoisie, dans sa répression contre le prolétariat révolutionnaire, frappe parfois ceux qui s'accrochent fortuitement au mouvement ouvrier. Telle est la signification de " L'affaire Aragon ". »

On le voit, *L'Humanité* était encore plus « Troisième Période » que *Front rouge.*

Aragon avait approuvé la protestation de ses amis, lesquels rappelleront, dans leur manifeste *Paillasse !,* qu'il leur avait dit à l'époque : « Il n'y a pas un seul mot à y changer. » Breton décida qu'une mise au point s'imposait et il écrivit, fin février, un nouveau texte, *Misère de la poésie.*

Il s'agissait d'abord d'un exposé de la conception de la poésie comme activité autonome. C'était nécessaire, face, par exemple, à la réaction d'un Romain Rolland qui n'avait vu dans *Front rouge* que l'appel à l'assassinat de Léon Blum, comme s'il avait lu un article de Maurras, mais également face aux adeptes de la littérature prolétarienne qui s'en tenaient, eux aussi, au mot à mot politique du poème. Breton réaffirme, en se référant à la tradition de Rimbaud et de Lautréamont, l'existence du drame poétique, au même titre que celle du drame social.

Si la formule de *Front rouge* était exploitable,

> « un tel poème serait pour nous faire apercevoir comme très proche le lieu de résolution du conflit qui met aux prises la pensée consciente de l'homme et son expression lyrique. [...] Il nous inviterait à rompre sans plus tarder avec le langage indirect qui, en poésie, jusqu'à ce jour a été le nôtre ; il nous fixerait un programme d'agitation immédiate auquel, en vers comme en prose, nous ne pourrions sans lâcheté nous soustraire ».

Mais *Front rouge* n'ouvre pas une voie nouvelle :

> « Dans ce poème, *le retour au sujet extérieur,* et tout particulièrement au *sujet passionnant,* est en désaccord avec toute la leçon historique qui se dégage aujourd'hui des formes poétiques les plus évoluées. Dans ces formes, il y a un siècle (cf. Hegel), le sujet ne pouvait déjà plus être qu'indifférent, et il a même cessé depuis lors de pouvoir être posé *a priori.* »

D'où la conclusion que *Front rouge* est

> « sans lendemain parce que poétiquement régressif ».

C'est un « *poème de circonstance* ». Breton, cela posé, s'en prend à la pudibonderie de *L'Humanité* et à ses simplifications, réaffirmant son adhésion à la politique du parti communiste français, rappelant sa condamnation de l'art pour l'art et l'exigence que les écrivains et les artistes participent effectivement aux luttes sociales.

Misère de la poésie. « L'Affaire Aragon » devant l'opinion publique faisait ainsi éclater le malentendu qui couvait entre Aragon et Breton depuis *Le Paysan de Paris.* Aragon veut explorer le monde extérieur à l'aide de moyens conçus pour la saisie de l'aventure intérieure. Or, pour Breton, cette aventure ne fait que commencer, l'exploration est tout juste entamée, il faut absolument préserver cette voie. En outre, elle est probablement irréductible à la réalité extérieure. La voie choisie par Aragon se trouve conciliable avec les impératifs du parti en la matière : le parti peut juger de la réalité *extérieure.* Celle de Breton ne l'est pas.

Breton lut cette première version de *Misère de la poésie* à Aragon qui se déclara « objectivement d'accord », mais en faisant des réserves et en jugeant tactiquement inopportune la publication de ce texte, sans doute parce que, face au parti, il mettait trop les points sur les « i ». Aragon et Sadoul avaient finalement repris contact avec le parti — c'est-à-dire validé, en quelque sorte, la déclaration signée à Moscou l'année précédente. Et c'est alors qu'éclata l'affaire Dulita.

Le Surréalisme ASDLR venait de publier dans son numéro 4 un texte sans aucune censure de Salvador Dali, *Rêverie,* dont l'héroïne est une petite fille de onze ans, Dulita. C'était tout ce qu'il fallait pour que le parti se fâche : freudisme, pornographie, etc. [1]. Aragon, Sadoul, Unik, Maxime Alexandre, bref, les quatre surréalistes membres du parti furent sommés de s'expliquer sur ce texte devant une commission de contrôle politique. Aragon relata l'incident à Breton, alors que celui-ci venait de recevoir les épreuves de *Misère de la poésie.* Breton raconte :

> « L'admonestation qu'on leur réservait avait pris un tour si hostile, si méprisant qu'ils avaient à peine pu répliquer. J'en retins surtout une phrase visant le texte de Dali, qui eut le don de m'indigner : " Vous ne cherchez, leur avait-on dit, qu'à compliquer les rapports si simples et si sains de l'homme et de la femme. " Qui osait soutenir que, dans la société bourgeoise, ces rapports étaient simples, étaient sains ?
> Je jugeai que, dans *Misère de la poésie,* je devais faire état de ce propos, qui montrerait à quelle mauvaise foi ou à quelle indigence de pensée nous nous heurtions. Aragon s'y opposa formellement : c'était là un propos tenu à l'intérieur du parti, qui ne pouvait donc être rendu public. Comme je persistais dans mon intention, étant quitte de tout engagement en ce sens, il me signifia que l'insertion de cette phrase dans *Misère de la poésie* rendrait inévitable notre rupture [2]. »

Le 10 mars, *L'Humanité* publia la note que voici :

Mise au point communiquée par l'Association des écrivains révolutionnaires

> « Notre camarade Aragon nous fait savoir qu'il est absolument étranger à la parution d'une brochure intitulée : *Misère de la poésie. " L'Affaire Aragon " devant l'opinion publique,* et signée André Breton.

1. On en trouvera le récit détaillé dans Thirion, *op. cit.*, p. 336 et suiv., et dans Maxime Alexandre, *op. cit.*, p. 210. Maxime Alexandre ajoute, ce qui n'est pas dans Thirion :
« Nous protestâmes tumultueusement, et j'avoue qu'Aragon m'étonna par sa fermeté. C'est lui qui cria le plus fort et, tout agité, nous dit en sortant qu'il allait de ce pas expédier un télégramme à Staline en personne. Ma parole, il nous conduisit dans un bureau de poste, où il se contenta toutefois de câbler à l'Internationale des écrivains révolutionnaires. »
Ce qui mit fin d'ailleurs à l'affaire Dulita, dans le parti du moins.

2. *Entretiens, op. cit.*, p. 57. Dans le tome V de son *Œuvre poétique,* Aragon donne une version différente, au moins sur un point : Breton aurait accepté de supprimer cette phrase (p. 309) : « Il eut un geste spontané et, barrant la note sur l'épreuve d'un deleatur que je revois encore, fait avec un crayon de couleur, me dit qu'il ne voulait aucunement donner argument pour qu'on m'exclue du parti. »
De sorte qu'Aragon recevant *Misère de la poésie* avec la phrase en question dit avoir eu le sentiment « d'une incroyable tromperie », ce qui déplace leur rupture du désaccord d'idées à l'engagement non tenu. Comme on peut s'en rendre compte, la contradiction avec la version de Breton est ici totale.

Il tient à signaler clairement qu'il désapprouve dans sa totalité le contenu de cette brochure et le bruit qu'elle peut faire autour de son nom, tout communiste devant condamner comme incompatibles avec la lutte des classes, et par conséquent comme objectivement contre-révolutionnaires, les attaques que contient cette brochure[1]. »

La rupture, si longtemps évitée, survenait au bout du compte à propos de ce que Breton avait ainsi formulé dans sa brochure :

« La poésie [...] se voit ainsi sommée en notre personne de ne plus puiser dans le domaine où ces collisions [de la vie humaine] se montrent de beaucoup les plus riches, je veux dire le domaine sexuel. [...] Ce sera, j'espère, un jour, l'honneur des surréalistes d'avoir enfreint une interdiction de cet ordre, d'esprit si remarquablement petit-bourgeois. »

Comment Aragon en lisant ces lignes n'aurait-il pas pensé à *La Défense de l'infini,* à ce qu'il y passait justement du domaine sexuel, et Breton n'y faisait-il pas délibérément une allusion pour être compris par lui seul ? Mais Aragon n'y avait-il pas écrit aussi : « Voilà pourquoi il me fallait sans cesse tout mettre au pire » ? Il venait bel et bien de « tout mettre au pire ».

1. Dans le même tome V, p. 310, Aragon dit avoir écrit ces lignes « que sur un coup de téléphone, vint chercher chez moi Paul Vaillant-Couturier, vers onze heures du soir. Elles parurent au matin dans *L'Humanité* ». Il ajoute : « Je n'ai rien fait de ma vie qui m'ait coûté plus cher. » Et, analysant sa réaction soudaine de colère en découvrant *Misère de la poésie,* il poursuit : « J'aurais au moins dû laisser passer la nuit, que sais-je ? Téléphoner. L'idée ne m'est pas venue que la brochure avait été imprimée plus vite qu'André ne l'attendait. Pendant des années, je l'avoue. »

Il est dommage que, pendant les quinze années qui ont séparé les *Entretiens* de Breton de sa mort, ce point n'ait jamais été éclairci entre Aragon et Breton. Mais si Aragon avait pris en 1932 ce temps de réfléchir, s'il n'avait en somme pas pris les devants, aurait-il pu éluder le choix entre le parti et Breton ? Quand on reprend l'ensemble du dossier, il faut bien convenir que rien n'est moins sûr. Il suffit d'ailleurs de lire le contenu du texte paru dans *L'Humanité.*

5.

Les Cloches de Bâle

> *Mon développement ultérieur, notamment dans l'écriture, s'est dès lors fait sur le fond d'un autre monde. Et quand je dis « d'un autre monde », il ne s'agit pas seulement de la Russie, mais aussi du monde dans lequel je vivais, ici, en 1933, journaliste à* L'Humanité.
>
> Aragon parle.

Un divorce se prépare de loin. On ne voit plus guère, dans cette rupture entre les deux amis, que son aspect politique, lequel envenima la plaie, à cause de toute l'âpreté que surréalistes et communistes savaient mettre dans leurs polémiques. Breton n'admettait pas l'autorité du parti sur l'activité surréaliste, Aragon était passé dans le camp du parti. C'est là ce qui déterminait tout le reste, mais fut-ce bien l'essentiel ?

Breton s'en était pris nommément à Léon Moussinac et à Jean Fréville, qui avaient certes représenté le parti dans ce démêlé. Mais j'imagine par exemple qu'il se faisait une idée très fausse de Léon Moussinac, bon écrivain qui eut grandement à souffrir de l'étroitesse de jugement du parti. Plus profondément encore, un des aspects conscients de la rupture touchait à la responsabilité personnelle. Breton a mis en cause publiquement une démarche intérieure au parti. Aragon, qui la lui a communiquée, se trouve avoir à choisir entre la discipline du parti et la décision de Breton. Aragon considère que c'est Breton qui a voulu l'épreuve de force. Pour la première fois, Aragon résiste et rompt.

Mais l'enjeu était-il là ? L'enjeu n'était-il pas un pari sur l'avenir ? Au bout du compte, ni l'un ni l'autre ne l'a perdu, car il correspondait à un besoin réel, à la recherche de conditions de création correspondant à ce que l'un comme l'autre avait à exprimer.

Pour Breton, ce pari est simple — fidélité à leur jeunesse :

> « J'estime que la position poétique qui est déterminée à ce jour pour celle d'Aragon et qui se dégage des douze ou quinze livres qu'il a écrits ne peut

en aucune façon être sacrifiée à l'agitation que d'aucuns trouvent opportun de mener autour d'un de ses poèmes dont ils font exceptionnellement un modèle de pensée consciente. »

C'est là une intuition assez remarquable des dangers que la période stalinienne, notamment, mettra sous les pas d'Aragon.

Pour Aragon, la situation est plus complexe. Il ne pourrait défendre *Front rouge* qu'en se réclamant de ce qui l'a opposé à Breton, de cette volonté de roman qui fut brisée avec *La Défense de l'infini*. C'est-à-dire en revendiquant l'antériorité de son opposition aux vues de Breton, de sa « trahison ». Mais il s'est interdit avec *Le Con d'Irène*, une fois pour toutes, de pouvoir se référer à ce qui reste de *La Défense de l'infini*, qui, de toute façon, en fait un livre aussi intolérable au PC que *Dulita*. Pareillement, il ne pourrait défendre le parti qu'en le condamnant tel qu'il est et se manifeste, précisément dans l' « affaire Aragon ». Sans doute Maurice Thorez est-il devenu secrétaire général en juillet 1931, et, dira Aragon, en octobre, l'atmosphère du parti avait totalement changé. Mais ce qui s'est passé, ce qui a été écrit dans *L'Humanité* en ce début de 1932 ne le confirme pas. Par la suite, la nouvelle carrière d'Aragon et ce que le parti sera devenu donneront à la rupture une ou plutôt *des* justifications qu'elle n'avait pas au départ.

Le pari d'Aragon tient donc du saut dans l'inconnu[1]. Il est permis d'y lire l'influence d'Elsa. Autant, dans l'affaire de Kharkov, son rôle, malgré ce qu'on en a dit, n'apparaît guère — la rectification apportée par Jean-Pierre Morel enlève le caractère humiliant de la version donnée par Sadoul et Aragon à la déclaration qu'ils avaient signée, et Elsa n'a pas dû voir d'un mauvais œil Aragon prendre ainsi du champ par rapport au surréalisme devenu politique et à Breton —, autant la rupture se précisant, elle a dû faire pencher la balance. D'une part, elle devinait très bien le caractère destructeur de l'influence de Breton sur les motivations créatrices d'Aragon ; d'autre part, tout ce à quoi Elsa croyait alors en matière de littérature poussait Aragon dans le sens même que Breton ne pouvait tolérer, vers des œuvres prenant appui sur le réel extérieur, visant à le transformer. C'était la tradition réaliste russe, mise à l'honneur en URSS, donc compatible avec l'avenir de la révolution.

On peut déjà relever cette sorte d'intervention d'Elsa dans *La Peinture au défi*, justement dans ce qui pouvait s'opposer dans ce texte aux idées de Breton. C'est elle, à n'en pas douter, qui y avait fait mentionner les collages des constructivistes russes, leurs photomontages, dont Aragon disait qu'on pouvait y voir

> « un symptôme de la volonté de signifier, caractéristique des formes en évolution de la pensée à ce stade où nous sommes de la réflexion humaine ».

1. Avec peut-être, enfoui dans l'arrière-conscience, un goût de revanche sur Breton qui tenait le beau rôle politique lors de la rupture avec Drieu en 1925, premier saut dans l'inconnu. Voir p. 323, la présentation que fait Aragon en 1973 de cette rupture avec Breton.

Cette ouverture sur le réalisme a sûrement été très importante dans la détermination d'Aragon. Il y puisait une justification théorique à ses tentations de roman, mais y trouvait aussi l'accès à une autre collectivité — et quelle collectivité ! — celle même de la Révolution. Aragon ne pouvait vivre qu'à l'intérieur d'un groupe. Le passage du groupe surréaliste au — faut-il dire ici parti ou groupe ? — communiste d'alors, a été vécu par lui comme le passage — il le dit expressément — « d'un monde dans un autre ». A l'évidence, c'est Elsa qui en a été la médiatrice. Elle a su montrer à Aragon que c'est par ce changement qu'il pourrait réaliser ce dont il se sentait porteur, ce qu'il avait à dire. Après tout, elle pouvait prendre appui sur *Le Paysan de Paris*, sur ce qu'elle aimait dans les écrits d'Aragon. Breton l'y a aidée dans la mesure où l'affaire de *Misère de la poésie* contraignit Aragon à radicaliser sa propre pensée sur la création poétique.

Bien plus tard, en 1973, Aragon présentera ainsi cette rupture[1] :

> « Breton et moi, nous avions fait sur l'avenir un pari différent. Breton, lui, avait considéré en trois semaines avoir perdu son pari, moi, j'ai poursuivi le mien : c'est-à-dire que les choses [du parti] ne resteraient pas ce qu'elles étaient quand j'y suis entré. Breton m'avait posé la question : “ Mais si demain ton parti te demande de renier Rimbaud et Lautréamont, qu'est-ce que tu feras ? ” Et moi, je lui avais répliqué : “ Je ne peux pas répondre à une question qui ne m'a pas été posée et qui, à mon sens, ne se posera jamais. ” Or, environ quatre ans plus tard, Maurice Thorez a cité Rimbaud en bonne part. [...] Il me semble donc que le pari que nous avions simultanément posé l'un devant l'autre, je ne l'ai pas tout à fait perdu... »

Sans doute Aragon simplifie-t-il. Breton a mis cinq années pour perdre son pari, jusqu'au moment qui nous occupe, et *Les Vases communicants*, qu'il publie en 1932, ne montrent pas encore que ce pari est tenu pour perdu. De son côté, Aragon a mis presque autant de temps — jusqu'à la fin de 1931 — à assumer les conséquences de son propre pari. Quant au parti — sauf pendant une brève période, durant la maladie de Maurice Thorez —, il ne cédera en effet jamais à la condamnation stalinienne de l'avant-garde.

Si le pari se limitait à cela, il serait néanmoins de peu d'envergure. L'ironie de l'histoire est que Breton, qui voit le plus clair, qui découvre tout de suite l'imposture stalinienne, sera victime de sa lucidité qui l'exilera jusqu'à un certain point du combat antifasciste, de la Résistance sur le sol national. Aragon, au contraire, de s'aveugler, de se plier à l'autorité pas toujours bien inspirée du parti, ou de se donner comme objectif un réalisme socialiste à la française, n'en réalisera pas moins pleinement le contre-monde de son enfance blessée, d'abord dans *Le*

1. Lors d'un débat à la fête de *L'Humanité* 1973, publié dans *France nouvelle*, 10 septembre 1973. Sur ce débat, voir p. 538.

Monde réel, ensuite dans les grandes enquêtes intimes de ses dernières proses. Sa poésie saura chanter la Résistance avant de s'épanouir dans le lyrisme du *Roman inachevé*, du *Fou d'Elsa*. Breton y a « gagné » sa vie ; Aragon, son œuvre. Le dire, ce n'est point préjuger de ce que l'avenir retiendra d'eux, ni vouloir instaurer une hiérarchie de qualité entre les meilleurs de leurs écrits.

Il faut encore ajouter ceci : en cet hiver 1931-1932, Aragon vient de traverser, dans le domaine de la création, une période de vie d'autant plus difficilement supportable que la richesse d'œuvres du surréalisme a été plus considérable. Breton a publié *L'Union libre*, et, en collaboration avec Eluard, *L'Immaculée Conception*, Buñuel a réalisé *L'Age d'or*. C'est le temps de la période « surréaliste » de Picasso et de l'essor de Miró, de Tanguy, de Dali, de Masson. Tout cela devait accroître, chez Aragon, le besoin de changer de perspective. Elsa le comprit très vite. Elle liquida son affaire de colliers et s'arrangea, sans doute grâce aux bonnes relations de son beau-frère Brik avec le pouvoir soviétique, pour qu'ils fussent tous deux invités en URSS. Ils y passeront une année pleine du printemps 1932 au printemps 1933. Elle ne doit pas être fâchée non plus d'avoir Aragon enfin tout à elle, loin non seulement des surréalistes et de Nancy, mais hors de sa perpétuelle agitation. Une lettre d'Elsa à Aragon, publiée tout récemment par Michel-Apel-Muller[1], qui date du milieu des années soixante, révèle sa souffrance dès ces débuts de leur couple :

> « Je te reproche de vivre depuis trente-cinq ans [si on prend pour le début de leur vie commune le printemps 1929, cette lettre serait donc de 1964] comme si tu avais à courir pour éteindre le feu. Dans ta course, il ne faut surtout pas te déranger, ni te suivre [...]. Il ne faut surtout pas s'aviser de faire quoi que ce soit *avec* toi, *ensemble* [les soulignés sont d'Elsa]. Un mot anodin à ce sujet et tu te mets à m'expliquer la montagne de choses que tu as à faire [...]. En somme rien de changé depuis l'Exposition coloniale [de 1931]. J'étouffe de toutes les choses pas dites, sans importance, qui auraient rendu la vie simple, sans interdits. Avoir constamment à tourner la langue sept fois avant d'oser dire quelque chose, de peur de provoquer un cyclone — et lorsque cela m'échappe, cela ne rate jamais ! J'y ai droit[2]. »

Sûrement, trois ans après le début de leur union, Elsa a besoin de croire qu'Aragon, le dépaysement géographique et politique aidant, va se transformer. Il n'est pourtant pas évident que l'URSS lui ait été bénéfique. Chaque fois que j'ai tenté de l'aiguiller sur ce séjour (et les suivants), elle a laissé tomber la conversation. Peut-être parce qu'elle

1. *R.C.* n° 5, 1993 : *Les Jambages bleus du malheur.*

2. Le ton même de cette lettre privée devrait faire enfin justice de l'accusation communément portée contre Elsa d'avoir « jeté Aragon dans les bras de Staline ». Il s'y est alors jeté tout seul en aveugle, et d'autant plus convaincu d'avoir raison en tout. Elsa est au plus coupable de rétention d'informations, mais comment et pourquoi, en ces temps où sa situation vis-à-vis de lui n'est pas encore vraiment assurée, se serait-elle lancée à l'eau pour tenter (probablement en vain) de lui ouvrir un peu les yeux ?

avait déjà décelé alors les prodromes de ce qui éclatera en 1934 avec l'assassinat de Kirov. Ils ont partagé la vie des cadres étrangers. Aragon travaille à *La Correspondance internationale* qui, diffusée en langues étrangères, est la revue importante de cette période. Moscou n'est pas la vitrine de la révolution, mais c'est là qu'on peut rêver qu'elle a eu lieu :

> J'ai connu les entassements entre des murs jamais repeints
> J'ai connu les appartements qu'on partage comme une faim
> Comme un quignon de pain trouvé l'angine atroce des couloirs
> Les punaises les paravents les cris et les mauvais vouloirs
> J'ai connu le manque de tout qui dure depuis des années
> Quand une épingle est un trésor Et les enfants abandonnés
> Et tous les soirs dans les tramways ces noires grappes de fatigue
> Aux marchepieds où les fureurs et la brutalité se liguent
>
> . . . .
>
> Pourtant c'est dans ces heures-là cette crudité d'éclairage
> Je ne m'explique aucunement comment s'est produit ce mirage
> Que j'ai pour la première fois senti sur moi des yeux humains
> Frémi des mots que prononçaient des inconnus sur mon chemin
> Tout comme si j'avais reçu la révélation physique
> Du sourd à qui l'on apprend un jour ce que c'est que la musique[1]...

Cette pauvreté devenait, pour le regard ébloui du poète parisien, signe de rigueur. Et les écrivains qu'il croise — les autres sont déjà exilés de la capitale, comme Mandelstam — lui expliquent que la fondation de l'Union des écrivains signifie la fin des sectes, leur dépassement par le parti, quelque chose, quoi, qui eût empêché Maïakovski de se suicider. C'est le séjour décisif pour la transformation d'Aragon, pour son « changement de monde », car il y fait la connaissance de la plupart des écrivains qui joueront un rôle sous Staline ou dans le mouvement communiste international.

L'enfant illégitime a rencontré un monde qui lui est fraternel. Quand Aragon rentre à Paris, au printemps 1933, il devient journaliste à *L'Humanité*, aux « chiens écrasés », c'est-à-dire à la rubrique des informations générales, pour y faire son apprentissage — et ses preuves. Il est en butte à la défiance d'André Marty, ouvriériste de tempérament qui doit reporter sur lui les tentatives de rejet que Breton avait subies et dénoncées dans le *Second Manifeste*[2], mais reçoit l'aide de Paul Vaillant-Couturier qui a sacrifié un talent certain d'écrire à sa carrière politique. Treize cents francs par mois, un salaire d'ouvrier, encore réduit par la crise économique. Journalistiquement parlant, Aragon n'arrive pas à se

1. *Le Roman inachevé, op. cit.*, p. 186-187.
2. Cf. ma *Vie quotidienne..., op. cit.*, p. 303-304.

faire tout petit. Il titre un fait divers à la Fénéon : *Un ordonnateur de pompes funèbres coupe sa femme en morceaux et va se suicider au cimetière de Rouen.* Photo du *Dr Paul examinant les restes sanglants trouvés dans la lessiveuse...* Protestation, auprès du journal, de la corporation desdits ordonnateurs ! En Aragon, l'ancien carabin et le surréaliste se réveillent. Le romancier se servira de l'expérience dans *Les Beaux Quartiers.* Le journaliste donne ici la main au Paysan de Paris...

Elsa se livre désormais à des travaux plus littéraires. Elle traduit en russe le *Voyage au bout de la nuit* de Louis-Ferdinand Céline, qui remporte en France un énorme succès — ce qui informe sur ses goûts, mais aussi sur sa façon de relever les défis, car la prose de Céline est ce qu'il y a de plus intraduisible. Elle se heurte cependant aux habitudes soviétiques de censure :

> « On me " rédigeait " mon texte, on coupait dedans sans consulter ni l'auteur, ni le traducteur. Cela rendait le travail détestable, affolant, impossible... »

Elle entreprend ensuite d'écrire un récit en russe : *Colliers*, sur son travail de 1931, la haute couture vue par ses fournisseurs, le Sentier... A Moscou, on avait déjà illustré le livre, mais il ne parut pas.

> « Et soudain, qu'on n'ait pas voulu sortir ce petit livre, je l'ai reçu comme une gifle. Je ne voyais pas que les raisons de sa non-publication étaient extra-littéraires, qu'on nous faisait grise mine, à toi et à moi, dans ce pays que nous aimions. Je me sentais littérairement devenir prisonnière d'impossibilités extérieures et intérieures et j'entendais ne pas m'y soumettre ! Écrire, puisque tout m'en empêchait. Tu aurais pu m'aider en prenant parti, en me disant : écris !
> Mais tu ne voulais pas le dire, tu ne savais rien de ce que j'écrivais, tu ne connaissais pas le russe, et tu craignais le pire. Tu ne me faisais pas confiance sur ma bonne mine, et je t'en voulais [1]. »

Ce qui mérite respect dans la démarche d'Aragon à l'époque, c'est que le transfuge du surréalisme ne fut aucunement accueilli à bras ouverts par le parti ou par l'Union soviétique, mais au contraire copieusement maltraité. C'est à force de détermination, de courage et d'humilité qu'il parvint à conquérir tant soit peu leur confiance. La première marque de cette confiance apparaît à l'automne 1933, quand la revue *Commune* est créée ; il en devient l'un des secrétaires de rédaction... Il aura passé presque sept années de Purgatoire depuis son adhésion du jour des Rois de 1927.

Il s'agit à présent de se reprendre, de se reconstruire : Aragon commence par écrire un conte pour *L'Humanité.* C'est passer ouvertement du côté de Barbusse, contre le Breton de *Légitime défense.* Aragon a republié ce conte, *La Sainte Russie*, en 1964, suivi de la note que voici :

1. *Ouverture, op. cit.*, p. 30.

« Ce conte atteste une volonté de grossièreté assez primitive, à laquelle, en ce temps du passage, je me croyais astreint pour servir ; et qui correspondait sans doute à cette époque où je n'étais en fait passé que d'une secte à une autre — qu'on me le pardonne — et de l'avant-garde littéraire à l'utopie sociale[1]. »

Préfaçant, toujours en 1964, *Les Cloches de Bâle,* Aragon nuancera ce jugement, voyant dans « ces années de passage » la résurrection de pensées qu'il avait « volontairement », durant toute sa jeunesse, refusées :

« Le divorce de la pensée et de l'écriture, de ce qui se formait en moi et du métier de le dire, m'avait limité à des expériences dont je cassais chaque fois la misérable éprouvette. Dans ce temps où l'on dit bien sommairement que je n'écrivais plus, et je l'ai laissé dire pour simplifier, j'ai terriblement écrit, déchiré, jeté[2]... »

Une quête de soi, à tâtons. Au bout, il ose enfin prononcer, reconnaître pour sien le mot réalisme. Telle est la partie consciente, la théorie de cette transformation de l'écriture qui justifie en Aragon le romancier. Et il a beau jeu d'opposer à ses amis surréalistes que leur admiration pour *Fantômas* est en contradiction avec leur refus du roman, *Fantômas* appartenant d'ailleurs à la filiation naturaliste dont ils se détournaient avec horreur chez Zola... Et l'on ne saurait non plus oblitérer, dans l'élaboration des *Cloches de Bâle*, l'avènement du thème politique : la grève des taxis de 1911, ravivée par celle qu'il suit pour *L'Humanité*, à la fin 1933 et au début 1934, le congrès socialiste de Bâle, en finale, à son tour couronné par la création de ce front commun que l'émeute fasciste du 6 février 1934 met désormais à l'ordre du jour. Cela, c'est le roman écrit pour *servir*, pour s'autoriser, en tant que communiste, à écrire des fictions.

Mais le roman a pris consistance à partir d'une nécessité intérieure sans laquelle il n'eût été qu'un exercice. Aragon désignera cette nécessité beaucoup plus tard — trente ans après — et d'abord en passant, comme s'il s'agissait là d'un mécanisme général de l'inspiration :

« Un jour, et je jure que c'était sans malice, sans croire même à une seconde phrase, j'écrivis, tout à fait comme si j'étais encore au temps de l'écriture automatique, une phrase, une première courte phrase comme une provocation. Le type de phrase qu'il m'eût naguère encore paru inadmissible d'écrire. Tout ce qu'il y avait de conscient ici, c'était le caractère d'*incipit* de cette phrase : je l'imaginais dans une table des matières... »

A la vérité, cette première explication de 1965 vise à déchiffrer cet *incipit* par le roman qui va en découler, plutôt que par l'expression de la nécessité intime qui s'y manifestait :

1. *Les Contes de quarante années, op. cit.*, p. 16.
2. *C'est là que tout a commencé, Œuvres croisées,* 7, p. 11.

« *Cela ne fit rire personne quand Guy appela M. Fontanet papa...* Cela, je l'avoue, me fit cependant rire de l'avoir écrit, de supposer qu'au-delà de ces mots-là s'enchaînait, s'articulait un livre épais, une histoire cohérente, un roman. Je n'avais aucune image ni de Guy, ni de M. Fontanet, ni de leurs rapports familiaux. J'avais mis le pied sur la pente, je cherchai à m'expliquer les termes de l'*incipit*, et j'écrivis d'une haleine le paragraphe entier. C'est alors qu'ayant pénétré dans ce monde étranger à qui ne l'a pas connu des hôtels de bains de mer, dans la Normandie du XXe siècle à son début, que je compris où j'allais : décrire pour toi ce décor des vacances, au temps préscolaire, une espèce de couleur donc, à l'arrière-plan de ma vie, quelque chose que je ne pouvais autrement résumer que par des moyens d'invention[1]. »

Il faudra attendre quatre années de plus pour qu'Aragon précise tant soit peu le rapport entre cet *incipit* et sa propre vie, mais il laisse au lecteur le soin de détecter tout seul ce qui lui tient vraiment à cœur dans ce rapport :

« Il n'y avait pas de *Cloches de Bâle* quand j'en écrivis la première phrase. [...] Il n'y avait aucun avenir à cette phrase. L'" espace " qu'elle ouvrait n'était en rien défini puisque aucun de ses termes ne le limitait : qui étaient les gens ici constituant le pluriel à *personne*, qui était *Guy*, qui était *M. Romanet*, et tout au plus pouvait-on déduire de la phrase que celui-ci n'était pas le père de Guy ou, S'IL L'ÉTAIT, QUE CELA NE DEVAIT PAS S'AVOUER...
Comment m'était venue cette phrase, et avait-elle bien eu, dans l'abord, pour moi le caractère de la dictée ? Je n'en sais plus rien[2]... »

Cette explication est donnée alors qu'Aragon n'a plus besoin de la « fiction » du réalisme pour écrire de soi-même, de sa vie tout entière, dans *La Mise à mort*, *Blanche ou l'oubli*, en attendant *Théâtre/Roman*. Le caractère inconscient de cet *incipit* qui déverrouille le roman, c'est d'abord qu'il déverrouille l'aveu de l'enfant illégitime, le grand secret enfoui. Il ne s'agit plus de faire admettre les *incipit* romanesques comme « phrases de réveil » ainsi qu'il avait tenté de le faire au temps du premier *Manifeste surréaliste*, mais bien de faire la lumière sur le type de narration de *La marquise sortit à cinq heures.* C'est, en fait, un interdit d'époque, la conscience d'une relativité qui n'accepte plus l'espace-temps absolu, fixe, du XIXe siècle. Aragon, politiquement, a besoin de retrouver une histoire « objective ». C'est seulement dans les romans personnels qui suivent *La Semaine sainte* qu'Aragon reviendra à un espace-temps relativiste du type de celui d'*Anicet* ou des *Aventures de Télémaque...* Mais le premier interdit qu'il enfreint, c'est avant tout celui qui le rendait muet sur ce qu'il avait le plus profondément besoin d'écrire : sa propre histoire.

1. *C'est là que tout a commencé, op. cit.*, p. 17.
2. *Je n'ai jamais appris à écrire ou les Incipit,* Skira, 1970, p. 78. (Les capitales sont de moi.)

> « L'extraordinaire du roman, c'est que, pour comprendre le réel objectif, il invente d'inventer. Ce qui est *menti* dans le roman libère l'écrivain, lui permet de montrer le réel dans sa nudité. Ce qui est menti dans le roman est l'ombre sans quoi vous ne verriez pas la lumière. [...] On ne se passera jamais du roman pour cette raison que la vérité fera toujours peur. [...] Le roman, c'est la clef des chambres interdites de notre maison. Les prophètes qui annoncent un monde sans romans pour demain ou après-demain imaginent-ils ce que cela serait un monde sans romans ? Je les en défie bien[1]... »

Cet aveu-ci est contenu dans la préface de 1965 aux *Cloches de Bâle.* Il dispense de tout autre commentaire. Et qu'on n'objecte pas que l'*incipit* enchaîne sur l'histoire *extérieure* de Diane, la demi-mondaine, et non sur Catherine Simonidzé, l'amour d'enfance à la pension de l'avenue Carnot. Ce serait ne rien comprendre aux ruses de l'écriture, comme à la distance qu'instaure l'inconscient entre ce qu'il veut obtenir et ce qu'il fait faire, distance sur quoi se fonde ici le roman même. Diane, d'ailleurs, constitue une histoire fermée sur elle-même dès la fin du chapitre XI, quand Wisner propose au mari Brunel d'entrer dans les services secrets. Ici, dit Aragon,

> « se place l'incident [...] qui marque la charnière intérieure dans *Les Cloches* de mon aventure d'écrivain et qui explique l'étrange texture du roman [son découpage en trois histoires, celle de Diane, celle de Catherine Simonidzé, celle de Clara Zetkin]. Quand j'eus fini ma lecture, tu [Elsa] gardas un assez long instant le silence. Cela se passait rue Campagne-Première, je m'en souviens comme si j'y étais. J'eus le temps de penser plusieurs choses. Puis, tu me dis très simplement : " Et tu vas continuer longtemps comme ça ? " [...] Il n'y a sans doute que moi pour savoir qu'au-delà de cette petite phrase de toi, en réalité les trois cents pages qui suivent ont été écrites pour justifier à tes yeux les cent premières. Si bien que je pourrais même jurer aujourd'hui que j'avais écrit chaque mot de Diane en sachant parfaitement où j'allais [...], que j'avais tracé les amorces de ce qui finalement a été *Les Cloches de Bâle* dès leur début. Et vous croiriez ce mensonge pleinement[2] »...

Qu'en effet le roman ait alors tourné à une justification d'Aragon devant Elsa, que le choix de Catherine — d'Élisabeth, pour lui rendre son prénom réel que révèle la nouvelle *Le Mentir-vrai* (en 1964 également) — parmi les souvenirs de l'enfance ait correspondu à une certaine orientation de la rêverie en direction d'Elsa, voilà qui ressortit sans doute à la démarche consciente de la création. Mais que tout le roman se passe au temps de l'enfance et du début de l'adolescence d'Aragon, dans les décors de ses vacances comme de sa vie parisienne ; que, pour la première fois, il ose procéder à cette reconstitution, ô combien brouillée, de son drame, voilà qui appartient au secret enfoui. Il offre à Elsa cette enfance devenue

1. *C'est là que tout a commencé, op. cit.*, p. 15.
2. *Ibid.*, p. 19-20.

montrable, mais il en garde encore pour lui les clés. L'enfant illégitime s'est fait démiurge. C'est par lui, désormais, que Catherine Simonidzé existe, non pour elle, mais comme étape vers l'émancipation réelle de la femme qu'Aragon croit lire en Clara Zetkin :

> « La femme des temps modernes est née, et c'est elle que je chante. Et que je chanterai. »

Le roman ainsi débouche sur la guerre où va s'engloutir le monde de l'enfant illégitime, la belle époque. Mais, au-delà, sur le monde nouveau où Aragon a conquis le droit, la légitimité d'entrer avec Elsa, grâce à Elsa.

Aujourd'hui, le décousu des *Cloches de Bâle* paraît en effet non seulement voulu, mais réussi. La dénonciation des mœurs policières et du rôle de la police dans la société, la description des grèves et de leur répression conservent toute leur nouveauté réaliste dans le roman français et n'ont pas vieilli. Seul l'aspect démonstratif n'a pas vu sa rugosité patinée par les ans. Mais, comme ce roman a l'air écrit pour nier le roman au profit de la vie même, il revêt un certain air de primitivisme qui rehausse son charme.

En mars 1968, écrivant pour *Henri Matisse, roman, L'Homme fait parenthèse*, Aragon jugera ce premier roman avec désinvolture :

> « J'ai raconté cent fois comment j'ai écrit *Les Cloches de Bâle*, et comment le sens de ce roman changea non point d'être mis entre parenthèses, mais au contraire parce que les parenthèses en avaient été brisées... qu'Elsa les avait brisées, par un jugement porté sur les premières pages écrites. Quand je relis ce livre, je ne puis m'empêcher de rire de moi, de ma gaucherie. Je m'y sens comme un bossu qui se fait lui-même un veston pour avoir l'air d'un Apollon. Un cocu qui se prend pour un cerf ! Bon, ce sont mes façons de dire, admettons (entre parenthèses) que c'était moi qui étais devenu le valet de chambre, mais si je regardais par la serrure, je le faisais de dedans, essayant de voir les bizarreries du corridor ou du palier, ou, plus loin, du vaste monde, plein d'oiseaux fous et de singes obscènes. »

Ces lignes faisant référence à un passage précédent qui raconte

> « le temps où, devant cette étrange impuissance, il me fallut essayer de comprendre *pourquoi* je ne pouvais écrire un roman, et apprendre donc, pour cela, ce que c'était qu'un roman. Comment c'est fait dedans, les tripes, le pancréas du roman, l'engrenage, les sécrétions, la prostate du roman, les cauchemars... Parce que je ne me l'étais jamais demandé, ni pour *Anicet* ni pour ce livre brûlé dans la cheminée d'un hôtel de la Puerta del Sol, en novembre 1927, il faisait froid à Madrid, de ce froid de couteau qui n'est d'aucune autre ville. Et le domestique, avec toute sorte de cratères dans la peau du visage et des mains rouges, de pauvres mains gelées, regardait par le trou de la serrure pourquoi il faisait si chaud dans la chambre, espérant que nous faisions l'amour ».

En fait, ce qu'Aragon vient à ses propres yeux de conquérir, c'est, par les moyens techniques du roman, de savoir donner réalité et crédibilité à un monde où l'existence des hommes et des femmes serait déterminée par des raisons objectives. Il touchait là à des problèmes où son horizon d'enfant singulier et torturé débouchait sur l'horizon de tous. De son amour d'enfance, il a inventé Catherine, la femme née trop tôt. Et son héroïne allait pénétrer les rêves des femmes actuelles, de tout un public de jeunes gens qui assurerait au roman sa pérennité. Le temps du silence d'écrire est révolu.

Les Cloches de Bâle sont dédiées « à Elsa, sans qui je me serais tu ».

Qui sonne comme : sans qui je me serais tué.

6.

Défendre la culture

Le Congrès des écrivains pour la défense de la culture [...] est le fait le plus important de l'histoire de la culture depuis la Grande Encyclopédie.

Commune.

Le retour d'Aragon à la création littéraire, sa « rentrée » comme écrivain avec *Les Cloches de Bâle* attestent sa rupture totale avec le surréalisme, ses lois et ses pratiques, mais ouvrent une période qui, jusqu'au début de 1937 au moins, apparaît comme l'une des plus heureuses de sa vie. Elle est bouleversée d'événements extérieurs tragiques, mais le romancier se sent assuré du sens de sa vie, plus encore du sens de ce qu'il écrit, et cela se confond avec l'amour pour Elsa. Le poète cesse d'être à la dérive et se reprend à chanter, préparant le superbe renouveau de 1939.

Aragon, dans ce moment de certitudes, peut se croire en passe de résoudre tous ses problèmes. Et comment en serait-il autrement, à voir comment tombent les masques du vieux monde ? Elsa et Aragon rentrent d'URSS juste après l'incendie du Reichstag, quand le pouvoir d'Hitler se déchaîne. En octobre 1933, c'est la répression sanglante contre les mineurs des Asturies. Début février 1934, Dollfuss écrase par les armes les ouvriers socialistes de Vienne. L'émeute fasciste secoue Paris le 6, provoquant en retour des manifestations ouvrières qui aboutissent à la grande grève unitaire du 12.

Le monde des lettres que retrouve Aragon a bien changé depuis 1925. La bonne conscience de la victoire de 1918 s'est définitivement perdue. Tous savent avec Valéry que les civilisations sont mortelles, le *Voyage au bout de la nuit* prend alors valeur de symbole, tout comme *La Condition humaine* de Malraux. Gide, toujours à l'affût de ce qui apparaît à l'horizon des idées, salue l'URSS comme tantôt il saluait Dada. Il écrit dans la *NRF*, à la fin de 1932 :

« Et s'il fallait ma vie pour assurer le succès de l'URSS, je la donnerais aussitôt. »

Aragon, qui lit cette déclaration à Moscou même, lui répond tout de suite :

« Pour moi, le monde se scinde si bien en deux que cela m'a coûté récemment tous mes amis un beau jour. Vous voici de ce côté pour lequel je combats. Je ne peux me retenir de vous dire que, si j'ai douté de vous et si gravement (il vous est facile, après ces quelques mots, de me faire affront), c'est bien parce que je doutais que divers écarts que j'ai pu trouver précieux vous engageassent au bout du compte aucunement, et il y avait cette ombre de la gloire sur votre chemin qui m'irritait. Cette fois, il n'en est pas ainsi. Ce que vous venez de faire là ne vous sera jamais pardonné[1]. »

On constate ici comment Aragon confère désormais un tour politique à la rupture avec ses amis. Tout lui donne raison — et jusqu'à Gide : comment résisterait-il à la tentation de revendiquer le beau rôle ? Il doit vraiment croire que la rupture avec Breton est une conséquence de cette scission du monde en deux. C'est là le beau piège que l'Histoire commence à lui tendre. Il se trouve justifié parce que d'autres partagent la même croyance que lui. Elle est donc vraie, cette croyance, réalité objective. D'autant que la réévaluation de l'URSS fait partie d'un mouvement plus général de retour au peuple, qui donnera certes le mouvement populiste, mais qui va bien au-delà. Même un écrivain aussi réservé politiquement que Roger Martin du Gard écrit dans la *NRF*, en juin 1933, s'adressant à Marcel Arland :

« Ce que j'aurais dû faire entendre, c'est que j'espère beaucoup, au contraire, du peuple des villes, des *ouvriers*. Là, oui, malgré des tares, il y a d'immenses possibilités de désintéressement, de fraternité, d'élans spirituels. Que vienne bientôt une société où la répartition des biens soit moins arbitraire, moins injuste ; où tout travailleur ait du loisir, le luxe d'un peu de joie, le temps de penser à autre chose qu'à sa croûte, — alors [...] on verra sans doute enfin ce que l'homme du peuple peut donner ! »

La crise de 1929 et ses suites, le basculement de centaines de milliers de chômeurs, en Allemagne, du côté d'Hitler, l'écroulement de l'Europe fabriquée par le traité de Versailles ne sont sans doute pas étrangers à cette évolution des écrivains et des artistes en France, évolution qui se confirmera au fur et à mesure que la menace fasciste contre l'intelligence deviendra plus évidente. On assiste là à l'un de ces mouvements généraux des idées dont le flux conduisait alors vers un art qu'on a appelé engagé. Depuis, nous avons vécu le reflux. Mais Aragon se sent alors porté par ce courant qui s'enfle et qui s'affirme. Pour lui, comme pour le parti

1. Cité par Garaudy, *op. cit.*, p. 248.

communiste français, ce courant est le sens même de l'Histoire. La conclusion des *Cloches de Bâle* dit très bien quel enthousiasme, quelle puissante raison de vivre et d'écrire Aragon puise dans cette nouvelle raison que lui offre l'Histoire.

L'Association des écrivains et artistes révolutionnaires se doit d'incarner ce courant. Elle y grandit et peut désormais posséder sa revue. C'est *Commune*, dont le premier numéro paraît pour la rentrée d'automne 1933. Son comité directeur réunit Barbusse, Gide, Gorki, Romain Rolland, Vaillant-Couturier. Le comité de rédaction comprend Aragon, Paul Nizan, Vladimir Pozner, Pierre Unik, G. Servèze. Ce n'est qu'en octobre 1935 que s'en détachera le nom d'Aragon, devenu secrétaire de rédaction, c'est-à-dire pratiquement rédacteur en chef. Mais, dès le départ, il intervient sur les grands problèmes. Ainsi, dans le numéro 3 de décembre, il publie *A Louis-Ferdinand Céline. Loin des foules*, essai visant à conférer au *Voyage au bout de la nuit* une issue positive :

> « Voyez un peu ce qui se passe pour les intellectuels dans l'Union soviétique. [...] Il y avait là des hommes qui avaient votre intelligence, votre talent et peut-être davantage. Ils ont survécu, voyez-vous, à ce cataclysme qu'est à vos yeux la guerre civile. Ils ont même fort longtemps pratiqué cette méthode de l'embusquage qui vous tient lieu de philosophie pratique. Ils se sont comportés en véritables bardamus. [...] Et ce n'est pas le Guépéou, camarade Céline, qui a fait que les meilleurs écrivains des derniers jours de l'ancien monde se sont mis, à ce qui vous paraît sans doute aujourd'hui ridicule, à douter de leurs doutes et à étudier la philosophie du prolétariat. C'est la dictature du prolétariat pourtant qui a opéré ce miracle. Mais par les faits. Mais par la construction du socialisme, des bases industrielles de la nouvelle vie. Allez Céline, allez là-bas voir ce que c'est que la jeunesse née de la Révolution ! Là-bas, non point pour le plaisir d'un médecin de quartier dans son coin, se développe à millions d'exemplaires la femme dont vous n'avez qu'entrevu l'idéal fardé [1]... »

Mais si. C'était bel et bien le Guépéou. Ce ton messianique est celui de l'Aragon de ce temps-là, même si l'insistance à convaincre Céline d'aller en URSS n'est peut-être pas étrangère au besoin de valoriser la traduction qu'Elsa a faite du *Voyage au bout de la nuit.* Se doutait-il de ce que Céline pensait de lui ? On le sait aujourd'hui par une lettre du moment à Élie Faure :

> « Je suis anarchiste depuis toujours, je n'ai jamais voté, je ne voterai jamais pour rien, ni pour personne. Je ne crois pas aux hommes. [...] Je n'ai rien de commun avec tous ces châtrés — qui vocifèrent leurs suppositions balourdes et ne comprennent rien. Vous voyez-vous penser et travailler sous la férule du supercon Aragon ! Pouah ! [2]. »

1. *Commune,* décembre 1933.
2. Publié par *L'Infini,* n° 43, avec *Mea Culpa,* le pamphlet que Céline retira du voyage qu'il fit en URSS, mais en 1936.

On retrouve ce ton messianique dans le thème de l'enquête qu'Aragon lance alors, où, retournant la question de l'enquête autrefois menée par *Littérature*, il demande aux écrivains non plus *pourquoi*, mais *pour qui* écrivez-vous ? Il conclut son introduction par deux assertions révélatrices :

> « Si l'on appelle *fanatisme* la défense de la vérité prolétarienne, celle qui est aujourd'hui la seule vérité humaine, la vérité de la classe qui tient entre ses mains le destin historique de l'humanité, on confond gravement les termes. Il n'y a de fanatisme que de l'ombre, il n'y a de fanatisme que de l'oppression. »
> « Les œuvres *apolitiques* sont des œuvres militantes pour la conservation du régime au pouvoir. »

On sait que la vérité prolétarienne de l'époque n'était pas la vérité humaine, que le destin historique de l'humanité n'était heureusement que peu engagé par le stalinisme. Mais cette foi était alors communément partagée. C'est elle qui anime la contre-manifestation ouvrière du 9 février, qu'Aragon vit en journaliste de *L'Humanité*, comme il avait « couvert » l'émeute du 6. Il n'oubliera jamais de rendre hommage aux morts de cette nuit-là. Il a rapporté la rencontre qu'il fit à cette occasion :

> « Notre parti est devenu bien autre chose que ce qu'il était quand j'y suis entré, et c'est précisément ce qu'il pouvait devenir ou non qui avait été l'objet de la conversation assez brève que j'ai eue pour la dernière fois, le 9 février, devant la gare de l'Est, après la manifestation sanglante qui avait tué plusieurs de nos camarades, avec un homme qui avait été mon ami le plus proche et que je n'avais pas revu depuis un an et demi. Il s'appelait André Breton. Il était arrivé sans me voir devant la sortie du métro et il avait regardé par terre une flaque de sang, hoché la tête. J'étais un peu en arrière et je voyais cela. Le sang, en réalité, était celui d'un flic. Il avait été tué par les flics. Ils l'avaient écrasé avec leur voiture. La conversation a commencé tout à fait aimablement entre nous, mais à partir d'un certain moment, Breton a commencé, dans un moment pareil, à remettre en question la conduite du parti. Je ne pouvais pas continuer la conversation dans ces conditions[1]. »

Le rideau politique est tombé entre eux, et il en reste quelque chose dans ce récit de presque quarante ans plus tard. Désormais, chacun sera pris dans sa propre logique : fidélité, conviction d'avoir fait le choix de l'Histoire et de l'avenir chez Aragon; méfiance, puis refus de la perversion stalinienne chez Breton.

C'est en ce printemps de 1934 qu'Aragon publie son recueil de poèmes *Hourra l'Oural*, chez l'éditeur de son roman, Denoël. Il s'agit à l'origine de rendre compte du travail accompli dans l'Oural par la « brigade d'écrivains » comprenant le Hongrois Barta, le Hollandais Jef Last,

1. *France nouvelle, 1973, op. cit.*

l'Américain de langue yiddish Platner et Elsa, durant le séjour de 1932-1933. L'essentiel en fut écrit en URSS, mais sans doute plus ou moins repris par la suite. Le langage y est encore très proche de *Persécuté Persécuteur*, c'est-à-dire de *Front rouge*, surtout dans les parties satiriques, mais la nouveauté, c'est un retour délibéré à la chanson, en même temps qu'une redéfinition du « merveilleux moderne », cette fois réalisé par les grands chantiers du socialisme :

Ce qu'il y a de merveilleux
Ouvrez braves gens les oreilles
ce qu'il y a de merveilleux
Ouvrez braves gens vos grands yeux

C'est que le travail ne soit plus
dans le monde socialiste
c'est que le travail ne soit plus
une honte un poids comme il fut

Il est une affaire d'honneur
et de vaillance d'héroïsme
Il est une affaire d'honneur
de gloire pour le travailleur...

Le chant triomphe dans cette *Chanson pour le sovkhoze*, pédagogique et, ô combien, idéale.

Le blé qui joue avec le vent
est né de la terre et des hommes
Combien vend combien vend
Combien vend-on la terre aux hommes

En France on vend l'homme et le vent
est aux patrons non pas aux hommes
Combien vend combien vend
Combien vend-on la vie aux hommes

. . . .

Sovkhoze ici souffle le vent
de Lénine pour tous les hommes
Combien vend combien vend
Combien vend-on le pain aux hommes

Neuf kopeks le kilo
Sept kopeks pour la farine
Deux kopeks pour le boulanger

La critique ne pouvait tenir compte de cette contrebande de la rime et du chant. Comme le contenu lui était intolérable et que cette poésie affirmait s'y réduire, elle a purement et simplement liquidé Aragon comme poète. Lui-même ne pouvait guère en être atteint. Tout au plus écrivit-il dans *Commune* :

> « Au risque de passer pour un démagogue ou un charlatan, je vous dirai que moi je défends la poésie quand je défends l'Union soviétique, par exemple. »

Ce qui n'est pas à prendre seulement au sens figuré. En cet été 1934, Aragon retourne en URSS avec Elsa, afin d'assister au 1er Congrès de l'Union des écrivains soviétiques qui s'ouvre le 17 août dans une atmosphère de grande fête nationale. Grâce au parti qui a créé cette organisation unique, c'est, croit mordicus Aragon, la fin des sectes existantes, comme ce R.A.P.P., association russe des écrivains prolétariens. Voici réunis à l'échelle de l'Union soviétique tous les écrivains, qu'ils soient du parti ou « compagnons de route », et réunis sur une base théorique unique, celle du réalisme socialiste. Les étrangers invités — pas seulement Aragon, mais Malraux — y sont sensibles à l'intérêt direct que les hauts dirigeants du pays témoignent à ce congrès des écrivains. Jdanov rappelle que, pour Staline, les écrivains sont des « ingénieurs des âmes ». Staline l'authentifie par sa présence. Les invités rêvent de l'immense public populaire désormais offert à la littérature, à la poésie, aux ouvriers devenus écrivains. Gorki, élu à la présidence de la nouvelle union, n'en est-il pas l'indiscutable garant ? Gorki, qui s'intéresse depuis toujours à ce qu'écrit Elsa ? D'ailleurs, à la tribune du congrès, les condamnations des « prolétariens » sont sans ambiguïté (ainsi en est-il de la critique de Radek qui réservait, lui, le réalisme socialiste aux seuls écrivains du seul pays du socialisme). Le réalisme socialiste est l'objectif des écrivains progressistes du monde entier.

Aragon vivra jusque dans les années soixante avec l'idée que ce congrès avait bien marqué le ralliement général (et libre) des écrivains au régime soviétique. Aujourd'hui, nous savons ce qu'il en fut. On est au fait, par exemple, de l'arrestation préventive de ceux qui, comme Mandelstam, ne se ralliaient point. Surtout, de l'instauration d'une dictature centrale de la police politique sur la littérature, sous le couvert de l'Union, laquelle va, au fil des ans, livrer plus de six cents des siens à l'anéantissement par la torture, les camps et les exécutions. Le spectacle grandiose du congrès côté face, l'impitoyable secret des proscriptions côté pile. Gorki va inaugurer sa présidence en préfaçant et dirigeant un ouvrage collectif destiné à faire passer l'abattoir politique des camps, où l'on construit le canal de la mer Blanche à la Baltique, pour le modèle de la rééducation des criminels. Les invités ne se doutent de rien. La réunion de novembre 1934, à Paris, où l'on rend compte de ces assises, n'est qu'un concert de louanges.

Il faut rappeler qu'en France on est alors dans la période ascendante de ce profond mouvement d'unité antifasciste qui va aboutir à la constitution du Front populaire et à sa victoire aux élections de 1936. Aragon se dépense sans compter à la rédaction de la revue *Commune,* dans les meetings de l'AÉAR ou du parti. Un nouvel objectif est défini : la réunion à Paris d'un Congrès des écrivains pour la défense de la culture. Il s'agit, là encore, de briser les clivages, l'esprit de secte. Il faut faire barrage à l'obscurantisme nazi, rassembler le front le plus large possible. L'exemple soviétique — tel qu'il est perçu — est exaltant. Aragon déploie dans cette entreprise les qualités de diplomatie, de souplesse que nous l'avons vu mettre en œuvre dans le mouvement surréaliste, mais il y ajoute une modestie remarquable. Il accomplit ces tâches de militant dans le même esprit qu'il a mené son travail à *L'Humanité.* A son retour d'URSS, au début de 1935, on le décharge d'ailleurs de ce dernier, afin qu'il puisse se consacrer exclusivement à *Commune* et au congrès.

On a une idée de son état d'esprit en lisant son recueil de textes et de conférences qu'il publie sous le titre *Pour un réalisme socialiste.* Le texte le plus caractéristique en fut publié dans *Commune* en avril 1935 : *D'Alfred de Vigny à Avdéenko.* Avdéenko est un ancien voleur à qui le socialisme a donné une nouvelle vie et qui, contant sa transformation, est devenu écrivain — du moins l'auteur d'un livre. Cela ravit Aragon, qui en croit Gorki :

> « L'extraordinaire expérience du canal de la mer Blanche à la Baltique où des millions d'hommes et de femmes, les bas-fonds d'une société, ont compris devant la tâche à accomplir, par l'effet de la persuasion d'un petit nombre de tchékistes qui les dirigeaient, leur parlaient, les convainquaient, que le temps est venu où un voleur, par exemple, doit se *requalifier* dans une autre " profession ", parce que je vous demande un peu ce que serait la place d'un voleur dans une société socialiste ! — cette extraordinaire expérience joue, par rapport à la nouvelle science, le rôle de l'histoire de la pomme qui tombe devant Newton par rapport à la physique. »

Ce sont paroles d'un croyant, persuadé de posséder la science de l'avenir. Elles étaient alors partagées. Elles furent, pour ma jeunesse, paroles d'Évangile :

> « Nous sommes à un moment de l'histoire de l'humanité qui ressemble en quelque chose à la période du passage du singe à l'homme ; nous sommes au moment du passage de l'homme de la société de classes, de l'homme du temps de l'exploitation de l'homme par l'homme, à l'homme de la société sans classes ; nous sommes au moment où une nouvelle classe, le prolétariat, vient d'entreprendre cette tâche historique d'une grandeur sans précédent : la rééducation de l'homme par l'homme, pour la transformation du singe social de notre temps en l'homme socialiste de l'avenir. »

Oui, c'est le moment où H. G. Wells rencontre Staline et s'émerveille en l'écoutant imaginer le futur. Par comparaison, la prosopopée d'Aragon ne paraît pas outrée. Elle le conduit à critiquer l'article un rien désinvolte où, dans *Le Surréalisme ASDLR,* il avait rendu compte de son premier voyage en URSS :

> « Ceux qui ont un peu suivi mon histoire savent que l'article dont je parle fut la tentative désespérée de concilier l'attitude qui avait été la mienne pendant des années et la réalité à laquelle je m'étais heurté. [...] L'excès des formules me ravissait, et comme la plupart de mes amis, j'aimais ce qui est manqué, ce qui est monstre, ce qui ne peut pas aboutir [1]... »

Ces derniers mots, on croirait entendre Elsa les dire. C'était là, au fond, ce qu'elle reprochait au surréalisme. Il faut bien comprendre que tout ce que fait Aragon en cette période, c'est exactement, je l'ai déjà noté, la politique de Barbusse que Breton — et lui-même — avaient si fortement dénoncée jadis. En prenant le contre-pied de son passé, en savourant ces infractions, Aragon ne peut faire autrement que de porter un jugement sévère sur ses anciens amis. *Pour un réalisme socialiste* déborde d'appréciations condescendantes et sommaires sur le surréalisme, appréciations qu'Aragon ne reprendra plus par la suite et qu'il corrigera après la mort de Staline, dans *Les Yeux et la mémoire* pour commencer.

Ce qui l'emporte en cet instant dans son esprit, c'est la nécessité de construire, face à la destruction fasciste des valeurs essentielles :

> « Il n'est pas une idée à laquelle il tienne qui tienne vraiment pour un homme digne de ce nom en face des faits primordiaux et très simples qu'il y a une police et des canons face aux travailleurs, qu'il y a la guerre qui menace et le fascisme qui règne en tel et tel pays. Il est de la dignité d'un homme de soumettre ses conceptions à ces faits-là et non pas de faire entrer ces faits-là, par un tour de passe-passe, dans ses conceptions si ingénieuses qu'elles soient... »

Si l'on ne se représente plus ce monde en noir et blanc, la tenaille nazie et fasciste à l'est et au sud-est de la France, on ne peut plus comprendre ce qui se produit à ce Congrès mondial des écrivains pour la défense de la culture. Quand il s'ouvre, le 20 juin, Pierre Laval vient de signer avec Staline un pacte d'assistance mutuelle (mai 1935). Les seuls à refuser cette simplification sont les surréalistes, des populistes comme Henri Poulaille, des trotskistes comme le romancier belge Charles Plisnier ou Magdeleine Paz. Ne vient-on pas, en URSS, de condamner à dix ans de prison Zinoviev et Kamenev, considérés comme moralement responsables de l'assassinat de Kirov ? Victor Serge est en prison. Tout cela est de nature à mettre Breton en *état d'alarme.* Il pense qu'il serait

> « fallacieux de soutenir qu'une guerre qui mettrait aux prises l'Allemagne d'une part, la France et l'URSS d'autre part, ne serait pas une guerre impérialiste ».

1. Ce qui tient compte de son autocritique de 1933. Voir ci-dessus, p. 313.

Il s'apprête à le dire au congrès quand une circonstance imprévue vient accroître la confusion. Croisant par hasard Ehrenbourg, qui vient de publier chez Gallimard son livre *Vus par un écrivain d'URSS,* où les surréalistes sont proprement diffamés [1], Breton lui flanque une correction. Or, Ehrenbourg est un délégué soviétique au congrès. Il faut tous les efforts de René Crevel pour qu'un compromis soit trouvé. Breton ne prendra pas lui-même la parole. C'est Eluard qui lira son discours. Le tragique est que, dans la nuit même qui suit ces discussions, René Crevel se donne la mort [2]. Le samedi 22 juin, Aragon lira devant le congrès, en hommage, le discours que René Crevel avait prononcé peu auparavant devant des métallurgistes de Boulogne.

Ce congrès est un très grand succès. Aldous Huxley, Robert Musil, Max Brod, Bertolt Brecht s'y retrouvent avec Roger Martin du Gard, Gide, Malraux et une délégation soviétique comprenant à l'origine Ehrenbourg, Tikhonov, Koltsov, qui sera complétée *in extremis* (sur une suggestion de Gide et de Malraux) par Boris Pasternak et Isaac Babel. Le congrès scelle l'union des écrivains attachés aux valeurs humanistes et de ceux qui veulent une transformation de la société à l'exemple de l'URSS. Les surréalistes y furent isolés. L'exécutif du congrès — dont Aragon — s'arrangea pour reléguer l'intervention d'Eluard après minuit, dans le désordre d'une fin de séance. *Commune* notera sèchement que :

1. Ils sont comparés au gibier faisandé — considéré comme une pratique de la décadence bourgeoise —, traités de maquereaux et de gigolos. J'en passe. Il y a eu sûrement de la police dans un tel texte. Entendez qu'Ehrenbourg avait dû être mis dans l'obligation de se « dédouaner » ainsi. Mais, à l'époque, semblables pressions sur des écrivains soviétiques étaient simplement inimaginables.

2. Aragon a évoqué cette veille du congrès au moment de la mort de Tristan Tzara, dans son article *L'Homme Tzara (Les Lettres françaises,* 9 janvier 1964, n° 1011). J'en extrais ce qui suit :

« J'ai oublié le détail de ces " problèmes ", la nature de la discussion et n'ai de cette soirée, comme d'un songe — il pleuvait au-dehors de grosses gouttes chaudes —, gardé que la couleur générale, une sorte de lumière de cuivre rose et les reflets violets de la moleskine ; toujours est-il que j'en étais sorti assez las, pas très heureux, la pluie s'espaçait et nous prîmes un taxi à trois, Tzara, Crevel et moi.

« René Crevel avait gardé de la discussion un écœurement, et de certains [...] : " Si c'est cela, disait Crevel, ces gens... si c'est cela ! alors à quoi bon rompre avec les surréalistes ? Ils ne valent pas mieux que Breton ! " Tristan se fâchait à sa manière : " Voyons, Crevel, je ne vous comprends pas... Il ne s'agit pas que les gens soient mieux que Breton ou pis... Le pire, ce ne sont pas les gens, mais ce qui se passe en Allemagne : et contre ça, il faut réunir les gens, Breton compris... " [...] " Ah !, dit Crevel, et puis qu'est-ce que ça me fait ? De toute façon, je suis fichu. J'ai eu cet après-midi les résultats de l'analyse. Ils ont encore trouvé des bacilles dans le rein, alors, c'est tout qui va recommencer, la Suisse pour des années... "

« Il arrêta brusquement le taxi place de la Concorde. Je lui dis de ne pas faire l'enfant, qu'on allait le raccompagner à Passy (" Mais ça vous détourne... "), ce n'était pas une affaire. Il tenait à marcher, à prendre l'air : " Vous voyez, il s'est remis à faire beau... " Nous n'aurions pas dû le laisser partir comme ça. [...]

« René Crevel s'est tué cette nuit-là. » Le plus récent biographe de Crevel, François Buot, Grasset 1991, n'infirme pas ce récit. Mais c'est tout de même le sentiment d'échec de Crevel devant ces dissensions qui l'a entraîné à se donner la mort. C'est ensuite la récupération de la mort de Crevel par les hommages du PC qui fit scandale.

> « la mesquinerie de quelques trotskistes, l'esprit petit-bourgeois de quelques surréalistes ont été pour tous un objet de mépris ou de pitié ».

Aragon entame des réflexions théoriques destinées à préciser le contenu intellectuel de ce rassemblement. Le réalisme n'est-il pas un ciment tout trouvé ? C'est la théorie artistique de la classe montante

> « qui fait de la réalité sa grande affaire. [...] Nous autres, les alliés du prolétariat révolutionnaire, [...] nous attendons tout de la dénonciation de la réalité. Nous n'avons rien à cacher, et c'est pourquoi nous accueillons comme une parole joyeuse le mot d'ordre de la littérature soviétique, le réalisme socialiste. Réalisme socialiste ou romantisme révolutionnaire : deux noms d'une même chose, et ici se rejoignent le Zola de *Germinal* et le Hugo des *Châtiments*. Il fallait, pour que cette synthèse fût possible, l'écroulement du capital et la victoire de l'économie socialiste sur un sixième du globe. Le prolétariat au pouvoir n'a rien à cacher, il est riche de toute la vérité humaine. Il n'a pas besoin de mensonge, il peut considérer la réalité »...

C'est écrit l'année même de la terreur déchaînée en URSS, après l'assassinat de Kirov, quand Staline proclame que « l'homme est le capital le plus précieux ». L'utopie d'Aragon lui sert à convaincre les intellectuels ses pairs de faire front contre le fascisme. Ce qu'il attribue de goût de la réalité au prolétariat soviétique — qui n'en peut mais — lui permet d'écrire le roman qui est sans doute le chef-d'œuvre de sa nouvelle manière : *Les Beaux Quartiers*. Ainsi l'art peut-il naître des idées fausses. Ce n'est pas la théorie de sa conception qui prévaut. Elle ne compte pas plus que la partie consciente et volontaire des actes des hommes au regard de l'Histoire. Aragon puise dans son réalisme la ferveur d'exprimer ce qu'il porte d'incoercible, comme, dans la croyance que l'Union soviétique prouve que ce monde est transformable, l'assurance que ses romans aideront à cette transformation.

C'est le moment où il pare son entreprise de ce titre général : *Le Monde réel*.

7.

1936

Fougère disait : « Pourquoi donc est-il si méfiant, Staline ? Je ne comprends pas un monde où la méfiance est la règle, si on doit changer le monde, est-ce que ce n'est pas pour que la confiance y règne ? » Et moi, je pensais que tu mettais les bouchées doubles : la confiance viendrait plus tard, après... Tu te fâchais, tu disais : « Alors, c'est par la méfiance qu'on arrivera à la confiance ? » J'essayais de t'expliquer que c'est ça la dialectique.

La Mise à mort, *1965.*

1936 est une année clé. Victoire du Front populaire aux élections françaises. Deux mois plus tard, déclenchement de la guerre civile en Espagne. Le premier des grands procès de Moscou avec aveux complets, celui de Zinoviev et de Kamenev, qu'on a rejugés, date d'août. Ils sont aussitôt exécutés. Gorki vient de mourir. Le contraste est flagrant entre la politique de rassemblement, de main tendue aux catholiques, que le parti communiste français met en œuvre sous l'impulsion de Maurice Thorez, et l'épuration farouche qu'on perçoit en URSS. L'insurrection fasciste en Espagne contre un gouvernement de gauche souligne dramatiquement la nécessité de l'union de tous les républicains, et de faire taire l'inquiétude face aux rumeurs de répression en Union soviétique. Il faut choisir.

Aragon et Elsa retournent à Moscou au début de juin, en passant par Londres. Ils n'auront pas vécu en France les cent premiers jours, décisifs, du nouveau gouvernement Léon Blum, après la signature des accords Matignon consacrant la victoire des syndicats ouvriers. Ils ne sont pas non plus à Paris quand y parvient, le 18 juillet, la nouvelle de l'insurrection franquiste. Ils ne rentreront qu'au début de l'automne, quand paraît le nouveau roman d'Aragon, *Les Beaux Quartiers.* Il faut accorder de l'importance à cette absence qui fait qu'Aragon ne prend pas part aux réactions suscitées par le début de la guerre d'Espagne ou par le procès de

Moscou. L'importance de ses séjours en URSS en 1932-1933, en 1934-1935 et en 1936 conduit d'ailleurs à se poser une autre question : que savait-il des vagues de terreur de ces années-là ? Tout simplement, savait-il ?

Comment démêler ce qui fut aveuglement tout court de ce qui fut aveuglement volontaire ? On possède aujourd'hui d'assez nombreux témoignages sur ce que fut la vie des invités étrangers à Moscou au cours de ces années-là. La plupart ne se sont rendu compte de rien jusqu'à ce que les purges aient touché ces colonies d'exilés, c'est-à-dire en 1937. Aragon comme Elsa n'ont pas échappé à la règle. La terreur stalinienne s'exerçait sur toute l'étendue de l'immense pays, elle avait ravagé les campagnes du Sud, par exemple, sans que personne en soufflât mot. De plus, elle avait cette efficacité que ses victimes contribuaient à la nier, par leurs aveux, par la peur des épargnés, le moindre faux pas vous dénonçant comme un suspect qui devait être liquidé. En outre, son caractère prétendument révolutionnaire faisait que ceux-là mêmes qui auraient pu en recevoir des témoignages, par leur comportement de fanatiques interdisaient qu'on les leur donnât. Comment dire fût-ce un soupçon de vérité à qui s'extasie devant le pouvoir de conviction des tchékistes sur les *zeks* du canal de la mer Blanche à la Baltique ? A qui a chanté, à la fin de *Persécuté persécuteur* : « Vive le Guépéou, véritable image de la grandeur matérialiste... »

Aragon n'était sûrement pas homme, en 1936, à abandonner quoi que ce soit de ce genre d'exaltations pour le moins naïves. Il ne remettra les pieds en URSS que dix ans après, c'est-à-dire en un temps où la guerre et ses épouvantables destructions pouvaient dispenser de réfléchir sur ce qui l'avait précédée. Je ne cherche ici ni à excuser, ni même à expliquer : simplement à restituer des contextes, un environnement hors desquels la conduite d'Aragon et d'Elsa devient tout simplement absurde.

Le plus étonnant demeure pour moi que, durant ces séjours soviétiques presque aussi longs que leurs intervalles français, Aragon ait écrit, avec *Les Cloches de Bâle,* ces *Beaux Quartiers* si fortement imprégnés de la réalité française, de la province comme de Paris. Le manuscrit en est évoqué dans des souvenirs d'Aragon sur la fin du séjour russe de 1935, quand la traduction des *Cloches de Bâle* par Elsa Triolet venait de paraître là-bas, ce qui modifiait, on s'en doute, le statut d'écrivain de leur auteur :

> « L'idée était venue à quelqu'un, aux nouveaux studios qui s'ouvraient à Odessa, de me faire demander d'en tirer un scénario pour les films d'Ukraine. [...] Dans tous les pays du monde, le cinéma donne naissance à des personnages éloquents et persuasifs, comme cette grande femme ample et sans apprêt dont les gestes étaient soulignés par une longue écharpe glissante et qui me disait que le sort même de la cinématographie ukrainienne était entre mes mains ; que si l'on n'y avait pas un sujet de retentissement international, les studios d'Odessa à peine ouverts allaient être fermés, certaines gens y ayant un intérêt que je n'arrivais pas à saisir, etc. Enfin, nous avions cédé, et cela supposait deux ou trois mois sur place,

à Odessa, *Londonskaïa Gastinitsa,* l'abandon de ce roman commencé, qui n'avait pas encore de titre et que je poursuivais pourtant à la dérobée, par-ci, par-là, en marge de mon travail cinématographique, avec un certain sentiment de culpabilité (presque toujours ainsi, j'ai écrit mes livres à temps volé)[1]. »

Ces souvenirs datent de 1965, c'est-à-dire du moment où Aragon va protester contre le procès Siniavski-Daniel. Et s'il avait eu le sentiment d'avoir, en 1935, frôlé sinon connu la terreur, il l'aurait dit. Voici en tout cas une date pour le début de la rédaction des *Beaux Quartiers.* Ce scénario ne mènera à rien, mais il aura constitué, comme dit Aragon, *une critique sans précédent* des *Cloches de Bâle*, de leur construction, de leur niveau de réalisme :

« *Les Beaux Quartiers* sont nés du double sentiment que j'avais touchant *Les Cloches de Bâle* : comme d'un livre sans construction d'une part, insatisfaisant pour l'esprit par là même, mais surtout d'un récit étroitement parisien où, malgré Cluses et Bakou à la cantonade, la machine démontée semble limitée par les fortifications, le bois de Boulogne, Neuilly et Levallois-Perret. Un besoin d'ouvrir les fenêtres, de laisser entrer l'air d'ailleurs, d'apercevoir le paysage des provinces, le pays. [...] Il fallait manifester l'unité des affaires françaises, je veux dire leur unité charnelle : par exemple, que l'industrie locale jouât son rôle de chaînon dans ce réseau complexe, par l'argent investi et par les parentés[2]... »

Il est assez extraordinaire, quand on y songe, qu'Aragon, durant tout ce long séjour en URSS, se soit enfoui dans ce roman français, dans cette problématique française, et il ne passe d'ailleurs presque rien de ces séjours soviétiques dans ce qu'il écrit, ce qui montre bien qu'il n'est pas très attentif à ce qui s'y déroule. Il se contente en somme des « grandes lignes ». Comme tant d'autres... Mais j'y reviendrai.

Les Beaux Quartiers commencent dans une ville inventée, Sérianne, mélange des souvenirs de la circonscription bas-alpine du père et de la périphérie toulonnaise de la souche maternelle. Si la politique est *bas-alpine*, le brouillage géographique marque une certaine désinvolture dans le réalisme qui fait soudain passer là comme une saveur XIXe siècle. Il ne s'agit que d'un tremplin, sans doute, vers les aventures parisiennes, la politique parisienne, mais, plus directement, vers l'adolescence de l'auteur. Le contre-monde créé par l'écriture avait pris appui sur l'enfance dans *Les Cloches de Bâle.* Ici, nous sommes à la période de la formation. Certes, Armand Barbentane n'est pas Louis Aragon. Mais...

« La part que son père avait prise à l'expulsion des congrégations fut pour lui la révélation la plus dure. Chaque cadeau que lui faisait le docteur pour

1. *La Suite dans les idées, Œuvres croisées,* 11, p. 11.
2. *Ibid.*, p. 13.

sa fête, le jour de l'An, lui donnait d'épouvantables remords. Il avait aussi d'insolubles scrupules à propos du quatrième Commandement :

Tes père et mère honoreras
Afin de vivre longuement. »

Et quand Armand perd la foi, n'en vient-il pas à se demander si cela ne va pas le rapprocher de son père ? Il y a là beaucoup plus qu'un décor ou un arrière-plan puisés dans les souvenirs. Le roman devient une nouvelle donne dans le jeu de la vie, non plus attribuée à Catherine Simonidzé, c'est-à-dire à une « étrangère », mais à l'homologue de l'auteur. Une donne à peine différente de la réelle, un peu « mentie », juste ce qu'il faut pour que les résultats soient comparables aux vrais, identifiables à eux...

Alors, Armand va habiter rue Gide à Levallois, travailler en usine à dix-sept ans, prenant ainsi une étrange avance sur le cheminement réel de l'auteur : treize, quatorze, et même vingt ans de gagnés, dans les rapports avec la classe ouvrière... Certes, tout est plus ou moins redistribué entre Edmond, le frère aîné qui fait sa médecine, et Armand. La donne coupée en deux reste la donne, et le roman la rejoue. L'original de Carlotta a existé aussi dans la vie de Louis, mais dans la Carlotta du roman passe bien autre chose. Elle tend un singulier miroir à Edmond :

> « Il n'avait pas menti à Carlotta. Ou si peu. Seulement pour masquer la pauvreté, la mesquinerie de son existence. Seulement par trac. Seulement à cause de cette inégalité pour lui nouvelle, cette infériorité qu'il ressentait ici dans l'amour. Ah, quand il l'accablait de sa force, il eût juré qu'il était le maître, le tout-puissant ! Et puis cela passait avec une vitesse incroyable : jamais il n'avait rencontré ainsi chez une femme à la fois cette faculté de défaillir, de tomber dans la volupté comme une pierre dans un puits, tout droit, et en même temps ce ressaisissement immédiat de soi-même, cette légèreté, ce retour à comme si de rien n'était, cette aliénation soudaine dans ses bras d'une statue, ce ton détaché, cet oubli de l'abîme. Quand il se lançait alors à parler de l'avenir avec le sentiment de la perdre et pour lutter contre l'atroce de cette certitude, il entendait ses propres mots sonner avec la fausseté d'une moquerie, il se désespérait... »

La transcendance d'où naît la poésie, cette prose souveraine... Edmond, faute d'argent, en situation de gigolo. Carlotta saisie de la passion du jeu. Le tripot du Passage-Club et l'ombre du grand-père Toucas qui va emplir le roman suivant, *Les Voyageurs de l'impériale*, et le passage de l'Opéra du *Paysan de Paris*. Le réel, bien sûr, et comment donc, mais comme ancrage, pas comme objectif. L'objectif, c'est la contre-vie, le contre-monde. Une « réécriture au bien », parfois. Au mal, plus souvent.

> « Carlotta au jeu s'animait d'une façon étrange. Elle retrouvait ses airs de petite fille et ses manières de pendant l'amour. Le sang circulait à fleur de peau, se retirait soudain comme chez une morte, le sein gonflé s'arrêtait,

puis, d'un coup, la gaîté, le rire revenaient, une vie folle, et les soupirs désordonnés de la perte, si gentils que tout le monde lui souriait, que des messieurs graves à travers la table lui donnaient des conseils. [...] La fièvre du jeu avait donné à Carlotta plus d'emportement et de pathétique dans les caresses que même l'ardeur des premiers jours. Il y eut de cela, tacitement, pour ramener le couple au Passage-Club. Il y eut aussi, chez Edmond, la découverte du hasard. La disqualification de l'argent, cet argent haï et aimé, dont il sentait le besoin et la dépendance. Ce perpétuel pile ou face, l'engagement sur une carte de sommes pour lesquelles, la veille encore, il se sentait une rapacité sordide, tout cela le libérait, lui donnait le sentiment que le large donne aux terriens qui vont pour la première fois sur la mer... »

Carlotta si proche de Nane [1] ici est celle qui met les hommes à nu. Au physique comme au reste. D'abord Edmond, puis le père Barbentane, comme l'inspecteur Colombin, comme Joseph Quesnel. Non, Joseph Quesnel n'est pas non plus Louis Andrieux. Là encore, à cause de tous les écarts de destinées, à commencer par la religion :

« J'appartiens à la religion réformée. Notre monde accepte fort mal les liaisons irrégulières et j'ai toute ma vie partagé cette sévérité-là... »

Cette religion est celle de Mme Andrieux, de ses fils, les demi-frères de la légitimité. Le jeu des identifications n'est pas le bon. Mais à raccorder l'imagination romanesque aux prolongements de l'expérience vécue, on découvre un système de transformations très pertinent : ce que j'appelle la création du contre-monde, qu'Aragon nommera, beaucoup plus tard, quand il en sera venu à l'assumer, le *mentir-vrai.* Ce n'est pas le réalisme. Le réalisme, dans *Les Beaux Quartiers*, c'est tout le reste : les affaires de Wisner et celles de Quesnel, Joris Houten qui a vue sur la police, la politique du docteur Barbentane, le monde ouvrier où plonge le jeune Armand, l'histoire de la France à l'approche de la Première Guerre mondiale. Ce qu'on résume du livre. Le contre-monde, c'est l'épaisseur, la chair, le frémissement de l'amour et de l'écriture, le frémissement qui se fait écriture.

Aragon achève le roman le 10 juin 1936, à bord du navire soviétique qui l'emmène à Leningrad. La postface, annonce du programme du *Monde réel* et dédicace à Elsa,

« à qui je dois d'être ce que je suis, à qui je dois d'avoir trouvé, du fond de mes nuages, l'entrée du monde réel où cela vaut la peine de vivre et de mourir »,

1. D'où ce poème du *Roman inachevé* :

> Quand je me retourne en arrière il me semble que ces jours sont
> Casinos blancs cieux aveuglants dans un soleil intarissable
> Dunes de Dieppe ou Biarritz blessures de sel et de sable...

date de la fin juin, c'est-à-dire de l'arrivée à Moscou. Elle est écrite à l'hôtel Métropole où descendent les invités étrangers, à peu près au moment où Gide était

> « venu me demander de “ corriger ” le discours qu'il devait prononcer sur la place Rouge aux obsèques de Gorki ».

Elsa et lui sont arrivés trop tard. Aragon racontera la mort de Maxime Gorki et son enterrement dans *La Mise à mort.* C'est un récit étonnant à plus d'un titre, tout en nuances et d'autant plus terrible. Fougère-Elsa y est lucide, c'est-à-dire sans trop d'illusions sur le régime soviétique, mais modérée dans ses jugements, prête à accepter la police trop visible comme une nécessité désagréable... Aragon, donc, décrit le cortège de l'enterrement. Il y a là, avec eux, l'essayiste Louppol dont on publia en France, avant la guerre, un *Diderot*, Louppol qui n'aime pas Staline :

> « Il le voyait souvent et il ne pouvait pas lui pardonner de le forcer à boire. Cela lui faisait le plus grand mal. Et l'autre le forçait. Ce sont de ces petites faiblesses des grands hommes, sans doute. Joseph Vissarionovitch se méfiait des gens qui ne veulent pas boire, comme s'ils craignaient, ayant bu, de laisser échapper quelque secret... »

Il y a là également Michel Koltsov, qui fait partie des dirigeants de la *Pravda* depuis 1922, donc touche de près au sommet du pouvoir soviétique et sera sans doute plus que le correspondant de son journal en Espagne comme le croit Aragon. Mais *La Mise à mort* est écrite après qu'on a connu la suite, c'est-à-dire que Louppol, que Koltsov vont très bientôt être arrêtés par la police de Staline et qu'ils n'en réchapperont pas. Alors, la tragédie se profile derrière chaque trait retenu. Aragon se trouve aux prises dans la foule avec un provocateur, un provocateur avec une gueule de l'emploi, comme on en trouvait à l'époque à Paris dans les bandes factieuses. Un fasciste, quoi. Et Fougère :

> « Tu es stupide. [...] Tu passes d'un extrême à l'autre, je te dis souvent que tu admires tout à tort et à travers, et puis voilà ! pour un provocateur ! »

A l'époque, cette colère, ce signe ne prêtèrent pas à conséquence. Si l'on ignore ce qu'Aragon a pu penser de la déclaration de Breton en septembre, qui voit dans le procès contre Kamenev et Zinoviev

> « une abjecte entreprise de police qui dépasse de loin en envergure et en portée celle qui aboutit au procès dit des “ incendiaires du Reichstag ” »,

simplement parce que Aragon était alors absent de Paris et, à ma connaissance, ne l'a pas commentée, il s'en prendra en revanche avec la dernière des violences au livre que Gide rapporte de son voyage : *Retour d'URSS.* Le parti communiste français ne supporte d'ailleurs pas l'ombre d'une réserve touchant l'URSS. On s'en aperçoit deux ans plus tard avec l'accueil fait à l'essai de Georges Friedmann, *De la Sainte Russie à l'URSS*. En ce domaine comme dans les autres, Aragon est de plain-pied avec son parti.

Le sens de ce titre : *Le Monde réel* qu'il donne désormais à ses romans s'éclaire ainsi :

> « Tourner l'invention romanesque vers l'avenir en suppose la vue, aussi bien [la postface des *Beaux Quartiers*] disait-elle de ce livre : il prélude à d'autres que rendent problématiques ces craquements sourds dans la vieille demeure, et le bruit des revolvers qui s'arment dans la poche des factieux, et les clameurs proches de la guerre étrangère[1]. »

La montée du péril fasciste exigerait déjà qu'on traite avec respect une URSS alliée nécessaire de la France. Alors, à plus forte raison quand on voit en elle la préfiguration du destin socialiste de l'humanité. Le parti communiste français accède à ce moment de son existence où il commence à embrayer sur le destin français, et Aragon comprend cette ligne de rassemblement national pour la défense de l'indépendance, de la République. D'où cette certitude rationnelle, soudain, que le roman peut s'identifier au mouvement réel de l'Histoire. L'ivresse réaliste qui retentit dans ses déclarations de l'automne, quand il a reçu le prix Renaudot pour *Les Beaux Quartiers*, ne paraît pas outrecuidante :

> « Je souhaite écrire bientôt un livre français sur la France, basé sur la réalité française, et qui soit vraiment illisible aux ennemis du peuple français, comme un beau film soviétique est pour eux intolérable et aveuglant[2]. »

Ce souhait ne sera réalisé que quinze ans plus tard avec *Les Communistes*, lesquels devront s'ouvrir sur... la justification du pacte germano-soviétique. Le réalisme socialiste, aux yeux d'Aragon, se fondait sur une prévision scientifique d'une politique de principes. Mais on ne peut prévoir l'Histoire, encore moins ce qu'on sera soi-même amené à en écrire.

1. *La Suite dans les idées*, *op. cit.*, p. 11.
2. *L'Humanité*, 12 décembre 1936.

CHAPITRE VII

LE POÈTE DE LA RÉSISTANCE

Mon parti m'a rendu les couleurs de la France.
La Diane française.

1.

De la guerre d'Espagne à la guerre tout court

La poésie d'un peuple n'est pas un héritage dans le sens racial du mot, mais dans le sens national du terme.

Les Poissons noirs, *1945.*

L'histoire soudain s'est accélérée. Nous étions jusqu'ici dans le temps un peu ralenti de ces longs séjours en Union soviétique qui vont de pair avec la rédaction des *Beaux Quartiers.* Je n'ai pas eu l'occasion de dire qu'Elsa et Aragon ont quitté l'atelier de la rue Campagne-Première pour ce petit appartement de la rue de la Sourdière, entre le Palais-Royal et l'Opéra, où ils habiteront vingt ans, jusqu'en 1957. Et là, sitôt qu'en cet automne de 1936 ils débarquent à Paris, les voici repartis à convoyer en Espagne les dons de l'Association internationale des écrivains pour la défense de la culture. A la non-intervention du gouvernement français face à l'intervention de Mussolini et d'Hitler aux côtés de Franco, commence de répondre la solidarité des hommes de progrès. Les accompagne le poète allemand Gustav Regler, qui va rejoindre ces brigades internationales créées à la fin d'octobre.

Malraux est arrivé, lui, dès juillet, et a organisé une escadrille de fortune. Koltsov est là pour la *Pravda,* Ehrenbourg pour les *Izvestia.* Il y a Pablo Neruda et John Dos Passos, Koestler, Orwell, Hemingway... Lorca a déjà été assassiné à Grenade, et la poésie de la guerre est liée au nom de Rafael Alberti, sa prose à celui de Bergamin.

Aragon doit rentrer à Paris au début novembre, quand commence la bataille de Madrid. Il va présenter durant l'hiver la tournée de la *Cobla* de Barcelone à Paris et en province, poursuivant l'effort de solidarité. Il en passera quelque chose dans *Le Crève-Cœur* :

Je me souviens d'un air qu'on ne pouvait entendre
Sans que le cœur battît et le sang fût en feu
Sans que le feu reprît comme un cœur sous la cendre
Et l'on savait enfin pourquoi le ciel est bleu...

Là, une fois remplies les obligations nées de son prix Renaudot, Aragon se voit confier par le parti une grande tâche. La pression de l'actualité tant intérieure qu'étrangère, la nécessité d'informer tout de suite, exactement, sur le déroulement de cette guerre en Espagne, c'est-à-dire de n'en pas laisser le monopole, durant la journée, à *Paris-Soir,* ont mis en évidence la nécessité d'un journal progressiste de grande information. La nouvelle situation créée par le Front populaire, l'intérêt pour la République espagnole, dont le sort devient l'affaire du peuple français, créent des conditions favorables. Maurice Thorez offre donc à Aragon la direction du nouveau journal. Aragon accepte, mais se rend à Poitiers pour proposer à Jean-Richard Bloch de la partager avec lui. Né en 1884, universitaire, Bloch est déjà un écrivain d'une autre génération, d'une autre histoire. *Ce soir* commence donc à paraître le 1er mars 1937 animé par deux directeurs, l'un de cinquante-trois ans, l'autre qui n'en a pas quarante.

C'est tout de suite un succès. Un journal vivant, avec une bonne équipe où se détachent les noms d'Andrée Viollis, de René Dunan, de Paul Nizan qui s'occupe de la politique étrangère. C'est Georges Soria qui « couvre » la guerre d'Espagne, en épousant le point de vue officiel des services soviétiques, avant de passer le relais à Louis Parrot. Aragon se donne complètement au travail du journal, y manifestant dans le choix des collaborateurs ce sens du recrutement qui avait déjà fait la valeur de son petit *Paris-Journal* de 1923. Il y déploie librement le goût de l'actuel, de l'événement immédiat, du concret, qui nourrissait la prose du voyage à Berlin ou du *Paysan de Paris.* Il sait adapter le penchant surréaliste à la provocation pour mettre en valeur des faits qui détonnent avec ce qu'on attendrait d'un journal communiste ou communisant, montant en épingle, par exemple, la visite du roi d'Angleterre à Paris. Il publie un texte de Charlie Chaplin dans le premier numéro... L'héritage de Dada mis au service du grand public :

> « Toi, dit Elsa de ces années, tu vivais comme un possédé, tu travaillais, tu militais, tu écrivais... J'étais là, je te suivais, meetings, grèves, accidents... »

Ce Soir n'a pas eu à prendre part à la campagne forcenée contre Gide à cause de son *Retour d'URSS* ni à rendre compte du second des procès de Moscou où sont impliqués en janvier Piatakov et Radek. Il reprend pour information la nouvelle qui tombe le 13 juin 1937 de l'arrestation et de l'exécution des chefs militaires de l'URSS avec le maréchal Toukhatchevski. Bien plus tard, dans *La Mise à mort,* en 1965, Aragon racontera, comme en passant, que Koltsov en a parlé à Elsa et à lui dans un restaurant rue Montorgueil. Aragon en retient :

> « Parmi eux Eidemann, celui qui était assis à ma gauche en 1934, au dîner chez Gorki, Primakov chez qui nous avions été en 1936 à Leningrad... »

Voilà, c'est tout. Or, Elsa et Louis savent parfaitement que Primakov est le nouveau compagnon de Lili Brik, très officiel, celui qui a apporté à Staline fin 1935 la lettre par laquelle Lili se plaignait de l'oubli dans lequel on laissait Maïakovski. Cette lettre fut à l'origine du culte que déclencha l'annotation de Staline publiée par la *Pravda* : « Maïakovski est et reste le poète le plus doué de l'époque soviétique. L'indifférence à sa mémoire est un crime. » Cette lettre, comme Elsa le raconta, une fois Primakov réhabilité, en 1956, sauva la vie de Lili quand toutes les autres compagnes des généraux furent exécutées. A cause de l'annotation, on ne pouvait toucher à la « veuve » de Maïakovski. Elsa et Louis n'ont sans doute pas su tout de suite la gravité de la menace sur la vie de Lili, mais ils restèrent bouche cousue, on s'en doute, sur sa mauvaise relation avec Primakov dont ils ne mettaient sûrement pas en doute la « trahison ».

On ne sait rien ainsi de ce qu'ils pensèrent et se dirent de ce qui se passait en URSS dans cette terrible année 1937. Et pas plus en 1938-1939. Sans nul doute les lettres de Lili à sa sœur n'en disaient-elles rien, Lili sachant à merveille que tout ce qui partait pour l'étranger était soigneusement lu. Mais ils avaient en Koltsov à la fois un intime de Lili, qui avait organisé leur voyage de 1936 et leur rencontre manquée avec Gorki, et un ami dont l'entregent dû à sa position à la *Pravda* s'étendait aux ambassades soviétiques de Paris comme de Madrid. Koltsov, pilote des écrivains français célèbres comme Malraux, avait été ainsi fâcheusement mêlé au voyage de Gide qui s'était soldé par la catastrophe de *Retour d'URSS,* néanmoins son prestige n'en semblait nullement atteint. On sait aujourd'hui que son arrestation au printemps 1939 fut une conséquence de celle du « nabot sanglant » Iéjov[1] qui avait succédé à Iagoda à la tête du NKVD. Iéjov le dénonça comme espion ainsi que Babel et les autres amis de son épouse. Aragon raconta par la suite : « Comme un imbécile, j'ai été parler à l'ambassadeur... » Koltsov, stalinien, avait-il perçu ce qui allait lui arriver ?

L'exécution des généraux glissa sur le deuxième Congrès de l'Association internationale des écrivains pour la défense de la culture. Commencé à Barcelone, à Madrid, à Valence, il va s'achever à Paris. Aragon y prononce le 16 juillet un discours où il précise sa théorie du réalisme dans son rapport avec l'expérience nationale, avec l'expérience française. Il souligne le rôle national de la classe ouvrière :

> « J'ai reçu de très hautes leçons des ouvriers français qui sont des maîtres qui valent bien les grammaires professorales. [...] Ils sont mes maîtres de

1. Il aura fallu attendre la fin 1993 et l'ouvrage de Vitali Chantalinski, *La Parole ressuscitée, Dans les archives littéraires du KGB* (Laffont, édit.), pour qu'on sache enfin ce qui était arrivé à Mikhaïl (Michel) Koltsov, né en 1898, journaliste à la *Pravda* depuis 1922. Il n'est pas mort dans un camp comme on l'a dit lors de sa réhabilitation en 1954, mais a été fusillé le 2 février 1940, le même jour que Meyerhold, cinq jours après Babel, deux avant Iéjov. Voir p. 505-507, ci-dessous.

français parce qu'ils expriment notre peuple au langage clair et son avant-garde ouvrière dont la philosophie se confond avec la vie, avec la réalité... »

Aragon, comme le parti communiste français, sait qu'il vit désormais une véritable course contre la montre. C'est ce qu'ont montré la tragique expérience de la guerre civile espagnole, mais aussi les difficultés du Front populaire en France : le gouvernement Blum, mis en minorité au Sénat, a démissionné. Plus que jamais il s'agit de réaliser un véritable front national de résistance au fascisme. D'où l'importance toute particulière, aux yeux d'Aragon, du congrès du parti qui se réunit à Arles à la fin de l'année, importance bientôt rappelée, en pleine Occupation, dans ces vers de *Plus belle que les larmes* :

...il y a dans le vent qui vient d'Arles des songes
Qui pour en parler haut sont trop près de mon cœur...

C'est dans un texte écrit à la fin de 1945, *Maurice Thorez et la France,* publié en 1946 dans *L'Homme communiste,* qu'Aragon s'est expliqué le plus complètement à ce sujet. Le précédent congrès du parti, à Villeurbanne au début de 1936, avait déjà défini cette ligne de rassemblement, mais la situation s'est entre-temps considérablement aggravée :

« C'est en Arles, peut-être, fin décembre 1937, que celui que tout un peuple appelle amicalement Maurice devait nous apparaître avec cet air de génie, cette ampleur des vues, cette force dramatique de l'expression, qui contrastent si singulièrement en face de ceux dont Goebbels a pu dire que cela avait été la chance des Nazis de ne trouver en face d'eux que des gouvernements de nains. " Nous ne voulons pas, disait-il, que maintenant le monde puisse ne pas reconnaître le vrai visage de la France. [...] La politique dite de non-intervention a été le coup le plus rude porté à la sécurité collective, le plus grave manquement à la mission de la France... Il suffira désormais que l'agresseur ait la complicité d'une rébellion intérieure pour que l'agression soit baptisée guerre civile et que l'agresseur échappe aux rigueurs de la loi internationale..." Les songes qu'en 1942 me rapportait le vent qui vient d'Arles, c'était la grande leçon thorézienne : Unir, unir, unir[1] ! »

C'est en 1933, au retour de son premier long séjour en URSS, qu'Aragon a pour la première fois rencontré Maurice Thorez. Thorez avait mis fin au purgatoire où l'on confinait jusque-là les anciens surréalistes. Il savait apprécier le pas qu'il leur avait fallu accomplir et témoignait, ce faisant, de sa volonté de briser les forces sectaires, ouvriéristes, frein et obstacle à la politique d'union qu'il prévoyait déjà. Thorez, au surplus, ne pouvait qu'être sensible à ce qu'apportait Aragon, à son immense bonne volonté, au besoin de l'enfant illégitime de

1. *L'Homme communiste,* Gallimard, 1946, p. 228.

fraterniser avec des compagnons de combat, de s'intégrer à un groupe puissamment structuré. Enfin, Thorez avait sans doute déjà une très haute idée de ses responsabilités, qui lui fit considérer comme nécessaire à l'enrichissement du parti — et à l'affirmation de son rôle national — l'adhésion des meilleurs esprits de l'époque. Ce n'est pas Thorez qui a soufflé à Aragon la théorie d'un réalisme français, mais c'est indéniablement aux encouragements de Thorez qu'Aragon a dû de formuler avec de plus en plus de hardiesse une conception du développement de l'héritage national aux antipodes de ce « mécanisme de classe de l'inspiration poétique » à quoi il croyait, encore en 1933, identifier les positions du parti.

Cette sorte d'autorisation politique a probablement été déterminante dans son évolution créatrice que les circonstances de la guerre — avec la dissolution du parti communiste — et de l'Occupation ne rendront guère perceptible que six ou sept ans plus tard. La matière romanesque du *Monde réel* allait tendre à se confondre avec ce qu'on eût appelé, au temps de Chrétien de Troyes, *la matière de France.* Et, surtout, la poésie va entreprendre de récupérer les formes traditionnelles, nationales, de la métrique et de la rime.

J'ai maintes fois souligné, déjà au moment de Dada ou de la plus grande rigueur surréaliste, cette propension d'Aragon à la cadence, au chant, elle ne surprendra pas ici. L'important, c'est qu'il trouve désormais dans la politique nationale du parti la raison du mouvement qui le portait alors obscurément, mais qu'il s'attachait alors à brimer.

> « J'avais en moi comme un péché — comme ma part d'un péché — le fait que notre pays s'était laissé entraîner dans la guerre de 14 sans rien faire pour s'y opposer. Je m'étais toujours promis que, par la suite, si on devait être entraîné encore une autre fois dans la guerre, [...] j'essaierais, moi, de marquer la protestation française devant la guerre, de façon à ce que notre pays ne porte pas ce péché d'être entré dans la guerre comme un troupeau de moutons[1]. »

L'exemple qu'il invoque devant Dominique Arban est celui du *Feu* de Barbusse. Ce qui en dit long sur l'évolution de ses jugements littéraires. Il est vrai que Barbusse est mort en 1935 et, d'ailleurs, Aragon ne porte pas à proprement parler un jugement littéraire sur *Le Feu,* mais un jugement politique :

> « Le fait que *Le Feu* et son retentissement avaient été possibles dans un temps où, pour un mot, une lettre, on jetait en prison des gens qui en disaient beaucoup moins que ce qu'il y avait dans le livre, cela m'avait entraîné à penser d'abord que le roman pourrait être une arme à employer le cas échéant contre la guerre, dès son début, avant son début. »

1. *Aragon parle, op. cit.,* p. 133.

Le Feu avait bénéficié de l'effet de surprise. Personne ne s'était attendu à ce que le romancier lyrique de *L'Enfer* écrive ce roman direct. Et puis *Le Feu* avait reçu le prix Goncourt de 1916. Pas question de recommencer :

> « Si un second *Feu* se produisait, dans d'autres circonstances, on ne lui donnerait pas la possibilité d'influer sur le cours des choses, c'était fini, *policièrement* fini, la répétition du phénomène n'était pas possible. Il fallait donc trouver autre chose. L'idée simple qui m'était alors venue, c'était que la poésie pouvait jouer ce rôle. Cela impliquait la considération de l'audience de la poésie[1]. »

Ce souvenir de 1968 doit reconstituer le raisonnement d'Aragon trente ans plus tôt. Déjà en 1938, sans doute, Aragon s'était-il si bien éloigné de son expérience surréaliste qu'il n'avait même plus conscience de la contredire. Qu'il ne faisait pas même exprès d'en prendre le contre-pied. Cependant le processus de transformation de son art est plus complexe et contradictoire qu'il n'y paraît dans ces réflexions. Par exemple, concernant l'audience de la poésie, il est clair que *Front rouge*, le retentissement de l'inculpation par le gouvernement Tardieu, les débats qui avaient suivi comptaient beaucoup à cet égard, et positivement. Il était nécessaire de définir clairement ce que devait être un poème de circonstance, ce que Breton avait précisément accusé d'être « poétiquement régressif ». Or, l'époque produisait désormais nombre de ces œuvres de circonstance, œuvres politiques qui rendaient caduc le jugement de Breton : citons simplement *Guernica* de Picasso, le poème du même nom par Eluard. En revanche, la dépoétisation voulue de la forme, si manifeste dans *La Grande Gaîté*, plus encore dans *Persécuté Persécuteur* et *Aux Enfants rouges*, où la forme appauvrie laissait à nu un contenu simple du type

> C'est rue Lafayette au 120
> Qu'à l'assaut des patrons résiste
> Le vaillant Parti communiste
> Qui défend ton père et ton pain

— ce processus, s'il avait permis à Aragon de désarticuler les rythmes classiques bien au-delà des audaces romantiques ou apollinariennes, aboutissait de fait à une prédominance, poétiquement régressive, du contenu. Ni le contenu organisateur de la pauvreté, ni les formes traditionnelles organisatrices du contenu n'offraient de solution. Le moyen de briser la vieillerie poétique et les prosaïsmes étouffants, c'était précisément de retrouver la signification historique et nationale des formes poétiques, de les transformer à partir de cette signification, et non plus de les rejeter. Alors pouvait naître une nouvelle dialectique entre ces formes rénovées et le nouveau contenu national.

1. *Aragon parle. Ibid, p. 133.*

« Pendant dix ans, j'ai écrit des poèmes dont peu furent publiés, beaucoup déchirés, d'autres perdus simplement (notamment pendant la guerre d'Espagne) et qui m'ont amené, lorsque je me suis trouvé devant le fait de la guerre de 1939, à ces poèmes que j'ai commencé d'écrire dès septembre [1]. »

Cette mutation poétique où éclate le génie d'Aragon, qui paraît avoir revêtu la soudaineté d'une explosion, a donc été ourdie de longue date, amorcée par tout un travail préparatoire, poétique et politique, dont l'essentiel demeure enfoui.

Dans la période qui nous intéresse, ce qui en affleure se trouve non seulement dans les réflexions théoriques, mais dans la critique des romans qui paraissent et aussi dans les feuilletons politiques que, trois fois par semaine en moyenne, Aragon donne dans *Ce soir* sous le titre *Un jour du monde.* Le procès et l'exécution à Moscou de Boukharine en mars 1938 ont été recouverts pour les antifascistes par l'*Anschluss* de l'Autriche le 12, première agression hitlérienne qui ne suscite pas de riposte des démocraties médusées. Malraux qui vient de publier son roman *L'Espoir* ne veut voir que le combat en Espagne, aussi Aragon est-il alors très proche de lui. Il a publié les bonnes feuilles du livre dans *Ce Soir* et à la sortie en librairie il y soulignera :

« l'entrée brutale de la réalité dans le monde spirituel où l'homme croyait se protéger en se retirant [2] ».

Puis il précise pour la revue américaine *New Republic* :

« *L'Espoir* est un livre fondamental de notre temps, un livre où les idéaux les plus élevés sont confrontés aux réalités les plus pressantes. [...] Il exprime notre temps et de quel autre livre pourrions-nous en dire autant ? La grandeur de Malraux ne consiste pas à expliquer la guerre d'Espagne, mais à s'y plonger. [...] L'événement ne lui sert plus de prétexte, ou de cadre, mais le porte. Malraux est réaliste en ce qu'il transcende la réalité [3]. »

Dans *Europe* — où il a publié en mars 1938 *Réalisme socialiste, Réalisme français,* texte d'une conférence de l'automne précédent qui tient lieu ici de manifeste —, il consacre le 15 décembre un compte rendu très important au livre de son collaborateur Paul Nizan, *La Conspiration,* sous le titre : *Le Roman terrible.*

« C'est la première fois dans l'histoire du roman français que cette zone singulière de l'intelligence est amenée à la lumière. [...] C'est certainement la partie politique du livre qui en fait le prix. [...] Rien n'est plus loin de ce qu'on décrit ordinairement sous le nom de *littérature de propagande* que

1. *Aragon parle, ibid.,* p. 137.
2. *La Victoire du réel, Commune,* août 1938.
3. Cité par Jean Lacouture, *Malraux,* Le Seuil, 1973, p. 258.

cette sorte de roman qui ne cherche point à convaincre comme un discours, mais qui montre la vie telle qu'elle est, et qui convaincra plus sûrement par là même, comme fait l'histoire qui se charge de pas mal des idées des hommes, non par la discussion, mais par le fait. Je proclame ici que là est l'inéluctable avenir du roman, qui nécessitera toujours plus des romanciers qu'ils agissent en historiens, fût-ce pour raconter une petite anecdote futile et d'apparence oiseuse. Désormais, la conscience de l'histoire est trop imposée au lecteur pour que le romancier puisse, sans en avoir pénétré le secret, donner à quoi que ce soit cette vraisemblance sans laquelle on ne saurait persuader ledit lecteur de tourner les feuilles de son livre[1]. »

Aragon s'est mis alors aux *Voyageurs de l'impériale,* et nous verrons comment ces réflexions en éclairent le caractère historique. Mais il est accaparé par son travail de journaliste en ce moment très grave qui voit la capitulation de Munich, la fin des combats de la République espagnole. A défaut de pouvoir en résumer la substance, il convient au moins de donner le ton de ce travail. Nous voici à la fin janvier 1939. Aragon demande qu'on s'occupe vraiment du sort des enfants de Barcelone et s'en prend à la politique louvoyante et pernicieuse du ministre des Affaires étrangères, M. Georges Bonnet :

26 janvier 1939

« M. Bonnet m'accuse de poursuivre une " certaine campagne " qui présente la France comme faible, moi, j'accuse M. Bonnet d'affaiblir la France... »

28 janvier

« Tout cela pour nous mener où nous en sommes... *C'est-à-dire devant une menace de guerre immédiate contre la France.* Car c'est ce qu'on murmure. Et si c'est vrai, il faut chasser M. Bonnet qui nous a menés là. Et si c'est faux, il faut l'arrêter pour l'empêcher de semer la panique... »

Pour mieux faire comprendre le cortège de souffrances des réfugiés d'Espagne à nos frontières, Aragon se rend au Perthus, au début de février, et raconte le passage des blessés, des volontaires internationaux. Puis il ouvre la protestation contre les camps de concentration où l'on parque les réfugiés. Il crie : « Sauvez les intellectuels d'Espagne ! »

27 février

« La France a marqué sa journée d'une pierre noire : d'une pierre comme celles qu'on attache au cou des bêtes qu'on veut noyer. La décision de reconnaître Franco a été prise au Conseil des ministres à l'unanimité. »

16 mars. Hitler est entré à Prague. C'est le prix de la politique de Munich et de M. Georges Bonnet :

1. *Europe,* décembre 1938.

> « Le mensonge règne en Allemagne. La France a l'horreur du mensonge. [...] C'est assez du mensonge. C'est assez du menteur. Nous ne voulons plus de celui qui présentait comme fondées toutes les thèses de l'ennemi. »

Aragon avait écrit le 31 décembre 1938, en présentant ses vœux aux lecteurs de *Ce soir* :

> « Je souhaite la paix qui anéantira jusque dans ses fondements le souvenir même de Munich. Et si rétablir la paix, de même qu'aux jours de Napoléon la liberté dans le monde, exige de résister les armes à la main à ceux qui les armes à la main exigent qu'on agenouille et courbe encore plus la France humiliée, à qui donc parmi nous cela ferait-il peur ? »

Aragon discerne alors nettement les conditions du combat. *Commune,* sous la direction de son nouveau rédacteur en chef Jacques Decour, sur qui Aragon s'est déchargé de la direction de la revue, consacre son numéro de février 1939 à *L'Humanisme allemand.* Aragon y donne un de ses meilleurs articles :

> « Je vous dis que nous sommes en guerre, nous autres Français, avec l'Allemagne. Une guerre qui se fait par d'autres moyens, voilà tout. D'une minute à l'autre, le recours aux moyens classiques est possible. Une guerre qui dure depuis plus de deux ans et où d'autres se battent pour nous. Je dis qu'il faut être insensé pour ne pas reconnaître ce fait : nous sommes en état de guerre. Et dans ce moment surtout où d'hypocrites tentures cachent le combat véritable, peut-être plus encore, autrement que de 1914 à 1918, il est nécessaire aux Français de se durcir, et de savoir même être injustes, et de haïr, pour être aptes à résister. »

Arrêtons la citation sur ce mot prophétique. Mais il ne faut pas en conclure à une rupture de l'internationalisme :

> « Je veux pendant qu'on peut encore m'entendre affirmer que cette véritable Allemagne, c'est pour elle que nous nous battrons, comme se battent pour nous les libres fils de l'Espagne, malgré nos trahisons, nos lâchetés envers elle, et les marchandages atroces de nos maîtres, et le trafic atroce de la liberté... »

Voilà le discours politique d'Aragon tandis qu'il achève *Les Voyageurs de l'impériale.* Depuis que le roman a été connu dans sa totalité — c'est-à-dire seulement à la fin de la guerre —, divers commentateurs et Aragon lui-même se sont donné beaucoup de mal pour le raccorder à la volonté militante qui perce dans *Les Beaux Quartiers.* Pourquoi pas ? Je crois plutôt, cependant, qu'Aragon y pratique ce « ressourcement » dont parlait Péguy, et que la place de ce que j'ai appelé son contre-monde, c'est-à-dire la réévaluation de ses sources, y est prépondérante. Face à la tragédie espagnole, à la veille de la seconde guerre de sa vie, comment Aragon ne s'interrogerait-il pas aussi à ce niveau, au niveau *des siens* ? *Les*

Voyageurs de l'impériale sont le fait d'un romancier qui se sent, face à la France, du même côté que Bernanos ou François Mauriac. Du côté de Péguy.

Le personnage principal dérive — au bien ? — de ce grand-père Toucas qu'Aragon eut aussi sans l'avoir, le père de Marguerite. Aragon fait du sous-préfet un professeur, Pierre Mercadier, qu'il dote d'un fils, Pascal, à qui il fait diriger la pension de famille de l'avenue Carnot, ce qui crée l'écart absolu avec Marguerite. Et d'un petit-fils, Jeannot, qui a beaucoup de l'enfance de Louis. C'est la nouvelle donne de la préhistoire de l'auteur.

Cette part essentielle de sa préhistoire qui s'était jouée avant sa naissance, qui avait fait de Marguerite[1] une aînée chargée de toute la famille, fait autant partie de l'enquête sur les siens, sur son enracinement, que cette part de la société française qui devra un jour basculer aux côtés de la classe ouvrière ; qui doit tout de suite abandonner les apôtres de la démission nationale. C'est là, me semble-t-il, l'unité politique profonde du roman, par rapport à quoi la thèse politique, telle qu'Aragon l'isolera un jour, paraît au moins seconde. Selon cette thèse, Pascal,

> « qui n'arrive pas à la conscience de la classe ouvrière, a, cependant, lui, pour des raisons purement nationales, juste assez de conscience pour condamner son propre père, sa propre classe[2] ».

Sans doute l'échec intime de Pierre Mercadier, son « on ne part pas », grotesque et effrayant, dénoncent-ils la faillite de l'individualisme bourgeois. La morale ouvrière ou générale est sauve. Elle peut justifier le roman, mais il n'a pas été écrit pour un ordre moral, quel qu'il soit. Il le déborde intensément par la vie qui y fourmille, brise les cadres voulus, foisonne. Le bordel de Dora Tavernier, près de qui Pierre se réfugie, n'est plus là pour le regard clinique du *Paysan de Paris* ou pour l'orgie délirante et symbolique de *La Défense de l'infini* ; il est comme une composante prosaïque de la réalité française en ce début du siècle. Un contrepoint naturaliste réussi à ce qui, désormais, transfigure chez Aragon le romantisme des années 1924-1925, l'assurance qu'il possède de savoir désormais *comment se joue une vie*. Assurance qu'on lit dans ces dernières pages achevées à l'ambassade du Chili où Aragon et Elsa se sont réfugiés aux derniers jours d'août 1939, entre l'interdiction de *Ce soir*, après le pacte germano-soviétique, et la déclaration de guerre proprement dite. Elles retracent la montée de Pascal à ce point d'où il verra l'autre côté des choses. Aux dernières lignes, Pascal part pour la guerre de 1914, au moment où la tragédie se répète pour Aragon :

1. *Ce Soir* publie en feuilleton, au début de 1939, un roman policier, *les Rubis Marsden*, « traduit de l'anglais par Marguerite Toucas ».
2. « Aragon répond à ses témoins », in *La Nouvelle Critique*, n° 8, juillet-août 1949.

« Non, on se bat pour en finir. C'est la dernière guerre. Il ne faut pas que nos enfants revoient ça. C'est pour eux. Pour eux qu'on se bat. Quand Pascal pense que Jeannot, un jour, pourrait être comme lui un numéro matricule quelque part dans l'infanterie, son cœur se serre, ses yeux se brouillent. Jamais, jamais ! S'il faut crever, on crèvera, mais le petit ne connaîtra pas ça... »

Aragon n'est pas Jeannot. Il n'avait pas de père dans l'infanterie, il s'adresse à tous ceux qui, comme lui, n'auront connu que vingt ans de paix entre une guerre et l'autre. Cette autre qu'on a vu venir se profiler, mais qui éclate dans la plus surprenante des configurations. Oui, c'est bien, comme Aragon l'écrivait à propos du roman de Nizan, « l'histoire qui *se charge pas mal des idées* des hommes, non par la discussion, mais par le fait ».

Le fait qui contrairement à ce qu'Aragon croit dur comme fer, en ce printemps tragique de 1939, ne sera porté que bien plus tard à la connaissance des hommes. Une part essentielle de son communisme est née de la persuasion qu'à cause de l'existence de l'URSS, premier État socialiste de l'histoire, on ne pourrait plus lancer les peuples dans une boucherie comme celle de 1914. Lénine n'a-t-il pas incarné le refus absolu de toute diplomatie secrète ? Staline son continuateur est donc le garant de la paix. Telles sont les données du pire drame de la vie d'Aragon.

2.

Le crève-cœur

Car il y a deux sortes d'hommes dans le monde, ceux qui, pareils aux gens de l'impériale, sont emportés sans rien savoir de la machine qu'ils habitent, et les autres qui connaissent le mécanisme du monstre.

Les Voyageurs de l'impériale.

Aragon avait prévu la guerre presque depuis son adhésion de 1927 au parti, mais d'abord, selon la thèse de la « Troisième Période », comme une guerre antisoviétique généralisée, celle de *Front rouge*. Ensuite, face à la montée agressive des fascismes, contre les capitulations comme celle de Munich, avait grandi en lui l'idée d'une résistance nécessaire, au besoin par les armes, c'est-à-dire d'une guerre où la France serait aux côtés de l'URSS contre Hitler. Ce qui impliquait la défaite politique d'un gouvernement français de démission nationale, d'accommodements honteux avec Hitler et Mussolini.

Après l'entrée de la Wehrmacht à Prague, en mars 1939, il se fait comme un sursaut des démocraties. Le président Roosevelt prend une position ferme contre l' « Axe » des puissances fascistes, des pourparlers sont engagés pour la conclusion d'un pacte franco-anglo-soviétique. Cela crée une sorte d'accalmie de la tension. Aragon en profite pour partir avec Elsa au Congrès des écrivains américains qui se tient à New York.

Ce n'est ni aveuglement, ni inconscience. Pour qu'Aragon, directeur de *Ce soir*, s'absente et pour un tel voyage, il lui a fallu l'accord explicite du secrétariat du Parti, c'est-à-dire en réalité de Maurice Thorez et d'Evgen Fried, qui, sous le nom de Clément, est l'instructeur slovaque du Komintern auprès du PC français qui supervise directement d'ailleurs la ligne de *Ce soir*[1].

Le rôle à l'époque de Clément est un des secrets du PC les mieux

1. Sur Evgen Fried (1900-1943), voir mes *Hérétiques du PCF,* Laffont, 1980, p. 322.

gardés, est-il besoin de le dire. Il faudra attendre *Les Lettres françaises* du 19 février 1969 pour qu'Aragon, rendant compte de *L'Aveu* d'Artur London, où celui-ci relate les pressions exercées sur lui afin qu'il mette Fried en cause dans la mise en scène du procès Slansky, parle de lui : « Je dois dire qu'il m'a considérablement aidé à poursuivre l'orientation de mon journal malgré les très nombreuses remarques désobligeantes qui m'étaient faites de divers côtés et notamment par certains dirigeants de mon parti. » Et, réfutant ainsi les accusations de gauchisme qu'on voulait faire dire à London contre Fried, il ajoute : « Oui, au début de 1944 [en fait 1943], cet homme de qui j'ai beaucoup appris a été abattu à Bruxelles [...]. On l'a tué dans son appartement sans même l'interroger. Et il semble que l'interrogatoire de Desider [le vrai prénom est Evgen, Eugène] Fried ait été laissé aux bons soins des services de sécurité tchécoslovaques huit ans après sa mort. »

Ce départ ne peut signifier que des indications venues de Moscou confirmant l'espèce de détente que j'évoquais après que des négociations se furent ouvertes entre l'Union soviétique et les démocraties occidentales pour la résistance à l'agression. Aragon est déjà parti quand Georges Cogniot, rentrant d'URSS où il était le représentant du PC français auprès du Komintern, avait, rendant compte du discours prononcé par Staline le 10 mars, fait entendre un autre son de cloche le 12 avril salle Pleyel :

> « Les travailleurs appuieront la guerre juste de tout peuple qui lutte pour son indépendance nationale contre les agresseurs impérialistes... Ils appuieront éventuellement toute guerre qui *accélère la victoire du prolétariat mondial dont les intérêts coïncident entièrement avec ceux de l'Union soviétique* [souligné par moi], pays du socialisme vainqueur, patrie de tous les travailleurs. »

Ce qui annonce directement la volte-face du pacte germano-soviétique. Mais on n'entend que ce qu'on veut entendre. Que Staline puisse avoir en vue une guerre qui accélérerait la victoire du prolétariat mondial est strictement impensable pour tout communiste qui connaît la tradition d'un parti né contre la participation des socialistes aux gouvernements de guerre entre 1914 et 1918. Nizan qui, lui, a écouté ce compte rendu et est l'éditorialiste de la politique étrangère de *Ce soir* n'a visiblement pas compris. Aragon de l'autre côté de l'Atlantique plus mal placé encore n'en sait donc rien[1].

Elsa avait publié à la fin de 1938 son premier livre en français : *Bonsoir Thérèse*, qui lui avait valu, entre autres, un article flatteur d'un jeune romancier et philosophe, Jean-Paul Sartre. Elle y manifeste son talent de conteuse, son extraordinaire capacité de saisir la réalité à chaud. C'est un

1. Cette affaire est fort bien décryptée dans Stéphane Courtois, *le PCF dans la guerre*, Ramsay, 1980, p. 16-19 et p. 122 et, pour ce qui concerne Nizan, par Annie Cohen-Solal en collaboration avec Henriette Nizan, *Paul Nizan, communiste impossible*, Grasset, 1980, p. 237 et suiv.

changement dans leur couple. On voit désormais Elsa prendre une assurance nouvelle. Elle décide d'épouser Aragon : elle juge, avec sa lucidité impitoyable, qu'il peut être arrêté ou fait prisonnier, qu'il est donc nécessaire d'établir ces liens légaux entre eux.

Malgré le prix Renaudot et son traitement de directeur de *Ce soir* — cinq mille francs mensuels, à peu près l'équivalent de quinze mille francs dans notre monnaie de 1993 —, Aragon, qui n'a pas de défraiements professionnels, doit vendre deux manuscrits, dont celui des *Cloches de Bâle*, pour payer ce voyage américain. Encore faudra-t-il l'hospitalité d'amis américains, Josephson qu'il a connu au temps de Dada et de Giverny, et son épouse, pour qu'Elsa et lui puissent rester les six semaines prévues.

Matthew Josephson raconte :

> « Aragon et Elsa Triolet passèrent une semaine en juin chez nous dans le Connecticut. L'époque était menaçante ; Louis essayait de terminer toute une série de choses qu'il était en train d'écrire, dont un long roman dont il nous racontait les chapitres encore à écrire (et qui plus tard furent publiés exactement comme il les avait racontés). Souvent, durant la journée, Elsa et lui s'asseyaient sur la terrasse pour contempler notre vallée dans un sentiment de bonheur tranquille qu'il m'assurait ne pas pouvoir durer longtemps. " La guerre approche, disait-il. Je crois que c'est là les dernières journées heureuses que j'aurai connues... "[1]. »

Il ne se trompait pas. Durant son absence, les manchettes de *Ce soir* ont fait connaître la résistance qui s'est levée en Tchécoslovaquie, suscitant aussitôt les menaces de répression des hitlériens. Quand ils reviennent en France, un nouveau nom occupe la « une », celui de Dantzig, à propos de quoi se déclenchera la guerre. Nizan exalte avec brio l'espérance que la paix sera sauvegardée. Le 12 mai, une semaine après l'annonce du remplacement de Litvinov par Molotov dont il n'a évidemment pas percé qu'elle est un des prodromes du pacte germano-soviétique, il écrit dans son édito de *Ce soir* :

> « La vérité est que l'édifice de la sécurité est virtuellement élevé : de la mer Noire à la Baltique, la muraille protectrice n'a cessé de monter. [...] Les peuples ne comprendraient pas que dans les prochains jours, à Londres et à Genève, les hommes d'État français et britanniques hésitent encore à s'associer totalement à l'URSS, à cette coalition préventive dont tous les éléments encore dispersés peuvent être soudain réunis en un système inébranlable, capable enfin de le maintenir en paix. »

Telle est la ligne défendue par *Ce soir* avec plus de détermination si possible que par Gabriel Péri, l'éditorialiste de politique étrangère de *L'Humanité*, dont les articles lus avec le recul laissent percer une

1. *Life among the Surrealists, op. cit.*, p. 340:

assurance moindre que celle de Nizan. C'est avec ces articles-là qu'Aragon enchaîne quand il reprend le 16 juillet sa chronique *Un jour du monde*, mais sous forme d'éditorial, qui prendra la place de celui de Nizan, lequel signe son dernier article le 23 juillet, avant son départ en vacances avec les siens pour la Corse. Aucune divergence entre lui et Aragon dont l'avant-dernier article, paru le 21 août, dénonce les tergiversations du gouvernement français qui font craindre une nouvelle démission face à Hitler : *Gare aux capitulards*

Le suivant, le 22, explique cette nouvelle stupéfiante : l'annonce d'un pacte germano-soviétique. Le surtitre de *Ce soir* est significatif : *L'annonce du pacte de non-agression fait reculer la guerre.* Il est probablement dû à Aragon, dont l'éditorial commence exceptionnellement en « une » : *Cessez de faire le jeu de M. Hitler.*

La thèse en est que ce pacte de non-agression ne saurait empêcher la conclusion d'un pacte avec la France et la Grande-Bretagne.

> « Je le répète, la guerre a reculé hier. [...] Quand, en septembre dernier, la Pologne, alors dans le camp des hitlériens, menaça d'envahir la Tchécoslovaquie, l'URSS, qui avait avec la Pologne depuis des années un pacte de non-agression, a fait savoir à la Pologne que le pacte de non-agression polono-soviétique deviendrait de ce fait non opérant. Et la Pologne a reculé.
> Donc le pacte germano-soviétique peut servir d'instrument de paix contre le Reich agresseur, le cas échéant. »

Il s'agit d'un article de croyant, d'un acte de foi fondé sur cette conception que l'Union soviétique menait une politique de paix dans l'intérêt de tous les peuples, et que ce pacte avec Hitler ne pouvait être qu'un pacte de paix. Si les puissances occidentales avaient livré sans combat l'Autriche et la Tchécoslovaquie à Hitler, puis, malgré la résistance du peuple espagnol et des volontaires internationaux, l'Espagne à Franco, c'était dans l'arrière-pensée de donner à Hitler les moyens de se jeter contre l'Union soviétique. Donc, le pacte brisait ce complot. Aragon était dans la logique de la politique qu'il avait défendue depuis des années. Cet éditorial, sous ce jour, était un acte de courage politique.

Ce qu'à l'époque Aragon ne pouvait savoir — ne pouvait tout simplement concevoir — c'est que ce pacte donnait en fait les mains libres, et même les moyens, à Hitler de déclencher son agression, puisqu'un protocole *secret* additionnel impliquait le partage de la Pologne entre l'Union soviétique et l'Allemagne, et, à terme, l'entrée des pays baltes dans la zone d'influence soviétique. Bref, sanctionnait une forme de coopération. C'était bel et bien la réalisation de la guerre capable d'accélérer la victoire du prolétariat mondial évoquée par Georges Cogniot le 12 avril.

Certes, l'Union soviétique y trouvait des gages pour sa propre sécurité, mais c'était au prix d'une démobilisation des peuples d'Europe contre Hitler, démobilisation que la politique de Staline (qui poussa fort loin les échanges de tous ordres avec Hitler, et fort longtemps, pratiquement jusqu'au moment de l'agression contre l'URSS du 22 juin 1941) aggrava de façon injustifiable. Aragon au demeurant ne mettra jamais en cause le pacte germano-soviétique, continuant de penser que les vingt-deux mois de sursis ainsi acquis par l'Union soviétique en constituaient la justification.

Sur le moment, Aragon n'a pas eu la possibilité de s'en expliquer davantage. Son éditorial, suivant, *Tous contre l'agresseur* !, a fait partie du numéro de *Ce soir* saisi. On y lisait :

> « C'est, comme on l'a dit, un pacte de non-agression et non pas de prime à l'agression. Il ne suppose pas l'abandon de la Pologne, victime d'une agression... »

Que le gouvernement français ait alors besoin de jeter son opinion publique dans la nuit, c'est d'autant plus visible ici que l'éditorial appelle le plus clairement du monde au devoir patriotique :

> « Et je veux ici répéter et réaffirmer que rien n'est changé, que le plus grand danger pour la paix est le danger hitlérien, que la lutte contre l'hitlérisme menée depuis toujours par les antimunichois que nous sommes, et qui n'avons pas noué d'idylle avec M. Hitler sur le corps mutilé de la Tchécoslovaquie, que la lutte contre l'hitlérisme nous paraît toujours devoir être menée sans merci. Et que nous espérons que si demain, la France victime d'une agression, ou se portant conformément à ses engagements internationaux au secours d'un pays attaqué, doit prouver par les armes qu'elle reste fidèle à sa haute mission de liberté et de paix dans le monde, tous les Français, vous m'entendez bien, tous les Français comme nous, même ceux que quelques-uns avaient trompés en vantant M. Hitler et son régime de gendarme en Europe contre le bolchevisme, feront leur devoir de patriotes pour le rétablissement du droit international[1]. »

Aragon, comme Nizan, plus longtemps et donc encore plus gravement que lui, a induit ses lecteurs dans la pire erreur touchant le destin de la France et leur destin personnel. Mais contrairement à Nizan, loin d'en assumer la responsabilité, il n'aura de cesse qu'il ne réécrive cette histoire de façon à montrer que c'est lui qui a eu raison. Il va en sortir sa participation à la calomnie contre Nizan et son roman *Les Communistes*, les deux étant à l'origine liés.

1. Reproduit en fac-similé par A. Rossi, *Les Communistes français pendant la drôle de guerre,* pl. III. Cet article, qui reflète la position initiale du parti communiste français, explique les réactions de ceux qui deviendront les adeptes de ce qu'on appellera le « communisme national », comme Nizan. (Voir ci-dessous, p. 430-431.) Saisi par la police, republié par un « renégat » dans un livre peu diffusé et jamais repris avant 1975, sinon dans ma biographie, c'est un texte capital pour la compréhension de l'attitude d'Aragon pendant la « drôle de guerre », la Résistance et l'après-guerre. Voir sur la crise dans le PCF en septembre mes *Hérétiques du PCF* (qui fut le plus étouffé de mes livres), *op. cit.*, p. 136-162.

Aragon a tout juste le temps de réunir ses collaborateurs.

Je ne pourrai jamais lui faire dire ce qui s'y est passé, sinon qu'il s'agissait des dispositions pratiques étant donné l'interdiction du journal, les salaires du mois d'août, la situation des familles, etc. Chronologiquement, cela a dû se passer le 27, puisque Nizan a eu le temps de rentrer de Corse — ce pourquoi, il n'y a à l'époque bien sûr que le bateau et le train. On sait par le témoignage de sa femme Rirette qu'il était résolu à demander des explications au PC sur le pacte[1]. Quand Thorez publie sa dénonciation de Nizan sur laquelle je reviendrai (voir plus loin p. 430 et suiv.), il écrit ceci qui peut nous aiguiller :

> « Deux jours plus tard [après la démarche du député communiste Saussot du 25, qui voulait demander des explications à l'ambassadeur soviétique, c'est-à-dire le 27 août], un autre agent de police Nizan, sous le prétexte fallacieux de tirer parti de la suppression de nos publications légales, proposa un “ plan ” de collaboration avec des journaux bourgeois : cela n'était rien d'autre qu'un hameçon destiné à nous obliger à accepter un communisme national, c'est-à-dire un communisme en paroles et, dans les faits, une forme de nationalisme. »

Le mot capital ici est « communisme national ». Nizan, dans tous ses articles, comme Aragon, était pour ce communisme-là. Le pacte ouvre les yeux de Nizan. Or, sa position lors de la réunion des communistes de *Ce soir* ne suscite sur le moment aucun scandale. *Y compris de la part d'Aragon.* Sans doute ne dit-il pas ce qui, dans l'article légal d'Aragon, l'a rendu au témoignage de sa femme « tout pâle » quand il l'a découvert sur le port d'Ajaccio : l'affirmation que le pacte a fait reculer la guerre. Il sait que c'est le contraire de la vérité puisque le pacte permet à Hitler de faire la guerre et qu'il faudra poursuivre la lutte antifasciste dans les pires conditions, contre ceux qui vont se servir du pacte pour propager l'esprit de Munich. Paulhan écrit le 13 septembre à Armand Petitjean : « Je l'ai vu fort embarrassé, se séparant en tout cas d'Aragon[2]. » Il se trouve ainsi incarner le drame même qu'Aragon tentera d'évacuer en écrivant *Les Communistes*, où la caricature ignoble de Nizan servira à refouler ce qu'Aragon a partagé du « communisme national » en ces jours terribles, précisément dans cet éditorial saisi. Et par son absence de réaction négative en entendant la proposition de Nizan.

Par suite des provocations policières qui se multiplient, Aragon quitte son domicile et se réfugie, je l'ai dit, à l'ambassade du Chili où il a des amis, y termine à bride abattue les cent cinquante dernières pages des *Voyageurs de l'impériale* et envoie son manuscrit à son éditeur américain. Il agit dans la tempête avec un sang-froid parfait.

Mobilisé le 3 septembre, il est d'abord affecté à un régiment de travailleurs. C'est la drôle de guerre où il ne se passe rien, où le

1. Annie Cohen-Solal, *op. cit.*, p. 244.
2. Jean Paulhan, *Choix de lettres, 1937-1945,* Gallimard, 1992, p. 113.

gouvernement ne fait pas la guerre qu'il prétend faire, « comme si, dira Aragon dans *Les Communistes*, la mobilisation n'était qu'une forme de non-intervention ». La guerre est intérieure : contre les communistes, contre les syndicats. Le parti est dissous le 26 septembre. Paradoxalement, à cause du pacte germano-soviétique, les communistes français font alors figure de ce qu'ils ne sont pas, de partisans du compromis avec Hitler, tandis que les partisans de ce compromis se refont une beauté patriotique en les dénonçant. C'est une période de grand trouble où l'on ne peut démêler, pour ce qui est du parti, ceux qui se désolidarisent du pacte, par peur de la répression, de ceux qui le refusent comme une trahison morale. N'oublions pas que la confusion est alors à son comble. Le groupe communiste a voté les crédits de la guerre. Le 19 septembre un communiqué conjoint du groupe et de la direction du PCF exalte « la bravoure du peuple polonais, l'héroïsme des détachements ouvriers de Varsovie » et reprend la déclaration de Thorez au temps du Front populaire le 25 avril 1936 : « Ce n'est ni à Rome, ni à Berlin, ni à Londres et pas même à Moscou que se déterminera le sort de notre pays, mais à Paris » et conclut : « Vive la France que les communistes défendent pour qu'elle reste un pays de liberté[1] ». C'est purement et simplement du « communisme national ». Le coup de barre à 180° sur ordre du Komintern et de Staline, décidé par Staline le 9 septembre[2], n'a pas pu arriver à Paris avant le moment où le PC va être dissous, d'où la lenteur de la mise en application de ce tournant terrible illustré par la désertion de Thorez le 4 octobre sur injonction de Moscou.

On ne connaît pas la réaction d'Aragon à l'annonce par Nizan, le 25 septembre 1939, dans *L'Œuvre*, de sa démission du parti après l'invasion de la Pologne par l'Armée rouge. On sait qu'il donne l'exemple de la fidélité et tient bon en restant visiblement à la position alliant acceptation du pacte germano-soviétique et « communisme national », dernière position qu'il ait pu connaître avant d'être isolé par sa mobilisation et par la dissolution du PC.

La seconde guerre de sa vie, la séparation — la première séparation d'avec Elsa —, l'immense désarroi de la nation et de ses camarades lui arrachent des poèmes d'une beauté inédite dont la publication dans la *NRF* de décembre 1939 fait l'effet d'un coup de tonnerre. Aragon y réussit à merveille le mariage de la métrique traditionnelle et d'un traitement moderne du vocabulaire et de la rime. Le vieil alexandrin bousculé par

1. *Hérétiques du PCF, op. cit.*, p. 144.
2. *Ibid.*, précisé depuis par l'examen des archives du Komintern qu'a fait Mikhaïl Karinski dans son article « Le Komintern et le parti communiste français », numéro spécial, n°s 32-33-34 de la revue *Communisme,* L'Age d'homme, 1993, p. 11-40. C'est le 9 septembre 1939 que « conformément aux instructions de Staline », il est enjoint aux partis communistes de « se dresser contre la guerre, démasquer son caractère impérialiste, voter contre les crédits militaires, faire savoir aux masses populaires que la guerre ne leur donnera rien que souffrances et dévastation ».

Hugo, rénové par Rimbaud, se met tout à coup à l'unisson de ce XXe siècle déchiré. *Vingt ans après...*

> Vingt ans L'espace à peine d'une enfance et n'est-ce
> Pas sa pénitence atroce pour notre aînesse
> Que de revoir après vingt ans les tout petits
> D'alors les innocents avec nous repartis

A cela, dans le droit-fil des *Voyageurs de l'impériale*, s'ajoute le jaillissement de la fidélité politique pour qui sait entendre :

> Nous reprenons vingt ans après nos habitudes
> Au vestiaire de l'oubli mille Latudes
> Refont les gestes d'autrefois dans leur cachot

Pierre Seghers, qui sera l'éditeur par excellence de la poésie de la Résistance, a fort bien déchiffré l'allusion :

> « Latude ? Par le moyen de la légende populaire et de l'allusion, une sorte de contrebande ferait-elle ici *subrepticement*, dès 1939, son entrée ? Latude... Une boîte explosive, un colis piégé à Mme de Pompadour, trente-cinq ans de prison sans jugement. Latude ? En ce début d'hiver 1939, quels incarcérés tirent des plans dans leurs cachots [1] ? »

Sitôt qu'on en venait à se poser cette question, la réponse était que ces « mille Latudes » s'identifiaient aux communistes demeurés fidèles à leur parti et qu'on avait emprisonnés. Comme en écho, l'autre poème publié par la *NRF, Le Temps des mots croisés*, affirmait, face à ceux qui menaient cette répression : « Je ne suis pas des leurs ». Aussi très vite ces poèmes se répandent-ils hors de la revue pour lettrés qui les a publiés. Ils sont recopiés dans les correspondances. On les apprend par cœur, ce qui prouve qu'Aragon a gagné son pari. Ses vers passent de mémoire en mémoire chez ceux qui savent les déchiffrer, qui les reçoivent comme un code d'honneur et d'espoir. C'est ce double langage, ce codage du souvenir et des repères politiques, incitant à une seconde lecture, qui les assimilent à une littérature de contrebande. Aragon y fait passer sa conviction de communiste, et elle est sans ambiguïté pour ceux qui la partagent, qui en déchiffrent les obscurités, le brouillage volontaire et savent la traduire pour les autres. La poésie retrouve du même coup, en sus de la diffusion livresque, le cheminement oral qu'elle avait perdu depuis Apollinaire.

Mais il est un autre tournant — d'égale importance — dans ses poèmes. Aragon y chante la femme aimée. Il y avait eu un poème dédié à Elsa dans *Persécuté Persécuteur*, et puis les dédicaces des romans. Ici, pour la

1. Pierre Seghers, *La Résistance et ses poètes (France, 1940-1945)*, Seghers, 1974, p. 43.

première fois dans l'œuvre, le lyrisme est à visage découvert. Elsa est la Dame de courtoisie qui donne sens à la vie, au courage, mais c'est une Elsa de chair et de sang :

Vingt ans après Titre ironique où notre vie
S'inscrit tout entière et le songe dévie
Sur ces trois mots moqueurs d'Alexandre Dumas
Père avec l'ombre de celles que tu aimas

Il n'en est qu'une la plus belle la plus douce
Elle seule surnage ainsi qu'octobre rousse
Elle seule l'angoisse et l'espoir mon amour
Et j'attends qu'elle écrive et je compte les jours

Tu n'as de l'existence eu que la moitié mûre
Ô ma femme...

Ô mon amour ô mon amour toi seule existes
A cette heure pour moi du crépuscule triste
Où je perds à la fois le fil de mon poème
Et celui de ma vie et la joie et la voix
Parce que j'ai voulu te redire je t'aime
Et que ce mot fait mal quand il est dit sans toi

Le Temps des mots croisés, dont j'évoquais tout à l'heure la manière de contrebande, la traitait en fait dans le même ton :

Je ne suis pas des leurs puisqu'il faut pour en être
S'arracher à sa peau vivante comme à Bar
L'homme de Ligier...

... Je suis à toi à toi seule je t'aime
Je veille Il se fait tard La nuit du moyen âge
Couvre d'un manteau noir cet univers brisé
Peut-être pas pour nous mais cessera l'orage
Un jour et reviendra le temps des mots croisés

Les mots croisés. Au futur, les œuvres croisées. Très vite, en 1940, *Les Croisés* :

Et blessés à mourir surent qu'Éléonore
C'était ton nom Liberté Liberté chérie

Le chant d'amour pour Elsa et, marié à lui, le chant d'amour pour la patrie blessée, chaque chant conférant à l'autre la distance à partir de laquelle il peut se déployer, la distance dont le lyrisme a besoin pour s'épanouir. La publication de ces poèmes dans la *NRF* est symptomatique de la réaction de Jean Paulhan, pourtant peu suspect de tendresse pour la poésie engagée, mais qui a le sens national et cette qualité d'intelligence qui lui fait saisir la novation par-delà ce qu'il sait et en quoi il croit. C'est Paulhan qui permet à Aragon de renouer, en tant qu'écrivain, avec les éditions Gallimard dont il est séparé depuis la fin 1931. Il décide de publier en feuilleton dans la *NRF* (revue) *Les Voyageurs de l'impériale*, ce qui aidera Elsa soudain privée de ressources. En même temps, Paulhan lui commande une chronique mensuelle. On peut déjà lire ici, comme en filigrane, ce qui va devenir la résistance intellectuelle après la défaite de juin 1940, la rencontre Paulhan-Decour, par exemple, pour fonder *Les Lettres françaises*... Ce n'est pas l'accord parfait, mais la défense de la nation française leur est une base commune. Paulhan nous donne une indication très précise de l'état d'esprit d'Aragon en décembre 1939, dans une lettre à Jean Blanzat (qu'on retrouvera dans la Résistance) :

> « Aragon pense et démontre avec beaucoup d'autorité que nous faisons semblant de faire la guerre à Hitler, mais que la Russie, elle, le fait sans le dire et très efficacement. Est-ce que ce n'est pas un peu léger ? »

Aragon en reste donc à ce qui était la ligne du PCF avant le retournement contre la guerre exigé par le Komintern et Staline. Ou il l'a ignoré à cause des difficultés de transmission de la clandestinité, ou comme d'autres militants il n'y voit que provocations policières destinées à justifier la répression contre les militants communistes. De toute façon, il a donc trouvé à cette date l'échappatoire au drame produit par le retournement d'alliance de Staline qui consiste à le nier tout simplement. Il n'entend pas ces réticences, si Paulhan les lui a exprimées, pour se borner à saluer leurs retrouvailles, en lui écrivant, le 20 décembre :

> « Je suis très heureux de cette rencontre après tant d'années et de s'être retrouvés. 1939 n'est pas que l'année de la guerre. »

Cette redistribution des cartes précède de loin la réévaluation politique dont naîtra la Résistance. On le voit précisément d'après l'itinéraire de Pierre Seghers qui crée dès octobre 1939 une revue, *P.C. 39*, sans jeu de mots (*P.C.* = poètes casqués), réservée aux poètes-soldats. Pierre Seghers est alors quasiment un inconnu. Il a trente-deux ans, a publié quelques mois plus tôt un recueil de poèmes, *Bonne-Espérance*. Il est mobilisé à Nîmes, dans le train des équipages, assez exactement comme le fut Apollinaire, dans la même caserne, vingt-cinq ans plus tôt.

> « Apollinaire, c'est *Case d'Armons*, publié aux Armées en juin 1915, *La Naissance émerveillée*, ce sera pour moi, dit-il, cette rencontre. A l'instant même, n'étant utile à rien, figurant sans emploi dans une mascarade, " l'Armée des Alpes ", je décide de me trouver, de me prouver à moi-même mes buts. Ainsi naîtra en septembre 39 l'idée de fonder aux Armées

une revue de poètes-soldats, lieu de rassemblement, tribune aussi pour nous défendre[1]. »

Son capitaine, un nommé Raizon, lui donne l'autorisation de la faire paraître. Le premier numéro est dédié à Charles Péguy : 300 exemplaires, une circulaire. Un exemplaire est adressé à tout hasard, aux bons soins de son éditeur, à Aragon. Celui-ci prend un abonnement, avec trois mots aimables. Réponse de Seghers : ce n'est pas de l'argent qu'il attend des poètes mais des poèmes.

« Deux semaines plus tard, un beau Noël inoubliable, le 25 décembre 1939, je reçois deux pages à l'encre bleue, le manuscrit des *Amants séparés* que je publie aussitôt dans *P.C. 40* (janvier 1940, n° 1)[2] » :

Comme des sourds-muets parlant dans une gare
Leur langage tragique au cœur noir du vacarme
Les amants séparés font des gestes hagards
Dans le silence blanc de l'hiver et des armes...

Traduction de Georges Sadoul, demeuré très proche d'Aragon depuis Kharkov :

« On découvre d'autres déchirements que celui des amants, dans ces vers et les autres. Ce n'était pas seulement les couples que la drôle de guerre avait alors séparés. Ceux qui avaient assisté à la dernière réunion de *Ce soir*, dispersés par leur mobilisation, s'étaient trouvés " quelque part en France ", au milieu d'inconnus *comme des sourds-muets parlant dans une gare*, réduits au silence. *Dans le silence blanc de l'hiver et des armes*, il était interdit aux soldats du Rhin et de la ligne Maginot de tirer une seule balle sur la *Wehrmacht* nazie, mais la guerre s'intensifiait sur le " front intérieur " contre les communistes, présentés par la presse et la radio gouvernementale comme " les complices et les auxiliaires de Hitler "[3]. »

Tant pis pour les redites ; il faut bien, pour tous ceux qui n'étaient pas adultes alors, apprendre ce décryptage politique des poèmes, leur constante ambivalence par laquelle Aragon rejoint les traditions allusives de la naissance de la poésie française, des trouvères comme des troubadours, des chansons de geste comme des romans courtois. Il apparaîtra plus tard qu'il s'y est beaucoup exercé dans sa période de silence poétique. Mais la contrebande dérive déjà d'eux. Les surréalistes avaient procédé à un renversement de la critique poétique, du jugement porté sur l'héritage, en y cherchant délibérément la modernité et non plus un florilège. Aragon procède à un second renversement en rétablissant

1. Pierre Seghers, *op. cit.*, p. 30-31.
2. *Ibid.*, p. 44.
3. Georges Sadoul, *Aragon*, Poètes d'aujourd'hui, Seghers, 1967, p. 25.

— le plus souvent contre le choix traditionnel — la lecture politique de cet héritage.

On en a un premier aperçu par un texte publié en avril dans le numéro 3 de *P.C. 40*, sous ce titre parfaitement technique, *La Rime en 1940* :

> « Jamais peut-être faire chanter les choses n'a été plus urgente et noble mission à l'homme qu'à cette heure où il est plus profondément humilié, plus entièrement dégradé que jamais. Et nous sommes sans doute plusieurs à en avoir conscience, qui aurons le courage de maintenir, même dans le fracas de l'indignité, la véritable parole humaine et son orchestre à faire pâlir les rossignols. »

Sous la signature d'Aragon, voilà qui ne nécessitait aucune lecture à plusieurs niveaux. Venait ensuite un véritable code de décryptage, sous forme d'une théorie du rajeunissement de la rime :

> « Guillaume Apollinaire tenta de rajeunir la rime en redéfinissant ce que classiques et romantiques appelaient rimes féminines et rimes masculines. Au lieu que la distinction entre ces deux sortes de rimes se fît par la présence ou l'absence d'un e muet à la fin du mot rimeur, pour Apollinaire étaient rimes féminines tous les mots qui se terminaient à l'oreille sur une consonne prononcée (et c'est ainsi que les rimes honteuses que Mallarmé cachait dans le corps de ses vers — *Tristement* DORT *une* MANDORE — devenaient rimes riches et permises), tandis que pour lui étaient rimes masculines toutes celles qui s'achèvent par une voyelle ou une nasale. [...] Mais cette méditation symptomatique de la rime ne suffit pas à la guérir. Vite, on pouvait faire le tour, l'inventaire des nouveaux accouplements permis au vers. Au fait, ce n'était rien inventer, et la poésie populaire française avait, sans en formuler les règles apollinariennes, déjà utilisé ces ressources de la rime... »

Ce préambule servait à annoncer que

> « nous sommes à la veille d'une période aussi riche et aussi neuve que le fut l'ère romantique ».

Aragon donnait des exemples de rime enjambée qui lient deux vers l'un à l'autre et de rimes complexes, faites de plusieurs mots décomposant entre eux le son rimé. La rime enjambée, c'était faire rimer :

parler d'elle

avec

d'Armide et l'

aime

La rime complexe, nous l'avons déjà rencontrée :

et n'est-ce
aînesse

Le premier exemple qu'en donne Aragon est tiré d'un de ses poèmes de l'automne 39, *Petite suite sans fil* :

> Ah parlez-moi d'amour ondes petites ondes
> Le cœur dans l'ombre encore a ses chants et ses cris
> Ah parlez-moi d'amour voici les jours où l'on
> Doute où l'on redoute où l'on est seul on s'écrit
> Ah parlez-moi d'amour Les lettres que c'est long
> De ce bled à venir et retour à Paris...

Le poème rejoint ici le langage effectivement parlé où riment en effet *petites ondes* et *les jours où l'on doute* avec *que c'est long de ce bled.* La découverte de ces rimes neuves est aussi forte que la récupération de la rengaine (ici, *Parlez-moi d'amour...*) que nous avions déjà surprise dans *La Grande Gaîté*, rengaine qui, traitée en lieu commun, prend soudain valeur par contraste. Ce qui avait l'air d'un problème technique pour spécialistes débouche sur une mise à jour du langage poétique par rapport au langage effectivement parlé tous les jours, mais aussi sur une mise à jour de la poésie par rapport à la réalité effectivement vécue tous les jours. Aragon devait se façonner des interlocuteurs poétiques, mais aussi des lecteurs capables de le suivre.

Elsa fait de même dans sa chronique *L'Air du temps,* destinée à la *NRF* de février 1940, en apportant ses propres clés :

> « Jamais il n'y a eu tant de chansons françaises où la poésie est à son aise, de belles chansons déchirantes, toutes ces chansons de guerre, puisque toutes elles parlent d'amour, d'absence, de peine :
>
> ... Ils s'aimeront toute la vie,
> Pour bien s'aimer ce n'est pas long !
>
> Toute la vie n'est peut-être pas grand-chose... J'appuie mon front à la radio, à une voix, c'est parfois un soulagement qu'une voix humaine :
>
> Y a des cailloux sur toutes les routes
> Sur toutes les routes y a du chagrin...
>
> Des kilomètres de chagrin... Heureusement qu'il existe de belles chansons...
>
> ... Ce refrain peut paraître un tradéridéra
> Mais peut-être qu'un jour les mots que murmura
> Ce cœur usé ce cœur banal seront l'aura
> D'un monde merveilleux où toi seule sauras
> Que si le soleil brille et si l'amour frissonne
> C'est que sans croire même au printemps dès l'automne
> J'aurai dit tradéridéra comme personne... »

Une note est là pour signaler que la dernière chanson est d'Aragon. Autrement dit, qu'il continue de chanter, lui dont on a interdit le journal et le parti. Et, du coup, le lecteur peut reprendre autrement la chronique, comme une information interdite...

Aragon a quitté son régiment de travailleurs et son cantonnement de Crouy-sur-Ourcq. En janvier 1940, il est à la caserne Mortier à Paris, puis on l'affecte à la 3ᵉ DLM (division légère motorisée) en instruction dans la plaine de Laon. Au groupe sanitaire divisionnaire, il commande à des étudiants en médecine, ce qui le ramène à sa première guerre. Il trouve le temps d'inventer une clé pour permettre de dégager les blessés des chars, invention qui lui vaudra une lettre de félicitations du ministère. Le 5 avril, la DLM se rend à Condé-sur-Escaut. L'armée française doit entrer en Belgique, renforcer les défenses belges. Mais c'est partie remise jusqu'à l'attaque hitlérienne du 10 mai. Là, quand Aragon arrive à l'endroit désigné pour son poste de secours, les Allemands sont déjà à cent mètres. De Tirlemont, c'est donc la retraite sans discontinuer jusqu'à Dunkerque où Aragon et ses hommes arrivent épuisés le 29 mai.

Ils sont embarqués trois jours plus tard — trois jours d'attente infernale sous les bombardements —, le 1ᵉʳ juin, sur un contre-torpilleur qui les débarque à Plymouth. De là, ils repartent le lendemain sur un transport de troupes qui erre de port en port : Le Havre, Cherbourg, Saint-Malo, et finalement les débarque à Brest. Le groupe rejoint dare-dare des unités combattantes au sud de la Seine, dans l'Eure. Les Allemands ont déjà traversé le fleuve. Dans la forêt de Conches, Aragon est décoré de la croix de guerre pour son courage en mai. Il place alors — ce qui n'était pas prévu — les éléments médicaux qu'il dirige à la disposition du général commandant l'armée de l'Ouest et suit celle-ci dans une retraite en bon ordre jusqu'à Périgueux, où les Allemands la rattrapent et la capturent.

Aragon et son groupe parviennent à s'échapper avec leur matériel. Il cst l'objet d'une nouvelle citation et reçoit la médaille militaire pour avoir ramassé des blessés à quelques mètres des chars allemands. Le jour de l'armistice le trouve à Ribérac. La petite ville va devenir célèbre par le texte *La leçon de Ribérac ou l'Europe française*, que publie la revue *Fontaine* à Alger en juin 1941. J'y reviendrai. J'en veux seulement citer pour l'instant ce qui évoque la fin de cette tragédie :

> « Des hommes qui sortent de l'enfer : et nous venions de rouler, à peine sortis des flammes de Flandres, à peine échappés de Dunkerque, de la Basse-Seine à la Dronne [c'est la rivière qui passe à Ribérac], et moins épuisés d'avoir retardé presque seuls la puissante poussée d'un ennemi démesuré que du formidable débat en chacun de nous suscité par des événements extraordinaires, du drame de la Patrie percée et de tant de témoins de la grandeur française abandonnés derrière nous. »

Aussi ce tableau, pris sur le vif, du terme de l'exode, tableau qui annonce la fin d'*Aurélien* :

« Il y régnait un grand désarroi d'hommes de toute sorte : des familles débarquées dans des voitures antiques, on ne sait où racolées, avec leurs matelas sur la tête, et qui campaient, quand ce n'était pas dans les granges avec les bêtes, les vestiges de notre division qui n'étaient que vingt pour cent des hommes entrés en Belgique, de petites unités mystérieusement égarées, des groupes d'ouvriers en bleus " repliés " là sur des ordres inexplicables, des gendarmes venus de la Loire dans un grand car bondé, des autos avec des placards PRESSE à leur pare-brise, qui charriaient les débris des Messageries Hachette. Là-dessus, la chaleur, les arbres verts, les soldats qui se baignaient dans la Dronne, des gens hors d'eux, des enfants dépaysés, des femmes en robes claires... »

Aragon a fait, à quarante-deux ans, sa deuxième guerre avec le même courage et la même détermination que la première, mais cette fois l'habitent de surcroît la décision politique, la responsabilité politique. Il a milité — et en conséquence agi — pour la transformation de la drôle de guerre en combat contre l'ennemi. Le passage à la défense de la France ne l'a pas surpris, puisqu'il pratiquait depuis des années la résistance à l'hitlérisme. N'est-ce pas la justification de son interprétation du pacte germano-soviétique ? de son « communisme national ». Se trouvant dans ce qu'on va appeler la zone non occupée, la zone sud, la zone libre, il sera isolé de Paris par la ligne de démarcation et ne retrouvera le contact avec le parti communiste clandestin qu'à Nice, au début de 1941. De sorte qu'il ne sera même pas effleuré par l'idée que l'application des directives de Moscou en conséquence du pacte a pu conduire à Paris, comme ce fut le cas, à des tentatives de faire reparaître *L'Humanité* sous contrôle des autorités nazies d'Occupation et de récupérer les mairies enlevées au parti après sa dissolution en septembre 1939. Le fait qu'Aragon ait été livré à lui-même huit-neuf mois entre l'offensive du 10 mai 1940 et les premiers mois de 1941 va être décisif pour la suite, parce qu'il n'aura rien vécu de l'abandon de la ligne nationale du parti et n'en connaîtra que le passage vers la Résistance qui se concrétisera avec la fondation du Front national en mai 1941. Le canevas de son roman *Les Communistes* est sorti de cette expérience.

Elsa le rejoint le 24 juin près de Nontron, entre Dordogne et Charente.

« A l'aube de juin, je te supposais à raison à Dunkerque. Ce fut le moment que la police choisit pour venir me poser des questions sur toi ; on ne savait pas, paraît-il, où tu étais mobilisé, on ne retrouvait pas tes papiers militaires... Le policier ne porta pas plainte pour injures. [...]
Je ne savais pas où tu étais et tous les jours que le bon Dieu fait, j'envoyais un télégramme à ton adresse militaire, te disant où me trouver. Dans le bouleversement de la défaite, il n'y avait, semble-t-il, aucune chance qu'ils t'arrivent. Mais le miracle se produisit, et tu m'as répondu. [...] A Ribérac, où je devais te rejoindre, plus personne. J'avais pour seule indication du régiment auquel tu appartenais, le soleil d'Austerlitz, insigne de la division. [...] Ce soleil me mena à toi comme l'étoile guida les Rois Mages[1]. »

1. *Préface à la contrebande, Œuvres croisées,* 3, p. 26-27.

Démobilisé en juillet, Aragon passe août dans le château que possédait Renaud de Jouvenel à Varetz, près de Brive. De là, il gagne Carcassonne, croyant y rejoindre les éditions Gallimard. C'est Pierre Seghers qu'il rencontre. Cette rencontre est décisive pour la suite de la résistance intellectuelle.

3.

Je vous salue ma France

Une lettre de plus à la rime, c'est une porte sur ce qui ne se dit point. Un jour viendra, j'en suis sûr, où cela sera clair pour tout le monde, comme sont aujourd'hui clairs les desseins d'un Victor Hugo, ignorés de lui-même, au temps de Nourmahal-la-Rousse, et qui pourtant le menaient droit, par les batailles livrées dans le champ de pommes de terre des mots, au rocher surhumain de Guernesey, sans lequel, dit Barrès ou à peu près, l'avenir ne l'aurait point aperçu

La Rime en 1940.

Parce que nous connaissons l'avenir, certains moments de la création artistique nous paraissent avoir été prédestinés. Qu'Aragon ait recueilli et lu entre 1937 et 1939 tout ce qu'il pouvait trouver d'une poésie française des origines qui, le plus souvent, n'avait plus été rééditée depuis le XIXe siècle, déchiffrant chansons de geste, romans courtois, poèmes lyriques des troubadours et des trouvères, voilà qui peut sembler aussi prodigieux que la rencontre de Picasso, au début de 1906, avec l'exposition de sculpture ibérique au Louvre. Et pourtant sa poésie de la Résistance est sortie de là, comme *Les Demoiselles d'Avignon* des têtes de Cerro de los Santos. Tout grand artiste doit ainsi savoir se doter par anticipation de l'outillage mental qui lui sera nécessaire. La rationalité courte n'y peut rien, qui se demande comment ces vieilleries pourraient aider à dire un temps où les engins mécanisés ont décidé du sort des combats. Mais c'est une rationalité de longue haleine, celle de l'histoire d'une nation, qui est ici en jeu.

C'est à elle que chacun, selon la conception qu'il s'en fait, se raccroche en cet automne 1940 de la débâcle, où plus rien, semble-t-il, ne reste encore debout en France. Joë Bousquet, paralysé par une blessure de l'autre guerre, voit se réunir autour de son lit, à Carcassonne, Gaston Gallimard et Jean Paulhan, Julien Benda, puis Elsa et Aragon. Chez cet homme, toute la vie s'était réfugiée dans la pensée, la réflexion, et l'on croirait que tous étaient venus le voir comme un oracle. C'est Aragon qui a donné rendez-vous à Seghers, début septembre :

> « Mince, le cheveu noir, jeune et vif, de hautes jambes, il m'accueille comme si nous nous connaissions déjà, me prend par le bras, un peu penché, et m'entraîne. [...] Dans le petit café, je fais part de mes intentions à l'auteur de *Vingt ans après.* Elles recoupent, reflètent en vérité les siennes. Je lui demande s'il veut bien m'aider, si je puis l'aider. Oui, bien entendu. Puis Aragon sort de sa poche des feuillets où je reconnais l'écriture droite et arrondie, l'encre bleue. Des poèmes, ceux qu'il a écrits dans les Flandres, à Dunkerque, à Ribérac et ici. Plus de la moitié des poèmes du futur *Crève-Cœur*[1]. »

Ces deux hommes, qui ont dix ans de différence d'âge — ce qui ne fait une génération qu'à cause de la formation provinciale de Seghers —, ont en commun de ne désespérer ni du sort du pays, ni du rôle de la poésie dans sa résurrection : d'une alliance entre la poésie et l'espérance nationale, pari qui, en cet automne, peut paraître à beaucoup tenir du délire. Car, pour tous, le fond du désespoir est atteint. Elsa le dit très bien :

> « Les douleurs ne se ressemblent pas, varient à l'infini. Ainsi le sombre malheur que nous éprouvâmes à Carcassonne aux derniers mois de 1940 ne ressemblait-il à aucune des peines jusque-là connues. Une mélancolie comme l'immobile eau noire du canal, noire comme les cyprès de cette ville. La citadelle croulante et factice...
> [...] Le vent. Et notre seul havre, la chambre obscure de Joë Bousquet, son corps paralysé, décharné, étendu là depuis la guerre de 1914. Joë Bousquet, seule lumière, seule âme de cette ville aux portes closes, inhumaine.
> Non, il y avait aussi notre logeuse, une vieille demoiselle qui s'était prise d'affection pour nous, et de nous voir si démunis, ne sachant qu'entreprendre, elle était toute prête à acheter une épicerie pour nous en confier la gérance... C'est dans la cuisine de cette Mlle Agnès que Louis a lu à Jean et à Germaine Paulhan *Les Lilas et les roses* qu'il venait d'écrire[2]. »

Jean Paulhan va transcrire ce poème de mémoire et le donner au *Figaro* qui le publie, signé Aragon, dans son numéro du 21 septembre 1940. Georges Sadoul l'y découvre et il comprend tout de suite la stratégie de son camarade. Il va l'expliciter ainsi dans son essai de 1967 :

> « Dès Carcassonne, écrit Sadoul, Aragon avait établi un plan de Résistance littéraire " légale ". Son difficile combat durant la " drôle de guerre " lui avait prouvé qu'il pouvait continuer d'exprimer ses sentiments profonds par ses vers. Dans les nouvelles conditions créées par la défaite, l'occupation

1. *La Résistance et ses poètes, op. cit.*, p. 71.
2. *Préface à la contrebande, op. cit.*, p. 27-28.

hitlérienne, le gouvernement Pétain, les censures de la Gestapo et de Vichy, il fallait organiser “ légalement ”, par le moyen de la poésie, un mouvement de Résistance littéraire qui utiliserait avec la fiction et les contradictions de la “ zone libre ” toutes les publications les plus diverses [1] : »

C'est la transposition, dans les conditions de l'après-défaite, de la stratégie dada et surréaliste d'avant 1924. Prendre appui sur les failles de l'adversaire pour faire passer la subversion. La subversion, c'est alors la continuité française, la défense de l'indépendance de la culture, de l'art contre l'obscurantisme des pro-hitlériens et la cagoterie de Vichy. Le 18 octobre 1940, un journal de zone occupée dénonce :

« Une équipe de malfaiteurs a fonctionné dans la littérature française de 1909 à 1939 sous les ordres d'un chef bandit, Gallimard... Gide-Corydon ; Breton le vendeur d'ectoplasmes ; Aragon, archevêque de *Ce soir;* Eluard, le fruit pourri [...] et tous les autres monomanes, toxicomanes et gibiers de clinique. [...] Marchand de rêve ! Marchand de Fargue ! Marchand de Freud ! Marchand de juif ! Marchand de Gide !... Assassin de l'esprit, Gallimard... la jeunesse française vous vomit [2]. »

Contre ces injures largement répandues sur le thème de « la recherche des mauvais bergers qui nous ont conduits à la catastrophe », le retentissement des *Lilas et les roses* fut immense. On n'en peut plus avoir idée aujourd'hui. La poésie venait d'ôter à la France son bâillon. Il était permis de parler de la douleur du pays sans courber la tête sous le joug :

Ô mois des floraisons mois des métamorphoses
Mai qui fut sans nuage et juin poignardé
Je n'oublierai jamais les lilas ni les roses
Ni ceux que le printemps dans ses plis a gardés

Je n'oublierai jamais l'illusion tragique
Le cortège les cris la foule le soleil
Les chars chargés d'amour les dons de la Belgique
L'air qui tremble et la route à ce bourdon d'abeilles
Le triomphe imprudent qui prime la querelle
Le sang que préfigure en carmin le baiser
Et ceux qui vont mourir debout dans les tourelles
Entourés de lilas par un peuple grisé

La poésie savait même dire la défaite et la refuser, appelant l'ennemi par son nom :

Tout se tait L'ennemi dans l'ombre se repose
On nous a dit ce soir que Paris s'est rendu

1. *Aragon, op. cit.*, p. 32.
2. Cité dans *La Résistance et ses poètes, op. cit.*, p. 75.

Je n'oublierai jamais les lilas ni les roses
Et ni les deux amours que nous avons perdus

Bouquets du premier jour lilas lilas des Flandres
Douceur de l'ombre dont la mort farde les joues
Et vous bouquets de la retraite roses tendres
Reflets d'un incendie au loin roses d'Anjou

La poésie savante, la poésie d'avant-garde venait de donner son *Temps des cerises* à cette autre guerre perdue. Mais Aragon va plus loin dans la réponse à l'attaque contre les écrivains français. Dans *Richard II quarante* :

Taisez-vous oiseaux querelleurs
Vos chants sont mis en quarantaine
C'est le règne de l'oiseleur

comme dans *Ombres*, qui, à la voix chevrotante du maréchal Pétain clamant : « Je hais les mensonges qui nous ont fait tant de mal », réplique :

Leur sang ressemble au vin des mauvaises années
Ils prétendent avoir mangé trop de mensonges.

Aragon et Elsa suivent Seghers aux Angles, village tout proche de Villeneuve-lès-Avignon. C'est là qu'ils prennent connaissance de la publication des *Lilas et les roses* dans *Le Figaro*, dont Aragon corrige les erreurs de mémoire. Ce texte corrigé sera republié le 28 septembre. Seghers sort avant la fin de l'année le numéro 1 de *Poésie 40* (octobre-novembre), qui a pris la suite de *P.C. 40.* En tête : MAINTENIR. Aussitôt suivi d'un poème d'Aragon, *Le Printemps*, écrit en avril à Condé-sur-Escaut, qui marque clairement sa fidélité politique :

Nous l'avons attendu longtemps cette fois-ci
Si longtemps qu'on n'y croyait plus dans les prisons...

C'est alors qu'arrive aux Angles un signe venu de Paris occupé, un exemplaire du nouveau recueil de Paul Eluard que vient de publier Zervos : *Le Livre ouvert I.* Aragon et Elsa sont partis pour Nice, juste après avoir appris la mort de Saint-Pol Roux, l'incendie de son manoir de Camaret par la Wehrmacht en juin 1940, sa servante tuée devant lui, sa fille grièvement blessée. Aragon écrit d'une traite, devant Seghers stupéfait, *Saint-Pol Roux ou l'espoir* :

« Le 11 novembre 1918, comme sonnaient les cloches de l'armistice, la poésie perdait Guillaume Apollinaire, le chanteur à la tête étoilée. La guerre d'Espagne qui s'ouvrit sur le sang de Federico Garcia Lorca, mourait au dernier printemps de la paix, de notre paix, en emportant au seuil de la

France Antonio Machado qui inventa la machine à faire les poèmes. Et notre désastre aussi s'achève sur un poète assassiné : dans la France déchirée, comme nous comptions nos cadavres, voici que nous avons reconnu parmi eux le mort magnifique, Saint-Pol Roux, dont le destin fut si étrange que même son trépas s'entoure du mystère de l'interdit... »

Ce texte est publié avec ces noms : Lorca, Machado, si provocants pour l'ancien ambassadeur chez Franco, le maréchal Pétain devenu chef de l'État français. On peut le lire dans le numéro 2 de *Poésie*, devenu *Poésie 41* (décembre 1940-janvier 1941). Le texte porte un grand blanc : *censuré* — il s'agissait d'une citation de Saint-Pol Roux...

« Tant qu'à être malheureux, écrit Elsa, il valait mieux l'être sous un ciel bleu. »

De là le choix de Nice, Seghers demeurant toutefois l'agent de liaison avec le monde, « notre “ porteur ” et notre soutien », dit encore Elsa. Ils se retrouvent pour le réveillon du 31 décembre 1940 :

« Rue de France, un meublé, *Célimène*... Une chambre rose, précédemment ; le boudoir de dame Célimène, qui semblait aimer les couleurs tendres. La fenêtre donnait non pas sur la rue de France, mais, par-derrière, sur un long passage perpendiculaire à la maison et qui aboutissait à la Promenade des Anglais. [...] Il fallait s'orienter dans cet étrange monde qui marchait sur la tête, où rien n'était à sa place. Aujourd'hui, il paraît incroyable que des familles, amants, amis se soient perdus les uns les autres, aient dû se chercher à travers la France par des annonces dans les journaux, par la radio, à l'émission “ comment retrouver les vôtres ”. On ne pouvait plus voyager du sud au nord et vice versa, la correspondance se réduisait à ces cartes interzones qu'il fallait remplir comme des formulaires[1]. »

Aragon, sitôt parcouru *Le Livre ouvert I*, propose à Seghers d'en rendre compte, sans signer bien entendu.

Dans un texte bourré de signatures cachées mais déchiffrables pour Eluard, Aragon tend la main à son ami de jeunesse par-dessus la rupture de 1932. Réconciliation poétique — *Le Livre ouvert I* est fait de poèmes de circonstance — et réconciliation politique pour la résistance :

« ... dans ce bouleversement du monde, le poète plus que jamais est, non l'inspiré, mais celui qui inspire, et il nous inspire quand, *pour la recherche la plus haute*, il nous arrache ce cri qui est à la fois l'écho de notre vie et de son cri, l'écho de l'horreur et de la merveille, de l'inconnaissable et du subi. Tant et si bien que rien ne semble plus terriblement résumer ces jours traversés que le distique sur lequel se referme *Le Livre ouvert* d'Eluard :

Il fait une nuit de moineaux
Que le feu déchire et dévore. »

1. *Préface à la contrebande, op. cit.*, p. 12.

C'est le 7 janvier 1941 que Matisse part pour Lyon se faire opérer d'une tumeur et dit au chirurgien : « Donnez-moi les trois, quatre ans dont j'ai besoin pour finir mon œuvre... » Mais Aragon n'a encore jamais rencontré Matisse et ne pense pas encore à le voir. il attend pour l'heure la liaison du parti communiste clandestin. Elle se manifeste par la visite inattendue d'un long garçon brun, très jeune d'aspect, Georges Dudach. Ils ne se connaissent pas. Pourtant, dit Elsa, « je n'ai pas douté un instant, il avait la tête d'un camarade ».

Dudach repart pour Paris. Il doit revenir les chercher. L'attente est occupée à la préparation du recueil *Le Crève-Cœur*, qui réunit vingt poèmes déjà publiés de décembre 1939 à décembre 1940 — avec les dates et lieux de publication pour que la censure n'ait pas à chercher les autorisations antérieurement accordées. Le livre, achevé d'imprimer le 29 avril, doit sortir chez Gallimard.

En mars, dans le numéro 3 de *Poésie 41*, Elsa a apporté quelques précisions pour le décryptage de la contrebande :

> « La conversation n'est possible qu'entre gens qui utilisent le même code ; qu'ils en rencontrent un autre et les voilà sourds-muets. Car si la parole est un don qui nous distingue des bêtes, les langues étrangères sont, comme l'a dit le " Prince des Penseurs ", une malédiction de Dieu. »

Cela venant après une définition de l'écriture comme « conversation sur papier ». André Rousseaux, dans *Le Figaro*, a entendu la « conversation » du *Crève-Cœur*. Il écrit que ces poèmes marquent le début d'une nouvelle floraison poétique ; qu'ils ont fixé

> « les minutes brillantes de sang et de larmes où les cœurs français ont pu cristalliser leur volonté de ne vivre de vie que française ».

Ce qui ne va pas sans reproches de certains de ses lecteurs qui l'accusent de favoriser la propagande communiste. Mais le critique ne se déjuge pas. Signe des temps.

C'est en cette période qu'Aragon écrit son essai *La Leçon de Ribérac ou l'Europe française*, qui donne une nouvelle approche théorique du contenu passé en contrebande. Partant de la remarque de Stendhal, dans *Racine et Shakespeare*, selon laquelle la poésie change avec l'expérience des peuples, et qui explique qu'il a tâché que son style

> « convînt aux enfants de la Révolution, aux gens qui cherchent la pensée plus que la beauté des mots ; aux gens qui, au lieu de lire Quinte-Curce et d'étudier Tacite, ont fait la campagne de Moscou et vu de près les étranges transactions de 1814 »,

Aragon en retient l'analogie avec la situation qu'il a connue à Bergerac, les six semaines qu'il a vécues et qui *valaient la retraite de Moscou.* Ce tremplin sert à introduire ce gentilhomme de Ribérac à qui Dante rendit, dans *Le Purgatoire*, ce singulier hommage de le faire parler en provençal, Arnaut Daniel, inventeur du *trobar clus*, c'est-à-dire de l'art fermé, de la poésie secrète. Arnaut Daniel fut aussi créateur de formes poétiques comme cette sextine qui lui fut empruntée par Pétrarque et Dante. Ce qui permet à Aragon de développer une histoire matérialiste de la naissance et du développement de la poésie française en langue vulgaire — d'oc et d'oïl. Il s'agit toujours certes du vieux combat contre le mystère de la création poétique, mais aussi d'enseigner de surcroît l'art de la contrebande. Le *trobar clus* ne permettait-il pas

> « aux poètes de chanter leurs Dames en présence même de leur Seigneur ? Il n'était point si fermé qu'il le fût pour les autres poètes, et il a engendré par le monde de grands poèmes où passe à jamais l'air de chez nous ».

Chemin faisant, Aragon rendait hommage au grand médiéviste Gustave Cohen, chassé de la Sorbonne en 1940 comme juif. Il exaltait aussi la morale de la Résistance et se payait même le luxe d'être explicite sur le sens de sa propre poésie :

> « Ne voit-on pas que l'hermétisme de la poésie contemporaine, on n'en fera pas bon marché par une simple sommation aux poètes d'avoir à se plus clairement expliquer, mais que si c'est la société qui est responsable du développement de la poésie, il faut changer la société pour changer les poètes, et non s'en prendre aux poètes, dans le naïf espoir d'améliorer la société. »

Tout aussi explicite est sa dénonciation de ceux qui capitulent devant la défaite, voire devant l'occupant :

> « Dirai-je qu'à fréquenter Cligès, Yvain, Lancelot, Perceval ou Tristan, il me semble bien moins m'écarter de mon temps — dont Stendhal, s'il l'eût connu, aurait peut-être dit aussi qu'il était un temps de valeur, d'héroïsme méconnu — qu'à lire les ouvrages d'André Gide, de Drieu la Rochelle ou de Jean Giono. Sans doute de cet héroïsme d'aujourd'hui, de cette fidélité profonde, y a-t-il des milliers d'exemples vivants qui me dispenseraient de Perceval ou de Tristan. Mais en peut-on aujourd'hui parler ? Assurément pas. C'est eux que je salue en Perceval, le Chevalier vermeil. »

En effet, Gide, que toute sa vie eût dû dresser contre l'ordre moral de la « révolution nationale », s'aplatissait. Drieu, lui, s'était fait imposer par l'occupant à la direction de la *NRF.* Giono vantait le retour à la terre. Une note d'Aragon rappelait son pacifisme de 1939 :

> « Comparer au " vivre à plat ventre " de cet auteur, les vers de Chrétien de Troyes dans *Lancelot ou le chevalier à la charrette* :
>
> Se assez mieux morir ne vuel
> A enor que a honte vivre

(Il vaut bien mieux mourir
A honneur, qu'à honte vivre)

Et, dans le même roman :

Mieux vuel morir que retorner
(Il vaut mieux mourir que reculer). »

C'était franchir les frontières de l'*art fermé.* Après l'agression hitlérienne de juin 1941 contre l'Union soviétique, les communistes étant punis de mort, quelqu'un se chargea de déchiffrer publiquement le propos d'Aragon. C'est Drieu qui s'occupa de cette dénonciation dans *L'Émancipation nationale*, le journal de Jacques Doriot (celui-ci venait de partir sous l'uniforme allemand pour le front russe). Drieu avait gardé de son passage à *Littérature* et de sa fréquentation d'Aragon les moyens d'entendre cette « conversation sur papier ». Aragon s'en était pris à lui, avait osé s'en prendre à lui..

> « On se demande si M. Gustave Cohen ne plaît pas plus à Aragon que Chrétien de Troyes ; en tout cas, il le remercie de présenter un Chrétien de Troyes qui est un tantinet communisant : " Les ouvrières du textile font leur première apparition dans la poésie française... Curieux tableau de la misère prolétarienne et de l'industrie de luxe. " Ici, derrière le laudateur échauffé du moyen âge, nous voyons le communiste déjà réapparaître. Et pas un communiste quelconque, le communiste militariste et belliciste de 1935-1939. [...] Pour ce patriotisme de rencontre, il ne s'agit pas de la France comme d'une fin, mais de la France comme un moyen. Toute cette indignation, tout cet attendrissement sur la dignité, tous ces appels à demi-mot qu'Aragon répand dans les revues littéraires et poétiques cousues de fil rouge pour la résistance et le durcissement ne sont pas au service de la France, dont il semble préconiser une adoration exclusive et fanatique. Voici en effet les derniers mots de l'article :
> *Puissent les poètes* [...] *se préparer des jours où surgira un nouveau Chevalier vermeil.* [...] *Ce sera la véritable aube française qui ne connaît pas de frontières et qui se lèvera si haut qu'on la verra du bout du monde.* On la verra de Moscou bien sûr, cette aube qui ne connaît pas les frontières. Et ce chevalier vermeil me paraît plutôt un chevalier rouge. »

Cette dénonciation, heureusement, ne passa pas la ligne interzones, notamment parce que Doriot était combattu à Vichy même. La radio de la zone occupée cita l'article un matin d'octobre 1941. Cette dénonciation contribua en fait à révéler la véritable position d'Aragon, sur qui l'on faisait courir à Paris des bruits déshonorants, du genre : « Il écrit pour les journaux de Pétain », tant le décalage entre les deux zones était grand et la publication de tels poèmes impensable en zone occupée[1]. Parmi nos

1. C'était aggravé par le fait qu'on savait que *Le Crève-Cœur* avait paru légalement chez Gallimard, mais avait disparu pratiquement tout de suite des librairies, de sorte que presque personne ne l'avait lu.

groupes d'étudiants — dont certains étaient liés à l'Organisation spéciale qui allait, quelques jours plus tard, abattre un officier nazi à Nantes, ce qui provoqua le massacre des otages à Châteaubriant —, cet article eut un effet tout opposé à celui que recherchait Drieu. Oui, il y aurait « une véritable aube française ». Il y avait déjà de nouveaux « chevaliers vermeils ». C'était aussi le temps où la Wehrmacht fonçait sur Moscou. Et il fallait du cran pour partir descendre les occupants. Drieu avait bien traduit la leçon d'Aragon.

4.

Organisateur de la Résistance

Rappelez-vous que je dirigeais pour quarante-deux départements français une organisation qui réunissait toutes les catégories existantes d'intellectuels, y compris les procureurs de la République...

Aragon parle.

Georges Dudach revint chercher Elsa et Aragon à la mi-juin 1941. Ils traversèrent la ligne de démarcation sans encombre, pour se faire prendre de l'autre côté. En effet, les armées allemandes venaient d'envahir l'Union soviétique, et la surveillance sur cette frontière avait été renforcée.

> « La ligne de démarcation au-delà de Loches, près de La Haye-Descartes... pour tomber aux mains des Allemands, mis en prison tous les deux à Tours, au quartier de cavalerie. Quand en sommes-nous sortis ? Après le 15 juillet en tout cas, parce que je me souviens de la fête du 14, avec l'orchestre des gamelles de nos compagnons d'infortune. [...] Nous sommes tout de même parvenus à notre rendez-vous de Paris, ce séjour chez Édouard Pignon, campé dans l'atelier de Lipchitz et Politzer, Danielle Casanova... Comment nous avons mis Jacques Decour dans le jeu avec Paulhan pour la création des premières *Lettres françaises*[1]... »

Ce rendez-vous à Paris devait avoir lieu avec la direction du parti communiste clandestin. Il existait, comme je l'ai montré, de sérieux décalages entre la zone sud et la zone nord occupée, dus à la différence de situations, mais aussi aux difficultés de liaison. En zone occupée, les intellectuels avaient connu les tentatives de faire reparaître *L'Humanité*, de reconquérir les mairies dont les communistes avaient été chassés après la dissolution du PC en septembre 1939. La manifestation des étudiants, le

1. *Henri Matisse, roman, op. cit.*, I, p. 34.

11 novembre 1940, avait été organisée conjointement par les gaullistes et les étudiants communistes, néanmoins critiquée par les dirigeants restés sur les positions du Komintern. Tout cela poussait à une attitude de repli sur le marxisme dans la ligne du combat d'une revue comme *La Pensée* avant 1939 et de dénonciation idéologique non seulement de Vichy et de la collaboration, mais de la pensée bourgeoise en général. *La Pensée libre* illégale, dont le premier numéro avait paru en février 1941 sous la direction de Georges Politzer, reflétait cette orientation en affirmant par exemple :

> « Une seule " pensée " peut s'exprimer en France légalement : la propagande de l'impérialisme conquérant et de ses laquais.
> La littérature antifrançaise seule est autorisée à paraître.
> Aujourd'hui, en France, littérature légale veut dire : littérature de trahison. »

Coup de poing dans la figure à ceux qui ont voulu faire reparaître *L'Humanité*, mais qui ne correspond qu'imparfaitement à la situation effective des intellectuels, des écrivains, des peintres. C'était comme nous l'avons vu faux pour les possibilités existant en zone libre et à moitié vrai seulement pour la zone occupée. Vrai pour les quotidiens, les hebdomadaires, la radio, mais tendait à aligner la situation de tous les intellectuels sur celle des intellectuels marxistes et à faire bon marché des possibilités des revues scientifiques, par exemple ; plus encore de l'édition, puisque *Le Crève-Cœur* paraît chez Gallimard deux mois après ce numéro de *La Pensée libre*. Bref, ce combat pour redresser les errements internes au PC dus au pacte Staline-Hitler aboutissait à une tendance gauchisante, qui finissait par ranger les intellectuels selon qu'ils étaient marxistes ou non, s'en prenant ainsi à l'idéalisme de Bergson, mis à l'index par les occupants comme Juif.

L'intervention d'Aragon et d'Elsa, la riche expérience dont ils étaient porteurs furent déterminants pour la correction de cette ligne politique sectaire. Ils firent prévaloir une ligne d'union sans exclusive, d'autant plus aisément que l'agression hitlérienne contre l'URSS imposait au parti de tout faire pour généraliser et renforcer la résistance française. Il ne s'agissait plus de souligner les divergences d'idées, mais la convergence française. C'est cette ligne qui s'est matérialisée dans la création des *Lettres françaises*, sous la double direction de Jean Paulhan et de Jacques Decour, comme dans celle du Comité national des écrivains qui réunit d'emblée en zone nord François Mauriac, Jean Blanzat, Louis Martin-Chauffier, Édith Thomas, avec Jean Paulhan et Jacques Decour. Georges Duhamel fut contacté, mais c'est lui qui refusa de collaborer avec des communistes. L'apport essentiel et précoce d'Aragon non seulement au développement de la résistance communiste, à qui il fait partager son indépendance d'esprit, mais à la résistance intellectuelle tout entière, qui fut une singularité française, se situe là.

Les décisions de l'été 1941 devaient rester en partie théoriques : le temps de préparer le premier numéro des *Lettres françaises*, la répression, par suite de l'âpreté accrue de la guerre, de l'efficacité grandissante de la Résistance, s'était durcie et raffinée. Pour un temps, la police prit avantage sur des organisations dont la clandestinité n'était pas encore assez rigoureuse ni expérimentée. Jacques Decour fut arrêté, comme Georges Politzer, Danielle Casanova, Jacques Solomon, Georges Dudach en février 1942, ce qui entraîna la destruction des manuscrits du premier numéro des *Lettres françaises*. Le premier numéro véritable ne fut réalisé qu'en septembre 1942, sous la direction de Claude Morgan, d'après une ligne beaucoup plus proche de celle de la presse clandestine du parti que de l'union rêvée au départ. En revanche, le Comité national des écrivains n'avait pas été touché et put continuer à se développer, ce qui permit, par la suite, aux *Lettres françaises* de retrouver leur véritable visage.

Elsa et Aragon retraversèrent la ligne, munis de laissez-passer cette fois. Au lieu de rentrer directement à Nice, ils s'arrêtèrent chez Seghers à Villeneuve. Ils y restèrent jusqu'en septembre. Aragon y travailla beaucoup pour *Poésie 41*. Il y signe Blaise d'Ambérieux son premier article sur Matisse, qui va entraîner, au retour à Nice, la rencontre du peintre — belle illustration, soit dit en passant, de l'idée de rassemblement national que poursuit Aragon. Seghers a édité en volume un recueil, *Neige et vingt poèmes*, d'un inconnu, jeune avocat, qui est son correspondant à Montélimar : Alain Borne. Beaux poèmes et poésie « pure ». Aragon lui répond par un poème manifeste : *Pour un chant national*, qui sera publié en janvier 42 dans *Poésie 42*, n° 7, sous le titre *Pour un chant...*, histoire de ne pas mettre les points sur les i.

Le malheur m'a pris à la Flandre
Et m'étreint jusqu'au Roussillon
A travers le feu nous crions
Notre chanson de salamandre
Mais qui saura ce cri reprendre
Donner voix aux morts aux vivants et plonger
ses doigts dans la cendre y débâillonner les grillons

Il faut une langue à la terre
Des lèvres aux murs aux pavés
Parlez parlez vous qui savez
Spécialistes du mystère
Le sang refuse de se taire
Que le long chapelet de France égrène enfin
ses terribles paters ses terribles avés

Comment les censeurs n'entendirent-ils point cet appel à faire parler les murs et les pavés ? Il fallait que la poésie fût devenue bien insoupçonnable durant l'entre-deux-guerres pour que la contrebande pût réussir de la sorte. Aragon en déduira que le progrès de la poésie passe par son accession ou son retour au « chant national ». Il le prouve :

Les raisons d'aimer et de vivre
Varient comme font les saisons
Les mots bleus dont nous nous grisons
Cessent un jour de nous rendre ivres
La flûte se perd dans les cuivres
Ah sourdra-t-il de la bataille une mélodie
à la taille immense de nos horizons

Une note finale attirait encore l'attention sur la « contrebande » :

« Il semble que ce poème, dont l'auteur était d'évidence contemporain des Grandes Invasions... »

Seghers commente :

« Tout l'art poétique de la poésie de la Résistance est ici exprimé. [...] Le poète ne s'embarrasse pas de périphrases : l'appel à tous les poètes est lancé, l'urgence soulignée. " Si mon dessein échappe, qu'on lise *Pour un chant national* ", écrira plus tard Aragon. On ne saurait être plus clair [1] ! »

Quand, fin octobre, Aragon découvre l'attaque de Drieu contre lui, il se trouve que l'amiral Esteva vient de lui demander un poème. L'amiral Esteva est le gouverneur vichyste de la Tunisie. Il pense ainsi sans doute

« soutenir auprès des lecteurs le prestige des Français en face de la Commission d'armistice allemande, vers laquelle les Tunisiens, préférant s'adresser directement à Dieu qu'à ses Saints, se tournaient par-dessus la tête du gouverneur français [2] ».

Aragon lui adresse *Plus belle que les larmes* — ce qui est une sacrée preuve de décision et de hardiesse politiques, comme de confiance dans le pouvoir de la poésie. Le poème sera effectivement publié dans un journal de Tunis, ce qui lui donne quitus. Repris par le journal suisse *Curieux*, il pourra entrer en France. Évidemment, l'amiral n'y avait vu que l'aspect patriotique. Mais la réponse à Drieu y est évidente.

J'empêche en respirant certaines gens de vivre
Je trouble leur sommeil d'on ne sait quel remords
Il paraît qu'en rimant je débouche les cuivres
Et que ça fait un bruit à réveiller les morts

1. *La Résistance et ses poètes, op. cit.*, p. 135.
2. *Aragon parle, op. cit.*, p. 69.

Ah si l'écho des chars dans mes vers vous dérange
S'il grince dans mes cieux d'étranges cris d'essieu
C'est qu'à l'orgue l'orage a détruit la voix d'ange
Et que je me souviens de Dunkerque Messieurs

C'est de très mauvais goût j'en conviens Mais qu'y faire
Nous sommes quelques-uns de ce mauvais goût-là
Qui gardons un reflet des flammes de l'enfer
Que le faro du Nord à tout jamais soûla

Au-delà, dans ce poème qui va paraître sous sa signature, Aragon dit clairement la ligne politique nationale qui est la sienne :

Vous pouvez condamner un poète au silence
Et faire d'un oiseau du ciel un galérien
Mais pour lui refuser le droit d'aimer la France
Il vous faudrait savoir que vous n'y pouvez rien

C'est le ton de l'apostrophe romantique qui renaît ici. Mais Aragon s'en sert pour exprimer cette ligne politique qui le justifie, ligne qu'il appellera plus tard thorézienne, la ligne affirmée au Congrès d'Arles du parti :

Il y a dans le vent qui vient d'Arles des songes
Qui pour en parler haut sont trop près de mon cœur

La contrebande ici est double, directement patriotique contre l'occupant et ceux qui à Vichy lui cède, nationale à l'égard de ceux des communistes qui ont oublié ce qu'il y avait

« dans le vent qui vient d'Arles »

fin décembre 1937. Quand, après la Libération, on reprochera cette ligne patriotique à Aragon, c'est là qu'il écrira de Maurice Thorez ce que j'ai déjà cité :

> « C'est en Arles peut-être que celui que tout un peuple appelle amicalement, tendrement, Maurice devait nous apparaître avec cet air du génie, cette ampleur de vue... »

Tandis que le reste du poème, lui, se mettait à parler haut, cette fois non plus seulement pour les communistes, mais pour tous :

... Ah Paris mon Paris
Lui qui sait des chansons et qui fait des colères
Qui n'a plus qu'aux lavoirs des drapeaux délavés
Métropole pareille à l'étoile polaire
Paris qui n'est Paris qu'arrachant ses pavés

Paris de nos malheurs Paris du Cours-la-Reine
Paris des Blancs-Manteaux Paris de Février
Du Faubourg Saint-Antoine aux coteaux de Suresnes
Paris plus déchirant qu'un cri de vitrier

Sans doute ces derniers vers avaient-ils mis la puce à l'oreille des censeurs. Les voici tout à coup perspicaces, et M. Marion, ministre de l'Information, fait saisir le numéro de la revue *Confluences* — qui paraissait à Lyon sous la direction de René Tavernier, alors membre de l'organisation de résistance que dirigeait Aragon — où se trouvait un poème appelé *Nymphée.* Le titre, certaines allusions mythologiques aux monts Ryphée — mis en évidence à la rime — ramenaient le lecteur à l'Oural et à Kertch, en Crimée, où l'on se battait alors. Aragon avait pris les devants, écrivant dans ce même poème :

Le crime de rêver je consens qu'on l'instaure
Si je rêve c'est bien de ce qu'on m'interdit

Mais cela n'intervient qu'en août 1942; entre-temps, il s'est passé beaucoup d'événements importants qui donnèrent à l'entreprise nationale d'Aragon sa véritable dimension. Chronologiquement, le premier est la publication à Neuchâtel, en Suisse aux éditions Ides et Calendes, après publication des *Yeux d'Elsa,* en même temps celle que d'un recueil de Pierre Emmanuel, *Le Poète et son Christ.* Albert Béguin expulsé d'Allemagne nazie par suite de sa thèse sur *L'Ame romantique allemande et le rêve* — dont la publication par les soins des *Cahiers du Sud* a joué un rôle formateur de première importance pour toute une génération — enseigne à Genève. Il y a pour élève Bernard Anthonioz. En 1941, ce jeune Français vient retrouver son professeur afin de lui demander son aide pour faire paraître en Suisse des œuvres montrant que la pensée et la poésie française continuent. Il en naît *Les Cahiers du Rhône.* Aragon a vu arriver le secrétaire de rédaction de la revue en décembre 1941, dans la petite maison du quai des États-Unis, à Nice, où il habite avec Elsa, face à la mer, dos au Marché aux fleurs. Bernard Anthonioz est délégué par Albert Béguin, et Aragon lui remet son manuscrit. *Les Yeux d'Elsa,* regroupant les poèmes qui font suite au *Crève-Cœur,* paraissent ainsi dans une collection qui a pour devise celle de Jeanne d'Arc : *Dieu premier servi.*

A cette dimension chrétienne répond une nouvelle dimension laïque. C'est vers la Noël 1941 qu'Aragon rencontre Matisse ; il met au point avec lui ce qui va paraître dans le numéro de janvier de *Poésie 42* et donner à la revue de Pierre Seghers toute son envergure : *Matisse ou la grandeur, Matisse en France,* qui finiront par composer, avec bien d'autres textes, l'immense *Henri Matisse, roman* de la fin des années soixante.

Le rapport d'Aragon avec la peinture est singulier. C'est toujours, exactement comme pour Breton, le moyen de faire la preuve par la peinture — la preuve en quelque sorte matérielle, visible, objective — que la démarche créatrice dans laquelle on est engagé est, elle aussi, objective, absolument valable. Preuve du surréalisme autrefois, avec *La Peinture au défi*; passage vers la preuve du réalisme, laquelle commencera d'être apportée en 1935 par une conférence sur les collages de John Heartfield, tandis que l'histoire du portrait en France sous-tendra en 1937 la conception d'un réalisme français. Ici, Aragon demande à Matisse la « preuve » du « chant national » :

> « Tandis que les uns trouvent un amer et bruyant réconfort à dénoncer nos faiblesses, les autres, et je me sens l'un d'eux, dénombrent parfois en silence nos richesses, nos inaltérables biens, nos incomparables motifs d'orgueil. L'air frais qui lave nos poumons. Ce qui nous rend le sentiment de notre grandeur.
> Qu'on accumule à notre compte les erreurs du passé, les tares, les défaites, rien ne fera pourtant, personne, qu'on puisse nous arracher ce sentiment devant la peinture française. Et peut-être que rien dans cette peinture ne le suscite en nous, ce sentiment, comme cette œuvre qui en est l'aboutissement et le sommet, je veux parler de l'œuvre d'Henri Matisse. »

Nous touchons ici à ce qui fut le rôle essentiel d'Aragon dans ces années terribles et pourquoi je dis qu'il fut un organisateur de la Résistance — au-delà même de l'organisation particulière qu'il anima, l'organisation des *étoiles*. Organisateur, il le fut sur le plan des idées comme sur celui des hommes. C'est lui qui fit comprendre que Jean Paulhan et Jacques Decour pouvaient faire ensemble un journal clandestin; qu'un communiste pouvait aimer et défendre Matisse, se trouver à sa place aux *Cahiers du Rhône*. Aragon se servit de la peinture de Matisse, de prime abord si éloignée des apparences réalistes et révolutionnaires, pour montrer que les données de l'héritage national en matière de culture, opposables à la défaite et à l'occupation du pays, étaient objectivement indépendantes des besoins politiques immédiats, appartenant de fait à cet héritage, à charge pour nous de les y reconnaître. Il est des périodes où un homme se sent et se trouve « en prise directe » avec l'Histoire. C'est ce qui est arrivé à Aragon depuis ses poèmes de septembre 1939. Il le reste pendant toutes ces années de la nuit. A la Libération, l'Histoire se retire. Mais à l'instant où nous sommes arrivés, il mérite ce titre qu'il décerne à Matisse : Aragon ou la grandeur.

Un troisième événement nous le confirme.

Au début de 1942, un camarade envoyé de Paris par le parti vint trouver Aragon. Il se faisait appeler Jean. Il s'agissait de l'avocat Joë Nordmann.

> « Jean, donc, m'apportait une liasse de papiers. Des documents dactylographiés, un peu pêle-mêle. On s'y perdait. La même terrible histoire y était quatre ou cinq fois racontée. C'étaient les témoignages directs des hommes de Châteaubriant sur l'exécution des otages d'octobre 41. L'énumération des martyrs, avec leurs fonctions, leurs professions, des renseignements

sommaires. Les dernières lettres, les inscriptions relevées sur les planches des baraquements. [...] Il y avait avec les documents un mot bref. *Fais de cela un monument.* Un mot bref pour moi. Un ordre. Je reconnaissais cette écriture[1]... »

Le mot signé Frédéric émanait de Jacques Duclos. Aragon songea qu'il se trouvait à ce moment-là dans la région de Nice plusieurs écrivains célèbres. Il pensa qu'eux sauraient donner à l'affaire le retentissement qu'elle devait avoir et leur fit tenir les textes par un homme très sûr, qui n'était d'ailleurs pas communiste. Trois écrivains furent contactés, et il y eut trois dérobades. Gide et Roger Martin du Gard étaient du nombre. S'estimèrent-ils dépassés par le contenu du document ?

> « Songez que jusqu'alors rien, absolument rien n'était connu de ces scènes terribles, qu'ici, pour quelqu'un qui n'avait pas été parqué dans un camp de concentration, tout était révélation,-mystère — ces phrases maladroites, déformées dans la transmission, les contradictions évidentes dues à un mot passé[2]... »

Le texte qu'Aragon en tira, *Le Témoin des martyrs,* fut bien, en effet, ce « monument » que Jacques Duclos attendait de lui. Ce texte humble, où l'écrivain se contraint à la prose la plus nue qui soit, est désormais entré dans l'Histoire. Il ne commença guère à circuler que durant l'automne 1942. Et d'une façon à la fois singulière et exemplaire :

> « Une idée, pourquoi ne pas essayer de transmettre ce texte de machine à écrire en machine à écrire à travers tout le pays ? (C'est de cette expérience que sortit un peu plus tard le système des *étoiles,* renouvelé de la chaîne sans fin, que nous devions appliquer à tout le travail illégal des trente-sept départements méridionaux.) C'est ainsi que débutèrent les premières chaînes. Des voyageurs de passage à Nice reçurent de moi ce texte, directement ou indirectement, mais le croyant, sa rédaction y aidait, venu de Paris. De Toulouse, de Lyon, de Montpellier, il repartit dans des directions diverses. Dans les huit jours, il avait gagné Paris. Personne n'imagina jusqu'en septembre 1944 qu'il était de moi. A telle enseigne qu'il me revint de plusieurs côtés pour que je le retransmette[3]... »

C'est exactement ce qu'on appellera, du temps des dissidents à l'Est, le *Samizdat.*

Quand Aragon écrit *Le Témoin des martyrs,* une affiche noire et rouge a communiqué les noms de sept jeunes gens fusillés le 9 mars 1942 pour avoir commis des actes militaires contre l'occupant. En avril, vingt-trois autres. En mai, les 23, 27 et 30, c'est au tour de Politzer, de Decour, de Dudach, de Solomon, avec des dirigeants du parti communiste comme Félix Cadras et Arthur Dallidet. Aragon écrit *Art poétique* :

1. *L'Homme communiste, op. cit.,* p. 100 et suiv.
2. *Ibid.*
3. *Ibid.*

Pour mes amis morts en mai
Et pour eux seuls désormais

Que mes rimes aient le charme
Qu'ont les larmes sur les armes

qui sera publié en août par le journal suisse *Curieux* et qu'on pourra lire en zone sud, la censure croyant qu'il s'agit des morts de mai 1940. A ce moment, Aragon compose *Brocéliande,* où le vieux mythe de Bretagne se charge des réalités du présent et appelle à la grandeur de nouveaux héros français :

> « Plus encore qu'en 1941, en 1942 la France tout entière ressemblait à Brocéliande. Dans la forêt, les sorciers de Vichy et les dragons de Germanie avaient donné à toutes les paroles une valeur incantatoire pervertie, rien ne s'appelait plus de son nom ; et toute grandeur était avilie, toute vertu bafouée, persécutée. [...]
> Ce livre que je croyais assez hermétique connut une sorte de vogue que peu de livres ont eue. Il a été un bréviaire de cette chevalerie sans nom dont je parlais. Et quand plus tard, la fiancée de Gilbert Dru, le jeune héros catholique de Lyon, vint me dire que, quand Gilbert fut arrêté, il avait dans sa poche ce livre dont il ne se séparait jamais, j'ai été troublé, de ce trouble de l'homme qui a touché sans le savoir à un des ressorts du monde et remis en marche les enchantements. Non, *Brocéliande* n'était pas obscur pour tout le monde, et ce poème d'un matérialiste pouvait se joindre à l'ardeur chrétienne d'un jeune Français inconnu[1]. »

Brocéliande parut dans *Les Cahiers du Rhône* le 31 décembre 1942. Georges Sadoul a rendu publique une clé d'une des parties du poème, que je reproduis tout en la complétant :

Non je n'ai pas perdu mémoire de toi courbeur de fer [*Jean-Pierre Timbaud, dirigeant du syndicat CGT de la métallurgie, fusillé à Châteaubriant*]
Qui d'un seul mot savait faire retourner toute une rue
De toi non plus homme calomnié qui portais sur la vie
Tes yeux clairs d'aiguilleur à l'approche des roues [*Pierre Semard, ancien secrétaire général du parti, cheminot, fusillé à Clairvaux en avril 42*]
Je n'ai pas perdu ta mémoire à toi non plus philosophe aux cheveux roux [*Politzer*]
Ni la tienne avant l'âge blanchie d'avoir dédaigné le repos [*Lucien Sampaix, secrétaire général de* L'Humanité, *fusillé en décembre 1941 avec Péri*]
Ni la mémoire de celui-ci qui chanta comme un cygne
Et semblait un prince fait de cet argile de Phénicie
Dont on n'a jamais retrouvé depuis l'antiquité le secret de finesse [*Gabriel Péri*]
Saurais-je un jour comme vous mourir mais tout ceci
Vaut seulement pour vous et moi compagnons de ma guerre à moi tombés en route

1. *De l'exactitude historique en poésie,* 1945.

Claude Roy était alors âgé de vingt-sept ans. Il a fait la connaissance d'Elsa et d'Aragon à Nice en 1942. Son témoignage résume à merveille la situation d'Aragon en ce temps-là :

> « Il me semble que jamais Aragon et Elsa n'ont été plus heureux et plus libres qu'en ces années de malheur et d'entraves. La parole d'Aragon s'élevait avec une violence et une aisance qui se répercutaient d'un bout de la France à l'autre. [...] En même temps qu'il avait la certitude de prendre la parole, " légale " ou clandestine, tout à fait *nécessairement,* et la ressource intérieure d'alterner la longue rêverie amoureuse d'*Aurélien* avec les cris de colère du *Musée Grévin,* Aragon connaissait dans sa vie de militant une liberté joyeuse qu'il n'avait pas, je le crains, connue depuis le Congrès de Kharkov. [...] Il avait la totale mais lointaine confiance d'un Parti dont l'appareil ne voulait plus, ni ne pouvait plus brimer les " intellectuels ". Le projet thorézien, d'un Parti communiste véritablement *français,* national par ses racines et internationaliste par sa tête [...] confirmait ses chances de réalisation dans la Résistance [1]. »

1. *Moi je,* Gallimard, 1969, p. 444, 445 et 446.

5.

La crise de 1942

> *Écrire* Aurélien, *c'était renouer avec ce dessein entrepris en 1936, le cycle du* Monde Réel. *C'était renouer avec moi-même. J'avais laissé mon travail, après trois romans, sur les dernières phrases des* Voyageurs, *c'est-à-dire à l'aube de la guerre de 14. Il y avait eu entre ces phrases et* Aurélien *la guerre de 39-40, la défaite, l'Occupation, les Allemands aux portes de Stalingrad, aux portes du Caucase... C'est dans ce temps-là, dans cet été terrible que tu achevais* Le Cheval blanc.
>
> Voici le temps enfin qu'il faut que je m'explique.

Claude Roy ne pouvait voir le couple Aragon-Elsa que de l'extérieur. Ils excellaient comme ils l'avaient toujours fait à se contrôler et à donner le change. C'est bien pourquoi il les a crus heureux. En fait, entre 1942 et le début de 1943, ils ont traversé un enchevêtrement de crises intimes dont sont sortis le roman d'Elsa *Le Cheval blanc* et d'Aragon le poème aveu, *Il n'y a pas d'amour heureux* et *Aurélien.* Autant de messages cryptiques.

La première crise est en quelque sorte professionnelle. *Le Crève-Cœur* qui contient tous les poèmes de guerre paraît chez Gallimard à Paris en avril 1941, étant passé au travers des deux censures, la censure nazie et celle de Vichy. *Les Voyageurs de l'impériale,* publiés en feuilleton par Paulhan dans la *NRF* du début de 1940, doivent également paraître. Mais ils sont retardés car Gaston Gallimard a repéré des « passages » susceptibles d'attirer l'attention de la censure et demande à Aragon par lettre du 16 avril 1941 [1] : « Vous en rapporteriez-vous à Paulhan pour les raccords ? » La suite montre qu'Aragon dut acquiescer. On connaît de lui un billet qui donne à Paulhan les clés de leur correspondance :

1. Citée par Michel Apel-Muller : *L'édition de 1942 des « Voyageurs de l'impériale » : une entreprise « diabolique »*, RC 1, p. 179.

« Convenons voulez-vous que vous appellerez Gallimard simplement Gaston et les éditions Gaston G. De telle sorte que si vous me dites que Gaston G. est mourant, je ne m'effrayerai pas. »

Là-dessus, Elsa entreprit quelque chose d'infiniment audacieux : la mise au point d'une prose de contrebande, d'une prose de résistance, conçue pour passer au travers des censures. Ce furent les nouvelles de *Mille regrets*. Et apprenant, fin 1941, qu'elles pourraient paraître, elle se mit à un grand roman qui devint *Le Cheval blanc*. *Les Voyageurs* ne pouvaient toujours pas paraître. Selon Aragon, la naissance d'*Aurélien* date de là.

« C'est ce spectacle pour moi extraordinaire en 1941-1942 qui m'a donné le courage d'entreprendre autre chose que les poèmes directs de la période dans laquelle nous étions. Et j'ai essayé d'écrire comme une sorte de contrepoint de Michel du *Cheval blanc*, le personnage d'Aurélien, l'ancien combattant de la guerre de 14-18 comme en réplique, l'homme qui devient le combattant de la drôle de guerre de 1939. Le sujet en a été pour moi constamment éclairé à cette lumière d'Elsa[1]. »

Nous verrons ce qu'il en sera de cet éclairage d'*Aurélien* à « cette lumière d'Elsa ». Mais n'anticipons pas. Revenons aux problèmes pratiques. Aragon et Elsa ont vécu jusqu'à l'entrée en guerre des États-Unis, fin 1941, des droits d'auteur de l'éditeur américain des *Voyageurs de l'impériale* et des droits que verse sur ce même livre Gallimard[2]. Elsa apporte désormais les droits importants, payés sur ce qui deviendra un best-seller, *Le Cheval blanc*, par Denoël qui est aussi carrément un éditeur de la collaboration, sortant Céline, Rebatet... C'est le choix hasardeux, mais c'est le choix de la contrebande qui implique une part de double jeu. Cependant Aragon, sans nouvelles, s'inquiète des coupures dans *Les Voyageurs*. Il écrit à Paulhan le 3 novembre 1941[3] :

« [Gaston Gallimard] a sur moi cette étrange idée que c'est bien assez de m'envoyer de l'argent tous les mois, que cela m'achète. Son expérience d'il y a dix ans ne lui a rien appris. »

Le 19 mai 1942, Gaston Gallimard informe Aragon qu'il a obtenu le visa allemand, mais non celui de Vichy. Voici donc Aragon dans l'impossibilité de publier son roman tandis qu'Elsa travaille de plus belle au sien, ce qui a dû être sinon l'élément déclencheur d'*Aurélien*, du moins une raison supplémentaire de s'y mettre.

C'est le pire moment de la terreur. Politzer et Jacques Decour sont fusillés à la fin de mai avec des dizaines de dirigeants clandestins du PCF.

1. *Entretiens avec Francis Crémieux, op. cit.*, p. 97.
2. Apel-Muller, *L'édition de 1942, op. cit.*, p. 177.
3. *Ibid.*

Et en ce temps où le meurtre est public et la douleur celle du pays tout entier, Aragon est frappé au plus intime. Marguerite va mourir.

> « Ma mère partie au moment de l'exode n'avait pas voulu rentrer à Paris. Elle était à Cahors et ne voulait pas en partir, craignant de se trouver entièrement coupée de moi, mais je n'allais guère la voir : je ne le pouvais pas d'ailleurs, il aurait été peu prudent de faire ce genre de voyage dans les conditions particulières où j'étais. Ma mère m'écrivait qu'elle se débrouillait, qu'elle n'avait besoin de rien. Mais de quoi vivait ma mère ? Savez-vous que dans les dernières années avant la guerre, ma mère vivait uniquement de ce qu'elle gagnait en faisant des feuilletons, des romans-feuilletons ? [...] Et elle me disait qu'elle n'avait absolument pas besoin de moi, qu'elle ne voulait rien recevoir de moi. Elle disait : " Ce n'est pas la peine, c'est inutile je me débrouille ici. " Et quand, au mois de mars 1942, j'ai été à Cahors, je l'y ai trouvée à l'hôpital, et il n'y avait pas un sou pour payer l'hôpital, bien entendu. J'ai découvert alors que, depuis six mois, elle était inscrite au chômage[1]... »

Et voici que, tout à coup, nous renouons avec *Les Voyageurs de l'impériale*, ou du moins avec ce qu'ils nous livrent des origines familiales, quand ils sont le roman, l'imaginaire-vrai de la préhistoire d'Aragon. C'est au moment de la mort de Marguerite qu'Aragon découvre un petit missel en cuir rouge à fers d'or :

> « Le missel était sans doute celui de mon arrière-grand-mère, née italienne, d'une famille de petits nobliaux lombards, dont elle avait dû faire cadeau à son fils Fernand. Tout cela n'a pas grand intérêt : mais ce sont les seules marques d'origine que je possède des miens. Le missel était à Cahors dans la chambre de ma mère. Ses logeurs me l'ont *donné*[2]. »

Car — au cas où vous l'auriez oublié — Aragon n'est pas le fils légal de sa mère. Et il venait alors de recevoir, de la bouche de sa mère, révélation du rôle joué par Fernand Toucas, le père indigne, le grand-père des tripots, dans la Commune de Marseille :

> « Et il faut comprendre que, dans ce temps-là, j'étais tout pour elle, qu'elle voulait aussi que je sache ce secret qui avait été une honte familiale et qui, maintenant, devant moi, devenait pour elle une raison de fierté, et aussi pour son père, à mes yeux, peut-être, un peu plus qu'une excuse, une réhabilitation. C'est à ce signe que j'ai compris que Marguerite avait toujours aimé son père. Ce qui n'allait pas de soi. Quand l'idée m'était venue d'écrire l'histoire imaginaire de mon grand-père, cela devait être après Munich, au plus tard, comme si j'avais à me hâter, à donner ce passé au *Monde réel* entrepris, et peut-être plutôt ce témoignage d'un univers qui

1. *Aragon parle, op. cit.*, p. 108. Ce texte laisse penser que Marguerite se faisait passer faussement pour une traductrice, et écrivait elle-même ses romans policiers.

2. *Et, comme de toute mort..., op. cit.*, p. 11. Aragon a souligné « *donné* ».

allait devenir tout à fait incompréhensible et je le savais bien, prochainement sombrer... quand l'idée m'était venue d'écrire ce qui devint *Les Voyageurs*, qu'est-ce que je savais, au juste, de celui dont je projetais de faire Pierre Mercadier[1] ? »

Ce passage qui décrit le basculement soudain de l'image de Fernand Toucas laisse entendre à quelle réévaluation du réalisme dans son entreprise va devoir se livrer le romancier. Il a fallu la mort de Marguerite, la disparition du seul témoin pour que l'éclairage change. C'est, du même coup, la dévaluation de l'imaginaire. La nécessité d'un meilleur ancrage dans le réel. Le passage de l'imaginaire-vrai au mentir-vrai. Et ces réflexions comptent sans nul doute pour beaucoup dans la façon dont *Aurélien* « colle », infiniment plus que tous les romans déjà écrits, à la vie et à l'expérience de l'auteur. La part imaginée étant presque réduite aux raccords entre le transformé, le dévié, le « menti » et le vrai.

En outre, voici que la mort de Marguerite délivre Aragon du secret qu'il porte en lui depuis toujours. Mais cette délivrance vient trop tard, d'avoir à jamais perdu celle qu'il ne pouvait appeler devant tous maman. Il ne parlera plus de son enfance dans ses romans. Il lui faudra beaucoup de temps, d'autres bouleversements moraux, pour parvenir à l'évoquer en clair, directement, d'abord dans les poèmes du *Roman inachevé* en 1956, puis dans la nouvelle précisément nommée *Le Mentir-vrai*, en 1964. *Aurélien*, le roman qu'il commence en fait au lendemain de la mort de Marguerite, est le roman de sa vie adulte.

Le *trobar clus* d'Arnaut Daniel, quand il y fait référence dans *La Leçon de Ribérac*, quelle résonance n'avait-il pas dans le cœur du poète Aragon à qui il était interdit de nommer non point sa Dame, mais sa mère ? Oh, je ne veux rien « dépolitiser », simplement par cet écho reconnaître combien la « contrebande » d'Aragon lui était *naturelle*, comme l'enfant qu'il fut. Je voudrais qu'on saisisse, peut-être en dépit des explications politiques et logiques qu'Aragon lui-même multiplie, à quel point cette contrebande lui était consubstantielle, et que, si elle a chanté comme elle le fit, si elle put revêtir cette ampleur d'orchestre de nos souffrances, c'est qu'elle était née de la souffrance même. Écoutez plutôt ce sonnet publié dans *Poésie 42*, puis recueilli dans *En étrange pays dans mon pays lui-même* :

Marguerite

Ici repose un cœur en tout pareil au temps
Qui meurt à chaque instant de l'instant qui commence
Et qui se consumant de sa propre romance
Ne se tait que pour mieux entendre qu'il attend

Rien n'a pu l'apaiser jamais ce cœur battant
Qui n'a connu du ciel qu'une longue apparence

1. *Et, comme de toute mort..., op. cit.*

Et qui n'aura vécu sur la terre de France
Que juste assez pour croire au retour du printemps

Avait-elle épuisé l'eau pure des souffrances
Sommeil ou retrouvé ses rêves de vingt ans
Qu'elle s'est endormie avec indifférence

Qu'elle ne m'attend plus et non plus ne m'entend
Lui murmurer les mots secrets de l'espérance
Ici repose enfin celle que j'aimais tant

L'Aragon qui écrit *Brocéliande* porte ce deuil en lui avec celui des siens. De ceux qui vont mourir en mai.

Mais, durant cet été terrible, la mort est partout. A la fin d'août, à Villeneuve où Aragon et Elsa se trouvent avec Albert Béguin chez Seghers, c'est la grande chasse aux Juifs. Pierre Seghers raconte :

« Une femme se jette par une fenêtre plutôt que d'être prise, d'autres sont assommés, roués de coups et meurent. Aragon, dans *Le Médecin de Villeneuve* — qui n'est pas sans faire penser à l'évocation des damnés de l'enfer, peinte au bas du *Triomphe de la Vierge* d'Enguerrand Charton, conservé aux hospices de Villeneuve —, Aragon donc relate avec une parfaite exactitude historique l'inhumaine battue. Le poème, qui m'est refusé par la censure de Vichy le 30 octobre 42, paraîtra un peu plus tard en Suisse, signé par son auteur, chez Fred Uhler, aux Éditions Ides et Calendes, dans *En français dans le texte*[1]. »

Aragon concluait ainsi son poème :

C'était hier le temps des Pastoureaux
Le temps qui passe embellit le bourreau
La pierre fend à force de bourrasques
A chaque siècle il suffit sa tarasque
C'était hier le temps des Pastoureaux

Dans ce pays de fenêtres étranges
Il fait trop nuit pour qu'un sanglot dérange
Les jardins clos qui sont des cœurs murés
Tout est de pierre et tout démesuré
Dans ce pays de fenêtres étranges

A très peu de temps de là, ce fut l'anniversaire de Valmy, le 20 septembre 1942. Les patriotes de la zone occupée entendaient le célébrer et ils le firent, mais l'ennemi avait frappé d'abord, assassinant plus d'une centaine d'otages après une autre centaine en août. C'est à

1. *La Résistance et ses poètes, op. cit.*, p. 197-198.

cette date que paraît le premier numéro des *Lettres françaises* clandestines qui publient le manifeste du Front national des écrivains, adopté en février. C'est un journal de la zone nord, c'est-à-dire coupé de la zone sud et, donc, d'Aragon et d'Elsa, à cause des liaisons rompues par l'arrestation de Decour et de Politzer :

> « Nous sauverons par nos écrits l'honneur des Lettres françaises. Nous fustigerons les traîtres vendus à l'ennemi. Nous rendrons l'air de notre France irrespirable à ces scribes de l'Allemagne. Nous défendrons les valeurs qui ont fait la gloire de notre civilisation... »

Le 8 novembre, les Alliés débarquèrent en Afrique du Nord. Les Allemands entrent aussitôt en zone sud. Pierre Seghers se précipite à Nice afin d'aider ses amis. Il leur faut en effet partir.

> « Nous étions là visibles comme la lettre volée, prêts à filer à la première alerte sérieuse »,

écrit Elsa. C'était plus qu'une alerte :

> Nous sommes partis d'ici par le dernier petit train de Digne
> Et des motards à plume de coq couraient le long de la ligne.

Ce sont les soldats de Mussolini qui ont franchi la frontière. Elsa raconte :

> « Nos affaires pêle-mêle dans les valises. Pierre Seghers est là, il prendra le train avec nous. Lydia la secrétaire d'Henri Matisse nous aide, nous accompagne à la gare. [...] Nous couchons à Digne où il faut changer de train. Je prends froid dans les draps non pas humides mais mouillés d'un hôtel. J'arrive le lendemain à Villeneuve-lès-Avignon, mijotant dans la fièvre, les courbatures, le rhume... Hélène Guenne Cingria nous a accueillis, moi et ma grippe, chez elle à la Chartreuse ; tu es parti sans attendre, là-bas, au-dessus du Dieulefit, dans cette maison perdue que nous appelions *Le Ciel* et qui est décrite dans *Les Amants d'Avignon*, avec sa beauté et ses rats[1]. »

Comme un répons, les souvenirs d'Aragon :

> « *Aurélien* n'était encore qu'à peine entrepris, je crus que les conditions de l'illégalité allaient me forcer à l'abandonner. Tout au contraire, elles devaient se montrer favorables à l'écriture. J'ai repris *Aurélien* en novembre dans cette maison que nous avons appelée *Le Ciel* [...] pour t'attendre. Le reste du livre, le grenier de Montchat, la petite maison de Saint-Donat m'ont donné pour lui de longues heures et je n'ai jamais peut-être écrit si *tranquillement* quoi que ce fût, que cette part, la majeure, d'*Aurélien*. Si je

1. *Préface à une « Vie de Michel Vigaud »*, *Œuvres croisées*, 17, p. 26.

compare l'écriture d'*Aurélien* à celle des *Voyageurs*, je comprends que, pas seulement en raison du " roman " à proprement parler, *Aurélien* ait toujours été pour moi dans ce que j'ai écrit un livre de prédilection[1]. »

Nous voici tout à coup sortis du domaine des simples souvenirs. La prédilection d'Aragon pour *Aurélien*... Il n'a sans doute pas tort du strict point de vue technique de l'écrivain. La solitude de la clandestinité lui a donné les moyens d'être concis, de montrer cette parfaite maîtrise qui peut être la sienne en ces circonstances. Car la structure même du roman se trouve liée, non par hasard, aux conséquences de la clandestinité. Mais, annoncée par une lettre de Paulhan du 5 octobre, voilà que, paradoxalement, l'autorisation de publier *Les Voyageurs* est donnée, bien qu'au mois d'août, comme nous l'avons vu, *Nymphée* ait fait suspendre pour deux mois la revue *Confluences* de René Tavernier. Le roman est mis en vente à Paris, courant décembre, néanmoins par précaution, sans service de presse. Il sera très vite retiré des vitrines.

Or écrit Michel Apel-Muller[2] :

« Ce livre, ce n'est pas *Les Voyageurs de l'impériale.* C'en est l'altération brutale, défigurante. »

Aragon précise dans les *Œuvres croisées* :

« L'édition de 1942, dont je n'avais pu corriger les épreuves à cause de la séparation de la France en deux par la ligne de démarcation, avait été, à mon insu, sur les conseils d'officieux représentants des autorités allemandes, paraît-il, remaniée à Paris sans moi, d'une façon que je ne pouvais imaginer, une sorte d'habileté diabolique qui en changeait fondamentalement la signification (au point qu'on pouvait croire le capitaine Dreyfus *coupable* à la lecture du roman)[3]. »

Mais, après avoir minutieusement examiné tous les éléments du débat, Apel-Muller conclut :

« Jamais peut-être comme à propos de cette affaire, Aragon n'aura fait vaciller les frontières qui séparent le *mentir-vrai* du mentir tout court[4]. »

Et il cite à partir des archives de Jean Paulhan ce billet d'Aragon dans la clandestinité du 8 avril 1943, qui prouve qu'il a bien reçu alors l'édition de 1942 :

« Pour ces " Touristes du sous-sol " [inversion codée des *Voyageurs de l'impériale*], je ne suis pas autrement triste [sans doute de leur retrait des

1. *Voici le temps enfin qu'il faut que je m'explique, op. cit.*, p. 21.
2. *L'édition de 1942..., op. cit.*
3. *O.C.*, 1, *op. cit.*, p. 185.
4. Apel-Muller, *op. cit.*, p. 202.

librairies, le mot préalable de Paulhan manque]. A vrai dire, ils avaient souffert dans la bagarre, les fautes d'impression y étaient multiples, POUR NE PAS DIRE PIRE. J'espère que cela n'a pas trop affecté Gaston [Gallimard][1] ? »

On a la preuve que les relations avec Paulhan n'en sont pas affectées par une lettre lors de l'arrivée d'Aragon à Lyon, postérieure au 18 mars 1944, date de la mort de la mère de Paulhan qu'il vient d'apprendre par René Tavernier.

« Vous savez que moi aussi, il y a presque jour pour jour deux ans, j'ai vu se défaire ces liens auxquels on croit ne pas tenir, tout un lent échafaudage de souvenirs en communs, de mémoires, d'affections et de querelles, qu'on ne savait pas si cher tant qu'il ne s'était pas écroulé. [...] Avec ce que cela comporte de regrets de ce que la disparue n'ait pas attendu de savoir la fin de notre horrible feuilleton. »

Et, comme le souligne Apel-Muller, même aux pires moments des polémiques après la guerre avec Paulhan à propos des écrivains de la collaboration, Aragon ne fera jamais la moindre allusion au « traitement » des *Voyageurs.*

Affaire de contrebande qui a mal tourné mais où, visiblement, Aragon s'était trop engagé (« J'ai un peu hésité, mais je me suis dit : pourquoi pas ? » — à Dominique Arban en 1968) pour pouvoir s'en prendre aux corrections et manipulations, essentiellement de Gaston Gallimard comme le montre Michel Apel-Muller, faites sans lui. Reste que ce double échec — son roman défiguré et pour rien, sauf l'argent des droits d'auteur — ne peut pas ne pas peser lourd dans son esprit en ce début du printemps 1943, surtout face à la réussite d'Elsa, éclatante, avec *Le Cheval blanc.*

Cet échec ne pouvait pas non plus ne pas jouer son rôle dans la crise intime ouverte avec Elsa qui devait prendre très mal les altérations anti-Dreyfus du texte, tout de même publié et diffusé à Paris sous la signature d'Aragon. Ajoutons-y, en ce début 1943, la défaite nazie à Stalingrad qui fait soudain, après le débarquement allié en Afrique du Nord, basculer les perspectives de la guerre en rapprochant du tout au tout la libération de la France. En ce moment-là Aragon et Elsa ont dû croire comme la Résistance tout entière qu'elle pourrait avoir lieu à l'automne, soit un an plus tôt qu'en réalité. C'est-à-dire à un moment où la tentative de publication des *Voyageurs* défigurés serait encore dans les mémoires. Ce qui ne fut plus le cas à l'automne de 1944, lors de la Libération. Même si semblable illusion fut brève, elle donne sa couleur à la crise dans leur couple qu'Aragon date précisément du début de 1943. A ma connaissance, Elsa ne s'est jamais exprimée, même de très loin, là-dessus. C'est Aragon seul qui parle. Mais il nous faut à présent en venir à tout ce qui émerge de cette crise. Et qui compte lourd dans *Aurélien.*

1. Apel-Muller. *Ibid.*, p. 203.

6.

La clandestinité et *Aurélien*

Il n'y a pas d'amour heureux.

ARAGON.

Le Ciel... Laissons la parole à Elsa :

> « La planque se trouvait au-dessus de Dieulefit, dans la montagne, on ne pouvait l'atteindre qu'à pied. Nous l'appelâmes conspirativement *Le Ciel* : une maison-ruine, seule au carrefour de trois communes, si bien qu'on ne savait au juste à laquelle des trois elle appartenait. C'était comme si elle n'existait pas. Coupés du monde, enfouis dans la neige de l'hiver 1942, introuvables, toute liaison pratiquement impossible... Ça ne pouvait pas durer, il fallait au plus vite descendre de cet étrange ciel vide et retrouver la terre occupée, où nous ne pouvions exister sous notre identité. Je pris le chemin de Lyon pour nous procurer de faux papiers[1]. »

Elsa ne supportait pas *Le Ciel.* Sans aucun doute non plus l'inconfort. En fait, cette antipathie pour les lieux est concomitante d'un enfermement à deux, d'un tête-à-tête sans répit avec Aragon dans ce lieu perdu, en ce moment de crise produit par le passage brutal à la clandestinité. On doit bien concevoir que ce passage a valeur de déracinement quasi définitif. Il faut rompre avec tous les liens sociaux que tisse une vie : d'où la secousse du brutal retour sur soi, d'une mesure inhabituelle de soi, de sa propre existence et de sa nécessité. Prenons le témoignage d'Aragon, sans qui nous ne pourrions que deviner : il s'est d'abord exprimé dans le poème *Il n'y a pas d'amour heureux*, qu'il convient de prendre au pied de la lettre.

> « Ce poème est des premiers jours de 1943. A cette époque, Elsa a voulu me quitter. Je peux vous raconter pourquoi et comment, cela n'est pas d'un caractère tellement intime. Il y avait alors, dans les mouvements de

1. *Préface à la clandestinité, Œuvres croisées,* 5, p. 11.

résistance auxquels nous appartenions, une loi à laquelle on ne pouvait manquer et qui voulait que deux personnes, le mari et la femme, ou quels que soient leurs rapports, travaillant dans ces mouvements, n'eussent pas le droit de continuer à habiter ensemble, parce qu'ils multipliaient ainsi par deux les possibilités d'amener la police à leurs trousses, de mettre ainsi en danger un nombre plus grand de personnes, et par là, le mouvement même. Je croyais avoir justement transposé la chose, moi qui *travaillais*, comme on disait par raccourci, en essayant de persuader Elsa que ce qu'elle écrivait était suffisant comme travail social. Elsa ne le pensait pas et elle me disait : " Je ne peux admettre l'idée qu'on arrivera à la fin de cette guerre et que quand on me demandera : Et vous qu'avez-vous fait ? je devrai dire : Rien ! " Et puisque si elle *travaillait*, nous ne pouvions rester ensemble, elle avait décidé de me quitter[1]. »

C'est dit par Aragon en 1963-1964, devant Elsa, au nom de leur couple reformé puis poursuivi dans la simple insubordination aux règles de sécurité. Aragon précise au demeurant :

« Cependant, l'essentiel de cette histoire est ailleurs. Elsa m'avait arraché mes lunettes masculines, ces préjugés de l'homme qui, sous le prétexte d'assumer toutes les responsabilités du couple, confine la femme à n'être que sa femme, son reflet[2]. »

On pouvait s'en douter rien qu'en lisant le poème ou plus tard en l'écoutant chanté par Brassens :

Rien n'est jamais acquis à l'homme Ni sa force
Ni sa faiblesse ni son cœur Et quand il croit
Ouvrir ses bras son ombre est celle d'une croix
Et quand il croit serrer son bonheur il le broie
Sa vie est un étrange et douloureux divorce [...]
Mon bel amour, mon cher amour ma déchirure
Je te porte en moi comme un oiseau blessé [...]
Il n'y a pas d'amour qui ne soit à douleur
Il n'y a pas d'amour dont on ne soit meurtri
Il n'y a pas d'amour dont on ne soit flétri
Et pas plus que de toi l'amour de la patrie
Il n'y a pas d'amour qui ne vive de pleurs
Il n'y a pas d'amour heureux
Mais c'est notre amour à tous deux

Mettons qu'en effet à cause du danger, au début, Aragon assurait seul la liaison avec l'extérieur, laissant Elsa dans leur planque. Mais, dans la solitude, elle ne pouvait que mesurer d'autant mieux à quel point c'était

1. *Entretiens avec Francis Crémieux, op. cit.*, p. 99.
2. *Ibid.*

elle qui avait en fait porté la responsabilité de leur couple sur ses épaules, et depuis le début. Elle qui avait fait leur couple et, ensuite, que leur couple demeure un couple ; au moins aux yeux des gens, parce qu'il y eut des moments où elle n'y tenait plus, et l'aventure de 1941 ne fut, semble-t-il bien, que la version plus grave d'emballements antérieurs plus secrets et plus limités. Elsa n'était depuis son adolescence femme d'un seul homme que par décision voulue. Quoi qu'en pense et dise Aragon, Elsa l'avait empêché de se disperser de femme en femme et savait à quoi s'en tenir sur sa tendance vers les hommes. N'avait-elle pas dit à Aragon au départ de la « drôle de guerre » qu'elle ne l'attendrait pas s'il venait à se laisser faire prisonnier ? Aragon racontait ce fait comme une incitation à savoir être vigilant à ne pas se faire prendre. Il est possible aujourd'hui d'y entendre qu'elle refusait de l'imaginer dans un camp d'hommes.

La crise avec Elsa fut plus grave et plus tôt qu'Aragon ne le dit, vraisemblablement fin 1941 ou au début de 1942. Michel Vigaud n'était pas né de rien. Le secret ne m'en appartient pas. Peut-être sortira-t-il un jour. Et Elsa, la quarantaine passée, mesurant sans doute avec son pessimisme cruel le peu qui lui restait de sa vie de femme, a voulu quitter Louis, se justifiant sans doute à peu près pour les raisons qu'il en laisse entendre et de plus précises qu'elle lui écrira — sans le quitter, mais ils auront alors soixante-dix ans — au temps de *Blanche ou l'oubli.*

Prenons le résumé politique du roman tel qu'Aragon le donne en 1965 :

> « Aurélien n'est ni Drieu ni moi, si j'ai pourtant cherché dans l'un et dans l'autre une sorte de vérification du personnage créé. Par exemple, quand j'ai commencé à écrire *Aurélien,* en faisant d'Aurélien un homme de la classe 11 qui avait achevé sa guerre à l'armée d'Orient, je pensais certainement à Drieu. Mais j'avais alors sous les yeux le développement du personnage, dans Drieu l'homme de Doriot, écrivant dans *L'Émancipation nationale* un article de dénonciation contre moi. Mon propos était bien de mener, par la logique de sa vie et de l'histoire, ce personnage qui avait été mon ami, jusqu'à en faire un homme de Vichy : mais, d'emblée, j'avais décidé de maintenir cette évolution dans des limites autres que celles de la vie, de m'en tenir à un Drieu qui n'irait pas jusqu'à l'horreur du doriotisme, simplement devenu par la force des choses, sa famille, un industriel croyant à la nécessité d'en passer par les voies prescrites par le Maréchal... »

Aragon a beau dire, Aurélien personnage n'est pas ce pilotis politique. Ou plutôt il ne l'est vraiment que dans un bref passage de l'épilogue sur lequel je reviendrai et où il n'exprime des idées de Drieu que pour placer un masque sur ce que lui-même peut éprouver. En revanche, dans la rumeur qui veut que Drieu a passé sa dernière nuit avant le suicide à lire *Aurélien*, il y a ce fond de vérité que la nostalgie d'Aragon pour leur amitié dépasse l'opposition politique finale que le roman se refusait à exprimer, comme elle dépasse les caricatures et petitesses du *Gilles* de Drieu. Et ce n'est évidemment pas un hasard si Aragon prenant Aurélien-Drieu pour héros s'engage dans un sujet qui ne pourra être publié qu'après la défaite de l'Allemagne, traduisant son impossibilité à rivaliser avec Elsa en matière de contrebande. Pas un hasard non plus si ce sujet appartient à l'avant-Elsa, et si, d'une façon plus générale, Elsa — et tout ce qu'elle a incarné dans la vie d'Aragon — est hors roman. Comme si leur divorce s'était accompli. Comme si Aragon en revenait au temps de l'amitié la plus complice avec Drieu, au temps d'Eyre entre eux deux, au temps de Bérénice-Denise à qui il donne le pas sur tout ce qui avait suivi.

Un couple ne se sépare pas, une femme ne quitte pas son mari aussi innocemment. En 1942, cela fait quatorze ans que leur couple s'est formé. Elsa vient de franchir le cap des quarante-cinq ans. Écrire *Le Cheval blanc*, c'est tout de même passer beaucoup de temps en compagnie d'un héros jeune et séduisant qui n'est pas son mari. Je sais bien que Michel Vigaud meurt aux dernières lignes. Et que cette disparition clôt l'aventure aussi bien que le roman. Mais, précisément, le parallélisme entre *Le Cheval blanc* et *Aurélien* est loin de démentir l'existence d'une crise plus intime entre les deux romanciers, crise [1] dont la version politique ne serait que la partie émergée. *Aurélien* — j'entends cette fois le corps du roman, sans doute ce qui en fut écrit ou en prit consistance au *Ciel* — le confirme singulièrement. Prenons le résumé qu'en donne Aragon :

> « L'impossibilité du couple est le sujet même d'*Aurélien*. [...] Le sujet du livre est l'impossibilité du couple précisément du fait que la femme, elle, a eu une certaine continuité de pensée malgré la guerre, à cause de la continuité de sa vie, sans l'entr'acte des tranchées, et qu'elle est de ce fait même à un autre stade de pensée qu'Aurélien [2]... »

L'écart des dates et des circonstances, le transfert dans le passé — dans cet après-guerre déjà devenu l'entre-deux-guerres — de « l'impossibilité

1. Je recopie simplement deux passages de la *Préface à une « Vie de Michel Vigaud »*, écrite par Elsa pour les *Œuvres croisées* en 1964 : « J'avais encore assez de jeunesse pour vivre dans l'amour. Or, si je ne connais pas l'amour malheureux, je sais ce que c'est que le malheur de l'amour. Le désespoir devant ce qui toujours reste " l'autre ", labyrinthe, au-delà, parois lisses, le fuyant de sa pensée, de son rêve, qui s'en vont courir de par les rues et les sentiers ainsi que le fait celui que l'on aime. »

Mais voici la suite de ce portrait, le plus aigu que je connaisse d'Aragon par Elsa, où elle passe à celui qu'elle lui oppose :

« Et j'allais, comme malgré moi, inventer un homme pour me plaire, imprenable, innocent des ravages de sa séduction, un homme à femmes qui ne serait pas un Don Juan. [...] Un être simple et clair, avec tout le mystère de ce qu'il porte en lui sans le savoir... Michel Vigaud, mon héros, prenait pour moi consistance, devenait un homme de son époque. [...] Un barbare qui sait piloter un avion. [...] Un diamant brut, une énergie non captée, non employée, un homme en pure perte. »

Vous voulez encore la suite ?

« *Le Cheval blanc* est le plus autobiographique de mes romans, je veux dire le plus proche de ce que j'ai vu et senti du monde. Je ne pourrais ici donner les sources de ce roman, une à une, comme je l'ai fait pour d'autres, car toute ma vie en est la source, et ce n'est pas d'une étincelle qu'il est né, mais des braises de tout ce qui a brûlé autour de moi. »

2. *Entretiens avec Francis Crémieux, op. cit.*, recopié par Aragon dans *Voici le temps enfin qu'il faut que je m'explique, op. cit.*, p. 15.

du couple » relèvent de la précaution et du mentir. Mais ils appartiennent à la résonance du thème, à la vibration enfouie qui enfièvre l'écriture. Aragon remonte, du coup, à la première fois qu'il a vécu l'impossibilité du couple. A son amour pour Denise. Si elle ne répondit pas à son amour, fût-ce vraiment à cause du décalage dû à la guerre ? L'autre, la première. Du fait qu'elle avait vécu la guerre en Alsace-Lorraine alors allemande ? Que son mari d'alors avait servi dans l'armée allemande et donc été blessé par ceux que soignait le médecin auxiliaire Aragon ? Cela n'est nulle part dans *Aurélien* seulement dans les confidences de 1966. Denise était indéniablement plus mûrie que le jeune Aragon de 1923, ce qui ne se retrouve pas non plus dans le roman où Aurélien n'a rien d'un jeune homme. L'important est qu'*Aurélien* est un roman qui rejoue la vie d'Aragon face à Denise. A partir de Denise. Comme si tout pouvait repartir de là. Comme si Aragon se dotait d'une vie à recommencer autrement.

Comme Aurélien devant Bérénice, de nouveau dans *Blanche ou l'oubli,* Aragon va comparaître devant Denise... Comme il l'avait déjà fait à cause de Drieu en 1925. C'est bel et bien en ce moment-là de leur rupture que tout s'est joué. Souvenez-vous : « Ce moment de ma vie où TOUT SE DÉCIDE... » La part d'Aurélien qui n'est pas Drieu, mais Aragon au miroir de Drieu.

Et en 1942, comme il le fera après la mort d'Elsa, Aragon est alors brusquement retourné à sa vie d'avant Elsa. Jusqu'au scandale d'une amitié un peu trop tendre pour un jeune homme. J'en ai eu la confidence par mon ami Pierre Seghers. *Aurélien* est né de ce déboussolement et *Blanche* encore plus un quart de siècle plus tard, avec toutes les illusions que l'Histoire aura entre-temps détruites. Nous touchons donc là aux structures les plus profondes de l'homme Aragon dans l'amour. Aux clés de son écriture quand il reviendra à son roman intime après 1960, de *La Mise à mort* à *Blanche* et à *Théâtre/Roman.*

L'histoire d'amour d'*Aurélien* court entre la fin novembre 1922 et le début de 1923, exactement le temps de sa passion et de la découverte que Denise ne l'aime pas, cependant, brisant tous les interdits d'Elsa, *Aurélien* ouvre la porte à la nostalgie du temps où il est l'ami et le complice de Drieu, en secret de Breton qui est aussi son ami et son complice, du temps où le surréalisme était jeune, où Aragon se promettait à Giverny avec *La Défense de l'infini,* un roman total qui changerait la vie. D'où cette reconstitution qui va bien au-delà des décors reconnaissables de ce Lulli's qui est là, d'évidence, pour le Zelli's :

> « M. Lulli en personne, un Italien d'Amérique, ventru mais solide, les muscles voisins du smoking. et ce qu'il lui restait de cheveux noirs frisant autour de sa calvitie... »

Mais ce Lulli's ouvre dans le roman *Aurélien* la porte à Nancy, la plus complètement interdite par Elsa. Comment ne pas percevoir par exemple ce qu'il y a de déchirant — à en déchirer la fiction — dans la jalousie du docteur Decœur, un personnage secondaire, le mari de Rose Melrose, où l'on entend des accents qui préfigurent ceux de *La Mise à mort* :

> « “ Rose, mon ami, c'est une conquête perpétuelle... Il y a les revers... On ne gagne pas toutes les batailles... Il y a des moments où, pour mieux gagner, il faut perdre... Abandonner du terrain... ruser... Le monde n'est pas vide non plus... Il y a d'autres êtres... Des hommes, des femmes : des monstres... Rose est libre... Quelqu'un d'aussi exceptionnel... De quel droit exigerais-je qu'elle refuse ce qui la tente ? ” [...] “ Il y a aussi — dit Decœur — que vous ne savez pas ce que c'est que Rose... Mais j'en parle stupidement... Qui sait, vous avez peut-être déjà couché avec elle ! ” Il devait se faire joliment souffrir en disant ça. Il y avait de la panique dans son œil. Il attendait une réponse. Aurélien lut dans son regard que le silence l'affolait... »

Aragon devant Breton devenu à son tour Aurélien, après la « blessure de Dieppe » ? Comment échapper, dans cet appartement d'Aurélien de l'île Saint-Louis, aux souvenirs qui y sont enclos — mais écoutez plutôt :

> « C'était petit, mais à cette heure la lumière arrivait de partout, avec les trois fenêtres sur les deux bras de la Seine et la proue de l'île. Et encore par la porte ouverte de la chambre. [...] Les minutes durèrent, nulles, vides, silencieuses, et la Seine était jaune, troublée, lourde des neiges et des boues d'ailleurs, sous le ciel échevelé de mèches blanches, avec ce bleu pâle, usé, de l'hiver parisien, à travers les déchirures. Le poids de Bérénice contre lui, le poids de ciel sur eux : il avait eu peur comme cela jadis... Peur de bouger, de détruire le charme de cet instant... Jadis, il s'agissait d'autre chose, mais rien ne ressemble à la mort comme l'amour... »

Des décors, certes. L'île Saint-Louis, le Lulli's, le Bœuf sur le toit... L'époque est celle d'avant Nancy, si l'on s'en tient à la chronologie. Mais dans tous ces lieux, n'y a-t-il pas l'ombre de Nancy, comme ces mots, presque de *La Grande Gaîté*, dans la bouche du docteur Decœur ?

A nouveau, tous les écarts sont ménagés pour rendre l'assimilation impossible. D'ailleurs, Aurélien n'est assurément pas Louis. Du moins pas à lui seul. Louis a donné beaucoup de sa vie d'alors au jeune Paul. Il lui prête même d'être l'amant de Bérénice, déjà à Giverny, lui donnant ainsi déjà ce qui sera le rôle de Pierre Naville, plus tard. Paul Denis qu'Aragon fait mourir à Montmartre. J'allais dire comme Michel Vigaud à la guerre... Aragon dispose de tous ses personnages pour brouiller les cartes du jeu de sa propre vie, mais, dans *Aurélien*, toutes les cartes de ce jeu sont bien sur table. Et celles distribuées sous le couvert de Paul ne sont pas les moins fortes. Bérénice, quand elle le quitte, ne lui dit-elle pas :

> « Rappelle-toi que j'aime beaucoup ce que tu écris... » ?

Et Paul devient par moments celui qui dit « Je » dans *La Défense de l'infini*, à cette différence près qu'il va, lui, au Cyrano :

> « Sa rêverie prenait un tour d'une précision atroce, physique. Il arrivait au bord de la Seine, là où il s'était baigné tout à l'heure. Il regardait l'îlot en face, mais ce n'était pas l'îlot qu'il voyait. Il commençait à avoir peur de la nuit qui viendrait. Bérénice avait peut-être raison ; ne pas rester à Giverny, regagner Paris, la place Pigalle, le mandarin curaçao, les amis... On peut se réfugier au cinéma quand ça va vraiment mal, le soir, il y a les lumières... Vers minuit, une heure, au Lulli's, il rencontrerait Aurélien... »

Paul, qui connaît la même rage que l'Aragon de 1923-1924 à lire un article contre Ménestrel — disons Breton :

> « Le comble était qu'il y avait un mot aimable pour lui, Paul Denis. Un de ces trucs à eux, les journalistes, diviser pour régner, jeter la suspicion entre les amis. Qu'est-ce que Ménestrel allait en penser ? »

Et d'arranger dans sa tête une lettre d'insultes :

> « C'était toujours le grand succès de Paul Denis, ces lettres-là. Ça faisait toujours des catastrophes, des batteries. Il disait qu'il adorait ça, en réalité il détestait ça. Mais il fallait bien soutenir sa réputation... »

Bien sûr, on casse ainsi le roman, on le désarticule. Ça n'est pas que je veuille y faire ressortir l'Aragon par lui-même, mais plutôt l'inverse : ce qu'Aragon a cherché à clarifier de lui-même, à comprendre, à refuser, à exorciser. A dominer. Il y a vraiment beaucoup de jalousie dans *Aurélien*, roman. Pourquoi a-t-il tant mis de lui-même dans ce Paul Denis qu'il tue, dans cet Aurélien, son adversaire, sinon son ennemi ? Les règlements de comptes dans *Aurélien* ne sont pas ceux d'Aragon avec son propre passé. Il parle, pour la première fois depuis des années, avec une certaine tendresse des surréalistes. Le contre-monde existe sous une nouvelle forme. Le couple impossible dont il rejoue la donne perdante est fait de tous les couples qu'il a vécus ; de tous ses amours au pluriel. Le roman a peut-être trahi Aragon. Je veux dire qu'il en dit peut-être plus long que son auteur, consciemment, ne l'a désiré. C'est le propre de la machinerie romanesque, d'entraîner le romancier plus loin et ailleurs qu'il avait prévu de s'en tenir.

Ainsi dans l'épilogue, au cœur de la défaite de 1940, Aurélien tombe-t-il des nues en découvrant que Bérénice, oui, sa « petite Bérénice de 1922 », a recueilli un Républicain espagnol « après leur défaite ». Et il veut tout de même lui dire, comme l'Aragon de jadis à Denise :

> « Vous avez été ce qu'il y a eu de meilleur, de plus profond dans ma vie [...]. Vous êtes tout ce qui a jamais chanté dans ma vie... »

Mais revient l'Aurélien-Drieu, l'Aurélien politiquement Drieu :

> « " Qu'est-ce qui vous fait vous intéresser, Bérénice, à ces Espagnols, à ces Rouges ? " Elle n'eut pas l'air d'avoir cherché sa réponse qui vint avec rapidité : " Leur malheur... ", dit-elle, et cela le fâcha. " Voyons, répliqua-t-il, le malheur de ceux qui ont tort n'est que justice... — C'est, dit-elle, ce que les Allemands aujourd'hui diraient du nôtre... " Il y eut un trou de silence dans cette dentelle noire qui les entourait. Puis la voix de Bérénice sembla remonter péniblement une berge escarpée : " Il n'y a vraiment plus rien de commun entre vous et moi, mon cher Aurélien, plus rien, ne le comprenez-vous pas ? " »

C'est soudain la vraie Bérénice, amie de Trotski, qui parle, et à Aragon vrai stalinien. Quand il écrit ces lignes au plus fort de la terreur nazie qui déferle désormais sur toute la France, Aragon sait que les Rouges espagnols de Denise furent ceux que ses Rouges à lui ont accusés de trotskisme et persécutés sans trêve, torturés, assassinés. Sous la figure de ce qui dans Aurélien appartient à Drieu, Aragon laisse ici surgir le doute le plus terrible sur les crimes que son orthodoxie couvre du nom de justice, de lutte contre la 5e colonne, et ne voit-on pas percer ici le regret de ce qui le sépara de Breton au temps du suicide de Crevel, puis au temps des procès de Moscou ? Le roman s'achève sur la remise en cause la plus complète de sa vie devenue politique à quoi Bérénice-Denise le conduit. Nous en verrons, comme je l'ai dit, la reprise en pire si possible dans *Blanche ou l'oubli* en 1967, dont le sujet même est cette remise en cause. Nostalgie du temps de la jeunesse où rien n'était encore fixé ? Il fallait bien pour en sortir que Bérénice meure à la fin du roman comme Paul Denis en son milieu.

La grandeur d'*Aurélien* découle d'une crise surmontée, de la crise que le roman a peut-être contribué à surmonter. Et, du coup, il faut lire autrement les poèmes contemporains. Ne point tant chercher la France quand c'est Elsa la déchirure. Aragon n'a-t-il pas d'ailleurs toujours protesté contre ceux qui ne voulaient pas entendre qu'il s'agissait d'Elsa dans ses poèmes à Elsa ?

La crise est dans le roman. La vie clandestine continue. Le *travail* illégal ne connaît pas de répit. Aragon et Elsa ont quitté *Le Ciel* ensemble le 31 décembre 1942. René Tavernier les héberge dans sa grande maison de Montchat, un quartier de Lyon.

> « Toute une ville étroite et tortillée comme le secret de ses traboules, tragique comme l'eau du Rhône, de la Saône, avec ses noyés, les détritus, la navigation et les ponts qui l'enjambent. Lyon, alors bondé de gens de toute sorte, venus d'ailleurs, ville soudain promue capitale de la Résistance, vivant d'une vie intense et périlleuse, traversée par les bourrasques des rafles s'engraissant au marché noir, souffrant de ses prisons[1]... »

1. *Préface à la clandestinité, op. cit.*, p. 12.

Aragon met là au point, avec Elsa, la constitution du Comité national des écrivains pour la zone sud. En mars, à Montchat, se réuniront entre autres Albert Camus, Pierre Emmanuel, Jean Prévost — qui allait tomber dans le Vercors —, le R. P. Bruckberger, André Rousseaux, Georges Mounin, Claude Roy, Georges Sadoul, Pierre Seghers et Henri Malherbe, ancien prix Goncourt qui avait été vice-président des Croix-de-feu. Toutes les tendances politiques de la Résistance y sont vraiment représentées. Le dernier poème d'Aragon publié légalement sous son nom est *La Rose et le Réséda*, qui sort le 11 mars 1943[1] dans *Le Mot d'ordre* de Stanislas Fumet :

Celui qui croyait au ciel
Celui qui n'y croyait pas
Tous deux adoraient la belle
Prisonnière des soldats...

Georges Marrane, dirigeant du Front national en zone sud, a constitué un « triangle » de direction des intellectuels, dont Aragon est la tête. Il a à ses côtés Georges Sadoul, qui sera son courageux agent de liaison, et un « technique », Ternet. C'est aussi en mars 1943 que Claude Morgan arrive à Lyon pour prendre contact avec Aragon. Il obtient difficilement un rendez-vous dans un bistrot. Et repart, emportant avec lui *La Chanson du franc-tireur* et la *Ballade de celui qui chanta dans les supplices.*

Ces indices, entre autres, montrent bien que les poèmes de résistance les plus classiques d'Aragon — légaux ou illégaux comme ces deux derniers — datent approximativement du même moment, du passage à la clandestinité. C'est donc bien l'autre versant de la crise qui a produit *Il n'y a pas d'amour heureux*, comme si cette crise avait libéré en même temps la plénitude du chant français :

Et si c'était à refaire
Referait-il ce chemin
La voix qui monte des fers
Dit Je le ferai demain

Je meurs et France demeure
Mon amour et mon refus
Ô mes amis si je meurs
Vous saurez pourquoi ce fut

La *Ballade* prit presque tout de suite valeur d'un poème populaire à la mémoire de Gabriel Péri. Dans la prison de cadres communistes où je me

1. D'où l'erreur, tout de même confondante, de M. Pierre Hébey qui, dans son essai *La NRF des années sombres 1940-1941,* Gallimard, 1992, fait entrer Aragon dans la Résistance au début de 1943, identifiant Résistance et clandestinité.

trouvais, elle arriva à l'automne. J'en discutai avec mes camarades qui y voyaient un poème spontané, écrit sous le coup de l'émotion par un militant communiste, un ouvrier. Je leur opposais qu'il s'agissait d'un poète au faîte de la maîtrise. Je n'avais pas reconnu Aragon. Des milliers d'hommes et de femmes qui n'avaient jamais appris de poèmes depuis l'école respiraient, vivaient avec des poèmes comme cette *Ballade* ou *Liberté* d'Eluard. La poésie avait rejoint le peuple, et le peuple ses poètes.

> « Mais, écrit Pierre Seghers, Lyon devient de plus en plus malsain. Après un séjour de six mois à Montchat, Tavernier n'est pas sans éprouver pour Aragon et Elsa quelques craintes. Un abri sûr, une existence de dédoublés, totalement clandestins, est nécessaire. Tous les ponts doivent être coupés. A partir du début du mois de juillet 43, nos amis se dilueront dans le brouillard, même pour leur " porteur " ! La liaison sera assurée par Georges Sadoul, seul. A la Libération, nous apprendrons que le refuge s'appelait Saint-Donat, un petit village au cœur de la Drôme, vignes, bois, collines, loin des grandes routes. Grâce à Madeleine Braun, les faux papiers seront irréprochables ! Ils auront été établis à Lyon par l'adjoint d'un commissaire de police et inscrits sur le registre du commissariat, cachets authentiques et tout : imparable [1] ! »

Aragon a commencé en juin un grand poème, *Le Musée Grévin* : en fait, sa première œuvre poétique importante conçue pour la diffusion illégale. Il paraît en août 1943 sous la signature François la Colère, à Saint-Flour, chez Amarger, *L'imprimeur de Jean du Haut* (*Paul Eluard*), comme dit Seghers. C'est la première publication des éditions clandestines de la Bibliothèque française. J'ai oublié de dire que la note de lecture de *Poésie 41* avait fait son chemin : Aragon et Eluard s'étaient retrouvés à Paris, en février 1943. Eluard venait de donner son adhésion au parti communiste clandestin : plus rien ne séparait les deux anciens amis.

> « En février 41, écrit Seghers, Eluard reçoit à Paris *Poésie 41.* Il reconnaît d'emblée l'écriture d'Aragon, dans la note où la revue annonce *Le Livre ouvert I.* Cartes interzones, messages et téléphone arabe... Quelque temps plus tard, à l'occasion d'un voyage de Louis et d'Elsa à Paris, nous nous retrouverons tous au premier étage d'un petit restaurant discret de la rue des Écoles, Elsa, Nusch, Eluard, Aragon, Anne et moi, des amis enfin réunis [2]... »

De la même façon, Robert Desnos profite de la publication du *Cheval blanc* d'Elsa pour renouer :

> « Vous nous manquez tous les deux. Il faut que les astres, les étoiles [allusion à l'organisation de Résistance d'Aragon, les Étoiles, pour dire qu'il en est] mettent bon ordre à cela dans le plus bref délai [...]. Il est temps que les amis se retrouvent. Dites à Louis que je suis son ami. »

1. *La Résistance et ses poètes, op. cit.*, p. 233-234.
2. *Ibid.*

C'est cité par Michel Apel-Muller dans ses notes à un texte d'Aragon écrit en cette fin 1943, *Pour expliquer ce que j'étais*[1], où, revenant à sa jeunesse, il regarde « en face ce phénomène » qui fit « que tant de jeunes Français, au lendemain d'une guerre qui était bien encore la plus meurtrière qu'on eût connue, aient été à ce point dépourvus du sens national, ou tout au moins se soient si violemment, si éperdument défendus de l'avoir ». Ce qui le conduit à une réflexion sur le rimbaldisme, et évidemment en creux à la reconquête du sens national avec le parti.

Le Musée Grévin sera repris par les Éditions de Minuit en octobre 1943. Les temps ont changé, et la contrebande n'est plus de mise, ni d'ailleurs possible. La guerre, la lutte armée et son impitoyable répression ont enfin jeté la France dans le combat. *Le Musée Grévin* en prend acte :

Au quatrième été de notre apocalypse
Une étrange pâleur paraît sur l'horizon

Est-ce qu'on toucherait à la fin de l'éclipse
L'espoir palpite dans la paille des prisons

A présent, la poésie se fait directe comme jamais encore :

Ils ont beau baptiser lumière les ténèbres
Élever l'ignorance au rang de la vertu

Nous imposer le pas de leur marche funèbre
Par des dieux étrangers remplacer nos statues

Enseigner d'être lâche et prêcher l'esclavage
Faire partout régner un air pestiféré

. . . .

Ils ne peuvent cacher la couleur de leurs larmes
Il faut bien qu'à la nuit succède le matin

. . . .

Ils ont peur ils ont peur de tout ce qui respire
D'un chant près d'un berceau D'un oiseau dans l'été

Le bruit d'un cœur qui bat les force à se tapir....

1. Gallimard, 1989. Ce texte ne fut jamais publié. La discussion avec Jean Paulhan en 1947 sur les positions des surréalistes par rapport à Rimbaud y fut sans aucun doute pour quelque chose. Voir ci-dessous p. 433.

François la Colère rejoint le grand courant qui, de Peire Cardenal et des *Tragiques* d'Agrippa d'Aubigné, conduit aux *Châtiments*. On le sent haleter. Son vers s'épure et se remplit. Le chant n'en est pas absent, mais c'est celui qu'arrache la douleur :

Auschwitz Auschwitz ô syllabes sanglantes
Ici l'on vit ici l'on meurt à petit feu
On appelle cela l'exécution lente
Une part de nos cœurs y périt peu à peu

. . . .

Hélas les terribles semailles
Ensanglantent ce long été
Cela dure trop écoutez
On dit que Danièle et que Maïe

Ah déferont-ils maille à maille
Notre douce France emportée...

Aragon venait d'apprendre la mort à Auschwitz de Danielle Casanova et de Maïe Politzer. C'est dans un train qui le conduit vers Paris, écrivant sur ses genoux, qu'Aragon rajoute ces vers à son poème.

La France est une, désormais. Voici venir le temps des derniers combats.

7.

La Libération

Aussi devons-nous nous attendre à ce que les avocats du diable prenant le masque de poètes se dressent demain contre le sentiment national au nom de la paix retrouvée ; et dénient à cette poésie qui cria plus fort que la guerre autre valeur que celle d'une poésie de circonstances, qu'il fallait bien souffrir parce que c'était la guerre, mais qu'on va mettre au rancart, avec cet enfant grec, sa poudre et ses balles, et la geste de Roland, et d'ailleurs l'héroïsme français...

Les Poissons noirs, *août 1945.*

Que la poésie, que les écrivains ont gagné leur bataille, on le sait quand Drieu est contraint de saborder la *NRF*, à la fin 1943, faute d'écrivains « collaborateurs » qui fassent le poids au regard de la littérature de résistance. D'une façon plus générale, la guerre a tourné, mais la fin n'en est pas en vue. Le débarquement allié en Normandie, le 6 juin 1944, trouve Elsa et Aragon à Saint-Donat. Rien d'une *happy-end*, sur le moment. Au contraire, dit Elsa,

> « c'est à partir du 6 juin que le pays a vécu l'apothéose d'une époque quotidiennement apocalyptique. Personne ne pouvait se dérober au chaos qui s'ensuivit. [...] Partis tous les deux sur les routes, en voiture, pour distribuer le journal *La Drôme en armes*, imprimé par nos soins à Romans, rencontrant partout la joie délirante, les drapeaux tricolores, un pays qui se croit libéré, c'est miracle si, au retour, nous nous sommes arrêtés juste avant le feu des mitrailleuses à l'entrée de Romans. En ville, les typos qui tiraient tranquillement le numéro suivant de *La Drôme en armes* virent soudain sous les fenêtres de l'imprimerie des Allemands en armes... Il a fallu se remettre à la vie clandestine, transporter journaux et tracts au fond des cageots sous les abricots et les pêches [1]... ».

1. *Préface à la clandestinité, op. cit.*, p. 25.

C'est de là que naîtra la nouvelle *Le premier accroc coûte deux cents francs*, qui donnera son nom au recueil retenu pour le prix Goncourt 1944, décerné en 1945. Un parachutage sur Saint-Donat, suivi d'une expédition punitive allemande, oblige Elsa et Aragon à chercher refuge dans une ferme à l'écart, plus haut, sur le plateau. Ils y enterrent leurs manuscrits. Avec celui d'*Aurélien*, dans la même boîte à biscuits, deux cahiers qui entreront plus tard dans *Les Communistes.* Ce roman a de la sorte été conçu au moment où la victoire se dessine et justifie *a posteriori* le pacte Staline-Hitler.

La véritable Libération les atteint dans la Drôme. Ils passent sans transition de la clandestinité à une réception triomphale à Lyon, où Yves Farge est commissaire de la République. A son avis, *La Drôme en armes* était le meilleur journal de la Résistance.

> « Lorsque nous sommes rentrés chez nous, Paris était libre. On enlevait le bleu des lampes, les croix en papier des vitres et les lambeaux noirs des volets. Il y avait ici et là des fleurs au pied d'un mur[1]. »

Dernier hiver de la guerre, hiver de froid terrible et de faim. *Ce soir* a reparu en pleine insurrection de Paris, mais sous le seul nom de Jean-Richard Bloch, qui a commenté la guerre à Radio-Moscou. Mais tout est difficile. Les journaux quotidiens sont grands comme des timbres-poste. Le moindre voyage, à cause des ponts détruits lors des combats, est une expédition. Dans le parti, la coupure des deux zones a laissé des traces. Les camarades de la zone sud n'ont pas vécu la même histoire que ceux de Paris constamment sous la botte nazie, mais Paris croit avoir une vue plus générale des choses. La clandestinité, avec le mystère des « chutes » inexpliquées, les initiatives mal contrôlées, laisse derrière elle un brouillard de soupçons. Aragon a joué un rôle national qui n'est pas sans inquiéter certains. Certes, il tombe réellement malade, mais on a l'impression que cette maladie ne fait que traduire, physiologiquement, une sorte de semi-retraite politique.

En 1974, quand j'écrivais ces lignes, je savais seulement que personne n'avait demandé à Aragon de reprendre la direction de *Ce soir* qui reparut symboliquement, comme je l'ai dit, sous le seul nom de Jean-Richard Bloch qui a commenté la guerre sur Radio-Moscou. Aragon n'y faisait que de vagues allusions. Histoire ancienne... C'est vers 1976 seulement que Charles Tillon préparant *On chantait rouge* me révéla que c'était Jacques Duclos qui avait incarné à l'été 1940 la ligne du Komintern de coopération avec les nazis découlant du pacte germano-soviétique. Il s'était débrouillé pour en faire retomber la responsabilité sur d'autres, mais n'avait pas pour autant pardonné à ceux qui avaient défendu alors un « communisme national ». Pourquoi alors en dehors du poème d'Aragon n'avait-on jamais élevé de monument à Péri comme lui-même en avait fait la

1. *Préface au désenchantement, Œuvres croisées,* 9, p. 12.

proposition ? Et Aragon n'était-il pas à la Libération l'image de ce communisme-là ! Duclos profite du fait qu'il est alors couronné de l'auréole d'avoir été le chef du PC clandestin, devenu la plus forte organisation politique, pour consolider sa situation. Et Thorez toujours à Moscou — il ne rentrera après bien des difficultés que fin novembre —, c'est lui le patron. D'où le fait que Tillon, chef des FTP se retrouve... ministre de l'Air. Et Aragon exclu de *Ce soir* au profit de Jean-Richard Bloch qui représente la Résistance sur le sol de l'URSS.

Aussi est-ce seulement lorsque Thorez reprend en main un parti sur lequel il n'a exercé aucun contrôle pendant une absence de cinq années que le statut d'Aragon va peu à peu changer. Ayant besoin de faire oublier sa désertion forcée — la guerre contre l'Allemagne continue plus que jamais —, Thorez en revient d'autant plus facilement à son « communisme national » de septembre 1939 que les liens avec Moscou sont alors distendus. Ce qui n'est pas sans expliquer la « foi thorézienne » continûment exprimée par Aragon et l'entreprise même de son roman *Les Communistes.* Mais Thorez est obligé de ne s'avancer qu'avec la plus extrême prudence, et le nom d'Aragon ne reviendra au fronton de *Ce soir* qu'après la mort de Jean-Richard Bloch en 1947.

Il faut dire que la sortie en librairie retardée d'*Aurélien* n'arrangea pas les choses. Après la publication par Seghers, le 30 décembre 1944, de *La Diane française,* qui rassemblait les poèmes de lutte en leur adjoignant *Il n'y a pas d'amour heureux,* qui défrisa certains militants, ceux-ci attendaient des œuvres en prose racontant leurs combats et leurs souffrances. Aragon semble parler de tout autre chose, faire de la « littérature bourgeoise ». Aussi, *Aurélien*, publié au printemps 1945, l'épilogue (y compris la scène avec Denise) ayant été écrit après la Libération, ne sera vendu cette année-là qu'à 1 500 exemplaires, bien qu'il ait reçu un excellent accueil de la critique, et même un éloge enthousiaste de Claudel ! Le décalage chronologique casse la communication avec cette œuvre.

Inversement, le poète de la Résistance, malgré qu'il en ait, tend à faire figure d'écrivain officiel. De Gaulle voudrait qu'il entre à l'Académie française...

> « Le 27 octobre 44, écrit Seghers, une soirée est organisée au Théâtre-Français selon le vœu et sous la présidence du général de Gaulle : hommage aux poètes de la Résistance. Sur les années du chant profond, c'est à cette date que le rideau se baisse. Avec le gala du Théâtre-Français, la Résistance prend fin. Ni fleurs ni couronnes, merci [1]. »

Aragon apparaissant comme un chef de file, le reclassement des écrivains au sortir de l'Occupation ne peut s'opérer que contre lui. Désormais, le Comité national des écrivains est l'organisation dont tout le monde veut faire partie, à commencer par Georges Duhamel qui avait

1. *La Résistance et ses poètes, op. cit.,* p. 362.

refusé de compter au nombre des fondateurs. André Gide, les frères Tharaud, Paul Valéry... Portées par le même courant, *Les Lettres françaises*, qui publient Mauriac et Sartre, atteignent un tirage supérieur à 100 000 exemplaires. On lit dans leur deuxième numéro légal, le 9 septembre :

> « Le Comité national des écrivains fut la seule organisation représentative et agissante des écrivains français qui, de toutes générations, de toutes écoles et de tous partis, sont venus à lui, résolus à oublier tout ce qui pouvait les diviser, et à s'unir devant le péril mortel qui menaçait leur patrie et la civilisation... »

Elsa Triolet commente :

> « Suivent les noms, et, en premier lieu, celui de Georges Duhamel. Sont donnés aussi quelques noms du " groupement sud du CNÉ ". Le mien n'y est pas[1]. »

En effet, Elsa et Aragon sont les gêneurs qui ont eu le tort d'être les premiers, de tout connaître des hésitations des uns, de l'attentisme des autres. Comme toujours, les plus acharnés à la répression de leurs confrères sont ceux qui ont le moins résisté. Mais on imputera cet acharnement au compte d'Aragon et d'Elsa, parce que trop de monde a mauvaise conscience vis-à-vis d'eux. Ainsi, le CNÉ a créé une commission pour établir la « liste noire » des écrivains qui ont collaboré avec l'ennemi, écrivains à côté desquels ceux du CNÉ décident que leur nom à eux ne doit pas figurer, ni au sommaire d'une revue, ni dans un catalogue d'éditeur. Cette dernière disposition, au demeurant, apparaîtra bientôt outrancière et bien impraticable... La commission comprend des écrivains expérimentés et responsables comme Eluard, Queneau, André Rousseaux. Mais elle est débordée par les « ultras » et par tous ceux qui ont des comptes personnels à régler. Cette « liste noire », quand j'en pris connaissance à mon entrée aux *Lettres françaises*, à la fin 1947, me parut une absurdité. Sans doute, arrêté au début de 1942, au secret puis déporté, la vie littéraire des années noires m'échappait-elle. Mais personne alors — ni Morgan, ni Eluard — ne put m'expliquer la présence de certains noms, l'absence d'autres. Aragon, encore absent de Paris, n'était pour rien dans l'idée et dans la confection de cette liste. Devenu secrétaire général du CNÉ, il mit néanmoins son point d'honneur à respecter scrupuleusement cette liste, ce qui ne contribua pas peu à renforcer la conviction qu'il était l'épurateur par excellence[2].

1. *Préface au désenchantement, op. cit.*, p. 16.

2. Michel Apel-Muller qui gère le fonds d'archives Elsa Triolet-Aragon au CNRS écrit dans *R.C. 1, op. cit.*, p. 208 : « Une de ces légendes pas innocentes qui, à force d'être reprises, finissent par apparaître comme des vérités d'évidence, fait d'Aragon à la Libération et dans les années qui suivent une sorte de procureur général des lettres, impitoyable. L'exploitation des quelque dix mille correspondances recensées dans le fonds d'archives du

Ajoutons que, dans cette atmosphère, le prix Goncourt attribué à Elsa pour ses nouvelles de la résistance exacerbera les jalousies. Leur couple fait soudain image. Au même moment, le parti communiste recueille le plus grand nombre de suffrages aux élections qui se succèdent d'octobre 1945 à octobre 1946 et prend largement part au gouvernement.

> « C'est à partir de cette époque, écrit Elsa, que nous aurions pu, toi et moi, servir de niveau aux flux et reflux politiques. Comme le Zouave du Pont de l'Alma. Immuables, politiquement définis, avec tous deux sur nous les projecteurs de la Libération, nous étions les figures parfaites pour signifier et marquer les divergences de vues, les haines qui devaient frapper bien au-delà de nos personnes. Chemin faisant, il s'agissait de nous démolir aussi personnellement, neutraliser l'influence que, le cas échéant, nous pourrions avoir. La calomnie, politique ou autre, atteignait à cette époque un degré monstrueux ; on s'acharnait sur nous deux, pour faire de nous des personnages odieux, des pestiférés. En attendant, nous étions les pestiférés les plus fêtés de Paris [1]. »

Tout contribue à les enfoncer dans ce rôle d'anciens combattants : leur œuvre et sa lancée, comme la volonté légitime d'agir en gardiens des valeurs de la Résistance, de la fidélité aux martyrs, et le désir que la politique française à venir dérive de l'union réalisée durant la Résistance. Or, cette union dépend aussi de facteurs internationaux, de l'union des Alliés dont la France a été exclue à Yalta, et qui sort mal en point de la conférence de Postdam. La France est travaillée par des courants nouveaux qui se cherchent sous des vocables issus de la Résistance. Surtout, l'œuvre même, la poésie de résistance en tant que telle, se voit directement attaquée. D'abord par des surréalistes qui défendent l'idéal des origines du mouvement et considèrent qu'Aragon l'a trahi de façon ouverte dans ces poèmes — ô horreur — patriotiques. En pleine guerre, à Londres, E. T. Mesens, le surréaliste belge, a déjà attaqué Aragon sur ce point précis. Et ce sera l'attitude de Breton et de Péret à leur retour en France — Péret, avec sa démesure coutumière, écrivant *Le Déshonneur des poètes* contre ce recueil de la poésie clandestine de la Résistance qui fut appelé *L'Honneur des poètes.*

Fin 1943, à Londres également, Arthur Koestler, qui a déjà écrit *Le Zéro et l'Infini*, s'en était pris avec la dernière violence au succès rencontré en Angleterre par la littérature de résistance, parlant à ce propos de *French flu*, de grippe française. Et il avait remis ça dans son roman *Le Yogi et le commissaire* :

CNRS contribuera à y mettre fin et provoquera sans doute quelques surprises. Outre des témoignages de toute première importance, on y trouve plus de lettres d'injures dénonçant son “ indulgence ” que sa sévérité. »

1. *Préface au désenchantement,* p. 13.

« La littérature de la Résistance française, celle par exemple d'Aragon et de Vercors, n'est que charlatanisme littéraire, marché noir sur lequel les sacrifices humains, la lutte et le désespoir sont mis en vente... »

Ces idées, lancées à Londres, débarquent à Paris en 1945. Qu'elles ne concernent qu'une minorité qui fut combattue sur le moment même en Angleterre, comme l'a montré Nancy Cunard[1], ne saurait empêcher qu'elles aient été pieusement recueillies en France par des gens qui n'avaient jamais eu que mépris pour les surréalistes et que Koestler n'intéressait que pour son anticommunisme. Or, Aragon est bien loin de se trouver en position de force. Il s'est donné tout entier au combat, sans songer à un avenir, disons « littéraire », qui n'aurait pas été inclus dans ce combat. Il s'est confondu avec la Résistance au point de faire des données du « chant national » celles de sa propre poésie. Voilà qui lui confère à présent l'allure d'un doctrinaire. D'autant que la Libération — si elle a mis fin à la Résistance — n'a pas été la paix. Il s'en est fallu de plus de huit mois, d'un hiver d'autant plus terrible qu'il semblait de trop. Et la paix de mai 1945 n'est pas la paix dans le monde. Le Japon ne capitulera qu'en août, après Hiroshima. Le « chant national » devient tout à coup rétrospectif, « de circonstance », vraiment, dans cette libération piégée et qui, aux yeux des communistes, va bientôt paraître trahie. Le désenchantement, dit très bien Elsa. Mais alors, que reste-t-il de Brocéliande ?

Le réalisme, c'est d'avoir le courage d'affronter ce désenchantement. Elsa a ce courage. Elle publie *Personne ne m'aime*, puis *Les Fantômes armés*, deux romans prophétiques des reclassements sociaux et politiques de l'après-Résistance, mais ce constat lucide contrarie l'optimisme politique des communistes, choque tous ceux qui voudraient poursuivre les rêves généreux des combats de la nuit et qui n'arrivent pas à se faire à une paix qui ne leur ressemble pas. Le fil de la poésie est coupé. Du moins de la poésie politique, et Aragon n'est pas l'homme des romans directs. Au surplus, il est trop profondément immergé dans les tensions du parti communiste de l'époque[2], pour écrire autre chose que des essais. Essais politiques qu'il réunira dans *L'Homme communiste* avec *Le Témoin des martyrs* ; essais théoriques comme *Les Poissons noirs*, préface d'août 1945 à l'édition normale du *Musée Grévin*, qui est une tentative de défendre la poésie de la Résistance, une littérature fondée sur le sentiment national. C'est réduire les questions de la création à leurs aspects politiques immédiats, mais Aragon ne peut alors prendre le moindre recul.

Au surplus, la politique du parti en matière de littérature et d'art est

1. Préface à *Poèmes à la France,* Seghers, 1947.

2. Tensions entre communistes « nationaux » ou prétendus tels, qu'il faut bien encore honorer parce que leur résistance les rend intouchables, et kominterniens qui doivent faire oublier juin 40, mais tiennent toujours le haut du pavé, même si le Komintern est théoriquement dissous depuis 1943, à quoi s'ajoutent désormais les tensions entre communistes d'Alger et de la France intérieure, entre cadres restés « civils » du PC et FTP, lesquels sont mis à l'écart progressivement par une chasse aux sorcières souterraine.

hésitante et contradictoire. Il persiste en son sein des tendances ouvriéristes et prolétariennes qui regimbent devant une littérature de résistance où le contenu de classe n'est pas évident. En fait, le parti souhaiterait une exaltation des hauts faits de la Résistance, actualisés par ceux de cette bataille de la production qu'il demande à la classe ouvrière française de mener pour la reconstruction de l'économie dévastée. Bref, quelque chose qui se rapprocherait du modèle soviétique. Certes Maurice Thorez pense et dit d'autre part que, dans la France libérée, existent les possibilités d'un nouveau classicisme français, ce qui désigne un art à « contenu national ». Mais tout cela converge pour exclure l'art « non engagé », comme on dit alors après Sartre : les recherches de l'avant-garde, le pessimisme incarné par l'existentialisme sartrien, par la littérature de l'absurde où s'illustre Camus, qui dominent la littérature postrésistante.

En fait, l'union intellectuelle de la Résistance a vécu. Les problèmes de la paix mettent au jour les divergences. Le parti se sent fort de son bon droit, mais défend dans ce domaine une ligne théorique, doctrinale, tandis que l'art s'évade tout naturellement des contraintes de la guerre. La « jeune » peinture, dont les auteurs étaient liés à la Résistance, s'affirme abstraite, aux antipodes de la peinture d'exaltation sociale qu'attend le parti.

On mesure assez bien ce divorce quand, au premier congrès du parti légal, à la fin mai 1945, Garaudy s'en prend à Picasso, mettant l'accent sur ce qui sépare sa peinture du réalisme tel que l'entend le parti. Il existe au contraire, chez les jeunes écrivains et artistes qui ont rejoint le parti pendant la Résistance ou dans les combats de la Libération, un courant assez fort pour tenir compte des enseignements de l'expérience surréaliste et demander que l'art soit reconnu dans son développement autonome, dans ses fonctions propres, son indépendance par rapport aux objectifs politiques. Le parti se raidit là-devant et entend amener peu à peu les nouveaux adhérents à s'aligner sur les positions d'un art « lié à la classe ouvrière ».

En outre, l'ouverture des frontières, une fois la paix retrouvée, les communications reprises avec les pays où la guerre n'a pas empêché la liberté de création — essentiellement les États-Unis — provoquent un grand remue-ménage intellectuel. On assiste à un véritable déferlement de romans et de films américains. Les intellectuels français se découvrent provincialisés. En outre, de la traduction retardée de *Pour qui sonne le glas* d'Hemingway (qui trace un portrait féroce d'André Marty pour son rôle dans la guerre d'Espagne) au succès foudroyant de celle du *Zéro et l'Infini* de Koestler, qui rouvre le débat sur les procès de Moscou, les communistes sortent soudain de la bonne conscience des vainqueurs pour se trouver sur la défensive, et même au banc des accusés.

Cela concourt à reléguer dans le passé la littérature de la Résistance et, davantage encore, les idées défendues autrefois par Aragon dans *Commune*. *Les Lettres françaises* sont un hebdomadaire éclectique qui publie en feuilleton *Les Raisins de la colère*, où Louis Parrot assure une critique littéraire d'excellente qualité, remarquablement attentive à ce qui surgit de nouveau. Les pages littéraires d'*Action*, dirigées par Francis Ponge, sont ouvertes à l'avant-garde, mais ces deux journaux, liés au parti, de même que ceux qui jouissent de la plus large audience, sont pratiquement fermés à Aragon et à Elsa Triolet, qui y est parfois même visée.

Tout contribue ainsi à renforcer l'impression d'isolement, voire de persécution.

Durant l'été 1945, sur invitation du général de Lattre de Tassigny, Aragon part avec Elsa visiter la zone d'occupation française en Allemagne :

> « Nous avons vu dans les profondes forêts des régiments allemands, en uniforme, en parfait état, bivouaquant comme lors de manœuvres. [...] Un pays amer, affamé, estropié, plein à ras bords de rage et de désespoir rentrés. Nous nous trouvions dans les coulisses de notre monde, nous voyions les ficelles de ce théâtre de marionnettes que tiraient d'habiles montreurs. [...] Ajoutez à cela les rapports entre les armées alliées... Nous nous sommes trouvés en face de militaires américains qui nous ont fait douloureusement penser à quelque Chalon-sur-Saône de la ligne de démarcation : les Français ne passent pas ! Les Allemands, eux, allaient et venaient librement, sous notre nez[1]... »

C'est Elsa qui le raconte, mais on peut présumer que l'état d'esprit d'Aragon n'est pas différent. D'ailleurs, à l'époque, on ne discerne chez lui nul projet. Il écrit sûrement, mais c'est pour la corbeille à papier. La veine poétique paraît tarie, la distance romanesque n'y est pas. Le contre-monde n'est plus de mise dans cette défaite personnelle en pleine victoire. Le réalisme a pu encore s'exprimer dans l'épilogue d'*Aurélien*, mais, pour poursuivre ce qui va devenir *Les Communistes*, il manque l'essentiel : savoir si le changement voulu par la Résistance va se produire ou non. Pour l'instant, Aragon le juge sans doute improbable. Mais il ne se mettra aux *Communistes* que lorsque la partie sera manifestement perdue et la guerre froide ouverte.

Les rares, très rares poèmes conservés dans *Le Nouveau Crève-Cœur* semblent des gammes de désespoir :

Libération

Est-ce l'anguille ou l'ablette
Qui fait la loi du vivier
Et depuis quand l'alouette
Chasse-t-elle l'épervier

L'homme pousse la brouette
La femme lave à l'évier
Sur le vantail la chouette
Atteste que vous rêviez

1. *Préface au désenchantement, op. cit.*, p. 18-19.

Ou cette fin du poème *Deux ans après*, daté d'août 1946 :

La voix des gens quand il fait noir
Que le trèfle est haut cette année
Voulez-vous un peu vous asseoir
Ô phrases disproportionnées

Ils parlent de ce qui leur chante
Autre refrain nouveaux couplets
Leurs amours certes sont touchantes
Ils ont les drames qu'il leur plaît

Moi j'écoute un pas sur la route
Un bruit de moteur au lointain
J'écoute j'écoute j'écoute
Un cœur qui faiblit puis s'éteint

En va-t-il différemment, au fond, de ces *Vers d'almanach,* écrits un peu plus tard, sans doute pour la chute que voici ? :

Le peuple ne tient pas de place dans vos plans
Imprudents prenez garde au blé de sa colère
Dans ses bleus de travail il pourrait bien lui plaire
Un beau soir de venir doucher les turbulents

. . . .

Car le moment est mûr où le mot liberté
Met aux lèvres de tous un juillet de fournaise
Ô l'énorme contagion des Marseillaises
Le chant rien ne saura cette fois l'arrêter

Les ministres communistes ont été chassés du gouvernement en mai 1947. C'est bien la fin de l'union de la Résistance. L'histoire qui portait si haut le premier *Crève-Cœur* soudain s'est retirée. Il ne reste plus de ces vers que la circonstance que retrouveront plus tard les érudits et, à leur tour, ils serviront à reconstituer l'histoire perdue. Revanche de l'écrivain, sinon de la poésie. Mais l'écrivain ne peut que s'entêter. C'est, à ses yeux, la politique de son parti qui l'a sauvé, lui a donné cette seconde carrière, ces sommets qu'il est conscient d'avoir atteints quand il a su parler au nom de tout un peuple. Il est sûr que ce n'est là qu'une pause, un bref arrêt au-delà duquel reprendra le « chant national ». Elsa et lui ont été portés ensemble par le même combat. Les voici frappés ensemble par le revirement de l'Histoire. La vie donne à leur couple ce privilège d'être uni par l'écriture aussi. Leurs œuvres sont à tout jamais croisées.

Qu'Aragon parle en public de Matisse ou de culture en Sorbonne, il se trouve maintenant des étudiants pour le chahuter. Il ne dit pas ce qu'on attend de lui. Il ne sait parler que de ce qui lui tient à cœur, de ce qu'il lui semble avoir perdu, des menaces qu'il voit poindre à l'horizon. Ainsi, en novembre 1946, dans un cycle de conférences grâce auxquelles l'Unesco affirme son existence toute neuve, il s'en prend furieusement à Malraux qui vient de le précéder :

> « Mesdames et Messieurs, il faut le dire, on a rarement porté aussi loin l'impudence du jargon contre la réalité. En passant, vous reconnaîtrez que celui qui méprise l'Église au profit des saints, l'armée au profit des héros, est nécessairement un apôtre de cette théorie des minorités agissantes qui a aussi servi à Trotski et à Hitler. Partant, ne vous étonnez pas qu'il dise aux étudiants français que cela n'a aucune importance qu'ils soient communistes, anticommunistes, libéraux *ou n'importe quoi*, c'est-à-dire fascistes. Et le propos qui veut considérer tout ce qui est politique comme structures dépassées a déjà assez puissamment servi à la propagande de Vichy chez nous pour que nous ne le revoyions pas revenir ici en 1946 sans quelque étonnement. Mais au-dessus de ces structures, autre mot où la voix s'arrête, et qui fait partie du jargon, il s'agit, c'est là qu'on nous menait, de savoir comment nous pouvons recréer l'homme. [...]. L'homme du jargon n'est ni paysan, ni banquier, ni soldat. Il n'est pas solidaire de telle ou telle société. Il n'a pas de classe, donc pas de parti politique. [...] L'homme du jargon est la négation des masses... »

Ce qui n'est pas politique fait moins époque, je veux dire : est moins marqué par une certaine ivresse de la victoire qui fait qu'Aragon s'estime maître des règles d'un jeu que Malraux joue déjà sans lui. Mais n'est-ce pas Aragon qui a raison quand il affirme

> « que la culture à l'échelle d'un pays, qui est une et indivisible en ce sens qu'il n'y a pas une culture des élites et une culture des masses, prend vie et forme sous une forme nationale, parce que la nation, c'est précisément le concert où élites et masses sont étroitement confondues, parce que la nation est ce terreau même dont nous sommes les feuilles, où la culture pousse ses profondes racines et puise sa force et sa vie. [...] La vérité est que la grande culture humaine privée d'une de ses sources n'est plus elle-même. La vérité est qu'on ne saurait pas plus se passer de l'Amérique ou de la France qu'on ne pourrait se passer de l'Angleterre ou de la Russie pour faire une Unesco qui ne devienne pas tôt ou tard une machine de guerre contre l'absent ou les absents » ?

Tout le monde avance à tâtons dans ce smog où éclate bientôt la guerre coloniale française contre les peuples d'Indochine, où l'union des Alliés de la veille contre Hitler n'est plus que formelle mais n'a pas encore cédé la place à la guerre froide. La guerre froide qui, pour Aragon, va tout clarifier.

CHAPITRE VIII

LE SECOND APRÈS-GUERRE

J'écris contre le vent majeur et n'en déplaise
A ceux-là qui ne sont que des voiles gonflées
Plus fort souffle ce vent et plus rouge est la braise
L'histoire et mon amour ont la même foulée...

Le Nouveau Crève-Cœur.

1.

La guerre froide

C'est déjà bien assez de pouvoir un moment
Ébranler de l'épaule à sa faible manière
La roue énorme de l'histoire dans l'ornière
Qu'elle retombe après sur toi plus pesamment

Car plus rien désormais ne pourra jamais faire
Qu'elle n'ait pas un peu cédé sous ta poussée
Tu peux t'agenouiller vieille bête blessée
L'espoir heureusement tient d'autres dans ses fers.

Le Nouveau Crève-Cœur.

L'année 1947, à l'automne de laquelle Aragon aura vécu un demi-siècle, voit toutes les tensions atteindre leur comble et exploser au grand jour. La dissociation entre alliés débouche sur la guerre froide. Les ministres communistes sont chassés du gouvernement Ramadier en mai. En juin est lancée l'idée du Plan Marshall, programme de reconstruction européenne par l'aide américaine, qui provoque un clivage entre l'Union soviétique et les pays qu'elle domine, d'une part, l'Europe occidentale de l'autre ; en France ou en Italie, entre les partis communistes et les autres partis qui sont au pouvoir. Le Kominform, bureau d'information des partis communistes, est créé en septembre.

L'union de la Résistance s'est désagrégée après le départ du général de Gaulle du pouvoir en janvier 1946 et par suite de l'hostilité des gaullistes aux projets de Constitution, dont le second a été adopté de peu par référendum à l'automne 1946. Les différends mis en sommeil retrouvent toute leur acuité. Aragon apparaît en première ligne dans les deux grandes affaires qui concernent alors les écrivains : *Le Cas Nizan*, comme va l'intituler Sartre, et la campagne de Jean Paulhan contre la liste noire du CNÉ.

Rappelons qu'en septembre 1939, Nizan avait envoyé à Jacques Duclos une lettre de rupture : *Je t'adresse ma démission du PC français. Ma situation de soldat mobilisé me dispense de rien ajouter de plus*[1]. Il fait publier sa lettre dans *L'Œuvre*. Il ne se livre à aucune autre déclaration publique et est tué dans la retraite de Dunkerque le 23 mai 1940. Comme on le sait maintenant par ses lettres intimes, il désapprouvait non tant le pacte germano-soviétique que l'approbation donnée à ce pacte par le parti communiste. Sartre, qui avait été un ami intime de Nizan depuis leur entrée au petit lycée Henri-IV en 1916, s'émeut, après la Libération, de voir Nizan considéré comme un traître sur accusations du parti communiste. Il est à l'origine d'une protestation qui va être signée par Breton, Camus, Paulhan, Benda, Mauriac, Philippe Soupault, entre autres :

> « ... dans certains milieux, on chuchote qu'il était un traître. A l'un d'entre nous, Aragon a affirmé que Nizan aurait fourni des renseignements au ministère de l'Intérieur sur l'activité du parti communiste. Si vous demandez des preuves, on ne vous en fournit jamais. On vous dit que c'est de notoriété publique, que Politzer l'a dit peu avant de mourir, que, d'ailleurs, il suffit de lire les œuvres de Nizan pour voir qu'il était un traître. [...] Or, à notre connaissance, les communistes ne peuvent reprocher à Nizan que d'avoir quitté le parti en 1939 au moment du pacte germano-soviétique. [...] Lorsqu'on l'accuse sans donner de preuves de mouchardage, nous ne pouvons pas oublier que c'est un écrivain et qu'il est mort au combat et que c'est notre devoir d'écrivain de défendre sa mémoire... ».

La suite mettait en demeure ceux qui colportaient ces « accusations infamantes » de répondre à la question :

> « Lorsque vous dites que Nizan est un traître, voulez-vous dire simplement qu'il a quitté le parti en 1939 ? En ce cas, dites-le clairement, chacun pensera selon ses principes. Ou voulez-vous insinuer qu'il a, bien avant la guerre, accepté de l'argent pour renseigner un gouvernement anticommuniste sur votre parti ? En ce cas, prouvez-le. »

Le Comité directeur du CNÉ protesta contre cette « sorte de mise en cause personnelle » d'un de ses membres. Sartre répondit que c'était à lui qu'Aragon avait fait la déclaration en question. *C'est sa parole contre la mienne. Qu'il le dise et chacun jugera*[2]. Les signataires de la première protestation prirent acte en juillet du silence des interpellés — Henri Lefebvre et Aragon — sur le fond. Les accusations contre Nizan émanaient en fait de Maurice Thorez en personne. Elles reflétaient un état d'esprit typique de ces « constructions » biographiques staliniennes utilisées dans les procès, afin de « prouver », dès leur origine sociale, la trahison de ceux qu'il fallait condamner.

Leur violence cependant déconcerte. J'étais dans ma biographie de 1975 le premier à montrer ce rôle de Thorez dans l'attaque contre Nizan.

1. Cf. Simone de Beauvoir, *La Force de l'âge*, et *Paul Nizan, intellectuel communiste*, présentation de Jean-Jacques Brochier, Maspero, Paris, 1970.
2. *Le Cas Nizan, Les Temps modernes*, n° 22, juillet 1947.

Deux ans plus tard, ayant poursuivi mon enquête dans mon *Socialisme du silence*[1], j'établissais que Maurice Thorez, contraint sur ordre de Staline de déserter pour se réfugier en URSS, s'y était également trouvé contraint de démentir la position initiale du PCF qui affirmait jusque-là que le pacte germano-soviétique ne changeait rien à sa politique anti-hitlérienne. Or, cette position, après que Staline l'eut contredite le 9 septembre, était devenue l'hérésie majeure : le « communisme national[2] ». Nizan en était un témoin d'autant plus gênant qu'il avait quitté le parti et en outre exprimé clairement dans ses lettres à sa femme de septembre 1939 — et Thorez en avait probablement été mis au courant — que le PCF devait faire preuve du même « cynisme » que Staline et se démarquer de l'URSS dans son propre intérêt[3].

D'où cette violence forcenée de Thorez contre Nizan devenu bouc émissaire parfait. Il décrivait dans son texte de 1940 « ces personnages pourris que notre parti a éliminés », à l'aide d'une citation de Staline sur les petits-bourgeois qui « d'une manière ou d'une autre pénètrent dans le parti et y introduisent un esprit d'hésitation et d'opportunisme, un esprit de démoralisation et de manque de confiance ». Puis, ayant ainsi assuré ses arrières, il caractérisait Nizan comme un des « espions de la police », ayant « eu la satisfaction de jouer réellement dans la vie le rôle lamentable de Pluvinage, ce personnage d'espion qu'il met en scène dans son dernier roman [*La Conspiration*]. Ce Nizan-Pluvinage, peureux et servile, était prêt à se rabaisser lui-même pour mieux tromper ceux qu'il avait l'intention d'espionner ».

Ce texte publié le 21 mars 1940 dans *Die Welt*, l'organe quasi confidentiel de l'Internationale communiste édité en Suède, ne fut connu à l'époque que des hauts responsables de la direction du PCF, mais une version simplifiée fut diffusée dans des tracts à Paris au début de l'Occupation. (C'est ainsi que je l'ai découvert.) La mort dc Nizan à la guerre fin mai était encore ignorée. A ma connaissance, ce texte n'a été révélé que par le livre de Rossi, *Les Communistes français pendant la drôle de guerre,* en 1951[4]. Toutefois, Thorez l'avait sûrement communiqué à Aragon avant 1947, puisqu'il était en 1939 à *Ce soir* le responsable politique de Nizan (et peut-être l'auteur du rapport sur ses propos lors de la dernière réunion de la rédaction). N'oublions pas qu'après la naissance du Kominform, en 1947-1949, le PCF revendique sa « fidélité inconditionnelle » à l'URSS. Il faut donc plus que jamais évacuer « le communisme national » de septembre 1939, qui paraît du coup la pire entorse à « l'esprit de parti », quand la version communiste de l'histoire prétend que le pacte germano-soviétique a permis à Staline de gagner le temps qui

1. Le Seuil, 1976.
2. Voir ci-dessus note 1, p. 363 et à propos d'Aragon, de Nizan et du « communisme national », p. 362-368 ; sur Aragon et Nizan, p. 397-398.
3. On trouvera le fin fond de cette affaire dans mes *Hérétiques du PCF, op. cit.*, p. 152 et suiv.
4. Voir note 1, p. 366.

lui a permis de battre Hitler. Ce qui ramène Nizan à sa situation de bouc émissaire et confère à Aragon le rôle d'être le garant de la calomnie. Sartre, lui, ne pouvait être au courant que de la vulgate de la dénonciation.

Du moins, c'est ainsi que pouvait apparaître ce règlement de comptes en 1949. Aujourd'hui nous savons à quel point cette reprise de la calomnie contre Nizan permettait à Aragon de se dégager de ses propres prises de position à propos du pacte germano-soviétique, de son « communisme national » qui, bien qu'il ne l'ait manifesté qu'en restant un militant fidèle au Parti, lui avait valu son effacement forcé à la Libération et appartenait aux raisons mêmes qui lui faisaient en ce moment-là écrire *Les Communistes*[1]. Sartre, quant à lui, sans qu'Aragon ait répondu à sa mise en demeure et après la publication de la caricature de Nizan en Orfilat, revint au Comité directeur du CNÉ au moment culminant de la guerre froide et y resta.

A l'inverse, la polémique avec Paulhan aboutit à une rupture spectaculaire entre le fondateur des *Lettres françaises* (et du CNÉ) et le journal (ainsi que l'organisation). Mais, d'abord et personnellement, avec Elsa et Aragon.

Comme je l'ai déjà noté, la « liste noire » du CNÉ avait été le fruit des circonstances. Devant les menaces qui s'accumulaient contre l'esprit de la Résistance, elle tendit à devenir une affaire de principe. Elsa, excellente organisatrice, tenace et courageuse, qui ne se laissait rebuter par aucune tâche administrative ou pratique et qui possédait un sens aigu des goûts du public, devint très vite la cheville ouvrière du CNÉ. Elle en fut la présidente de fait, même dans les périodes où elle ne porta pas ce titre. Aragon, lui, était devenu officiellement secrétaire général de l'organisation. Les présidents en titre, Jean Cassou et Louis Martin-Chauffier, le premier par suite d'une blessure grave à la Libération, le second par suite de sa déportation, n'étaient entrés que tardivement dans la vie du CNÉ. De sorte qu'en 1947 les principaux responsables de l'organisation se trouvaient moralement liés par une liste noire conçue et réalisée hors d'eux.

Paulhan avait repris son travail chez Gallimard et reconstituait avec *Les Cahiers de la Pléiade* la revue dont Drieu l'avait chassé en 1940. A ses yeux, visiblement, un CNÉ d'anciens combattants était une institution anachronique, gênante dans le renouveau de la vie littéraire qui s'opérait tout naturellement en opposition à la période de guerre. Donc, dans une *intervioue* (comme il aimait à écrire) au *Littéraire* du 1er février 1947, il demanda avec une naïveté feinte : « Il me semble que j'en vois, sur votre liste noire, qui seraient moins coupables qu'un Rimbaud, qu'un Romain Rolland... »

C'était mettre le feu aux poudres. Aragon répondit aussitôt dans *Les Lettres françaises* :

1. Voir ci-dessous les p. 442 et suiv.

« On remarquera que la base de cette allégation est un propos de Rimbaud dans une lettre privée à un ami en 1873, deux ans après la fin de la guerre de 1870-1871. On remarquera que ce propos est l'expression de la colère de Rimbaud contre ceux qui venaient, avec la complicité de Bismarck, de massacrer les patriotes français de Paris, les hommes de la Commune qui avaient voulu poursuivre la guerre contre l'envahisseur et dont Rimbaud avait exalté le combat. On remarquera donc, nécessairement, que Paulhan, de ce fait, tend à laver les Versaillais de Thiers en accusant Rimbaud. »

Paulhan se fit un malin plaisir de rappeler en réponse le tract surréaliste de 1927, *Permettez...*, qui disait qu'en Rimbaud

« s'est incarnée la plus haute conception du défaitisme, du défaitisme actif qu'en temps de guerre vous fusillez »...

Il poussa la polémique au-delà, accusant Aragon de mensonge puisqu'il avait signé jadis ce tract et en connaissait les citations :

« Ici, l'on me dira qu'Aragon est coutumier du fait. Qu'aucun mensonge ne lui coûte. C'est Sartre, l'autre jour, qui le prenait en flagrant délit de calomnie. Et quelle calomnie ! Il s'agissait de déshonorer un écrivain, Nizan, mort pour la France. »

Et il ajoutait au présent, sans transition, comme toutes chaudes, des citations de *Certificat*, le tract d'attaque d'Eluard lors de la rupture de 1932. Il concluait :

« On me dira que personne n'a pris un instant Aragon au sérieux. Mais je sais un homme qui admirait Aragon, qui le prenait même au tragique ; c'est l'infortuné Drieu la Rochelle... »

C'était la rupture, voulue et préméditée, imparable. Elle donne une idée de l'irritation provoquée chez un homme comme Paulhan par le comportement d'Aragon et la politique du parti. Paulhan avait agi en nationaliste — il fera de même durant la guerre d'Algérie — et le *droit à l'erreur* qu'il défendait correspondait à ses yeux à l'aveu d'une certaine incompétence politique des écrivains, incompétence au demeurant maintes fois attestée dans la pratique politique. Il était donc temps, à ses yeux, de tourner la page. C'était heurter de front le parti communiste, qui assimilait la responsabilité artistique à la responsabilité politique, mais aussi ce CNÉ que Paulhan avait fondé, lequel, la paix revenue, ne pouvait que viser à la primauté de l'autorité morale qu'il incarnait sur l'autorité littéraire.

C'était là sans doute, pour Paulhan, le fond du débat. Durant les années de la Résistance, écarté du travail à la *NRF*, il s'était consacré à la recherche théorique sur le langage — renouant avec ses préoccupations du temps de Dada, par exemple — et avait publié *Les Fleurs de Tarbes* en

1942. Mais, parallèlement, il s'était livré à une prospection de ce qui bougeait dans la peinture. *Braque le patron, Fautrier l'enragé*, la *Lettre à Dubuffet* datent de là. Ce qu'il a découvert alors était bel et bien l'avenir. Or, la contradiction entre l'apolitisme évident de cette nouvelle avant-garde dont les réussites l'éblouissaient et les exigences morales du CNÉ ou les exigences politiques des communistes, ne pouvait que lui être intolérable. Il était dans son caractère et de son intelligence de prendre les devants. D'où son assaut.

A l'inverse, pour Aragon comme pour le parti, Paulhan se conduit ici en théoricien de la réaction bourgeoise. La bourgeoisie a besoin de reconstituer ses forces intellectuelles en récupérant les écrivains qui ont collaboré. En même temps, elle se blanchit ainsi de sa propre collaboration de classe. Le congrès du parti communiste qui s'ouvre à Strasbourg en juillet 1947 développe ce point de vue, lui opposant que la source des valeurs culturelles nouvelles est dans l'ébranlement, la mise en marche des masses. C'est-à-dire dans le mouvement patriotique qui a jeté le peuple dans la Résistance et qui anime la reconstruction du pays.

Le divorce entre les deux positions était irréductible. La position du parti était normative — et correspondait en cela à l'idéologie stalinienne. Celle de Paulhan était pragmatique. Et, d'ailleurs, au début des années soixante, quand Aragon reprendra pied dans la littérature et l'art de son époque, il renouera tout naturellement avec Paulhan. Entre-temps, la liste noire était morte de sa belle mort[1].

Le domaine idéologique du parti, à l'époque, était parfaitement rond, fermé sur lui-même et sans faille. A qui se trouvait à l'intérieur, tout devenait d'une simplicité remarquable. La décadence capitaliste, dénoncée par Jdanov en URSS dès le milieu de 1946, s'étalait avec le déferlement du roman policier violent venu des États-Unis, dont Marcel Duhamel faisait la *Série noire* et que Boris Vian allait brillamment pasticher. L'érotisme agressif d'Henry Miller, l'arrivée des premiers livres de science-fiction (qui passaient pour obscurantistes) noircissaient encore le tableau, toujours fortement marqué par le succès des livres anticommunistes de Koestler.

L'attaque de Jdanov en 1946, contre deux revues de Leningrad, ne fut vraiment diffusée en France qu'après son rapport à la conférence constitutive du Kominform, un an plus tard, qui s'en prenait à « l'idéologie dépravée de la bourgeoisie », et sa nouvelle attaque contre les

1. Aragon rendra ainsi hommage à Jean Paulhan, en octobre 1968 :

« Au vrai, Jean Paulhan parmi nous aura joué un rôle autrement important que tout ce qu'on en dit. C'est peu de voir en lui aux jours de Dada une sorte d'éminence grise. Nous lui avons dû d'ouvrir à notre attention des domaines où il s'avançait le premier, c'est pourquoi il y semble, après coup, moins visible que d'autres. Tout un côté, un pan (un grand Pan) de ce qui a fait, au-delà des écrits, le surréalisme ce qu'il est, ne peut s'expliquer que dans cette longue conversation secrète entre nous et lui. »

Ce n'est pas l'hommage à un mort. Et surtout, Aragon y renverse, à proprement parler, la problématique qui était la sienne en 1947.

compositeurs de musique. Les deux cibles de 1946, le prosateur satirique Mikhaïl Zostchenko et la poétesse Anna Akhmatova, étaient à l'époque mal connues. On ne savait pas, quand Jdanov attaquait le compagnon de l'école akhméiste d'Akhmatova, Ossip Mandelstam, que, pour ce dernier, l'arme de la critique avait été la mort, six ans plus tôt, dans un camp sibérien. Personne ne songeait à prendre au pied de la lettre l'étonnement de Jdanov que Zostchenko « puisse librement se promener dans les rues de Leningrad »... Ce que l'on appellera par la suite jdanovisme, vu de France, paraissait purement relever de la lutte des idées. Aragon et Elsa, à l'époque, n'en savaient, semble-t-il, guère plus que le commun des mortels et ne suspectaient pas en Jdanov l'assassin en chef des intellectuels tant soit peu indépendants. Elsa n'appréciait pas tellement les deux écrivains critiqués [1]. Aragon s'identifiait d'autant mieux à la position de Jdanov qu'elle correspondait à sa propre pensée. On le mesure par l'article nécrologique qu'il lui a consacré, le 9 septembre 1948, dans *Les Lettres françaises* :

> « Devant cette tombe ouverte, peut-être bien des intellectuels français qui n'avaient ni compris ni bien connu, il faut le dire, les thèses de Jdanov, ses vues si loin en avant plongeantes, auront-ils repris les textes sur la musique, l'art ou la philosophie, et au-delà du scandale qu'ils furent pour eux (juges et parties de ce même procès) auront-ils enfin vu quelle main secourable leur avait été tendue pour sortir de leurs contradictions, des nuées où ils se débattaient, et devenir à l'échelle du monde qui naît, à l'échelle des " lendemains qui chantent ", les ingénieurs mélodieux ou persuasifs des âmes humaines souvent comme les leurs propres égarées... »

Comment Aragon échapperait-il au piège d'une idéologie qui justifie sa propre littérature, sa poésie récente, les romans d'Elsa ? d'un homme d'État soviétique qui met son autorité au service de la cause même qu'Aragon a défendue indépendamment, aussi bien durant les années de la Résistance que dans la paix difficile ? Aragon est plus que jamais convaincu de ce qu'il disait autrefois à Alain Borne, que l'art pour l'art n'est pas de mise. Il va même plus loin, non tant dans sa chronique régulière d'*Europe* sur la poésie, appelée *Chronique du bel canto* en 1946, relayée en 1948, par les *Chroniques du temps qu'il fait*, que dans un texte, dont le rôle allait être décisif, je veux parler de la préface à un recueil de *Dessins de Fougeron* qui parut, tiré à 990 exemplaires, au printemps de 1947. Étant donné les délais de fabrication de ce genre de livre, on peut dater ce texte de la fin 1946 ou du tout début 1947.

> « Oui, c'est le destin de l'art figuratif qui se joue à chaque dessin. Sommes-nous à la minute où le peintre va perdre la parole ? Le long cheminement de l'homme des cavernes à celui des gratte-ciel, de l'homme qui a figuré le

1. Dans son anthologie de *La Poésie russe,* Seghers, 1965, Elsa écrira assez sèchement : « Après 1946, A. Akhmatova aura à subir la critique dogmatique ; ces dernières années, ses poèmes sont à nouveau publiés et rencontrent toujours la même ferveur. »

premier bison au premier homme qui ait figuré un paquet de tabac, va-t-il brusquement s'interrompre ? »

La peinture abstraite n'est encore guère en France qu'une composante des expositions comme celles des Surindépendants ou du salon des Réalités nouvelles. Mais Aragon a choisi une fois de plus la démesure. C'est que le danger n'est pas, à ses yeux, que dans la peinture :

« Un même cancer ronge tout langage, désintègre tout langage sous nos yeux. Tout se passe comme si l'honneur de l'homme subitement était placé dans le silence, le non-dire. L'art a connu de nombreuses tyrannies ; il en grandissait. C'est qu'elles lui étaient extérieures, étrangères. Fra Angelico peignait pour l'Église et Rubens pour Marie de Médicis ; l'art de ces peintres survit à la foi et à la Cour de France. Mais aujourd'hui, la tyrannie nouvelle est installée dans la cervelle de l'artiste, il s'interdit de signifier comme le poète de chanter. Suicide épidémique, démission volontaire ? Le peintre du moins, cette fois, est complice. A vrai dire, il croit faire sa propre volonté. Mais cherchez à qui le crime profite ? Qui *dirige* cet art dont une récente exposition internationale a montré la prédominance organisée, la pâlissante multiplication ? »

J'avoue ne pas avoir retrouvé cette exposition internationale, avais-je écrit en 1974. Je ne cherchais pas où il fallait. L'Exposition internationale ainsi dénoncée était celle... du surréalisme à la galerie Maeght en 1947. Qu'Aragon n'y ait vu qu'art abstrait en dit long sur sa fermeture mentale à l'égard de ce qui se passait effectivement dans l'art. Rappelons simplement qu'y exposaient Miró, Matta, Tanguy et Max Ernst ! Les règlements de comptes avec Breton — la volonté politique à l'époque de faire oublier son passé surréaliste — l'entraînent à des amalgames insensés. La suite s'en éclaire et éclaire aussi la raison de cette façon péremptoire de coller à ce qui se dit en URSS, parce qu'elle a définitivement remporté la victoire sur tout ce qui n'est pas elle :

« La partie est à l'échelle du monde et de l'avenir. Vous serez débordés. Que pouvez-vous contre l'histoire ? [...] L'art est une chose grave et pas gratuite du tout. Il n'est pas l'affaire d'un seul. Il est l'affaire de tous. Il joue son rôle dans la direction que prend non seulement l'artiste mais le monde. Il faut prendre garde à chaque dessin.
André Fougeron, dans chacun de vos dessins se joue aussi le destin de l'art figuratif, et riez si je vous dis que se joue aussi le destin du monde... »

Fougeron n'était pas homme à rire. Il peignit des toiles-manifestes du réalisme, comme *Les Parisiennes au marché*, puis l'ensemble du *Pays des mines*, et déduisit fort naturellement du texte d'Aragon qu'un communiste se devait d'admirer et de soutenir des œuvres comme les siennes, puisque s'y jouait le destin du monde. D'autres lecteurs d'Aragon, des dirigeants de son propre parti, n'étaient pas non plus des hommes à rire. Aragon tout le premier va s'en apercevoir dès que Maurice Thorez, en octobre

1950, sera écarté de la direction du parti par une grave maladie. Semblable texte révèle pourquoi, en URSS, Staline, Jdanov ou leurs émules ont pris, *prennent garde à chaque dessin...* Le débat contre la peinture moderne au nom du communisme avait déjà pris un tour vif à la fin de 1945 quand Christian Zervos[1] avait reproduit une citation de Lénine tirée d'un livre officiel du PC :

> « La culture prolétarienne ne surgit pas toute faite on ne sait d'où, elle n'est pas une invention d'hommes qui se qualifient spécialement en la matière. »

Ce que les activistes communistes prirent comme une agression contre eux. D'autant plus que ces lignes furent reprises par la revue populaire que lançait Madeleine Rousseaux *L'Art vivant* et celle de Vittorini, *Il Politecnico*[2]. Curieusement, ce fut Elsa qui répondit à Zervos, traitant ces citations, lors d'une conférence sur Maïakovski en février 1947, de « travesties », ce qui était vrai, puisqu'il s'agissait de textes d'après la victoire de la révolution de 1917, mais après tout de bonne guerre. C'est là en tout cas le premier signe qu'elle préparait déjà le ralliement spectaculaire d'Aragon au jdanovisme et son retour en grâce auprès de la direction du parti sur cette ligne « dure ».

Jusque-là, Aragon s'est servi de ce que j'appelle la preuve par la peinture pour de bonnes causes, des causes qui vont dans le sens de l'ouverture du regard sur la peinture, qu'il s'agisse des papiers collés de Picasso ou du trait de Matisse... Avec Fougeron, pour la première fois, la preuve est mauvaise. Fougeron n'y est pour rien. Aragon n'a pas regardé ses dessins. Il n'y a vu que le non non-dire, le non non-réalisme. Cela même qui lui a permis de répondre au besoin de la France écrasée, disloquée et meurtrie, bref à l'histoire, l'enferme maintenant dans une situation qu'il théorise. Et d'autant plus, il faut bien dire, qu'Elsa avec sa lucidité coutumière (et son expérience de la politique soviétique) perçoit que cette radicalisation n'en est qu'à ses débuts. Aragon croit que c'est un train qu'il peut prendre en marche puisque l'évolution abstraite de la peinture l'agresse. Aussi la traite-t-il de cancer. Et sans même percevoir que sa comparaison s'y perd, comme il vit dans un parti que l'idéologie stalinienne a fortement contaminé par suite des conditions de la clandestinité, puis de celles de l'après-guerre, Aragon ne peut concevoir ce mouvement de la nouveauté — où se rassemblent tous les peintres qui comptent, y compris ceux qui sont alors membres du parti — que comme une conspiration du capitalisme, avec un chef d'orchestre qui « *dirige* » — souligné par Aragon.

Le stalinisme ne se résume pas à quelque chose de parachuté de l'extérieur. Son succès dans la France d'alors résultait aussi du fait qu'il

1. *Cahiers d'Art,* 1945-1946, n° 20-21, p. 241.

2. La polémique devint internationale en 1948 avec la *Lettre à Togliatti sur la culture* publiée par Vittorini dans *Il Politecnico* montrant l'indépendance de l'art. Mais Aragon ne prit pas publiquement part à la condamnation de cette position par le PCF.

correspondait à une époque où tout était blanc et noir, aussi bien pendant les combats exaltants de la Résistance qu'après, quand furent déçus ceux qui avaient rêvé d'une victoire populaire. Aragon reste le poète de cette résistance-là. Comment saurait-il que l'Histoire s'en est retirée ?

2.

Le stalinisme

C'est possible après tout qu'à parler politique
Sur le rythme royal du vers alexandrin
Le poème se meure et tout soit rhétorique
Dans le langage souverain

C'est possible après tout que j'aie perdu le sens
Qu'au soleil comparer le parti soit dément
Qu'il y ait de ma part simplement indécence
A donner ça pour argument

Les Yeux et la mémoire.

Oui, comment saurait-il que l'histoire s'est retirée ? La tension ne cesse de croître, durant la crise tchécoslovaque de l'hiver 1947-1948, marquée en février par la victoire du parti communiste qui domine le nouveau gouvernement Gottwald. Quand Gottwald remplace à la tête de l'État le président Benes, la rupture entre le Kominform et Tito est presque consommée, le blocus de Berlin commence. La guerre froide, comme on l'appelle, bat désormais son plein. Laszlo Rajk, secrétaire général adjoint du parti des travailleurs hongrois, est exécuté vers la fin de l'été 1949, à la suite d'un procès où tous les inculpés ont avoué des crimes monstrueux... Victoire de Mao Tsé-toung à l'automne. Et le début des hostilités en Corée, en juin 1950, menaçant le monde d'une guerre « chaude ».

A nouveau, la lutte pour la défense de la paix revient au premier plan, et Aragon y retrouve l'unité profonde de son combat. A nouveau, comme en 1932, les intellectuels montent en première ligne. Aragon, Frédéric Joliot-Curie ont des conversations liminaires avec Alexandre Fadeïev, dirigeant de l'Union des écrivains soviétiques. Il en naît un congrès d'intellectuels pour la paix à Wroclaw, l'ancienne Breslau devenue polonaise.

A la mort, au printemps 1947, de Jean-Richard Bloch, le PC a rendu à Aragon la direction de *Ce soir.* Le congrès du parti à Strasbourg met ses idées à l'honneur dans le rapport de Laurent Casanova. A partir du début de 1948, il assume de façon indirecte la direction des *Lettres françaises*, dont Claude Morgan demeure le directeur en titre jusqu'au début de 1953. Non seulement le parti ne le tient plus à l'écart des responsabilités, mais il en fait un dirigeant intellectuel. Il est d'ailleurs élu membre suppléant du comité central au Congrès de Gennevilliers, au printemps de 1950.

Comment ne pas se croire désormais « en prise avec le réel » ? Le contre-monde de l'enfant illégitime était la vie réelle où chacun a une vraie mère et non pas un amalgame de grande sœur et de grand-mère qui en tient lieu, un vrai père et non pas un tuteur-parrain exigeant et péremptoire. Le surréel des années vingt, la recherche d'un réalisme national dans les années trente et la première partie des années quarante, s'ils contredisent les apparences admises, donnent à Aragon l'accès à des réalités profondes de l'art et de la nation. La contre-société du parti communiste français, qui paraît la suite logique et nécessaire de la Résistance, va, dans les conditions de la guerre froide, décoller d'un monde en mutation et plonger dans la fantasmagorie. Le stalinisme se greffe sur cette contre-société. Le mythe du « traître » Tito débouche sur une « internationale des traîtres ». La « grande conspiration » contre l'URSS explique l'histoire contemporaine et justifie les épurations en chaîne dans les pays socialistes. L'entreprise appelait l'assurance philosophique que la science prolétarienne écrase la science bourgeoise par ses perspectives inouïes et révolutionnaires, apportant du même coup la preuve de la décadence capitaliste. Lyssenko y pourvut et, du 4 au 12 août 1948, la *Pravda* fut remplie sur des pages et des pages des discussions de la session plénière de l'Académie Lénine des sciences agronomiques[1]. La coïncidence avec l'ouverture du Congrès des intellectuels pour la paix de Wroclaw, le 23 août, fut-elle voulue ? Ce n'est pas exclu. On doit cependant noter que le fond de ces discussions ne fut connu des participants du congrès — parmi lesquels les biologistes Julian Huxley et Marcel Prenant — que dans le cours des travaux.

L'enjeu théorique du débat, du point de vue stalinien, était décisif. La génétique moderne, qui repose sur l'invariance des gènes, contredit absolument la *dialectique de la nature* dont l'énoncé simpliste voudrait que les changements du milieu commandassent l'évolution biologique. Lyssenko apportait la preuve de l'hérédité des caractères acquis, c'est-à-dire de l'influence du milieu sur le matériel héréditaire. Ce qui justifiait la prétention de transformer les hommes en construisant un environnement matériel socialiste. Bref, c'était la démonstration de l'existence du dieu des staliniens. Du coup, la fin — la création de ce milieu socialiste — justifiait les moyens. Pourquoi dès lors ne pas donner un coup de pouce à l'horizon afin de bien convaincre tout un chacun que la terre est bien ronde ! Le trucage des expériences alla de pair avec les procès truqués. Il devint aussi dangereux de dénoncer le premier que les seconds.

1. Là-dessus, on peut lire aujourd'hui Jaurès Medvédev, *Grandeur et Chute de Lyssenko*, Témoins, Gallimard, 1971.

Aragon gardait de ses études médicales assez de biologie pour être enthousiasmé par l'ampleur de la découverte de Lyssenko. A chaud, il consacre l'essentiel du numéro d'octobre 1948 de la revue *Europe* au débat soviétique et le fait précéder d'une longue introduction, *De la libre discussion des idées* :

> « Jamais, dans aucun pays, à aucun moment de l'histoire, une discussion scientifique n'aura bénéficié d'une telle publicité, n'aura pu être suivie ainsi par des millions d'hommes et de femmes. Une telle pratique chez nous est impensable. »

Il résumait ainsi d'emblée le fond du débat :

> « Sans prendre parti entre ces deux tendances, il est permis à un philistin de constater que la première [celle de la génétique classique] décrète l'impuissance de l'homme à modifier le cours des espèces, à diriger la nature vivante ; que la seconde prétend fonder le pouvoir de l'homme à modifier le cours des espèces, à diriger l'hérédité. Il est permis de se dire qu'un homme qui ne se réclame pas du matérialisme dialectique, du marxisme, sera moins gêné s'il choisit la première théorie, qu'un marxiste qui, en toute occasion, pas seulement en biologie, considère nécessairement que son rôle n'est pas de se borner à expliquer le monde, mais qu'il est aussi de le transformer. »

Ce ton de l'assertion et même de l'apodictique, c'est celui même des découvertes surréalistes, puis de l'ivresse de l'adhésion au parti en 1926-1927. Ici, il se met à l'unisson du dogme. Mais il était impensable pour Aragon que le parti soviétique pût couvrir des trucages. Aragon ne veut connaître que l'ivresse retrouvée. Aussi compare-t-il Lyssenko à Galilée. Explique-t-il, face à la résistance unanime des biologistes de nos pays — y compris les communistes —, que la discussion « est basée sur les expériences innombrables de tout un peuple » ? C'est pour conclure :

> « Au cours d'une émission en langue française, le commentateur de la BBC, après avoir souligné que le Congrès de Wroclaw avait mis à son programme *la libre discussion des idées*, cessa de parler de ce congrès pour donner la discussion qui avait eu lieu au début d'août à l'Académie d'agronomie de Moscou comme exemple du *peu* de liberté qu'on pouvait attendre de *l'un* des pays dont les intellectuels se trouvaient à Wroclaw. C'est là un type de raisonnement assez évidemment vicieux... »

Aujourd'hui, nous savons que le commentateur de la BBC était loin de compte. Jaurès Medvédev note, en maniant la litote :

> « Aussitôt après cette session, des centaines de savants, les meilleurs et les plus qualifiés représentants de la biologie soviétique, furent congédiés ou rétrogradés. [...]. De nombreux et excellents laboratoires de génétique, de cytologie et de physiologie furent fermés. Le prestige scientifique et politique de l'URSS, la cause immortelle du socialisme souffrirent énormé-

> ment de ces persécutions insensées. Mais les conséquences les plus graves furent les dommages infligés à l'agriculture, à la médecine, à de nombreuses branches de l'économie nationale... »

Aragon en savait encore moins que le commentateur de la BBC, mais il était convaincu de tout savoir, de tout comprendre. Alors, il faisait front. Front sur Lyssenko. Front sur la question posée par l'hebdomadaire gaullistes *Carrefour* : *Que feriez-vous si l'Armée rouge occupait Paris ?* Il répond que cela ne peut arriver que si la France prenait part à une guerre injuste, et qu'il serait contre cette guerre. La condamnation de Tito fait d'autant moins problème à ses yeux que, lorsqu'il est allé en Yougoslavie à la fin de 1947, le reportage d'Elsa sur leur voyage a provoqué un incident avec le parti yougoslave. D'ailleurs, Aragon ne pardonne pas les attaques lancées contre la Résistance française par les Yougoslaves à la première réunion du Kominform, en septembre 1947.

Tout convergeait finalement pour faire d'Aragon un des hérauts de la politique d'isolement dogmatique en train de s'élaborer, c'est-à-dire du stalinisme intellectuel. Cela découlait chez lui des positions violentes qu'il avait prises entre 1935 et 1937-1938 sur les procès de Moscou ou contre Trotski et Gide. Je veux dire que cette attitude n'impliquait pas pour lui de nouveaux choix, mais la réaffirmation de choix antérieurs dont l'extrémisme avait peut-être été renforcé par les prises de position opposées de Breton. Dans le même temps, l'existence d'écrivain d'Aragon et, plus encore, celle d'Elsa se trouvaient mises en question. Il était normal que cette agression plus personnelle s'accompagnât elle aussi d'un durcissement des positions idéologiques.

Le Nouveau Crève-Cœur avait été éreinté par la critique. Elsa en était venue, après les échecs successifs de *Personne ne m'aime* et des *Fantômes armés*, à décider de signer du nom de son héros, Antonin Blond, cet *Inspecteur des ruines* qu'elle acheva dans l'été 1948. Elle le fit lire à Francis Carco pour voir si, sous ce faux nom, ce roman ne pourrait pas obtenir le Goncourt... Mais le choix du jury était fait d'avance en faveur de Druon. Elle porta son manuscrit chez Denoël, pour échapper au ghetto de la Bibliothèque française où elle publiait les romans qui avaient suivi son prix Goncourt. Les éditions Denoël étaient alors dirigées par Mme Jean Voilier,

> « et telle était alors ma situation qu'elle me le retourna sans l'avoir lu. La seule fois qu'on m'aura refusé un manuscrit de toute ma carrière littéraires »...

C'est au moment de cet assassinat d'un des plus beaux romans d'Elsa Triolet, soit dit en passant, qu'Aragon se remet au *Monde réel*, aux *Communistes.* La littérature nouvelle qu'appelait le Congrès de Strasbourg ne s'était encore manifestée que par l'autobiographie de Jean Laffitte, *Ceux qui vivent*, qu'Aragon avait préparée lui-même pour la publication. L'année 1949 a mis entre les mains d'Aragon des nouvelles d'un jeune écrivain qui correspondent exactement aux thèmes retenus par le parti : *Le Mot mineur, camarades*, par André Stil. Aragon les publie, fait venir à Paris l'auteur qui devient rédacteur en chef de *Ce soir*. Le parti a également recruté durant la Résistance un jeune professeur qui se révèle journaliste et écrivain-né : Pierre Courtade. Il a fait la qualité de l'hebdomadaire *Action* avant de devenir éditorialiste de politique étrangère à *L'Humanité*. Ces collaborations commencent à composer un paysage littéraire qui fait oublier l'éloignement de compagnons de route comme Jean Cassou, le départ de jeunes écrivains comme Marguerite Duras, Robert Anthelme, Edgar Morin, Jean Duvignaud. Le parti dispose des *Lettres françaises*, d'*Europe*, d'une nouvelle revue combative, *La Nouvelle Critique*, et de plusieurs maisons d'édition. Elsa Triolet a l'idée de rassembler toutes les forces disponibles pour briser le mur de silence auquel se heurtent les œuvres qui vont dans le sens du parti. Reprenant une vieille conception de Maïakovski selon laquelle le succès s'organise, elle imagine de susciter des rencontres avec les lecteurs progressistes, qu'elle appelle les « Batailles du livre ».

Le succès se dessinera en 1950. Entre-temps, le Mouvement de la paix a rassemblé des caravanes vers les hauts lieux de la Résistance : Oradour, le Vercors, la Corse, Vimy. C'est l'occasion d'importants brassages, de contacts nourris avec la province. Aragon s'y dépense sans compter. Pour lui, l'enjeu est décisif. Il conçoit *Les Communistes* comme une énorme entreprise en plusieurs séries qui seront publiées à la cadence d'un roman de taille ordinaire environ tous les six mois. Il a besoin de ce nouveau public, d'un public militant qui le soutienne. Le premier tome est achevé d'imprimer le 5 mai 1949. Mais, en dépit d'une soirée organisée à la Grange-aux-Belles — la salle des syndicats parisiens — pour le présenter aux lecteurs ouvriers, ce livre initial ne correspond pas à l'idée que les gens se font d'un roman portant un tel titre. Aragon expliquera qu'à l'origine il entendait ce titre au féminin, en hommage au rôle des femmes communistes durant la guerre. Mais le procès d'intention qu'on avait fait aux *Voyageurs de l'impériale* — dont l'édition définitive n'est publiée, rappelons-le, qu'en 1947 — et à *Aurélien* reprend de plus belle : ce roman est un « roman bourgeois ». De son côté, la critique « bourgeoise » retient l'apologie de la position du parti lors du pacte germano-soviétique, traite l'œuvre comme un objet de propagande. Avec la publication du tome II à la fin 1949, puis du tome III, les choses commencent à rendre meilleure tournure au fur et à mesure que le roman trouve et révèle son rythme. Mais c'est alors qu'éclate la guerre de Corée.

C'est à cette époque, au moment où, après les succès initiaux du Nord, les Américains passent à la contre-offensive, que Maurice Thorez est soudain frappé d'hémorragie cérébrale. Dans un parti aussi étroitement centralisé que le parti communiste français, où tant de choses dépendent du secrétaire général, l'événement est de première grandeur. Par considération de l'importance des affaires intellectuelles, par goût aussi, Thorez ne laissait à personne — pas même à Laurent Casanova qui en avait la responsabilité — le soin de régler les problèmes d'envergure. Aussi, en l'espace de quelques semaines, dans ce domaine, c'est la crise. Et Aragon se trouve en son centre.

Auguste Lecœur, secrétaire à l'organisation du parti, a fait commander, par la fédération du Pas-de-Calais dont il est issu, une série de toiles à André Fougeron sur le thème du *Pays des mines*. L'exposition aura lieu dans une galerie du faubourg Saint-Honoré au mois de janvier. Auguste Lecœur l'annonce à l'avance par un éditorial dans *L'Humanité*, sans songer que vient de s'ouvrir la plus importante exposition de Picasso depuis la Libération, préfacée par Aragon [1]. Il privilégie ainsi le réalisme de Fougeron contre la peinture de Picasso, ce qui est absolument contraire à la politique de Thorez. Quand Lecœur se le voit reprocher, il en fait aussitôt une épreuve de force. Tous ceux qui défendent l'importance de Picasso, à commencer par Aragon, sont d'une façon ou d'une autre publiquement pris à partie, sanctionnés ou mis à l'écart.

Le courant réaliste dans la peinture, auquel Aragon avait imprudemment donné le pas sur tout autre, devient officiellement incarné par Fougeron. Ce dernier ne tardera pas à se comporter en peintre officiel du parti. L'exposition de Fougeron est affligeante. La vulgarité de conception et les insuffisances du métier traditionnel y éclatent. A l'inverse, l'exposition de Picasso manifeste toute sa puissance d'innovation. *L'Humanité* publie alors cette formule selon laquelle « Fougeron se bat à son créneau de communiste et Picasso à son créneau de partisan de la paix », ce qui n'est que grandiloquence vide de sens. Désormais, on assiste au déferlement du courant sectaire et ouvriériste. Jusque-là, le jdanovisme avait été quelque peu filtré, dans la mesure où seuls des textes généraux en avaient été traduits. Désormais, la presse du parti reproduit les polémiques soviétiques de l'époque, dont le niveau est particulièrement grossier. Du coup, Aragon se voit rappeler que sa responsabilité de romancier vis-à-vis du parti est analogue à celle d'un secrétaire de cellule, ce qui signifie que, sur le sujet qu'il a choisi, n'importe qui peut lui faire la leçon. Ce dont on ne se prive pas. Cette situation va se prolonger pendant deux difficiles années au cours desquelles Aragon va terminer la première série des *Communistes* et finalement en rester là.

1. Il s'agit de *Picasso, sculptures, dessins* à la Maison de la Pensée française où Picasso révélait le renouveau de sa sculpture en 1950, les dessins contemporains et notamment son travail sur *L'Homme au mouton*. Aragon, dans sa préface, préparait le public communiste à ce qu'il appelait ces « bronzes singuliers », ces « fantômes porteurs de masques [...], ces visages décomposés, et brusquement la beauté antique qui renaît de cette décomposition même ». Il l'excusait, écrivant : « Qu'il ne faut pas juger cette statuaire aux pièces, Picasso m'amène à le croire par le choix des dessins qu'il a fait... » Et il y voyait en conclusion : « une très pure, une très noble confidence de cet homme qui a tant tourmenté le monde des apparences, et vraiment, au fond du creuset, trouvé la pierre philosophale, le secret de l'homme, la croyance impérissable au bonheur ». L'hystérie « réaliste » atteignait alors une telle ampleur dans le PCF que ses tenants ne tinrent aucun compte des précautions d'Aragon et ne lirent de sa préface que le fait qu'il disait du bien de Picasso.

Le procès Rajk, le procès Kostov provoquent de vives polémiques entre Aragon et Vercors, notamment. Les arrestations touchent maintenant la Pologne et la Tchécoslovaquie. Les surréalistes tchèques sont frappés. Ni Aragon, ni Eluard ne les défendent. En France, les manifestations contre la guerre d'Indochine et contre la guerre de Corée s'amplifient. Celle du 28 mai 1952 bouleverse Paris. La répression va de pair. Jacques Duclos et André Stil sont arrêtés. Dès que ce « complot » dit « des pigeons » s'est effondré, éclate au sein de la direction du parti l'affaire Marty-Tillon mettant en cause deux vétérans liés à la résistance contre les guerres injustes.

A l'époque, la France est vraiment coupée idéologiquement en deux. Il y a ceux qui ne voient que la chasse aux sorcières aux USA, le martyre des époux Rosenberg. Et il y a ceux qui ne voient que la terreur exercée dans les pays socialistes. On dirait que chacun choisit son camp jusqu'à en épouser la répression. Rares sont ceux qui dominent le débat.

Aragon se conduit en partisan. Il défend Lyssenko avec acharnement, comme l'honneur du parti communiste hongrois quand Vercors met en évidence les mensonges contenus dans les aveux de Rajk. Au moment où, au début de 1952, André Stil reçoit un prix Staline pour son roman *Le Premier Choc*, il écrit dans *Les Lettres Françaises* une série d'articles apologétiques sur la peinture soviétique de réalisme socialiste et sur la sculpture, qui provoquent une vive réaction chez les artistes français. Les œuvres retenues sont en effet d'un pompiérisme significatif, mais Aragon n'en veut voir que le contenu. Sans doute, dans ce domaine de l'exaltation du réalisme socialiste, une partie des excès tient-elle, chez Aragon, aux difficultés politiques rencontrées alors dans le parti, à la volonté aussi de faire bonne figure devant le prix Staline décerné à Stil. Mais il serait faux de voir là quelque opportunisme. Aragon est profondément convaincu qu'il est dans le chemin de l'honneur communiste.

Il s'est fort peu expliqué par la suite sur cette période. Voici, à cet égard, un de ses textes les plus précis. Je l'extrais de la *Postface* aux *Communistes*, dans l'édition des *Œuvres croisées* de 1966 :

> « Quand on écrira l'histoire (il y a déjà des gens qui le font) de ces années de la guerre de Corée, de ces derniers jours d'une conception liée, au moins pour nous alors, à de grands événements qui ébranlèrent le monde, et de laquelle nous ne voyions pas qu'elle ne faisait que se parer de ces grands événements pour maintenir le pouvoir d'un homme au prix des pires cruautés, quand on écrira l'histoire des années 50, je suis sûr qu'on donnera de nous une image fausse, une image mutilée. [...] Pour moi, je suis bien persuadé que ce n'est pas dans les cendres du temps, mais dans les dangereuses flammes de l'événement que naissent les images valables de l'homme, dût celui qui a l'audace de les y arracher s'en brûler affreusement les mains, à en être défiguré, à en périr. »

Je dois y ajouter en ce début 1993, compte tenu de ce que nous savons depuis l'ouverture de certaines archives soviétiques[1], qu'à très peu de temps de la mort de Jdanov, Aragon et Elsa ont dû être informés de la répression impitoyable qui venait de s'abattre sur tous ses anciens collaborateurs et, plus généralement, sur les dirigeants communistes de Leningrad, ce qu'on appellera l' « affaire Leningrad ». Dans l'hiver de 1948-1949, Kanapa avait conçu d'écrire un roman dont le personnage central aurait été Jdanov. Aragon me raconta comment il l'en avait dissuadé disant : « Tu ne sais pas où tu mets tes pieds, petit. » Et, à ma stupéfaction, il commenta : « Il semble que, comme à d'autres, le pouvoir lui avait monté à la tête. Évidemment, cela ne change rien aux positions qu'il a exprimées qui sont des positions de parti. »

Aragon excellait à intégrer les informations dérangeantes au culte de Staline.

1. Cf. précisément sur l' « affaire de Leningrad » et sa signification profonde, Jean-Jacques Marie, *Les Derniers Complots de Staline,* éd. Complexe, 1993.

3.

Les Communistes

> Aurélien, *écrit en 1942-1943, regroupait les éléments du drame autour d'un homme et d'une femme, un couple en puissance, portant en eux une contradiction, dont ils ignorent la nature, pour laquelle ce couple ne parvient pas à se former. Et cette contradiction prendra son vrai visage dans la catastrophe de 1940. Avec* Les Communistes, *j'entendais montrer dans ce désastre même l'amorce de l'avenir.*
>
> La Fin du « Monde réel », *1966.*

L'entreprise commence en février 1939 quand Aragon accueille à la frontière les derniers combattants et réfugiés d'Espagne. Elle ne s'achève qu'avec la réécriture complète de 1966. Elle a été interrompue dans son premier mouvement. Il y a échec par rapport à la visée initiale, et même sur le plan de la technique. C'est le seul des romans d'Aragon où la forme n'innove pas. Les premiers livres ont l'air de redites des livres antérieurs du *Monde réel.* La première édition contenait des pamphlets insoutenables, comme ceux visant Nizan et sa femme à travers le ménage Orfilat et des dialogues relevant de l'apologétique du parti. Malgré tout, c'est une grande œuvre : un des meilleurs romans militaires de la prose française et même européenne. Aragon possède cette compréhension de l'armée qui est chose si rare, et il s'inscrit à cet égard entre le Vigny de *Servitude et grandeur militaires* et le Soljenitsyne d'*Août 1914*.

Il serait trop simple de ramener ce qu'il y a d'échec à la compromission et aux mensonges politiques, encore que ceux-ci soient patents. Aragon va rouvrir le débat en justification du pacte germano-soviétique quand celui-ci est recouvert par Stalingrad et ce que l'opinion française considère comme les immenses sacrifices soviétiques pour la victoire sur Hitler, parce qu'il veut faire prévaloir pour le bien de la cause de son parti l'interprétation liée à son « communisme national » qui a nourri son patriotisme de soldat de Dunkerque, de poète des *Lilas et des roses*, d'écrivain clandestin du *Témoin des martyrs* à la demande du parti. Aussi pour prendre sa revanche contre ceux qui n'ont jamais admis cette ligne nationale thorézienne, vous savez bien :

> « Il y a dans le vent qui vient d'Arles... »

Il croit pouvoir la concilier avec le regain révolutionnaire sorti de la première réunion du Kominform de septembre 1947 qui vient de condamner la politique d'unité nationale du PCF à la Libération et de lancer la guerre froide en divisant le monde en un camp impérialiste dirigé par les États-Unis et un camp démocratique incarné par l'URSS. Son échec sortira de cette nouvelle stratégie communiste.

Aragon annonce son entreprise en mai 1949 : « *Les Communistes*, roman (février 1939-janvier 1945) ». Après juin 1940, il comptait à l'évidence montrer qu'il avait en somme eu raison avant les autres dans son interprétation du pacte de 1939, puisque le parti — la guerre froide réveillant l'accusation de « parti de l'étranger » et celle d'avoir tenté de faire reparaître *L'Humanité* en juin 1940 — se targuait de sa défense des positions nationales après la défaite de juin 1940. Il célébrait son « Appel au peuple français du 10 juillet 1940 », signé par Maurice Thorez et Jacques Duclos comme point de départ de sa Résistance, unifiant ainsi la création du Front national en mai 1941 à l'antifascisme qui prévalait jusqu'au pacte de 1939 [1]. Aragon s'engage dans cette entreprise démesurée comme quelqu'un qui se sent parfaitement assuré de ses moyens. Il écrit encore en 1966 :

> « *Les Communistes* sont le cinquième roman du cycle intitulé *Le Monde réel* qui s'est écrit de 1933 à 1951, dix-huit années de ma vie. Ils relèvent, comme les quatre autres, d'une prétention, je veux dire d'un parti pris, qui est celui du réalisme. »

Qu'il faille prendre ce « réalisme » avec un certain cynisme les premiers tomes du roman le démontrent surabondamment. Aragon n'y rejoue rien de son enfance, de sa jeunesse ou de son âge d'homme. Il s'évertue à construire un tableau exhaustif de la réalité *extérieure*. Le moi d'Aragon a

1. La transmutation de ce qui était à l'origine une mise au point du Komintern rédigée par André Marty à Moscou, pour tenir compte du changement politique produit par l'effondrement de la France en un appel à la Résistance, ce fameux « Appel du 10 juillet », déjà évoquée par Charles Tillon dans *On chantait rouge* (Laffont, 1977) est désormais connue dans tous ses détails. Cf. Mikhaïl Karinski, note 2, p. 303, et, surtout, Yves Santamaria, « Le PCF de la paix de Moscou à l'armistice de Rethondes », *Communisme, op. cit.*, p. 67-84. On y lira également, par Stéphane Courtois : « Un été 1940. Les négociations entre le PCF et l'occupant allemand à la lumière des archives de l'Internationale communiste » où se trouvent les comptes rendus par Jacques Duclos de ses tractations avec les nazis pour faire reparaître *L'Humanité*, puis, dans une seconde tentative, *Ce soir*. Mais aussi le fait qu'il se fit taper sur les doigts par le Komintern, Thorez comprenant l'intérêt des occupants à compromettre à leur côté le PCF, ce qui ne fut reçu ou perçu à Paris qu'après coup. *Ibid.*, p. 85-129.

disparu. Il n'est plus là que pour l'information, les souvenirs concrets, la chair vivante du roman. Mais la conduite du roman se confond avec l'histoire du pays. Il n'y a plus ces soubassements intimes qui donnèrent à *Aurélien* sa profondeur, ses puissants échos. Au contraire, l'histoire d'amour entre Jean de Moncey et Cécile Wisner paraît fade. Davantage encore, les autres romans du *Monde réel* perdent du coup les mises que l'individu Aragon y avaient placées et deviennent le passé objectif de ce roman clef de voûte. Tous les autres romans étaient nés du besoin de romanesque, qu'Aragon transmuait en commande sociale. Ici, la commande sociale est tout. Elle se confond avec la commande politique, la commande pour le bien de la cause. Or, cette commande va être abruptement et inopinément ôtée à Aragon. En 1949, oubliant ce qui à la fin d'*Aurélien* est comparution devant Denise, ou plutôt confiant dans l'impénétrabilité de son pilotis, il lance à la figure de ceux qui l'ont condamné alors :

> « Pour moi, il n'y avait pas de différence foncière entre *Aurélien* et *Les Communistes.* Je le pense encore, mais alors, quand j'entendais certains de mes amis politiques me dire : “ Enfin, tu viens de prouver que nous avions raison de te faire confiance... ”, j'écoutais cela sans plaisir, je détournais les yeux. Était-ce vraiment *enfin*[1] ? »

Il croit tout simplement en juin 1949 qu'il a gagné, qu'il a restauré toute l'unité de sa vie depuis le surréalisme jusqu'à son « communisme national », unité qui peut en effet se lire dans *Aurélien.* Quand après avoir dû renoncer à poursuivre l'entreprise des *Communistes,* fin 1952, nous verrons pourquoi, il s'évertuera en 1966 d'en présenter une version corrigée, il dira dans des mots à double entente dans sa *Postface* :

> « Je ne sais si l'on me comprendra. Je veux dire au plus bref qu'il y a d'une part la politique, et partout les hommes qui la font, et d'autre part ce qu'elle fait des hommes, ce qu'elle fait d'un homme. Et ce que cet homme en éprouve *pour lui.* [...] Mes amis et mes ennemis étaient d'accord sur un point, ils avaient entendu que je disais *du bien* d'une certaine politique. Sans doute, mais ce n'était pas là mon sujet. Tout cela relève d'une conception que j'ai du roman, d'une conception fort ambitieuse que j'ai du roman : je crois que *là*, et nulle part ailleurs, on peut toucher à ce qui est proprement l'homme. A la formation de la conscience dans l'homme. Dans ses rapports avec les autres que, pour simplifier, on appelle *la politique.* »

Vous n'êtes pas sûr de bien comprendre ? C'est pourtant dans ce roman qu'il a bel et bien rejoué sa vie d'août 1939 à juin 1940. Il va, toujours en restant en contrebande, mettre les points sur les i :

> « Par un tour assez amer du sort, ce sont [...] les éloges qui m'arrêtèrent en juin 40. On me louait d'avoir écrit *autre chose* que ce que je voulais écrire.

1. *Aragon répond à ses témoins, op. cit.,* n° 8, juillet-août 1949.

Une *autre chose* qui n'était pas celui de l'au-delà du roman, une *autre chose,* simplement autre chose [...]. J'ai souvenir d'une soirée donnée en mon honneur à la Grange-aux-Belles, où des hommes et des femmes vinrent à tour de rôle — et la plupart d'entre eux étaient des gens de cœur, de bonne foi, parlant simplement — me remercier d'avoir écrit cela. Précisément parce que j'avais pour ces gens-là, presque tous, ce sentiment profond qui était né des dangers communs, des dangers terribles, de la solidarité d'un combat encore proche, précisément parce que cela venait d'eux, l'erreur, la mienne, la leur, m'en fut pareille au poignard. Je ne crois pas de ma vie avoir été aussi triste que ce soir-là. »

Ce soir-là à la Grange-aux Belles, ces simples gens vinrent le louer d'avoir justifié la croyance qu'ils avaient eue dans le pacte germano-soviétique. Qu'Aragon en 1966 dise que c'est là l' « *autre chose* » que l' « *au-delà du roman* », la victoire de la politique nationale du parti qu'il voulait écrire, une erreur « *pareille au poignard* » on peut le croire sincère. Il est encore plus clair un peu plus loin :

« Comment pourriez-vous comprendre la *nature* de ce qui m'habitait quand je prenais si mal le bien de ce qu'on me disait des *Communistes* ? »
« Mais ce serait s'égarer que de poursuivre ce thème, indiqué en passant. Je ne m'y suis arrêté que pour regarder en face comment le *drame* dont je parlais, au début des années cinquante, prenait voix intérieure pour un homme comme moi. J'appartiens à une catégorie d'hommes qui ont cru, comment dire pour marquer d'un mot l'espoir et le malheur : qui ont toute leur vie cru *désespérément* à certaines choses ; qui ont été comme le nageur qui se noie, mais toujours au-dessus de lui de la dernière force de ses bras élève l'enfant qu'il veut sauver contre toute vraisemblance... »

Ce *doute affreux* ne venait pas *je ne sais d'où.* Pas plus que *la contradiction* qui le *faisait écrire.* Mais très clairement et crûment de l'évolution de la politique de son parti, tandis qu'il écrit *Les Communistes,* laquelle avec le Kominform tend comme en septembre 1939 à rejeter aux orties le « communisme national » pour l'obéissance inconditionnelle au Staline qui passe du blocus de Berlin à la guerre de Corée — le Staline qui a coopéré avec l'Allemagne hitlérienne jusqu'en juin 1941. Qui rouvre des procès comme ceux de Moscou avec aveux préfabriqués. C'est au moment de la parution du deuxième tome de son roman à l'automne 1949 que commencent d'apparaître les conséquences de la rupture entre Staline et Tito et du procès Rajk qui en découlent. La participation aux Brigades internationales, à la « résistance intérieure » entendez sur le sol même des pays envahis par Hitler, celle dans les camps hitlériens deviennent autant de motifs de suspicion de « titisme », c'est-à-dire de trahison du point de vue de Staline.

Le PCF applique aussitôt cette nouvelle ligne et ne reconduit pas au Comité central vingt-sept dirigeants de la Résistance lors de son congrès de février 1950. Or Aragon, à l'inverse, fait alors son entrée au CC, ce qui sert à brouiller le sens de l'exclusion des vingt-sept et fait en même temps de lui un otage de la nouvelle ligne[1]. Le parti en revient à faire passer l'obéissance inconditionnelle à l'URSS (et donc l'acceptation pleine et entière du pacte germano-soviétique) contre ce rôle national qu'il a eu tant de peine à se faire reconnaître et il retire du même coup à Aragon les héros qui justifiaient son roman.

Les voilà qui deviennent des anti-héros. Clémentis qui, en 1939, a refusé d'obéir au pacte germano-soviétique, comprenant que celui-ci consacrait la destruction de sa patrie, est relevé de son poste de ministre des Affaires étrangères à Prague en ce début de 1950. On apprend son arrestation à l'automne. L'année 1951 sera tout entière scandée par de semblables nouvelles. C'est ainsi que l'entreprise d'Aragon devient « *autre chose* » que ce qu'il voulait écrire. Non pas du fait des braves militants de la Grange-aux-Belles qui ont bon dos, mais de la politique stalinienne dans son ensemble.

Prenons-en la mesure.

Si on lit *Les Communistes* — déjà dans leur version originelle — de ce point de vue, on est frappé de la netteté de la thèse qui prépare à la Résistance les membres du parti communiste :

> « Alors, clair que c'était bien moins mettre Hitler en mauvaise position que de faire de l'URSS un objectif tentant pour lui qu'il s'agissait. [...] Maintenant, plus mèche de tricher, va falloir s'expliquer entre soi, alors ils tremblent, ils sont furieux et crient fort pour se faire l'effet d'être des courageux... Ils vont peut-être être obligés de se battre contre le fascisme... peut-être... parce que si tu veux mon idée, ils ne lui feront pas la guerre à Hitler, ils nous la feront à nous... C'est ce qu'ils y gagnent à leur guerre, tu comprends, liquider tes droits à toi, Toto, tes libertés, ta démocratie syndicale...

Les différents personnages communistes ou sympathisants reviennent constamment sur ce fait que l'Union soviétique, en entrant en Pologne, a *limité* Hitler, contenu l'avance hitlérienne, tandis que l'inaction française à l'ouest le laissait libre. L'un d'eux va même jusqu'à parler d'une

> « véritable guerre non sanglante entre Berlin et Moscou, qui s'est déjà trahie en Pologne et dans les pays baltes ».

C'était bel et bien la croyance des militants qui, à l'époque, vont constituer le parti en instrument de la résistance antihitlérienne. Aragon privilégie cette croyance contre les éléments réels de la compromission entre Staline et Hitler — à peine évoqués en passant et par des personnages dont on met naturellement les propos en doute — et contre les marques réelles de défaitisme, liées dans le parti au pacte et à la politique stalinienne de la fin 1939 et du début 1940.

Aragon prend argument — et c'est là le point fort de sa thèse — de la

1. Cf. mes *Hérétiques du PCF, op. cit.*, p. 188-189.

tentative secrète du gouvernement français pour demander des avions au gouvernement soviétique durant la débâcle de la fin mai 1940, tentative qui reçut un accueil favorable de la part des Soviétiques mais que les intrigues de la fraction du gouvernement français décidée à la capitulation finit par annuler. Il s'appuie également — et ce fut la révélation fracassante du roman — sur la démarche effectuée par le ministre de Monzie auprès de la direction du parti communiste :

> « ... la grande inconnue, c'était pour le Gouvernement l'attitude éventuelle de la classe ouvrière. Voilà. Si le Gouvernement, malgré la défaite du Nord, l'arrivée des Allemands dans la capitale, décidait de poursuivre la guerre, quelle serait l'attitude des communistes ? Ne pourrait-on savoir ce que pense à ce sujet la direction du Parti ? Ne peut-on lui faire demander ses conditions pour une collaboration à la défense nationale... dans une guerre qui a changé de caractère... et où la part la plus active, la plus vivante de la population semble pourtant toujours garder des arrière-pensées... que seul évidemment le Bureau politique pourrait faire tomber. »

La réponse fut transmise par Georges Politzer le 6 juin 1940. Elle était sans équivoque. Le roman en révéla le texte :

> « Le Parti communiste considérerait comme une trahison d'abandonner Paris aux envahisseurs fascistes. Il considère comme le premier devoir national d'organiser sa défense. Pour cela il faut :
> 1° Transformer le caractère de la guerre, en faire une guerre nationale pour l'indépendance et la liberté ;
> 2° Libérer les députés et les militants communistes ainsi que les dizaines de milliers d'ouvriers emprisonnés ou internés ;
> 3° Arrêter immédiatement les agents de l'ennemi qui grouillent dans les Chambres, dans les Ministères et jusqu'à l'État-Major et leur appliquer un châtiment exemplaire ;
> 4° Ces premières mesures créeraient l'enthousiasme populaire et permettraient une levée en masse qu'il faut décréter sans délai ;
> 5° Il faut armer le peuple, et faire de Paris une citadelle inexpugnable. »

Aragon avait appris ces faits de la bouche même de Politzer lors de son voyage à Paris avec Elsa, durant l'été de 1941, et nul doute qu'ils n'aient compté pour beaucoup dans l'élaboration de la trame des *Communistes*. Leur existence, le ton même du document transmis par Politzer appartiennent désormais à ce que Charles Tillon a révélé dans *On chantait rouge* et m'a personnellement expliqué après la lecture du texte initial de ce livre, à savoir que Benoît Frachon qui dirigeait l'antenne du PC sur le sol national (Duclos dirigeait celle en liaison avec le Komintern depuis Bruxelles) avait adopté une position de résistance à l'envahisseur. Il y avait donc eu à ce moment-là deux lignes diamétralement opposées. Et c'est en l'absence de Frachon désobéissant aux consignes qui lui avait été données, parti de Paris pour Toulouse afin de ne pas se trouver sous l'occupation nazie, que Duclos, rentré de Bruxelles derrière les troupes allemandes, sans doute dans une voiture diplomatique soviétique, avait tenté de faire reparaître *L'Humanité.* Dès juillet 1940 le Komintern, sous l'impulsion de Thorez inquiet à juste titre de la tournure que prenait cette coopération, adopta le point de vue de Frachon, ce qui se traduisit plus tard par l'entrée de Tillon (qui avait indépendamment à Bordeaux lancé un appel à la Résistance en juin 1940) comme troisième homme du triangle de la direction clandestine du PC.

Naturellement Aragon a agi en toute bonne foi. Comment saurait-il cette divergence entre Benoît Frachon et Jacques Duclos, laquelle ne sera, comme je l'ai dit, mise en évidence qu'avec *On chantait rouge* de Charles Tillon en 1977, quand Aragon n'a plus l'esprit à s'occuper de son roman. Or, quand ce cinquième tome des *Communistes* paraît, c'est, exactement comme à la Libération, Jacques Duclos qui, du fait de la maladie de Thorez, tient en main l'appareil du parti. Et l'ironie amère de l'histoire veut que c'est juste à ce moment qu'éclate comme une bombe le procès fait à André Marty et à Charles Tillon par la direction du PCF. Joindre le représentant du PC au Komintern en 1940 au chef des FTP, résistant de juin 1940, constituait une de ces machinations parfaites de l'ordre stalinien pour réécrire l'histoire selon ses besoins.

Aragon comprit alors que c'en était fini de l'entreprise que constituait son roman. Il me le dit au cours des conversations que nous eûmes à propos de la mise à l'écart de Tillon dont j'avais été le collaborateur direct. Il avait été ragaillardi par l'accueil triomphal que faisait à son roman, dont il signait la totalité à la vente du CNÉ, un public demeuré fidèle à la Résistance, mais lors qu'éclate en novembre l'autre bombe du procès Slansky à Prague, il sait désormais à quoi s'en tenir. Ce sont tous les dirigeants de la résistance intérieure, les anciens d'Espagne, les résistants dans les camps nazis qu'on a réunis sur le banc des accusés. Il avait cru écrire le roman qui justifierait sa foi en rendant à l'histoire une signification conforme à ses espoirs. Force lui est, en son for intérieur, de se voir parmi les condamnés de Prague que son parti et son journal couvrent d'opprobre.

> « On ne voyait plus dans ce que j'écrivais que la lumière, comme si la lumière n'engendrait pas l'ombre et pouvait être lumière sans remuer les ténèbres. Je n'ai pas continué à écrire *Les Communistes* parce qu'il aurait fallu les écrire comme on les entendait et non comme je les portais en moi. [...] Pouvais-je passer outre comme j'avais promis de le faire, d'aller au-delà de juin 1940 ? Il faut bien croire que je ne pouvais pas puisque je ne l'ai pas fait. »

Alors que onze des accusés de Prague, dont Clémentis sont condamnés à mort et exécutés, Eluard, le 18 novembre, ne se réveille pas. Il neige sur le bois de Vincennes ce matin-là. Aragon se tient très droit dans la chambre du petit pavillon en bordure de la forêt, devant Dominique, elle aussi tendue comme un i. Paul, l'ami du même chemin, est parti le premier. Le corps est exposé à la Maison de la Pensée française, près de l'Élysée, parmi les montagnes de fleurs, les gardes d'honneur, les sanglots lourds des amis du poète. Puis c'est l'immense cortège vers le Père-Lachaise, sous la stricte surveillance d'une police qui exige que les discours soient prononcés à la porte du cimetière.

Aragon partit très las pour le Congrès mondial de la paix qui se tenait à Vienne. C'est là-bas que lui parvint la nouvelle que tous les condamnés à mort de Prague avaient été pendus. Il y prononça, contre la guerre d'Indochine, l'un de ses meilleurs discours politiques.

Elsa et lui arrivèrent à Moscou, où le XIXe congrès du parti soviétique venait de marquer l'apothéose de Staline. Le dieu vivant avait affirmé que les communistes étaient porteurs du flambeau des libertés que la bourgeoisie avait laissé tomber. Quel communiste, à l'époque, imaginait que Staline était le responsable des pendaisons de Prague ? Pourtant, cette fois-ci, Elsa et Aragon découvrirent le Tout-Moscou de leurs amis écrivains et intellectuels plongé dans la terreur d'une campagne « anticosmopolite » d'une grossièreté et d'une brutalité tout hitlériennes. Chacun pensait à un regain des purges, comme en 1937[1]. Les violences de la presse, sur tous les registres de la calomnie et de la diffamation, l'infâme déréliction des autocritiques dépassaient tout ce qu'on avait connu. L'affaire dite des « Blouses blanches » — l'accusation portée contre un certain nombre de médecins juifs d'avoir attenté à la vie des dirigeants — donna à la campagne en janvier 1953 sa couleur de pogrom.

C'est durant ce séjour qu'Aragon eut un évanouissement dans sa baignoire. Il le prit comme un premier signe avant-coureur de la mort. Sans doute était-ce la suite du surmenage de toutes ces années, mais d'abord le prix à payer pour tout ce qui avait conduit Aragon à abandonner sa justification des *Communistes,* jusques et y compris le procès Slansky. Une rencontre en Abkhasie avec Maurice Thorez, bien remis, ne put dissiper cette atmosphère d'angoisse, d'autant que le retour du secrétaire général en France avait été incompréhensiblement retardé, qu'il était soigné par l'un des médecins accusés dont il prenait la défense... Elsa et Aragon imputèrent à l'entourage d'un Staline vieillissant ce qu'ils constataient là d'intolérable. Mais le régime ne devait-il pas transformer

1. Je conserve exprès mon texte de 1974, pour ce qu'on connaissait déjà alors. Jean-Jacques Marie a rappelé depuis la dimension hallucinante que prit l' « affaire de Leningrad » : « La répression frappe la ville elle-même en tant qu'entité historique. En 1949, le musée de la Défense de Leningrad consacré à la résistance à l'agression allemande est fermé aux visiteurs. » Mais voilà que la *Pravda* du 24 décembre 1952 — lors du séjour d'Aragon et d'Elsa à Moscou — lève pour la première fois un coin du secret et publie un long article dénonçant le collaborateur de Jdanov, Nicolas Voznessenski [président du Plan et vice-président du Conseil des ministres, disparu depuis trois ans]. Ce qui veut dire en clair qu'il a été liquidé. Or, ajoute J.-J. Marie, « Souslov est l'une des chevilles ouvrières du complot des Blouses blanches » et il démontre comment toute cette affaire devait déboucher sur une nouvelle et gigantesque purge à la façon de celle de 1937, assortie d'un pogrom. Évidemment Elsa et Aragon ne pouvaient connaître tous ces faits, mais on imagine dans le milieu de Lili Brik — milieu d'intellectuels juifs — quelles rumeurs pouvaient courir (*op. cit.*, p. 83-89).

les hommes, donc ceux qui assumaient la responsabilité de les diriger ? Alors, cet entourage... Ils rentrèrent la tête pleine de cette fantasmagorie de meurtres.

Quand ils débarquèrent au Bourget en février, dans une tempête de neige, Aragon avait l'air d'un vieillard sous ce béret basque délavé que je ne lui avais jamais vu. Je portai Elsa sur les dernières marches gelées de la passerelle. Durant le bref chemin jusqu'à la voiture, ils laissèrent éclater leur peine et leur colère. Je fus abasourdi de la véhémence de leurs propos [1]. Ils me mirent ce jour-là en présence du stalinisme — du moins m'en suis-je rendu compte plus tard [2]. Aragon découvrit dans *Ce soir* une série d'articles « anticosmopolites » qui m'avaient été imposés par la direction du parti. Il me passa, pour les avoir acceptés, un des plus beaux « savons » de notre longue collaboration. *Ce soir* était déjà condamné à disparaître : ce n'était là qu'une des conséquences de la politique sectaire dont j'ai parlé. Nous essayions de croire à la réalité du complot des Blouses blanches, mais nous nous heurtions à des contradictions insurmontables. J'avais déjà connu des médecins assassins, mais c'étaient des SS, dans les camps hitlériens. Alors, après plus d'un demi-siècle d'existence, le pouvoir soviétique se mettait lui aussi à produire des SS ? Et ils étaient à l'œuvre dans les cercles proches de sa direction, qu'il s'agît des médecins ou de cet entourage qu'Elsa et Aragon dénonçaient ?

Heureusement, l'amélioration de la santé de Maurice Thorez se confirma. Il devait rentrer en mars. Il avait déjà donné ses directives pour la création d'une nouvelle formule des *Lettres françaises* dont Aragon devait devenir le directeur en titre. Elles seraient un hebdomadaire indépendant placé sous sa direction personnelle. Elles allaient renouer enfin avec cette politique nationale qui leur avait donné naissance en 1942. C'en était donc fini, semblait-il, des interventions brutales et administratives dans les questions intellectuelles. Peut-être même pourrait-on bientôt songer à recoller tout ce qui avait été cassé ?

1. Elsa Triolet traita carrément devant moi d' « hitlériens » les gens de l'entourage de Staline à cause de la terreur antisémite dont elle me révéla l'ampleur.

2. Ils ne mettaient en cause à l'époque que « l'entourage de Staline ». Voir partie 5 « La traversée du désert », ci-dessous.

4.

Le portrait de Staline

Quand Sergueï Mironovitch Kirov est mort, et que son corps a été exposé dans la Salle des Colonnes, Staline a pleuré, j'étais à quelques pas, j'ai vu les larmes sur son visage. On sait de reste que les hommes sont mortels. La grandeur de celui qui disparaît n'y change rien, sauf au caractère de la douleur. [...] On croit avoir atteint le fond de soi-même, chacun, qu'il s'agisse de son amour ou de sa mère. Ce n'était que le pis de ce qui peut arriver à un homme. C'est pourtant à cela qu'il faut cette fois comparer son chagrin...

Ce que nous devons à Staline,
13 mars 1953.

Le hasard a voulu que Staline mourût alors que nous préparions le second numéro de la nouvelle formule des *Lettres françaises*. On attendait l'événement. L'annonce en fut faite le vendredi 7 mars au matin, à l'ouverture d'une conférence nationale du parti aussitôt annulée. Aragon me traça en deux minutes le plan du numéro : « Un article de Joliot, un de moi, un article de Courtade, un autre de Sadoul, un de toi. Il faut quelque chose de Picasso. On ne sait jamais, s'il voulait écrire... » Picasso avait toujours refusé, jusqu'ici, de faire d'après photo un portrait de Staline. Il se trouvait à Vallauris. J'ai mis au point un télégramme : « Fais ce que tu veux. » J'ajoutai la date limite pour la réception de son envoi : mardi 11 mars au soir. Je signai : Aragon.

Le numéro fut réalisé exactement comme prévu. Avec une grosse surligne en vert : CE QUE NOUS DEVONS À STALINE. Seul le dessin de Picasso n'était pas arrivé. Le mercredi 12, à onze heures et demie du matin, comme nous allions boucler la « une » au marbre, je descendis au rez-de-chaussée de l'immeuble du 37, rue du Louvre, où se trouvait alors le journal, pour guetter l'arrivée du dernier courrier de la matinée. Je repérai tout de suite le rouleau de carton, l'adresse rédigée de la main même de Picasso. Je déballai le dessin sur la table même du courrier. J'eus la révélation d'un portrait de Staline jeune, très ressemblant à une photo de 1903 ou 1904 que venait de publier *Regards* que je lui avais fait envoyer. C'était d'une facture à la fois naïve et étonnamment décidée. Avec ce soin tout particulier mis par Picasso à contraster les traits impérieux de fusain et les parties ombrées, de façon que la reproduction tramée de la photogravure — à cause des demi-teintes — conserve les rapports et valeurs de son dessin. En cette année 1953, cela faisait plus de cinquante-cinq ans que Picasso avait réalisé ses premiers dessins de presse. Nous avions parlé technique, l'été précédent : à l'époque, il donnait régulièrement des dessins aux *Lettres*.

Les responsables du courrier, du service d'ordre — tous militants chevronnés du parti — avaient fait groupe autour de moi. Je les entendais commenter et approuver. Ils étaient contents de Picasso. Ils comprenaient son intention et, le premier moment de surprise passé, se félicitaient de ce jeune Staline. Cela me frappa : moi, j'avais aussitôt fait passer la qualité graphique, la force du dessin avant la commande politique. Eux, non. Je courus porter le portrait au marbre, à l'étage au-dessus. Je le déroulai à bras tendus devant Aragon. J'eus brièvement l'impression que son visage marquait un certain soulagement. Il ordonna qu'on porte le dessin à clicher. Nous avions prévu des images de remplacement. L'ambassade soviétique m'avait fait parvenir un jeu de photos consternant, d'où nous avions extrait un buste académique d'un certain Tomski et une statue en pied de je ne sais plus qui, sans expression mais avec, me semble-t-il, des drapés... J'enlevai avec plaisir le buste de la « une ». Aragon me dit qu'il était heureux de la démarche de Picasso. Elle serait appréciée du parti.

J'y vis une allusion à tout ce qui s'était passé depuis janvier 1951. A la réflexion, je me demandai si Aragon n'avait pas craint de recevoir un dessin plus difficile. Je m'abstins de rien dire. Nous avions réalisé le numéro comme nous le voulions. Je me serais passé du poème de Bassis qu'Aragon avait introduit pour donner sa place au courant populiste. Il avait eu à en souffrir, au cours des mois précédents, et trouvait élégant de marquer l'unité de tous les intellectuels du parti face à l'événement. « Après tout, me dit-il, cela fait contrepoids au fait de ne publier qu'un dessin, et un dessin de Picasso. » Bref, nous trouvions ce numéro digne de Staline.

Aragon suggéra qu'on mît en légende quelque chose comme « éternelle jeunesse de Staline ». Je m'y opposai lui rappelant en tête à tête que Picasso ne donnait jamais de titre à ses œuvres. *Guernica* était une exception et que s'il ajoutait un titre de cette sorte, Picasso ne lui parlerait plus jamais. Il capitula. Je fis donc placer : *Staline, par Pablo Picasso (8 mars 1953).* Il n'y avait là de ma part aucune provocation. C'était un constat.

La rédaction déjeuna dans l'allégresse du devoir accompli. Nous étions au bar du 7e étage de l'immeuble quand on vint nous apporter les exemplaires tout juste sortis des rotatives. Comme toujours, dans les grands moments, la photogravure s'était surpassée et les clicheurs aussi :

la trame fine avait conservé les valeurs. Le repérage était parfait. C'était bien la preuve qu'ils avaient aimé ce dessin. Je m'apprêtais à faire poster aussitôt un exemplaire pour Picasso quand je fus brutalement interpellé par un groupe de rédacteurs de *France nouvelle*, l'hebdomadaire du comité central qu'on composait dans le même immeuble. Ils nous brandissaient le dessin de Picasso sous le nez, criant à l'agression contre Staline. Puis les ascenseurs déversèrent des rédacteurs de *L'Humanité* qui venaient prendre leur travail et qui renchérirent. Nous essayâmes de faire front, soutenus par le barman, un métallo de chez Renault chassé pour son activité de parti, mais très vite nous fûmes submergés. Certains de nos amis proches, qui passaient chercher le journal, se mirent à l'unisson, nous blâmant d'avoir publié, en un moment où le parti communiait dans le deuil, un dessin qui semait un tel trouble.

Je tombai des nues. Je pris mon téléphone pour avertir Aragon. J'eus Elsa à l'appareil. Elle avait déjà reçu des coups de téléphone d'injures et me dit que Louis et moi avions été fous de publier une chose pareille. « Mais enfin, Elsa, Staline n'est pas Dieu le père ! » Elle m'interrompit : « Justement si, Pierre. Personne ne va lire ce numéro. Personne ne va même réfléchir à ce que signifie ce dessin de Picasso. Il n'a pas déformé le visage de Staline. Il l'a même respecté. Mais il a osé y toucher. Il a osé, Pierre, est-ce que vous comprenez ?... »

Non, je n'arrivais pas à comprendre. Si c'était ça, tout ce que j'étais venu chercher dans le parti s'effondrait... Aragon prit l'appareil. Il avait la voix brisée. Il me dit simplement : « Je prends tout sur moi, petit, tu m'entends ? Je t'interdis de faire quelque autocritique que ce soit... Toi et moi avons pensé à Picasso, à Staline. Nous n'avons pas pensé aux communistes... » J'objectai que, justement, j'étais responsable de cette légende devenue provocatrice. Puisque faute il y avait... « Je te prie, Pierre, de considérer que tu es un simple exécutant. Il n'y a que mon nom au fronton du journal... »

Il paraîtra ridicule et insensé, avec le recul, que nous n'ayons pas alors suspecté qu'il existait dans le parti un tel culte de Staline : pourtant, c'était ainsi. Les manifestations légèrement délirantes du 70e anniversaire, en 1949, nous avaient paru touchantes d'amour vrai, de confiance spontanée... Staline était bel et bien devenu le père des peuples. Le vieillard chenu et rassurant. Picasso, avec sa perspicacité coutumière avait cassé cette image illusoire. On nous accusait désormais d'avoir publié un Staline cruel, un Staline asiate, le Staline de nos ennemis. Quand le journal fut dans les kiosques, le jeudi, le flot des protestations s'amplifia. La secrétaire de la rédaction pleurait quand elle entendait sonner le téléphone, tant on l'avait abreuvée d'injures.

Le vendredi, l'affaire prit son tour politique. Lecœur et ses partisans ne pouvaient pas ne pas ressentir la nouvelle formule des *Lettres françaises* comme une menace contre la ligne politique du *Pays des mines*. Voilà que s'offrait une splendide occasion de revanche. Il s'agissait d'obtenir une condamnation publique d'Aragon, de Picasso et des *Lettres françaises*. Le secrétariat du parti se réunissait le lundi après-midi. C'est là que les choses se décideraient.

Le hasard me fit rencontrer cet après-midi-là un homme important de l'appareil[1]. Je lui dis que ce serait une grave erreur de condamner Picasso. Il me fit remarquer que Duclos — qui assurait l'intérim de Thorez — se trouvait au diable, à Bordeaux ou à Biarritz, je ne sais plus. Marty n'ayant pas été remplacé, restaient du secrétariat Lecœur, Billoux et Fajon tous deux intérimaires. « Il ne se passera rien avant le bureau politique », me dit-il. Le ton de mon interlocuteur me frappa. S'il y avait eu anguille sous roche, il eût parlé tout autrement. Aragon avait la même impression, le soir, quand je lui téléphonai. La réunion du secrétariat était d'ailleurs terminée et personne ne l'avait appelé.

Un meeting parisien du parti se tenait le lendemain soir. Aragon était à la tribune, parmi vingt autres. C'est là qu'on lui donna à lire le communiqué suivant, qu'il mit son point d'honneur à publier le lendemain même dans *Les Lettres* :

> « Le Secrétariat du Parti communiste français désapprouve catégoriquement la publication dans *Les Lettres françaises* du 12 mars du portrait du grand Staline par le camarade Picasso.
> Sans mettre en doute les sentiments du grand artiste Picasso dont chacun connaît l'attachement à la classe ouvrière, le Secrétariat du Parti communiste français regrette que le camarade Aragon, membre du Comité central et directeur des *Lettres françaises*, qui, par ailleurs, lutte courageusement pour le développement de l'art réaliste, ait permis cette publication.
> Le Secrétariat du Parti communiste français remercie et félicite les nombreux camarades qui ont immédiatement fait connaître au Comité central leur désapprobation. Une copie des lettres reçues sera immédiatement adressée aux camarades Aragon et Picasso.
> Le Secrétariat du Parti communiste français demande au camarade Aragon d'assurer la publication des passages essentiels de ces lettres qui apporteront une contribution à une critique positive. »

C'était là un chef-d'œuvre du style cafard dû à la collaboration entre Lecœur, à qui, plus tard, on fit porter la responsabilité du coup de force, et Billoux. On mettait Picasso à demi hors du coup, afin de mieux prendre Aragon au piège du réalisme et d'indiquer aux bons entendeurs, du même coup, que Picasso n'avait jamais été réaliste. Le réalisme, par la voix la plus officielle du parti, c'était, comme l'écrirait plus tard Elsa,

> « la représentation habituelle de l'homme qui venait de mourir, incarnation de la sagesse, du courage, de l'humain, de celui qui a gagné la guerre, de notre sauveur »...

1. Il s'agissait de Victor Joannès, secrétaire politique de Maurice Thorez, encore en URSS à ce moment-là. Voir p. 462.

L'encouragement à écrire des lettres apportant « une contribution à une critique positive » tomba d'autant moins dans des oreilles de sourds que Lecœur y mit toutes les ressources du secrétariat du parti à l'organisation. Ce fut la ruée des spécialistes de la délation, de la flatterie politique, de la rancune. Ce qui se déversa d'ignoble, la publication de cette correspondance dans le numéro du 26 mars des *Lettres françaises* ne l'a pas tout à fait expurgé. Aragon était resté dans la maison de campagne qu'il avait achetée l'année précédente à Saint-Arnoult-en-Yvelines. Sur ses instructions, je me plaçai au service de la délégation du parti, composée de François Billoux, alors en charge de la « section idéologique », et de Victor Joannès, qui assurait le secrétariat de Maurice Thorez. Je me comportai en pur technicien, pour calibrer les textes et réaliser la mise en pages qu'on me demandait. La rédaction des *Lettres* ne devait avoir aucune part dans cette publication dont les bons à tirer seraient donnés par le parti.

François Billoux s'installa dans le fauteuil d'Aragon. Joannès se mit à extraire les lettres d'un dossier déjà préparé (on en avait retiré certaines interventions comme le télégramme de Fernand Léger sur lequel il avait été préalablement convenu de jeter le manteau de Noé, mais aussi les lettres approbatrices, lesquelles ne participaient évidemment pas de la critique « positive »). Je calibrai les extraits choisis, sans commentaires. François Billoux me demanda si la lettre envoyée par le camarade Fougeron n'était pas trop longue. Je ne pus m'empêcher de répondre qu'il me paraissait impensable de ne pas publier intégralement un document politique de cette importance. J'eus l'impression qu'un certain sourire erra sur le visage de Joannès.

Voici le ton de cette lettre :

> « J'ai appris incidemment que ce dessin pourrait représenter l'apport et la contribution de notre camarade Picasso [à l'exposition Karl-Marx]. J'ai le regret d'informer la direction de mon Parti, que je me refuse à accepter par avance ce soi-disant portrait. Ma tristesse tient encore au fait que si un grand artiste, en 1953, est incapable de faire un bon mais simple dessin du visage de l'homme le plus aimé des prolétaires du monde entier, cela donne la mesure de nos faiblesses dans ce domaine dans notre pays qui compte pourtant dans son passé artistique les plus grands portraitistes que la Peinture ait connus. Alors, il fallait simplement reproduire une photo, ou mieux l'œuvre *probe* d'un artiste soviétique... »

La lettre fut donc publiée *in extenso*. Dans le compte rendu que je fis à Aragon de cette séance, je tus mon humiliation personnelle, mais je ne pouvais lui taire la négation de l'indépendance promise au journal, les menaces d'un retour accentué à la ligne de 1951, bref, le capotage de la nouvelle formule des *Lettres françaises*. Comme je le prévoyais, la publication de cette « correspondance » nous valut des dizaines et des dizaines de désabonnements. La vente sur Paris chuta de 20 %. Elsa a décrit l'atmosphère d'alors dans sa préface de 1964 à la réédition du *Monument*, dans les *Œuvres croisées* :

> « Tous les voiles arrachés, toutes les arrière-pensées au grand jour, l'ensemble des choses nous apparut, terriblement affligeant, les circonstances de cette " affaire du portrait ", véritablement diaboliques, inextricables. De tous les mauvais jours que nous avions vécus côte à côte, c'était probablement — jusque-là — les pires. [...] Ineffaçable est pour moi le jour où j'ai fait une " démarche " [Il s'agissait d'une démarche auprès de François Billoux, voir ci-dessous.] dans l'espoir d'alléger les choses pour toi. Cette pénible séance a été, sans interruption, suivie du moment où je me retrouve derrière l'Opéra. Je ne me suis pas vue y aller. On aurait dit le réveil après une anesthésie, un non-être. [...] Le mécompte était trop grand, il n'était pas supportable. »

Aragon prit la décision de m'envoyer chez Picasso pour bien marquer que nous restions solidaires de lui. Il écrivit dans *Les Lettres* du 9 avril un article intitulé *A haute voix*, qui arriva à Vallauris comme je m'y trouvais déjà :

> « Quand ce dessin m'est parvenu, je n'ai pas eu la réaction qui devait être celle du public, voilà le fait. J'ai vu un Staline jeune, avec le caractère national géorgien très marqué, dessiné par Picasso. Je n'ai pas douté des sentiments de Picasso, j'ai été touché par le fait que Picasso, précisément parce que la mort de Staline devait l'avoir véritablement affecté, avait voulu faire un portrait de Staline, ce dont, Staline vivant, les aboyeurs de la presse bourgeoise le mettaient au défi depuis plusieurs années. Il n'y avait dans cette image aucune des distorsions dont souvent Picasso use vis-à-vis de la figure humaine. Qui plus est, chaque trait de ce dessin est caractéristique de Picasso, comme une signature, la façon de faire les cheveux, le trait en bas comme sous le portrait de Paul Eluard, etc. Aussi ai-je vu quarante signatures de Picasso, dans ce court moment où le dessin passait sous mes yeux, et cela m'a paru le principal, la preuve que Picasso avait essayé de mettre sa technique, l'honnêteté de son expérience au service d'une image de Staline. [...] Le grave est justement, qu'habitué de toute ma vie à regarder un dessin de Picasso, par exemple, en fonction de l'œuvre de Picasso, j'aie perdu de vue le lecteur, qui regarderait cela sans se préoccuper du trait, de la technique. C'est là mon erreur. Je l'ai payée très chèrement. Je l'ai reconnue, je la reconnais encore. Et c'est pour cela que j'ai voulu donner ces explications à ceux qui en ont eu de la peine... »

Comme je l'ai raconté dans *J'ai cru au matin*, Picasso et moi découvrîmes ce texte le jeudi matin dans la cour de la poterie Ramié à Vallauris, quand Jacques Prévert nous le lut, en y mettant tout son savoir-faire en matière de diction. Je n'ai jamais si bien mesuré l'humiliation subie par Aragon qu'à cet instant-là. Picasso dut éprouver un sentiment semblable et interrompit Prévert, disant que c'étaient là des histoires de famille. Elsa avait raison de craindre pour sa vie. Pour qu'Aragon écrivît ce texte, il fallait que le « parti » l'eût brisé.

On laissa Aragon se débattre dans ce désastre. Ce n'est qu'au retour de Maurice Thorez, trois semaines plus tard, qu'il apprit que, du flot de lettres et de télégrammes dont on l'avait assailli, manquait un seul : celui par lequel Maurice Thorez avait désapprouvé non le portrait de Picasso, mais le communiqué du secrétariat. Billoux connaissait ce télégramme quand il était venu s'installer dans le fauteuil d'Aragon. Elsa, lors de sa « démarche », avait eu avec lui en face d'elle un interlocuteur au courant de ce désaveu, qui lui avait rétorqué qu'entre la vie du parti et celle d'Aragon, lui choisissait celle du parti. Il nous fut interdit de parler du télégramme de Thorez à qui que ce fût. Nous dûmes nous comporter en public, pendant plus de cinq mois, sous le coup de cette condamnation et comme si nous ignorions qu'elle avait été désavouée. Le parti fut informé de « l'erreur » que constituait le communiqué du secrétariat lors d'un comité central de septembre 1953, dont le rapport introductif avait été confié à... François Billoux. Celui-ci glissa sur le sujet une phrase de vingt mots noyée dans les dix mille de son exposé général.

Maurice Thorez dit à Aragon qu'à sa place il aurait refusé de publier le communiqué dans *Les Lettres françaises*. Cela vers le début mai, je crois. C'était un encouragement secret, mais décisif, à persévérer dans une ligne que le secrétaire général ne pouvait d'emblée faire prévaloir. Et qui ne prévalut d'ailleurs vraiment qu'un an plus tard, après le congrès d'Ivry, en 1954.

5.

La traversée du désert

Salut à toi Parti ma famille nouvelle
Salut à toi Parti mon père désormais
J'entre dans ta demeure où la lumière est belle
Comme un matin de premier Mai

Les Yeux et la mémoire, *1954*

Très vite les événements allaient se charger de donner à l'affaire du portrait de Staline une signification des plus claires. Ce qu'Aragon et Elsa avaient perçu dans le Moscou de l'hiver 1952-1953 éclate alors au grand jour. En avril, les médecins accusés du complot des Blouses blanches sont innocentés publiquement, et ceux qui ont survécu aux tortures sont libérés. Bien que Staline ne soit nulle part mis en cause, c'est déjà le démarrage de ce qui va devenir la déstalinisation. Cette première reconnaissance d'une enquête truquée retentit sur tous les procès du passé soviétique. En juin, c'est la nouvelle de l'arrestation de Beria et, en juillet, la mention des « procédés arbitraires » et des « illégalités ». A l'automne, le début de la rentrée secrète des déportés libérés des camps sibériens [1]. Les premiers indices d'une révision du procès Rajk sont rendus publics [2] alors qu'on annonce, en URSS, l'exécution des chefs de la police politique liés à Beria : nous sommes au début de 1954. Les langues se sont déliées. Elsa et Aragon sont parmi les premiers informés de ce qu'Ehrenbourg, dans un livre qui fait encore scandale, appelle *Le Dégel.*

Il faut comprendre que ce qui a été atteint par le communiqué du

1. Elsa m'en informera aussitôt, m'expliquant qu'il ne s'agit pas d'opposants, mais des responsables communistes de Leningrad, et elle m'a révélé à cette occasion l'essentiel de l' « affaire de Leningrad », me faisant jurer d'en garder le secret absolu, la chose étant tenue absolument secrète en URSS.

2. Autant de coups de tonnerre pour des communistes capables de réfléchir. N'oublions pas que c'est le procès Rajk qui a servi à lancer les autres procès dont celui de Prague. S'il a été fabriqué, donc tous les autres l'ont été également. Y compris ceux de Moscou avant la guerre.

secrétariat, plus encore qu'un pari politique d'Aragon, c'est ce lien affectif singulier qu'Aragon avait noué dès l'origine avec le parti. Le parti, c'était *les siens*. Quand Picasso a dit du communiqué que c'était une affaire de famille, il pensait au linge sale. Quand Aragon voit dans le parti sa famille, c'est dans le sens que le mot revêt pour l'enfant légitimement orphelin. Ainsi était-il entré en 1950 au comité central comme dans la demeure du Père. La crise du *Portrait de Staline* a parachevé la crise ouverte par l'obligation d'abandonner *Les Communistes* et par les découvertes affreuses faites à Moscou dans l'hiver 1952-1953. Aragon a vu déferler la haine des militants de l'appareil jusqu'à une sorte de pogrom moral, avec le courrier qu'on l'a contraint à publier dans son journal. C'est une autre des justifications essentielles qu'il se donnait à lui-même de son adhésion au parti qu'il lui a fallu abandonner. Picasso avait été le phare, le garant de sa jeunesse surréaliste. Qu'il ait donné son adhésion au PC était aussi une victoire d'Aragon contre Breton. Quand Aragon avait signé en 1952 une série d'articles dans *Les Lettres françaises* exaltant le pire réalisme socialiste dans la peinture soviétique, cet agenouillement intellectuel dans le conformisme le plus indéfendable lui servirait, croyait-il, à pouvoir défendre dans le parti ce qu'il jugeait essentiel, en particulier le droit de Picasso membre du parti à peindre comme il voulait (et sans aucun doute son droit personnel à écrire des romans comme il l'entendait). Quand il avait défendu Lyssenko en 1949, il se trompait, mais la part de calcul était faible mesurée à sa croyance. En 1952, il écrivait par calcul de membre du Comité central. En ce printemps 1953, il a perdu sur tous les tableaux, son grand roman, son auréole de militant, ses calculs de membre du Comité central et son honneur d'intellectuel.

Le télégramme secret de Maurice Thorez l'accable, mais le confirme dans sa confiance absolue dans la « ligne thorézienne ». Il s'en sert comme d'un tremplin pour un nouvel élan. Dès qu'il en a loisir, Aragon gagne le moulin de Saint-Arnoult où il peut enfin classer tous ses livres, jusque-là incroyablement entassés dans le deux pièces de la rue de la Sourdière. Il défriche de ses mains le parc, trouvant un apaisement nécessaire dans la fatigue physique. Il écrit un nombre stupéfiant d'articles dans *Les Lettres françaises* pour mettre au point la nouvelle ligne du journal. C'est de là que sort l'essai *A la lumière de Stendhal,* réévaluation critique de cette part de l'héritage culturel qui paraît la plus éloignée du réalisme socialiste (Mérimée, Kleist, Desbordes-Valmore, Barrès et naturellement Stendhal).

Aragon intervient avec la même décision dans la théorie de la poésie, saluant le retour d'un poète comme Guillevic au sonnet. Son *Journal d'une poésie nationale* exalte l'emploi des formes traditionnelles. Mais, bien évidemment, sa réflexion porte aussi sur la peinture. En 1952, juste avant sa série défendant le réalisme socialiste soviétique, dans la même veine, il avait publié un essai appelé *L'Exemple de Courbet,* qui ne fut pas étranger à la querelle du portrait de Staline, en ce sens qu'Aragon y était allé fort loin dans l'exaltation d'un réalisme directement politique.

Fougeron et ses suiveurs y avaient lu un nouveau développement des idées contenues dans la préface aux dessins de 1947. La condamnation de l'art moderne s'y trouvait apparemment renforcée par une violente charge contre le comportement politique de Baudelaire. Il y avait certes eu, comme je l'ai dit, de la part d'Aragon, désir évident de montrer sa bonne volonté vis-à-vis de la politique culturelle du parti à l'époque ; mais, surtout, en défendant Courbet contre le discrédit qui le frappait, tout comme en défendant Hugo, il plaidait à son propre procès. Il faut, pour évoquer ce qu'est alors l'isolement intellectuel d'Aragon — et, à plus forte raison, celui du parti —, rappeler que c'est, en peinture, le temps des « informels » et de l'expression de l'art abstrait, le moment où naît le « nouveau roman », bref, où la réaction formelle contre l'art « engagé » de la Résistance est à son comble.

Aragon avait tendance à ne voir dans ces nouveautés qu'un aspect politique. Cette politisation outrancière des problèmes de l'art à quoi il contribuait revigora la poussée ouvriériste au sein même du parti. L'affaire du portrait de Staline, maintenant qu'il sait que Thorez a donné raison à Picasso, provoque une vive réaction de sa part, mais toujours politique. Au moment du Salon d'automne 1953, Aragon attaque violemment l'envoi de Fougeron, *La Civilisation atlantique,* l'accusant de « peindre hâtivement, grossièrement et de façon méprisante » — ce qui était déjà vrai des *Parisiennes au marché.* Dans le même temps, son article des *Lettres françaises* exalte le réalisme national des paysagistes. C'est dire qu'Aragon oppose le réalisme traditionnel, préimpressionniste aux déclamations politiques outrancières, mais qu'il reste cramponné à l'art du passé.

Le congrès du parti, à Ivry, au printemps 1954, voit la rétrogradation de Lecœur et la condamnation de sa politique. On a confié, non par hasard, à Aragon l'exposé sur les problèmes de l'art et de la littérature, qui sera publié en brochure sous le titre significatif : *L'Art de parti en France.* A ses yeux, plus que jamais, c'est le parti seul qui peut imprimer une direction éclairée dans le domaine de la création : une direction nationale, au-dessus des sectes et des coteries.

Tel est l'esprit qui anime son nouveau grand poème : *Les yeux et la mémoire,* qui date du début 1954. Le quatrième des quinze chants dérive des débats que je viens de rappeler : *Je plaide pour les rues et les bois d'aujourd'hui* :

Non je ne cherche pas au milieu des dangers
L'oasis ni le biais échappatoire et juge
Utile et beau cet art qui s'efforce à changer
Le monde et refuse refuge

. . . .

Ne m'a-t-on pas toujours trouvé sans que l'on m'ait
Assigné pour cela le péril et la place
Prêt à donner le fouet aux vieux mots qui rimaient
Entre eux comme des jeux de glaces

Mon chant mon cœur alors n'ai-je pas tout jeté
Sans marchander comme une épée dans la balance
Dites-moi par hasard qui sut plus haut chanter
A l'heure noire du silence

Je réclame le droit de rêver au tournant
De la route Aux grands charmes de la promenade
Le droit de m'émouvoir du monde maintenant
Que s'approche la canonnade

. . . .

Je réclame le droit de peindre mon pays

L'importance de ce thème, tout englué de prosaïsme, de didactisme à la Boileau, où l'on n'entend plus guère la voix d'Aragon, est cependant dans ce qu'il ouvre : la veine lyrique pratiquement étouffée depuis 1942 et qui va, deux ans plus tard, régner sur *Le Roman inachevé,* sur le renouveau poétique qui suit. De même, le thème du parti — du « Parti » — est profondément marqué par le retour sur soi : l'alerte physique de l'hiver 1952 et sa signification profonde encore attisée par la crise du *Portrait de Staline* poussent Aragon dans ses retranchements et il en sort le plus exalté, le plus religieux des hymnes à sa foi dans le parti communiste :

Salut à toi Parti qu'il faut bien qu'on choisisse
Quand toute chose est claire et patent le danger
Ô puits qui fait la vie et fait à l'oasis
Entre tous le pain partagé

Salut à toi qui dis au coureur dans sa course
Le message à porter où lui-même s'instruit
Salut à toi sagesse à toi fraîcheur des sources
Arbre géant de tous les fruits

La démesure cache mal l'angoisse. Non qu'on puisse mettre en doute la sincérité du poète, sa croyance. Il chante parce qu'il croit, mais pour être capable de croire, aussi. Croire pour pouvoir vivre encore. Cette dialectique intime se dissimule sous l'aspect politique du poème, sous la volonté d'affirmer la singularité du poète communiste :

J'ai souvent envié le vers de Paul Claudel
Quand sur nos fusillés se levait le destin
Pourquoi n'auraient-ils pas à leurs épaules d'ailes
Les Martyrs couleur de matin

L'affirmation de la rupture définitive avec la jeunesse surréaliste — envier Claudel ! —, la façon dont Aragon, pour accréditer les circonstances, s'accroche au mot à mot de ses vers dans les notes en fin de volume, tout cela tend à faire dévier la lecture de ce qui commence à chanter, à percer, et qui va bientôt rendre à Aragon sa voix ; mais, ici, il met encore « le pied sur la gorge à sa propre chanson ».

Au même moment, Aragon rassemble dans *Mes caravanes* ses poèmes de circonstance égrenés dans les journaux depuis 1948. Parmi eux, le poème pour saluer le retour de Maurice Thorez, écrit à la fin 1952 et publié dans *L'Humanité* quand ce retour fut effectif :

Il revient Les vélos sur le chemin des villes
Se parlent rapprochant leur nickel ébloui
Tu l'entends batelier Il revient Comment Il
Revient Je te dis docker Il revient oui
Il revient Le wattman arrête la motrice
Camarade tu dis qu'il revient tu dis bien
Et l'employé du gaz interroge Maurice
Reviendrait Mais comprends on te dit qu'il revient

. . . .

Il revient Je redis ces deux mots-là sans cesse
Tout se colore d'eux après ces deux années
Il revient il revient il vient il va venir
En avant le bonheur de tous est dans vos mains
Il semble qu'à le dire on ouvre l'avenir
Et l'on entend déjà chanter les lendemains

Le poème n'avait pas été très bien accueilli dans le parti. Crier ainsi l'attente du retour de Thorez équivalait à une protestation contre la politique faite en son absence, notamment dans le domaine intellectuel où l'on pouvait bien se douter de ce qu'Aragon pensait des démarches sectaires et ouvriéristes. Le culte de la personnalité de Thorez — on n'employait pas l'expression à l'époque, elle s'est répandue après le discours à huis clos de Khrouchtchev au XXe congrès du PCUS en 1956 —, poussé ici à l'outrance, permit de déconsidérer cette manifestation d'opposition. Aujourd'hui, les circonstances de ce poème ont cédé le pas à l'expression du drame personnel du poète. Et c'est cette expression qui prévaut, peut-être parce qu'elle est indirecte, brouillée par la politique ancienne, et qu'il faut la déchiffrer.

Il en va de même pour nous désormais de diverses démonstrations et apologies contemporaines, de cette quantité de textes qu'Aragon consacre alors à la littérature et à l'art soviétiques, et dont il ne publiera les derniers qu'en 1956, après le XXe Congrès du parti soviétique. En matière de théorie, Aragon a souvent tendance à se comporter comme un mauvais joueur. Là, au moment où commencent à se révéler les enjolivements, le « laquage » officiel du réalisme socialiste soviétique, ainsi que l'ampleur de la répression stalinienne contre les écrivains avec la complicité de l'Union des écrivains, Aragon rassemble tout ce qui peut contribuer à démontrer que le réalisme socialiste soviétique a tout de même été de la littérature. Tout lui est preuve, les paysages de la peinture, le charme exotique des littératures non russes. Il inaugure une collection chez Gallimard, pour laquelle il corrige durant des nuits et des nuits les traductions, afin de révéler les œuvres mises sous le boisseau du temps de Staline et proposer leur qualité comme gage du renouveau lié à la révolution d'Octobre.

Le point de départ de cette défense et illustration des lettres soviétiques est le deuxième Congrès des écrivains soviétiques qui se tient en décembre 1954 — plus de vingt ans après le premier. Il y assiste avec Elsa, y prononce un discours, et c'est pour lui l'occasion d'écrire tout un livre sur *Les Littératures soviétiques*, accompagné d'une *Introduction* qui est en fait une anthologie. Le pluriel est là pour mettre l'accent sur le caractère multinational.

Quand on lit aujourd'hui ces deux essais, on est frappé de ce que, pour Aragon, la problématique n'a pas changé depuis le premier congrès de l'Union des écrivains. Il se félicite que l'Union retrouve désormais sa fonction originelle. Il ne s'agit en effet à ses yeux que d' « erreurs » à corriger, qui ne mettent pas du tout en cause Staline, encore moins le régime. Alors qu'il a appris, précisément dans les coulisses de ce congrès, que c'est par centaines que les écrivains ont été jetés dans le Goulag et ont péri, que resurgissent par dizaines des noms bannis depuis des décennies ; et, pour ce qui le touche directement, qu'on officialise la réhabilitation de Koltsov comme aussi celle de Primakov (dont Elsa, en me la révélant avec son rôle dans la vie de Lili, dira que c'était pour sa sœur le plus atroce des drames, car elle avait cru à sa trahison en 1937). Aragon s'imagine alors — chose que ne lui pardonneront jamais les futurs « dissidents » — pouvoir renouer par-dessus ces vingt années — et quelles vingt années ! — avec les enthousiasmes de sa jeunesse, les justifiant par les premières réhabilitations. Bref, y voyant confirmation de ce qu'il a toujours défendu. Il en profite — ou plutôt, il profite de l'exemple soviétique ainsi amélioré — pour combattre les tendances sectaires et ouvriéristes, rappelant l'histoire du RAPP, l'association russe des écrivains prolétariens :

> « A nouveau comme au temps du *Prolet-Koult*, la croissance du RAPP, les moyens énormes que la forme nouvelle de l'organisation de la diffusion et le développement incroyable de la lecture dans cet immense pays concen-

traient entre les mains de cette association, il était advenu que, toujours prenant l'apparence d'exprimer dans la littérature la volonté du parti, le RAPP avait tourné à la dictature. [...] A cela effectivement, c'est le parti Bolchevik qui mit fin par le décret du Comité Central sur *la Reconstruction des organisations littéraires et artistiques* qui liquidait le RAPP (23 avril 1931). »

Et Aragon exalte « ce pas décisif », dont il dit qu'il devait permettre aux écrivains soviétiques de toutes nationalités

« de prendre en main, de façon démocratique, les destinées de leur littérature. [...] Et c'est un fait que cela devait mener [...] à ce Ier Congrès des écrivains (1934) qui consacra non seulement la constitution de l'Union des écrivains soviétiques, forme d'organisation qui dure depuis plus de vingt ans, mais aussi à la revendication publique et commune du réalisme, comme l'aboutissement logique, nécessaire, de l'évolution démocratique de la littérature [1] »...

On a envie de dire : c'est beau, la confiance. Il est vrai que semblable texte ne peut encore prendre en compte le suicide de Fadeïev [2], l'ancien président de l'Union qui avait laissé tuer six cents de ses membres par la police de Staline. En fait, là aussi, Aragon se raccroche à tout ce qui lui paraît encore stable, inentamé dans sa propre foi, à tout ce qui l'a guidé durant sa seconde carrière d'écrivain. Est-ce la peur de perdre tous les paris qu'il a pris ? Celle d'affronter ses responsabilités devant tous ses amis écrivains qu'il a cherché à convaincre durant vingt ans de la justesse de la politique stalinienne vis-à-vis de la littérature, ou Aragon croit-il vraiment que la terreur n'est qu'une parenthèse, certes fâcheuse, mais qui ne saurait ternir le cours du socialisme ? C'est la question décisive. Or, il n'y a pas de réponse claire ou, plus exactement, deux réponses antinomiques. Celle de l'homme politique qui élude et ment. Celle du poète et du romancier qui sait. Et l'avoue plus ou moins. Essayons de cerner la contradiction.

J'ai tantôt évoqué, en passant, la polémique entre Aragon et Vercors à propos de Rajk. Il faut en recopier ici le point central si l'on veut mesurer ce que représente pour Aragon la réhabilitation de Rajk, qui n'est point exactement celle de Dreyfus :

« Quand Vercors dit que Rajk a menti, il entend que Rajk a menti en avouant. Il tient pour ses complices et des menteurs comme lui ceux qui savent qu'il mentait en avouant et n'en disent rien. Qui sont ceux-là pour Vercors ? Tout le monde comprend très bien qu'il s'agit des chefs du parti

1. *Introduction aux Littératures soviétiques,* Gallimard, 1956, p. 18.

2. Toutefois, lors de mon intervention au colloque *Aragon 1956* (1992, université de Provence), je montrerai (p. 222-223) que son suicide le 13 mai, qu'Elsa évoque dans *Les Lettres françaises* du 17 mai, a été connu assez tôt pour qu'Aragon introduise au moins une note dans un ouvrage dont l'achevé d'imprimer est du 28 juin. Or, il n'en a rien fait.

hongrois, et peut-être des chefs des autres partis communistes, ou du parti bolchevik. [...] C'est bien entendu le sens même des partis communistes considérés, leur honneur, leurs méthodes qu'il met gravement en cause. Et telle est la nature précisément des partis communistes, qui s'opposent par là à tous les partis existants, que cela met en cause chaque communiste, et moi-même[1]... »

Cela fut écrit en mars 1950, mais engage tout autant en 1954-1955, quand, peu à peu, la fabrication du procès, les trucages, les tortures des accusés se révèlent. De là va résulter la formidable explosion de 1956 en Hongrie, contre Rakosi et les autres responsables. C'est clairement l'honneur des partis communistes, à commencer par celui du parti bolchevique, qui est atteint. Mais aussi, comme l'a écrit Aragon, l'honneur de chaque communiste. Et son honneur, donc.

Je me souviens de ces années-là comme de celles d'un dédoublement accepté, devenu la norme entre nous quand j'étais seul avec Aragon et Elsa. Sans doute, tout communiste ayant eu des responsabilités a connu des moments où la ligne officielle du parti est une chose, la vérité pratique une tout autre. Le communisme national — j'avais été comme Aragon un résistant de 1940 —, la participation aux gouvernements entre 1945 et 1947, les contradictions entre la volonté de rester un parti national et les oukases du Kominform, et, surtout, les crises au niveau proprement moral et intellectuel provoquaient cependant des situations d'un tel écartèlement que le double langage atteignait des sommets dans l'hypocrisie. Cependant on pouvait s'efforcer de les croire transitoires — ou s'absoudre en se persuadant qu'il fallait tenir parce qu'il ne s'agissait que d'un mauvais moment à passer. Après le procès Slansky, le séjour à Moscou fin 1952-début 1953 et la crise du *Portrait de Staline,* nous parlions ensemble des prodromes de la déstalinisation non seulement couverts par le secret le plus absolu, mais strictement impensables pour nos collaborateurs et même nos amis, en sachant que rien de nos conversations n'en devait sortir à l'extérieur. Aragon me laissait le soin d'avancer quelques allusions cryptiques dans *Les Lettres françaises,* en revanche, publiquement, comme membre du Comité central, il défendait l'orthodoxie que le monde socialiste était sans tache. Ce qu'Elsa supportait de plus en plus mal, appréhendant avec son pessimisme coutumier, la catastrophe qui éclaterait quand les peuples — le peuple et les communistes français — apprendraient la vérité. Double langage pour le bien de la cause avec l'excuse de protéger les militants et le peuple d'une vérité non seulement insupportable, mais démobilisatrice...

Sans doute chercherait-on vainement, avant *La Mise à mort* en 1965 et ce qu'il dira par Gorki interposé, un texte d'Aragon sur un tel sujet au cours de ces années-là. Tout se passe comme s'il menait des combats d'arrière-garde contre ce qui va surgir de terrible. Il poursuivra d'ailleurs de pareils combats encore en 1961-1962. Il quêtera jusqu'au bout l'espoir

1. *... Et moi aussi je suis libre d'écrire ce que je veux,* in *Europe,* mars 1950.

que quelque chose évitera la révision de tout ce qui l'a fait vivre. Mais l'important est aussi dans ce qui n'est pas dit, dans ce lent travail de réflexion — entre autres — sur ce qu'est la réalité, puisque celle du réalisme socialiste et de Staline n'a été que fantasmagories.

Ce qui sauve Aragon, en ce temps où Elsa s'imagine comme la survivante à demi broyée d'une guerre atomique dans *Le Cheval roux*, c'est, bien sûr, le combat de tous les jours. L'écrasement du Guatemala démocratique, la paix en Indochine. Le monde qui se transforme et tend à sortir de la guerre froide. Surtout, un très profond et très complet retour sur soi. La capacité, à cinquante-six, cinquante-sept ans, de reprendre sur de nouvelles bases la quête qu'il n'a cessé de mener : celle du vrai monde, du monde réel. Quête qu'il va désormais entreprendre à partir de soi, entamant ainsi une troisième carrière. La longévité lui a donné cette chance.

La preuve du réalisme par la finalité politique des partis communistes est morte à ses yeux. Il se met à un roman historique qui deviendra *La Semaine sainte*, pour prendre les distances nécessaires. Et, surtout, il écrit les poèmes de son drame politique : *Le Roman inachevé*.

6.

Le Roman inachevé

On sourira de nous comme de faux prophètes
Qui prirent l'horizon comme une immense fête
Sans voir les clous perçant les paumes du Messie

Le Roman inachevé.

Le processus de révision du stalinisme était demeuré pour l'essentiel secret. Ceux qui espéraient qu'il s'arrêterait à des corrections superficielles feignaient de le prendre à la légère. Ceux qui comprenaient sa portée retenaient leur souffle de peur de déclencher des mouvements contraires. Tout cela demeurait encore très fragile, aussi bien en Union soviétique que dans les démocraties populaires où les hommes au pouvoir restaient malgré tout ceux des purges et de la terreur passées. La masse des communistes, en France, ne savait à peu près rien. D'où le fracas, au début de 1956, du rapport « secret » de Khrouchtchev sur les crimes de Staline, présenté devant le XXe congrès du PCUS et qui, pour la première fois, mettait Staline publiquement en cause. *L'Humanité* minimise la chose autant que faire se peut. Jacques Duclos fait encore applaudir Staline au cours d'un meeting parisien.

Le parti semble se raidir dans ses convictions anciennes. Le rapport Khrouchtchev, publié dans la presse « bourgeoise » en juin, provoque cependant une secousse sans précédent. La répression du parti s'abat sur tous ceux — intellectuels en tête — qui demandent des explications ou regimbent. Le XIVe Congrès, réuni au Havre en juillet est un congrès « dur ». Dans son discours, Kanapa dit du jdanovisme que « ce n'est rien d'autre que l'esprit de parti dans les questions de l'art, de la littérature et de la culture, et cet esprit de parti, ah oui ! nous le conservons »... Aragon est « dans la ligne », ce qui déçoit tous ceux qui attendaient de lui une autre attitude. Et puis, en septembre, la publication de son grand poème *Le Roman inachevé* révèle qu'il n'en va pas tout à fait ainsi. Poète et militant se sont dédoublés. L'unité des *Yeux et la mémoire* a disparu. Et pas seulement à propos de ce qu'on peut à l'évidence deviner : les crimes de Staline, mais concernant le sens de la vie tout entière, retracée depuis le début de l'enfance ; ainsi la rupture avec les amis surréalistes, vue autrement désormais.

Les Yeux et la mémoire témoignaient d'un reste de condescendance :

Ah ne les juge pas de façon trop sévère
Pathétiques enfants si tôt déchus des cieux
Il en fut au printemps qui brisèrent leur verre
Certains avaient de la lumière au fond des yeux
Je ne demande pas le pardon des outrages
La pitié d'une enfance Dieu sait quel oubli

. . . .

Mais j'aurais beau savoir comme on dit à merveille
Quelles gens mes amis d'alors sont devenus
Rien ne fera jamais que je prête l'oreille
A ce que dira d'eux qui ne les a connus

Je jure qu'au départ c'était comme une eau pure

Le Roman inachevé abolit complètement les distances. Au contraire, la tendresse renaît :

Malgré tout ce qui vint nous séparer ensemble
Ô mes amis d'alors c'est vous que je revois
        Et dans ma mémoire qui tremble
        Vous gardez vos yeux d'autrefois

Nous avons comme un pain partagé notre aurore
Ce fut au bout du compte un merveilleux printemps
        Toutes les raisons tous les torts
        N'y font rien mes amis d'antan

. . . .

Même si tout cela nous paraît dérisoire
Un avenir naissant nous unit à jamais
        Où l'on raconte des histoires
        Pleines de notre mois de mai

Aragon s'est soudain *dépolitiqué*, pour parler comme Baudelaire. Il s'est retrouvé, a retrouvé sa voix et son chant. Non seulement *Le Roman inachevé* contient la plus grande diversité de rythmes que la poésie française ait épousés depuis Hugo, mais s'en dégage une autre qualité, impondérable, qui fait que le chant prend son essor et soudain nous captive, parce que les mots du poème se marient, dansent, font ensemble l'amour. Dans *Les Yeux et la mémoire*, le chant ne jaillissait que comme une voix qui s'éclaircit contre la raucité pesante et pédagogique. Ici, c'est l'inverse. Le chant règne, tour à tour tragique et espiègle, profond et caustique, la mélancolie se brise contre l'humour :

Asseyez-vous dans le cresson
Ça sent meilleur que le pétrole
Et pour y poser caleçon
Ça vaut mieux que les hérissons
Il vous reste vos écussons
Un lacet sur deux à vos grolles
Du fromage et du saucisson
Mais vos officiers ils se sont
Tirés comme des polissons
Ma parole

La Nuit de Moscou, dans laquelle Aragon dit son déchirement politique — c'était la première fois qu'un membre du comité central osait reconnaître que le noir est noir, la nuit, la nuit —, atteint à la grandeur. Aragon y est soudain à sa véritable hauteur. Mais par quelle fidélité aveugle, par quelles humiliations ne lui avait-il pas fallu passer :

On sourira de nous pour le meilleur de l'âme
On sourira de nous d'avoir aimé la flamme
Au point d'en devenir nous-même l'aliment

. . . .

On sourira de nous pour notre dévouement

Quoi je me suis trompé cent mille fois de route
Vous chantez les vertus négatives du doute
Vous vantez les chemins que la prudence suit
Eh bien j'ai donc perdu ma vie et mes chaussures
Je suis dans le fossé je compte mes blessures
Je n'arriverai pas jusqu'au bout de la nuit

Qu'importe si la nuit à la fin se déchire
Et si l'aube en surgit qui la verra blanchir
Au plus noir du malheur j'entends le coq chanter
Je porte la victoire au cœur de mon désastre
Auriez-vous crevé les yeux de tous les astres
Je porte le soleil dans mon obscurité

Si le poème paraît aujourd'hui retenu, s'il lui manque la force du cri, c'est qu'il date de l'été 1956, encore du versant des *Yeux et la mémoire*, non du versant de l'automne, d'après l'Octobre polonais, d'après Budapest. *Le Roman inachevé* anticipe sur les plus cruelles révisions, mais il ne les remplace pas. Ce qui fait sa valeur, c'est qu'il parvient à décoller de l'actualité, du réalisme antérieur. Il plonge ailleurs, dans les obscurs secrets de l'homme. N'oublions pas qu'il porte cette dédicace :

A Elsa
ce livre
comme si je ne le lui avais
pas déjà donné

En effet, ce réexamen de toute la vie en fonction de ce qui basculait de l'image soviétique — l'image de la patrie d'Elsa — appartenait également à Elsa. Non seulement Elsa y avait conduit Aragon, lui avait servi de truchement, avait tenu sa place dans les paris qu'il avait pris, mais c'était elle qui avait déchiffré la première les prodromes du drame. J'entends évidemment les prodromes du drame *pour Aragon*, non pas ceux du drame de son pays.

Elsa s'était dès le début trouvée du côté de Gorki. Et je me souviens avec quelle considération elle parlait de Fadeïev en 1948. Elle prenait à présent la mesure de ce que signifiait le XXe congrès, comme de tout ce qu'exprimait le suicide de Fadeïev. Je ne veux pas ici l'exempter du reproche de n'avoir pas tenu compte plus tôt des crimes staliniens. Elsa s'est sûrement jugée responsable de ses propres silences, et c'est une autre affaire. En revanche, à partir de 1955-1956, elle s'est employée à dissiper le flou, à mettre les points sur les i dans son domaine à elle, qui n'était point celui de l'histoire politique, mais celui de la création. En 1957, elle va publier son roman *Le Monument*, sur le divorce entre les fins de l'art et celles du parti, conjuguant l'expérience de l'affaire du portrait de Staline avec celle de l'auteur du monument à Staline de Prague. Bref, dans la nouvelle crise, elle fait preuve de la même perspicacité qu'autrefois dans la crise qui aboutit à la rupture entre Aragon et Breton. Mais, cette fois, il n'y a plus la perspective d'une rupture, même si le point de départ est le même : le blocage au niveau de la théorie de l'art. Et c'est elle, et non plus Breton, qui a des comptes à rendre. Car c'est elle qui a joué le rôle décisif dans la conversion d'Aragon au réalisme. Mais ce réalisme, ne peut-on, ne doit-on pas le transformer, le nettoyer de l'utopie fallacieuse qui l'a vidé de sa substance ? Il faut reconquérir le réel.

Je ne prétends pas qu'Elsa ait fait sciemment cette analyse. Elle apparaît plutôt comme un modèle structural commun au *Roman inachevé* et au *Monument*. La réévaluation de la jeunesse, dans *Le Roman inachevé*, demeure critique. Mais Aragon se remet en continuité avec sa jeunesse tout entière, se bornant à la libérer du corset surréaliste. Il ne se voit plus en dehors d'elle — comme, par exemple, en 1935. Ou, à plus forte raison, en 1947, voire même encore en 1954. Pour lui, il y a eu de même cette parenthèse du réalisme socialiste, ou plus précisément de cette période où il a accepté le « corset politique » au point de croire finalement qu'il faisait partie de lui-même. A ses yeux apparaît maintenant une certaine équivalence entre le corset surréaliste et ce corset politique. A dessein, je ne dis pas « communiste », car Aragon ne met pas le communisme en cause, ni même encore le stalinisme, mais les ténèbres tombées sur l'horizon de sa foi.

Écoutez-le parler de sa jeunesse :

Ici commence la grande nuit des mots
Ici le nom se détache de ce qu'il nomme
Ici le reflet décrit de sa fantastique écriture
Un monde où le mur n'est mur qu'autant
Que la tache de soleil s'y attache
Que le miroir lunaire a capté l'homme passant

Ici commence la jungle des jongleries
Et celui qui parle est dans la persuasion que sa parole
Est genèse

. . . .

Et il leur faut chaque jour faucher le foin des rêves de la nuit
Où porter cette herbe Où cette récolte inutile
Plus loin plus loin car sur le territoire de cette commune
On ne veut pas de vous Romanichels
Qui payez votre part en marchant sur la tête

Les mots m'ont pris par la main

C'est à partir de là que vont se créer pour Aragon les conditions d'accès à ce qui s'est effectivement passé dans la littérature et la peinture de son temps, que le réalisme socialiste avait exclu, ignoré, et devant quoi lui-même s'était fermé dans sa gloire de la Résistance. Je me souviens de son enthousiasme devant le roman de Michel Butor, *La Modification*, qui reçut le prix Renaudot en 1956, où il voyait résolus certains problèmes du roman qu'il avait rencontrés dans sa jeunesse. Du même coup se trouve autorisée une nouvelle lecture — détachée de Dada et du surréalisme — d'*Anicet*, du *Paysan de Paris*, de *La Défense de l'infini*. Mais il n'en usera — et fort précautionneusement en ce qui concerne *La Défense* —, qu'une dizaine d'années plus tard, après la mort de Breton.

Elsa tient le feuilleton théâtral des *Lettres françaises*. Elle va rencontrer ainsi les pièces de Beckett, de Ionesco, d'Adamov ; *Les Paravents*, de ce Jean Genet dont Jdanov avait fait (sans l'avoir jamais lu, bien sûr) le modèle même de la dépravation occidentale. Il s'agit là d'une mise en cause fondamentale de la théorie du reflet — si l'on se place dans la perspective du réalisme socialiste tel qu'Aragon le définit encore dans ses textes théoriques. Elsa dira bientôt : « Comment avons-nous pu vivre sans nous apercevoir qu'existait Nicolas de Staël ? »

On peut certes interpréter partiellement cet appétit de nouveauté comme la recherche d'une compensation à des rêves politiques que la révélation des réalités du stalinisme avait fait s'effondrer. A des espoirs plus proches minés par l'évolution catastrophique de la politique française : Guy Mollet, bénéficiant des voix du parti, se lançant dans l'expédition de Suez après avoir laissé kidnapper Ben Bella ; l'écroulement de la IVe République et la naissance de la Ve, etc. Comme une réponse à la déception ou au désarroi de ceux qui avaient pris Aragon pour un maître à penser politique et qui se sentaient lâchés par lui... Aragon s'était fait le complice de cette image de lui-même que répandait le parti. Mais c'était encore la conception stalinienne qui opérait cette réduction au politique. Elle n'était plus le fait d'Aragon. Il l'a laissée tomber comme un oripeau, même s'il n'a pas cessé de prêter son nom au parti pour sa propagande. On peut certes le lui reprocher, compte tenu de ce qu'il a si bruyamment approuvé pendant trente ans. Mais non en mettant en cause sa transformation qu'atteste — que reflète — *Le Roman inachevé.* C'est Paulhan — après le Breton de 1925-1927 — qui avait l'oreille fine et l'œil juste en décelant l'inauthenticité politique chez Aragon. Ce qui n'empêchait pas Aragon d'y mettre toute son âme. Il avait même fini par croire, avec Jdanov, que son parti était en avance sur sa conscience...

J'en reviens à cette réévaluation de l'art. En six ou sept ans — ce qui ne laisse pas d'être remarquable chez un homme qui atteint soixante ans à l'automne de 1957 — Aragon va rattraper tout ce dont il s'est coupé, sinon depuis 1932, du moins depuis la guerre. Il renoue avec les interrogations dada sur le langage, retrouve la quête du merveilleux moderne, ce qui implique de regarder autrement ce que Breton est devenu, ce que Paulhan poursuit. Et ce, malgré les divergences politiques non réduites. Aragon prête autrement l'oreille à ce que porte en elle cette nouvelle génération qui marque avec éclat la fin de l'après-guerre. Etiemble a très bien résumé cette attitude dans la préface qu'il donne en 1966 à l'édition de poche du *Roman inachevé* :

> « Nul en effet ne règne innocemment. Aragon ne règne plus : il aime. »

Ce qu'elle a demandé de courage intellectuel et de jeunesse d'esprit a été occulté pour l'extérieur par les apparences politiques. Aragon reçoit le prix Lénine pour ses soixante ans. Il est l'un des deux vice-présidents, avec Kuo Mo-Jo, du jury des prix Lénine internationaux. Mais qu'on lise la collection des *Lettres françaises* de l'année qui s'écoule entre la sortie du *Roman inachevé* et le prix Lénine de l'automne 1957... En Pologne, en Hongrie, les peuples ont exigé d'être partie prenante à la déstalinisation.

A Budapest, le soulèvement finit dans le sang. Quand, de Tzara à Picasso, les intellectuels communistes français protestent, Aragon fait front avec le comité central. Mais quand, en Hongrie, la persécution des intellectuels prend l'allure de représailles contre ceux qui ont osé dire les premiers que le roi était nu et Rakosi un assassin, Aragon — alors président du CNÉ — intervient pour demander la grâce de deux écrivains condamnés à mort — et il l'obtient.

Sans doute y avait-il eu dans l'intervalle une campagne féroce contre Aragon, Elsa et les autres écrivains demeurés fidèles au parti, qui se trouvèrent dénoncés comme complices des assassins et des tortionnaires. Mais il fallait d'autant plus de courage, face au parti cette fois, pour marquer sa solidarité avec les écrivains hongrois et publier leurs communiqués dans *Les Lettres françaises.* Comme pour faire paraître en feuilleton, dans le journal, le roman d'Elsa, *Le Monument*, qui allait être aussi mal accueilli que possible par *L'Humanité.* La difficulté est ici de retrouver l'itinéraire réel de l'homme Aragon contre tout ce qu'on a imaginé — en mal ou en bien, qu'importe — de lui.

Le parti, sur ce versant du grand âge, est plus que jamais la famille d'Aragon. La déstalinisation atteint Thorez de la même façon que leur couple — il ne pouvait pas ne pas savoir, n'est-ce pas ? alors, il a menti ? mais que savait-il au juste ? —, elle sape des relations humaines anciennes et qu'on croyait à toute épreuve. Le parti n'est plus la famille élue. C'est la famille dont on a l'habitude. Dont on connaît toute l'histoire et les bisbilles. Aragon sait bien qu'il a sa part de responsabilité dans ce qu'est le parti, en ce moment où ce parti retarde si évidemment sur ce qu'il devrait être. Son courage consiste aussi à assumer ce qui, dans le parti, le fait souffrir, convaincu qu'il aidera ainsi le parti à changer en y conservant son audience. C'est vrai que, dans l'effondrement des certitudes staliniennes, on peut commencer alors à aborder dans le parti des sujets jusque-là tabous. Aragon mesure la patience qu'il y faudra, au risque de trahir ses responsabilités d'intellectuel. Il ne peut, il ne veut pas se couper du Parti.

Mais ce front d'airain qu'il oppose en public ne dissimule plus une douleur que j'appellerai politique. *Le Roman inachevé* l'avoue comme jamais :

> Je traîne avec moi trop d'échecs et de mécomptes
> J'ai la méchanceté d'un homme qui se noie
> Toute l'amertume de la mer me remonte
> Il me faut me prouver toujours je ne sais quoi
> Et tant pis qui j'écrase et tant pis qui je broie
> Il me faut prendre ma revanche sur la honte
>
> Ne puis-je donner de la douleur Tourmenter
> N'ai-je pas à mon tour le droit d'être féroce
>
> . . . .

Je suis le prisonnier des choses interdites
Le fait qu'elles le soient me jette à leur marais
Toute ma liberté quand je vois ses limites
Tient à ce pas de plus qui la démontrerait
Et c'est comme à la guerre il faut que je sois prêt
D'aller où le défi de l'ennemi m'invite

Mais cette prison, est-elle bien extérieure ? N'est-ce pas la prison de soi ?

Inexorablement je porte mon passé
Ce que je fus demeure à jamais mon partage
C'est comme si les mots pensés ou prononcés
Exerçaient pour toujours un pouvoir de chantage
Qui leur donne sur moi ce terrible avantage
Que je ne puisse pas de la main les chasser

Cette cage des mots il faudra que j'en sorte
Et j'ai le cœur en sang d'en chercher la sortie
Ce monde blanc et noir où donc en est la porte
Je brûle à ses barreaux mes doigts comme aux orties
Je bats avec mes poings ces murs qui m'ont menti
Des mots des mots autour de ma jeunesse morte

Du moins de ce désastre est-il né un tel poème.

Mais comment ne pas entendre ici l'écho d'autres regrets aussi qu'on lit dans *Le Roman inachevé* et que j'ai déjà rappelés à leur date dans la vie d'Aragon ? La nostalgie au souvenir de *l'amie éclatante et brune* ? Et surtout la douleur de l'amour pour Nancy ? Nancy présente dans ces poèmes presque autant qu'Elsa. Cette infraction patente aux interdits d'Elsa ne sonne-t-elle pas parfois comme le regret d'une autre vie qui n'a pas eu lieu, qui n'aura pas lieu... ?

Il n'y a pas de solution dans la vie. Seulement dans le chant des vocables. Ou dans le roman.

En revanche, Geneviève Mouillaud-Fraisse a eu raison lors du colloque *Aragon 1956* de mettre en évidence[1] que si Aragon « parle de 1956, son poème s'autodétruit » :

Si j'avouais tout simplement ce que pour moi fut aujourd'hui
Si ce qui ne pourra jamais passer ma bouche avec mes plaintes
Allait un moment vous ouvrir le panorama de ma nuit...

C'est bien comme elle dit l' « indicible », le « trou du temps ». Il y en a d'autres. Si, comme je l'évoquais, on y lit la nostalgie de *l'amie éclatante et*

1. *Op. cit.*, p. 172-173.

brune, la présence de Nancy, presque autant qu'Elsa, Denise en est totalement absente. Justement de ce poème *La Vie* où Aragon passe en revue ses souvenirs :

> Un beau jour tu es parti pour Berlin la poche et le cœur vides [...]
> Ce n'est qu'un décor pour toi Kurfürstendamm Brandenburger Tor
> On y dévaluait d'un même coup le mark et les idées

où passe toute l'histoire d'Eyre que j'ai citée, avant d'en venir à celle du départ d'Eluard :

> Nous avons parlé notre nuit Je l'ai mené jusqu'à sa gare
> Paul Eluard quittait Paris et sa vie un matin hagard

puis à Desnos et ses amours. Mais de Denise rien. Ni là ni ailleurs. Il pouvait parler en 1944 des Rouges d'Espagne devant elle à la fin d'*Aurélien*, mais parler de 1956 devant elle, l'amie de Trotski, elle qui a « le goût de l'absolu », face aux tours de passe-passe de son parti, c'est trop grave. Voilà la clé de ce silence. Il ne pourra le rompre que dans *Blanche ou l'oubli,* exactement dix années après *Le Roman inachevé.*

CHAPITRE IX

LA TROISIÈME CARRIÈRE

Je n'ai vécu de ma littérature, à vrai dire, qu'à partir de 1959, c'est-à-dire à l'âge de soixante et un ans. Jusque-là, jamais. Dans le second après-guerre, ce que j'écrivais a pu être pour moi, matériellement parlant, un certain appoint, rien de plus, et j'ai toujours dû gagner ma vie autrement. Mais, jusqu'en 1959, je ne peux pas dire que j'ai vécu de ma littérature.

Aragon parle.

1.

La Semaine sainte

L'histoire linéaire, superficielle, ne suffit pas à donner la profondeur qu'on appelle le roman. Il fallait ici inventer, créer, c'est-à-dire mentir. L'art du roman, c'est de savoir mentir.

J'abats mon jeu, *1959.*

La Semaine sainte, c'est d'abord le succès, immense, foudroyant. Paris retrouve Aragon, ou plutôt découvre un Aragon qui surpasse les promesses des *Beaux Quartiers* et d'*Aurélien* dans un roman romanesque, inattendu, généreux, bouleversant. Un feuilleton d'Émile Henriot dans *Le Monde* salue d'emblée cette révélation, et la critique est quasi unanime, presque sans restriction aucune.

Depuis longtemps, Aragon était attiré vers cette période de la fin de l'Empire et de la Restauration. A cause de Stendhal et du *Rouge et le Noir.* Mais aussi du destin de David d'Angers par quoi le roman avait commencé de s'esquisser en 1955-1956 : destin coïncidant avec la reconstruction, vers 1830, de l'idéal républicain. Géricault était exactement de la même génération que David d'Angers, mais, mort à trente-trois ans en 1824, il laissait l'avenir en suspens. Mieux : au lieu, comme David, d'avoir à son actif l'aspect positif de cette reconstruction politique, son équipée dans la Maison du Roi au moment de la fuite de Louis XVIII, à l'orée des Cent Jours, en donnait en quelque sorte le revers à partir duquel l'art du romancier serait de laisser au lecteur un monde à construire, à prospecter. Le roman n'enfermait plus ce futur dans la réalité d'une vie, fût-elle singulière et singulièrement prophétique. Il se faisait tremplin, ouverture, par-delà un siècle et quart, jusqu'au présent de 1958. Et au-delà encore. Le rêve soviétique brutalement ramené à terre, le communiste Aragon prenait du recul pour découvrir une perspective qui pût outrepasser les limites impitoyables de son époque. Comme allait l'écrire François Nourissier : « C'est une œuvre où l'avenir a plus de place que le passé. »

Sans doute. Mais dans le choix de Géricault contre David d'Angers, premier pilotis, est entré aussi cette donnée fondamentale pour comprendre l'écriture de *La Semaine sainte* que son équipée vers la Belgique recoupait au moins géographiquement celle qu'Aragon avait vécue à l'été de 1940 et qui avait été au cœur de la dernière partie des *Communistes*. De sorte que, par Géricault interposé, Aragon pouvait prendre sa revanche sur l'impossibilité où il s'était trouvé de pousser *Les Communistes* jusqu'à sa justification pleine et entière du « communisme national » dans et par la Résistance. Ce n'était plus une commande politique, mais une commande qui sortait du plus profond de son humiliation vécue. Il la recouvrira à son habitude sous quantité de brouillages.

Après coup, Aragon précisa :

> « ... Je disais que le *pilotis* réel de mon Géricault — au sens stendhalien du mot — était James Dean et non Géricault lui-même. Et je développais cette idée comme quoi James Dean incarne une jeunesse douée de toutes les qualités humaines — bonté, force, intelligence... — rêvant de grandes choses, une jeunesse incarnée dans un homme d'une société donnée, à qui aucun but répondant à ces qualités n'apparaît[1]. »

James Dean, victime d'une voiture de sport comme Géricault d'un cheval, est en effet une mire ressemblante, même si le « pilotis » n'est apparu qu'après coup. Mais, pour Aragon, James Dean est tout aussi ressemblant au Michel Vigaud du *Cheval blanc*, c'est-à-dire à un personnage d'Elsa devant qui il n'est pas sans jalousie.

> « Au fond, je ne suis pas très romancier... Il s'agit toujours chez moi d'idées auxquelles j'essaie de donner un corps, un visage[2]. »

Le problème n'est pas tant de savoir pourquoi Aragon a retenu le « pilotis » Géricault que de constater que celui-ci a fonctionné à merveille, si bien que c'est le seul des « pilotis » vraiment étrangers au monde intime d'Aragon qui ait joué ce rôle dans toute son œuvre romanesque. Cet écho de Michel Vigaud n'y aurait pas suffi. Et c'est en posant cette question qu'on en arrive à ce qui a si fort frappé la critique de l'époque et qu'elle a appelé l'*objectivité*, ce qu'Émile Henriot explicita ainsi :

> « Sans prosélytisme politique, dans ce livre-là, Aragon ne met pas le drapeau de ses idées dans sa poche, ne renonce pas, ne trahit rien. Mais intervenant selon son humeur et s'arrêtant dans son roman comme pour souffler, en parlant de ses intentions, ce n'est plus de la propagande qu'il débite, c'est sa philosophie intime qu'il explique ; et sa religion humaine, contre quoi il n'y a rien à dire. Les héros qu'allègue en exemple Aragon sont aussi les nôtres — ils ne sont plus d'aucun parti. »

1. *J'abats mon jeu, op. cit.*
2. *Ibid.*, p. 157-158.

Aragon avait une réponse prête, savoir qu'il avait fait preuve de la même objectivité dans *Les Communistes* et que c'était l'absence de recul qui empêchait la critique de l'y voir. C'était assurément réduire *Les Communistes* au roman militaire et parlementaire, oublier Orfilat. Mais, limité à ces considérations sur l'objectivité, le problème était mal posé. Émile Henriot constatait beaucoup plus finement que les héros de *La Semaine sainte* « sont aussi les nôtres ». L'avenir de ces héros est l'avenir français, tandis que, dans *Les Communistes*, Aragon avait privilégié l'avenir des communistes. *La Semaine sainte*, écrite après le XXe Congrès du PCUS, met un terme à ce traitement privilégié. Et ce n'est pas à cause de l'éloignement historique — il a seulement donné au romancier la liberté nécessaire, les « pilotis » réels des hommes et femmes dont le romancier connaissait d'avance toute la trajectoire vécue — c'est parce que, dans cet effondrement de la première Restauration, personne n'a à soi seul raison, ni les bonapartistes, ni les royalistes, ni les républicains ralliés à Napoléon ou ayant conspiré contre lui — ce qui est brusquement égal —, ni les soldats de la Révolution devenus ceux de la Restauration, ni les émigrés ayant servi sous les bannières du tsar ou de l'Autriche. Toutes les cartes sont redistribuées. La nation est faite d'eux tous. Nul ne possède la clé de l'Histoire. D'ailleurs, l'histoire est ouverte. Le peuple est là en creux, en silence, en futur.

La Semaine sainte est un outil romanesque pour mesurer — et donc, essayer de dépasser — la courte vue historique des hommes, l'étroitesse du champ qu'au bout du compte il leur est donné d'embrasser.

Aragon est sincère quand il fait remarquer :

> « On s'étonne que je parle du maréchal Berthier sur un certain ton, mais où diable ai-je appris à le faire sinon dans l'armée française, sur les champs de bataille des Flandres et de l'Artois où se passent *Les Communistes*, et je vous jure que c'est d'avoir écrit *Les Communistes* qui m'a appris à écrire *La Semaine sainte*, n'est-ce pas l'évidence même ? Car c'est dans la réalité que le réaliste puise son art, je n'aurais jamais compris les soldats de Napoléon et de Louis XVIII si je n'avais pas servi dans les armées de Foch comme Aurélien, dans celles du pitoyable Gamelin, comme Barbentane et Jean de Moncey [1]. »

Cela — qui pourrait aussi éclairer le Soljenitsyne d'*Août 1914* — ne tient pas compte du fait qu'Aragon, quand il dit avoir mis à profit l'expérience que lui a donnée la rédaction des *Communistes*, vise au vrai l'expérience que lui a apportée l'impossibilité d'achever *Les Communistes*. Comme toujours, chez Aragon, la prise de distance avec la politique du parti s'exprime par la contrebande. Il fallait connaître les raisons profondes de l'abandon des *Communistes*, à cause de la double ligne du PC en juin 40 et l'antagonisme Frachon-Duclos, pour comprendre cette clé. Je n'en savais rien, comme je l'ai dit, en 1974, mais il n'en

1. *J'abats mon jeu, ibid.*, p. 157-158.

était plus de même en 1984, quand Mme Azam me fit l'honneur de me demander une préface pour la réédition de sa biographie de Géricault[1] dont Aragon s'était servi dans *La Semaine sainte.* J'ai lu son livre avec des yeux neufs. Aussi, alors, cette clé me sauta aux yeux. J'ai donc voulu écrire dans cette préface cette mise au point sur les mobiles cachés du choix de Géricault, cependant le thème fut jugé par trop explosif — ce qui en dit long sur le poids du PCF à cette date encore dans la politique française — et je ne l'ai publiée que dans mon essai *Ce que je sais du xxe siècle* en 1985[2].

Voici ce dont il s'agit : Aragon a découvert dans le livre de Denise Aimé-Azam que Géricault, qui avait suivi Louis XVIII en Belgique au moment des Cent-Jours, s'était *désengagé* à cause d'un discours de Lamartine dont il avait déduit que

> « Louis XVIII redevenant le centre de la coalition européenne représentait de nouveau la guerre. Or il ne voulait faire la guerre qu'à la guerre ».

Dans *La Semaine sainte*, Aragon modifie la scène du tout au tout, plaçant dans la harangue de Lamartine que

> « disposés à s'allier avec nous [les royalistes] sur le terrain des libertés constitutionnelles [les Français] se sépareraient violemment de nous s'ils nous voyaient sur le sol étranger, sous les plis d'un drapeau qui ne serait pas celui de l'indépendance du pays ».

Et Aragon d'en tirer cette conclusion que c'est parce que Louis XVIII s'installe en Belgique que Géricault s'éloigne :

> « Ce langage ne leur avait été tenu par personne. [...] Le jeune Lamartine exprimait la crainte qu'un pas de plus, au-delà de cette marche de la fidélité et de l'honneur les *dénationalisât*, il disait ce verbe en détachant les syllabes, et ne leur laissât que des regrets, peut-être un jour des remords. »

Gardons ce néologisme souligné par Aragon, sautons de la Belgique de Louis XVIII à la Belgique de juin 1940 où se trouvaient ces dirigeants du PC français avec Jacques Duclos qui, eux, s'apprêtaient à rentrer à Paris « sous un drapeau qui ne serait pas celui de l'indépendance du pays », puisque ainsi le voulait la ligne du Komintern. On sait aujourd'hui, comme je l'ai dit, par les archives de ce dernier, des détails sans doute ignorés par Aragon, qu'il pouvait en revanche deviner tout seul; par exemple, lorsque Duclos rentra juste derrière les avant-gardes allemandes dans une voiture soviétique[3]. Ne lit-on pas, alors, dans cette fin de l'équipée de Géricault,

> « que disposés à s'allier avec nous [les communistes] sur le terrain des libertés constitutionnelles [détruites par le vote des pleins pouvoirs à Pétain

1. Perrin, 1984.
2. Calmann-Lévy, 1985, p. 202-209.
3. Cf. ci-dessus, p. 448-453.

> le 10 juillet 1940, les Français] se sépareraient violemment de nous s'ils nous voyaient sur le sol étranger, sous les plis d'un drapeau qui ne serait pas celui de l'indépendance du pays » ?

Et ce crève-cœur d'Aragon à présent qu'il sait ce qu'il ne savait pas au temps des poèmes du *Crève-Cœur*, qu'*un pas de plus* du PC français, dans la direction que lui imprimait Staline en 1940 par Duclos interposé avec la tentative de reparution de *L'Humanité* sous contrôle nazi, eût pu le *dénationaliser* à jamais ? C'est écrit en 1958, face au retour du général de Gaulle au pouvoir qui contraint le parti communiste à rendosser son costume national d'avant la guerre froide et, donc, à reprendre à son compte le « communiste national » de l'interprétation par Aragon du pacte de 1939. *La Semaine sainte* devient ainsi la revanche à l'interruption forcée des *Communistes* en 1952, aiguillon prodigieux de jouissance dans l'écriture du nouveau roman qui n'a sans doute pas peu contribué à son étincelante liberté.

Il est vrai qu'Aragon, je l'ai déjà dit, n'a jamais clairement expliqué à ceux qui lui avaient fait confiance durant les années staliniennes combien de ses assertions péremptoires de jadis se révélaient controuvées, combien il s'était trompé et les avait trompés. L'autocritique n'est pas son fort, et il a toujours eu tendance à atténuer, voire à brouiller les conséquences de ses actes ou écrits quand elles pouvaient contrarier la politique du parti. Il faut en revanche lui rendre cet hommage que *Le Roman inachevé, La Semaine sainte*, l'ensemble des commentaires l'accompagnant qui sont réunis dans *J'abats mon jeu*, contiennent les détonateurs d'une critique explosive du stalinisme. Les détonateurs seulement. Comme Aragon a été un propagandiste tout ce qu'il y a d'explicite du stalinisme, cette application un peu lente dans l'élaboration d'un outillage critique adéquat, cette mise au point d'exemples de révision par trop indirects, bref, cette prudence contrastant si fort avec la précipitation journalistique et parfois frivole d'antan, ont pu être assimilées à ce qu'elles ne sont pas : une hypocrisie. On peut estimer que cela faisait au contraire partie du dégrisement poststalinien que de vouloir cesser de se conduire en touche-à-tout idéologique et traiter les choses avec sérieux, minutie, humilité.

Le contenu du roman et le succès qu'il remporte incitent un éditeur bourgeois à passer commande à Aragon de la partie soviétique d'une *Histoire parallèle de l'URSS et des États-Unis,* André Maurois se chargeant de la partie américaine. Cet énorme travail occupe Aragon en 1960 et 1961. Il exige un immense effort de documentation à partir des sources qui commencent d'être révélées en Union soviétique où la déstalinisation, mise en sommeil jusqu'à l'élimination du groupe « antiparti » de la direction de l'URSS, a repris depuis la fin 1957. Le livre d'Aragon se situe dans la perspective politique qui va du XXe congrès du PCUS à son XXIIe congrès, à la fin 1961. Il s'agit de délimiter les erreurs et crimes de Staline au bénéfice d'une continuité léniniste restaurée du parti. Aragon le dit de façon tout à fait explicite, de même qu'il s'en tient aux données officielles, agissant en membre du comité central de son parti. Cette attitude donne à son livre valeur de document sur les réactions du parti communiste français et de ses militants, plus que d'une révision scientifique de l'histoire soviétique, les sources extra-soviétiques n'étant aucunement prises en considération.

D'où ce ton :

> « Le 24 février [1956], rapport et directives du plan approuvées, à six heures du soir, a lieu une séance à huis clos. Khrouchtchev y prononce un discours intitulé : *Du culte de la personnalité et de ses conséquences.* [...] Suivant une tradition qui remonte à Lénine, les matériaux des débats à huis clos n'étant pas rendus publics, il en a été ainsi du second rapport Khrouchtchev. Le texte qu'on en a donné à l'étranger n'ayant aucun caractère officiel, on ne saurait s'y référer... »

Depuis lors, le XXIIe Congrès a rendu publiques des données précises sur ces « conséquences » du « culte de la personnalité », Aragon peut donc en faire état :

> « Sur l'étendue et la nature des répressions abusives, nous avons le témoignage, en 1961, du premier secrétaire de Biélorussie, K. T. Mazourov, racontant comment Malenkov, qui en 1935-1936 avait travaillé dans l'appareil du Comité Central pour la *tchitska,* utilisa les données alors acquises pour calomnier des communistes et, en 1937, avec Iéjov, échafauda la légende de l'existence en Biélorussie d'une conspiration antisoviétique, en considération de quoi fut exclue du parti *la moitié du contingent de toutes les organisations du parti* dans cette république. Tous ces innocents ont été réhabilités, mais beaucoup *post mortem.* Chvernik ajoute que ce coup porté aux cadres d'une république frontière a eu de lourdes conséquences pour la défense nationale. »

Les commentaires de l'auteur sont rares ; ils se cantonnent délibérément dans la litote :

> « Ces données récemment publiées changent dans une mesure importante la vue que nous pouvions avoir des illégalités et crimes relevant du “ culte de la personnalité ”, tels que le XXe Congrès nous en donnait le tableau. Sans amoindrir ici la responsabilité de Staline, elles la replacent dans le cadre de complicités sans lesquelles ce qui s'est passé demeurerait difficilement compréhensible. »

Ce résumé, lu après *L'Archipel du Goulag,* semble bien pâle. A l'époque, pour les militants, il tenait du tremblement de terre idéologique. De même, quand Aragon note, presque en passant :

> « La question que pose le procès de mars 1938 [celui de Boukharine et Rykov], ce n'est pas : *quels sont les éléments faux de ce procès ?* Mais : *quels en sont les éléments vrais ?* »,

il suscite un scandale intellectuel parmi de nombreux militants qui font remarquer qu'aucune critique publique de ces procès n'avait été faite en URSS. Malgré un brouillage compensatoire opposant une certaine dose d'éléments « positifs » destinés à prouver que la « construction du socialisme » s'était poursuivie en dépit des erreurs et crimes, Aragon donnait là l'autorisation, à qui voulait bien s'en saisir, d'élaborer sa réflexion personnelle sur l'histoire soviétique.

C'était exactement la base de conciliation possible entre l'appartenance au comité central du PCF et la révision intellectuelle de l'écrivain, du poète. Aragon n'imaginait pas de vivre hors de cette conciliation. Elle lui donnait les garde-fous dont il éprouvait le besoin, et la justification de son *itinéraire* qu'en 1961, justement, Garaudy venait de retracer, en se servant avec l'autorisation d'Aragon d'inédits du fonds Doucet aussi bien sur la période de Dada que de celle de *La Défense de l'infini.* Garaudy parlait en membre du bureau politique. Le parti recueillait le succès national du romancier de *La Semaine sainte,* bénéficiait de son « objectivité » et ne se laissait engager par lui dans la critique du stalinisme que de façon réticente et contrôlée. Aragon s'est accommodé de ce qu'on lui refusait. Il ne voulait songer qu'aux gains qu'il estimait procurer au mouvement, quitte à garder pour lui ses blessures, quand *L'Humanité* ou telle autre instance de la hiérarchie lui infligeait de cuisants démentis, ne protestant tout haut que lorsque Elsa recevait les coups à lui destinés. Mais, si l'on prend simplement 1956 comme point de repère, il y avait indiscutablement progrès de l'esprit critique, progrès d'une information moins partiale, progrès d'un certain renouveau intellectuel dans le parti. Et Aragon pouvait en éprouver de la satisfaction.

Depuis qu'Aragon en avait pris officiellement la direction en 1953, la rédaction des *Lettres françaises* connaissait une liberté intérieure de langage sans commune mesure avec la presse communiste. Après 1961-1962, les secrets ayant été levés en URSS, mais non dans *L'Humanité,* ce fut probablement le lieu en France où l'on évoquait avec les meilleures informations ce qui se passait dans les pays socialistes, les démêlés et imbroglios de Khrouchtchev avec l'appareil stalinien, le stalinisme mou de Brejnev, la montée de la résistance intellectuelle à Prague ou en Pologne. Le dédoublement des années cinquante tendait de plus en plus à se réduire dans le journal, qui s'exprimait simplement là-dessus avec un tact que Maurice Thorez appréciait.

Il y avait eu toutefois de la part d'Aragon une censure symbolique au début de 1960, quand Sartre publia une longue préface à la réédition d'*Aden Arabie* de son ami de jeunesse Paul Nizan. Les relations entre Sartre et Aragon après un coup de froid lors de l'invasion de la Hongrie en 1956 étaient redevenues bonnes. Je proposai à Aragon de rendre compte du livre et de la préface comme si de rien n'était, ce qui vaudrait autocritique. Il m'expliqua qu'on ne pouvait faire une chose pareille dans la situation où se trouvait le PC face à de Gaulle, que je ne savais pas où je mettais mes pieds, tant et si bien que je crus que ce serait mettre en cause

Duclos plus que jamais porte-parole du parti. (La même scène entre nous se reproduisit en 1969 à propos de la publication du livre de Jean-Jacques Brochier, *Paul Nizan intellectuel communiste* et, là, Duclos était candidat à la présidence de la République.) Aujourd'hui, je suis convaincu qu'Aragon en m'empêchant de clore le dossier Nizan par sa réhabilitation, qu'il allait pourtant reconnaître implicitement en 1966 en supprimant dans *Les Communistes* de ce qui avait trait à Orfilat, ne tenait pas tant à protéger Thorez qu'à sauvegarder ses brouillages et sa contrebande touchant ses raisons d'écrire ce roman et de l'abandonner. En 1960, la page du « communisme national » n'était pas encore tournée ; en 1969, après l'invasion de la Tchécoslovaquie, elle l'était, mais Aragon ne voulait pas rouvrir le cas Nizan. La déstalinisation s'arrêtait devant ses propres secrets.

2.

Elsa, poème

Ils me promènent avec eux et vont jusqu'à citer mes vers
De telle façon qu'ils leur servent
Ou deviennent pour eux de charmantes chansons
Je suis un peu de leur commerce
En attendant d'être une rue
Je suis dans les dictionnaires
Et dans les livres des écoles
Le scandale m'est interdit

J'ai beau crier que je t'adore
Et ne suis rien que ton amant

Elsa, *1959.*

La Semaine sainte aurait pu n'être qu'un accident heureux, un moment de grâce retrouvée et n'avoir pas de lendemains, en dépit d'une multiplication de déclarations et d'interviews qui tendaient à accréditer un changement de point de vue de l'auteur sur la création littéraire :

> « Je n'ai jamais rien demandé à ce que je lis que le vertige : merci à qui me fait me perdre, et il suffit d'une phrase, d'une de ces phrases où la tête part, où c'est une histoire qui vous prend. Aucune règle ne préside à ce chancellement pour quoi je donnerais tout l'or du monde... »

Changement que précise, dans le même article [1], ceci qui touche au fond politique :

> « ... il faut bien une fois s'en expliquer avec vous, chers amis, qui vous croyez sur moi des droits idéologiques, le temps est venu que nous nous fassions une raison, il y a des choses sur lesquelles nous avons, vous et moi sensiblement la même façon de voir, et que nous retrouverons dans les œuvres d'art, un peu partout, dans le roman au premier chef, d'une façon

1. « Un perpétuel printemps », in *Les Lettres françaises,* 26 novembre 1958.

permanente désormais conformes à une version standard qui nous révolte. Et ceci pas chez tel et tel, mais sensiblement chez tous les romanciers français. Si donc, c'est d'après notre révolte que nous allons en juger, il nous faudra pratiquement renoncer à lire des romans, il nous faudra passer condamnation sur l'essentiel de la littérature française qui s'écrit et va s'écrire. Cela ne me paraît pas raisonnable. »

A l'origine de ces lignes, des réflexions de Zeraffa sur la Hongrie de 1956... On remarquera qu'Aragon met en quelque sorte la vérité entre parenthèses, l'important étant à ses yeux la pédagogie, l'incitation faite aux communistes de lire des ouvrages ne répondant pas à leurs idées. L'année suivante, *Elsa*, poème qui paraît en février, montre que ces réflexions et *La Semaine sainte* sont bien issues d'une transformation profonde : on peut dès lors dire qu'Aragon vient d'entamer la troisième carrière de sa vie littéraire. Sans doute le lyrisme avait-il déjà sa place dans *Le Roman inachevé*, d'autant que les chansons de Léo Ferré, qui ont soudain rendu la poésie d'Aragon populaire ont tendu à dépolitiser le poème, à n'en diffuser que le chant. Mais *Elsa* va beaucoup plus loin, qui semble orchestrer le dernier poème du *Roman inachevé* :

Déchirez ma chair partagez mon corps
Qu'y verrez-vous sinon le paradis
    Elsa ma lumière
Vous l'y trouverez comme un chant d'aurore
Comme un jeune monde encore au lundi
    Sa douceur première

. . . .

Égrenez le fruit la grenade mûre
Égrenez ce cœur à la fin calmé
    De toutes ses plaintes
Il n'en restera qu'un nom sur le mur
Et sous le portrait de la bien-aimée
    Mes paroles peintes

Elsa est désormais le poème, si j'ose dire ; avec une certaine provocation, comme si Aragon osait maintenant être lui-même, osait chanter la femme qu'il aime. Mais nul doute aussi que ce retour à la sorte de poésie qui avait prévalu après le désastre de 1940 ne corresponde, comme alors, à une reconstruction d'Aragon, de ses idées sur la vie, après le désastre politique :

Vint mil neuf cent cinquante-six comme un poignard sur mes paupières
Tout ce que je vois est ma croix tout ce que j'aime est en danger
Et sans toi je n'aurais été que l'homme qui reçoit les pierres

Après le demi-échec de *L'Inspecteur des ruines*, quand Aragon sera encore sous le coup de l'échec des *Communistes*, Elsa va se remettre au roman avec *Le Cheval roux ou les Intentions humaines*, publié en 1953.

> Une fois délibérément pour te promener dans un de tes domaines fantasques
> Il t'a fallu m'imaginer mort afin
> Que je ne vinsse pas te déranger sous un soleil de catastrophe
> Et chaque fois depuis que je te regarde
> Je me souviens de ce que tu m'as tué comme on chante
> Et que je ne vis après tout que parce que tu le veux bien
> Ces yeux-là se sont imaginés le monde sans moi

dira Aragon, dans *Elsa*, de ce roman-ci.

Elsa y anticipait crûment sur sa vieillesse, sur la mort, préférant comme toujours prendre les devants, mais, s'attaquant à un grand sujet, celui de la destruction atomique et d'une définition du futur, elle y faisait preuve de sa maîtrise. Le roman qui suivit, *Le Rendez-vous des étrangers*, partait de la blessure ancienne et sans cesse ravivée, y compris dans et par le parti, d'être une étrangère, ce qui était aussi parler d'un domaine où Aragon ne pouvait rien pour elle. D'une certaine façon, cette reconquête de son art par Elsa s'opérait dans son indépendance de femme, impliquait une certaine reconsidération de sa vie, mais traitée avec toute la distance romanesque voulue.

J'ai parlé en son temps du *Monument*, tentative courageuse pour dominer le drame né de la croyance des capacités des partis communistes à savoir diriger l'art. Il avait donc été donné à leur couple de partager la même traversée du désert, la même tragédie politique. Mais c'est Elsa qui avait agi en éclaireuse. Aragon remportait la victoire de *La Semaine sainte* en se dégageant, malgré qu'il en eût, du *Monde réel*. Elsa, quant à elle, poursuivait son œuvre sans rupture, et quand elle renoue avec le succès par sa trilogie de *L'Age de nylon*, elle est dans la droite ligne de *Bonsoir Thérèse*. Jusqu'à l'affaire du portrait de Staline, Aragon avait pu se sentir mieux assuré de posséder la clé des choses, comme le parti l'en convainquait. Il s'était lancé avec ivresse dans le soutien à Lyssenko, dans l'exaltation de Jdanov, et je ne suis pas sûr qu'Elsa ne l'ait pas jugé imprudent. Disons qu'elle demeurait sur le qui-vive. A présent, il devenait évident qu'Elsa, avec ce pessimisme qui ne l'avait jamais quittée, avait été la plus lucide. Elle avait pris la mesure de la catastrophe stalinienne dès la crise de la fin 1952. Et, après l'affaire du portrait de Staline, elle se comporta comme quelqu'un qui s'attendait que la déstalination ne pût s'effectuer scientifiquement, « de façon marxiste », mais par une série d'explosions passionnelles et de tragédies. Dans le désarroi.

Dans le basculement contrôlé du *Roman inachevé* ou de *La Semaine sainte*, qui mettait Aragon en situation de renouer avec la vie intellectuelle de sa jeunesse, dans cet effort sur soi pour se ressaisir, il savait mieux que personne tout ce qu'il devait à l'intelligence d'Elsa, dans le moment même où il semblait remettre en cause le tournant vers *Le Monde réel.* Quand Aragon écrit *Elsa*, leur couple, qui a eu à affronter cette vieillesse physique qu'Elsa avait décidé d'anticiper, puis le pire désastre moral qui pouvait l'atteindre, retrouve, dans le renouveau chez chacun de l'écriture, une unité inégalée. *Elsa*, le culte d'Elsa célébré à ciel ouvert naissent de la sublimation de cette aventure à deux, de ce dialogue intellectuel sans précédent. Leur couple est leur double victoire d'écrivain. Et Aragon peut chanter Elsa à la lumière de cette victoire. « La femme, va-t-il bientôt écrire, est l'avenir de l'homme. »

Il explique à Dominique Arban en 1968 :

> « ... Il se trouve qu'étant gens du même métier, nous avons l'un et l'autre des préoccupations du même ordre dans un même domaine, celui de la création. Et parce que nous avons ainsi partagé pendant près de quarante années les dangers à la fois de l'esprit et de la vie, cette formidable matière s'est reflétée en nous, dans ce que nous avons écrit et ce que nous avons été, comme un constant dialogue. Mais notre dialogue, c'est celui qu'on peut avoir dans le tramway ou le métro, et il y a des gens à côté qui vous écoutent : on dit les choses de telle façon qu'ils entendent, mais ne comprennent pas. Eh bien, je vous le dis, au-delà de ce qui est d'évidence et peut paraître *indécent* dans la poésie par laquelle je m'adresse à Elsa, je parle d'elle, je parle pour elle, cette poésie entre nous a des prolongements autres, et je ne ferai rien pour qu'on les découvre[1]. »

C'est dit quand l'âge, les maladies ont évacué tout ce qu'il y avait pu y avoir de tensions sexuelles dans la crise de 1942-1943, quand ils pensent l'un comme l'autre de plus en plus uniquement à l'image qu'ils laisseront derrière eux et à leurs tentatives de sauver leur œuvre de ce que l'empreinte du stalinisme y a laissé. Tentatives où ils ne peuvent guère ne pas entrer en contradiction l'un avec l'autre, mais qu'ils doivent mener en commun parce qu'ils ne peuvent se sauver — ils le savent — qu'en commun. Le culte d'Elsa en devient désormais l'expression consciente.

Il est intéressant de rappeler la différence qu'Elsa voit entre *L'Age de nylon* et ses livres précédents, ainsi que de faire le parallèle de cette évolution avec le passage d'Aragon à *La Semaine sainte.* Voici ce qu'elle en dit :

> « C'est après le remue-ménage autour de ce *Monument* paru en 1957 que, soudain, j'en ai eu assez. Assez de ma personne, clairement pas de tout repos, assez de mes sentiments personnels qui, partagés par les uns, ne le sont point par d'autres, assez de la bagarre. J'en avais assez de chercher en moi-même la couleur et le sens des choses. J'allais me laisser tomber comme une jupe en rond autour des pieds et que l'on enjambe. Ah, le repos d'écrire totalement en dehors de soi ! Même si, dans l'écriture, on s'évite difficilement, si c'est encore votre visage que vous renvoie la structure d'une phrase, le choix des mots, si on n'arrive pas à se rendre vraiment

1. *Aragon parle, op. cit.*, p. 166.

méconnaissable. [...] Néanmoins, j'allais maintenant raconter ce que je savais des *autres*. J'allais sortir de moi-même, comme qui dirait en claquant la porte[1]. »

Elsa en prend exactement le contre-pied. Aragon s'installe chez lui et chez Elsa. Et son poème n'est pas sans porter la trace d'une jalousie qu'Elsa parte ainsi chez les autres. Maintenant, il ne faut pas oublier qu'Elsa, quand elle parle d'elle, n'en dit pas assez. Aragon, au contraire, en dit trop. Mais cela revient un peu au même pour la préservation de leurs secrets. *Elsa*, plongée en soi et dans la vie de la femme aimée, assume au bout du compte la même possession par l'écriture qu'autrefois ce que j'ai appelé le contre-monde. Mais Aragon peut à présent partir de sa propre vie, de son amour et le crier. Aussi *Elsa* est-il un poème tournant où se font jour des thèmes qui vont nourrir toute l'œuvre à venir jusqu'à ce *Théâtre/Roman* de 1974. Et un ton qui évoque singulièrement l'Apollinaire de *Zone* et de ses poèmes ultimes :

Je ne suis pas de ceux qui trichent avec l'univers
J'appartiens tout entier à ce troupeau grandiose et triste des hommes
On ne m'a jamais vu me dérober à la tempête
J'ai battu de mes bras chaque fois l'incendie
J'ai connu la tranchée et les chars
J'ai toujours dit sans prudence au grand jour mes pires pensées
Et je ne me suis pas retiré quand on est venu me cracher au visage

. . . .

Je ne suis monté qu'à mon tour sur le contre-torpilleur
Qui m'arrachait à ma terre envahie

. . . .

Il y a ce qui est ma vie
Il y a toi ma tragédie
Mon grand théâtre intérieur

Et précaire sur nous quand se referme la porte de la rue
Alors obliquement dans la puissante embrasse d'or du silence
Se lève enfin le grand frémissement rouge du rideau

Voici surgir, au détour d'un poème, l'image qui va construire *La Mise à mort* :

1. Postface à *L'Âge de nylon, Œuvres croisées*, 32, p. 249-250.

Le temps ce miroir à trois faces
Avec ses volets rabattus
Futur et passé qui s'effacent
J'y vois le présent qui me tue

L'approche visible de la vieillesse conduit Aragon à assumer ses origines, à se reconnaître comme fils de son père :

Mon corps est fait de deux inconnus que je n'ai pas choisis
Et je vois avec horreur sur mes mains paraître les taches de cuivre de l'âge,
Qui marquaient les mains de ce père dont je ne raconterai rien
De qui je ne tiens guère que cette façon de pencher la tête
C'est qu'il entendait mal du côté droit et voilà que moi aussi.

Il faut tout reprendre à partir du regard sur le monde qui avait été celui de l'enfance flouée, du contre-monde, de la jeunesse déchirée. La nouvelle qui se nomme *Le Mentir-vrai* date de 1964, cinq ans après *Elsa*, mais elle en naît. Il y a, inavouée, cette constatation que l'objectivité du réalisme socialiste, le regard scientifique posé sur le monde et l'histoire étaient un leurre. Le grand poème qui suit, *Les Poètes*, théâtre/poème, tragédie des poètes, dit ce renouement. Finie cette supériorité avec laquelle, en 1952, Aragon traitait Baudelaire :

Ah je suis bien votre pareil
Ah je suis bien pareil à vous

A vous comme les grains de sable
Comme le sang toujours versé
Comme les doigts toujours blessés
Ah je suis bien votre semblable

Vous, Marceline Desbordes-Valmore, Nerval et Nezval, Maïakovski, Lorca, Apollinaire... Bientôt Hölderlin. Mais sautons jusqu'à l'épilogue :

Petits qui jouez dans la rue enfants quelle pitié sans bornes j'ai de vous
Je vois tout ce que vous avez devant vous de malheur de sang de lassitude
Vous n'aurez rien appris de nos illusions rien de nos faux pas compris
Nous ne vous aurons à rien servi vous devrez à votre tour payer le prix
Je vois se plier votre épaule A votre front je vois le pli des habitudes
Bien sûr bien sûr vous me direz que c'est toujours comme cela mais justement
Songez à tous ceux qui mirent leurs doigts vivants leurs mains de chair dans l'engrenage

Pour que cela change et songez à ceux qui ne discutaient même pas leur cage
. . . .

Songez qu'on n'arrête jamais de se battre et qu'avoir vaincu n'est trois fois rien
Et que tout est remis en cause du moment que l'homme de l'homme est comptable
Nous avons vu faire de grandes choses mais il y en eut d'épouvantables
Car il n'est pas toujours facile de savoir où est le mal où est le bien

Aragon est sorti de la prison « des choses interdites », où il se tenait encore au temps du *Roman inachevé* en 1956. Il a pris le recul de l'âge et il y puise sa liberté :

J'entends ce cœur qui bat en vous comme un cœur me semble-t-il en moi battait
Vous l'userez je sais comment et comment cette chose en vous s'éteint se tait
Comment l'automne se défarde et le silence autour d'une rose d'hiver

Je ne dis pas cela pour démoraliser Il faut regarder le néant
En face pour savoir en triompher Le chant n'est pas moins beau quand il décline

. . . .

Hommes de demain soufflez sur les charbons
A vous de dire ce que je vois

Porté par les versets de ces vers de vingt syllabes comme par le flot de la mer ou le souffle de Paul Claudel, le message est, pour la première fois, sans flou ni brouillage. Tout à coup, le temps joue sa propre partie, qui ne pardonne pas :

Le drame il faut savoir y tenir sa partie et même qu'une voix se taise
Sachez-le toujours le chœur profond reprend la phrase interrompue
Du moment que jusqu'au bout de lui-même le chanteur a fait ce qu'il a pu
Qu'importe si chemin faisant vous allez m'abandonner comme une hypothèse

Certes, semblable aveu de défaite est-il façon d'avoir barre sur ceux qui viendront. Il faut avoir pris à son compte une hypothèse pour l'abandonner. Mais le règne du temps est là. Du temps qui déjoue les feintes, qui vous dépouille de tous les faux-semblants. Le temps, c'est l'affaire du chef-d'œuvre de la période et d'un des sommets de toute l'œuvre : *Le Fou d'Elsa.*

Ce poème immense, quelque chose comme une *Légende des siècles* tout entière centrée sur ces années clés de la fin du XVe siècle où tourne l'histoire d'Occident après la disparition du royaume arabo-andalou de Grenade, a déjà suscité un livre entier de commentaires et en appelle d'autres[1]. Aragon y cherche à voir le monde par les yeux et les voix de cette civilisation disparue, au moment même où la fin de la guerre

1. Charles Haroche, *Le Sentiment de l'amour dans « Le Fou d'Elsa » et l'œuvre d'Aragon*, Gallimard, 1966.

d'Algérie met tragiquement en cause les liens séculaires entre la culture française et la culture arabe. La connaissance intime qu'Aragon s'était donnée de l'éveil de la poésie française au temps des affrontements des croisades et de la découverte par les troubadours du chant mozarabe, ses réflexions sur la courtoisie au temps des *Yeux d'Elsa*, tout cela constituait déjà une longue histoire entre le poète et ce monde antérieur. Il l'enrichit en se plongeant, à corps perdu selon son habitude, dans les travaux des historiens de cette époque, lesquels représentent une école française de la plus haute valeur, tant scientifique que morale, où se détachent les noms de Louis Massignon, de Lévi-Provençal, de Jacques Berque.

C'était là un dépaysement idéologique décisif, dans un univers hors de cette tradition qui a abouti au marxisme et où Aragon s'avançait par le truchement d'historiens eux-mêmes animés de préoccupations différentes des siennes. Aragon pouvait espérer y retrouver, sur l'Histoire, le point de vue de ce peuple que nous combattions en Algérie. Et cette préoccupation renouait avec son premier combat politique au moment de la guerre du Maroc. Mais, en même temps, ne pouvait-il accéder au point de vue différent, étranger, du futur ? De son futur ? Du futur de leur couple ?

> « Kéïs rêve de ceux-là qui sont partis de lui dans le temps à venir, ce couple qui s'est détaché vers les jours où l'on ne saura plus qu'il fut un peuple mis à genoux, un homme à l'extrême du désespoir, à Grenade d'Andalousie, dont inexorablement le cœur retentit des funèbres tambours qui la parcourent au pas du vainqueur... ce couple à qui sera donné de *vieillir ensemble...* »

L'élément déclencheur, selon ce qu'Aragon en a confié à Dominique Arban, vient du *Cheval roux*, de ce moment où Elsa, après la catastrophe atomique, raconte à des jeunes gens dont la survie en cette fin du monde est improbable

> « un roman qu'elle aurait écrit s'il n'y avait pas eu cette fin du monde, et dans ce roman, la femme — la Schéhérazade qui raconte le roman — parle de son tombeau à un homme de plus tard, c'est-à-dire d'un temps qui n'existera pas. C'est dans ce temps qui n'existera pas que l'Elsa Triolet du *Cheval roux*, parlant de son tombeau au passé, s'adresse à un homme de l'impossible futur, de ce futur que les gens qui l'écoutent ne connaîtront pas parce qu'il ne restera personne de l'humanité. C'est cette idée singulière du futur renversé qui est à l'origine de l'Elsa du *Fou d'Elsa*, la femme à venir dont, en 1492, est épris le Fou, bien qu'elle vive après sa fin du monde à lui, la mort de l'Islam andalou [1] ».

On lit ici une généralisation de la méthode de *La Semaine sainte.* Aragon reprend pied poétiquement — et politiquement, c'est la même chose — en sautant par-dessus la fin de son monde à lui, du monde dans

1. *Aragon parle, op. cit.*, p. 168.

lequel il vit et du monde dans lequel il a rêvé, les deux inextricablement noués en lui comme dans leur couple. Cela est brouillé juste ce qu'il faut par la ressemblance, dans le répertoire des mauvais héros, entre, disons Boabdil et Louis XVIII. D'ailleurs, en 1974, quand *Le Fou d'Elsa*, devenu un ballet, est dansé pour la première fois à Baalbek, au Liban, Aragon trouvera pour parler de Boabdil le ton même qu'il employait pour expliquer son objectivité lors de *La Semaine sainte* :

> « Le seul moyen pour lui, à la mort de son père, de faire que l'État aille dans le sens qu'il considérait comme juste et comme le bien de son peuple, était de retourner à Grenade. On lui a proposé un marché infâme. Il a signé ce marché et ensuite il a manqué à sa parole. Cette idée du manquement à sa parole est une idée qui, disons, date légèrement, car de nos jours, nous ne connaissons pas d'État qui ne manque pas à sa parole et personne ne songe à en accuser les dirigeants. Mais enfin, c'était pour le bien de son peuple qu'il fallait y retourner et, en fait, il a retardé la chute de Grenade de dix ans... »

Tout s'inverse. Le futur. La défaite. Le mensonge. Il y a aussi dans *Le Fou d'Elsa* le creuset d'une nation, les scories et le métal pur. Comme Hugo presque au même âge, Aragon a besoin de suivre l'Histoire dans le flux et le reflux des siècles, pour en découvrir un sens qui transcende ce que le présent a d'insupportable. Comme chez Hugo, son chant se nourrit de l'exotisme du passé, des civilisations perdues, de leur langage étrange. La distance est ici morale. L'amour naît du malheur absolu et, parfois, le bien du cynisme. Rien n'est joué ni donné d'avance. Rien n'est joué ni donné une fois pour toutes. Dans cet immense poème, prose et scansion mêlées servent à changer sur toutes choses, toutes valeurs, sur toute vie, la lumière :

L'avenir c'est nous dépassés Des jours comme du linge propre

. . . .

Pourtant si les gens d'autrefois nous avaient vu *leur avenir*
Croyez-vous qu'ils auraient aimé ce qui nous fait autres qu'eux-mêmes

. . . .

Et nous appelons progrès ce changement qui rend nos rêves inutiles

Oui, c'est au moment même où Aragon paraît se fuir du plus loin imaginable qu'il affronte du plus près ce temps qui est le sien désormais, ce temps sans pardon où c'est l'avenir qui manque à sa parole. *Le Fou d'Elsa* dépasse ce temps et cette tragédie. S'il ne fallait choisir qu'un de ces moments pour résumer la plus haute leçon de l'œuvre, c'est celui-ci que je choisirai :

Jean de la Croix je te reconnais tu ressembles
A tous ceux pour qui le rite et le dogme étaient prisons
Et qui cherchèrent chemin droit vers Dieu laissant les lacets interminables de la raison
Jean de la Croix tu n'es que le nom chrétien de tous ceux qui se damnent d'amour

. . . .

La loi de Rome ou de La Mecque inexpiable tient l'excès d'aimer fût-ce Dieu Jean de la Croix
Et moi comme toi qui n'ai de passion mesure
Je passe le lit de tes douleurs au-delà de l'amour de Dieu
Car la réponse est de ce monde à la question que je suis
Qui s'en écarte se perd et ne trouve
Que l'abîme au bout du raccourci quand la réponse est en ce monde-ci
Dans ce monde-ci l'amour et l'accomplissement de l'homme
Jean de la Croix

3.

Mise à mort et mentir-vrai

Je sais bien que les égarements ou les crimes n'ont pas, ne peuvent pas trouver place naturelle dans le marxisme, qu'ils en sont dénaturation, trahison, détournement.

Préface à D'un réalisme sans rivages,
de Roger Garaudy, *1963.*

En très peu de temps — un peu plus de trente mois — la mort de Tristan Tzara en janvier 1964, celle de Maurice Thorez en juillet, celle de Nancy Cunard au printemps 1965, celle de Breton enfin, en septembre 1966, vont changer du tout au tout le statut d'Aragon et faire de lui, pour ses soixante-dix ans, en octobre 1967, un survivant. Mais déjà les morts de 1964 lui laissent une sorte de droit d'aînesse comme intellectuel dans le parti. Waldeck Rochet, le successeur de Thorez, a huit ans de moins que lui. Georges Marchais ou Roland Leroy pourraient être ses fils. Ils ne connaissent que le parti d'après-guerre. La mort de Sadoul, celle de Moussinac parachèvent son isolement. Aragon a désormais des lecteurs qui étaient des enfants quand Staline est mort. La vieillesse accélère follement le temps,

le temps
petit qu'il me reste de vivre

disait déjà *Le Roman inachevé.*

Il y a là comme une cassure dans la durée. Devant cette génération neuve, les précautions qu'il fallait prendre avec les contemporains ne sont plus de mise. Mais, pour cerner cette cassure, il faut remonter jusqu'à l'impact du XXIIe Congrès du PCUS — avant donc *Le Fou d'Elsa*, puisqu'il eut lieu à la fin décembre 1961 — qui rouvre les dossiers de la déstalinisation d'une façon qui laisse croire, un temps, qu'on va aller au fond des choses. *Une journée d'Ivan Denissovitch*, de Soljenitsyne, est publié en novembre 1962 dans *Novyï Mir*, la revue de Tvardovski.

Ehrenbourg ou Paoustovski s'épanchent dans leurs mémoires en vieillards à qui seul le temps est mesuré de tout dire. Soudain, Aragon et Elsa reçoivent un autre reflet de ce qu'ils ont connu de l'Union soviétique. Le moment de la dissimulation est passé, celui de parler clair — trop clair, peut-être, par contraste — est arrivé.

Comme je l'ai raconté dans *J'ai cru au matin*, lisant ce qui restait d'optimisme dans la première version de ma préface à la traduction d'*Une journée d'Ivan Denissovitch*, il me fit observer que

> « si je n'apercevais nulle part le socialisme à l'horizon d'Ivan Denissovitch, il n'y en avait pas plus treize ans après. Que je ne me laisse donc entraîner à aucun pari sur l'avenir ».

Cela ne correspondait aucunement à sa pensée publique. Encore moins ce qu'il me dit en me quittant :

> « " Il faut petit que tu te décides à ne plus croire ce qu'on t'a appris à l'école "
> J'ai haussé les épaules :
> " Je pensais simplement à toutes ces années où j'ai cru que les camps, c'était le fascisme... "
> Regard bleu de Louis sur moi.
> " C'est justement ça qu'on t'a appris à l'école.
> — Alors, que faisons-nous dans ce parti ? "
> Ce fut son tour de hausser les épaules :
> " Tu parles comme Elsa. Il faut bien que quelqu'un essaie de l'empêcher de suivre la même voie que l'autre. " »

Ce fut encore exactement son argument quand j'ai décidé pour de bon de quitter le parti en 1972.

Maurice Thorez lui-même, jusque-là réservé, se met à encourager la déstalinisation idéologique de façon de plus en plus précise, même et surtout après que Khrouchtchev a essayé, lui, de se reprendre et de freiner le mouvement au printemps de 1963.

D'un réalisme sans rivages, réévaluation théorique, par Roger Garaudy, membre du bureau politique du parti communiste, de Picasso, de Kafka et de Saint-John Perse, paraît à l'automne de 1963 avec une fracassante préface d'Aragon :

> « Je tiens ce livre pour un événement. Pour ce qu'il dit et pour l'homme qui le dit. Pour le moment où il paraît et comme gage de l'avenir. Comme aboutissement et comme point de départ. Pour ce qu'il brise et ce qu'il permet. Le refus et l'ouverture.
> [...] Le marxisme est sans doute la première tentative, il faudrait dire la seule, où qui s'en réclame nécessairement s'engage à ne jamais oublier qu'il parle non seulement pour ceux qui l'entourent, dont il connaît et partage les conditions de vie, mais pour tous les hommes, tels qu'ils sont différents de lui sans doute, avec la perspective de leur devenir. Le marxiste parle à partir

d'un *pari* qu'il a fait (que cela s'entende comme de l'hypothèse scientifique) et pour lui toute erreur de sa part compromettant ce pari a valeur de crime contre l'humanité. »

Arrêtons-nous ici, car c'est le point extrême atteint par Aragon dans sa réflexion théorique sur le stalinisme. C'est le moment où la publication des crimes requiert des prolongements critiques qui en excluent la répétition :

> « J'écris ceci dans un temps où les erreurs de cet ordre ont été l'objet d'une dénonciation sans exemple, nécessitant pour tous ceux qui se réclament du marxisme de passer au trébuchet *leurs croyances*, je veux dire les idées que les actes d'autorité leur avaient fait prendre pour justes, comme il arrive pendant une guerre quand les hommes d'un camp ou de l'autre adoptent des conceptions de violence, dont ils s'étonnent eux-mêmes la paix revenue. Et je ne sais s'il est juste ou non pour le chrétien de justifier les actes inhumains qu'exigent de lui les gouvernements, de les concilier avec sa religion : c'est de quoi je ne voudrais pas me mettre à discuter, mais je sais bien que les égarements ou les crimes n'ont pas, ne peuvent pas trouver place naturelle dans le marxisme, qu'ils en sont dénaturation, trahison, détournement. [...] Il ne s'agit pas d'une révision du marxisme, mais au contraire de sa restitution... »

On a pu croire restituer Marx entre le XXIIe Congrès du PCUS et l'invasion de la Tchécoslovaquie — décembre 1961-août 1968 —, sept années en gros. Et ce n'est pas hasard, à mes yeux, si ces sept années contiennent, avec *Le Fou d'Elsa* et *La Mise à mort*, le sommet lyrique et le sommet de prose de la troisième carrière d'Aragon. Certes, à l'intérieur de ces sept années, le moment de la véritable ouverture est plus bref. Une certaine réaction en URSS, déjà sous Khrouchtchev, conduit à son remplacement par Brejnev en octobre 1964. Thorez et Togliatti meurent juste avant, et leur disparition ôte de la décision à ce qui aurait pu être la poursuite de la résistance aux pratiques dogmatiques.

La mort soudaine de Thorez, en juillet, atteint très vivement Aragon. Il identifie Thorez au pari qu'il fait sur le parti. Aussi réagit-il par trois articles dans *Les Lettres françaises*, afin de sauvegarder l'essentiel de ce qu'il considère comme la leçon thorézienne. Naturellement, il revient et très fortement sur ce « communisme national » qui n'a cessé de le hanter depuis le pacte de 1939 et avec une franchise de ton sortie de ses conversations privées avec Thorez, qui fera scandale dans l'appareil du parti bientôt occupé, après la réussite du coup d'État contre Khrouchtchev, à nouer de solides contacts avec les gagnants Brejnev et Souslov. Aragon écrit dans la persuasion que c'est lui désormais le dépositaire et le garant vis-à-vis des nouvelles générations de tout ce que Thorez incarnait d'indépendance de pensée par rapport aux dogmes d'ouvriérisme ou de soumission aveugle à l'Union soviétique, dans la crainte qu'il m'exprimera à ce moment-là, et qu'il niera plus tard avoir eue, que les héritiers que

Thorez a fait « monter » lors du congrès de 1961 au Secrétariat du parti ne soient infidèles à ce legs. On en aura une idée avec ce passage clé qui ne vise pas seulement, avec les « malheurs du parti », 1956, mais aussi septembre 1939 :

> « J'ai vu cette certitude prendre corps et tout le comportement de Thorez déterminé par la nécessité que les ennemis du parti ne puissent en rien se servir des *malheurs du parti* comme d'un levier contre le parti même, par la décision profonde en lui de préparer les conditions pour que le parti français ne connaisse pas les malheurs du parti soviétique, que le terrible exemple qui venait de nous en être donné *serve*[1]. »

Malgré tout, Aragon sait bien que c'est là désormais un aboutissement, et non plus le point de départ qu'annonçait la préface à *D'un réalisme sans rivages.* Le parallélisme est saisissant entre ces articles et ce que Malraux écrira sur de Gaulle après sa mort dans *Les Chênes qu'on abat.* Pour l'un comme pour l'autre, à l'arrivée dans la vieillesse, la justification politique par le culte du grand homme à qui l'on a choisi de lier son destin devient l'essentiel[2]. Aragon ne dédaigne pas non plus le bénéfice plus direct pour la réception de son œuvre par le parti. Ainsi la conclusion souligne-t-elle le soutien accordé par Thorez à Garaudy, la reconnaissance par Thorez de la peinture abstraite comme composante de l'art français... Il s'agit de prendre acte, voire date.

La Mise à mort naît dans ces circonstances-là, au milieu d'une série de nouvelles où le langage attrape la parlerie des années 1962-1964, leurs gadgets, bref, la mode, dans une impertinence cruelle qui rappelle *Le Libertinage*, mais avec tout à coup autre chose :

> « Que pourriez-vous obtenir de moi, sauf que je me taise, et quand je me tais, je vous trompe encore, je mens comme jamais dans ce que j'entends seul. Et tes ratés couvrent leurs cris, mon beau vacarme, ô ma moto, mon âme ! Il n'y a pas besoin de fées pour qu'il y ait des fées. Il n'y a pas besoin de forêts qu'en moi le rossignol chante. Il n'y a pas de marteau qui plus que mon sang cogne fort. Et toute histoire est mon histoire, où mon cœur se mange à belles dents[3]. »

C'est que ces nouvelles conduisent au *Mentir-vrai*, comme une clé de l'enfance écrite en contrepartie de ces *Œuvres croisées* dont le départ vient d'être donné, où Aragon et Elsa réunissent toute leur œuvre romanesque, la préfaçant, la commentant, apportant les repères que cette biographie a largement exploités.

1. *Les Lettres françaises,* 6 août 1964.
2. C'est probablement ce culte de Thorez qui explique le refus par Aragon en 1969, lors de la publication du livre de Jean-Jacques Brochier, *Paul Nizan intellectuel communiste (op. cit.),* de rouvrir le dossier de la calomnie, parce que l'image de Thorez en eût été atteinte. Voir p. 489-490.
3. *Les Histoires,* 1964, *Œuvres croisées,* 4, p. 262.

La Mise à mort est-elle l'histoire d'un homme qui a perdu son image, comme le Peter Schlemihl de Chamisso de Boncourt (un homme à qui la révélation des crimes de Staline aurait ôté son image) ? Ou plutôt ne faut-il pas prendre au pied de la lettre l'aventure d'un homme triple, comme le miroir Brot du temps, en trois hommes également épris de Fougère, qui ne peut être qu'Elsa ? Alors, un roman du désespoir politique, un roman de la jalousie, un roman de la vieillesse ?

> « Ce pourrait être aussi le roman de la pluralité de la personne humaine, celui de la création romanesque ou le roman du romancier »,

complète Aragon pour ne pas être en reste. Qui ajoute pour Dominique Arban :

> « Il n'y a pas de fin au roman de l'homme ; et à presque n'importe quel moment du livre, vous pourriez abandonner un des reflets du miroir où vous surpreniez Alfred, ou de quelque nom que vous l'appeliez... il surgirait toujours une image pour remplacer celle qui s'évanouit. Aussi le jeu, s'il y a jeu, cesse-t-il purement et simplement d'être un jeu à trois personnes. Il est la vue que, par la multiplicité de l'homme, j'ai sur les hommes. Il est le roman[1]. »

Oublions qu'Aragon, sur sa lancée, veut une fois de plus être le meilleur juge de lui-même. La grandeur de *La Mise à mort* vient sans doute de ce qui a dépassé son projet, où Aragon se « déboutonne » plus qu'il ne le croit. Il part de la contradiction acceptée comme raison d'être, moyen de vivre. Mais, dans le dévidage du fil du réalisme, sa famille de personnages — comme on parle d'une famille de courbes mathématiques — développe les virtualités de la vie de ce monde malade du XXe siècle, entre la mort de Gorki, la guerre d'Espagne, la terreur stalinienne. Et ce qui ne serait pas autrement avoué...

Le public communiste en subit de nouveaux tremblements de terre, du moins pour ceux qui savaient aussi lire entre les lignes. Le récit de l'enterrement de Gorki deviendra sans doute un classique, entre autres, pour les assauts qu'y subit Aragon de la part de provocateurs à qui il trouve des gueules de tueurs. On y voit apparaître pour la première fois Mikhaïl Koltsov comme Michel, Micha, intime d'Elsa et de Louis, et l'histoire de sa disparition, c'est-à-dire l'aveu de la terreur stalinienne dans le vécu de l'auteur, comme celui implicite de son si long silence à ce propos. Le plus important est sans nul doute ce qui y est dit de Gorki lui-même, ce jour de son enterrement solennel :

> « Nous étions donc avec Louppol [qui n'aime pas Staline " parce que l'autre le faisait boire " et qui va bientôt en mourir], dans les rangs du cortège, déjà plus les premiers. [...] On était débordé par des hommes qui marchaient le

1. *Aragon parle, op. cit.*, p. 170-171.

long des rangs et se reformaient devant nous une sorte de bouchon. Michel [Koltsov] qui nous avait dit, il faut venir, Gorki ne comprendrait pas ; vous serez là un peu comme de la famille. Si c'était la famille devant, il avait une drôle de famille, Gorki. Son fils était mort dans un accident d'auto, enfin, celui de ses fils qui était en Russie. Je n'ai pas vu si sa belle-fille était là devant nous, elle qui est si belle. Ni les autres gens de sa maison. Maintenant, ce n'est plus à eux qu'il appartient, ni à lui-même. »

Voici le décor planté par un Aragon qui en 1965 sait tout, croit-il, ayant lu les comptes rendus des procès de Moscou, les aveux de Iagoda, et ce qui s'en est dit dans la déstalinisation sous Khrouchtchev... Et il enchaîne :

« Je ne sais pas si vraiment il n'aurait pas compris que nous ne soyons pas là [...] mais en tout cas il avait accepté que les choses se passent comme elles se passaient, sûrement. Il devait en voir la continuité, Tolstoï, Tchekhov, lui... une continuité par lui de la Russie profonde [...]. Je peux comprendre d'une certaine manière, comment tout cela devait se combiner en lui. Une sorte de sentiment de la responsabilité. La conscience de jouer un rôle que personne d'autre ne pouvait tenir. Puis quand on a accepté... »

Aragon parle-t-il toujours de Gorki ici ? Ces mots en 1965 valent trop directement pour lui-même. Entendez plutôt la suite :

« Est-ce qu'il avait perdu l'esprit critique ? Sûrement pas. Mais la question est de savoir comment il s'exerce et quand cela vient de quelqu'un comme lui, je veux dire de quelqu'un qui s'est trouvé porté, à plus ou moins juste titre, si haut, en pleine lumière, devant tous, comment un Gorki n'aurait-il pas d'abord cette crainte qu'un mot de lui, même traduisant sa pensée, puisse nuire, déconcerter, démoraliser ? Enfin, tout au moins, je le vois ainsi... »

Enfin, je *me* vois à travers lui ainsi. Oh, certes, Aragon se reprend tout de suite :

« Il y aurait probablement pour un portrait *réaliste* [souligné par Aragon de Gorki] d'autres façons d'aborder le problème. Il a eu cette chance de mourir avant qu'on lui dise que son fils avait été assassiné. Il est mort à ses propres yeux de sa belle mort... »

En fait, il aura fallu attendre cette fin de 1993 pour que surgisse enfin ce portrait réaliste de Gorki, grâce à l'obstination d'un écrivain russe qui était un enfant au temps de *La Mise à mort,* Vitali Chantalinski. Il est parvenu à faire ouvrir les archives littéraires du KGB [1]. La réalité est plus forte que la fiction, plus déroutante que le « réalisme » que pouvait imaginer Aragon. Maxime, le fils de Gorki, fut en effet assassiné, mais bien des choses laissent penser que Iagoda — le chef du NKVD — fut

1. *La Parole ressuscitée, op. cit.*, p. 343-434, « L'oiseau de la tempête en cage. Le dossier de Maxime Gorki ». Voir ci-dessus, note p. 353.

d'abord guidé par un motif intime, étant amoureux de sa belle épouse. Les conséquences toutefois furent celles que Staline aurait souhaitées. Les archives montrent que

> « après la mort de Maxime [le fils], la maison de Gorki devint littéralement une filiale du NKVD. Les organes contrôlaient en permanence l'écrivain et ses invités. Tchékistes et gens de lettres cohabitaient dans la plus grande promiscuité et se fondaient en une seule formation maligne ».

Et Chantalinski de citer la déposition après son arrestation d'Isaac Babel sur la visite de Malraux (que l'on veut incriminer) à Gorki en Crimée :

> « Je me souviens que Malraux demanda à Gorki s'il considérait que la littérature soviétique vivait une période de décadence. Ce dernier répondit par l'affirmative. La polémique avec les formalistes, les articles contre Chostakovitch que publiait alors la *Pravda* et avec lesquels il n'était pas d'accord inquiétaient beaucoup Gorki[1]. [...] Dans ses conversations, il se plaignait discrètement d'être abandonné par tout le monde. »

Sans doute est-ce en Babel un homme arrêté qui parle devant ses tortionnaires, mais il ne se fait plus d'illusions sur sa vie, et Gorki est mort. Or, Chantalinski ajoute sur cet abandon :

> « Même les journaux étaient contrôlés avant d'être distribués. Il arrivait même que l'on imprimât certains numéros en un exemplaire unique, tout exprès [...] (un tel journal est conservé dans le musée Gorki). On expliquait que c'était fait pour assurer la tranquillité d'esprit du vieil écrivain, mais en réalité, le but était de stériliser sa conscience, de le transformer en zombie facile à manier. »

Chantalinski a retrouvé le carnet de santé de Gorki. Et les extraits qu'il en donne sont irréfutables. Contrairement à ce qu'on a cru après le procès de Iagoda, Gorki est bien mort de sa belle mort. Aragon était visiblement persuadé du contraire en écrivant *La Mise à mort* et, d'une certaine façon, cette mort-là, naturelle en somme, est plus outrageante que celle qui permettait de penser qu'il avait finalement, après son fils Maxime, été assassiné par un Staline n'ayant désormais plus besoin de lui après tout ce qu'il avait « accepté ». Staline l'a dégoûté de vivre.

Le plaidoyer d'Aragon par Gorki interposé s'effondre devant la réalité. Mais le roman se sauve parce que les oraisons funèbres de Koltsov ou de Gorki, si elles bouleversaient ses lecteurs communistes, ne sont que des éléments d'un ensemble disparate qui trouve sa respiration en passant

1. La *Pravda* (de Koltsov) s'en prend en fait alors à toute la culture : « La difformité gauchiste à l'opéra a la même source que la difformité gauchiste en peinture, en poésie, en pédagogie, dans la science. [...] Ce jeu pourrait mal se terminer. » Cf. Michel Heller et Alexandr Nekrich, *l'Utopie au pouvoir,* Calmann-Lévy, 1982, p. 343.

d'une digression à l'autre. Certaines prennent même la dimension de véritables nouvelles, telle la longue digression bien apparente sur *Le Jouvencel,* le récit de Jehan de Bueil, à l'orée du roman réaliste en français, au temps de Jeanne d'Arc. Mais, au lieu d'être des précautions, voilà que ces recours créent la distance de la prose pareille à l'extranéité des portraits d'Ingres, pour parler comme Baudelaire. Voilà que tout y est, que la virtuosité époustouflante débouche sur la seule et unique tragédie.

Sans omettre une longue, une interminable lettre d'amour à Elsa, pardon, à Fougère :

> « L'homme qui se considère de cent façons différentes n'en perd pas pour autant son unité[1]. »

A très peu de temps de là, Aragon va écrire :

> « A retrouver chez moi, comme chez Buñuel, la contradiction de la cruauté, de la perversion, justement là où se dessine la perspective d'un avenir qui les dément ou *les démentirait,* tout compte fait, qu'on s'exprime par le film ou par le livre, un même mot peut signifier la méthode de pensée de deux hommes aussi différents que nous sommes, Buñuel et moi ; et cette méthode, je l'appelle ici *le roman*[2]. »

On en retiendra ces aveux qui nouent Elsa à la Nancy du jour de Sacco et Vanzetti :

> « Tu crois connaître la part qui fut la mienne à notre vie et tu veux ignorer ma jalousie ? [...] Tu es venue enfin et je n'ai plus souffert à jamais que de toi... C'était juste avant de te connaître et pour une autre, pour me déprendre d'une autre que j'écrivais ces vers, en ce temps-là je me croyais poète :
>
> *L'amour salauds l'amour pour vous*
> *C'est d'arriver à coucher ensemble*
> *D'arriver*
> *Et après Ha ha tout l'amour est dans ce*
> *Et après*
>
> Et tu fus l'*Et après* de toute ma vie. Il ne resta rien de l'*Et avant...* L'insomnie d'aimer. Craindre toujours. C'est cela qu'on résume d'un mot, le bonheur. »

Nous allons voir ce qu'il en sera dans le roman suivant, *Blanche ou l'oubli.*

1. *Aragon parle, op. cit.*
2. *Je n'ai jamais appris à écrire, op. cit.*

Cette multiplicité des définitions du roman — comme jadis la multiplicité des définitions du surréalisme — qui renforce le caractère insaisissable des intentions d'Aragon, révèle chez lui le besoin — finalement aussi fort que le besoin du roman ou que la quête du vertige du chant — d'en opérer la rationalisation. De faire croire, de se donner à croire qu'il en garde le contrôle intellectuel. Bref, de tisser là un autre roman (ou un mentir-vrai) : celui de sa propre création. Mais ce qui change dans cette troisième carrière, c'est que si le surréalisme était communication avec l'en dehors de soi, si *Le Monde réel* était abandon de l'individualisme dans l'espoir de prendre prise sur le réel extérieur, la matière d'Aragon est désormais sa vie même. Les personnages substitués sont avoués comme tels, comme l'est le mentir-vrai. Tout cet effort de possession à quoi peut se résumer l'œuvre depuis son départ se tourne désormais vers la biographie. Comme si Aragon se découvrait insaisissable à ses propres yeux. Ou plutôt comme s'il acceptait, pour donnée première de la nécessité d'écrire, le désir d'être enfin le maître de sa propre vie, le possesseur privilégié du sens de sa vie. De son *roman.*

La Mise à mort paraît en avril 1965 et retrouve le succès de *La Semaine sainte.* Elle est suivie sans hiatus par *Blanche ou l'oubli,* publiée durant l'été 1967. Dans l'intervalle, Breton est mort. Le retentissement de cette mort avive encore chez Aragon le goût du roman de soi. Il va multiplier les réflexions et les souvenirs, comme, par exemple, ces deux articles *Lautréamont et nous,* dans *Les Lettres françaises* du printemps 1967, la confidence la plus approfondie sur l'époque de *Littérature.* On a l'impression qu'Aragon cherche à mettre en évidence l'unité de sa vie, enfouie sous les démarches superficielles. La question de ses origines est désormais réglée, du moins en tant que *question.* Ce qui est en cause, c'est la jointure entre la révolte surréaliste initiale et le présent poststalinien. C'est l'établissement d'une trajectoire de la création. Aragon n'a plus d'interlocuteurs pour l'aider ou le contredire. Il peut, il doit tout assumer.

Blanche ou l'oubli a déjà ce caractère de roman des romans d'Aragon que prendra, en 1974, *Théâtre/Roman.* Il s'y donne un double, Geoffroy Gaiffier, né comme lui le 3 octobre 1897, mais qui est linguiste, spécialiste du javanais par exemple. Gaiffier est ainsi une destinée virtuelle d'Aragon, où, dans le domaine de la création, il se fût trouvé un peu plus près, disons, de Paulhan que du réalisme. Enfin, du réalisme d'Aragon. Blanche, sa femme, l'a quitté après vingt ans de vie commune. Le roman est la quête par Gaiffier — qui use alors du roman — du pourquoi de cette rupture. Du moins n'est-ce là qu'un résumé du genre mot à mot d'une œuvre aussi foisonnante que l'était *La Mise à mort.* Il faut y ajouter qu'Elsa est présente pour elle-même, comme écrivain, et que *Blanche ou l'oubli* déborde de réflexions sur le temps et la nature de l'histoire, à partir du roman d'Elsa *Le Grand Jamais.* Le roman est ici traité délibérément comme un outil à changer le monde ou la vie. Par exemple, du rapport entre *L'Éducation sentimentale* et la vie réelle de Gustave Flaubert, l'aventure réellement vécue d'Elisa Schlesinger, Aragon déduit :

« ... la science a encore fort à faire avant de pouvoir intégrer dans les classifications l'aventure humaine. Ce qui dans ce domaine lui échappe encore, porte le nom de *roman.* »

Voilà qui est fort loin des outrecuidances de *Pour un réalisme socialiste,* de 1935, ou même de la doctrine contemporaine de la postface à la version révisée des *Communistes,* où il présente, dans les *Œuvres croisées,* le dossier de la défense :

« Le roman est à mon sens un langage qui ne dit pas seulement ce qu'il dit, mais autre chose encore *au-delà.* C'est cet au-delà qui m'est précieux. [...] Toutefois, ce que je semblais avoir dit peut n'être aujourd'hui plus perçu ou l'être différemment de ce que j'entendais dire, ou ne l'être désormais qu'en fonction de faits nouveaux, qu'à la lumière de ces faits nouveaux qui en font varier les ombres. Alors, pourquoi ne pas retoucher, comme les peintres leur tableau, un ou des romans, qu'ils aient au large de moi, ne serait-ce qu'une chance sur mille de ne pas sombrer ? Qu'ils demeurent langage et non grimoire. »

Langage, le côté de Gaiffier... En fait, si Aragon doit retoucher, retravailler *Les Communistes,* c'est déjà, si j'ose dire, à cause de leur *en deçà* des raisons politiques ou de parti qui ont conduit Aragon, en 1949, à élaborer une certaine version de l'histoire du parti au moment de la crise du pacte germano-soviétique, version dont les justifications ont disparu à ses propres yeux en 1965-1966, mais dont il demeure prisonnier. Les leçons de *La Semaine sainte,* de *La Mise à mort,* du *Mentir-vrai* lui font mesurer la différence entre le réalisme et cette tentative quasi désespérée de réalisme socialiste.

Au demeurant, *Blanche*, roman d'Aragon face au langage, est aussi le roman du langage devant l'histoire. Confrontation totale avec la réalité extérieure. Celle-ci ne commande plus l'exposé. Elle lui résiste. Aussi n'est-ce pas un hasard si Gaiffier est spécialiste de Java quand, en Indonésie, sont massacrés les communistes et détruit leur parti. Le roman est aussi le reflet de cette tragédie-là : retour sur soi politique.

Le paysage idéologique a bien changé depuis *La Mise à mort.* Le schisme sino-soviétique a pris les proportions qu'on lui connaît de nos jours. Les circonstances de la chute de Khrouchtchev, après qu'il a rouvert les persécutions contre les intellectuels réformateurs au début de 1963, achèvent de détruire l'illusion que la déstalinisation pouvait en finir avec les ténèbres des crimes. A présent que nous connaissons le rôle de Denise Naville au temps de *La Défense de l'infini* et dans la fin d'*Aurélien*, tout le roman *Blanche ou l'oubli* bascule soudain comme l'aveu devant elle de ce qui était encore « indicible » lors du *Roman inachevé.* Peu avouable même dans *La Mise à mort.* Denise, remarquable traductrice de l'allemand comme on sait, venait de traduire Hölderlin pour l'édition dans la Pléiade. Aussi resurgit-elle d'abord en passant dans la mémoire de Gaiffier :

« Peut-être que je m'attarde sur l'année 22 [année de la rencontre d'Aragon avec Denise] parce que je crains de penser à plus tard, que je recule devant mon destin... Par ce qu'il tremble en moi de cette femme. Non... Qu'allez-vous penser ? »

Plus loin, la revoici :

« ... au retour de Strasbourg d'où je n'avais rien rapporté [...] à part les questions que je me posais sur Hölderlin... ».

Plus loin encore, voilà que nous allons de

« *L'Éducation* [*sentimentale*] n'est pas l'histoire des femmes avec lesquelles Frédéric ou Gustave, le héros, a couché, mais celle de la femme avec laquelle il ne s'est finalement rien passé. [...] C'est de Mme Arnoux seulement que nous avons gros cœur »,

à « la vie [force] la main à la chimère » ; à ce fait essentiel que

« le roman c'est le langage organisé pour moi... Une construction où je peux vivre »

avant que ne revienne Denise avec Hölderlin pour apporter la clé qui vient d'elle :

« " Nous ne sommes rien, ce que nous cherchons est tout... " Cette phrase me hante depuis combien d'années [...]. Le *Wir sind nichts ; was wir suchen, ist alles*... comment l'avais-je entendu de ces lèvres auxquelles était suspendue ma vie ? Les circonstances, je les ai oubliées, mais non pas ce murmure d'elle, non pas comment elle avait dit cela, parmi les gestes insignifiants d'un soir ou d'un matin. »

L'insistance mise sur Hölderlin va se concentrer sur *Hypérion*, plus précisément sur le deuxième livre du roman paru en 1799. Parce que nous y sommes avec

« Hölderlin dans ces années où c'est la République française, telle qu'il en jugeait dans sa *conviction jacobine* [en 1790] qui a été vaincue ».

Et tout cela sert à amener Gaiffier en 1956, soit l'année où Khrouchtchev reconnaît (en partie au moins) les crimes de Staline que Trotski et ses amis comme Denise et Pierre Naville avaient dénoncés (voilà pourquoi il craignait, parlant de Denise en 1922, de *penser à plus tard*) :

« En 1956... Je me souviens quand je suis tombé dans le volume second, là où Hypérion après la prise de Navarin écrivait à Diotima : " ... de joie j'ai jeté mon turban turc dans l'Eurotas, et je porte le casque grec... Bientôt, dans une semaine peut-être, il sera libéré le Péloponnèse ! " à ce moment de l'espoir du rêve devenu réalité, quand ses mercenaires campent encore devant Mistra, l'antique Lacédémone... Et puis, cette terrible lettre, deux pages plus loin, à quoi j'hésitais de me référer en français, la citant hors de mon contexte-temps, vous savez ? *Es ist aus, Diotima...*

" Tout est fini, Diotima. Nos gens ont pillé, massacré sans distinction... Nos frères mêmes errent désespérés, leur pauvre et douloureux visage invoquant ciel et terre pour qu'ils les vengent des barbares à la tête desquels j'étais [...]. L'étrange projet que de faire fonder par des brigands mon Élysée ! [...] J'ai mérité cela et je le supporterai. " »

Oui, comme Hypérion, Aragon-Gaiffier s'est allié pour vaincre à la pire sauvagerie. L'étrange projet que de faire fonder par des brigands l'Élysée du socialisme... Il a mérité qu'on lui dise qu'il était à la tête des barbares, il en supportera les conséquences. Message peu déchiffrable, sauf par Denise qui connaît son Hölderlin par cœur. A-t-elle lu *Blanche ou l'oubli* ? *Es ist aus, Denise.* Tout est fini, Denise. Voilà ce qu'il n'avait pas pu dire dans *Le Roman inachevé*, parce qu'il ne pouvait y prendre ouvertement à son compte le rapport de Khrouchtchev sur les crimes de Staline que son parti refusait. Voilà ce qu'il écrit quand ce que 1956 comportait encore d'espoir est mort. Rassurez-vous, ce n'est qu'un aveu si bien crypté qu'Aragon pourra toujours le laisser à Gaiffier. Mais il prend l'avantage de l'avoir écrit.

Elsa lisait *Blanche ou l'oubli* comme un livre presque écrit contre elle. Non point à cause des crimes staliniens dont elle parlait sans les précautions d'Aragon. Mais évidemment pour ces échos de Denise — de l'avant-Elsa — qu'à l'époque je ne pouvais comprendre. Dans l'*Après-dire* (de *Blanche ou l'oubli*) écrit après la mort d'Elsa, Aragon confesse :

« Blanche n'est pas Elsa. Je ne suis pas Geoffroy Gaiffier. [...] Des hypothèses pour essayer de comprendre ce que je n'ai pas su, pas compris. Ce que j'ai cherché. Ce que je cherche. »

Gaiffier hypothèse face à Denise, comme déjà Aurélien... Quant à Elsa, dans le roman, Aragon écrit :

« J'ai une lettre de toi. Je l'ai gardée. Je la lis de temps en temps. C'est l'acte d'accusation le plus terrible qu'un homme puisse entendre du banc des criminels. D'abord parce qu'il s'agit de crimes qui ne tombent pas sous le coup des lois. Parce que rien de ce que cela contient, je ne peux le penser moi-même. Mais quand je relis tes grands caractères bleus, ces jambages de malheur, je suis pris d'une telle honte, ivre d'un tel désespoir... »

Il s'agit de la lettre d'Elsa publiée par Michel Apel-Muller [1] dont j'ai cité des fragments en évoquant l'année 1932. Il en recopie :

1. *Recherches croisées*, n° 5, *op. cit.* Cf. ci-dessus p. 324.

« *Ce que je veux ? Rien. Le dire. Que tu t'en rendes compte. Mais j'ai déjà essayé, je sais que c'est impossible...* tu vois, deux lignes, pas même, mais déjà cela, j'étouffe d'horreur de moi. »

Blanche dans le roman, comme on sait, quitte Gaiffier, mais à cause de cette issue romanesque, Aragon n'a pas cité l'incipit de la lettre d'Elsa, les mots les plus terribles :

« Il n'est pas facile de te parler. Tu sembles oublier que nous vivons l'épilogue de notre vie, qu'ensuite il n'y aura plus rien à dire et que l'index lui-même, d'autres le liront — pas nous. [...] Il nous reste extrêmement peu de temps, et tu le sais mieux que quiconque. Mon Dieu, ce que la sérénité me manque ! toute une vie comme dans la voiture où je ne peux jamais te dire " Regarde " ! puisque toujours tu lis ou écris et qu'il ne faut pas te déranger. [...] Je te rappelle seulement l'heure : Nous en sommes à moins cinq. Ne me dis pas à moins six, parce que c'est la même chose. »

Terrible lucidité d'Elsa. Mais n'est-ce pas en réponse à cet

« ensuite il n'y aura plus rien à dire et l'index lui-même, d'autres le liront — pas nous »

qu'Aragon-Gaiffier prend à son compte Hypérion ? On lit dans l'*Après-dire* :

« Ces quarante-deux années ou presque n'ont été, ne m'ont été que la quête d'Elsa. »

Quête d'Elsa à travers Denise, face à qui Aragon trouve le temps de se délivrer de ses secrets ? Peut-être. En revanche, c'est devant Denise, pas devant Elsa qu'il s'est ouvert en 1925. Ou dans l'épilogue d'*Aurélien*. Aragon ne peut pas s'identifier à Hypérion devant Elsa. C'est Denise l'inconquise qui est Diotima, devant qui Aragon-Gaiffier a moralement « gros cœur ». N'est-ce pas le pari qu'il a pris avec Elsa qui l'a conduit à s'allier avec les barbares ? Indicible. Impensable. Est-ce si sûr ? Aragon n'écrit-il pas au même moment, non sans perversité :

« le roman est à mon sens un langage qui ne dit pas seulement ce qu'il dit mais quelque chose au-delà ».

Et si c'était dans cet au-delà de *Blanche* que se trouve la véritable correction aux *Communistes* ? La conclusion de ce qui s'esquissait dans *La Semaine Sainte* ? Hypothèses, certes. Mais en 1966, le regel en URSS ne peut plus être nié, tendant à une réhabilitation de Staline. Aragon y perd son dernier pari devant Elsa qui depuis longtemps n'a plus d'illusions. D'où cette relecture que Gaiffier fait d'*Hypérion*.

La répression contre les intellectuels y a repris brutalement, à l'automne de 1965, conduisant à l'arrestation du poète Iouli Daniel et de l'essayiste Andreï Siniavski, puis à leur procès public où ils sont condamnés à de lourdes peines. Aragon publie dans *L'Humanité* une protestation qui vaut pour le parti communiste français :

> « Je ne puis imaginer qu'un communiste considère avec indifférence le verdict rendu à Moscou dans l'affaire Siniavski-Daniel. C'est là un fait grave par sa portée, notamment en France. Les peines de sept et cinq ans de relégation dans un camp de travail viennent d'être appliquées à des hommes qui n'étaient inculpés de rien d'autre que d'avoir écrit et publié des textes qui, du point de vue de l'accusation, contre quoi les accusés se sont élevés, constituent une propagande antisoviétique. [...]
> Qu'on soit en désaccord avec ce que ces hommes-ci ont écrit, qu'on le leur signifie, qu'on leur fasse payer d'amende la contravention à une loi existant interdisant l'exportation non contrôlée de leurs œuvres, cela pourrait parfaitement être admis, quelles que soient mes réserves personnelles concernant la loi elle-même.
> Mais qu'on les prive de leur liberté pour le contenu d'un roman ou d'un conte, c'est faire du délit d'opinion un crime d'opinion, c'est créer un précédent plus nuisible à l'intérêt du socialisme que ne pouvaient l'être les œuvres de Siniavski et Daniel.
> Il est à craindre en effet qu'on puisse penser que ce genre de procédure est inhérent à la nature du communisme et que le jugement rendu ce jour-ci ne préfigure ce que sera la justice dans un pays qui aura aboli l'exploitation de l'homme par l'homme. [...] Nous voulons espérer que, pour le bien de la cause qui nous est commune, il y aura un appel au procès d'hier. Il ne nous appartient pas de dicter à un grand pays ami sa conduite, mais nous serions coupables de lui avoir caché notre pensée. »

Semblable protestation était sans précédent. C'est dans ce contexte qu'il faut la jauger. Elle fut inopérante. En fait d'appel, le jeune écrivain Alexandre Guinzbourg, coupable d'avoir réuni en un livre blanc les documents du procès, fut condamné avec Iouri Galanskov, au début de 1968, à cinq ans de camp à régime sévère. Tous les condamnés ont subi leur peine jusqu'au bout, sauf Siniavski à qui l'on fit grâce d'un an sur sept, sauf Iouri Galanskov qui est mort de mauvais traitements en cours de détention. Le parti communiste français s'est borné à cette unique protestation. Mais non *Les Lettres françaises*.

Aragon croyait sans doute au temps de *La Mise à mort* pouvoir un jour retrouver son ombre, son unité. *Blanche ou l'oubli* dit qu'il ne pourrait le faire que contre tout ce qu'il a été. Tout ce qu'il a vécu. C'est un roman de survie. Un roman sans futur. Mais justement, Aragon écrivain a encore un futur et tout va se passer comme si *Blanche* évacuait bel et bien l'insupportable du passé. Réalisait l'aveu d'oubli du titre complet.

4.

1968

> Les Lettres françaises *sont résolument du parti de la jeunesse, s'il en est un, et dans le cas présent se considèrent sans aucune restriction de fait ou d'esprit avec les étudiants. Leur cause est la nôtre. Les divergences de méthode ou d'idéologie, dont nous ne méconnaissons pas l'existence, ne sont plus aujourd'hui ce qui vaut qu'on s'y arrête. Nous n'admettons pas les blâmes collectifs dont les intellectuels n'ont que trop souvent fait les frais. [...] Nous essayons ici de joindre pour une cause qui n'est pas que celle des étudiants tous les alliés que ceux-ci peuvent avoir.*
>
> *Éditorial d'Aragon dans le numéro spécial des* Lettres françaises *du 13 mai 1968.*

La mort a frappé à coups redoublés, et tout près. Il faut penser à l'image qu'on laissera après soi. Tzara dévoré par un cancer, Breton foudroyé. Nancy anéantie par l'alcool, Sadoul peu à peu paralysé...

Aragon, quand Nancy ramassée par Police-Secours, inconsciente, dans un caniveau, avait repris ses sens et fait appeler ses amis, n'a pas répondu. Il était intervenu en 1960 quand, après une crise de délire alcoolique, on avait enfermé Nancy à Londres dans un asile, écrivant un grand article de solidarité en « une » des *Lettres françaises* : *Pour la vie* — et Nancy avait été libérée. C'est Sadoul qui avait ramené dans sa chambre, marche après marche, interminablement, une vieille femme hagarde, à demi inconsciente. C'était la fin. Nancy venait d'achever ses souvenirs sur sa maison d'édition de 1928-1930. Le contrat de l'éditeur arriva le lendemain de sa mort.

Sadoul, lui, s'était vu mourir par morceaux l'année qui suivit la mort de Breton. Il venait d'écrire chez Seghers un « Poète d'aujourd'hui » consacré à Aragon, qui les avait ramenés à leur bientôt quarante années de collaboration, d'amitié, de complicité. Aragon s'était vu au miroir de la prose de son compagnon avant de l'assister dans son agonie. Sadoul, pour respecté qu'il fût comme historien du cinéma, avait-il au bout du compte rempli les promesses du jeune homme qu'Aragon avait connu rue du Château ? Sadoul laissait un *Jacques Callot* comme témoignage d'une curiosité intellectuelle parfois brimée. Aragon prononça aux obsèques devant *L'Humanité*, boulevard Montmartre, un discours non dénué de nostalgies, où se lisait une interrogation sur le chemin qu'ils avaient pris ensemble, comme aussi leur regret commun de n'avoir pas su retrouver Breton.

La réévaluation du surréalisme apparaît dès le début de 1965, avec la publication par Aragon des *Collages* où se trouve pour la première fois reprise — réassumée — *La Peinture au défi* de 1930, passée sous silence pendant la période jdanovienne. Le livre relève cependant, par divers côtés, de l'entreprise de justification. Ce qu'il y avait de plus perspicace dans *La Peinture au défi* — pas les outrances antireligieuses, mais l'analyse des collages de Picasso, par exemple — est récupéré pour une sorte de réalisme socialiste aménagé de modernisme. Il y a recul par rapport à la préface à *D'un réalisme sans rivages*, concessions aux critiques de gauche de cette préface. Ce qui correspond bien d'ailleurs au recul connu par la déstalinisation entre 1963 et 1965.

A l'époque, Aragon tente d'apporter l'appui de son nom au mouvement par lequel les intellectuels tchécoslovaques continuent de secouer les jougs idéologiques staliniens. Officiellement reçu avec Elsa à Prague en 1965, il y prononce un discours destiné à inciter le parti tchécoslovaque à faire preuve d'ouverture d'esprit ; à cesser de se braquer contre l'esprit moderne. Aragon mesure ce qu'un retour en arrière, un « regel » aurait de grave : tous les paris qu'il a pris en seraient détruits. Tel est aussi le sens de sa protestation de 1966 contre la condamnation de Siniavski et de Daniel.

Le printemps 1966 voit ce qui est sans doute le triomphe politique d'Aragon dans le parti. Au comité central d'Argenteuil est en effet adoptée une véritable charte de la liberté de la création artistique, dont l'essentiel a été rédigé par Aragon, très au-delà des propositions initiales de ses camarades[1] :

> « L'on ne saurait limiter à aucun moment le droit qu'ont les créateurs à la recherche. [...] La création artistique ne se conçoit pas [...] sans recherches, sans courants, sans écoles diverses et sans confrontations entre elles. Le parti apprécie et soutient les diverses formes de contribution des créateurs aux progrès humains dans le libre déploiement de leur imagination, leur goût et leur originalité. »

C'est rompre en visière avec le dogmatisme soviétique et, dans ce domaine, Aragon a gagné son pari avec Breton. Il peut penser plus généralement qu'il a officialisé la divergence en ce domaine du PC

1. On trouvera dans mon *J'ai cru au matin*, p. 397-398, comment fut mis en pièces et retourné le projet initial élaboré par Krazucki, alors responsable des intellectuels dans le PCF.

français avec le PC soviétique, qu'elle est désormais irréversible et finira par prévaloir sur la fidélité inconditionnelle qui se poursuit en politique étrangère, car les affaires intellectuelles sont plus que jamais au centre des débats entre les partis communistes de l'Est et les partis de l'Europe latine, le français, l'italien, l'espagnol bien qu'il soit toujours clandestin.

C'est probablement le moment où Aragon et Elsa se sentent le mieux dans leur peau. Lorsqu'ils vont au théâtre, le Tout-Paris a cessé de leur faire grise mine. Ils ont tout naturellement élargi le cercle de leurs intimes, par exemple à François Nourissier et son épouse, heureux de sortir en même temps que de leur génération des milieux où l'ostracisme les a si longtemps confinés.

En 1967, *Les Lettres françaises* publient une longue interview par Antonin Liehm du grand poète slovaque Laco Novomesky, puis des résolutions et extraits du compte rendu du IVe Congrès des écrivains tchécoslovaques qui annoncent, dès l'été, la crise majeure de l'automne 1967. Quand je reviens de Prague, à la fin mars 1968, Aragon — après avoir hésité, mais Elsa beaucoup plus radicale que lui vis-à-vis de la politique de Brejnev l'a décidé — publie dans *Les Lettres* mon reportage sur la chute de Novotny, qui est le premier, dans la presse française, à analyser les données politiques du Printemps de Prague. Aragon comprend excellemment l'enjeu, même s'il redoute déjà qu'une réaction brutale des Soviétiques mette fin au Printemps. Il a le courage politique de rompre avec la ligne des compromis soigneusement équilibrés qui est toujours celle du parti français, lequel blâme pareillement Dubcek pour oser sortir des mensonges et Gomulka qui lance une répression sauvage contre universitaires et étudiants. Les intellectuels tchécoslovaques partent à l'assaut du ciel. A la différence des communards de 1871, le pouvoir dans leur pays appartient en théorie au peuple. Il s'agit, vingt ans après la révolution de 1948, de faire que cela passe dans la réalité. En quelques semaines, dans la liberté de la presse enfin conquise, on découvre plus de faits sur l'ignominie, la corruption et la barbarie du régime stalinien, sur le rôle des conseillers soviétiques dans le procès Slansky et la fabrication des aveux, que tout ce qui en avait été jusque-là publié dans le monde entier. *Les Lettres françaises* mettent sous les yeux de leurs lecteurs les réflexions des écrivains tchécoslovaques et leurs contributions à ce processus d'éclaircissement.

En France, parti de manifestations d'étudiants qui paraissaient banales, se développe dans le courant du mois d'avril un mouvement de contestation qui prend une dimension nationale au début de mai, quand des coups de force policiers font surgir des barricades au Quartier latin. Aragon est prêt à saisir l'importance de cette révolte de la jeunesse intellectuelle. Alors que le parti en est encore à parler de groupuscules et de meneurs, parce que ces jeunes gens ne reconnaissent d'aucune façon son autorité[1],

1. Cohn-Bendit disait : « Je suis très antiléniniste, je suis contre la méthode d'organisation du centralisme démocratique et pour un fédéralisme d'organisation. » (*Le Magazine littéraire*, n° 18, mai 1968.)

il décide, à l'instant même où le mouvement s'affirme, de consacrer un numéro spécial des *Lettres françaises* à la « prise de parole » des étudiants et des enseignants :

« Que ces pages soient prises pour ce qu'elles sont : une préface. Une préface à l'avenir. Et qu'on n'oublie pas qu'elle est écrite quand la brutalité policière commandée de haut, simplifie, éclaire tous les problèmes, toutes les mauvaises raisons d'être divisés. Disons encore notre admiration pour les jeunes gens que l'on calomnie et qui ont fait ces jours et ces nuits-ci la preuve qu'ils valaient les meilleurs de ceux qui les précédèrent sur la voie du courage et de la détermination. Si ce pays se voit aujourd'hui coupé en deux camps qui s'affrontent, le crime en est imputable à ceux qui tiennent la jeunesse studieuse pour un bétail dont ils disposent à leurs fins, et qui viennent de montrer qu'ils ne tiennent plus que grâce aux matraques, aux fusils et aux gaz. Ce mai de Paris ouvre une ère nouvelle où nul ne peut douter que le peuple français une fois de plus ne sache reconnaître les siens. »

C'était signé *Les Lettres françaises*. Rarement le journaliste Aragon avait collé d'aussi près à la réalité politique essentielle. Le 13 mai, un immense défilé — des centaines de milliers de participants — proclame dans la grève générale : « Étudiants, enseignants, travailleurs solidaires ». Si, dans le parti, ce numéro des *Lettres*, réalisé à chaud, où Aragon a donné totale liberté à ses collaborateurs et à ses invités, reçoit un accueil plutôt mitigé, il marque pour le public un tournant. Le journal bouleverse, au sens fort, et compromet le parti avec le mouvement, comme plus tôt avec le Printemps de Prague. Pour en rappeler un extrême, on pouvait y lire des lignes telles que celles-ci :

« On ne tue jamais les papas sans dégâts. Ça se fait déjà avec violence en famille. Le pays est aussi une famille. Avec ses papas Aragon, ses papas Papillon, ses papas Roche, Peyrefitte[1]... Inutile de citer tous les noms. Il suffit de citer leur mauvaise conscience, leur hâte, comme papa Aragon, à nous laisser parler lorsque nous les y contraignons et qu'il ne leur reste plus que ça à faire... »

Ce qui était pour le moins exagéré. Aragon était le seul membre du comité central à avoir osé affronter les étudiants en colère, le 9 mai, dans un meeting improvisé place Auguste-Comte. Il avait dit ses raisons à lui, face à Cohn-Bendit. Sans doute la rencontre avait-elle tourné au dialogue de sourds. En restait la crânerie, à soixante-dix ans passés, de se faire engueuler en face. En conclusion du numéro, Aragon récidiva :

« Je dis aux étudiants d'aujourd'hui que ce qui rend grave leur comportement, ce qui d'ailleurs me semble devoir conférer à leur liberté un caractère

1. Successivement, un ancien bagnard mémorialiste à succès, le recteur de l'Université de Paris et le ministre de l'Éducation nationale du moment.

> sacré, c'est qu'ils sont l'avenir et que demain, il leur faudra avoir devant leurs cadets, l'attitude qu'ils ont raison d'exiger de nous. Sans quoi ils deviendraient leurs propres ennemis. »

Cette réflexion, que je crois marquée par ce qui est alors en train de se passer à Prague, fut suivie de la reproduction des derniers vers des *Poètes* que j'ai déjà cités :

Vous passerez par où nous passâmes naguère en vous je lis à livre ouvert
. . . . à vous de dire ce que je vois

Dans le parti communiste, seul Garaudy lui fit écho dans *L'Humanité* du 15 mai :

> « Nous qui avons la fierté d'appartenir à un parti révolutionnaire, loin de nous transformer en pleureuses de l'histoire, nous accueillons avec joie cette levée humaine... »

Il n'était pas au pouvoir d'Aragon de modifier le cours des choses. Du moins s'est-il alors battu sans défaillance pour le compte de la jeunesse, des étudiants de son pays, sachant très bien que tout ce qu'il avait semé de meilleur au cours de sa longue vie allait vers ce que ces insurgés portaient dans leur cœur. On ne peut lui reprocher d'être rentré dans le rang du parti quand la bataille fut ramenée sur le terrain d'une politique qui avait été dépassée, pour aboutir à l'élection d'une Chambre introuvable.

Sitôt que le reflux des grèves eut rétabli les communications internationales, la question tchécoslovaque revint au premier plan. Le régime du Printemps s'était consolidé. Pour la première fois dans un pays socialiste, un premier secrétaire du parti communiste s'était mêlé à pied aux travailleurs fêtant le Premier Mai. Le comité central, ayant chassé de son sein les responsables du précédent régime, des tortures et des procès truqués, avait adopté un *Programme d'action* comprenant des réformes fondamentales. Mais, sous prétexte de manœuvres militaires, l'armée soviétique campait dans le pays depuis le début juin. Aragon était de plus en plus pessimiste. Il ouvrit plus largement encore les colonnes des *Lettres* aux artisans du Printemps de Prague.

L'invasion du 21 août trouva Elsa et Aragon en Suisse. Aragon a dit par la suite que, si le PCF n'avait pas pris immédiatement position contre l'invasion, il se serait tué. Il fit en tout cas que la position des *Lettres françaises* fût absolument claire. Le CNÉ publia un communiqué disant qu'il ressentait

> « avec violence le malheur de la Tchécoslovaquie envahie par les armées étrangères. Nous vivons avec nos amis tchécoslovaques tous les instants angoissants de leur lutte courageuse contre l'envahisseur et contre toute tentative de priver leur pays de la liberté d'expression sous toutes ses formes, au premier chef, de cet élément essentiel de la démocratie, une entière liberté de la presse ».

A Moscou, la *Liternatournaïa Gazeta* s'en prit à ce communiqué par une note anonyme vantant

> « l'aide accordée au peuple tchécoslovaque dans sa lutte contre la contre-révolution ».

Aragon répondit le 11 septembre — *J'appelle un chat un chat* :

> « Je suis [...] infiniment touché de la sollicitude avec laquelle la *Lit-Gaz* redoute notamment pour moi que je me rende ridicule le jour où je me trouverais obligé de reconnaître " mon erreur ". Je puis rassurer ce noble journal : il n'y a pas la plus petite chance que je me désolidarise jamais de la déclaration du Bureau politique du PCF faite à la première heure de l'invasion. Je ne suis pas absolument sûr que le ridicule soit du côté des communistes français, italiens, espagnols, entre autres, mais en tout cas, j'ai la certitude que l'odieux est du côté de ceux qui donnent un nom mensonger à l'invasion brutale de la Tchécoslovaquie, à la rupture insolente de la fraternité entre les partis communistes, au recours à la force comme méthode de discussion. »

C'était signé Aragon, *Prix Lénine international de la paix pour l'année 1958.*

Théâtre/Roman dira : *Comme si le Paysan de Paris, une aube de mai 1968...* Et c'est vrai que l'explosion parisienne de mai avait atteint en Aragon le Dada, le jeune surréaliste, le Paysan de Paris. Mais ce qu'à présent l'invasion atteint, c'est tout l'ensemble de paris qu'Aragon a pris depuis 1930-1932 contre Breton, et à partir desquels il a justifié sa conduite politique. Aussi, quelques jours plus tard, préfaçant l'édition française du roman de Milan Kundera, *La Plaisanterie*, va-t-il élever le débat et lui conférer sa véritable dimension :

> « Et voilà qu'une fin de nuit, au transistor, nous avons entendu la condamnation de nos illusions perpétuelles. Que disait-elle, cette voix d'ombre, derrière les rideaux encore fermés du 21 août à l'aube ? Elle disait que l'avenir avait eu lieu, qu'il ne serait plus qu'un recommencement. Cette voix qui depuis ne se tait plus, qui impose d'appeler vertu le crime, qui appelle aide au peuple de Tchécoslovaquie l'intervention brutale par quoi le voilà plongé dans la servitude. Cette voix du mensonge qui prétend parler au nom de ce qui fut un demi-siècle l'espoir de l'humanité. Par les armes et le vocabulaire. Ô mes amis, est-ce que tout est perdu ? »

Si la préface à Garaudy, en 1963, a marqué le point extrême de la réflexion théorique d'Aragon sur le stalinisme, cette préface à Kundera, cinq ans plus tard, dit le broyage de ses sentiments, la plongée, quand on pouvait croire que c'était bien fini, dans l'horreur ancienne :

> « Je songe à toi, Clémentis, qu'ils pendirent. A ce long silence qui suivit le martyre. [...] Ah, parlons d'autre chose. Je songe à vous que je ne puis

nommer parce que vous êtes là-bas, dans une liberté précaire, je songe à ceux qui connurent les prisons et les tortures, réhabilités, les morts et les vivants... à ceux aussi qui crurent avec le cœur de la jeunesse qu'enfin étaient venus les temps humains. Je songe aussi à ceux qui quittèrent leur pays et ne rêvent que d'y revenir. Je me refuse à croire qu'il va se faire là-bas un Biafra de l'esprit. Je ne vois pourtant aucune clarté au bout de ce chemin de violence. »

Quelques semaines plus tard, Aragon analyse par deux longs articles, dont j'ai cité (p. 362-363) les révélations sur Evgen Fried, le témoignage d'Artur London, *L'Aveu*, qui vient d'être publié à Paris. Aragon y retient les tentatives des services soviétiques de construire un véritable complot contre la direction du parti communiste français :

« L'instruction, le jugement et le verdict [du procès Slansky] y constituent une méthode employée pour récrire l'histoire de façon qu'elle soit conforme aux intérêts de dirigeants qui risqueraient sans cela qu'un jour vienne où on leur demanderait, au nom du parti, au nom du pays, des comptes d'une gestion parfois criminelle. Aucune autre explication ne peut en être valablement établie. Celle-ci mesure l'impuissance des historiens, dans des conditions sociales données, à faire honnêtement, scientifiquement leur métier, et d'autre part l'utilisation " scientifique ", par un gouvernement et ses services incontrôlables, de cette situation... »

Le 7 janvier — avec effet rétroactif au 1er janvier 1969 —, *Les Lettres françaises* sont informées que tous leurs abonnements soviétiques — qui datent des premières années de Khrouchtchev — sont annulés. Cette mesure représente un coup financier très rude pour le journal, d'autant que d'autres pays socialistes se trouvent dans l'obligation de faire de même. Au cours de cet hiver 1968-1969, le parti communiste français a rétabli un *modus vivendi* avec le parti soviétique. Sans renoncer à sa condamnation de l'invasion, on le sent désireux de mettre fin à la critique politique qui met en cause, finalement, le système soviétique. Il est prêt à accepter une « normalisation » de la situation tchécoslovaque, pour peu que l'on y mette les formes. C'est ce qui se produit en avril 1969 : après une provocation suivant une victoire de l'équipe tchécoslovaque de hockey sur l'équipe soviétique, un ultimatum des forces d'occupation contraint Dubcek à démissionner. On le remplace par Husak.

Le parti français, qui a étouffé la mesure de rétorsion soviétique contre *Les Lettres françaises*, ne les défend pas non plus. Au contraire, on signale à l'administration du journal que diverses fédérations provinciales mettent des entraves à leur diffusion. Cela n'empêche pas Aragon de persévérer. Quand est connu le « questionnaire » que le nouveau ministre de l'Instruction publique de Prague envoie à ses ressortissants, Aragon, qui le publie *in extenso*, demande :

« De deux choses l'une, ce texte [...] est un faux et en ce cas qu'attend-on pour le dénoncer comme tel ? ou malheureusement, c'est un fait, et en ce cas, il ne semble pas que les Français puissent l'accepter sans rien dire. D'autant que, paraît-il, il ne s'agit que d'une mouture destinée au domaine universitaire, de directives transmises à tous les fonctionnaires et même aux usines. L'instauration dans un pays socialiste de la délation systématique comme devoir national accompagne, on le sait, la dénonciation officielle de ce que le pays tout entier a pensé, senti et défendu d'août 1968 à nos jours. [...]

Je me permets de dire ici, devant un acte à mes yeux *pis* que les opérations militaires d'août 68, et en tout cas qui n'aurait jamais pu se produire sans le préalable de ces opérations dont il est la poursuite logique, que le document ici reproduit, même s'il est couvert par une autorité en apparence nationale (que nous pourrions appeler autrement) engage plus avant ceux qui en sont les responsables ou les fidèles exécutants dans la voie que nous n'avons pas été les seuls à désapprouver et porte un coup, qui peut être mortel, à l'internationalisme prolétarien, à la confiance des peuples dans le socialisme. [...] Ce que j'écris là est bien peu de ce que je pense... »

Les Lettres françaises sont totalement isolées dans cette campagne, qui n'est relayée en France, mis à part quelques communistes dissidents, par personne, ni à droite où l'on laisse l'URSS faire sa police, ni à gauche. Les syndicats d'enseignants et les étudiants en restent à l'amertume d'avoir subi les événements de mai 1968 ou leur échec. Nombre d'intellectuels vont alors vers le maoïsme et ne voient dans le Printemps de Prague que menées contre-révolutionnaires.

La conférence des partis communistes réunie à Moscou en juin 1969 finit par accepter de considérer que la « normalisation » était devenue une affaire intérieure à la Tchécoslovaquie, donc hors de sa compétence.

Aragon a conduit ses deux combats de 1968 jusqu'au bout. Son journal ne cessera d'être fidèle à l'une et l'autre causes jusqu'à sa disparition. Sans doute y eut-il une sorte de compromis tacite entre le parti et lui qui faisait désormais figure de vétéran du comité central. Le parti ne lui a jamais donné de démenti. Aragon, de son côté, n'engageait pas ouvertement le parti. Une fois de plus, le souci d'Aragon était pédagogique. Il enseignait à regarder la réalité en face, même si les militants ne la recevaient qu'à doses homéopathiques, ou parfois travestie. Autant Aragon était pessimiste sur le court ou même le moyen terme, autant il jugeait fondé son pari sur l'avenir du parti communiste français, et il était capable d'avoir toute la patience nécessaire pour le gagner. C'était là un pari individuel, mais les lecteurs de l'écrivain pouvaient constater que, depuis *Le Roman inachevé*, il avait conduit cet effort de dévoilement et de recherche de la vérité avec détermination, avec une ouverture à la nouveauté tout à fait remarquable chez un homme de son âge, et d'autant plus remarquable qu'elle le mettait en avant de son parti, exposé à tous les coups.

Aragon venait de renouer avec l'audace de sa jeunesse.

5.

La mort d'Elsa

Il fera si beau de mourir quand ce sera
Le soir d'enfin mourir d'enfin
D'enfin mon amour d'à mourir le soir d'enfin
Mourir

Un soir d'aubépines en fleurs aux confins des parfums et de la nuit
Un soir profond comme la terre de se taire
Un soir si beau que je vais croire jusqu'au bout
Dormir du sommeil de tes bras
Dans le pays sans nom sans éveil et sans rêves

Le lieu de nous où toute chose se dénoue

Les Chambres, *1969, cité par Elsa Triolet dans* Le rossignol se tait à l'aube.

Le Grand Jamais, Écoutez-voir, Le rossignol se tait à l'aube, derniers livres qu'Elsa ait écrits, manifestent le comble de son art, un moment de liberté sereine de l'écriture et de grande paix morale. La conteuse avait atteint à cette grâce qui n'est que dans Mozart. Ses amis ne pouvaient se défendre du pressentiment qu'elle allait mourir.

On la savait malade depuis des années. Seul Aragon avait des raisons de penser, depuis 1965 sans doute, qu'il ne mourrait peut-être pas le premier. Pendant toutes ces années, il a été hanté par l'idée que, pendant son sommeil, une nuit, Elsa pourrait... Toute sa vie, il a travaillé comme un damné, mais là chaque aube le trouvait à son bureau :

Je suis le guetteur d'épouvante
Qui se refuse à ce qu'il croit
Qui se désespère et s'invente
Nouvelle croix nouvel effroi [1]

1. *Le Miagki-Znak,* in *Du peu de mots d'aimer,* 1965.

Tout au long des années que nous venons de passer en revue, il y a en arrière-plan ce paysage d'insomnie, cette faction, face à la mort qui guette Elsa. Aragon a vécu dans une extraordinaire tension nerveuse qu'à de certains moments il n'arrivait plus à cacher. Mais il prenait sur soi, comme si, par sa dissimulation, il pouvait conjurer le danger. C'était déjà ainsi sans doute quand était venu l'appel de Nancy. La nouvelle de la mort de Breton. Puis de la tension est née une lumière, celle qui hante cet étonnant poème d'amour du grand âge : *Les Chambres, poème du temps qui ne passe pas*[1], qui a dû être écrit au début de 1969 :

> « ... ces chambres ici dont je parle sont toutes chambres, Elsa, que nous eûmes ensemble comme s'il n'avait jamais été chambres que de toi, et il est vrai, car avant toi je n'étais que le commis voyageur de mon sommeil à des haltes, des femmes éphémères... ».

Mais écoutez cette voix qui monte de l'enfer de la mort trop voisine, qui sait qu'à l'incantation du Medjnoun, dans *Le Fou d'Elsa,* la réponse est *nous ne vieillirons pas ensemble* :

> Nous arrivons au bout du voyage Les chevaux
> N'en peuvent plus Même les grelots
> S'éteignent
> Que tout me fut long et lent
> J'ai marché sur les genoux mes années
> Mes chemins saignent

Voici revenir le thème apparu dans le finale du *Roman inachevé,* déjà repris dans celui des *Poètes* :

> Il ne s'entend que sanglots par le siècle Ainsi
> Nous n'aurons rien pu faire épouvantablement
> Que voir le martyre et le meurtre
> J'avais pourtant cru j'avais cru
> Ô tes doigts tendres sur ma bouche
> Ce n'est pas moi que je plains mon enfant mais
> Les autres le blé troué battu des autres sous la grêle
> Et de ne rien pouvoir qu'en être écartelé
> Maintenant je sais comment les choses peu
> A peu s'égrènent
> Il ne reste autour de nous que cette brume du regard
> Qui n'en finit plus d'en finir
> Quelles sont pourtant les paroles dernières
> Après quoi rien n'a place et le cœur est glacé
> Je n'entends plus déjà les pas pressés des gens
> Le concierge n'a pas monté les journaux du soir

1. Les Éditeurs français réunis, 1969.

Si Aragon pouvait passer de la colère politique aux apaisements du compromis, Elsa jetait sur le monde, les gens et le cours des choses en Union soviétique, le regard impitoyable et doux de qui n'a plus rien à attendre du futur. Ce n'était pas son genre de remuer le couteau dans la plaie. Elle disait simplement que, puisqu'il y avait la plaie vive et le couteau dedans, il fallait bien l'en retirer pour que la plaie guérît. Un jour de l'automne 1969, après que la normalisation se fut installée en Tchécoslovaquie, tous journaux et écrivains bâillonnés, les intellectuels du Printemps, les communistes du Printemps persécutés jusque dans leurs enfants, Elsa me demanda tout à trac, en présence d'Aragon : « Pierre, si on vous mettait un jour dans l'obligation de faire le journal comme si ces monstruosités n'existaient pas, que feriez-vous ? » Je dis que je demanderais à Louis « que nous mettions la clé sous la porte ». Elsa reprit : « Tu vois, Louis, Pierre pense aussi qu'il peut se trouver une situation où mieux vaudra supprimer le journal que de le déshonorer. » Aragon protesta que jamais le parti n'exigerait une chose pareille, ce qui fut d'ailleurs le cas. « Êtes-vous sûrs qu'il ne se présentera jamais une telle situation ? » répéta-t-elle. J'eus tout à coup l'impression qu'elle parlait comme si elle doutait d'être encore là — mais dans très peu de temps, la semaine prochaine, le mois suivant... Elle avait cette hantise qu'on sût résister à la vague de réaction qui balayait dans les pays socialistes le peu de libertés arrachées au début des années soixante. Elle le manifesta avec éclat lors de l'expulsion de Soljenitsyne de l'Union des écrivains soviétiques en décembre 1969.

Le communiqué alors adopté par le CNÉ — le plus violent contre l'Union soviétique jamais publié par l'organisation — est de la plume d'Aragon, mais garde l'empreinte de sa voix :

> « Faut-il vraiment que les grands écrivains de l'URSS soient traités comme des êtres nuisibles ? »

C'est dans ce même esprit de responsabilité devant la postérité qu'un des derniers articles d'Elsa dans *Les Lettres françaises* a rendu compte du manifeste d'Andreï Sakharov, qui venait d'être publié en français : *La Liberté intellectuelle en URSS et la coexistence*[1].

Aragon, à l'époque, est plongé dans l'énorme travail de remise en ordre de ses anciens articles et manuscrits qui va aboutir à *Henri Matisse,*

1. Idées, Gallimard. L'article, « Le cas d'Andreï D. Sakharov » a été publié dans le numéro des *Lettres françaises* du 19 février 1969. Elsa y présente Sakharov, pratiquement inconnu et son livre sorti illégalement d'URSS. Elle concluait : « Depuis le temps que cela dure, je continue à ne pas comprendre cette peur et cette haine de la liberté intellectuelle dont sont possédés les dirigeants soviétiques. [...] Il est inimaginable qu'on tolérerait [en URSS] un poète, par exemple, écrivant et signant un texte aussi critique que celui de Sakharov, sans qu'il soit envoyé dans quelques lointains parages enneigés. On n'est pas très sûr d'avoir besoin d'un poète. [...] Personne ne songe de nos jours qu'il n'y aurait peut-être pas eu de Sakharov si l'art n'avait pas agi sur lui ou sur ceux qui l'ont précédé. Que l'art est utile. »

roman. Il y réunit tout, depuis le premier texte de 1941, mais il doit intercaler des chapitres de liaison, expliciter des allusions, des faits, tenir compte de nombreux éléments nouveaux, les discuter. Il établit un double, parfois triple système de notes, d'où des complications sans fin de mise en pages. Il écrit ses propres réactions, sa propre vie, un véritable roman d'Aragon face au roman de Matisse. Il dira en 1974 à Jean Ristat :

> « Je sais bien que le fait d'appeler roman l'histoire de mes rapports avec Matisse pouvait passer pour une provocation. Il ne s'agissait pourtant pour moi que de dépasser la critique d'art, de ne pas passer pour un critique d'art [1]. »

En fait, si *Henri Matisse, roman* est un inimitable reportage sur Matisse, les décors de Matisse, Matisse et ses modèles, les inquiétudes de Matisse, le travail de Matisse, l'homme Matisse et « un personnage nommé la douleur », il y est aussi question d'Aragon au miroir de Matisse. Je ne connais pas un autre livre d'Aragon, avant *Théâtre/Roman,* où il ait tant livré de lui-même.

Pourquoi Matisse l'a-t-il à ce point provoqué ? Et si durablement ? On me dira que, déjà, *La Mise à mort* ou *Blanche ou l'oubli...* Mais, ici, ce n'est pas pareil. Aragon se sent contraint d'aller plus profondément encore en lui-même, provoqué par l'art de Matisse, par le silence de Matisse, et la sorte d'inquisition que ses compositions suscitent en nous par une perfection même.

Chaque moyen d'expression — songe Aragon en 1945-1946, c'est-à-dire en pleine crise de la fin de la Résistance, quand sa poésie se trouve comme jamais mise en cause comme poésie du seul passé —

> « ... chaque moyen d'expression a ses limites, ses vertus, ses manques. Rien n'est plus arbitraire que d'essayer de substituer la parole écrite au dessin, à la peinture. Cela s'appelle la critique d'art, et je n'ai pas la conscience d'en être coupable ici. La nécessité de transposer d'un plan à l'autre la leçon d'Henri Matisse m'a amené à une espèce de danse des phrases autour de lui. Il y a plus de sérieux à cela qu'on ne l'imagine, et un sentiment plus profond qu'on ne croira de l'inexprimable ».

Quand Aragon se met à *Henri Matisse, roman,* il est bien loin de cette preuve par la peinture qu'il avait demandée à *Matisse-en-France,* comme plus tôt aux collages cubistes, ou plus tard aux dessins de Fougeron. Au ciel national, désormais, Aragon a rejoint Matisse et il peut donc s'occuper d'eux deux, sans précautions ni appât d'aucun gain idéologique. La grandeur du livre tient probablement à cette plongée sans prudence de 1968-1969 dans l'art de Matisse, plongée libre, qui n'est pas, à de certains moments, sans faire penser à celle de Malraux dans le cours du *Musée*

1. *Le Magazine littéraire,* n° 89, juin 1974, p. 21.

imaginaire. Pour qui écrit, la peinture est toujours un moyen de sortir de l'aquarium, d'échapper à la pression trop forte d'un monde peu respirable.

Malraux s'y jeta quand le temps de la guerre fut passé pour lui. Aragon est allé à Matisse dans le désastre français de 1940. Il y revient par les grands ébranlements de 1968 et mène son livre à bien dans une douleur tant politique qu'intime. Écoutez-le parler, en 1969, de Matisse et la *Grande Composition* :

> « Devant nous s'ouvrent les contrées ignorées de la couleur pure par quoi se poursuit l'aventure entreprise dès les jours du fauvisme. [...] Il faudra bien qu'on l'admette un jour ou l'autre comme le triomphe de l'homme sur son temps, oui, jusqu'à la grande composition dont il percevait, au loin, la respiration profonde, en ces heures de 42 où il me dit qu'il allait enfin, qu'il croyait être arrivé à l'instant d'aborder ce qui dans sa bouche semblait l'avenir, le ciel, le vertige et qu'il appelait, lui, la *Grande Composition.* [...] Les découpages d'ailleurs ne sont pas envisageables autrement et, dès que la chapelle [de Vence] eut donné comme le signal des grandes dimensions, ils atteignirent l'audace géante que l'on sait. [...] Et c'est ainsi que l'œuvre de Matisse tout entière converge vers cet éclatement, vers cette époque d'une jeunesse nouvelle, athlétique, après quoi l'on peut bien mourir... »

Le livre, à cause des délais de fabrication, ne paraîtra qu'au printemps 1971. Près d'un an après la mort d'Elsa.

Le rossignol se tait à l'aube a vu le jour au début de 1970. On a lu ce livre comme un adieu, et la critique fut non seulement excellente, mais soudain pleine d'attentions étonnamment délicates. Elsa, qui avait eu tant à en souffrir autrefois, était déjà au-delà du succès. Elle avait ce détachement qui la rendait encore plus menue, comme translucide. Elle allait mieux. C'était la santé d'Aragon qui m'inquiétait. Il se laissait dévorer par l'anxiété et passait par de douloureuses crises cardiaques. Il me répétait qu'il partirait le premier, qu'il ne verrait jamais ce *Matisse* publié.

Au début de juin, Elsa avait tenu à aller voir ma femme à la clinique où notre fils venait de naître. J'étais alors au journal. J'appris qu'Elsa avait eu une crise en venant, dans sa voiture. Aragon avait dû la soutenir. Elle avait gagné le moulin de Saint-Arnoult tout éblouissant des fleurs qu'elle avait plantées. Le printemps y régnait. Le mardi après-midi, on vint me prévenir que la télévision me demandait : Elsa était morte. Je bondis dans ma voiture. Quand j'arrivai à Saint-Arnoult, Aragon était déjà entouré de quelques amis. Il errait, au-delà de tout ce qu'on pouvait lui dire, comme dans un état second dont il n'émergeait que pour des coups de téléphone. Prévenir Lili Brik, la sœur aînée d'Elsa, à Moscou... Déjà prendre des « décisions pratiques »... Tout ce pour quoi personne ne pouvait se substituer à lui. Sa douleur créait un infranchissable barrage de solitude. Il marchait interminablement par les couloirs de cette maison qu'Elsa avait si totalement imprégnée de sa présence.

L'enterrement fut pris en main par le parti communiste. Par Georges Marchais, qui agissait déjà en secrétaire général[1]. Comme pour Georges Sadoul, le cercueil fut exposé dans le hall de *L'Humanité*, boulevard Montmartre. Il y eut un discours déchirant de Neruda. Dans la foule des amis, on reconnut Pierre Emmanuel. Soudain, ce qui pouvait encore se reformer de l'union de la Résistance, devant Elsa, reprenait visage. Un cortège de quelques intimes et des dirigeants du parti gagna le cimetière de Saint-Arnoult où attendait Pierre Seghers, arrivé droit de Sardaigne.

Quand ce fut fini, je sus qu'Aragon avait déjà assumé sa solitude. Il faisait front avec le courage que je lui ai toujours connu dans les mauvais jours. J'ai su alors qu'il vivrait.

Il a repris pied dans l'adoration d'Elsa. Il avait obtenu l'autorisation qu'elle soit enterrée dans leur parc de Saint-Arnoult, au cœur d'un bosquet de grands arbres où elle aimait à venir s'asseoir. Faire construire le caveau, classer les papiers d'Elsa, prendre des dispositions pour l'avenir de son œuvre, la continuation des *Œuvres croisées*... Aragon pouvait désormais s'absorber et se perdre dans des tâches pratiques d'organisation, de rangement, y chercher la fatigue.

Elsa avait introduit dans sa vie une rigueur qui transforma le jeune homme d'insolences, changeant comme le temps, en prosateur inimitable, le poète virtuose en grand écrivain. Elle lui apporta en dot l'ordre — confondu avec celui du parti, bien qu'elle n'en fût pas, mais elle était d'URSS —, la discipline — qui prit nom de réalisme socialiste —, bref, la suite dans les idées. Aragon avait besoin de s'entendre écrire, et donc de lire à haute voix la course de pur-sang de ses mots, articles, poèmes, fragments de romans. Combien de fois n'ai-je pas entendu Elsa le désarçonner à la moindre facilité, lui rappeler que son premier jet était merveilleux — et de fait il vous grisait —, mais que son second serait beau. Et c'était vrai. Il avait en Elsa l'interlocutrice capable de le battre sur son propre terrain, possédant une intelligence diabolique de la création littéraire, capable à première lecture de prévoir déjà la seconde articulation du langage qui crée la convergence dans le roman, qui noue le poème.

L'émulation avec la conteuse, sitôt que chez Elsa l'écrivain français prend son essor, joue son rôle dans les romans à partir d'*Aurélien* — *Les Communistes* exceptés, où Elsa a moins de part que de coutume, le parti étant le principal partenaire. Elsa, toutefois, a favorisé leur réalisation, permis ce travail démentiel en laissant à Aragon la disposition de la seule pièce un peu grande de la rue de la Sourdière, pour ses montagnes de documentation, se faisant soudain épouse attentive, appréciant l'enjeu à sa juste valeur...

Elsa avait su accepter le culte qu'Aragon lui a voué, tant à partir de la crise de 1941-1942 qu'après celle de 1956. Il y fallait un courage et une abnégation qu'on ne soupçonne pas, ce culte étant public. Elsa n'avait évidemment aucune envie de cesser d'être elle-même : une femme qui

1. Voir épilogue, p. 542 et suiv.

avait un mari, certes, un poète, mais qui existait en dehors de lui, était un écrivain indépendant, quoi que ce mari écrivît d'elle. Elle était devenue un objet d'adoration et il lui fallait le payer très cher. L'adoration consacre toujours une inégalité. L'esclavage courtois qu'affichait Aragon la mettait au rang d'une reine, ce qui masquait son rôle de conseillère et faisait retomber sur elle tout ce que les gens ne supportaient pas chez Aragon. Mais elle savait qu'Aragon n'aimait pas les lendemains de ses décisions et que c'était à elle de tisser la continuité de leur vie sociale.

Elsa n'a certainement pas été une femme heureuse. Elle était trop pessimiste pour se croire jamais victorieuse. Dès le début de leur union, quand ils s'installent ensemble début 1929 rue Campagne-Première, elle cerne dans son journal l'instabilité d'Aragon :

> « C'est un beau garçon, une prima donna. [...] Mais à qui laisserai-je ce garçon et vers quoi irai-je moi-même ? »

Cette instabilité foncière, elle est parvenue à la canaliser, à ne plus la partager qu'avec le parti, en sachant très bien avec sa lucidité imparable que, tout comme avec le parti, Aragon ne serait jamais vraiment à elle, qu'il ferait d'elle, comme du parti, d'autant plus un objet de culte qu'il ne parviendrait jamais à surmonter une insatisfaction profonde, profondément enfouie, qu'il révéla après sa mort par une homosexualité affichée. Ce que nous pouvons deviner de ses relations intimes avec *« l'amie éclatante et brune »*, homosexuelle de son côté, ou de sa vie avec Nancy mutilée par son hystérectomie, laisse voir le malaise — qu'on songe aux aveux de *La Grande Gaîté* ! — qui ne s'est jamais sans doute non plus dénoué en une entente physique heureuse avec Elsa.

Quand je les ai rencontrés fin 1945, dès la première conversation que j'eus avec Elsa, elle me dit, à ma stupéfaction, qu'allant avoir cinquante ans elle avait décidé de mettre un terme à sa vie de femme. Pourquoi le lançait-elle sans crier gare au visage du garçon de vingt-trois ans que j'étais alors ? Je le pris pour une bravade, lui fis compliment de sa beauté, réelle. « Une femme doit prendre les devants », me répondit-elle gravement.

Entre 1948 et 1951, comme j'étais de nouveau célibataire, Aragon m'entraînait deux ou trois fois par semaine dans d'interminables balades dans Paris la nuit, parce qu'il ne voulait pas rentrer avant Elsa qui sortait beaucoup sans lui, préparant sans doute ce qui allait devenir *Le Cheval roux* et *Le Rendez-vous des étrangers* afin de se sortir de la crise romanesque qu'atteste *L'Inspecteur des ruines*. Louis était intarissable et quel merveilleux parleur. Sur sa jeunesse. Sur l'histoire secrète de chaque quartier de Paris. Aussi sur ses deux guerres. Parfois, comme par effraction, des anecdotes du temps du surréalisme, jamais sur Breton (il se rattrapa après sa mort). Mais il prenait comme un fait établi pour moi qu'il n'y avait plus de relations sexuelles entre Elsa et lui et ne faisait pas mystère de sa frustration. Quoi faire de son corps quand on veut rester fidèle à sa femme ? Je ne prenais pas sa souffrance assez au sérieux, croyant avec la naïveté des jeunes hommes que la cinquantaine franchie, sa sexualité devait s'être émoussée. Je ne voyais pas plus malice — seulement un inconfort certain — qu'il m'entraîne à la belle saison déjeuner chaque semaine à la piscine Deligny, très masculine en ce début des années cinquante, où l'on étouffait, sans s'y baigner. Je jugeais tout aussi naturel que, dans le choix des jeunes poètes, Elsa s'arrogeât tous les garçons, laissant à Louis des demoiselles et dames dont certaines étaient prêtes à tout (en vain) pour se faire publier.

Évidemment, cela se passait en abîme, après le procès Rajk, en ce départ de la guerre froide, dans un temps que nous savions, Louis et moi, hors de ses gonds. Sous le culte d'Elsa, certes. Il en éclatait de temps à autre des scènes irrépressibles d'Elsa quand l'avenir de Louis lui semblait en cause, de son fait ou du fait du Parti. Elle craignait pour lui autant que pour elle, en ces années de traversée du désert, l'assassinat littéraire. Il en surgira un aveu de Louis dans sa préface à son *Œuvre poétique* après la disparition d'Elsa :

> « Mais à la fin cela m'agace (comme bien plus encore cela l'a toujours fait à Elsa pendant les quarante-deux années de notre vie commune) — cela ? Je veux dire deux choses : que notre vie ait été cette idylle qu'on prétend, et du même coup que je doive à Elsa mon destin politique. Il suffit de le dire comme cela, d'abord parce que c'est vrai. Et que notre vie n'a d'aucune façon, même politique à part, été cette image d'Épinal que bien des gens ont fini par croire, de l'entendre rabâcher en bonne comme en mauvaise part. »

Et pour ce qui est de la politique, Elsa, j'en témoigne, de par son passé soviétique, n'avait sur l'appartenance de Louis au Comité central aucune des illusions que celui-ci s'efforçait d'entretenir en lui-même ou pour les autres. Quand elle a écrit :

> « Tu sembles oublier que nous vivons l'épilogue de notre vie, qu'ensuite il n'y aura plus rien à dire et que l'index lui-même, d'autres le liront — pas nous »,

après que la chute de Khrouchtchev eut tiré un trait définitif sur les possibilités de réforme du communisme dont Louis s'obstinait à croire qu'il provoquerait la victoire, c'était pour lui signifier que la partie était bel et bien perdue. Fichue. On ne saura jamais ce que les audaces du *Roman inachevé* jusqu'à *Blanche ou l'oubli* lui doivent. Il suffit de voir avec quel laisser-aller cynique Aragon a tout couvert des mensonges du PC après sa mort et la destruction des *Lettres françaises.*

Leur couple a triomphé des obstacles dans une communion conservée. Mais, pour le survivant, la fidélité intellectuelle n'était pas, ne pouvait pas être donnée une fois pour toutes. Aragon se trouvait soudain sans confidente, sans premier lecteur, sans complice, brusquement dé-croisé. Il lui fallait réinventer sa vie, devenue unique. C'est-à-dire assumer l'absence d'Elsa.

Aragon a eu le courage de survivre en restant un vivant. Depuis le 16 juin 1970, il m'est souvent arrivé, pensant à lui, de me redire les vers d'Eluard après la mort de Nusch :

> Laissez-moi donc juger de ce qui m'aide à vivre
> Mon immense raison de vivre
> Après le plus grand abandon...

6.

Après

J'attends mourir comme un mauvais amant
Toujours en retard au rendez-vous
A cet affreux carrefour de l'absence
Dans ce lieu sans espoir même d'une parole
Sans même le gémir d'un reproche profond
Sans ce coup d'œil perdu qu'on porte sur les portes
Et pareil à jamais à l'arbre de grand vent

Les Mots de la fin, *dans* Théâtre/Roman.

Lui qui ne s'était plus exposé sur une plage depuis quelque quarante ans s'est remis à nager éperdument, dans cette banlieue toulonnaise qui connut l'enfance de sa mère. Il est redevenu d'un jour à l'autre le noctambule qui cherche en vain la fatigue et dont l'acharnement stupéfiait Matthew Josephson au temps de Dada. Il a remis ses pas, comme si de rien n'était, dans ceux du jeune homme d'autrefois, d'avant Nancy, du temps de « l'amie éclatante et brune » et de Denise. Le snobisme de sa vêture, qu'Elsa avait retenu dans des limites presque classiques, s'est soudain paré de toute la fantaisie qu'Yves Saint-Laurent a su inventer après 1970 pour la mode masculine. Aragon s'entoure de jeunes poètes et peintres des difficiles avant-gardes d'un art déboussolé. Ceux qui n'ont vu là qu'un oubli d'Elsa oubliaient eux-mêmes que ces viols de l'ordre, de la clôture qu'Elsa avait imposés à sa vie étaient aussi manière de retrouver sa présence, de conserver intact l'univers de leur couple dont la mort venait de faire une parenthèse.

Aragon attaque ainsi l'article des *Lettres françaises* de janvier 1971 où il reprend la parole :

> « L'expérience d'une vie n'est pas transmissible, mais quand j'avais treize ans, un camarade de classe m'a prêté *L'Annonce faite à Marie* pour me faire rigoler aux dépens d'un certain Claudel. Mon oncle me disait à l'heure où paraissait *Alcools* : « Apollinaire a beaucoup à se faire pardonner. » En 14,

> le Doumic où nous préparions le bachot ne nommait Rimbaud que dans une parenthèse à une note en bas de page concernant Verlaine, et ma mère m'ayant trouvé avec la photo d'un Matisse s'était mise à pleurer, me considérant comme un enfant perdu. »

C'était pour en venir à ceci, la raison de cet article de rentrée :

> « J'ai toute ma vie prêté la plus grande attention aux fleurs inattendues, provocantes souvent, qui sortent de la jeunesse. Je n'ai rien oublié de ce que je fus. Je continue à m'étonner de la prétention de ceux à toute nouveauté qui opposent ces jugements définitifs, dont le seul résultat sera dans l'avenir de les ranger parmi les juges ridicules du passé. [...] La génération d'aujourd'hui qui a de vingt à trente ans est à mon sens depuis un demi-siècle la plus singulière, la plus attirante que j'aie vue se manifester. Je le dis. J'y insiste. Que demande-t-elle ? Je l'ignore, mais de toutes les forces d'un homme qui sait bien qu'il n'a plus devant lui longtemps à s'émerveiller, j'attends d'elle plus que je n'ai jamais attendu d'aucune autre. Voilà. Cela peut paraître ridicule. C'est ainsi. »

Voilà qui pourrait passer pour le désir du vieil homme de se mirer dans les yeux de ceux de qui va dépendre la survie immédiate de son œuvre. Et qui chicanerait à Aragon le droit de tout faire pour cela, de préparer l'édition de son œuvre poétique avec des commentaires appropriés ? Il dit à Ristat, qui appartient à cette génération « la plus attirante » et qui assure ce commentaire :

> « Je fais le point parce que je n'ai pas le temps de laisser à d'autres le soin de le faire. J'ai entendu toute ma vie sur ce que j'écrivais un certain nombre de sottises remarquables. Je préfère, et cela parce que j'ai le respect de la jeunesse, je préfère que les données exactes soient à sa portée, non pour faire des jeunes gens d'aujourd'hui et de demain des thuriféraires, mais pour qu'ils sachent pourquoi j'ai fait certaines choses, pourquoi j'ai passé par ce chemin plutôt que par tel autre et pour qu'ils puissent juger les intentions qu'on m'a prêtées en grande partie parfaitement fausses, et ceci en bien comme en mal[1]. »

Bon. Il y a cette intervention consciente, dans l'espoir de guider les pas de la critique de demain : mais cette intervention appartient à la longévité lucide ; pourquoi la lui refuser ? Elle apporte, à l'insu d'Aragon, la preuve même du doute sur ce qu'il affirme le plus fortement. Si Aragon est le plus mauvais joueur quand il dit abattre son jeu, il le sait tout le premier, et que l'histoire, tôt ou tard, met tout au jour. L'important dans cette démarche est l'extraordinaire effort de feindre de jouer la belle, en sautant par-dessus la revanche. La capacité du vieil homme à lire ses cadets de deux générations, à les écouter malgré sa mauvaise oreille, à se pénétrer de leurs images, à s'immerger dans leurs spectacles, comment n'y pas déchiffrer tout ce que cette opiniâtreté à faire prévaloir son jugement

1. *Le Magazine littéraire, op. cit.*, p. 58.

sur soi implique de défaite reconnue, d'échec assumé à changer la vie. A changer sa vie. On me dira qu'Aragon a tant de fois fabulé sur sa défaite, tant de fois écrit au noir de néant sa propre destinée, pour prendre de court le jugement d'autrui, incité ceux qui viennent après lui à réparer ses propres injustices, que je me laisse avoir à mon tour. Je le veux bien. Je plains ceux qui ne se laisseraient pas « avoir » et se fermeraient ainsi à l'au-delà tragique du message.

La mort d'Elsa ne changeait évidemment aucune des échéances politiques du processus de « normalisation » entamé par un parti communiste d'URSS qui n'avait rien appris, ni rien oublié, s'il honorait désormais Elsa morte. Elsa vivait encore pour l'échéance qui vint à terme au XIXe congrès du PCF. Garaudy étant passé à l'attaque du bureau politique auquel il appartenait toujours, Aragon, qui avait jusque-là soutenu ses critiques du marxisme dogmatique ou de la bureaucratie soviétique, le tint à distance. A ce congrès, le cas de Garaudy serait tranché. Il était convenu qu'Aragon assurerait la présidence d'une des séances, mais quand le congrès s'ouvrit, Aragon était souffrant. Il prit cependant sur lui pour remplir son rôle. Il avait obtenu, me dit-il, de ne pas présider la séance où le délégué soviétique aurait la parole (et défendrait l'invasion de la Tchécoslovaquie). Il considérait en revanche comme un succès d'assumer cette présidence devant les délégués des partis qui avaient participé à l'invasion ou qui l'approuvaient...

On lui donna à présider la séance qui suivit immédiatement l'ultime intervention de Garaudy, accueillie dans le silence muré du congrès. Faisant partie des invités, je n'avais pas voulu partager, en hôte muet, ce silence politique. J'arrivai donc dans la salle comme celle-ci commençait à se remplir. Aragon pénétra lentement par le fond dans l'immense tribune encore à peu près vide. Il s'installa devant le micro central du président. La salle ne le repéra pas tout de suite, sans doute à cause de la longue crinière blanche qu'il avait laissé pousser. Les applaudissements éclatèrent au fur et à mesure qu'on le reconnut. Cette ovation s'enfla, déferla soudain avec une démesure inouïe. Les congressistes se défoulaient comme au concert quand la musique vous a transporté, mais là, c'était leur silence du matin qu'ils balayaient. Ils avaient perdu Garaudy, mais Aragon était là... Ils lui firent une fête à n'en plus finir. A quoi pensa-t-il, cherchant vainement, des minutes et des minutes durant, à obtenir leur silence ?

A quelque temps de là, *Les Lettres françaises* s'ouvrirent sur un éditorial insolite composé comme une affiche :

« EST-IL VRAI...

Est-il vrai que le fils du grand poète tchécoslovaque Vitezslav Nezval (mort il y a quelques années et qui fut mon ami) vient dans son pays de se tuer volontairement en se jetant d'une fenêtre ?

Est-il vrai que ce fait nulle part mentionné dans la presse de l'actuel gouvernement de Prague soit tenu secret ?

Est-il vrai que ce malheureux enfant, poussé à ce geste par l'état de sa patrie, avait, pour l'expliquer, laissé une lettre qui semble avoir été escamotée ?

Est-il vrai que dans cette lettre il demandait que ses cendres soient placées auprès de la sépulture de son père et qu'aucun compte n'a été tenu de sa prière ?

Est-il vrai que ceci soit possible dans un pays socialiste ?

Et dans le pays de Nezval, poète de l'avenir communiste ?

Je n'en souhaite que le démenti.

Aragon. »

La « normalisation » venait de tuer le fils de l'ancien surréaliste tchèque qui, comme Aragon, avait trouvé sa voie dans le parti et échappé au sort tragique de ses compagnons de jeunesse à l'orée des années cinquante. Aragon reçut bien un démenti, mais pas celui qu'il souhaitait. Le hasard avait voulu que le numéro contenant cet éditorial précédât tout juste la vente annuelle du « livre marxiste » organisée par le PCF. Il devait en conséquence y être, comme de coutume, diffusé. Georges Marchais et Roland Leroy débarquèrent chez Aragon pour lui faire valoir que le parti ne pouvait assumer la responsabilité d'un semblable éditorial devant les représentants des partis communistes étrangers participant à la vente, et qu'en conséquence ce numéro des *Lettres* ne pourrait y figurer. Les espoirs qu'Aragon avait nourris, touchant à la signification de sa présidence au congrès, s'effondraient. Il plia. Le lendemain, il eut une crise cardiaque et la présence d'esprit de se faire aussitôt transporter à l'hôpital où exerçait son cardiologue. L'alerte fut heureusement aussi brève qu'elle avait été brutale. Mais il y apprit du même coup que ses crises n'étaient que de tachycardie, « qu'il vivrait aussi longtemps que son père » et que ni lui, ni son journal n'étaient « intouchables » pour le PCF.

Ce fut là en effet le premier symptôme de la maladie qui allait emporter, quelques mois plus tard, *Les Lettres françaises*. Le journal ne s'était jamais remis de l'interdiction soviétique de 1969. Les conditions économiques faites à la presse française, et plus encore aux hebdomadaires culturels, ne le lui eussent pas permis sans soutien extérieur accru. L'affaire de la vente du « livre marxiste » n'arrangea rien, on s'en doute.

L'échéance arriva à l'automne de 1972. Jusqu'au bout, le journal était resté fidèle aux espoirs du Printemps de Prague, au soutien des intellectuels persécutés. Il avait aussi rempli son devoir face à la jeunesse et aux espoirs du printemps français de 1968. Jamais sans doute son influence n'avait été aussi grande depuis la Libération que dans les mois qui précédèrent sa disparition. Tous les amis de la Résistance furent du dernier numéro : Cassou, Vercors, Seghers. Picasso avait signé une photographie le représentant aux côtés du violoncelliste Rostropovitch qui hébergeait Soljenitsyne plus que jamais persécuté.

Aragon écrivit *La Valse des adieux*. On y lisait d'entrée de jeu :

« Il y a diverses façons de se taire. Il y a diverses façons d'être seul. Ces dernières semaines, j'étais isolé du monde. Par le mal qui se niche ici ou là

dans l'homme, et en devient la grande affaire, si bien que le temps n'a plus de poids, que les jours passent, et les nuits. Tout prend le caractère équivoque des rêves. Des rêves ? Il n'est même pas si sûr qu'il s'agisse des rêves. Cela ressemble à la vie. Une longue histoire. Et puis pas seulement : à la vie en général. A la mienne. A ma vie, cette vie dont je sais si bien le goût amer qu'elle m'a laissé, cette vie à la fin des fins qu'on ne m'en casse plus les oreilles, qu'on ne me raconte plus combien elle a été magnifique, qu'on ne me bassine plus de ma légende. Cette vie comme un jeu terrible où j'ai perdu. Que j'ai gâchée de fond en comble.
Quoi ? Voilà les protestations qui recommencent. A la fin, je sais de quoi je parle. Je le sais mieux que vous, je ne suis pas le personnage que vous prétendez m'imposer d'être ou d'avoir été. J'ai gâché ma vie et c'est tout. »

La fin de cet autre mentir-vrai, ou plutôt d'un vrai à la frontière du rêve, à moins que ce ne fût un rêve à la frontière du vrai, renouait avec l'attaque :

« Ce qui me reste à vivre est trop court, j'en suis sûr, pour vous persuader de l'atroce nocivité qu'il y a dans l'esprit de contentement de soi et des autres. Comment vous détournerais-je de cette illusion d'aller de victoire en victoire ? Pourtant rien n'est plus nécessaire que d'en voir la fausseté. [...] Pour ma part, j'ai regardé en moi et j'ai vu le fond de l'abîme. Je ne vous dis rien d'autre qu'il faut savoir regarder en face le malheur, et pas le déguiser en son contraire. Je vous le dis à vous qui avez encore le temps de profiter de cette leçon de ma vie et de mes rêves. Je vous le dis mêlant mes rêves et ma vie, pour mieux apprendre à les séparer ensuite. Parce que dans la vie, il y a certes un dangereux quotient de rêves, mais dans les rêves aussi il faut savoir lire sa vie, voir plus loin qu'elle. Voir plus loin que soi.
Je sais d'expérience que c'est difficile et que souvent cela fait mal. Mais si vous voulez qu'au moins en une chose je me vante, je vous dirai que de cette vie gâchée qui fut la mienne, je garde pourtant un sujet d'orgueil : j'ai appris quand j'ai mal à ne pas crier.
Cela m'a beaucoup servi ces jours-ci. »

C'est là le dernier article qu'Aragon ait publié dans un endroit où il était le patron. Je ne dis pas que ce soit un testament, encore que j'y lise mieux sa leçon que dans telle ou telle de ses démarches qui suivirent. A partir de là, Aragon n'a plus de journal à lui qui lui permette d'intervenir à sa façon dans l'actualité.

L'été 1972, juste avant la disparition des *Lettres françaises*, avait amené Aragon chez Picasso à Mougins. Ils ne s'étaient pas revus depuis les années 1954-1955. En fait, Aragon connaissait fort mal l'éblouissante période de création qui s'était ouverte depuis l'entrée de Jacqueline dans la vie de Picasso. C'était probablement, chez Aragon, une autre façon de renouer avec sa jeunesse, avec les enthousiasmes d'Anicet. Après tout, *Henri Matisse, roman* ne compensait pas tout le manque à gagner d'Aragon face à la peinture, et les jeunes peintres qu'Aragon défendait à présent étaient les descendants des auteurs de papiers collés, sûrement pas de Fougeron.

Pour son soixante-quinzième anniversaire, Aragon reçut des Soviétiques la médaille de la révolution d'Octobre. L'annonce en fut faite juste après celle de la disparition des *Lettres françaises.* Il accepta la décoration, y voyant à nouveau une espèce de reconnaissance de son droit à protester contre la répression des intellectuels et du Printemps de Prague. La *Literatournaïa Gazeta* en tira le parti opposé, « normalisant », comme il se doit, Aragon. *La Valse des adieux* est aussi la façon qu'a eue Aragon de célébrer toutes ces circonstances qui entourèrent son soixante-quinzième anniversaire[1].

La « haine de la liberté intellectuelle » qu'Elsa avait fustigée chez les dirigeants soviétiques atteignait des sommets avec des campagnes de calomnies contre Sakharov et Soljenitsyne préparant à des mesures de représailles contre eux, la normalisation en Tchécoslovaquie resserrait sans cesse l'étau non plus seulement sur ceux qui avaient cru au Printemps de Prague, mais désormais sur leurs enfants coupables d'avoir de « mauvaises biographies ». Quand Aragon écrivait : « J'ai gâché ma vie et c'est tout », cette défaite-là entrait évidemment en ligne de compte. Il en était une autre plus secrète et plus lourde encore sans doute. Que restait-il de ce « communisme national » qui lui avait apporté le regain poétique majeur du *Crève-Cœur* et de ses poèmes de Résistance, pour lequel il avait livré et perdu la bataille des *Communistes,* néanmoins triomphé avec *La Semaine sainte* quand le secrétaire général du parti s'appelle Georges Marchais, c'est-à-dire quelqu'un qui non seulement n'a point participé à la Résistance tandis qu'il était né en 1920, mais a travaillé pendant ce temps-là en Allemagne dans des usines d'aviation ? Comment oublierais-je le jour de 1969 où Aragon me mit au courant de ces « détails » biographiques que tout le monde alors ignorait dans le parti et les commentaires qu'il y joignit ? Aragon a su mieux que personne que le proconsulat de Georges Marchais signifiait la mainmise sur le parti de ces communistes d'appareil à la Duclos, capable de faire passer en toute occasion le bénéfice immédiat, fût-il à la plus courte vue, de la consolidation de leur pouvoir avant l'avenir de la France.

Il avait trop constamment pris garde à réécrire au bien ou au mieux tous les moments difficiles de sa propre biographie pour ne pas être conscient que son œuvre passé ne le sauverait pas de la sorte de reniement qu'allait illustrer son ralliement à cette régression. Je crois qu'il faut en chercher la clé dans ces confidences de *La Défense de l'infini* qu'il n'a jamais publiées :

1. Aragon a toujours eu tendance à ne lire dans les honneurs qu'on lui offrait que son interprétation personnelle desdits honneurs. Par exemple, alors qu'il avait toujours refusé le bicorne de l'Académie, il accepta dans l'automne de 1969 un couvert à l'académie Goncourt, n'y voulant voir que l'occasion de faire triompher ses vues sur le roman. Contrairement à ses usages, l'académie Goncourt refusa le candidat, de son nouvel élu, François Nourissier, et Aragon dut aussitôt démissionner.

> « Je n'étais pas fait pour me contenter d'un expédient. J'avais dans la bouche le goût de l'infini. Voilà pourquoi il me fallait sans cesse tout mettre au pire. [...] Je ne laisserai pas au hasard, à l'inattention, à la faiblesse la possibilité de donner un cours à ma vie. Je suis le suicide vivant. »

En dépit de son âge, Aragon n'a en effet pas laissé « au hasard, à l'inattention, à la faiblesse la possibilité de donner un cours à [sa] vie ». Ce fut bel et bien un « suicide vivant ».

Un an après la disparition des *Lettres françaises*, dans un débat public à la Fête de l'Humanité 1973, dont j'étais l'accusé pour avoir écrit *Ce que je sais de Soljenitsyne*, afin de montrer l'enjeu des persécutions dont il était l'objet, Aragon a défini sa position politique :

> « En 1968, à la fin du mois d'août, l'entrée à Prague des chars des divers pays socialistes a posé une grave question devant nous. On connaît à cet égard la position qui a été celle du Parti communiste français et il ne l'a jamais reniée, ce qui n'implique pas que par là nous ayons eu l'intention d'aller au-delà de cette position comme on cherche par-ci par-là à nous le faire faire.
> Par exemple, en niant l'existence du socialisme dans les pays socialistes. Mais quant à dire que par là, nous renions ce que nous avons dit, cela est faux... »

Et d'ajouter ce commentaire :

> « Je répète que rien ne peut se voir et se comprendre qui a trait à notre parti si on ne le regarde pas dans son évolution, depuis son commencement jusqu'à aujourd'hui et jusqu'à demain et après-demain, car je ne crois pas que cette évolution soit terminée ni même qu'elle le sera jamais. »

Ainsi parlait en public devant les communistes Aragon, membre du Comité central du parti communiste français. Pour faire bonne mesure, il avait rappelé auparavant sa dernière rencontre avec André Breton, le 9 février 1934,

> « après la manifestation sanglante qui avait tué plusieurs de nos camarades [...] il était arrivé sans me voir et avait regardé par terre une flaque de sang. [...] La conversation entre nous a commencé tout à fait aimablement mais Breton a commencé dans un moment pareil à remettre en question la politique du parti. Je ne pouvais pas continuer la conversation dans ces conditions. Je n'ai jamais revu Breton. [...] Il y a eu des moments où Breton a considéré que les choses étaient possibles autrement qu'elles le sont devenues pour lui par la suite ; quand il a adhéré au parti communiste, par exemple [...] Breton et moi avions fait sur l'avenir un pari différent. Breton, lui, avait considéré en trois semaines avoir perdu son pari. Moi, j'ai poursuivi le mien, c'est-à-dire que les choses ne resteraient pas ce qu'elles étaient quand j'y suis entré ».

Et d'invoquer que depuis lors,

> « Maurice Thorez a cité Rimbaud en bonne part. [...] Et il n'y a pas longtemps dans ses Mémoires, Jacques Duclos a parlé assez largement de Lautréamont, à sa manière à lui, bien entendu. »

Et d'y ajouter pêle-mêle sa protestation contre le procès Siniavski-Daniel, la désapprobation par le PC de

> « l'entrée à Prague des chars de divers pays ».

Ce qui évitait de parler d'invasion. Il disait cela à une fête où était convié le *Rude Pravo*, organe du PC tchécoslovaque épuré et recomposé par les Soviétiques et sachant que Siniavski et Daniel étaient toujours dans le Goulag.

Quand nous nous sommes revus au lendemain de l'expulsion de Soljenitsyne d'URSS, en février 1974, j'avais quitté le PC en dénonçant son attitude devant cette expulsion et sa participation aux calomnies qui l'accompagnaient. Je l'ai remercié de m'avoir comparé à Breton. Il haussa les épaules et me parla comme si mon procès n'avait jamais eu lieu et s'il n'y avait rien dit.

La grande affaire des dernières années — des sept années qui se sont écoulées depuis la publication de *Blanche ou l'oubli* — est évidemment ce *Théâtre/Roman* qui paraît au début de 1974. C'est la gageure suprême, le livre des livres dominant prose et poème, mais aussi le livre considéré, écrit comme s'il était le dernier, la clé de tous les autres. Cette fois, avec le jeu de masques et de miroirs, ce ne sont plus les doubles, la multiplicité des sosies qui viennent briser l'image de la vie dans ce puzzle sans cesse défait et repris par le roman. Le roman est la bataille rangée avec le langage écrit, où, comme y insiste la prière d'insérer,

> « ce qui compte dans ce qu'on dit de soi-même, ce ne sont pas les anecdotes plus ou moins rapprochées, le tissu qu'on s'en fait, ce qui compte, ce sont les trous, les silences ».

Plus d'écran, plus d'intermédiaires. Le contre-monde est loin, mais aussi le brouillage de *La Mise à mort*, les enquêtes savantes de *Blanche ou l'oubli*. Aragon est seul avec lui-même. Dans *Théâtre/Roman*, et le théâtre et le roman sont avoués, même si tel personnage est là pour la stéréoscopie, pour la confrontation, pour le mystère. Face au crépuscule que l'âge appelle, l'écrivain sait maintenant qu'il lui faut à tout prix atteindre à ce qui est authentique et qu'il a fui ou transposé, et qui le fuit maintenant, qu'il n'acclimatera dans sa prose qu'à condition d'abord d'oser se perdre ; qui ne surgira, il le devine, que des défauts mêmes de sa vigilance. D'où cette empoignade bouleversante avec cela qui est, qui fait son art, où la prose cède à son essoufflement pour mieux s'en aider, conduire à l'à peine dit, au presque informulé, au chuchoté si faiblement que le recouvrent le halètement et la chamade du cœur. La virtuosité, à ce comble où elle cesse d'être voulue ou consciente, n'est plus à présent qu'une hâte fébrile à gagner de vitesse le silence qui rôde —, à lui imposer l'essentiel. Cet immense flux où passent et repassent un acteur de quarante ans et un écrivain de trente ans son aîné, le *Vieux*, avec le monde entier de ce siècle, c'est aussi bien la fin de *Macbeth* —

> Life's but a walking shadow, a poor player
> That struts and frets his hour upon the stage
> And then is heard no more
>
> (La vie n'est qu'une ombre en marche, un pauvre acteur qui se pavane et se trémousse son temps de scène et dont on n'entend plus rien)

— que la saisie, comme jamais encore, de ce moment où le langage n'est que pensée qui se forme, qui se persuade que son ordre et son règne sont venus. Aragon gagne ici son pari contre la mort, le pari de son art. Pouvoir tout dire, comme l'avait déjà voulu Eluard. Et, tout à coup, Nancy redevient Nane, Nancy qui l'avait appelé au secours avant de mourir et qu'il n'avait pas entendue. Oui, pouvoir *tout dire.* Pouvoir tout dire, même s'il faut mettre un dernier masque et persuader le lecteur que ce n'est pas si grave, ni à prendre si gravement :

> « Pardonnez-moi. Mais veuillez comprendre, en passant, que ce livre-ci, dont je ne saurais dire vraiment que je l'ai écrit, et mieux vaudrait formuler la chose : *qui s'est* écrit, de façon toute différente à comment naquirent mes autres romans... que ce livre-ci, au bout du compte, avec ses deux personnages principaux, son désordre apparent, comme son désordre réel, n'est de bout en bout qu'une tentative d'en désorienter l'analyse et l'orientation... »

Jusqu'ici, les secrets de fabrication — et l'on peut en rassembler un gros livre de ce qu'Aragon nous confie de ses secrets de fabrication vrais ou supposés, à faire jubiler quelques générations de professeurs — visaient à mettre le lecteur en condition de repérer l'objectivité de la technique, le « matérialisme de la création ». Aragon levait prétendument tout mystère, et comment ne pas passer de la crédibilité technique à la crédibilité du contenu... Ici, Aragon se donne les gants d'assurer, sous les yeux mêmes de ses lecteurs, son propre brouillage, de les persuader qu'il a

> « joué avec les chapitres qui se constituaient et ne s'inséraient pas nécessairement où j'en étais de l'écriture ».

L'image du jeu de cartes qui serait battu par un somnambule :

> « Regardez de près ces pages : ce qui en est la caractéristique est, à mon avis, plutôt l'incohérence que la cohérence, mais on se tromperait lourdement à penser que cette incohérence est *totalement* involontaire... »

Non, cette fois, quelque chose a changé. L'auteur a beau faire, il ne peut plus reprendre ses billes. L' « *esprit de responsabilité* » de la révision des *Communistes*, pour prendre cet exemple, c'est au bout du compte la démarche de quelqu'un qui pense que le cours du monde appartient à son parti. Et qu'il peut donc en modifier l'histoire. Ici, il y a retrouvailles avec l'inspiration, avec cet en dehors de soi, cet en dehors de la conscience qui fut l'éblouissement de toute sa jeunesse. Un renouement qui se pare étrangement de la fraîcheur d'une découverte — oui, comme au temps de *Littérature* — témoigne de ce qui échappe aux règles, aux méthodes — au réalisme, pourquoi ne pas le dire ? Témoigne de la force de l'inconnu. Qu'il faut bien reconnaître quand l'âge vous convainc que, tôt ou tard, ce monde ne vous appartiendra plus. Ni son langage.

Alors il convient de lire autrement non seulement toute l'œuvre, comme *Théâtre/Roman* nous y convie — et la lecture que j'en ai proposée ici me paraît sur beaucoup de points confirmée par ce dernier livre — mais ce *Théâtre/Roman* lui-même. Avec lui, Aragon entre dans une époque où il n'est plus maître du comment il voudrait être lu. Sa grandeur est d'y obéir, dans une dernière tentative pour commander à son avenir. Mais il a eu le courage de partir perdant. C'est son gain majeur. *Théâtre/Roman* s'est engouffré dans la faille où le théâtre met à son tour en scène l'auteur, où ce qui se joue échappe aux mots du poète, et rien ne permet d'en reprendre le contrôle. Pas même cette nouvelle fuite finale, la plus rouée de toutes, où Aragon en vient à nous confier qu'il s'est aperçu après coup que toute cette sienne littérature, en réalité, ça n'était pas *des romans*,

> « mais un seul roman, où sous le même nom, ou sous d'autres, les personnages réapparaissent, les idées aussi, et morcelé que cela soit, à la fin des fins, tout cela n'est qu'un même discours, qui piétine à travers les années de ma vie, mais se poursuit pourtant avec une certaine logique.
> Si bien qu'il finit par me sembler que je ne l'ai jamais interrompu, sinon d'apparence, que toute cette écriture est une entreprise ayant pour but d'éclaircir à mes propres yeux des énigmes que, sans en avoir conscience, je m'étais posées sous la forme de fictions, lesquelles ne faisaient que semblant de s'interrompre, et de fait, se nourrissant d'elles-mêmes, finissaient par constituer une mythologie dont j'étais à la fois le Sphinx et l'Œdipe, la victime et le meurtrier. Ou, si *l'on* préfère, le Vautour et Prométhée ».

Voici venu le temps où l'écrivain s'identifie non plus aux apparences de livres qu'a prises au fil des ans son besoin d'écrire, mais à la *logique* de ce besoin. Où paradoxalement, c'est le moyen d'expression qui est reconnu comme le véritable message, comme ce qu'Aragon avait d'essentiel à dire...

7.

La Mise à mort

Il n'y a qu'une chose qui compte et tout le reste est foutaise. Une seule chose. Être aimé. Et là, nul ne peut, personne, me raconter des histoires. Je sais. Je sais, et pas depuis deux jours [...]. *Toute la vie. On peut inventer ce qu'on veut, on peut me dire... Il y a l'irréparé, l'irréparable. On répare l'instantané, on le corrige. Mais le passé. On ne répare pas le passé, on le porte en soi dans le toujours.*

La Mise à mort.

Aragon commença une *Lettre ouverte à André Breton sur « Le Regard du sourd*[1] », *l'art, la science et la liberté*, publiée dans *Les Lettres françaises*, en juin 1971, par ces mots :

> « Tous les signes étaient qu'à l'automne de 1965 nous aurions pu nous retrouver, au moins une fois, quelque part, dans un de ces lieux d'autrefois qui furent marqués du miracle, un café par chance demeuré lui-même... »

Les signes étaient bien là dans *La Mise à mort*, dans ce qui allait être l'autocritique devant Denise dans *Blanche ou l'oubli.* Dans tous les dépassements qu'on lirait au fil de *Théâtre/Roman.* Il me plairait qu'Aragon eût pensé à cet article de liberté et à Breton lorsque, trois mois plus tard, eut lieu le véritable enterrement d'Elsa dans le caveau enfin prêt sur une butte à l'orée du parc de Saint-Arnoult, par un après-midi tout obscurci du lourd dais d'un crachin pénétrant, qui passait par intervalles à

1. Un spectacle de Bob Wilson, dont Aragon dit : « Le *spectacle* est celui d'une guérison, la nôtre, de " l'art figé ", de " l'art appris ", de " l'art dicté " [...]. Un spectacle comme *Le regard du sourd* est une extraordinaire machine de liberté. [...] Si jamais le monde change et les hommes deviennent [...] libres, libres, libres... c'est par la liberté qu'il aura changé. La liberté, l'éblouissante liberté de l'âme et du corps. P.-S. — Tout ceci, André, à toi s'adresse, peut-être à toi seul, et c'est peut-être de ma part utopie que j'en fasse une lettre *ouverte* et pourtant voilà : je l'ouvre. »

une vraie pluie encore plus transperçante, où septembre était déjà la fin novembre. Devant, dans la cour du moulin, tous les invités, la direction du PC avec l'escadron des hiérarques à leurs places fixées par le protocole de l'appareil, les diplomates de l'Est, les amis aussi bien sûr, les proches étant à l'écart, plus proches du caveau.

Aragon se saisit d'une gerbe dans la montagne de roses rassemblées sur la butte et entreprit d'en détacher les fleurs afin de les poser une à une sur la tombe d'Elsa. On y vit un geste de symbole, mais il le répéta avec une deuxième gerbe, puis une troisième. Il en choisit une quatrième, une cinquième. Parut hésiter avant la sixième, mais c'était pour en sortir une dont les fleurs étaient plus grosses et la septième fut celle qui s'offrait. Soudain, je compris qu'il n'aurait de cesse qu'il ne plaçât ainsi les roses jusqu'à la dernière. Visiblement, je connaissais mieux Aragon que les officiels qui prenaient encore paisiblement leur mal en patience.

Il apparut qu'Aragon en avait fini avec le premier monticule de la montagne. Il se posta un instant dans une attitude de recueillement. Je crois qu'on entendit le soupir de soulagement de l'assistance quand il s'interrompit et avant la découverte qu'il s'attaquait aux gerbes de la montagne principale.

Cela dura, dura, dura, dura tant et si bien qu'on vit un des patrons de l'appareil, Georges Gosnat, le trésorier du PC, qui entretenait avec Aragon des rapports effectivement amicaux, prendre sur lui et s'approcher afin de proposer de l'aider, histoire d'aller plus vite. Il fut rabroué de si belle façon que personne n'osa prendre le relais. Les allers et retours d'Aragon entre les roses et la tombe se poursuivirent à un rythme de balancier d'horloge. Plus rien n'existait pour lui que ce temps qu'il volait à tous les présents afin de les contraindre à le consacrer à honorer Elsa d'une façon qu'ils n'avaient aucunement prévue. Les minutes s'additionnaient aux minutes. Les quarts d'heure aux quarts d'heure. Le cap de l'heure franchi, la montagne de roses semblait ne pas avoir diminué. Le sol d'herbe gorgé d'eau devenait spongieux là où coulaient les rigoles sur les imperméables et les parapluies de plus en plus lourds à porter. Aragon, tête nue, continuait imperturbablement ses allées et venues à nous en donner le tournis. A présent, le temps s'était immobilisé. J'étais sûr que, dans cette pénitence où il se laissait tremper de pluie, il vengeait Elsa de tous les affronts qu'elle avait subis, tous les rendez-vous manqués des étrangers, et le reste... mais, surtout, il établissait avec elle, en se servant d'elle, la prééminence d'un écrivain, sa prééminence sur tous ces politiques venus assister à cet enterrement en politiques, sans du tout accepter la pensée d'Elsa. L'art, la croyance en l'art, l'autonomie de femme et d'écrivain d'Elsa. Sa pensée à lui non plus, triant ce qui leur convenait pour oublier ou falsifier le reste.

Marchais avait compris. Seul de son entourage, il resta stoïque jusqu'au bout sans donner le moindre signe d'impatience. Sans doute savait-il déjà cette résignation sous l'insolence qu'Aragon proclama en allant chercher l'automne suivant, tout de suite après le dernier numéro des *Lettres françaises*, à l'ambassade soviétique, la breloque décernée par l'URSS de Brejnev pour saluer ses soixante-quinze ans.

Il choisit désormais, comme je l'ai dit, de se laisser aller politiquement à tout ce que le PC exigeait de lui. C'est cette lassitude, cet abandon qui firent que ce fut seulement dans les écarts voulus de sa conduite, commencés cet après-midi de l'enterrement d'Elsa, qu'il protesta désormais contre le sort que lui faisait son parti. Puisque le PC coupait les vivres à son journal, qu'il endosse les notes de frais de son dérèglement. Aragon cessa de payer son loyer, ses impôts — l'ordre viendra du plus haut lieu de l'État de lui ficher la paix —, en revanche il accumula en dépensant sans compter, pour des vacances avec ses jeunes amis ou d'autres folies, des dettes bien exigibles celles-là que les droits d'auteur chez Gallimard ne couvraient d'aucune façon. Alors, histoire non de rembourser les yeux de la tête que ses caprices de prima donna coûtaient au PC, mais de se montrer débiteur de bonne volonté, il imagina de donner au Comité central et de remettre solennellement à Marchais l'œuvre dans sa collection qui était la plus prestigieuse. Or, il s'agissait de la Joconde à moustache *L.H.O.O.Q.* de Duchamp. L'acceptation sans « moufter » de cette dérision fit, ni plus ni moins que si c'était la vraie *Joconde*, une photo en « une » de *L'Humanité*, Marchais et Aragon sérieux comme des papes.

Aragon savourait sans nul doute, comme déjà en 1973, de prendre les lecteurs de *L'Huma* à témoin qu'il gagnait son pari contre Breton en faisant admettre Duchamp par le PC, comme Lautréamont. Mais ils dataient d'il y a si longtemps, ces paris, de 1930-1932... Breton lui-même attachait-il encore assez d'importance au PC pour s'en souvenir, disons en 1965, quand Aragon a imaginé qu'ils auraient pu se revoir ? Ce n'est plus qu'un amusement personnel, une *private joke*, comme il aimait à dire, même plus une insolence. Aragon était désormais la seule parure sur la nudité intellectuelle d'un PC sclérosé. La garder valait bien de se faire photographier avec *L.H.O.O.Q.*

Philippe Sollers déplorera[1] pour le dixième anniversaire de la mort d'Aragon :

> « Ce qui manque dans l'œuvre d'Aragon, c'est le petit livre de soixante pages que lui seul aurait pu écrire. Le petit traité du désespoir génial. [...] Oui, il y a cette coloration tragique, désespérée, voire plaintive et romantique sur l'échec, qui peut être d'ailleurs une des formes par lesquelles on présente une réussite. Mais, il n'y a pas le rire sarcastique du criminel pour dire : " *Je vous ai tous bien eus, tout ceci n'était qu'illusion. Je me suis toujours amusé de votre crédulité dans tous les domaines, y compris de votre crédulité politique.* " Ce petit livre manque. Ce petit livre ferait chef-d'œuvre. [...] Comme les poésies d'Isidore Ducasse. Un Aragon froid, ô merveille ! Ce serait terrifiant d'efficacité, enfin de lumière. »

1. *Les Lettres françaises* (ressuscitées alors par Jean Ristat), septembre 1992.

Au lieu de quoi Aragon n'a exprimé sa capacité d'expression de qui n'a plus rien à perdre ni à gagner que par des excentricités de vieux potache : porter un masque rouge à la Fête de l'Humanité ! Un masque blanc à la télé. Pas de quoi fouetter un chat et quel aveu de démission du grand écrivain qui ne se servait plus de sa plume que pour corriger, enjoliver autant que faire se pouvait, ce qui ne lui semblait pas assez conséquent, assez cohérent dans sa biographie — y compris politiquement ! Il n'a pas que « retrouvé » *Le Chant d'amour de la Puerta del Sol*, mais quantité d'aménagements, de-ci de-là, servis dans des commentaires de *L'Œuvre poétique* du niveau de ceux qu'il inscrivit dans les marges de cette biographie.

Cependant cette obstination à rattraper par l'écriture les impasses et l'insoutenable de la vie vécue apparaît comme une ultime tentative de rattraper le contre-monde qui avait fait de lui un écrivain. Seulement, dans cette usure du grand âge, quand tout est fini — sans plus d'infini — le dépassement se dérobe à Aragon. Il laisse la place, comme dans les plus mauvais moments d'autrefois, aux petites précautions mariées au ton trop péremptoire d'*Une Vague de rêves*, du *Songe du paysan*, de *La Peinture au défi*, de *Pour un réalisme socialiste*, de *L'Exemple de Courbet* ou de la préface à *Littératures soviétiques*, employé pour couvrir la faille infranchissable entre l'écrivain qui ne trouve sa voix qu'en obéissant à ses pulsions essentielles et le groupe, surréaliste ou communiste, auquel de toute son âme, l'homme orphelin, l'homme séparé qui a perdu son ombre, veut à toute force appartenir.

On revoit dans ces ultimes commentaires quel aveuglement était déjà inclus dans chacune de ses adhésions. Il a d'abord pour la famille nouvelle les yeux éblouis de l'enfant que la faute inexpiable de sa mère condamnait au mensonge. En préserver le cercle, la cohésion le pousse à des diplomaties d'autant plus extravagantes que, c'est plus fort que lui, il ne cesse d'y être en faute. C'est que sa vie y est en jeu. Face à la morale surréaliste, plus encore à la morale du Parti. Pour inimaginable que cela puisse sembler en cette fin de siècle, si sa tendance à la bisexualité avait été seulement soupçonnée, en 1931 comme en 1945 ou en 1950, quand on l'a coopté au Comité central, le PC l'aurait renvoyé dans les ténèbres extérieures. Dans sa querelle contre Paulhan au sujet des écrivains de la collaboration, il est sûrement entré la nécessité de rayer à jamais le *Gilles* de Drieu des bibliothèques, à cause de l'accusation portée contre Cyrille Galant d'être dans les mains de la police du fait de son goût pour les hommes. Il était devenu littéralement fou quand les surréalistes yougoslaves firent tenir au Comité pour le cent cinquantenaire de Hugo en 1952 quelques fragments du *Con d'Irène*.

C'est aussi pourquoi dans toutes les crises, il a été le coadjuteur de Breton avant d'être celui de Thorez, recruteur ou procureur selon les cas, encore plus totalement dévoué aux objectifs collectifs quand ceux-ci ne pouvaient que masquer les siens. *Tout mettre au pire.* Capable de tout alors, de pousser Simone Signoret et Yves Montand à partir pour Moscou, la terreur régnant sur les ruines sanglantes de Budapest, pour le bien de la cause, quitte à en porter pour toujours, pas seulement devant eux, le cilice.

Ce fanatisme, cette insolence, ces pieux mensonges avouent la déchirure. Dadaïste dévoré par son chant, surréaliste enceint de roman, communiste éperdu de lyrisme et maître d'une prose qui n'appartenait qu'à la continuité française, adorateur d'Elsa pour fuir sa bisexualité, inventeur opiniâtre du *Monde réel* où régnerait sa liberté, où il serait enfin justifié, Aragon-Protée, Aragon insaisissable, Aragon séducteur n'est pas sa vérité. Seulement le passage de ses reflets contradictoires, le miroitement de ses faux-fuyants sur la courte durée.

Si cet homme d'engagements auxquels se dévouer tout entier est aussi, comme il l'a dit d'un de ses personnages, capable de « ce ressaisissement de soi-même, [de] cette légèreté, [de] ce retour à soi comme si de rien n'était », c'est que ses engagements n'appartiennent pas à ce qu'il est, mais à ce qu'il a besoin d'être, et qu'il a dû ainsi naviguer, le plus souvent à vue, entre ce qu'on attendait de lui et ce qu'il cherchait de lui-même.

Je ne suis pas sûr que, l'un des premiers et plus pleinement que tous, il n'ait pas vécu le communisme comme religion — re-ligion ; ce qui rassemble, relie. Plus et mieux qu'aucun contemporain, sous ses dehors mondains, il l'a vécu *en* religion. Délaissement et extase. Là où Breton aura été l'homme de la rigueur, Aragon aura été l'écrivain de l'écartèlement entre les actes et la foi. Breton n'aurait pu être qu'un dominicain du communisme : d'où son refus. Aragon en a été un gallican : d'où son engagement plus lucide qu'il n'y paraît.

Et c'est le gallican qui a atteint à la dimension nationale de la prose et du poème. Qui a su passer de l'horizon d'un individu à l'horizon de la France. Un gallican, mais un fidèle ; un politique, mais un croyant. Son intelligence avait besoin de la foi pour si bien lire la convergence entre sa religion matérialiste et l'antérieure : la chrétienne, la spirituelle. Ou, plus tard, la musulmane. Il n'y a là nul syncrétisme. Au contraire, une capacité de saisir à quoi les religions sont réponses.

Revenons une dernière fois aux aveux par Michel interposé de cette partie de *La Défense de l'infini,* ressuscitée après la mort d'Aragon :

> « Je n'étais pas fait pour me contenter d'un expédient, j'avais dans la bouche le goût de l'infini. Voilà pourquoi il me fallait sans cesse tout mettre au pire. [...] Je suis le suicide vivant. [...] Je suis le suicide perpétuel qui attaque soi-même les effets de sa propre existence, et met son esprit hors d'état de servir à quelque fin que ce soit. »

Sans oublier non plus l'ajout de sens que donne à l'infini la version non publiée du *Cahier noir* :

> « Étrange absence de Blanche. Blanche, qui c'est ça ? Étrange attrait. Gérard, Gérard. Il faut en finir. Gérard. En finir. Gérard. Finir. Gérard. L'infini, Gérard, l'infini... »

Entre « tout mettre au pire » et « l'étrange attrait » inavouable jusqu'à cette fin de partie, comment Aragon n'aurait-il pas su comme dans *La Mise à mort* que

> « l'homme qui a perdu son ombre ne s'y trompe pas, il a fait un marché avec le diable. [...] Un homme qui n'a plus d'ombre, c'est un scandale quand on s'en aperçoit » ?

Et, plus loin, toujours dans *La Mise à mort* :

> « Mais cela n'avait pas pu sortir de sa bouche, se formuler. [...] Et maintenant, il était trop tard. Il aurait fallu avouer la dissimulation. Fougère aurait demandé depuis quand, et cela aurait été comme s'il lui avait menti toute la vie. »

Tout mettre au pire... Et pourtant, cette quête désespérée, intolérable de son identité a paradoxalement sauvé Aragon comme malgré lui en le conduisant dans les aventures de l'esprit, Dada, le surréalisme, le communisme qui ont été les grandes affaires de l'époque et là même où se jouait le destin politique de la France depuis le demi-siècle qui va de 1920 à 1970, que ç'ait été dans ce « Plus jamais ça » d'après la grande tuerie de la guerre de 14-18, le refus des guerres coloniales, le rassemblement antifasciste, la défense de la République espagnole, la dénonciation de Munich, la persuasion que le « communisme national » l'emporterait sur le pacte germano-soviétique, la résistance intellectuelle dès la défaite de 1940. S'il se perd dans les cavernes de la guerre froide et y patauge, il partagera plus pleinement qu'aucun communiste les risques de la déstalinisation, et combattra de toutes ses forces le *Biafra de l'Esprit* que signifie son abandon. Il fut le seul en mai 1968 à comprendre la transgression des étudiants. N'avait-il pas imaginé en pleine guerre d'Algérie, le syncrétisme du *Fou d'Elsa,* le plus haut refus qui soit de tous les fondamentalismes, peut-être son chef-d'œuvre ? S'il était mort au début de 1970 avec Elsa, quand ils dénoncent la répression contre Soljenitsyne et Sakharov, sa trajectoire aurait rejoint celle de Breton dans la poursuite du « Changer la vie » de leur jeunesse.

On aurait oublié le pire parce qu'il serait devenu transitoire. Le pire, ce débit insolvable, ce fut « qu'engouffré dans la soufrière stalinienne », comme dit Naville, le sachant, sachant que sa liberté aurait tenu à

> « ... ce pas de plus qui la démontrerait »,

après avoir donné quinze ans durant le sentiment qu'il allait faire ce pas, il s'abandonna au pire et revint au mensonge dans la fatigue du grand âge. Pourtant, c'est au bout du compte ce pire, cet engouffrement si durable dans la soufrière stalinienne, qui l'a porté à ces sommets où mieux finalement qu'aucun autre écrivain occidental parce qu'il se savait le plus coupable, il a su percevoir et dire les dimensions shakespeariennes de cette tragédie essentielle au xxe siècle. Il a pris la mesure de ce destin, de son destin face à Denise, peut-être justement parce qu'elle était de ses amours la femme avec qui « il ne s'était rien passé », celle dont il pouvait marier le plus idéalement « le goût de l'absolu » à sa propre quête de l'infini.

L'effondrement du communisme après 1989 retourne à son crédit la question qu'il lançait à ses camarades de parti après l'invasion de la Hongrie dans *J'abats mon jeu*. En prenant acte de ce que pratiquement tous les écrivains français blâmaient cette invasion, il constatait que si ses camarades les rejetaient à cause d'un tel jugement politique, il

> « nous faudra pratiquement passer condamnation sur l'essentiel de la littérature française qui s'écrit et va s'écrire ».

Et concluait : « Cela ne me paraît pas raisonnable. » Il n'est pas raisonnable non plus, quand on a sorti Céline ou Drieu de l'exclusion due à ce qu'ils écrivirent d'insupportable pour le sentiment national et les droits de l'homme du temps d'Hitler, de continuer à confondre Aragon avec ce qu'il a écrit pour Staline, ou sa longévité aidant, pour excuser Brejnev.

> « Veuillez considérer, écrivait-il encore à ses camarades dans *J'abats mon jeu*, ce que serait une critique de la littérature française qui se tiendrait dans l'incapacité de rendre compte du phénomène Mérimée [à cause de son rôle vis-à-vis de Napoléon III]. »

On me dira que la révolution d'Octobre, son utopie, l'aveuglement, les affres, la déréliction et le mensonge devant ce qu'elle engendra, tiennent dans son œuvre une place différente. Mais c'est qu'elle a empli le siècle. Jean d'Ormesson a su, pour le dixième anniversaire de la mort d'Aragon, répondre (et dans *L'Humanité*) à *J'abats mon jeu* :

> « Je crois qu'Aragon a pris place et pour toujours dans la merveilleuse aventure de la littérature française. C'est déjà beaucoup dire. Je crois qu'il prend place aussi — ce qui est plus encore — dans l'aventure des hommes en quête de leur destin, à la poursuite de leurs rêves. »

Il est vrai qu'il a gâché sa vie comme il le disait dans *La Valse des adieux*, trop souvent mésusé de ce pouvoir stupéfiant de verbalisation qui ne le cède qu'à Hugo dans l'inouï. Ce pas de plus qu'il n'a pas fait, paralysé par tout son passé de parti, c'était un pas par rapport à lui-même. Dans cette *Mise à mort* de la vieillesse qui date des « jambages bleus du malheur » d'Elsa et porte en exergue ces vers de Pasternak :

Or être vieux c'est Rome qui,
Au lieu des chars et des échasses

Exige non la comédie
Mais que la mise à mort se fasse

Aragon revient sur lui-même aux dernières pages du livre devant l'école Massillon, un jour d'automne :

> « Le drôle est que cette aventure soit la mienne. Je n'ai jamais mieux vu en moi le fourmillement des choses, la plénitude d'être, ce sentiment de la fécondité de l'homme. Tout se passe comme si l'on m'avait décrassé les yeux de l'âme, enlevé la suie, l'effacement du temps. [...] Je suis un fils de l'automne. Je descends de la famille de ce prélat. [...] Comment n'y point repenser pourtant devant la somptuosité de l'hôtel Massillon, et à ces gens dont je suis issu, qui tiraient le diable par la queue, dans la région même où, quand ma mère était enceinte, elle était venue cacher son déshonneur dans une propriété de chênes-lièges et de tamaris. [...] L'histoire arrive au bout d'elle-même, maman... »

Pas si vite. Il reste, en cet automne de *La Mise à mort,* à Aragon qui croit alors qu'il va très bientôt mourir, dix-sept années. Pas une de moins jusqu'à cette veille de Noël 1982 où son cœur s'arrêta. Dont dix années de mise à mort acceptée après le moment où il lâcha tout. Dix années où on photographia, filma sans répit son délabrement physique pour le donner méticuleusement à voir à la télévision, le dernier été de son existence biologique ; où l'on raconta impitoyablement celui de son mental. Jean Ristat lui rappelle dans une lettre de dix ans après sa vraie mort le « dernier épisode public » auquel en 1981, après la victoire de la gauche, il participa :

> « Le président de la République t'a fait chevalier de la Légion d'honneur. " C'est beaucoup d'honneur ", dis-tu à François Mitterrand, qui te répond : " C'est beaucoup d'honneur et c'est bien peu. " Bien peu en effet ! Et, quelques instants plus tard, tu t'écries : " Eh bien, nous voilà tous avec ce petit bout de chiffon rouge. " Toi, qui avais toujours refusé la Légion d'honneur comme l'Académie française, tu t'étais laissé faire au nom de la " sainte union de la gauche "[1]... »

Dans cette lettre envoyée du Cap-Brun, près des lieux de sa famille à Toulon, Ristat lui dit aussi :

> « Je racontais tes courses folles, la nuit, lorsque tu marchais à grandes enjambées le long des plages comme un animal sauvage à la recherche du plaisir. Tu n'étais jamais rassasié. Tu riais aux éclats en regardant le ciel, seul théâtre à ta démesure où tu jouais tous les rôles : tu étais l'assassin et la victime, l'homme et la femme, l'amant et le mari trompé, le vieillard et le jeune homme, le saint et la crapule[2]. »

1. *Op. cit.*
2. Jean Ristat, *ibid.*

La mise à mort, ce fut en effet ce théâtre pour soi seul, avant le plus grand abandon de l'interminable agonie dont je ne dirai rien.

Je préfère m'en tenir ce qu'il nous a confié dans *La Mise à mort* au milieu d'un singulier contexte qui traite de l'importance du compromis en politique :

> « C'est la mort des choses en moi que, pour simplifier, je nomme oubli. Quand ce qui meurt n'est qu'allumette par distraction flambée, le mal n'est pas grand. Mais si c'est ce qui tient à la chair de mon âme... s'il y a maldonne de tout le jeu ? Alors, qui oublie est comme un vase dont on arrache les fleurs... Alors, il se reconstruit l'univers sans ce qu'il oublie. Il cicatrise l'oubli. Comme il ne sait pas ce qu'il a perdu, si c'est une jambe, un ongle, un porte-monnaie, il n'a pas mal à la chose oubliée. Mais parfois, ce sont les changements de temps ? il sent sa cicatrice. La cicatrice de quoi ? Voilà, voilà ce qui le trouble à présent. La cicatrice de quoi ? »

Décidément, Aragon aura tout prévu : même « s'il y a maldonne de tout le jeu ». J'imagine que les lecteurs de l'avenir, portés par ce langage de la plus haute lignée du français, quand ils reposeront un livre d'Aragon pour y rêver, sentiront tout à coup la présence, révélée sous la magie des vocables, d'une cicatrice indélébile. Ils demanderont à leur tour : « La cicatrice de quoi ? » Et ils remonteront ainsi à la cruauté de notre époque sans pardon, à la destinée de l'enfant dépossédé qui se mit en tête de reconquérir pour tous un espoir sans mesure et qui sut chanter comme personne la longue, longue lutte incertaine contre la nuit chaque fois renaissante, afin de faire venir une aube qui n'était pas pour lui. Mais peut-être pour ces lecteurs que je dis

Car la réponse est de ce monde à la question que je suis.

Paris-Saint-Tropez
1973-1993

Orientation bibliographique

Le texte de base pour la prose est fourni par la collection des *Œuvres romanesques croisées* d'Elsa Triolet et Aragon chez Robert Laffont et au Livre club Diderot (42 volumes parus).

L'Œuvre poétique reprend, à côté des poèmes, divers textes de prose et même de critique, mais en laisse de côté un nombre relativement important. On trouvera la liste complète des proses et la bibliographie y afférente jusqu'en 1931 dans *Aragon prosateur surréaliste*, d'Yvette Gindine (Librairie Droz, Genève), dont la valeur documentaire, de ce point de vue, est parfaite.

On trouvera une bibliographie poétique à jour jusqu'en 1966 et une « chansonnographie » très complète dans *Aragon* par Georges Sadoul (Poètes d'aujourd'hui 159, Pierre Seghers, 1967). La meilleure bibliographie critique se trouve dans l'*Aragon* d'Hubert Juin, Bibliothèque idéale, Gallimard. Malheureusement, elle n'a pas été remise à jour depuis 1960.

Il faut la compléter, pour la période de Dada, par celle réunie dans l'ouvrage de Michel Sanouillet, *Dada à Paris* (réédition, mise à jour, Flammarion, 1993) ; pour la période surréaliste, par la bibliographie critique réunie dans *Le Surréalisme, théories, thèmes et techniques*, par Gérard Durozoi et Bernard Lecherbonner (Larousse éditeur, 1971), qui en est la mise à jour la plus sérieuse. Les documents surréalistes sont toujours à puiser dans l'*Histoire du surréalisme* de Maurice Nadeau (Éditions du Seuil, 1974). En revanche, les textes des manuscrits du Fonds Doucet publiés se trouvent dans *L'Itinéraire d'Aragon*, de Roger Garaudy, Gallimard, 1961.

Il n'existe malheureusement pas de répertoire des articles d'Aragon postérieurs à 1931. On les trouve principalement dans *Commune*, dans *Europe*, avant et après la guerre, puis dans *Les Lettres françaises.* Pour la période de la Résistance, l'ouvrage qui fait le point est celui de Pierre Seghers, *La Résistance et ses poètes*, Seghers, 1974.

Il faut ajouter à la bibliographie de Sadoul :

1969 *Les Chambres, poème du temps qui ne passe pas,* Les Éditeurs français réunis, 3 200 exemplaires sur vélin.

1978 *Les Adieux,* Messidor.

A celle d'Hubert Juin, pour les romans :

1965 *La Mise à mort*, Gallimard.

1967 *Blanche ou l'oubli*, Gallimard.

1971 *Henri Matisse, roman*, Gallimard.
1974 *Théâtre/Roman*, Gallimard.
1980 *Le Mentir-vrai,* Gallimard.
1981 *Écrits sur l'art moderne,* Flammarion.
1984 *La Défense de l'infini*, suivie des *Aventures de Jean-Foutre la Bite*, Messidor.
1989 *Pour expliquer ce que j'étais*, Gallimard.
1994 *Le Temps traversé*, Louis Aragon, Jean Paulhan, Elsa Triolet, correspondance, Gallimard.
1994 *Projet d'histoire littéraire contemporaine*, Gallimard
et les rééditions procurées par Jean Ristat de *Traité du style, le Libertinage, J'abats mon jeu.* (L'Imaginaire, Gallimard.)

Outre les ouvrages cités dans le texte, je me suis servi des livres suivants :

Albérès (R.-M.), *La Révolte des écrivains d'aujourd'hui*, Corrêa, 1949.
Alexandrian (Sarane), *Breton par lui-même*, Éditions du Seuil, 1971.
Assouline (Pierre), *Gaston Gallimard,* Balland, 1984.
Audoin (Philippe), *André Breton*, Gallimard, 1970.
Barrot (Olivier) et Ory (Pascal), *Entre-Deux-Guerres*, François Bourin, 1990.
Béhar (Henri), *Étude sur le théâtre Dada et surréaliste*, Gallimard, 1967.
Breton, Calmann-Lévy, 1990.
Blanchot (Maurice), *La Part du feu*, Gallimard, 1970.
Bréchon (Robert), *Le Surréalisme*, Armand Colin, 1971.
Buot (François), *René Crevel*, Grasset, 1991.
Breton (André), *Œuvres complètes, I et II,* Gallimard, la Pléiade, 1988-1992.
Caute (David), *Le Communisme et les intellectuels français* (1914-1966), Gallimard, 1967.
Les Compagnons de route, Robert Laffont, 1979.
Cohen-Solal (Annie), *Sartre,* Gallimard, 1985.
Contat (Michel) et Rybalka (Michel), *Les Écrits de Sartre*, Gallimard, 1970.
Desanti (Dominique), *Les Clés d'Elsa,* Ramsay, 1983.
Drieu la Rochelle, Du dandy au nazi, Flammarion, 1993.
Eluard (Paul), *Œuvres complètes*, Bibliothèque de la Pléiade, Gallimard.
Etkind (Ëfim), Nivat (Georges), Serman (Ilya), Strada (Vittorio), *Histoire de la littérature russe, XXe siècle, la Révolution et les années vingt, Gels et Dégels,* Fayard, 1987-1990.
Gateau (Jean-Charles), *Paul Eluard ou le frère voyant*, Robert Laffont, 1988.
Histoire/Roman, « *La Semaine sainte* », actes du colloque d'Aix-en-Provence, 1987, Publications de l'Université de Provence.
Gavillet (A.), *La Littérature au défi. Aragon surréaliste*, La Baconnière, 1957.
Gracq (Julien), *André Breton*, José Corti, 1948.
Jean (Raymond), *Eluard par lui-même*, Éditions du Seuil, 1968.
Jouffroy (Alain), *La Fin des alternances*, Gallimard, 1970.
Lescure (Pierre de), *Aragon romancier*, Gallimard, 1960.
Lottman (Herbert, R.), *Rive gauche*, Éditions du Seuil, 1981.
Mauriac (Claude), *André Breton*, Éditions du Rocher, 1949.
Nekrich (Alexandre) et Heller (Michel), *L'Utopie au pouvoir,* Calmann-Lévy, 1982.
Ory (Pascal), *La Belle Illusion,* Plon, 1994.
Paulhan (Jean), *Œuvres complètes*, Cercle du livre précieux.

Paulhan (Jean) et Aury (Dominique), *La patrie se fait tous les jours*, Éditions de Minuit, 1947.
Ravis (Suzanne), *Aurélien ou l'écriture indirecte,* Champion, 1988 (avec une excellente bibliographie commentée).
Roy (Claude), *Aragon*, Seghers, 1946 et 1962.
Descriptions critiques, Gallimard, 1949.
Rousseaux (André), *Portraits littéraires choisis*, Skira, 1947.
Rubin (William), *Dada, Surrealism and their Heritage*, Museum of modern art, 1968.
Schuster (Jean), *Archives 57-68*, Losfeld, 1969.
Sirinelli (Jean-François), *Intellectuels et passions françaises,* Fayard, 1990.
Sur (Jean), *Aragon, le réalisme de l'amour*, Éditions du Centurion, 1966.
Touzot (Jean), *Jean Cocteau,* La Manufacture, 1989.
Tzara (Tristan), *Le Surréalisme et l'après-guerre*, Nagel, 1948.
Vercors, *Pour prendre congé*, Albin Michel, 1954.

Et des numéros de revue suivants :

L'Arc, n° 40, 1973, numéro spécial « Aragon ».
Change, n° 7, 1970, « Le groupe, la rupture ».
Europe, octobre-novembre 1947, numéro spécial « Aragon ».
Europe, février-mars 1967, numéro spécial « Elsa Triolet et Aragon ».
Europe, juin 1971, numéro spécial « Elsa Triolet ».
Le Magazine littéraire, n° 89, un entretien, un dossier Aragon.
La Nouvelle critique, n° 8, juillet-août 1949, « Aragon répond à ses témoins ».
La Nouvelle critique, n° 29, septembre-octobre 1951, pour la reproduction de l'article d'Henri Manceau et René Robinet, paru dans *Présence ardennaise*, n° 7, sur la documentation militaire des *Communistes.*
La Nouvelle Revue française, avril 1967, « André Breton et le mouvement surréaliste ».
Opus international, n° 19-20, « Surréalisme international ».

INDEX
des noms cités *

* *Elsa Triolet (au même titre que Louis Aragon) n'est pas référencée dans l'Index.*

TABLE

DEUXIÈME PARTIE

ELSA

Cet ouvrage a été composé
par l'Imprimerie BUSSIÈRE
et imprimé sur presse CAMERON
dans les ateliers de la S.E.P.C.
à Saint-Amand-Montrond (Cher)
en mars 1994

N° d'édition : 15161. N° d'impression : 190-090.
Dépôt légal : avril 1994.
Imprimé en France